Teoria Geral do
PROCESSO CIVIL

Preencha a **ficha de cadastro** no final deste livro e receba gratuitamente informações sobre os lançamentos e promoções da Elsevier.

Consulte também nosso catálogo completo, últimos lançamentos e serviços exclusivos no site
www.elsevier.com.br

Teoria Geral do PROCESSO CIVIL

Milton Paulo de Carvalho
[coordenador]

Andrea Boari Caraciola
Carlos Augusto de Assis
Luiz Dellore

Fechamento desta edição: 31 de março de 2010

© 2010, Elsevier Editora Ltda.

Todos os direitos reservados e protegidos pela Lei nº 9.610, de 19/02/1998.

Nenhuma parte deste livro, sem autorização prévia por escrito da editora, poderá ser reproduzida ou transmitida, sejam quais forem os meios empregados: eletrônicos, mecânicos, fotográficos, gravação ou quaisquer outros.

Copidesque: Livia Maria Giorgio
Revisão Gráfica: Pamela Andrade
Editoração Eletrônica: Tony Rodrigues

Elsevier Editora Ltda.
Conhecimento sem Fronteiras
Rua Sete de Setembro, 111 — 16º andar
20050-006 — Rio de Janeiro — RJ

Rua Quintana, 753 – 8º andar
04569-011 – Brooklin – São Paulo – SP

Serviço de Atendimento ao Cliente
0800 026 53 40
sac@elsevier.com.br

ISBN: 978-85-352-3638-5

Nota: Muito zelo e técnica foram empregados na edição desta obra. No entanto, podem ocorrer erros de digitação, impressão ou dúvida conceitual. Em qualquer das hipóteses, solicitamos a comunicação à nossa Central de Atendimento, para que possamos esclarecer ou encaminhar a questão.

Nem a editora nem o autor assumem qualquer responsabilidade por eventuais danos ou perdas a pessoas ou bens, originados do uso desta publicação.

Cip-Brasil. Catalogação-na-fonte
Sindicato Nacional dos Editores de Livros, RJ

T29

Teoria geral do processo civil / Andrea Boari Caraciola... [et al.] ; coordenador: Milton Paulo de Carvalho. - Rio de Janeiro : Elsevier, 2010.

Inclui bibliografia
ISBN 978-85-352-3638-5

1. Processo civil - Brasil. 2. Direito processual - Brasil. I. Caraciola, Andrea Boari. II. Carvalho, Milton Paulo de.

10-0566.   CDU: 347.91./95(81)

AGRADECIMENTOS

A
Ives Gandra da Silva Martins,
humanista autêntico, consumado cientista do direito, advogado exemplar, Professor Emérito da Universidade Presbiteriana Mackenzie.
Milton Paulo de Carvalho

Aos meus pais, meus irmãos, minha esposa Virgínia e meu filho Mateus, porque sem amor nada vale a pena.
A todos aqueles que, com aulas, debates ou escritos, colaboraram na minha formação em processo civil, porque é esse legado que agora transmito.
Carlos Augusto de Assis

Aos meus pais, um amor sem talvez;
Aos meus alunos, razão deste trabalho.
Andrea Boari Caraciola

A Deus, porque "os que esperam no Senhor renovam as suas forças, sobem com asas como águias, correm e não se cansam, caminham e não se fatigam" (Is. 40.31).
À minha querida Daniela, pelo companheirismo.
Aos meus alunos.
Luiz Dellore

PREFÁCIO

De há muito estudando e lecionando direito processual civil em cursos de graduação e pós-graduação da Faculdade de Direito da Universidade Presbiteriana Mackenzie, em São Paulo, os autores desta obra convieram no reconhecimento comum da necessidade de deixar consignada a sua concepção científica dos institutos que alicerçam esse ramo jurídico, oferecendo aos discentes um texto que reúne as respectivas preleções. Ressalva-se, embora desnecessário, que à nobre instituição universitária não se atribui responsabilidade de espécie alguma por quanto estiver exposto nesta obra.

Coube ao signatário deste prefácio, não por algum mérito, que somente a generosidade e a grandeza de alma dos demais autores conseguiriam lobrigar, mas apenas por ser o mais velho em idade, a honrosa, mas exclusiva, incumbência de coordenar os trabalhos de todos e apresentá-los em forma de compêndio.

Não há dúvida de que o direito processual civil atravessa uma fase de turbulência. A secular disputa entre o público e o privado, ou, em palavras mais claras, entre autoridade e liberdade, envolve hoje, mais do que em outras épocas, a importante ciência de Chiovenda, conferindo-lhe um perfil indisfarçavelmente político, que se pode refletir, direta ou indiretamente, nos conceitos ou conclusões dos expositores.

A alteração constante das leis do processo no nosso País, entre outras circunstâncias, tem dificultado e adiado a realização do anseio de editar obra mais alentada de direito processual civil que introduza e provoque nos alunos dos cursos de graduação em direito o desejo de aprofundar o estudo dessa gratificante ciência e que auxilie os nossos companheiros de trabalho, juízes, promotores e advogados, na tarefa, entre todas as humanas a mais nobre, da administração da justiça.

Tem-se consciência de que é imperioso ensinar o direito como ciência ética, para assim o realizar no foro. Não se dispensa a boa doutrina processual emergente das decisões dos tribunais.

Por isso, imprimiu-se à exposição um cunho que se quer prático, no sentido da sua aplicação ao cotidiano da Justiça.

Certamente serão apontadas, com procedência, imperfeições e incorreções neste trabalho. As críticas serão acolhidas de bom grado, para emenda oportuna.

O Coordenador,
MILTON PAULO DE CARVALHO

NOTA PRELIMINAR

RESPONSABILIDADE DOS EXPOSITORES

Em obediência ao princípio da liberdade de pensamento e de divulgação das conclusões resultantes da investigação científica, preserva-se a liberdade de cada um dos expositores assim no plano científico como no político, da mesma forma como se indica a responsabilidade individual mencionando-se o autor do texto no início e durante cada ponto ou capítulo.

OS AUTORES

MILTON PAULO DE CARVALHO
Advogado. Mestre e doutor em Direito pela Universidade de São Paulo (área Direito Processual). Professor Titular da Universidade Presbiteriana Mackenzie. Professor fundador e coordenador do Curso de Pós-Graduação *lato sensu* em Direito Processual Civil do Instituto Internacional de Ciências Sociais – Centro de Extensão Universitária. Titular da Cadeira nº 7 da Academia Paulista de Direito, cujo patrono é o professor Jorge Americano, fundador da Faculdade de Direito da Universidade Mackenzie. Membro efetivo do Instituto dos Advogados de São Paulo, do Instituto Luso-Brasileiro de Direito Comparado e do Instituto Brasileiro de Direito Processual. Autor dos livros *Do pedido no processo civil* (Fieo-Fabris) e *Manual da competência civil* (Saraiva), e de inúmeros artigos e estudos de doutrina, especialmente em direito processual. Coordenador de várias obras coletivas em todos os ramos do direito. Tem proferido aulas, palestras e cursos, e participado como professor convidado de bancas examinadoras em várias universidades do país. Foi Secretário Geral da Comissão do Ensino Jurídico do Conselho Federal da Ordem dos Advogados do Brasil.

CARLOS AUGUSTO DE ASSIS
Professor Adjunto de Direito Processual Civil da Faculdade de Direito da Universidade Presbiteriana Mackenzie; mestre e doutor em Direito Processual pela Faculdade de Direito da Universidade de São Paulo. Autor dos livros *Sujeito Passivo no Mandado de Segurança* e *Antecipação de Tutela à luz da garantia*

constitucional do devido processo legal, ambos da Malheiros, além de inúmeros artigos publicados em revistas jurídicas especializadas. Advogado militante em São Paulo.

ANDREA BOARI CARACIOLA

Doutora em Direito pela Pontifícia Universidade Católica de São Paulo e mestre em Direito pela Universidade Presbiteriana Mackenzie. Coordenadora da Prática Jurídica da Faculdade de Direito da Universidade Presbiteriana Mackenzie, onde também leciona disciplinas de Direito Processual Civil. É advogada na área cível, especializada em desapropriação.

LUIZ DELLORE

Mestre e doutorando em Direito Processual Civil pela Universidade de São Paulo e mestre em Direito Constitucional pela Pontifícia Universidade Católica de São Paulo. Professor de Direito Processual Civil da Universidade Presbiteriana Mackenzie, de especializações e de cursos preparatórios. Advogado concursado da Caixa Econômica Federal. Membro do Instituto Brasileiro de Direito Processual (IBDP).

Sumário

Título I – INTRODUÇÃO AO ESTUDO DO DIREITO PROCESSUAL CIVIL

Capítulo 1
DIREITO, LIDE E PROCESSO 3
MILTON PAULO DE CARVALHO
1.1. Sociedade e direito 3
1.2. Direito natural 4
1.3. Direito positivo, normas de comportamento e normas sancionadoras 4
1.4. Lide ou litígio 5
1.5. Noções prévias de institutos elementares do processo civil 6
   1.5.1. A jurisdição 6
   1.5.2. A ação, o processo e o direito processual 6
1.6. A teoria geral do processo 8
BIBLIOGRAFIA 9

Capítulo 2
FORMAS DE SOLUÇÃO DOS LITÍGIOS 11
MILTON PAULO DE CARVALHO
2.1. Autotutela 11
2.2. Autocomposição 12
   2.2.1. Submissão 13
   2.2.2. Renúncia 13
   2.2.3. Transação 13
2.3. Processo 15
2.4. Meios alternativos de solução dos litígios 16
ANDREA BOARI CARACIOLA
   2.4.1. Composição particular, estatal e paraestatal 18
   2.4.2. A arbitragem 19
BIBLIOGRAFIA 22

Capítulo 3
DIREITO MATERIAL E DIREITO PROCESSUAL 25
MILTON PAULO DE CARVALHO
   3.1. Topologia das normas de direito material e de direito processual 26
   3.2. "Indistinção" entre direito material e direito processual? 28
   BIBLIOGRAFIA 30

Capítulo 4
AUTONOMIA, UNIDADE E DIVISÃO DO DIREITO PROCESSUAL.
DEFINIÇÃO E ESCOPO DO DIREITO PROCESSUAL CIVIL 31
MILTON PAULO DE CARVALHO
   4.1. Autonomia do direito processual 31
   4.2. Unidade e divisão do direito processual 32
      4.2.1. Unidade do direito processual 32
      4.2.2. Divisão do direito processual 33
   4.3. Objeto e definição do direito processual civil 34
      4.3.1. Objeto do direito processual civil 34
      4.3.2. Definição do direito processual civil 34
   BIBLIOGRAFIA 34

Capítulo 5
POSIÇÃO DO DIREITO PROCESSUAL CIVIL NO SISTEMA
JURÍDICO POSITIVO BRASILEIRO 35
MILTON PAULO DE CARVALHO
   5.1. O direito processual civil e o sistema jurídico positivo brasileiro 35
   5.2. Relações do direito processual civil com os outros ramos do direito ... 36
      5.2.1. Relações com o direito constitucional 36
      5.2.2. Relações com o direito civil 37
      5.2.3. Relações com os direitos comercial, tributário,
      administrativo e do trabalho 38
      5.2.4. Relações com o direito penal e com o direito processual penal 39
   BIBLIOGRAFIA 40

Capítulo 6
ESCORÇO HISTÓRICO DO DIREITO
PROCESSUAL CIVIL BRASILEIRO 41
MILTON PAULO DE CARVALHO
   6.1. Introdução 41
   6.2. Direito romano 41
      6.2.1. Período das ações da lei (legis actiones) 42

6.2.2. Período do processo formulário 43
 6.2.3. Período da cognitio extra ordinem 44
6.3. Direito intermédio e direito comum 44
6.4. Direito português das Ordenações 46
 6.4.1. Ordenações Afonsinas 46
 6.4.2. Ordenações Manuelinas 46
 6.4.3. Ordenações Filipinas 47
6.5. Direito brasileiro 47
 6.5.1. Da Independência até 1850 47
 6.5.2. O Regulamento 737, de 1850, a Consolidação Ribas
 e os Códigos estaduais de Processo Civil 48
  6.5.2.1. A origem do Regulamento 737 48
  6.5.2.2. A Consolidação Ribas 48
  6.5.2.3. A vigência do Regulamento 737 49
  6.5.2.4. Os Códigos estaduais de Processo Civil 49
 6.5.3. O Código de Processo Civil de 1939 52
 6.5.4. O Código de Processo Civil de 1973 e sua reforma 52
Bibliografia 58

Capítulo 7
A defesa e representação dos interesses coletivos 61
Milton Paulo de Carvalho
Bibliografia 63

Capítulo 8
Princípios gerais do direito processual civil 65
Milton Paulo de Carvalho
8.1. Noção de princípio 65
8.2. Indicação e classes dos princípios gerais de direito processual civil 67
 8.2.1. Princípios políticos 67
  8.2.1.1. Princípio do acesso à justiça 67
  8.2.1.2. Princípio do juiz natural 69
  8.2.1.3. Princípio do devido processo legal 69
  8.2.1.4. Princípio dispositivo ou da iniciativa de parte 70
  8.2.1.5. Princípio da publicidade 74
  8.2.1.6. Princípio da motivação das decisões 75
  8.2.1.7. Princípio da correlação entre sentença e pedido 75
 8.2.2. Princípios éticos 77
  8.2.2.1. Princípio da lealdade 77

    8.2.2.2. Princípio da isonomia processual 79
    8.2.2.3. Princípio do contraditório 81
  8.2.3. Princípios técnicos 81
    8.2.3.1. Princípio do impulso oficial 81
    8.2.3.2. Princípios da economia e da instrumentalidade das formas 82
    8.2.3.3. Princípio do duplo grau de jurisdição 83
    8.2.3.4. Princípio da apuração da verdade e persuasão racional do juiz.... 84
    8.2.3.5. Princípio da eficiência na administração da justiça 85
 8.3. Relações e hierarquia entre os princípios 86
 Bibliografia 87

Capítulo 9
FORMAS DE EXPRESSÃO DO DIREITO PROCESSUAL 89
Milton Paulo de Carvalho

 9.1. Fonte e forma de expressão do direito 89
 9.2. Formas de expressão do direito processual 90
  9.2.1. A jurisprudência, as súmulas e a súmula vinculante 90
    9.2.1.1. A jurisprudência 90
    9.2.1.2. As súmulas 91
    9.2.1.3. A súmula vinculante 91
 Bibliografia 93

Capítulo 10
INTERPRETAÇÃO DA LEI DE PROCESSO
E INTEGRAÇÃO DO DIREITO PROCESSUAL 95
Milton Paulo de Carvalho

 10.1. Conceito de interpretação 95
 10.2. Métodos de interpretação 95
 10.3. Resultados da interpretação 96
 10.4. Conceito de integração do direito processual escrito.
   Analogia, costumes, princípios gerais de direito 97
 Bibliografia 98

Capítulo 11
EFICÁCIA DA LEI PROCESSUAL NO ESPAÇO E NO TEMPO 101
Milton Paulo de Carvalho

 11.1. A lei de processo no espaço 101
 11.2. A lei de processo no tempo 101
 Bibliografia 103

Título II – ESTUDO DOS INSTITUTOS BASILARES DO PROCESSO CIVIL

Capítulo 12
OS INSTITUTOS BASILARES DO DIREITO PROCESSUAL. PREVALÊNCIA DA JURISDIÇÃO 107
MILTON PAULO DE CARVALHO
 BIBLIOGRAFIA 108

Capítulo 13
CONCEITO DE JURISDIÇÃO 109
MILTON PAULO DE CARVALHO
 BIBLIOGRAFIA 111

Capítulo 14
ESCOPO DA JURISDIÇÃO 113
MILTON PAULO DE CARVALHO
 BIBLIOGRAFIA 115

Capítulo 15
UNIDADE E ESPÉCIES DE JURISDIÇÃO 117
MILTON PAULO DE CARVALHO
 BIBLIOGRAFIA 118

Capítulo 16
PRINCÍPIOS E CARACTERES RELATIVOS À JURISDIÇÃO 119
MILTON PAULO DE CARVALHO
 16.1. Inércia 119
 16.2. Indelegabilidade 120
 16.3. Indeclinabilidade 120
 16.4. Juiz natural 121
 16.5. Aderência ao território 121
 16.6. Princípios da inafastabilidade, da definitividade e da inevitabilidade 122
 16.7. Caracteres da função jurisdicional 122
 BIBLIOGRAFIA 123

Capítulo 17
ATIVIDADES JURISDICIONAIS 125
MILTON PAULO DE CARVALHO
 17.1. Atividade jurisdicional cognitiva 125
  17.1.1. Espécies de atividade jurisdicional cognitiva 126
 17.2. Atividade jurisdicional executiva 126

17.3. Atividade jurisdicional cautelar. Cautelaridade e antecipação da tutela 126
17.4. Atividade jurisdicional integrativa 128
BIBLIOGRAFIA 129

Capítulo 18
JURISDIÇÃO VOLUNTÁRIA 131
MILTON PAULO DE CARVALHO

18.1. Conceito e natureza jurídica 131
18.2. Caracteres da jurisdição voluntária e distinção
da jurisdição propriamente dita 132
BIBLIOGRAFIA 133

Capítulo 19
LIMITAÇÕES DO PODER JURISDICIONAL 135
MILTON PAULO DE CARVALHO

19.1. Imunidades diplomáticas 135
19.2. Órgãos estranhos ao Poder Judiciário 135
19.3. Competência internacional 136
19.4. Convenção de arbitragem 136
19.5. Sobre o contencioso não jurisdicional 136
BIBLIOGRAFIA 137

Capítulo 20
DA COMPETÊNCIA. NOÇÕES GERAIS E COMPETÊNCIA INTERNACIONAL 139
MILTON PAULO DE CARVALHO

20.1. Definição 139
20.2. Conteúdo das regras sobre competência 139
20.3. Interpretação das normas sobre competência 140
20.4. Competência internacional 141
    20.4.1. Competência internacional concorrente 142
    20.4.2. Competência internacional exclusiva 142
BIBLIOGRAFIA 143

Capítulo 21
DA COMPETÊNCIA INTERNA 145
MILTON PAULO DE CARVALHO

21.1. Introdução 145
21.2. Competência de jurisdição 145
21.3. A competência na justiça comum 146

21.4. Critérios legislativos para distribuição da competência civil interna 146
21.5. Competência material lato sensu 147
21.6. Competência funcional 149
21.7. A perpetuatio iurisdictionis e suas exceções 150
21.8. Competência absoluta e competência relativa 150
    21.8.1. Foro de eleição 151
21.9. Arguição da incompetência 151
21.10. Modificações da competência 152
21.11. Conflito de competência 152
BIBLIOGRAFIA 153

Capítulo 22
ORGANIZAÇÃO JUDICIÁRIA BRASILEIRA 155
LUIZ DELLORE
22.1. Contextualização 155
22.2. Estrutura jurisdicional brasileira (Magistratura) 156
    22.2.1. Justiça comum estadual 159
    22.2.2. Justiça comum federal 160
    22.2.3. Juizados Especiais Cíveis e Federais (justiça comum) 161
    22.2.4. Justiça do Trabalho 162
    22.2.5. Justiça Eleitoral 163
    22.2.6. STF e STJ 163
    22.2.7. CNJ 165

Capítulo 23
MINISTÉRIO PÚBLICO 167
LUIZ DELLORE

Capítulo 24
ADVOCACIA 171
LUIZ DELLORE
    BIBLIOGRAFIA (CAPÍTULOS 22, 23 E 24) 173

TÍTULO III – DA AÇÃO

Capítulo 25
CONCEITO E NATUREZA JURÍDICA DA AÇÃO
E DA EXCEÇÃO. CARACTERES DO DIREITO DE AGIR 177
CARLOS AUGUSTO DE ASSIS
    25.1. A teoria imanentista (ou civilista) da ação 177

25.2. Teoria da ação como direito concreto 178
25.3. Teoria da ação como direito abstrato 179
25.4. Algumas conclusões sobre o conceito e a natureza jurídica da ação 181
25.5. Caracteres do direito de agir 182
25.6. A exceção (defesa) 184
Bibliografia 187

Capítulo 26
IDENTIFICAÇÃO DAS AÇÕES 189
Milton Paulo de Carvalho
26.1. Conceito e finalidades 189
26.2. Os elementos identificadores das ações 190
Bibliografia 192

Capítulo 27
CONDIÇÕES DA AÇÃO 193
Carlos Augusto de Assis
27.1. Generalidades 193
27.2. Possibilidade jurídica 194
27.3. Interesse processual 196
27.4. Legitimidade de parte (legitimatio ad causam) 198
27.5. Teoria da asserção 201
27.6. Crise das condições da ação 203
Bibliografia 204

Capítulo 28
CLASSIFICAÇÃO DAS AÇÕES 207
Milton Paulo de Carvalho
28.1. Sobre os critérios de classificação 207
28.2. Classificação das ações de acordo com a natureza
do provimento jurisdicional invocado 208
Bibliografia 209

Título IV – DO PROCESSO

Capítulo 29
CONCEITO E NATUREZA JURÍDICA DO PROCESSO 213
Andrea Boari Caraciola
29.1. Conceito 213
29.2. Natureza jurídica 216
Bibliografia 221

Capítulo 30
CARACTERES DA RELAÇÃO JURÍDICA PROCESSUAL 223
ANDREA BOARI CARACIOLA
30.1. Relação jurídica de direito público 223
30.2. Relação jurídica autônoma 224
30.3. Relação jurídica complexa 224
30.4. Relação jurídica progressiva 225
30.5. Relação jurídica dinâmica 225
BIBLIOGRAFIA 225

Capítulo 31
PRESSUPOSTOS PROCESSUAIS 227
ANDREA BOARI CARACIOLA
31.1. Pressupostos processuais, condições da ação e mérito 227
31.2. Conceito 229
31.3. Função 230
31.4. Classificação 231
    31.4.1. Pressupostos processuais de existência ou constituição do processo 235
    31.4.2. Pressupostos processuais de desenvolvimento válido e regular do processo 238
    31.4.3. Pressupostos processuais negativos 242
31.5. Regime jurídico: matérias de ordem pública? 243
BIBLIOGRAFIA 245

Capítulo 32
SUJEITOS DO PROCESSO 247
CARLOS AUGUSTO DE ASSIS
32.1. Sujeitos principais. Autor e réu 247
    32.1.1. Aspectos conceituais e terminológicos 247
    32.1.2. Aquisição da qualidade de parte 249
    32.1.3. Direitos, obrigações, deveres, ônus e responsabilidades das partes 250
32.2. O juiz, seus poderes e deveres 254
    32.2.1. Características, garantias e vedações 254
    32.2.2. Poderes e deveres do juiz no processo 256
        32.2.2.1. Os poderes-deveres do art. 125 259
    32.2.3. Responsabilidade do juiz 260
32.3. O Ministério Público 261
    32.3.1. Características, garantias, vedações e responsabilidades 261
    32.3.2. Sua atuação no processo civil 262
32.4. O Advogado 263

32.4.1. Função no processo 263
32.4.2. Regime jurídico: direitos, deveres, forma de atuação
e responsabilidade 264
32.5. Sujeitos secundários do processo 265
BIBLIOGRAFIA 267

Capítulo 33
LITISCONSÓRCIO 269
CARLOS AUGUSTO DE ASSIS
33.1. Conceito e classificação 269
33.2. Litisconsórcio facultativo 271
    33.2.1. Hipóteses 271
    33.2.2. Recusa do litisconsórcio 274
    33.2.3. O problema do litisconsórcio ulterior 275
33.3. Litisconsórcio necessário 277
33.4. Litisconsórcio unitário e litisconsórcio comum 279
33.5. Regime jurídico 280
BIBLIOGRAFIA 280

Capítulo 34
INTERVENÇÃO DE TERCEIROS 283
CARLOS AUGUSTO DE ASSIS
34.1. Considerações gerais 283
34.2. Assistência 284
    34.2.1. Conceito e procedimento 284
    34.2.2. A assistência simples 286
    34.2.3. A assistência litisconsorcial 287
34.3. Nomeação à autoria 289
    34.3.1. Conceito 289
    34.3.2. Hipóteses 290
    34.3.3. Procedimento 290
34.4. Oposição 291
    34.4.1. Generalidades. Conceito de oposição 291
    34.4.2. Modalidades: interventiva e autônoma 292
    34.4.3. Natureza jurídica 292
    34.4.4. Requisitos 293
    34.4.5. Procedimento 295
34.5. Denunciação da lide 296
    34.5.1. Conceito e noções gerais 296
    34.5.2. Hipóteses de cabimento 297
    34.5.3. Obrigatoriedade? 299

34.5.4. Procedimento 300
  34.5.5. Questões polêmicas 303
 34.6. Chamamento ao processo 305
  34.6.1. Conceito 305
  34.6.2. Hipóteses de chamamento 306
  34.6.3. Procedimento 307
  34.6.4. Situações especiais 308
 34.7. O "amicus curiae" 310
  34.7.1. Natureza, função e previsão no ordenamento jurídico ... 310
  34.7.2. Forma de atuação 312
 BIBLIOGRAFIA 314

Capítulo 35
PROCEDIMENTO 317
CARLOS AUGUSTO DE ASSIS
 35.1. Diferença entre processo e procedimento 317
 35.2. Necessidade de procedimentos diversos. O direito material e
   os procedimentos 319
 35.3. Classificação dos procedimentos 321
 Bibliografia 323

Capítulo 36
FORMAÇÃO, SUSPENSÃO E EXTINÇÃO DO PROCESSO 325
LUIZ DELLORE
 36.1. Contextualização 325
 36.2. Formação do processo de conhecimento 326
  36.2.1. Estabilização da demanda (CPC, art. 264) 326
  36.2.2. Desenvolvimento válido e regular do processo 327
  36.2.3. Ausência de requisitos de formação e desenvolvimento do processo.... 327
 36.3. Suspensão do processo de conhecimento 328
  36.3.1. Hipóteses de suspensão do processo 329
 36.4. Extinção do processo de conhecimento 338
  36.4.1. Extinção sem resolução do mérito (CPC, art. 267) 339
   36.4.1.1. Momento em que pode ocorrer a extinção sem resolução do mérito... 339
   36.4.1.2. Hipóteses em que há a extinção sem resolução do mérito 341
  36.4.2. Extinção com resolução do mérito (CPC, art. 269). 353
   36.4.2.1. Momento em que pode ocorrer a extinção com resolução
    do mérito 353
   36.4.2.2. Hipóteses em que há sentença com resolução do mérito 354
 36.5. Formação, suspensão e extinção do processo de execução 357

36.6. Formação, suspensão e extinção do processo cautelar 361
BIBLIOGRAFIA 362

Capítulo 37
ATOS PROCESSUAIS 365
CARLOS AUGUSTO DE ASSIS

37.1. Noções gerais 365
37.2. Natureza jurídica, caracteres e classificação 366
37.3. Modo, lugar e tempo dos atos processuais 368
    37.3.1. Generalidades: a forma do ato processual 368
    37.3.2. A instrumentalidade das formas 371
    37.3.3. Prazos dos atos processuais 372
37.4. Existência, validade e eficácia do ato processual.
Os vícios do ato processual 376
BIBLIOGRAFIA 382

Capítulo 38
LINEAMENTOS DO PROCEDIMENTO
ORDINÁRIO E SUMÁRIO 385
ANDREA BOARI CARACIOLA

38.1. Processo e procedimento 385
    38.1.1. Processo 385
    38.1.2. Procedimento 386
        38.1.2.1. Conceito 386
        38.1.2.2. Procedimentos no processo de cognição 387
38.2. Procedimento comum rito ordinário 388
    38.2.1. Fases do procedimento ordinário 390
    38.2.2. Adequação do procedimento 390
38.3. Procedimento sumário 391
    38.3.1. Etimologia 391
    38.3.2. Princípios do procedimento sumário 391
    38.3.3. Características do procedimento sumário 392
    38.3.4. Cabimento do rito sumário: verificação da admissibilidade 395
    38.3.5. Indisponibilidade do procedimento 396
    38.3.6. Concorrência entre o sumário e os juizados especiais:
    opção do autor ou obrigatoriedade? 397
    38.3.7. Impossibilidade de denunciação da lide e o contrato de seguro 398
BIBLIOGRAFIA 399

BIBLIOGRAFIA GERAL 401

Título I
Introdução ao estudo do direito processual civil

Capítulo 1

Direito, lide e processo

Milton Paulo de Carvalho

1.1. Sociedade e direito

O HOMEM É UM animal sociável. Como não pode obter por si próprio tudo o de que tem necessidade, racionalmente se organiza com seus semelhantes para, em união e cooperação livre e estável, buscar o fim comum, chamado *bem comum*. Essa união, assim moral porque procedente da inteligência e da vontade e porque livre, estável e voltada à consecução do bem comum, chama-se *sociedade*[1].

As relações entre os homens, para que sejam ordenadas para o bem comum, submetem-se a uma justa proporção, que Dante Alighieri chamou de *proportio hominis ad hominem* (uma proporção de homem para homem)[2]. Essa proporção justa nas relações humanas, pressuposta obviamente a alteridade – existência de no mínimo duas pessoas –, é o **direito**. O direito é, pois, a expressão do justo; ou o *objeto da justiça*.

Enquanto essa é a noção primeira e exata do direito, ou seja, a *constans et perpetua voluntas suum cuique tribuendi* (vontade constante e perpétua de dar a cada um o que é seu), na definição de Ulpiano[3], é certo, por outro lado, que o termo *direito* tem acepções análogas, isto é, nem sempre é tomado num único sentido. Para a ciência do processo, concebe-se o direito como *fato social*, ou seja, o complexo de regras da convivência humana, estabelecido por normas escritas ou oriundas do costume, sempre, porém, tendo como objeto o justo.

---

1. José Pedro Galvão de Sousa, José Fraga Teixeira de Carvalho e Clovis Lema Garcia, *Dicionário de Política*, São Paulo, 1998, T. A. Queiroz, Editor, verbete "sociedade", p. 497.
2. *De Monarchia*, L. II, 5.
3. *Digesto*, I, 1, 10.

1.2. DIREITO NATURAL

O justo não é produto da vontade do homem, nem do Estado, mas provém de uma ordem objetiva de justiça, imposto irrecusavelmente a todos porque entranhado na natureza de cada um e na sociedade por consequência. O homem não tem o direito porque a Constituição ou qualquer lei o concede. Ao contrário: a Constituição estabelece porque o homem tem o direito.

O direito, pois, antecede à lei.

O direito emerge dos princípios de moralidade – praticar o bem e evitar o mal – e suas aplicações práticas supõem o conhecimento experimental e objetivo da natureza humana. Tais aplicações têm caráter permanente, em razão dos princípios; mas variável, conforme as contingências sociais.

O direito natural deve ser o fundamento do direito constituído. A lei que desatende o direito natural é mero produto do arbítrio legislativo, fruto apenas da força dominante na sociedade, que não raro a repele expressa ou tacitamente quando se evidencia espúria ou iníqua[4].

1.3. DIREITO POSITIVO, NORMAS DE COMPORTAMENTO E NORMAS SANCIONADORAS

Embora "verdadeiro cerne do Direito, dele derivando todas as regras permanentes dos valores"[5], com os seus princípios constituindo um "feixe pequeno de normas permanentes e imutáveis"[6], o direito natural não se impõe por si próprio. Para completar a sua obrigatoriedade e fazer efetivos os seus comandos, de modo que possam alcançar pormenores da vida social aparentemente indiferentes àquela origem natural, é que existe o *direito positivo*, o qual se resume no direito sancionado explícita ou implicitamente pela autoridade social. É o *ordenamento jurídico*, ou *direito objetivo*, que se compõe das leis promulgadas pelo poder competente (sanção explícita) e dos usos e costumes também homologados pelo mesmo poder (sanção implícita). São os textos legais, da Constituição, lei maior, às normas de mera execução administrativa, como os regulamentos; é o direito consuetudinário, sancionado pela sociedade e pelos tribunais[7].

Em suma, o direito positivo constituído em lei deve exprimir o direito natural, sob pena de ser iníquo, de não ser direito.

---

4. Cf. José Pedro Galvão de Sousa *et al.*, ob. cit., verbete "direito natural".
5. Ives Gandra da Silva Martins, A ética no direito e na economia, in *Scientia iuridica*, setembro a dezembro de 2001, tomo L, n. 291 (separata).
6. Op. cit., p. 9.
7. Evidentemente, não se dirá que o direito natural determina ao condutor de um veículo transitar pela direita e dar passagem pela esquerda. A regra de direito natural é a de que cada um transite e permita que o outro também o faça com as mesmas liberdades e restrições, de modo a alcançar-se o bem comum. À discricionariedade, ou melhor, ao arbítrio humano fica a tarefa de disciplinar positivamente essa relação no contexto social, de modo que não viole o direito em que se deve fundar essa norma escrita.

À necessidade da existência de normas de comportamento, chamadas primárias, corresponde a necessidade da previsão das consequências e sanções, ou normas secundárias, para as hipóteses de condutas contrárias às definidas nas normas primárias.

1.4. LIDE OU LITÍGIO

A convivência social não se realiza pela colaboração irrestrita e desprendida entre os homens; ao contrário, o concurso, a disputa, ainda que leal e não traumatizante, caracteriza a tendência de indivíduos e grupos, impulsionando, até mesmo, o progresso material das comunidades, quando os interesses dos indivíduos ou dos grupos pelos bens da vida mantêm-se em concorrência leal e ordenada. Todavia, diante da realidade de que os bens existem na natureza em número finito e infinitos são os interesses dos homens sobre eles, momentos há em que os conflitos de interesses não se resolvem pacificamente, surgindo o que a linguagem processual exprime pela palavra **lide**, isto é, litígio, ou porque não se atende à pretensão legítima ou porque a pretensão é contra o direito.

Autores de renome apontam também como situação característica de conflito a insatisfação de uma pessoa que pretende um bem, mas não o pode obter ou porque aquele que poderia satisfazer a sua pretensão não a satisfaz, ou porque o próprio direito proíbe a satisfação voluntária da pretensão[8].

É de Francesco Carnelutti o conhecido conceito: **lide** é o conflito de interesses qualificado por uma pretensão resistida. Nesse conceito se entende *interesse* como a propensão favorável de um sujeito de direito em relação a um objeto ou "bem da vida", entendendo-se como *pretensão* o desejo de subordinação do interesse alheio ao interesse próprio.

Carnelutti fez girar sua doutrina em torno do conceito de lide. O Código de Processo Civil brasileiro, em vigor, considera a lide como o objeto do processo, o *meritum causae*, como vem explicado no item 6 da Exposição de Motivos. Esse diploma traz a marca dessa influência em vários dos seus principais dispositivos, mas a doutrina atual afasta o predomínio da lide, enquanto conflito de pretensões, enquanto confronto de pedidos de ambos os litigantes, para configuração do mérito. Objeto do processo é a pretensão processual, o pedido formulado pelo autor na petição inicial *(in statu assertionis)*. A atitude do réu é a de opor-se à tutela pretendida por aquele. Não há que falar em "pedidos das partes" *(petita partium)*. Só o autor pede.

Emerge, então, a necessidade de solução mediante incidência da regra ditada para compor o litígio, consoante o direito objetivo material, ou ordenamento jurídico material, e, se for caso, com aplicação da norma secundária, ou sancionadora.

---

8. Conforme Ada Pellegrini Grinover, Antonio Carlos de Araújo Cintra e Cândido Rangel Dinamarco, *Teoria geral do processo*, n. 2, p. 26.

1.5. NOÇÕES PRÉVIAS DE INSTITUTOS ELEMENTARES DO PROCESSO CIVIL

1.5.1. A jurisdição

A sociedade juridicamente organizada atribui à autoridade por ela constituída o poder de dirimir controvérsias. Diz-se que o Estado "monopolizou a jurisdição", impedindo a justiça privada[9]. O *ius dicere* – dizer o direito – é hoje função estatal, embora o seu conceito e a sua natureza tenham sofrido oscilações e mutações sob influência de movimentos ideológico-políticos em vários períodos históricos, podendo-se, de outra parte, apontar ocasiões em que tal função não foi ou não é exercida exclusivamente pelo poder estatal. Há formas de solução de litígios que refogem à autoridade estatal, embora o cumprimento, isto é, a execução do direito afirmado, com a finalidade da sua satisfação, dependa daquela autoridade. A busca da jurisdição estatal é, dentre as instituídas para solução de controvérsias, a maneira ordinária e mais frequente, por meio da atuação da norma jurídica ao caso concreto. Tal busca não significa mera opção do demandante, porque a jurisdição estatal, em razão do referido monopólio, é inevitável quando não se trate de litígio sobre direitos disponíveis, assim como na execução. Acrescenta-se, então, que o poder de *iurisdictio* do Estado abarca assim a declaração como a satisfação do direito.

1.5.2. A ação, o processo e o direito processual

Tendo o Estado avocado a jurisdição, o particular e o próprio Estado-Administração, quando necessitam dirimir conflitos em que se acham envolvidos, exercem o direito de ação, buscando aquela tutela jurídica. O *acesso à justiça* tem esse primeiro e formal conceito de invocação do Poder Judiciário, no sentido de inafastabilidade da sua atuação para impedir ou reparar qualquer lesão de direito (CF, art. 5º, inciso XXXV). Evidentemente, esse direito à tutela jurisdicional é o mesmo, tanto para aquele que exerce o direito de ação como para o que exerce o direito de defesa.

O instrumento de que se utiliza o Estado para desenvolver a sua atividade jurisdicional na solução de cada litígio é o processo. No processo atuam o Estado-juiz e as partes interessadas, formando relação jurídica *sui generis*, porque complexa, progressiva e dinâmica.

A ciência que estuda a jurisdição, seus caracteres e o modo de sua atuação, bem como o conjunto de normas e princípios que disciplinam o direito de agir e a atividade do juiz não penal e das partes no processo não penal, constitui o direito processual civil.

---

9. Constitui o crime definido no art. 345 do Código Penal, sob a rubrica de *exercício arbitrário das próprias razões*, fazer justiça pelas próprias mãos para satisfazer pretensão embora legítima, fora dos casos permitidos por lei.

A doutrina jurídico-processual indica três institutos basilares desse ramo do direito, que são, precisamente, a jurisdição, a ação, que compreende a defesa, e o processo.

O exercício do direito de agir desencadeia a atuação jurisdicional e instaura o processo, que se desenvolve por uma sucessão de atos subordinada a regras e princípios, cujo método de trabalho se denomina *técnica processual*. Conforme sejam as atividades da jurisdição, assim se diversificam os processos que lhe servem de instrumentos: a) – se a atuação da jurisdição afirma a vontade concreta da lei na solução de um litígio, resolvendo o conflito sobre a existência ou o modo de ser de uma relação jurídica, sobre a situação mesma dessa relação jurídica, ou sobre o inadimplemento do que por ela se pactuara, utiliza-se do processo *de declaração*, também chamado *de cognição* ou *de sentença*; b) – para a atuação que determina a satisfação de um direito já afirmado, o processo será o *de execução*. No processo civil brasileiro, a partir da Lei nº 11.232, de 22 de dezembro de 2005, o processo de execução passou a servir para satisfação de créditos representados por títulos executivos extrajudiciais, enquanto ao processo de conhecimento se adicionou o procedimento de cumprimento de sentença, fazendo-se assim uma execução *sine intervallo*, isto é, sem processo autônomo de execução; e c) – se as provisões jurisdicionais se destinam a assegurar o resultado útil da atividade cognitiva ou executiva, prendendo-se a qualquer destas acessória e temporariamente, o processo a utilizar-se será o *cautelar*, tudo conforme a tripartição consagrada pelo Código de Processo Civil brasileiro, que atribui o Livro I ao processo de conhecimento, o Livro II ao processo de execução e o Livro III ao processo cautelar, embora a *cautelaridade*, no sentido da atuação jurisdicional ou da técnica com os característicos acima descritos, esteja presente em normas esparsas do Livro I e do Livro II e seja dedutível do sistema do Código, tanto no concernente à direção do processo atribuída ao juiz como à extensão que se deva reconhecer ao chamado *poder geral cautelar*.

Com efeito, a ideia de *cautelaridade* não implica, necessariamente, a de um processo autônomo, o *processo cautelar*. Provisões cautelares podem ser emitidas no curso da cognição, ou por previsão típica e expressa, como as inseridas em procedimentos especiais de jurisdição contenciosa (exemplo: a do art. 1.018, parágrafo único, do Código de Processo Civil, consistente na reserva de bens para pagamento ao credor do espólio, no processo de inventário), ou em qualquer procedimento, se o autor a requerer sob o título de antecipação da tutela e estiverem presentes os pressupostos da cautelaridade, como prescrito no art. 273, § 7º, do mesmo Código. Na execução, é eloquente o exemplo do art. 653, que autoriza o arresto de bens do devedor, ocorrendo a hipótese ali prevista. De resto, não é porque o Código prevê, nos arts. 798 e 799, a adoção, pelo juiz, de medidas destinadas à manutenção da isonomia processual e ao asseguramento de decisão justa sobre o mérito, que o poder cautelar geral deva ser entendido como capítulo ou parte do *processo* cautelar. Ao contrário, o poder cautelar geral do juiz tem fulcro nos seus poderes-deveres, elencados de forma genérica no campo próprio da lei dedicado ao juiz. No art. 125, lê-se que ao juiz compete *dirigir* o processo, assegurando às partes *igualdade de tratamento*, velando pela *rápida administração da justiça* e *prevenindo e reprimindo* qualquer ato atentatório à dignidade da justiça[10].

Portanto, a cautelaridade constitui instrumento acessório de toda a atividade jurisdicional, como que "permeando" assim a cognição como a execução.

1.6. A TEORIA GERAL DO PROCESSO

A jurisdição, ontologicamente considerada, é una, no sentido de que o dizer o direito é a mesma atividade seja para dirimir conflito penal, ou trabalhista, ou civil. Esse característico da jurisdição, juntamente com a identidade conceitual dos institutos elementares comuns aos processos civil, penal, trabalhista e outros – como os princípios do contraditório e do devido processo legal, e como os institutos da ação, competência, procedimento etc. – levaram estudiosos a unificar o enfoque daqueles elementos, englobando-os na "teoria geral do processo", como já sustentava Francesco Carnelutti, em 1936, no seu *Sistema di diritto processuale civile*[11], postulando a construção de uma "parte geral" do direito processual. Cândido Rangel Dinamarco, excluindo a unidade legislativa presente em alguns ordenamentos, justifica a existência de uma teoria geral do processo pela "condensação científica de caráter metodológico", porque existe muito em comum entre os vários ramos processuais, não sendo suficientes as peculiaridades de cada um "a impedir ou a tornar menos frutífero o exame global dos grandes princípios, dos institutos fundamentais e do método comum"[12]. Todavia, alguns institutos, ainda que nomeadamente comuns ao processo civil e ao processo penal, submetem-se a disciplinas legais distintas, bem como a princípios e conceitos próprios de cada um desses ramos do direito processual, o que enseja e justifica, exclusivamente para fins práticos, a separação dos atinentes a um dos pertinentes ao outro e também ao direito processual do trabalho, sem desconhecer a unidade do direito processual, embora indicando a doutrina elementar que integraria uma "teoria geral do processo civil".

Considerados o fim didático e os limites desta obra, voltada ao estudo exclusivo do processo civil, ocupamo-nos de discorrer apenas sobre os *institutos fundamentais do processo civil*, sem a preocupação de inserir o discurso, sistematicamente, numa teoria geral do processo, o que poderia destoar das finalidades deste trabalho.

---

10. Vicente Greco Filho afirma: "O poder cautelar geral do juiz atua como poder integrativo da eficácia global da atividade jurisdicional. Se esta tem por finalidade declarar o direito de quem tem razão e satisfazer esse direito, deve ser dotada de instrumentos para a garantia do direito enquanto não definitivamente julgado e satisfeito." (*Direito processual civil brasileiro*, v. 3, p. 171).
11. Francesco Carnelutti. v. I, n. 89, p. 262 a 267.
12. *Instituições de direito processual civil*, v. I, n. 11, p. 51.

BIBLIOGRAFIA

ALIGHIERI, Dante. *De Monarchia*. Lisboa: Guimarães Editores, 1999.

CARNELUTTI, Francesco. *Sistema di diritto processuale civile*. Milano: Padova, 1936, v. I.

_____. *Diritto e processo*. Napoli: Morano Editore, 1958.

CARVALHO, José Fraga Teixeira de; GARCIA, Clóvis Lema; SOUSA, José Pedro Galvão de. *Dicionário de política*. São Paulo: T.A. Queiroz Editor, 1998.

CARVALHO, Milton Paulo de. Ação de reparação de dano resultante do crime. Influência da sentença penal condenatória. *LEX – Jurisprudência do Superior Tribunal de Justiça e Tribunais Regionais Federais*, v. 60, São Paulo: Lex, agosto de 1994, p. 09.

_____. Responsabilidade civil e processo. Eficácia da sentença penal condenatória na ação de reparação de danos movida ao responsável civil por ato de seu subordinado. Revista Direito Mackenzie, ano 1, n. 1, São Paulo: Mackenzie, 2000, p. 177.

GRECO FILHO, Vicente. *Direito processual civil brasileiro*. 19. ed. São Paulo: Saraiva, 2008, v. I

_____. *Direito processual civil brasileiro*. 19. ed. São Paulo: Saraiva, 2008, v. III.

GRINOVER, Ada Pellegrini; CINTRA, Antonio Carlos de Araújo; DINAMARCO, Cândido Rangel. *Teoria geral do processo*. 24. ed. São Paulo: Malheiros, 2008.

MADEIRA, Hélcio Maciel França. *Digesto de Justiniano. Livro 1*. São Paulo: Revista dos Tribunais; Osasco: Centro Unifieo, 2000.

MARTINS, Ives Gandra da Silva. A ética no direito e na economia. *Scientia iuridica*, setembro a dezembro de 2001, t. L, n. 291 (separata).

CAPÍTULO 2

FORMAS DE SOLUÇÃO DOS LITÍGIOS

MILTON PAULO DE CARVALHO

Resolver os conflitos entre os seus sujeitos, quer os derivados de possível violação de direitos individuais, quer os de violação de direitos coletivos, tem sido constante preocupação da sociedade ao longo dos tempos, podendo-se, no estágio atual do assunto, isolar as formas de solução das controvérsias que dispensam a intervenção do Estado-juiz: a) o desforço físico para repelir a ofensa ao direito ou o emprego incondicionado de medidas de natureza preventiva e executiva (autotutela), b) a autocomposição e c) a arbitragem.

A forma ordinária de solução de conflitos faz-se pela atuação do Estado-juiz, impondo ao caso concreto a solução prevista em abstrato pelo ordenamento jurídico. Confirma a situação do Estado como detentor do monopólio do *ius dicere*. É a jurisdição estatal – ou simplesmente Jurisdição, no sentido de poder com autoridade para pacificar o convívio social. Compete ao Estado, como regra e com exclusividade, a declaração do direito quando em disputa e o emprego dos atos de coerção para cumprimento da sua declaração. Essa é a solução pelo processo.

2.1. AUTOTUTELA

É o meio de defesa dos direitos pela própria força. É maneira rudimentar de solução de conflitos. Nas eras primitivas, desconhecia-se o recurso à autoridade social: o mais forte impunha-se sobre o opositor, ou se recorria à vingança particular. Após longo tempo, em que se atribuiu o poder de julgar a pessoas, instituições e entidades de variadas espécies, o Estado assumiu o monopólio da jurisdição, vedando-se ao particular o exercício por sua conta das próprias razões, sob pena de constituir ilícito penal a usurpação dos poderes jurisdicionais do Estado.

Casos há, entretanto, em que se assegura ao ofendido a defesa dos direitos por sua própria conta, em razão da impossibilidade de oportuna cognição e intervenção do órgão estatal, dadas a natureza da relação jurídica discutida e a urgência da medida a ser adotada.

A autotutela pode ocorrer: a) *em legítima defesa*, como repulsa à violação ou ameaça a direito. São exemplos o desforço físico imediato na defesa da posse, previsto no art. 1.210, § 1º, do Código Civil; o penhor legal que têm os hoteleiros ou fornecedores de pousada ou alimento, sobre as bagagens, móveis, joias ou dinheiro que os seus consumidores ou fregueses tiverem consigo nas respectivas casas ou estabelecimentos, pelas despesas ou consumo que aí tiverem feito (CC, art. 1.467, I); o direito de retenção da coisa a ser entregue pelo possuidor de boa-fé para indenização de benfeitorias por ele realizadas (CC, art. 1.219); e b) *no exercício dos chamados direitos potestativos*, como o de cortar ramos e raízes de árvores que ultrapassem a linha lindeira dos prédios (CC, art. 1.283)[1].

2.2. AUTOCOMPOSIÇÃO

É a forma de solução de conflitos intersubjetivos promovida pelos próprios litigantes nos autos do processo e celebrada ou não sob aconselhamento do juiz ou do conciliador; ou fora do processo, por iniciativa dos interessados. É reconhecida como um dos principais *meios alternativos de solução de litígios*, no sentido de que por ela se subtrai a solução da disputa ao pronunciamento da jurisdição estatal.

Convém distinguir a *conciliação* da autocomposição. Em sentido comum, há *conciliação* quando as partes se harmonizam, nos autos do processo ou fora deles. Dá-se o nome de *conciliação*, em sentido estritamente *processual*, à ação do juiz de exortar as partes à autocomposição, ou ao efeito daquela ação judicial. Sob a ideia de que os contendores são sempre os melhores juízes das suas disputas (*ubi partes conveniunt cessat officium iudicis* – onde as partes convêm, cessa o ofício do juiz), estimulam-se as audiências de conciliação em qualquer fase do processo (CPC arts. 125, IV; 277; 331; 447 e outros) com o fito de alcançar-se a autocomposição. Mas, como têm sido grandes as dificuldades para a obtenção de autocomposições pelo meio da conciliação, busca-se introduzir agora o instituto da *mediação*, como solução *consensuada* de litígios. Será outro meio alternativo de resolução de conflitos.

---

1. Direito potestativo é o que "permite ao seu titular modificar, de modo unilateral, uma situação subjetiva de outrem, que, não podendo evitá-lo, deve apenas sujeitar-se. Ao direito potestativo contrapõe-se, portanto, não um dever, mas um estado de sujeição às mudanças que se operam na sua própria esfera." (Francisco Amaral, *Direito civil* – Introdução, p. 197).

O art. 1º de Projeto de Lei que "institui e disciplina a mediação paraprocessual como mecanismo complementar de prevenção e solução de conflitos no processo civil e dá nova redação ao art. 331 e parágrafos do Código de Processo Civil" define a *mediação* como "a atividade técnica exercida por terceira pessoa que, escolhida ou aceita pelas partes interessadas, as escuta e as orienta com o propósito de lhes permitir que, de modo consensual, previnam ou solucionem conflitos". Ainda prevê esse Projeto de Lei a mediação antes de instaurado o processo *(mediação prévia)*, ou no curso do mesmo *(mediação incidental)*.

A autocomposição, como a conciliação em sentido amplo, comum, e como o resultado da mediação, pode consistir em *submissão, renúncia* ou *transação*.

2.2.1. Submissão

Ocorre a submissão quando – utilizando-se os termos da definição carneluttiana de lide – aquele, que resiste à pretensão, deixa de resistir. Se ocorre quando o processo já se acha instaurado, verifica-se o previsto no art. 269, inciso II, do CPC, ou seja, o reconhecimento jurídico do pedido.

É frequente, no foro, o uso do jargão *confessar a ação*, no sentido de que o réu, por qualquer ato que tenha praticado, fez cessar sua resistência à pretensão do autor. A confissão é meio de prova e refere-se a fatos. A submissão significa concordância com a pretensão principal do autor; por isso se fala em reconhecimento jurídico do pedido.

2.2.2. Renúncia

Se o que pretende deixa de pretender, dá-se a renúncia. Entenda-se: a renúncia que caracteriza uma forma de autocomposição é o abandono do **direito** em que se funda a demanda, razão por que, ao homologá-la, o juiz profere sentença extinguindo o processo com julgamento do mérito (CPC, art. 269, V). Tal decisão transformar-se-á em coisa julgada material. Efeito diferente da renúncia terá a *desistência da ação*, em que a decisão judicial homologatória apenas porá fim à relação processual (sentença terminativa) sem julgamento do mérito (CPC, art. 267, VIII), não alcançando os seus efeitos a qualidade de coisa julgada material. Mas, neste caso, houve *conciliação*[2].

2.2.3. Transação

É o meio de prevenir ou extinguir litígios mediante concessões recíprocas entre os contendores: aquele que pretende aceita menos do que pretende, e o que resiste diminui em parte a resistência, com o estabelecimento de novos vínculos obrigacionais entre os transigentes.

---

2. Cândido Rangel Dinamarco, *Instituições...*, cit., III, n. 1.140, p. 560.

Instituto de direito material, a discussão sobre a sua natureza jurídica, se é contrato ou modo de extinção de obrigações, acoroçoou ilustres civilistas durante muito tempo, uma vez que o Código Civil de 1916 a considerou meio extintivo de obrigações, enquanto a maioria dos códigos civis estrangeiros a tratava como verdadeiro contrato. A doutrina inspiradora daquele Código, sustentando que a transação tinha caráter meramente declarativo de direitos, destinava-lhe lugar entre os modos de extinção das obrigações, tanto assim que o seu art. 1.027 prescrevia: "A transação interpreta-se restritivamente. Por ela não se transmitem, apenas se declaram ou reconhecem direitos".

Essa era a doutrina de Clóvis Bevilaqua[3] e de M. I. Carvalho de Mendonça[4], entre outros, enquanto civilistas de outra formação, como Serpa Lopes[5] e Washington de Barros Monteiro[6] entendiam, como predominando nas legislações estrangeiras, que a transação tem natureza de contrato e como tal deveria ser aplicada. No Anteprojeto de Código de Obrigações, de Caio Mário da Silva Pereira, a transação aparece como contrato típico, admitidas convenções sobre matéria estranha à do litígio (arts. 803 e 804)[7]. A lição exposta e os exemplos trazidos por Serpa Lopes, quais o de atribuição de um direito novo, estranho ao objeto do litígio, ou o da simulação para evitar efeitos fiscais, demonstram como as disposições do art. 475-N, inciso III ("São títulos executivos judiciais: (...) III – a sentença homologatória de conciliação ou de transação, ainda que inclua matéria não posta em juízo") e do art. 585, II, do mesmo Código ("São títulos executivos extrajudiciais: (...) II – (...) o instrumento de transação referendado pelo Ministério Público, pela Defensoria Pública ou pelos advogados dos transatores"), assim permitindo, evidentemente, a inserção de novas obrigações, afeiçoaram-se à melhor doutrina, que concebendo a transação como contrato, ressalta-lhe o cunho eminentemente social. Na direção de ensejar, no mais possível, a pacificação social, o legislador processual admitiu que conflitos não trazidos à jurisdição se pudessem resolver pela iniciativa dos litigantes com a homologação judicial. Em Washington de Barros Monteiro, na página citada, se lê: "Mantemos, todavia, o que dissemos anteriormente. Transação é contrato, porquanto resulta de acordo de vontades sobre determinado objeto. Na frase genial de Carnelutti, é a solução contratual da lide. É uma forma de autocomposição do litígio. É um dos contratos mais úteis à sociedade".

O Código Civil de 2002 inclui a transação entre os contratos, acolhendo a doutrina acertada. Mas reproduz, no art. 843, a prescrição de que pela transação apenas

---

3. *Direito das obrigações*, § 44, p. 114.
4. *Doutrina e prática das obrigações*, n. 187, p. 373.
5. *Curso de direito civil*, v. II, n. 248, p. 345.
6. *Curso de direito civil*, v. 4, p. 316.
7. *Anteprojeto de Código de Obrigações*, art. 803. No *Projeto de Código de Obrigações*, da Comissão Revisora, art. 817.

se declaram ou reconhecem direitos, o que pode trazer ainda alguma hesitação, ao nosso ver infundada, na aplicação da regra.

A transação só pode ter por objeto direitos patrimoniais de caráter privado (CC, art. 841). Direitos patrimoniais são os integrantes do patrimônio material de cada pessoa natural ou jurídica, são os que se exprimem por valor em dinheiro. Assim, por exemplo, os direitos da personalidade, como o direito à honra, à imagem, ao nome, ao corpo, e os derivados do direito de família, como os relativos ao estado e à capacidade civil, a filiação, o direito aos alimentos, não são suscetíveis de transação porque não são materialmente patrimoniais. Já os efeitos patrimoniais desses direitos, como, por exemplo, o montante de certa dívida por alimentos, pode ser objeto de concessões recíprocas. Acrescente-se que esses direitos, por serem indisponíveis, não sofrem, quanto aos fatos de que se originam, os efeitos da revelia (CPC, art. 320, II), como também não podem ser objeto de confissão (mesmo Código, art. 351)[8]. Outro requisito é o de que tais direitos patrimoniais sejam de caráter privado, pertençam a pessoa natural ou jurídica de direito privado, isto é, os direitos patrimoniais de que seja titular a União Federal, o Estado ou o Município, pelos seus órgãos da administração direta, são insuscetíveis de transação.

O CPC considera título executivo judicial "o acordo extrajudicial, de qualquer natureza, homologado judicialmente" (art. 475-N, inciso V). Isso quer dizer que qualquer negócio jurídico que contenha prestação por uma das partes, seja ou não transação, poderá oferecer ao credor oportunidade de satisfação mais rápida e eficaz (força executiva), desde que tal acordo tenha sido homologado por sentença judicial.

Se houver demanda instaurada e o acordo se tiver celebrado para pôr-lhe fim, a hipótese será de transação, caso em que o título executivo não será o negócio jurídico ("acordo", na linguagem da lei), mas sim a sentença que o homologar (CPC, art. 475-N, inciso III).

Sobre os meios alternativos de solução dos litígios, ver o item 2.4, *infra*.

2.3. PROCESSO

Solução de litígios "pelo processo" é metonímia, porque se está a designar a forma de solução de controvérsias pela jurisdição estatal, cuja atuação se desenvolve *por meio* do processo, seu instrumento.

Após a Revolução Francesa, extintos os grupos naturalmente constitutivos da sociedade, com direito próprio[9], e extremados e isolados os indivíduos à face da autoridade

---

8. Já no que concerne à proibição de convenção sobre a distribuição do ônus da prova em desconformidade com a regra do art. 333 do CPC, prevista no parágrafo único desse dispositivo, inciso I, parece-nos que a própria convenção deve ser objeto de revisão doutrinária, uma vez que tal instituto destoa da concepção moderna sobre o ônus de provar e sobre os poderes instrutórios do juiz.
9. É a classe do "direito corporativo", ou direito próprio de certos organismos sociais, de que falam Marcel Laborde-Lacoste e Jean Brethe de la Gressaye em *Introduction générale à l'étude du droit*, n. 155, p. 123 e s.

política, consubstanciada como no Estado moderno, este monopolizou a função e a atividade de decidir os litígios intersubjetivos por meio de um dos seus três poderes.

Diz-se que o Estado avocou a jurisdição.

Assegura-se, então, a cada integrante da comunidade política *uti civis* (como cidadão), o direito de provocar a autoridade estatal judicante à concessão da tutela que só ela pode dispensar: é o direito de agir. A esse direito corresponde o que se chama de *prestação jurisdicional*, como se vê, em linguagem privatística, no sentido de que à ação do credor corresponde a atuação do Estado dando a prestação representada pela sentença. Seja a ação um direito, no sentido de crédito, que leva à *prestação jurisdicional*, seja apenas um meio de provocação – *poder*, exercido pela *demanda* – que leva à *tutela jurisdicional*, no sentido de que o Estado-juiz também realiza fins políticos de satisfação das necessidades sociais, sob qualquer ângulo a sua atividade é desenvolvida por meio de um instituto chamado *processo*.

A solução de litígios por meio do processo é a que provém do Estado, por seus juízes.

O importante é notar, para finalizar este capítulo, que a *natureza das relações humanas* impõe que a solução de conflitos entre duas ou mais pessoas, sejam duas ou mais partes, deva atribuir-se a um *tertius*, um terceiro, imparcial e equidistante dos contendores, seja esse terceiro um particular, o senhor da terra ou o Estado. A coerção com que se impõe e faz cumprir concretamente o comando jurisdicional, esta evidentemente necessita da força da autoridade social, identificada conforme o momento histórico.

2.4. MEIOS ALTERNATIVOS DE SOLUÇÃO DOS LITÍGIOS

ANDREA BOARI CARACIOLA

No que toca à temática relativa ao acesso à Justiça, analisada em espectro plúrimo e dimensões mundiais, notória a insatisfação generalizada para com o modelo tradicional de solução de conflitos, que consagra técnicas individualistas adstritas a procedimentos jurisdicionais estatais extremamente formais que, ao burocratizarem o processo, emperram a máquina judiciária.

Não se há de olvidar, presenciamos uma tendência universal de reestruturação do processo, com vistas a atender às exigências do mundo contemporâneo, por meio de uma busca incessante de um processo de resultados, um processo que seja instrumento político de pacificação social, hábil a prestar a efetiva tutela jurisdicional, já que flagrante o descompasso entre o instrumento processual e as necessidades sociais, que impõem seja a tutela jurisdicional célere, útil e efetiva ao conflito de direito material subjacente[10] e [11].

---

10. Joel Dias Figueira Júnior. *Arbitragem: Jurisdição e execução: análise crítica da Lei nº 9.307 de 23/09/1996*. 2. ed. rev. e atual. São Paulo: Revista dos Tribunais, 1999, p. 121.
11. Eduardo Borges de Mattos Medina. *Meios alternativos de solução de conflitos*. Porto Alegre: Sérgio Antonio Fabris Editor, 2004, p. 33.

Inúmeras as causas que contribuem para a insatisfação social com o serviço jurisdicional prestado pelo Estado, causas estas decodificadas quer em elementos externos ao processo, tais como o arcaísmo que caracteriza a máquina judiciária e que aumenta a lentidão, a ineficiência e a desordem na condução dos processos, fomentando o desprestígio da administração da Justiça, como também causas adstritas a elementos intrínsecos ao processo, como, por exemplo, a inadequação procedimental para a tutela de novos direitos.

O atual Estado de Direito, ao sobrelevar a democracia participativa e resgatar a valorização da cidadania, já não se contenta com velhas fórmulas e institutos processuais inaptos e ineficazes à composição dos litígios e ao atingimento do que se convencionou denominar ordem jurídica justa. É que, desapartados da realidade, traduzem uma cultura resistente e preconceituosa ao desenvolvimento de mecanismos alternativos de solução de conflitos, os chamados ADR's, ou seja, *alternative dispute resolution*.

Estes mecanismos exsurgem no ordenamento jurídico como forma de Justiça privada lastreada em soluções coexistenciais ao Poder Judiciário e que, ao traduzirem a tendência deformalizadora do processo, combatem a excessiva duração dos conflitos e disponibilizam meios extrajudiciais paraestatais de composição de disputas, viabilizando, ademais, soluções rápidas e eficientes, sem as formalidades exacerbadas do processo judicial.

Face às ondas de acesso à Justiça, apresentadas por Mauro Cappelletti e Bryant Garth em sua obra *Acesso à Justiça*, que expõe os resultados do Projeto de Florença[12], mister destacar, inseridos na terceira onda, os institutos da mediação, da conciliação e da arbitragem como meios alternativos de solução de conflitos e que, ao constituírem respiradouros da jurisdição estatal, põem em relevo a necessidade de uma tutela que componha os conflitos num prazo razoável, de forma a equacionar e compatibilizar o binômio tempo e prestação jurisdicional, na superação da excessiva duração do litígio (ver *infra* capítulo 6, item 6.5.4).

Neste sentido Gladys Alvaréz sublinha, como objetivos desta terceira onda de acesso à Justiça, minimizar o acúmulo de processos nos tribunais, reduzir os custos

---

12. Mauro Cappelletti e Bryant Garth, na obra *Acesso à Justiça*, ao retratar o Projeto de Acesso à Justiça de Florença, abordam a temática relativa às ondas de acesso à justiça. A primeira onda, designada como assistência judiciária para os pobres, constituiu o primeiro obstáculo a ser superado, no que toca às pessoas desprovidas de acesso à informação e à representação adequada. A segunda onda do movimento teve como objeto a representação dos interesses difusos, tendo como característica a transformação das relações interindividuais para os chamados interesses de grupo, sejam eles difusos ou coletivos, ou fenômenos de massa. A terceira e última onda renovatória, ao tratar dos obstáculos processuais relacionados à inadequação procedimental – rito ordinário – para certos conflitos de direito material, relaciona-se com os métodos alternativos de solução de conflitos. Neste sentido, os meios alternativos constituiriam soluções para a superação do obstáculo apontado pela terceira onda, vez que consideram tanto o excesso de causas no sistema como também a insatisfação da sociedade na obtenção de uma tutela adequada, útil e efetiva. Conferir: Mauro Cappelletti, e Bryant Garth. *Acesso à Justiça*. Porto Alegre: Fabris, 1988.

da demora, incrementar a participação da comunidade nos processos de resolução de conflitos, facilitar o acesso à justiça, como também fornecer para a sociedade uma forma mais efetiva de resolução de conflitos. Constituem, pois, os meios alternativos de solução de conflitos, soluções viáveis para a superação dos obstáculos apontados pela terceira onda renovatória[13].

Importante registrar que a expressão acesso à justiça nos conduz a identificar a existência de diferentes formas de obtenção de justiça, formas estas diferenciadas não apenas pela estrutura organizacional, mas também pelos meios utilizados e efeitos produzidos[14]. Pertinente aqui o alerta de Boaventura de Souza Santos, segundo o qual "o Estado contemporâneo não tem o monopólio da produção e distribuição do direito" sendo certo que, "apesar do direito estatal ser dominante, ele coexiste na sociedade com outros modos de resolução de litígios"[15].

2.4.1. Composição particular, estatal e paraestatal

O processo pode realizar-se à margem de qualquer atividade estatal, como ocorre com a mediação, na qual assume fundamental importância a atividade dos interessados na busca da solução comum. Pode realizar-se também por meio da intervenção estatal, materializada e veiculada nas decisões judiciais, dotadas que são de sanção típica característica das manifestações do Estado-juiz. E, por fim, em meio as duas manifestações anteriores, pode realizar-se sob a forma paraestatal, ou seja, sob a garantia do Estado, mas com a decisão delegada a um particular, cujas decisões se estatizam uma vez proferidas, inclusive com sanções típicas da solução estatal[16].

Neste contexto, com apoio na preleção do Ministro Sálvio de Figueiredo Teixeira, destacamos aqui como formas de solução de conflitos[17]:

> a) a mediação, como técnica de negociação processualizada, em que se chega ao acordo de vontades mediante o trabalho técnico de dirigi-las a um ponto comum;
> b) a arbitragem, que significa decisão por árbitro equidistante entre as partes, mas desprovido de poder estatal e não integrante do quadro dos agentes públicos jurisdicionais;
> c) a sentença judicial, provinda de magistrado inserido entre os agentes públicos da atividade jurisdicional do Estado

formas estas que exsurgem como expressão da composição particular (mediação),

---
13. Gladys S. Álvarez et al. *Mediación y justicia*. Buenos Aires: Delpalma, 1996, p. 37.
14. Suelem Agum dos Reis. Meios alternativos de solução de conflito. Disponível em: <http://bdjur.stj.gov.br/xmlui/bitstream/handle/2011/18287/Meios_alternativos_de_Solu%C3%A7%C3%A3o_de_Conflitos.pdf?sequence=2>. Acesso em 13/12/2009.
15. Boaventura de Souza Santos. Introdução à sociologia da administração da justiça. *Revista de Processo*, n. 37, ano X, jan./mar. 1985, p. 131.
16. Sálvio de Figueiredo Teixeira. A arbitragem no sistema jurídico brasileiro. *Revista Consulex*, ano I, n. 1, 31 de janeiro de 1997, *CD-ROM* – Biblioteca Virtual Consulex.
17. Sálvio de Figueiredo Teixeira. A arbitragem no sistema jurídico brasileiro. *Revista Consulex*, ano I, n. 1, 31 de janeiro de 1997, *CD-ROM* – Biblioteca Virtual Consulex.

composição paraestatal (arbitragem) e, por fim, da composição estatal da lide (jurisdição estatal).

Destacamos aqui a mediação, que não é propriamente um instituto jurídico, mas sim uma técnica de solução alternativa de conflitos pela resolução dos litígios por intermédio de um mediador, sendo que as próprias partes chegam à solução de seus conflitos[18]. Nesse sentido, a mediação caracteriza-se como um meio de solução de conflitos que procura uma composição entre as partes. O mediador nada impõe, diversamente, sugere!

Nesse contexto, exsurge como objetivo da mediação a responsabilização dos próprios sujeitos envolvidos no conflito, para que possam ser capazes de elaborar acordos duráveis através da restauração do diálogo, alcançando a melhor solução para o caso em questão[19 e 20].

Mister distinguir a conciliação da mediação, na medida em que, na primeira, o conciliador, após ouvir as partes, sugere a solução consensual do litígio, enquanto na segunda, o mediador conduz as partes, fazendo com que os interessados descubram as causas do conflito e cheguem, por si só, à prevenção ou solução da controvérsia[21].

Já na arbitragem, temos uma solução impositiva, vinculante, sendo que a decisão cabe ao juiz arbitral ou árbitro, que não precisa ter conhecimentos jurídicos, tampouco formação superior, mas deve, ao menos, ter conhecimento técnico para resolver o problema, sendo assim, um terceiro de confiança de ambas as partes[22].

2.4.2. A Arbitragem

Legalmente reconhecida no Brasil desde os tempos da colonização portuguesa e há muito incorporada no ordenamento jurídico, a arbitragem constitui expediente através do qual as partes, por livre iniciativa e manifestação de vontade, afastam o Poder Judiciário e elegem um juiz privado, ou seja, um árbitro, para dirimir controvérsia envolvendo direito patrimonial disponível, porquanto suscetível de negociação e transação pelos seus titulares.

---

18. José Augusto Delgado. Arbitragem: a justiça do futuro. *Revista Consulex*, ano III, n. 33, setembro de 1999, *CD-ROM* – Biblioteca Virtual Consulex.
19. Suelem Agum dos Reis. Meios alternativos de solução de conflito. Disponível em: <http://bdjur.stj.gov.br/xmlui/bitstream/handle/2011/18287/Meios_alternativos_de_Solu%C3%A7%C3%A3o_de_Conflitos.pdf?sequence=2>. Acesso em 13/12/2009, p. 14.
20. Destacamos aqui o projeto de lei nº 4.827-b, de 1998, de autoria da Deputada Federal Zulaiê Cobra, que institucionaliza e disciplina a mediação, como método de prevenção e solução consensual de conflitos. Este projeto de lei ao mesmo tempo que incentiva a mediação extrajudicial, preservando plenamente a atuação das instituições entidades e pessoas especializadas, preocupa-se em trazer a mediação para dentro do Poder Judiciário, por intermédio do que denomina de mediação paraprocessual.
21. Suelem Agum dos Reis. Meios alternativos de solução de conflito. Disponível em: <http://bdjur.stj.gov.br/xmlui/bitstream/handle/2011/18287/Meios_alternativos_de_Solu%C3%A7%C3%A3o_de_Conflitos.pdf?sequence=2>. Acesso em 13/12/2009, p. 14.
22. José Augusto Delgado. Arbitragem: a justiça do futuro. *Revista Consulex*, ano III, n. 33, setembro de 1999, *CD-ROM* – Biblioteca Virtual Consulex.

Conceituada como

> Uma técnica para solução de controvérsias através da intervenção de uma ou mais pessoas que recebem seus poderes de uma convenção privada, decidindo com base nesta convenção, sem intervenção do Estado, sendo a decisão destinada a assumir eficácia de sentença judicial[23],

a arbitragem se caracteriza como um meio paraestatal de solução de conflitos, cuja natureza jurídica, entre a teoria privatística e a publicista, se reveste de natureza mista, ou seja, híbrida, porquanto assume aspecto contratual na sua formação e jurisdicional depois de instaurada.

Tem sua disciplina prevista na Lei nº 9.307, em vigor desde 26 de setembro de 1996, a qual se caracteriza por inovar o instituto, conferindo-lhe mudanças significativas, na medida em que prestigia sobremaneira a autonomia da vontade das partes, permitindo que elas regulem integralmente o procedimento arbitral, como também estabeleçam o direito material que o árbitro haverá de empregar na solução do conflito a ele apresentado, podendo as partes determinarem que o árbitro julgue por equidade, ou ainda que aplique as regras corporativas escolhidas pelos litigantes, bem como princípios de direito ou até a *lex mercatoria*.

Interessante a preleção de José Carlos Barbosa Moreira[24]:

> A edição da Lei nº 9.307 constitui interessante tentativa de imprimir vitalidade a um instituto até agora praticamente estranho à vida jurídica nacional, no âmbito das relações internas. Não deve ser vista como panaceia, capaz de transformar, de um dia para outro, o panorama dos serviços da Justiça entre nós. Nem promete desafogar logo, em medida muito considerável, as congestionadas vias judiciais pelo menos de início, não é de esperar que repercuta fortemente senão em campo limitado, nem que atraia grande clientela fora de círculos específicos. Isso não lhe retira significação: algum progresso é sempre melhor que nenhum.

Mister destacar que, até a Lei nº 9.307/1996, a arbitragem não apresentava muitos atrativos, restando praticamente esquecida e, por consequência, não era utilizada pela população. Dois os principais óbices à sua adoção: o primeiro dizia respeito à cláusula compromissória, ou seja, promessa de resolver, através de árbitros, uma controvérsia futura e eventual, cláusula esta que, até então, não produzia efeito prático algum, sendo comum a atitude da parte de simplesmente ignorar a promessa de fazer arbitrar a controvérsia, sem que o adversário pudesse fazer valer qualquer exceção no Poder Judiciário[25 e 26].

---

23. Alexandre Freitas Câmara. *Arbitragem*. 4. ed. Rio de Janeiro: Lumen Juris, 2005, p. 9.
24. José Carlos Barbosa Moreira. Arbitragem: perspectivas. *Revista Consulex*, ano I, n. 10, 31 de outubro de 1997, *CD-ROM* – Biblioteca Virtual Consulex.
25. Importante destacar que a redação do CPC art. 301, IX, anterior à Lei de Arbitragem referia-se apenas ao compromisso arbitral (e não à cláusula) como pressuposto processual negativo.
26. Carlos Alberto Carmona. A nova Lei de Arbitragem. *Revista Consulex*, ano I, n. 39, 30 de setembro de

O segundo óbice dizia respeito à necessidade de homologação judicial do laudo arbitral para que a decisão produzisse os mesmos efeitos da sentença estatal. Apesar da aparente simplicidade do procedimento para a homologação judicial do laudo arbitral, a sentença proferida pelo juiz togado desafiava a interposição de competente recurso de apelação, recurso este que, por sua vez, abria a possibilidade de interposição dos recursos excepcionais (especial e/ou extraordinário), comprometendo o tempo na solução do conflito, como também o sigilo da arbitragem. Diante destes problemas, os possíveis usuários da arbitragem acabavam se valendo da jurisdição estatal[27].

Objetivando superar tais entraves, prestigiar e estimular a arbitragem como meio alternativo eficiente de solução de conflitos, a Lei nº 9.307/1996 reformulou o procedimento arbitral. A cláusula compromissória passou a ser capaz, por si só, de afastar a competência do juiz togado. Nos casos em que haja recusa da parte, a lei faculta ao interessado "requerer a citação da outra parte para comparecer em juízo a fim de lavrar-se o compromisso" (art. 7º, *caput*). Se o réu faltar à audiência designada pelo juiz, a este competirá "estatuir a respeito do conteúdo do compromisso, nomeando árbitro único" (art. 7º, § 6º), e a sentença que julgar procedente o pedido produzirá os efeitos do compromisso não firmado (§ 7º).

Outra novidade de grande relevo consiste na eliminação da necessidade de homologar judicialmente a decisão proferida pelo árbitro, até então chamada de laudo arbitral. A Lei nº 9.307/1996 conferiu a esta decisão, agora denominada sentença arbitral, a mesma eficácia da sentença estatal, dispensando, pois, a necessidade de homologação do laudo arbitral. Nos termos do art. 31: "A sentença arbitral produz, entre as partes e seus sucessores, os mesmos efeitos da sentença proferida pelos órgãos do Poder Judiciário e, sendo condenatória, constitui título executivo". Se os efeitos são iguais, daí se conclui que a condenação por árbitro enseja subsequente execução, tal como a condenação pelo Estado-juiz.

Destarte, a Lei nº 9.307/1996, ao expressamente dispensar a decisão proferida no procedimento arbitral da homologação e validação pelo Poder Judiciário, conferindo-lhe existência jurídica e autorizando-lhe a produção de efeitos nos mesmos moldes de uma sentença judicial, foi a Lei de Arbitragem arguida de inconstitucional junto ao pleno do Supremo Tribunal Federal, o que foi rechaçado por esta Corte.

Impõe-se registrar que o instituto da arbitragem revela plena compatibilidade com o texto constitucional, uma vez que tão só os conflitos de direito material disponível poderão ser submetidos a esse mecanismo alternativo de solução de controvérsias. Imperioso, ademais, o livre consentimento das partes na convenção da solução arbitral.

1997, *CD-ROM* – Biblioteca Virtual Consulex.
27. Carlos Alberto Carmona. A nova Lei de Arbitragem. *Revista Consulex*, ano I, n. 39, 30 de setembro de 1997, *CD-ROM* – Biblioteca Virtual Consulex.

Convém destacar que não há cogitar da afastabilidade do Poder Judiciário, uma vez que qualquer irregularidade no procedimento perante o juízo arbitral poderá ser conhecida e nulificada perante o Poder Judiciário, sendo certo ainda que, descumprida a sentença arbitral, exsurge a via executiva judiciária como a adequada para compelir a parte inadimplente a cumprir a obrigação a ela imposta pelo árbitro.

Desmistificado e validado o expediente da arbitragem como meio alternativo e equivalente ao Judiciário na composição dos conflitos de interesse, impõe-se sejam abandonados os padrões tradicionais do processo que conduzem a uma visão estática do Direito tendo em vista a agilização da prestação jurisdicional.

Ao Estado, neste momento de crise, torna-se imperioso difundir mecanismos alternativos ao Judiciário, adequados, aptos e funcionais, que confiram aos cidadãos pleno acesso à ordem jurídica justa num prazo razoável e com a menor onerosidade possível.

É que inúmeras são as vantagens da arbitragem, dentre as quais podemos destacar: a) auxiliar o Poder Judiciário, diminuindo o número de processos junto a ele; b) proporcionar uma justiça rápida e segura; c) ser uma justiça confidencial, que se caracteriza pelo sigilo; d) expressar a confiança de julgamento técnico mais preciso do que o do Judiciário; e) ser uma justiça mais barata, afirmação esta lastreada e fundamentada na rapidez com que o conflito é solucionado[28].

BIBLIOGRAFIA

ÁLVAREZ, Gladys S. et al. *Mediación y justicia*. Buenos Aires: Delpalma, 1996.

AMARAL, Francisco. *Direito civil* – Introdução. 3. ed. Rio de Janeiro/São Paulo: Renovar, 2000.

BARBOSA MOREIRA, José Carlos. Arbitragem: perspectiva. *Revista Consulex*, ano I, n. 10, 31 de outubro de 1997.

BEVILÁCQUA, Clóvis. *Direito das obrigações*. 8. ed. Rio de Janeiro: Editora Paulo de Azevedo, 1954.

CÂMARA, Alexandre Freitas. *Arbitragem – Lei nº 9.307/96*. 2. ed. Rio de Janeiro: Lumen Juris, 1997.

CAPPELLETTI, Mauro; GARTH, Bryant. *Acesso à Justiça*. Porto Alegre: Fabris, 1988

CARMONA, Carlos Alberto. A nova lei de arbitragem. *Revista Consulex*, ano I, n. 39, 30 de setembro de 1997, *CD-ROM* – Biblioteca Virtual Consulex.

_____. *Arbitragem e processo – um comentário à Lei nº 9.307/96*. São Paulo: Malheiros, 1998.

_____. *Arbitragem no processo civil brasileiro*. São Paulo: Malheiros, 2009.

---

28. José Augusto Delgado. Arbitragem: a justiça do futuro. *Revista Consulex*, ano III, n. 33, setembro de 1999, *CD-ROM* – Biblioteca Virtual Consulex.

CARNELUTTI, Francesco. *Teoria geral do direito*. Tradução de A. Rodrigues Queiroz e Artur Anselmo de Castro. São Paulo: Saraiva, 1942.

DELGADO, José Augusto. Arbitragem: a justiça do futuro. *Revista Consulex*, ano III, n. 33, setembro de 1999, *CD-ROM* – Biblioteca Virtual Consulex.

DINAMARCO, Cândido Rangel. *Instituições de direito processual civil*. São Paulo: Malheiros, 2001, v. III.

FIGUEIRA JÚNIOR, Joel Dias. *Manual da arbitragem*. São Paulo: Revista dos Tribunais, 1997.

_____. *Arbitragem: Jurisdição e execução: analise crítica da lei nº 9.307 de 23/09/1996*. 2. ed. rev. e atual. São Paulo: Revista dos Tribunais, 1999.

LABORDE-LACOSTE, Marcel; BRETHE DE LA GRESSAYE, Jean. *Introduction générale à l'étude du droit*. Paris: Recueil Sirey, 1947.

MEDINA, Eduardo Borges de Mattos. *Meios Alternativos de Solução de Conflitos*. Porto Alegre: Sérgio Antonio Fabris Editor, 2004.

MENDONÇA, Manoel Ignácio Carvalho de. *Doutrina e prática das obrigações*. 2. ed. Rio de Janeiro, São Paulo e Belo Horizonte: Francisco Alves, s/d, v. I.

MONTEIRO, Washington de Barros. *Curso de direito civil*. 29. ed. Direito das obrigações – 1ª parte. São Paulo: Saraiva, 1997, v. IV.

PEREIRA, Caio Mário da Silva. *Anteprojeto de Código de Obrigações*. Rio de Janeiro: Departamento da Imprensa Nacional, 1964.

REIS, Suelem Agum dos. *Meios alternativos de solução de conflito*. Disponível em: <http://bdjur.stj.gov.br/xmlui/bitstream/handle/2011/18287/Meios_alternativos_de_Solu%C3%A7%C3%A3o_de_Conflitos.pdf?sequence=2>. Acesso em 13/12/2009.

SANTOS, Boaventura de Souza. Introdução à sociologia da administração da justiça. *Revista de Processo*, n. 37, ano X, jan./mar. 1985.

SERPA LOPES, Miguel Maria de. *Curso de direito civil*. Rio de Janeiro: Livraria Freitas Bastos, 1955, v. II.

TEIXEIRA, Sálvio de Figueiredo. A arbitragem no sistema jurídico brasileiro. *Revista Consulex*, ano I, n. 1, 31 de janeiro de 1997, *CD-ROM* – Biblioteca Virtual Consulex.

Capítulo 3

Direito material e direito processual

Milton Paulo de Carvalho

O direito objetivo, ou ordenamento jurídico, escrito e não escrito, compõe-se de normas disciplinadoras das relações entre os indivíduos e os bens da vida, bem como disciplinadoras das relações dos sujeitos entre si. São em número infinito essas disposições, mas com a intenção de tornar clara a exposição, lembram-se algumas: as que regem as relações de família, de propriedade, de posse, as obrigações em geral e os contratos em particular, as sucessões, os direitos dos cidadãos diante da autoridade política, os direitos da autoridade estatal ao tributo e as obrigações respectivas dos contribuintes, os contratos administrativos, os direitos dos sócios ou associados em sociedades mercantis ou associações simples etc. Esse é o direito material, que também se costuma designar substancial, sendo por vezes nomeado impropriamente direito substantivo. Pertencem ao direito material o direito constitucional, o civil, o comercial, o do trabalho, o administrativo, o tributário. Por fim, como se viu pelos exemplos, o direito material pode constituir-se de ramos do direito público ou do direito privado.

Esse mesmo direito objetivo, ou ordenamento jurídico, escrito e não escrito, compõe-se também de normas reguladoras do modo de ser do processo judicial e das atividades dos sujeitos que dele participam. Tendo em conta o escopo da atuação jurisdicional conforme as exigências e os característicos do litígio a ser resolvido, as leis processuais estabelecem o modo de desenvolver-se o processo (procedimento), a forma de apuração dos fatos destinados à caracterização e adequação à *fattispecie* – hipótese definida na regra material ou prevista no direito material não escrito –, bem como as atribuições dos sujeitos parciais da relação jurídica processual, autor e réu, e as do sujeito imparcial e representante do Estado, que é o juiz. Essas leis constituem o direito processual, também chamado direito formal, sendo ultrapassada a designação de direito *adjetivo*, que juristas do começo do século XX empregavam[1]. Como instrumentos, todavia, as regras do processo amoldam-se às contingências das situações jurídico-materiais, assim no procedimento como no modo de atuação das partes e do juiz, para melhor obterem a efetivação do direito substancial.

3.1. TOPOLOGIA DAS NORMAS DE DIREITO MATERIAL E DE DIREITO PROCESSUAL

O fato de encontrar-se a regra num determinado estatuto ou corpo de leis, como o Código Civil ou o Código de Processo Civil, não indica que necessariamente a natureza dela seja material (substancial) ou processual (formal). O que caracteriza a regra como de direito material ou de processo é a sua matéria e a sua finalidade, esteja ela no corpo de leis em que estiver.

Há diplomas legais que, por disciplinarem relações jurídicas específicas, trazem no seu contexto as normas de direito material e as de direito processual destinadas às espécies que regulam, separadas em títulos ou capítulos, como, por exemplo, o Decreto-lei nº 3.365, de 21 de junho de 1941 (Lei das Desapropriações), a Lei nº 6.515, de 26 de dezembro de 1977 (Lei do Divórcio), a Lei nº 8.078, de 11 de setembro de 1990 (Código de Defesa do Consumidor), a Lei nº 8.245, de 18 de outubro de 1991, que dispõe sobre a locação de imóveis urbanos, entre outros. Observe-se, entretanto, que a pretendida separação não se faz com rigor científico em todos os textos de lei, encontrando-se regras de processo nas partes destinadas ao direito material em alguns desses textos mencionados, como o art. 3º, § 1º, e art. 5º da Lei do Divórcio, como o art. 6º do CDC, e regras de direito material no campo pretensamente destinado ao direito processual, como o art. 84 do mesmo CDC. Outros dessa mesma classe de estatutos trazem as normas de direito material e as de direito processual concernentes à espécie regulada sem as separar, como o Decreto-lei nº 911, de 01/10/1969, que disciplina a proteção processual da alienação fiduciária de móveis, a Lei nº 6.015, de 31 de dezembro de 1973 (Lei dos Registros Públicos). Portanto, é a matéria e o escopo da regra que determinam a sua natureza.

---

1. Os processualistas não se insurgem contra o designativo *adjetivo* pela preconcepção de que se trataria de alguma entidade sem sentido próprio, dependendo sempre de outro ser, o substantivo. Até porque a presença dos adjetivos no idioma é tão imprescindível quanto a dos nomes: como poderiam os alunos, por exemplo, referir-se ao professor que confunde princípios, conceitos e escopos senão dizendo-o **despreparado** ou **confuso**? A recusa do *adjetivo* é a inadequação terminológica mesma.

Por outro lado, a lei comum de processo, que é o CPC, traz normas com natureza de direito material, como, por exemplo, o disposto no art. 461, que prescreve: "Na ação que tenha por objeto o cumprimento de obrigação de fazer ou não fazer, o juiz concederá a tutela específica da obrigação ou, se procedente o pedido, determinará providências que assegurem o *resultado prático equivalente ao do adimplemento*"; o contido no art. 620, que recomenda se faça a execução pelo modo menos gravoso ao devedor, se por mais de um modo ela puder realizar-se; e a prescrição do art. 811, que estabelece a responsabilidade civil do requerente de medida cautelar. Reciprocamente, há normas de direito processual inseridas no CC. Veja-se a que regula os *meios de prova* do fato jurídico, ou seja, o disposto na segunda parte do *caput* do art. 212, quando admite a prova desse fato pela confissão, documento, testemunha, presunção e perícia (incisos I a V do citado artigo); mas também são normas de direito processual inseridas no estatuto de direito civil as seguintes: arts. 216 e 217 (valor probante de cópias e certidões de peças oficiais), 222, 223, 225 a 232.

O art. 212 do CC, citado, dispensa a prova legal para "o negócio a que se impõe forma especial", incluindo os demais negócios entre os fatos jurídicos. A forma para determinado negócio, repercutindo evidentemente na sua prova, é assunto de direito material; de sorte que não pode causar estranheza a sua previsão na lei civil. Isolou o legislador material alguns negócios cujos caracteres e importância exigiam forma especial (trazendo, por consequência, em juízo ou fora dele, a prova legal). Até aí obrou o legislador material no seu campo, porque faz a forma integrar a substância do negócio. Disposição com alcance semelhante é a do art. 221, que regula a forma do negócio expresso em instrumento particular.

Acontece que as normas jurídicas devem ser interpretadas segundo a metodologia própria do sistema a que pertencem, estejam onde estiverem, razão por que não será caso, ao nosso ver, de discutir a incidência ou não das disposições contidas no CC a respeito da prova, ainda que posteriores às processuais e da mesma hierarquia, devendo-se, isto sim, verificar se a natureza da norma é processual, interpretando-a e aplicando-a segundo a sua metodologia, aí compreendido o sistema a que pertencem.

No caso das regras acima enumeradas, concernentes à prova no processo civil, é de considerar que integram um sistema de ordem pública, indisponível pelas partes, comandado pessoalmente pelo juiz enquanto condutor do processo e destinado à formação do seu convencimento, sistema totalmente infenso a qualquer restrição ou cerceamento probatório – e, portanto, a restrições por meio de *numerus clausus* (enumeração taxativa) – que exalta a necessidade primária da busca da verdade real, sob a égide de dois princípios solenemente proclamados: a) que "ninguém se exime de colaborar com o Poder Judiciário para o descobrimento da verdade" (art. 339); e b) que "todos os meios legais, bem como os moralmente legítimos, ainda que não especificados neste Código, são hábeis para provar a verdade dos fatos, em que se funda a ação ou a defesa" (art. 332), bem assim municiando a autoridade judiciária de poderes, dir-se-iam, verdadeiramente inquisitivos, como o de determinar *de ofício* as provas que entender necessárias (arts. 130 e 331, § 2º), ordenar *de ofício* o comparecimento das partes, em qualquer estado do processo, a fim de *interrogá-las* sobre os fatos da causa (art. 342); inspecionar pessoas ou coisas a fim de se esclarecer sobre fato que interesse à decisão da causa (art. 440), entre os muitos outros caracterizadores do *sistema de ordem pública* que rege a prova e sua produção no processo civil.

3.2. "INDISTINÇÃO" ENTRE DIREITO MATERIAL E DIREITO PROCESSUAL?

A necessidade, no estágio atual da vida do direito, de a jurisdição estatal alcançar precipuamente o objetivo de pacificação social com justiça, reclamado e proclamado pela doutrina para a *efetividade do processo*, tem provocado uma revisão nos conceitos que tradicionalmente vêm alicerçando a ciência jurídica processual. Assim se fala em obtenção da igualdade social por meio do processo, ao contrário de uma isonomia processual ou formal, exercendo o magistrado função mais ativa para a realização concreta dos direitos controvertidos em juízo. Caminha-se na direção de amenizar os contornos nítidos e rígidos de princípios característicos do processo civil liberal, conferindo-lhes coloração socializante. São alguns exemplos: os efeitos *secundum eventum litis*, atribuídos à coisa julgada em litígios sobre relações de consumo, que se projetam além das pessoas litigantes (CDC, art. 103); o fortalecimento dos poderes do juiz, de modo a permitir-lhe afastar-se da legalidade estrita e postergar a iniciativa da parte, como na hipótese do art. 461 do CPC ("resultado prático equivalente ao do cumprimento da obrigação"); a presença de cláusulas gerais no novo Código Civil, com os vazios dos chamados conceitos indeterminados a serem preenchidos pelo condutor do processo, atuação judicial que pode comprometer o rigor do princípio da correlação entre sentença e pedido, sempre entendido como salvaguarda liberal do cidadão em face do Estado; aliás, ainda sob este aspecto, de algum tempo a esta parte a jurisprudência tem feito ouvidos moucos ao princípio da congruência em casos de responsabilidade civil, ao considerar genérico o pedido certo e determinado formulado pelo autor, de forma a possibilitar indenização mais completa após os fatos trazidos na liquidação; mais ainda, os julgamentos por equidade autorizados pelo Código Civil em grande número de hipóteses, levando à cogitação de que as disposições dos arts. 126 e 127 do CPC, especialmente deste último, estão a merecer reexame, pois que aparentemente se opõem às contingências atuais de flexibilização do comando legal conforme as necessidades de fato. Além desses exemplos, outros poderiam ser lembrados, como, ao nosso ver, o principal, do sentido que se deve dar ao princípio constitucional do acesso à justiça, cujo enunciado pode sugerir a ideia meramente exterior e formal do simples ingresso em juízo, para significar o empenho judicial de aplicar a norma substancial com o fim de realizar justiça destinada à efetivação do equilíbrio social, isto é, a atuação de uma *ordem jurídica justa* (sobre o conceito de ordem jurídica justa, *infra*, 8.2.1.1).

As inovações não se verificam apenas no campo do direito processual, sendo também notáveis, como se viu e mais se verá, no novo direito civil legislado, dando a impressão de que se situam o processo e o direito privado num campo indistinto.

Ocorre, na verdade, a *convergência* dos dois grandes ramos do ordenamento jurídico com destino à busca da ordem jurídica justa: enquanto as leis de processo tonificam os poderes do juiz incitando-o a uma postura mais ativa e menos indiferente (ou burocrática, de apática neutralidade), as leis civis – gênero das substanciais não penais – utilizam-se da "jurisdicionalização" como meio integrativo de alguns dos seus comandos de maior repercussão social, como, por exemplo, na apreciação da boa-fé nos contratos (CC, art. 422), na caracterização da função social da propriedade e da empresa (CC, arts. 421, 1.228) e outros.

Em razão das tendências sociais e políticas dominantes no mundo contemporâneo, o direito processual civil como instrumento de realização do direito substancial, e o direito substancial como ordenamento disciplinador das relações entre os sujeitos e entre estes e os bens da vida impregnam os seus institutos de um sentido eminentemente teleológico e convergente, qual o do alcance da *ordem jurídica justa*, daí surgindo a "relativização do valor das formas"[2], no sentido de fuga ao formalismo, isto é, às acrobacias e malabarismos procedimentais estéreis, mas com a meta da realização efetiva e tão rápida quanto possível dos direitos em litígio no caso concreto, o que se designa como "processo civil de resultados"[3].

Não se pode deixar de observar, todavia, que tendências ideológicas acarretam a subalternização da ciência do direito processual a contingências meramente políticas e até apenas administrativas ou burocráticas, quando se submete a tarefa de decidir conflitos com aplicação do direito objetivo a necessidades e vicissitudes ocasionais, por exemplo socioeconômicas, políticas ou até de organização dos serviços judiciários. Na medida em que a técnica processual deixa de servir ao direito substancial, este sempre a exigir estudo, reflexão, exame acurado da prova e das circunstâncias no caso específico, da qualidade e dos caracteres dos sujeitos em conflito, interpretação e discussão rigorosas do texto da lei e de decisões sobre casos análogos, o direito processual desce do seu elevado posto no contexto das ciências jurídicas para transformar-se apenas em método de requerer perante a autoridade estatal, como se de um serviço administrativo qualquer se tratasse.

---

2. Conforme Ada Pellegrini Grinover *et al.*, *Teoria geral do processo*, n. 37, p. 95.
3. Cândido Rangel Dinamarco, *Instituições de direito processual civil*, I, n. 10, p. 51.

BIBLIOGRAFIA

CARVALHO, Milton Paulo de. Aspectos processuais da adjudicação por ofensa à função social da propriedade. In: ASSIS, Araken de; ALVIM, Eduardo Arruda; NERY JR., Nelson; MAZZEI, Rodrigo; WAMBIER, Teresa Arruda Alvim; ALVIM, Thereza (coords.). *Direito Civil e Processo*, estudo para a Coletânea em homenagem ao professor Arruda Alvim. São Paulo: Revista dos Tribunais, 2008, p. 1087.

CINTRA, Antônio Carlos Araújo; DINAMARCO, Cândido Rangel, e GRINOVER, Ada Pellegrini. *Teoria geral do processo*. 24. ed. São Paulo: Malheiros, 2008.

DINAMARCO, Cândido Rangel. *Instituições de direito processual civil*. São Paulo: Malheiros, 2001, v. I.

CAPÍTULO 4

Autonomia, unidade e divisão do direito processual. Definição e escopo do direito processual civil

Milton Paulo de Carvalho

4.1. AUTONOMIA DO DIREITO PROCESSUAL

ATÉ MEADOS DO século XIX entendia-se a ação como um prolongamento do direito substancial: o titular do direito de propriedade tinha as ações correspondentes a esse direito, o sucessor tinha as ações concernentes à defesa do seu quinhão na herança e à defesa desta, o credor, as ligadas à espécie do seu crédito, e assim com todos os direitos, compreendida a sua defesa como parte integrante dele. Uma polêmica, que se tornou famosa, entre os juristas alemães Bernard Windscheid e Theodor Muther, escrevendo o primeiro em 1856, e o segundo em 1857, sobre a *actio* romana, resultou no reconhecimento de que a ação é direito distinto do direito que ela visa tutelar, daí se deduzindo que esse direito de agir e tudo o que lhe viria dizer respeito, como a sua natureza, seus caracteres, classes e condições de exercício, evidentemente não pertenceriam ao direito substancial, mas a outro ramo do direito.

Uma década depois, em 1868, outro jurista alemão, Oskar Von Bülow, sustenta que o processo não é apenas uma sucessão formal de atos conducentes à sentença, como entendiam praxistas e procedimentalistas, mas uma verdadeira relação jurídica[1], o que consolida a separação científica do direito processual do direito material, agora definida a autonomia dos institutos fundamentais daquele ramo – a ação, o processo e a jurisdição –,

---

1. Von Bülow, *Excepciones procesales y presupuestos procesales,* p. 1 e outras.

uma vez que a noção de jurisdição, como tutela jurídica do Estado, participa dos conceitos mesmos de ação e de processo então formulados[2].

Nascia aí o direito processual, que se consolidou como ramo autônomo no contexto das ciências jurídicas e como integrante do direito público, pelo desenvolvimento da sua metodologia destinada à realização de outro direito, o direito substancial, e pelo estudo e incremento de institutos que lhe são próprios, como a jurisdição, a ação e a defesa, e o processo.

Podemos identificar três fases na evolução do direito processual: a primeira, "sincretista", correspondeu à da ação como complemento do direito; a segunda, antes referida como a do nascimento do direito processual, desenvolveu-se como a da autonomia, e a atual, marcada pelo caráter instrumental do processo, é conhecida como "teleológica": o processo é o meio, que realiza o direito substancial. Fala-se num processo civil de resultados.

4.2. UNIDADE E DIVISÃO DO DIREITO PROCESSUAL
4.2.1. Unidade do direito processual

O direito processual é um só, como una é a jurisdição. Todavia, para o desempenho dos serviços judiciários de modo prático e econômico, e dada a diversidade da matéria jurídica que regula as múltiplas atividades humanas, distingue-se a *jurisdição comum* da *jurisdição especial*, consoante disposto nos arts. 114, 118 e 122 da Constituição da República, que instituem, respectivamente, a Justiça do Trabalho, a Justiça Eleitoral e a Justiça Militar, chamadas *jurisdições* ou *justiças especiais (infra,* n. 21.1. Competência de jurisdição).

Para a jurisdição comum, o direito processual aplicável é o civil ou o penal, seja a sede do litígio a justiça estadual ou a justiça federal, esta com a competência determinada pela qualidade das pessoas, pela matéria que tais pessoas discutem no processo, mas também pelo lugar, como vem disposto no art. 109 da Constituição. Enquanto, porém, o direito processual penal somente se aplica nos processos em que se discute a incidência da lei penal, o direito processual civil aplica-se a todos os litígios não penais, sejam civis, comerciais, tributários, constitucionais ou administrativos, compreendidos aqueles em que o próprio Estado é parte. O direito processual civil é, pois, o instrumento de aplicação de todos os direitos substanciais não penais. É o direito processual comum.

Cientificamente, o direito processual civil e o direito processual penal possuem uma base dogmática comum, que constitui a teoria geral do processo (*supra*, 1.6.), podendo-se incluir o processo trabalhista como integrante do "processo civil *lato sensu*"[3].

---

2. Theodor Muther distinguiu a ação do direito tutelado sustentando que aquela é o direito, público e subjetivo, de reclamar do Estado a tutela do direito substancial (*Polémica sobre la* actio, p. 241).
3. Dinamarco, *Instituições*, I, n. 11, p. 52.

Piero Calamandrei, em *Linee fondamentali del processo civile inquisitorio*, trabalho do qual temos a tradução espanhola de Santiago Sentis Melendo na compilação sob o título de *Estudios sobre el proceso civil*, trazia o anseio, entre outros, de demonstrar quanto o processo civil inquisitório (espécie existente no processo civil italiano de então), "esto es, en el que el juez, aun teniendo ante si dos partes, está desvinculado, para la investigación de la verdad, de la iniciativa y de los acuerdos de las mismas"[4], aproxima-se, como num movimento de interferência recíproca, do processo penal. Para o que aqui nos interessa, advertira inicialmente o mestre, nesse trabalho, que pretendia concluir "que entre el proceso civil y el proceso penal, en lugar de la absoluta separación de un abismo que no se puede colmar, existe, a manera de puente de paso, una zona de formas procesuales intermedias, a través de las cuales la gradual continuidad entre los dos tipos extremos de proceso se mantiene, **confirmandose su essencial unidad de destino**"[5].

Com efeito, será caso de apontar, no processo civil brasileiro atual, a carga de inquisitividade na busca da verdade real, a aproximá-lo, metodologicamente, do processo penal.

4.2.2. Divisão do direito processual

Ocupamo-nos da jurisdição comum que, conforme vimos, utiliza-se do processo civil ou do processo penal conforme a natureza da lide. Por conseguinte, não cogitamos dos processos utilizados nas jurisdições ou justiças do trabalho, eleitoral e militar. Mas, é oportuno lembrar que, sendo uma a jurisdição, inserem-se na unidade do direito processual, enquanto categoria abstrata, o processo trabalhista, o eleitoral e o militar, chamados processos especiais. Apesar disso e sem prejuízo dessa unidade, divide-se o direito processual comum em direito processual civil e direito processual penal.

Divide-se o direito processual assim como se divide o trabalho jurisdicional: para atender a necessidades de ordem prática, conforme a sua aplicação na solução de litígios penais ou litígios não penais, e ainda conforme o imponham razões de ordem científica, no sentido de melhor compreensão dos institutos conforme seus respectivos métodos e peculiaridades. As normas e princípios atinentes a cada espécie de processo, penal ou não penal, bem como a elaboração científica resultante da análise e discussão dos respectivos institutos segundo a sua metodologia constituem os ramos do direito processual penal e do direito processual civil ou extrapenal. Os motivos que explicam a divisão entre direito processual civil e direito processual penal, portanto, não comprometem a unidade do direito processual no seu todo.

---

4. *Estudios*, cit., p. 251.
5. Ob. cit., p. 228. Grifos nossos.

4.3. OBJETO E DEFINIÇÃO DO DIREITO PROCESSUAL CIVIL
4.3.1. Objeto do direito processual civil

A ciência do direito processual civil tem por objeto o estudo dos seus institutos basilares, na sua essência, caracteres e modos de aplicação. Dessa forma, constitui objeto do direito processual civil os estudos, indagações e a consequente elaboração científica sobre: a) a natureza e essência da jurisdição enquanto poder, função e atividade estatal, seus caracteres, espécies, modos de exercício e divisão do trabalho jurisdicional, bem como dos meios alternativos de solução de controvérsias; b) o direito de ação e o seu correlativo direito de defesa, natureza, caracteres, classes e condições, no sentido de que o acesso à justiça não se limita à franquia do Judiciário àquele que reclama, mas também àquele contra quem se reclama, ambos com direito à ordem jurídica justa; e c) o processo, suas classes e tipos enquanto instrumento da jurisdição, sua dependência para com as relações jurídicas substanciais a que serve, as faculdades e ônus dos sujeitos que o integram, o modo de desenvolver-se, os atos que o compõem e seus efeitos. Participa do objeto do direito processual civil o estudo dos escopos dos três institutos fundamentais aqui referidos. Participa, ainda, do objeto do direito processual civil o estudo das regras disciplinadoras da jurisdição voluntária, entidade distinta da jurisdição propriamente dita, destinada à tutela administrativa de interesses privados por meio da jurisdição, nos casos em que a lei exige a homologação judicial como integrante da essência do negócio.

4.3.2. Definição do direito processual civil

Com os elementos até aqui expostos, podemos definir o direito processual civil como o ramo do direito público, composto por um conjunto de normas e princípios que disciplinam a atividade jurisdicional, provocada pela parte ou interessado, e exercida mediante o processo, para o fim de aplicação ao caso concreto da regra de direito material não penal.

BIBLIOGRAFIA

CALAMANDREI, Piero. La relatividad del concepto de acción. In: *Estudios sobre el proceso civil*. Tradução de Santiago Sentis Melendo. Buenos Aires: Editorial Bibliográfica Argentina, 1961.

DINAMARCO, Cândido Rangel. *Instituições de direito processual civil*. São Paulo: Malheiros, 2001, v. I.

MUTHER, Theodor; WINDSCHEID, Bernard. *Polémica sobre la actio*. Tradução de Thomas A. Banzhaf. Buenos Aires: Ediciones Jurídicas Europa-América, 1974.

VON BÜLOW, Oskar. *Excepciones procesales y presupuestos procesales*. Tradução de Miguel Angel Rosas Lichtschein. Buenos Aires: Ediciones Jurídicas Europa-América, 1964.

Capítulo 5

Posição do direito processual civil no sistema jurídico positivo brasileiro

Milton Paulo de Carvalho

5.1. O DIREITO PROCESSUAL CIVIL E O SISTEMA JURÍDICO POSITIVO BRASILEIRO

Derivado do sistema romano-germânico, em que predomina a lei escrita[1], o direito positivo brasileiro exprime-se por meio da conhecida hierarquia que traz a Constituição como lei maior ou *"tête de chapitre"* no topo da pirâmide, a ela conformando-se e submetendo-se os demais comandos jurídicos, em ordem decrescente.

As normas processuais que se aplicam no processo civil brasileiro podem ser constitucionais, como as que ditam princípios a serem observados – o acesso à justiça, o devido processo legal, o contraditório etc. –, as que preveem os recursos interponíveis perante os tribunais superiores (recurso extraordinário e recurso especial) etc. – como podem ser leis federais ordinárias – como o CPC –, uma vez que somente à União compete legislar sobre direito processual civil (Constituição, art. 22, inciso I); mas podem também essas normas provir do Poder Legislativo de cada Estado membro da federação brasileira, como as componentes da organização judiciária de cada uma dessas unidades, pois a tanto os Estados estão autorizados pelo art. 125 da mesma Constituição Federal. De sorte que vigem para aplicação

---

1. René David distingue três grandes sistemas jurídicos "que ocupam situação proeminente" no mundo contemporâneo, identificados conforme as suas origens: a família romano-germânica, a família da *common-law* e a família dos direitos socialistas (*Os grandes sistemas do direito contemporâneo*, p. 23). Cândido Rangel Dinamarco critica a tese desse agrupamento em famílias fundado, especialmente, nas diferenças entre os sistemas processuais dos vários países (*Instituições*, cit., I, n. 68, p. 172).

conforme o momento processual e com obediência às respectivas competências leis processuais constitucionais, ordinárias e estaduais. Exemplos da matéria constitucional aplicável ao processo serão expostos no item a seguir; a lei processual ordinária por excelência é o CPC, apesar da presença, como já se disse, de leis processuais extravagantes do Código, e das leis estaduais que disciplinam a organização judiciária dos Estados federados, sendo estas de iniciativa dos Tribunais de Justiça locais (Constituição, art. 125, § 1º).

5.2. RELAÇÕES DO DIREITO PROCESSUAL CIVIL COM OS OUTROS RAMOS DO DIREITO

Vimos dizendo que o direito processual civil é um *ramo* do direito; por conseguinte, o todo do direito é mais amplo, entendido o ramo como a parte que se destaca pelas características que lhe são próprias. Deduz-se imediatamente que o ramo do direito processual civil relaciona-se com os demais ramos e que, em última análise, o direito, no seu todo, *é um só*. Daí o relacionamento e às vezes a interpenetração do direito processual civil com as demais áreas do direito.

5.2.1. Relações com o direito constitucional

Com o propósito de aplicar à organização jurídica da sociedade brasileira a fórmula do Estado Democrático de Direito, a Constituição da República acolheu expressamente os fundamentos de participação, universalismo, justiça e solidariedade, dos quais decorre naturalmente a disponibilidade isonômica da tutela jurisdicional, com a garantia do cumprimento dos preceitos aplicáveis à administração da justiça, os quais ela solenemente consagra. São princípios que o direito constitucional irradia para alcançar a realização efetiva do direito substancial a cujo respeito se deflagrou litígio e para que o meio de atuação da jurisdição se desenvolva segundo regras preestabelecidas, de modo a assegurar o procedimento adequado à solução da lide, a igualdade na participação dos litigantes, a serena e objetiva busca da verdade sobre os fatos causadores da controvérsia, tudo teleologicamente orientado para que o processo seja útil à produção de sentença justa. Esses princípios estão, em sua maior parte, expressos no art. 5º da Constituição, indicando-se entre eles, como exemplos, os do *acesso à justiça* (inciso XXXV), do *juiz natural* (inciso XXXVII), do *devido processo legal* (inciso LIV), do *contraditório* (inciso LV), da *proibição das provas obtidas por meios ilícitos* (inciso LVI), da *publicidade dos atos processuais* (inciso LX), da imutabilidade dos efeitos da sentença de mérito, por meio da *coisa julgada* (inciso XXXVI), da *motivação das decisões*, este no art. 93, inciso IX, além de outros. A enunciação e o cumprimento efetivo desses princípios constituem o que a doutrina denomina *tutela constitucional do processo*[2].

---

2. Cândido Rangel Dinamarco, *Instituições*, cit., I, n. 12, p. 53.

Na Lei Maior encontram-se outras disposições que não apenas estampam princípios a serem observados no processo, mas instituem elas próprias procedimentos destinados à defesa de direitos fundamentais. São ações e procedimentos componentes dessa *tutela constitucional das liberdades*: o mandado de segurança (art. 5º, inciso LXIX), o mandado de injunção (inciso LXXI), o *habeas data* (inciso LXXII), a ação popular (inciso LXXIII), o mandado de injunção, os juizados especiais (art. 98, inciso I) etc.

Se é certo que o direito processual civil recebe essa direta e penetrante influência do direito constitucional, não menos certo é que este último também recebe influxos daquele, bastando verificar que é no foro, onde se deduzem pretensões e suas respectivas resistências, que se verifica concretamente o resguardo à violação dos direitos fundamentais. Em outras palavras, o meio de realização dos direitos e garantias constitucionalmente assegurados é o processo, civil ou penal.

Chama-se *direito processual constitucional* o método do estudo dessa recíproca influência de princípios e regras. Não constitui um ramo do direito processual, mas apenas um modo de estudo e aprofundamento doutrinário daqueles institutos[3].

5.2.2. Relações com o direito civil

O direito civil ainda se pode considerar o direito comum, dada a larga incidência dos seus comandos em razão do maior número de relações jurídicas e a generalidade que tradicionalmente foram adquirindo os seus principais conceitos, por terem precedido aos dos outros ramos. Por isso, a sua influência haveria de ser notável no direito processual civil, cuja natureza instrumental se justifica pelo escopo de realizar concretamente o mais importante ramo do direito privado, que é o direito civil.

Além disso, tal é a interpenetração dos dois ramos, que são encontradiças no CC normas de processo, como acima já apontamos (*supra*, 3.1.), sendo exemplos as relativas à prova dos fatos jurídicos (arts. 212 e seguintes), e especialmente as que permitem ao juiz, em cada caso, integrar o comando legal, em existindo conceitos indeterminados nas cláusulas gerais (arts. 421; 1.228, §§ 4º e 5º; 1.631, parágrafo único, entre outras), bem assim aquelas que outorgam ao juiz a faculdade de decidir por equidade, formulando a regra para o caso concreto (arts. 928, parágrafo único; 944, parágrafo único, entre outras), além das remissões a regras processuais, como a que estabelece condição para a defesa do evicto, obrigando-o a promover denunciação da lide (art. 456).

A lei processual também se integra com normas de direito civil, como o já citado art. 461 do CPC, permitindo ao juiz determinar providências que assegurem o

---

3. Vejam-se: Cândido Dinamarco, *Instituições I*, cit., n. 12, p. 53, e Paulo Roberto de Gouvêa Medina, *Direito processual constitucional*, n. 1, p. 3.

resultado prático *equivalente* ao do cumprimento da obrigação; e a que assegura aos credores em obrigação indivisível, que não demandaram contra o devedor comum, o direito de receberem suas partes, deduzidas as despesas processuais na proporção dos seus créditos (art. 291).

Por fim, a lei processual assenta, por exemplo, na natureza da pretensão substancial (se pessoal ou real) a determinação sobre a competência e a necessidade do litisconsórcio; assim como a competência sobre a qualidade das pessoas (o alimentando, o ausente ou o incapaz etc.)

5.2.3. Relações com os direitos comercial, tributário, administrativo e do trabalho

Com o direito comercial, outro ramo do direito privado, as relações do direito processual civil aparecem, especialmente, na aplicação das leis que compõem conflitos típicos daquela atividade, muitas delas completadas por regras processuais também peculiares, como são os casos das leis da alienação fiduciária de coisas móveis em garantia (Decreto-Lei nº 911, de 1º de outubro de 1969), de recuperação e falência de empresas (Lei nº 11.101, de 9 de fevereiro de 2005), entre outras.

O direito tributário serve-se do direito processual civil para aplicação das suas normas quando não cumpridas espontaneamente. Seja para a satisfação compulsória do crédito fazendário, seja para a confirmação de alegada inexistência total ou parcial do débito por parte do contribuinte, em qualquer litígio sobre direito tributário o processo é o civil. De outra parte, sobre o processo civil também deita o Estado sua pretensão tributária, dependendo a prática dos atos processuais da imprescindível satisfação da taxa judiciária, ou *custas* (CPC, arts. 19; 20, § 2º; 511 e outros).

Com o direito administrativo tem também relações estreitas o direito processual civil, porque as lides entre particulares e o Estado-Administração ou entre este e os seus funcionários são judicialmente compostas com aplicação do processo civil. Por outro lado, as autoridades responsáveis pelos tribunais estaduais aplicam frequentemente o direito administrativo relacionado à sua organização judiciária, fazendo o mesmo os magistrados de primeiro grau no concernente aos serviços do seu juízo (audiências, cartórios ou secretarias).

Com o direito do trabalho relaciona-se o direito processual civil pela proximidade conceitual de certos institutos e pelo fato de que, sendo o processo do trabalho um processo que serve a uma jurisdição especial (*supra, 4.2.1.* e *infra 21.1.*), a lei processual civil lhe é subsidiária, como direito processual comum. Diz o art. 769 da Consolidação das Leis do Trabalho: *"Nos casos omissos, o direito processual comum será fonte subsidiária do direito processual do trabalho, exceto naquilo em que for incompatível com as normas deste título".*

5.2.4. Relações com o direito penal e com o direito processual penal

O estudo do direito penal, do direito processual civil e do direito processual penal ostenta semelhança metodológica, não derivada apenas da razão de se distinguirem como *técnicos* dentre os ramos do direito público, mas porque o domínio dos conceitos de um se aproxima intelectualmente aos dos demais. Francesco Gianniti ressalta essa coincidência, referindo-se às três disciplinas como a uma *triade inseparabile*[4]. A jurisdição como poder, função e atividade do Estado, o *ius puniendi* que tem como titular o Estado e a pretensão punitiva por este deduzida num processo de coerção obrigatória, a sugerir a adoção de conceitos do processo civil, são, realmente, pontos de contato na consideração abstrata dos principais institutos de cada ramo.

Tema de relacionamento entre o direito penal e o processo civil é o da *prejudicialidade*: o juiz penal não poderá, por exemplo, decidir sobre a existência do crime de bigamia (CP, art. 235) se o acusado estiver demandando no cível a nulidade do primeiro casamento (*prejudicialidade civil obrigatória*, CPP, art. 92), mas terá a faculdade de suspender ou não o processo penal se a questão prejudicial civil não envolver o estado das pessoas, observadas as condições previstas no art. 93 do mesmo Código (prejudicial civil *facultativa*, segundo antiga doutrina). Reciprocamente, o juiz poderá sobrestar o andamento do processo civil até decisão no crime da prejudicial penal (existência do fato e sua autoria, excludentes etc. com repercussão civil), bem como, não intentada a ação penal dentro de trinta dias, poderá decidir ele mesmo a prejudicial penal (CPC, art. 110 e parágrafo).

A proximidade entre as três disciplinas evidencia-se, ainda, pela participação delas num complexo de normas e princípios fundamentais, reguladores da responsabilidade civil *ex delicto*, a partir do preceito comum do art. 935 do CC a dizer que a responsabilidade civil é independente da criminal, mas não se pode questionar sobre a existência do fato e sobre sua autoria quando estas questões se acharem decididas no crime. Integrantes desse sistema, o art. 91, inciso I, do CP estatui que é efeito da condenação "tornar *certa a obrigação* de *indenizar* o dano causado pelo crime", enquanto o art. 475-N, inciso II, do CPP inclui entre os títulos executivos judiciais a *sentença penal condenatória transitada em julgado*. Para rematar, o CPP destina o Título IV do seu Livro I à disciplina da *ação civil* de reparação à vítima, ou aos seus descendentes, do dano (civil) resultante do crime (arts. 63 a 68), e por obra da Lei nº 11.719, de 20 de junho de 2008, emite comandos que impõem ao juiz do crime o encargo de fixar na sentença condenatória um "valor mínimo" para a citada reparação, o que será objeto da execução civil, embora admita a mesma emenda da lei que a vítima ou o seu representante apure em liquidação civil da condenação penal o "dano efetivamente sofrido" (parágrafo único do art. 63 do CPP).

---

4. *Introduzione allo studio interdisciplinare del proceso penale*, p. 22-23. Francesco Gianniti, na Itália, e José Frederico Marques, in *Manual de Direito Processual Civil*, v. I, p. 22-24, no Brasil, incursionaram com desenvoltura e maestria sobre essa trindade científica.

Há, ainda, a considerar a *tutela penal do processo*, consistente no conjunto de regras incriminadoras e sancionadoras de ilícitos que podem ser praticados no processo civil. Tais são, por exemplo, os crimes de falso testemunho ou falsa perícia (CP, art. 342), de coação no curso do processo (art. 344), de exercício arbitrário das próprias razões (art. 345), de fraude processual (art. 347) etc.

Esses são pontos de interpenetração dos direitos civil, penal, processual civil e processual penal, entre muitos outros, que também demonstram a unidade do direito.

BIBLIOGRAFIA

DAVID, René. *Os grandes sistemas de direito contemporâneo*. Tradução de Hermínio A. Carvalho. São Paulo: Martins Fontes, 2002.

DINAMARCO, Cândido Rangel. *Instituições de direito processual civil*. São Paulo: Malheiros, 2001, v. 1.

GIANNITI, Francesco. *Introduzione allo studio interdisciplinare del proceso penale*. Milano: Giuffrè, 1986.

MARQUES, José Frederico. *Manual de Direito Processual Civil*. 9. ed. Campinas: Millennium, 2003, v. I.

MEDINA, Paulo Roberto de Gouvêa. *Direito processual constitucional*. Rio de Janeiro: Forense, 2003.

Capítulo 6

Escorço histórico do direito processual civil brasileiro

Milton Paulo de Carvalho

6.1. Introdução

A historiografia atribui o nome de códigos a alguns corpos legislativos de sociedades rudimentares, nos primórdios da civilização, apenas por analogia com os códigos modernos, eis que na verdade constituíam, a um tempo, regras ora de cunho religioso, ora instituídas em favor de determinadas castas dominantes, ora definições de programa social. Assim os Códigos de Hammurabi e de Manu[1].

A história do processo civil brasileiro tem início, para o quanto interessa aos fins deste compêndio, no direito romano.

6.2. Direito romano

No direito romano, predominaram o caráter imanentista da ação, isto é, a ação considerada como prolongamento do direito material subjetivo, e o caráter contratualista do processo. Sinais de publicismo estiveram presentes nas manifestações de humanização da execução[2], mas pode verificar-se o predomínio do caráter privatista nos dois primeiros períodos dentre os três pelos quais se costuma dividir a história do processo civil romano, presente a advertência de que na realidade não se separaram de modo estanque tais períodos, aos quais corresponderiam sistemas diversos de processo civil, havendo transição paulatina de um para o outro[3]. Os três períodos são conhecidos como o das

---

1. E. Bouzon, *O Código de Hammurabi*, p. 13-14; Nelson Saldanha, *Código de Manu*, in *Enciclopédia Saraiva do Direito*, v. 15, p. 414-415.
2. Cândido R. Dinamarco, *Execução civil*, n. 14, p. 47.
3. Humberto Cuenca, *Proceso civil romano*, p. 12; José Carlos Moreira Alves,

ações da lei (*legis actiones*), o *formulário* (*per formula*) e o *extraordinário* (*cognitio extra ordinem*).

6.2.1. Período das ações da lei (legis actiones)

O primeiro período vai da fundação de Roma, em 754 a. C., até o tempo de promulgação da *Lex Aebutia*, cuja data os autores não precisam, sendo para uns entre os anos de 151 e 124 a. C. e para outros entre 149 e 126 a. C. Nesse período vigorava o *ordo iudiciorum privatorum*, segundo o qual o procedimento se compunha de duas fases: *in iure*, isto é, perante o pretor, ou magistrado, e *apud iudicem*, ou seja, diante do *iudex*, este um particular. E as ações da lei, como refere Gaio[4], eram cinco: **sacramentum, iudicis postulatio, condictio, manus iniectio** e **pignoris capio**. Dessas, as três primeiras eram declarativas; as duas últimas eram executivas.

> A *actio sacramenti* aplicava-se a várias relações de direito material e resumia-se na aposta que os litigantes faziam, *in iure*, de lhes pertencer certo direito, conforme demonstrariam *apud iudicem*. Feita a aposta, ou as partes escolhiam o juiz, ou era ele apontado por sorte ou o magistrado o designava, passando-se ao julgamento em praça pública perante tal *iudex*.
> Cuenca aponta nesse procedimento a característica importante de ter sido realizada a *litiscontestatio* perante o pretor e assistida e relatada pelas testemunhas ao juiz[5].
> A *iudicis postulatio* era utilizada para solução de litígios resultantes da *stipulatio*, contrato solene. Postas as partes diante do magistrado, se o demandado negasse a promessa (*sponsio*) que fizera, o demandante solicitava do pretor a designação de um juiz, que emitia a decisão após colhidas as provas.
> A *iudicis postulatio* aplicava-se nos juízos divisórios: *familiae erciscundae, communi dividundo* e *finium regundorum*[6].
> A *condictio* era uma ação da lei de procedimento mais simples que as anteriores, destinando-se à cobrança do mútuo, dos créditos de dinheiro, e para entrega de coisa certa distinta do dinheiro. As partes acordavam solicitar do pretor a designação do juiz para resolver a disputa[7].
> Segundo Moreira Alves, a *actio sacramenti* e a *condictio* são ações abstratas, nas quais o autor não precisa indicar o fundamento (causa) do direito pleiteado, o que não acontecia com a *iudicis postulatio*, que não era ação abstrata[8].

Direito romano, I, p. 203; Luiz Carlos de Azevedo, *O direito de ser citado*, p. 97. Goldschmidt descreve a evolução do processo civil romano tendo por critério o *procedimento* (*Derecho procesal civil*, p. 10-12).
4. Gaio, 4, 12, in Alexandre Correia e Gaetano Sciascia, *Manual de direito romano*, v. II, p. 225. Dizem estes autores que "para conhecer o processo relativo a outras *legis actiones* é suficiente ler o manual de Gaio, no assunto a nossa maior e quase única fonte de informação." (*Manual*, cit., v. I, p. 96).
5. Ob. cit., p. 43.
6. *Idem, ib.*, p. 44.
7. *Idem, ib.*, p. 45.
8. Ob. cit., p. 219, 223-224.

As demais ações da lei são consideradas executivas: a *manus iniectio* cabe contra o devedor que foi condenado em ação de declaração ou confessou *in iure*; a *pignoris capio* resume-se no apossamento de bens do devedor, pelo credor, extrajudicialmente, bastando que este pronuncie as palavras da lei. Não pode, todavia, o credor utilizar-se da coisa.

Desse período das *legis actiones* pode consignar-se o caráter rudimentar das regras sobre a disputa judiciária e o tom nitidamente privado da aposta, a importância da *litiscontestatio* e o emprego de palavras solenes (*certa verba*) em exagerado formalismo[9].

6.2.2. Período do processo formulário

Esse período, considerado a época clássica do direito romano, vai desde a promulgação da *Lex Aebutia* até o fim do século II da era cristã.

O sistema das ações da lei, além de excessivamente formalista, realizava-se em procedimento oral, tornando-se difícil a aplicação pelo pretor peregrino, que tinha de dar instruções aos juízes que não eram cidadãos romanos. Essa teria sido a razão, ou uma das razões, de editar-se a *Lex Aebutia*, pela qual, na fase *in iure*, o magistrado entregava aos litigantes a *formula*, onde se fixava o objeto litigioso e se dava ao juiz popular o poder de condenar ou absolver nos limites fixados e conforme ficasse provado. O procedimento já adotava a forma escrita e o *ordo iudiciorum privatorum* continuava em vigor.

A fórmula continha quatro partes essenciais: a *demonstratio*, colocada no princípio, expunha a *causa* da ação; a *intentio* é a parte da fórmula contendo a *pretensão* do autor; a *adiudicatio* é a parte que permite ao juiz adjudicar a coisa a um dos litigantes; e a *condemnatio* é a em que se dá ao juiz poder para condenar ou absolver[10].

A fase *in iure* terminava, segundo parece, com a confecção da *formula*, a admissão da *actio* pelo magistrado e a contestação da demanda pelo réu, ou *litiscontestatio*[11].

Quando se analisam os efeitos da *litiscontestatio*, percebe-se o caráter nitidamente privado e contratual da cognição no processo civil romano: a) efeito *extintivo*: a partir da emissão da fórmula desaparece o direito emergente da relação jurídica substancial; b) efeito *criador*: porque surge o direito de obter do juiz popular a condenação do réu; e c) efeito *fixador*, consistente em que o juiz deve julgar o litígio como existia no momento da *litiscontestatio* e fixado na *formula*, irrelevantes os fatos supervenientes até a sentença.

---

9. Gaio menciona que perdia a ação aquele que, demandando por causa de videiras cortadas, falasse *videiras*, em vez de *árvores cortadas* em geral, pois esta era a expressão da Lei das XII Tábuas (4, 11, in A. Correia e G. Sciascia, *Manual de direito romano* cit., II, p. 225).
10. Gaio, in Correia e Sciascia, *Manual*, II, cit., p. 239.
11. Moreira Alves, ob. cit., p. 245.

6.2.3. Período da cognitio extra ordinem

O tempo da *cognitio extra ordinem* costuma indicar-se como o compreendido entre os primeiros anos da era cristã até a morte de Justiniano, em 565.

O processo da *cognitio extra ordinem* assim se denomina porque designa o sistema *extra ordinem iudiciorum privatorum*, ou seja, exprime o fato de ter vigorado, por mais de dois séculos, à margem do *ordo iudiciorum privatorum*, até a extinção definitiva deste, após Deocleciano, por uma constituição de Constâncio, no ano 342 da era cristã.

Esse sistema processual caracteriza-se pela inexistência das fases *in iure* e *apud iudicem*, substituindo-as um magistrado que atua não mais como *um cidadão* do Estado Romano, mas como *representante* do Estado Romano[12]. Publiciza-se o processo; não há mais a *formula*; o magistrado não cria ações para tutela de direitos não previstos no direito objetivo; as questões são apreciadas à luz desse direito e não nos termos e com os contornos postos na *formula*. Não se verificam os efeitos da *litiscontestatio* que se verificavam no período clássico: ao julgar a causa, o juiz a considera como no momento da citação e não da contestação; não há o efeito extintivo, em virtude de uma constituição de Justiniano; admite-se a *emendatio libelli* pelo autor no curso do processo, se estiver pedindo mais do que por direito se lhe permite, da mesma forma como se faculta ao juiz condenar o réu ao pagamento do realmente devido, se se tratar de *minus petitio*[13].

A *cognitio extraordinaria* inspirou o processo canônico, e este o processo moderno; daí a semelhança entre o processo dos nossos dias e o do período pós-clássico romano[14].

6.3. DIREITO INTERMÉDIO E DIREITO COMUM

Os visigodos tomaram a península ibérica pelos meados do século V, caracterizando-se os primeiros tempos do domínio bárbaro pela convivência dos conquistadores e dos conquistados, estes simplesmente designados *romanos*. A *Lex Romana Wisigothorum*, ou *Breviarium Alarici*, promulgada em 506 por Alarico II, compunha-se de textos legais e de doutrina e destinava-se a reger os vencidos. Determinava o *Breviarium* que se abrissem os processos judiciais com esta pergunta: *Sub qua lege vivis?* (Que direito rege a tua vida?)[15].

---

12. Luiz Carlos de Azevedo, *O direito de ser citado*, cit., p. 132.
13. Moreira Alves, ob. cit., p. 277. Vittorio Scialoja diz que a *litiscontestatio* não tem verdadeiramente, em direito justinianeu, senão o efeito processual de fixar os termos da controvérsia judicial, se não de uma maneira absolutamente irrevogável, pelo menos de forma importante para o curso ulterior do processo (*Procedimiento civil romano*, trad. de Santiago Sentis Melendo e Marino Ayerra Redin, p. 380).
14. Moreira Alves, ob. cit., p. 272.
15. Isto é, respeitava-se o vencido, que poderia ser julgado segundo o seu direito (Rubens Limongi França, *Código visigótico*, verbete in *Enciclopédia Saraiva do Direito*, v. 15, p. 491).

Entre os germânicos e francos, segundo informa Goldschmidt, a titularidade da jurisdição pertence à assembleia dos membros livres do povo, ou a um *comitatus*, cabendo ao juiz apenas a direção dos debates. O órgão coletivo declara o direito. A isto segue-se um pacto: o demandado promete satisfazer ao demandante, ou provar-lhe que tinha razão, promovendo-se daí para a frente os testemunhos mediante juramentos, ordálias e a solução das questões incidentes por meio de duelos[16].

A mais importante codificação visigótica, entretanto, foi o *Código Visigótico*, ou *Fuero Juzgo*[17], promulgado em 671 sob o Rei Flávio Recesvindo para promover a unificação dos sistemas.

> Não se trata evidentemente de um código bárbaro. Ao contrário, elaborada pelos filósofos do tempo, em particular pelo clero, através dos concílios, que eram verdadeiros parlamentos também políticos, a legislação visigótica é de base essencialmente romana, suavizada em seu rigor pela benéfica influência do cristianismo. Não eram, pois, monumentos legislativos surgidos das assembleias de guerreiros germânicos, antes dos concílios católicos, que propiciaram a reconciliação dos bárbaros com a civilização,

esclarece Alfredo Buzaid[18].

Com a criação das Universidades, especialmente a de Bolonha, onde mais se intensificaram os estudos jurídicos com base em textos romanos, e com o trabalho constante dos glosadores mais a adaptação dos princípios pela Igreja e seu direito, irradia-se por toda a Europa o chamado *direito comum*, do qual participa o *processo comum* ou *processo romano-canônico*, que vigora ao lado do *ius proprium* de cada território. A esse fenômeno da irradiação do *direito comum* dá-se o nome de *recepção*[19].

As características dominantes no *processo comum* estiveram presentes nas Ordenações do Reino, segundo Liebman[20], sendo sensíveis no processo civil brasileiro até a promulgação do código de 1939[21].

---

16. James Goldschmidt, *Derecho procesal civil*, p. 14 a 17. Este é o comentário de Francesco Calasso: *Uno stadio, dunque, del tutto primitivo, per il quale ogni diritto è passato. Il procedimento è orale e pubblico, ma irto di formalismi e simboli di carattere religioso: che infatti, in questa concezione del tutto primordiale, la volontà divina è ritenuta presente e rilevantesi nel rito processuale (il giudizio di Dio, ordalia), che decide senz'altro la lite* (*Medioevo del diritto*, v. I, p. 123).
17. Essa lei do Rei Flávio Recesvindo teve também os nomes de *Lex Wisigothorum Recesvindiana* e *Forum Iudicum*.
18. *Do concurso de credores no processo de execução*, p. 97-98.
19. Goldschmidt, ob. cit., p. 14. Jaime Guasp, *Derecho procesal civil*, t. I, p. 73.
20. Nota n. 2, à página 144 das *Instituições de direito processual civil*, de Giuseppe Chiovenda, trad. de J. Guimarães Menegale, v. I.
21. José Frederico Marques, *Instituições de direito processual civil*, v. I, p. 113 e 126-128.

6.4. DIREITO PORTUGUÊS DAS ORDENAÇÕES

6.4.1. Ordenações afonsinas

Desde que Portugal se separara da monarquia leonesa, os reis legislavam abundantemente e era preciso compilar as leis que se reuniam de forma assistemática ou no Livro das Leis e Posturas, ou nas Ordenações de D. Duarte, ou vagavam em textos esparsos. Muito tempo levou o trabalho de codificação, no qual pontificaram João Mendes, Rui Fernandes e João Fernandes de Aregas, exímio jurista imortalizado com a alcunha de *João das Regras*[22], podendo afinal ser editada a compilação em 1446, no reinado de D. Afonso V. Esse monumento legislativo foi o primeiro código europeu.

O Livro III das Ordenações de Afonso V tratava do processo e seu Título XX cuidava da "Ordem do Juízo, que o juiz deve ter, e guardar em seu ofício". Nota-se nesse Livro III o respeito a princípios elementares do processo civil, como o do contraditório, nos números 2 e 7 do citado Título XX[23]; o da busca da verdade real, no número 3 do mesmo Título, quando estabelece as fases procedimentais "em tal guisa, que quando o feito for finalmente concluso, seja o dito Juiz assim cumpridamente informado da verdade, que justamente possa dar sentença conforme à petição". Permitia-se o aditamento do libelo, ou da demanda, pelo autor, o que era admitido pelo n. 12 do Título XX, tantas vezes quantas o autor assim o entendesse, dando-se, porém, sempre, prazo, "em alvidro do juiz", para o réu se aconselhar e responder ao que mais tivesse sido aditado. Obedecia-se ao princípio da persuasão racional na valoração da prova, proibido o julgamento *secundum conscientiam* pelo magistrado (Título XXXI). Proíbe-se a sentença *ultra petita*, mas afirma-se a necessidade de a sentença levar em conta os fatos no momento do seu proferimento, "pois achamos em Direito, que todas as coisas, que acontecem em juízo depois da lide contestada, pertencem ao ofício do juiz, ainda que não pedida" (Título LXVIIII, n. 1).

Registre-se o fato de que as Ordenações Afonsinas serviram de modelo para as que se lhe seguiram.

6.4.2. Ordenações manuelinas

A obra legislativa de D. Manuel, o Venturoso, começada a publicar em 1512, teve por ponto de partida as Ordenações Afonsinas e mantém o respeito aos princípios apontados e a mesma sistemática do código afonsino.

---

22. Waldemar Martins Ferreira, *História do Direito Brasileiro*, t. II, p. 287; José Motta Maia, *Ordenações Afonsinas*, verbete in *Enciclopédia Saraiva do Direito*, v. 56, p. 288-289; Luiz Carlos de Azevedo, *Origem e introdução da apelação no direito lusitano*, p. 114.

23. Nesse número 7 do Título XX, o Código de Afonso V determina que ao réu se dê traslado do libelo para que ele, conhecendo-o, haja seu conselho sobre se contenderá, defendendo-se, ou se deixará o feito, não mais contendendo. Em contendendo, virá com sua defesa, suas exceções e recusações.

6.4.3. Ordenações filipinas

Filipe II de Espanha, I de Portugal a partir de 1580, encomendou a um grupo de renomados juristas uma codificação que substituiria as Ordenações Manuelinas, mas faleceu em 1598, cabendo ao seu filho, Filipe III, a promulgação, em 1603, daquela codificação que teria a trajetória mais curiosa, no tempo e no espaço: as Ordenações Filipinas vigoraram mais no Brasil do que em Portugal, pois lá foram revogadas em 1868, quando entrou em vigor o Código Civil, e aqui em 1º de janeiro de 1917, pela entrada em vigor do Código Civil brasileiro que vigeu até 9 de janeiro de 2003.

O Livro III dessas Ordenações mantém os mesmos princípios e regras das Afonsinas e Manuelinas, cuidando, no Título I, das citações, e no Título XX da ordem do juízo nos feitos cíveis. A disciplina das sentenças definitivas está no Título LXVI, mantida a regra de que *debet esse conformis libello* (a sentença deve ser conforme ao pedido inicial), mantida a vedação de pronunciar-se sentença ilíquida, salvo nos casos de pedido genérico e de ações universais, bem assim de pronunciar-se sentença condicional (Título cit. pr. e ns. 1, 2, 3, e 4)[24].

6.5. DIREITO BRASILEIRO

6.5.1. Da independência até 1850

A Assembleia Constituinte convocada logo após a independência do Brasil aprovou lei, em 20 de outubro de 1823, determinando que as Ordenações, leis, regimentos, alvarás etc., promulgados pelos reis de Portugal e pelos quais o Brasil se governava até 25 de abril de 1821, ficavam em inteiro vigor neste país. Destinava-se, assim, como se disse, o Código lusitano do rei de Castela a vigorar mais no Brasil do que em Portugal

Assim, o Livro III das Ordenações Filipinas continuou regendo o processo civil brasileiro após a independência. Com uma lei de 29 de novembro de 1832, é promulgado o Código de Processo Criminal de primeira instância, bem assim uma Disposição Provisória acerca da administração da justiça civil. Moacyr Lobo da Costa vê nessa lei o início do lento trabalho de emancipação do direito processual brasileiro[25].

O art. 14 dessa Disposição Provisória revogava as leis que permitiam às partes réplicas, tréplicas e embargos antes da sentença final, com o que aplicava o princípio da eventualidade, pois os litigantes eram obrigados a deduzir todas as suas questões

---

24. Utilizamos reproduções *fac símile* das Ordenações Afonsinas, Livro III, e das Ordenações Manuelinas, Livro III, feitas na Real Imprensa da Universidade de Coimbra em 1792; e das Ordenações Filipinas, Livros II e III, feita por Cândido Mendes de Almeida, Rio de Janeiro, 1870, todas reproduções promovidas pela Fundação Calouste Gulbenkian em Coimbra, sendo a primeira e a segunda em 1984 e a terceira em 1985.
25. *Breve notícia histórica do direito processual civil brasileiro e de sua literatura*, p. 5.

e argumentos no libelo e na defesa, consumando-se com esta a litiscontestação, pois incabíveis réplica e tréplica[26].

Todavia, a Lei nº 261, de 3 de dezembro de 1841, que reformava o Código do Processo Criminal, revogou também o art. 14 da Disposição Provisória de 1832, restabelecendo o procedimento anterior, com a réplica, a tréplica, os agravos etc.

Assim, com as modificações introduzidas pela lei de 1832, subsistentes à reforma de 1841 e ao seu Regulamento nº 143, de 15/03/1842, permaneceram no processo civil brasileiro as vetustas regras do Livro III das Ordenações Filipinas até que o processo instituído pelo Regulamento 737 fosse estendido ao processo civil.

6.5.2. O Regulamento 737, de 1850, a Consolidação Ribas e os Códigos estaduais de processo civil

6.5.2.1. A ORIGEM DO REGULAMENTO 737

O Código Comercial brasileiro foi promulgado pela Lei nº 556, de 25 de junho de 1850, instituindo uma jurisdição comercial e disciplinando o processo das "causas comerciais", como designava no art. 22 do seu Título Único. O art. 27 cometia ao Governo a tarefa de baixar *regulamento* sobre a *ordem do juízo* no processo comercial particular. Em 25 de novembro de 1850, é aprovado o Regulamento 737 para esse efeito.

6.5.2.2. A CONSOLIDAÇÃO RIBAS

Vigoravam, então, para o processo comercial o Regulamento 737, e para o processo civil as Ordenações Filipinas, cuja aplicação se dificultava em virtude de inúmeras leis complementares e modificativas, o que provocou a necessidade de reunir num só corpo tanto as primeiras como as segundas[27]. O Governo Imperial incumbiu ao Conselheiro Antonio Joaquim Ribas, em cumprimento da Lei nº 2.033, de 1871, a elaboração de uma compilação sistemática das leis do processo civil, e a sua Consolidação tornou-se obrigatória por Resolução de 28 de dezembro de 1876.

A *litiscontestatio* merece tratamento um tanto rebuscado: no capítulo da contestação da lide, dispõe o art. 259 da Consolidação Ribas que "A verdadeira contestação da lide, porém, só se efetuará pela completa exposição da intenção do autor e da defesa do réu"[28]. E o art. 260 expõe os efeitos da *verdadeira* contestação da lide, distinguindo-se, entre outros, o de "produzir um quase contrato, pelo qual os litigantes se obrigam a estar pelo julgado, devendo este retrair-se ao estado de coisas existente no momento da contestação da lide".

---

26. Moacyr Lobo da Costa, ob. cit., p. 10 e 16.
27. Moacyr Amaral Santos, *História do direito processual civil*, verbete in *Enciclopédia Saraiva do Direito*, v. 41, p. 350.
28. Antonio Joaquim Ribas, no comentário CLXXII, que faz ao art. 259 da sua *Consolidação*, diz que a "completa exposição da intenção do autor e da defesa do réu" significa: "depois de oferecido o libelo, contrariedade, réplica e tréplica nas ações ordinárias" (*Consolidação das leis do processo civil*, v. I, p. 211).

Impõe-se correlação entre a sentença e o pedido, mas admitem-se pedidos implícitos e consectários da condenação (art. 488 e parágrafo único), vedando-se a emissão de sentença ilíquida, salvo nas hipóteses de pedido genérico (art. 489 e §§ 1º a 3º), assim como, em regra, de sentença condicional ou alternativa, ressalvados os casos de o autor jurar que o réu lhe deve ou tratar-se de obrigação alternativa (art. 490)[29].

6.5.2.3. A VIGÊNCIA DO REGULAMENTO 737

Uma comissão nomeada pelo Governo do Império, em 1882, para elaborar trabalho destinado a servir de base ao Projeto de reforma judiciária, lembrava a conveniência de aplicar-se o Regulamento 737 ao processo das causas cíveis, que continuava regido pelo Livro III das Ordenações Filipinas e demais leis consolidadas pelo Conselheiro Ribas.

Foi o que fez o Governo Provisório da República, pelo Decreto nº 763, de 19 de setembro de 1890, cessando entre nós, quanto ao processo, a vigência da lei portuguesa do rei espanhol, embora perdurassem, no Regulamento 737, como entende Frederico Marques, os princípios e a forma do procedimento romano-canônico, que caracterizavam o processo no direito comum[30].

Fazendo-se a citação e o oferecimento do libelo em momentos procedimentais diferentes, admitia-se o aditamento daquele até a contestação, cujo prazo era de dez dias a contar da audiência de propositura da ação (arts. 66, 67, 68 e 73), mas a mudança do pedido ou da sua causa, por importar em novo juízo, exigia nova citação, o que significava desistir da ação e exigia o protesto, pelo autor, de intentar outra[31].

Quanto à sentença, mantinham-se os requisitos de conformidade ao *petitum* e vedação de proferir-se ilíquida, "salvo se a quantia, sendo incerta, puder ser liquidada na execução" (art. 231).

6.5.2.4. OS CÓDIGOS ESTADUAIS DE PROCESSO CIVIL

A primeira Constituição republicana, de 1891, fiel ao sistema federativo que instituíra, permitiu aos Estados legislar sobre direito processual. Mas nem todos editaram seus códigos de processo em tempo breve, havendo os que jamais usaram da faculdade concedida pela Constituição, como Goiás, Mato Grosso, Alagoas e Amazonas, que continuaram observando o Regulamento 737 até a unificação, em 1940[32].

Referem os autores que os Estados que promulgaram seus códigos fizeram-no guardando respeito e semelhança ao sistema do velho Regulamento, por isso que

---

29. Ribas, ob. cit., comentários CCCXXXIII, CCCXXXIV, CCCXXXVIII etc., p. 355-358.
30. *Instituições*, v. I, p. 125-130.
31. *Idem*, p. 128-129.
32. Moacyr Lobo da Costa, ob. cit., p. 69.

os diplomas estaduais eram parecidos uns com os outros "como gotas d'água da mesma fonte", no dito pitoresco de Lobo da Costa[33].

Observamos, entretanto, que a doutrina de Eduardo Espínola, autor do projeto do Código de Processo do Estado da Bahia, convertido na Lei nº 1.121, de 21 de agosto de 1915, não se podia considerar tão conservadora para a época, pelo menos entre nós brasileiros.

Com efeito, ao comentar o ato de incoação do processo, previsto no art. 68 ("A ação é iniciada por meio de uma petição dirigida ao juiz competente para o processo"), Espínola critica o princípio dispositivo: "Não é o queixoso que escolhe os meios de prova e guia o juiz cegamente pelo caminho que melhor lhe aprouver. Não há dúvida que ele oferece as provas que lhe aproveitam; mas o juiz, que não é, na processualística moderna, um simples autômato, dirige todo o processo inteligentemente, exige, não somente do queixoso, como também do queixado e até de terceiros, os elementos probatórios que, de acordo com a discussão e com as provas já fornecidas, lhe apareçam necessários à decisão da causa. Os clássicos princípios – o juiz deve julgar pelo alegado e provado – e – compete provar àquele que alega – já foram banidos da recente doutrina e inteiramente desprezados pelos Códigos mais modernos"[34].

Já nos arts. 70 (requisitos da petição inicial), 72 (inalterabilidade da petição inicial), 304 (correspondência entre a sentença e o pedido e pedidos implícitos), 305 (consectários da condenação), por exemplo, o código baiano afeiçoa-se à tradição das Ordenações e do Regulamento 737, de 1850.

No art. 360 estampa-se o inquisitorialismo defendido por Espínola para o processo civil: à regra tradicional de que "o juiz julgará segundo o que achar alegado e provado pelas partes", substitui-se a de que "o juiz julgará, dentro dos limites traçados pelo objeto da demanda, de acordo com a sua convicção, formada pelo exame criterioso das provas do processo e do conjunto de todos os atos praticados, apreciando ainda os fatos e as circunstâncias que não hajam sido alegados pelas partes, *mas constantes dos autos*". A cláusula final, que realçamos, foi acrescida durante a discussão do projeto de Espínola; este não a continha, no original. Daí dizer seu autor que o princípio do projeto sofreu ligeira modificação[35]. A intenção era, de acordo com os códigos húngaro, alemão e austríaco, a que o processualista a miúde recorria, elevar a dignidade do juiz, confiando-lhe um papel muito mais importante do que simplesmente o fiel da balança[36].

O Código de Processo Civil do Estado de Minas Gerais foi promulgado pela Lei nº 830, de 7 de setembro de 1922, e no tocante ao procedimento guarda semelhança com o Regulamento 737.

---

33. Idem, p. 63. O mesmo afirma José Frederico Marques, *Instituições*, v. I, cit., p. 131.
34. *Código do Processo do Estado da Bahia anotado por Eduardo Espínola*, p. 412-413, nota 99.
35. *Código de Processo do Estado da Bahia anotado por Eduardo Espínola*, cit., p. 573, nota 399.
36. Idem, p. 413, nota 99.

Determina o código mineiro, nos arts. 47 e 177, o que a "simples petição" (inicial) deve conter, isto é, "o contrato, transação ou fato de que resultar o direito do autor e a obrigação do réu" (art. 177, nº 3), a "regra de direito ou a lei aplicável à espécie, quando não for de direito geral" (art. cit., nº 5) e o "pedido, com todas as especificações, e a estimativa do respectivo valor, quando este não for determinado" (art. cit., nº 6). A sentença deve conformar-se ao alegado e provado pelas partes vedado o julgamento *secundum conscientiam*, bem como vedadas as sentenças *ultra* ou *extra petita* (compreendidos, entretanto, na condenação as custas, frutos, interesses e outros acessórios do pedido nos casos em que a lei os impõe), vedadas ainda a sentença ilíquida (salvo se a coisa ou quantia certa não puder ser determinada desde logo) e a sentença alternativa e a condicional, a não ser nos casos admitidos na lei ou quando o exigir a natureza da causa (arts. 378 a 381).

O Código do Processo Civil e Comercial do Estado de São Paulo (Lei nº 2.421, de 14 de janeiro de 1930) tem estes característicos: nos arts. 206 a 219, cuida da petição inicial. Entre os requisitos dessa peça, a causa de pedir ("a menção do fato, ato ou título gerador do direito invocado") e o pedido ("o pedido, com suas especificações, e, não sendo a causa inestimável, a estimativa do valor, quando não for determinado") são exigidos nos incisos III e IV do art. 206.

Não se admite mudança substancial da petição inicial a não ser até a audiência de propositura da ação, uma vez que a citação e esta se realizam em momentos distintos (art. 213), mas da mudança se exige nova citação do réu (art. 209).

O art. 210 veda a nova formulação do mesmo pedido ainda que calcado em causas de pedir diferentes, consagrando, assim, a regra segundo a qual *electa una via, non datur recursus ad alteram* ("escolhido um caminho, não se dá recurso a outro"), ou seja, veda as chamadas *ações concorrentes*, regra que seria, futuramente, censurada por Frederico Marques[37].

Admitem-se pedidos cumulados e alternativos (arts. 211 e 212).

Há réplica e tréplica (arts. 252 e 253), considerando-se contestada a lide quando vencido o tempo procedimental desta (art. 254).

A sentença deve conformar-se ao que as partes alegaram e provaram, admitidos os frutos e acessões do principal como implícitos; a condenação não pode ser alternativa, salvo no caso de obrigação alternativa; nem se admite sentença ilíquida, a não ser nas ações universais, nas que versarem sobre frutos percipiendos, perdas e danos ainda não verificados e quando a determinação da coisa ou a fixação do valor ou da quantidade não tenha sido feita na ação (arts. 331 e 332).

Esses Códigos da Bahia, de Minas e de São Paulo teriam sido os "mais aperfeiçoados" para a época[38].

---

37. *Manual de direito processual civil*, v. 2, p. 60-62.
38. Lobo da Costa, ob. cit., p. 70.

6.5.3. O Código de Processo Civil de 1939

A segunda Constituição republicana, de 16 de julho de 1934, determinou a unificação, havia muito reclamada, da legislação processual civil. Dispôs no art. 5º, inciso XIX, alínea *a*, que compete privativamente à União legislar sobre direito processual. Antes que se cumprisse, o preceito perdeu a vigência, substituído que foi, com os mesmos dizeres, pelo art. 16, inciso XVI, da Carta de 10 de novembro de 1937.

Em 1º de março de 1940, entra em vigor o Decreto-lei nº 1.608, de 18 de setembro de 1939, que institui o CPC.

> Serviram-lhe de paradigma os Códigos da Áustria, da Alemanha e de Portugal; adotou o princípio da oralidade, tal como caracterizado por Chiovenda, com algumas concessões à tradição, notadamente no que diz respeito ao sistema de recursos e à multiplicação de procedimentos especiais[39].

Enfoques pormenorizados apontam: mantém-se a regra *sententia debet esse conformis libello* (a sentença deve ser conforme ao pedido); proíbe-se a *mutatio libelli* (mudança do pedido – art. 181); é necessária a emissão de sentença certa e não condicional, admitindo-se a ilíquida; mantém-se confuso o conceito de *instância*, enquanto a regulamentação do instituto da competência continuou questão não decifrada.

O Código de 1939 vigorou até 31 de dezembro de 1973.

6.5.4. O Código de Processo Civil de 1973 e sua reforma

Empenhou-se o Governo da República, no começo dos anos sessenta do século passado, na reforma de todos os códigos, atribuindo a juristas de renome em cada área do direito a elaboração dos respectivos anteprojetos. Incumbido, o Professor Alfredo Buzaid apresentou, em 8 de janeiro de 1964, o seu anteprojeto de Código de Processo Civil acompanhado de uma exposição de motivos que trazia como epígrafe esta afirmação feita por Chiovenda quando da reforma do processo italiano: *Convien decidersi a una riforma fondamentale o rinunciare alla speranza di un serio progresso,* pois o dilema era: revisão ou código novo? E Buzaid explicava porque preferiu escrever um novo:

> A emenda ao Código atual requeria um concerto de opiniões, precisamente nos pontos em que a fidelidade aos princípios não tolera transigências. E quando a dissensão é insuperável, a tendência é de resolvê-la mediante concessões, que não raro sacrificam a verdade científica a meras razões de oportunidade. O grande mal das reformas parciais é o de transformar o Código em mosaico, com coloridos diversos que traduzem as mais

---

39. Ada P. Grinover, Araújo Cintra e Dinamarco, *Teoria geral do processo,* cit., n. 52, p. 108.

variadas direções. Dessas várias reformas tem experiência o País; mas, como observou Lopes da Costa, umas foram para melhor; mas em outras saiu a emenda pior que o soneto[40].

O Código Buzaid representou sensível progresso para a época da sua promulgação, pela tanto quanto possível simplificação da atividade judiciária e pela colocação e trato científico das matérias. Os livros, títulos e capítulos pelos quais se distribui a disciplina do processo nesse Código continham-se em sistema hermético, com raras dissonâncias. Em relação ao Código de 1939, criou-se o procedimento sumário, possibilitou-se o julgamento antecipado do mérito, reformou-se o processo de execução; disciplinou-se em livro autônomo o processo cautelar, deu-se à jurisdição voluntária tratamento sistemático.

Apesar da sua apurada técnica, o Código de 1973 submeteu-se a modificações, que não se podem considerar reforma do seu sistema ou emendas de deficiências na sua aplicação. Integram os grupos de:

a) meras correções do texto, a Lei nº 5.925, de 1º de outubro de 1973; e de

b) adaptação de procedimentos contidos em leis extravagantes ao seu sistema, as Leis nºs 6.014, de 27 de dezembro de 1973 e 6.071, de 3 de abril de 1974.

Um terceiro grupo inclui leis de processo promulgadas após a entrada em vigor do Código de 1973, mas disciplinadoras de procedimentos especiais próprios de algumas relações jurídicas, já que o vezo da manutenção e criação desses procedimentos continuou. Assim, desse terceiro grupo fazem parte, em ordem cronológica, as seguintes:

a) Lei nº 6.458, de 1º de novembro de 1977, que dá nova redação à Lei nº 5.474, de 18 de julho de 1968 (*Lei das Duplicatas*);

b) Lei nº 6.515, de 26 de dezembro 1977 (*Lei do Divórcio*);

c) Lei Complementar nº 35, de 14 de março de 1979 (*Lei Orgânica da Magistratura Nacional*);

d) Lei nº 6.830, de 22 de setembro de 1980 (*Lei das Execuções Fiscais*);

e) Lei nº 7.347, de 24 de julho de 1985 (*Lei da Ação Civil Pública*); e

f) Lei nº 8.078, de 11 de setembro de 1990 (*Código de Defesa do Consumidor*).

Agora, a reforma do Código, propriamente dita.

A vertiginosa mudança dos hábitos sociais, os avanços inimagináveis da tecnologia, a redução das distâncias, a complexidade do tráfico jurídico, a conscientização dos direitos pelos membros da comunidade e a promessa constitucional do acesso à justiça com a oferta de juízos especiais, entre outras várias causas, passaram a exigir mudança e adequação de parte do sistema e de muitas regras do Código de 1973, agora insuficientes e inadequados para satisfazer à variegada e volumosa demanda

---

40. Alfredo Buzaid, *Exposição de motivos do Código de Processo Civil*, capítulo I, item 1. A apreciação de Lopes da Costa foi extraída do seu *Direito processual civil brasileiro*, 2. ed., v. I, p. 29.

ao Judiciário. Realmente, em assuntos de direito a melhor técnica na elaboração da norma, mesmo que se trate de processo civil, nem sempre é o bastante para torná-la capaz de produzir os resultados almejados, especialmente quando a sociedade reclama a realização concreta das garantias constitucionais e sente a necessidade de comandos que lhe pacifiquem o convívio porque emitidos com presteza e conformes a uma ordem jurídica justa. Como explica Sálvio de Figueiredo Teixeira, "desvinculando-se do seu antigo perfil liberal-individualista, o processo contemporâneo, sem abandonar o seu prioritário escopo jurídico, tem igualmente objetivos políticos e sociais, na medida em que reflete o estágio histórico e cultural do meio em que atua.

> Segundo doutrina de ponta, algumas "ondas" têm caracterizado essa fase instrumentalista. Na primeira delas, deu-se ênfase à assistência judiciária e, na segunda, ao acesso de grupos sociais à tutela judicial.
> Na "onda" atual, a preocupação se volta para a efetividade dessa prestação, refletindo ideais de justiça e princípios fundamentais, tendo como ideias matrizes o acesso a uma ordem jurídica justa e a celeridade na solução do litígio, ao fundamento de que somente procedimentos ágeis e eficazes realizam a verdadeira finalidade do processo[41].

Além do CDC, promulgou-se a importante Lei das Pequenas Causas (nº 7.244, de 7 de novembro de 1984), que disciplinou o processo e o procedimento das causas de pequeno valor. Essa lei vigeu até a entrada em vigor da Lei nº 9.099, de 26 de setembro de 1995, que instituiu os Juizados Especiais Cíveis e Criminais. Outra lei também modificadora do Código foi a que tornou impenhorável o imóvel residencial do executado, com o intuito de defesa do bem de família (Lei nº 8.009, de 29 de março de 1990).

Na direção das ideias acima referidas, continua Sálvio de Figueiredo Teixeira, trazendo um contributo histórico:

> Em mais uma tentativa, estavam a Associação dos Magistrados Brasileiros e o Instituto Brasileiro de Direito Processual, por sua Seccional do Distrito Federal, buscando caminhos para reformular a legislação processual quando, juntamente com o Ministério da Justiça, resolveram delegar a coordenação dessa tarefa à Escola Nacional da Magistratura (*DOU* de 30/03/1992)[42].

Optou-se, então, por introduzir reformas setoriais no texto em vigor em vez de elaborar-se um código novo. A ideia açulou a irrefreável prenhez legiferante nacional que emitiu, em tempo breve, uma profusão de diplomas os quais alcançam, entre outros, até este primeiro trimestre de 2010, os seguintes institutos, dando-lhes

---

41. A reforma processual na perspectiva de uma nova justiça, in *Reforma do Código de Processo Civil*, n. 1, p. 887.
42. Ob. cit., n. 3, p. 890.

disciplina como a seguir sucintamente se indica[43-44-45]:
1) do *processo de conhecimento* e do *procedimento* em geral:
   a) *competência e arguição da incompetência* (Lei nº 11.280, de 16 de fevereiro de 2006[46]);
   b) *citação e atos vários de intercâmbio processual por meio postal* (Lei nº 8.710, de 24 de setembro de 1993);
   c) *provas pericial e outras* (Leis nºs 8.455, de 24 de agosto de 1992, e 10.358, de 27 de dezembro de 2001);
   d) limitações à aplicação do *princípio da identidade física do juiz*. Número de exceções ampliado (Lei nº 8.637, de 31 de março de 1993);
   e) alteração do *pedido inicial* (Lei nº 8.718, de 14 de outubro de 1993[47]);
   f) recursos (Lei nº 8.950, de 13 de dezembro de 1994; Lei nº 9.139, de 30 de novembro de 1995; Lei nº 9.245, de 26 de dezembro de 1995; Lei nº 9.756, de 17 de dezembro de 1998, esta alterando também a disciplina do conflito de competência; Lei nº 10.352, de 26 de dezembro de 2001; Lei nº 11.187, de 19 de outubro de 2005; Lei nº 11.276, de 7 de fevereiro de 2006; Lei nº 11.280, de 16 de fevereiro de 2006; Lei nº 11.341, de 7 de agosto de 2006; Lei nº 11.418, de 19 de dezembro de 2006; Lei nº 11.419, de 19 de dezembro de 2006; e Lei nº 11.672, de 8 de maio de 2008[48]);
   g) introdução da *tutela antecipada* e da *tutela específica das obrigações de fazer e não fazer*, bem como *para entrega de coisa*, além da disciplina de inúmeros institutos pertencentes ao processo de conhecimento, tais como legitimidade e representação das partes, honorários devidos pela sucumbência, litisconsórcio facultativo, poderes do juiz na condução do

---

43. Soma-se a esse fato a edição da Emenda Constitucional nº 45, de 8 de dezembro de 2004, que provocou a inserção de uns e modificação de outros dispositivos do Código de Processo Civil, pois acrescentou, ao art. 5º da Carta Magna, o inciso LXXVIII com esta redação: "a todos, no âmbito judicial e administrativo, são assegurados a razoável duração do processo e os meios que garantam a celeridade da sua tramitação".
44. Veja-se "A crise jurídico-judiciária brasileira". Entrevista de Milton Paulo de Carvalho para o *site* Academus. Disponível em: <http://www.academus.pro.br/site/pg.asp?pagina=detalhe_entrevista&titulo=Entrevista&codigo=38&cod_categoria=&nome_categoria=>. São Paulo, 9 de março de 2006.
45. Ver Milton Paulo de Carvalho, Os princípios e um novo Código de Processo Civil. In: *Bases científicas para um renovado Direito Processual*, coletânea publicada pelo Instituto Brasileiro de Direito Processual, ano 10, n. 20, julho/dezembro de 2007, p. 201. Ver, também, o nosso Aplicação e reforma da lei processual. In: *Os poderes do juiz e o controle das decisões judiciais*, estudos em homenagem à Profª Teresa Arruda Alvim Wambier, coord. José Miguel Garcia Medina, Luana Pedrosa Figueiredo Cruz, Luís Otávio Sequeira de Cerqueira e Luiz Manoel Gomes Júnior. São Paulo: Revista dos Tribunais, 2008, p. 1.125.
46. Ver *infra*, capítulo 21, item 21.8.
47. Veja-se Milton Paulo de Carvalho, Pedido novo e aditamento do pedido. O art. 294 do Código de Processo Civil na sua nova redação. In: *Processo Civil – Evolução – 20 anos de vigência*. Coord. Prof. José Rogério Cruz e Tucci. São Paulo: Saraiva, 1995, p. 169.
48. Ver Milton Paulo de Carvalho, Do recurso cabível no concurso de prelações. *Revista do Advogado*, AASP, São Paulo, ano XXVII, n. 92, julho de 2007, p. 122.

processo etc. (Lei nº 8.952, de 13 de dezembro de 1994, e Lei nº 10.444, de 7 de maio de 2002);

h) *procedimento sumário* (Lei nº 9.245, de 26 de dezembro de 1995, e Lei nº 10.444, de 7 de maio de 2002[49];

i) *transmissão por fac-símile* de atos que dependem de petição escrita (Lei nº 9.800, de 26 de maio de 1999);

j) *prioridade de tramitação* dos procedimentos em que são partes pessoas de idade igual ou superior a 65 anos (Lei nº 10.173, de 9 de janeiro de 2001);

k) nova definição de *sentença* (Lei nº 11.232, de 22 de dezembro de 2005);

l) *dever de lealdade processual, distribuição por dependência, prova* etc. (Leis nos 9.668, de 23 de junho de 1998, e 10.358, de 27 de dezembro de 2001);

m) *informatização do processo judicial* (Lei nº 11.419, de 19 de dezembro de 2006);

n) *improcedência do pedido repetitivo* (Lei nº 11.277, de 7 de fevereiro de 2006);

2) de alguns *procedimentos especiais*:

a) *ações de usucapião e de consignação em pagamento* (Lei nº 8.951, de 13 de dezembro de 1994);

b) disciplina do *habeas data* (Lei nº 9.507, de 12 de novembro de 1997);

c) *ação direta de constitucionalidade ou inconstitucionalidade* (Lei nº 9.868, de 10 de novembro de 1999);

d) *arguição de descumprimento de preceito fundamental* – previsão da Constituição da República, art. 102, § 1º (Lei nº 9.882, de 3 de dezembro de 1999);

e) *separação consensual* (Lei nº 11.112, de 13 de maio de 2005);

f) disciplina do *arrolamento* como procedimento sumário para o inventário; nova redação do art. 1.031 (Leis nos 9.280, de 30 de maio de 1996, e 11.441, de 4 de janeiro de 2007);

g) *inventário, separação consensual e divórcio consensual* por escritura pública (Lei nº 11.441, de 4 de janeiro de 2007);

3) do *processo de execução*[50]:

a) *extinção da liquidação por cálculo do contador, citação do devedor na pessoa do seu advogado na liquidação por arbitramento ou por artigos* (Lei nº 8.898, de 29 de junho de 1994);

b) *introdução do sistema de cumprimento da sentença* sine intervallo *da cognição para a execução, em se tratando de título executivo judicial*: inserção

---

49. Idem, A prática do procedimento sumário segundo a sua nova disciplina. In: *Reforma do Código de Processo Civil*, coord. Min. Sálvio de Figueiredo Teixeira. São Paulo: Saraiva, 1996, p. 423.

50. Ver Milton Paulo de Carvalho, Pedido genérico e sentença líquida. In: *Execução Civil*, estudos em homenagem ao Prof. Humberto Theodoro Júnior, coord. Ernane Fidelis dos Santos, Nelson Nery Júnior, Luiz Rodrigues Wambier e Teresa Arruda Alvim Wambier. São Paulo: Revista dos Tribunais, 2007, p. 241.

dos capítulos IX (liquidação da sentença) e X (cumprimento da sentença) ao Título VIII (do procedimento ordinário) do Livro I (do processo de conhecimento). (Lei nº 11.232, de 22 de dezembro de 2005);
   c) *disciplina do processo de execução fundada em títulos extrajudiciais*, mantendo regras sobre a execução fundada em título judicial (Leis nºˢ 11.232, de 22 de dezembro de 2005, e 11.382, de 6 de dezembro de 2006);
   d) *processo de execução* e *embargos à execução* (Lei nº 8.953, de 13 de dezembro de 1994; Lei nº 10.444, de 7 de maio 2002; e Lei nº 11.382, de 6 de dezembro de 2006);
   e) *indisponibilidade* on-line *de ativos existentes no sistema bancário* (Leis nºˢ 11.382, de 6 de dezembro de 2006, e 11.694, de 12 de junho de 2008).
4) da *cautelaridade*:
   a) *poder cautelar geral do juiz*. Hipótese de exercício quando a parte a requerer como tutela antecipada, como previsto no § 7º do art. 273 atual (Lei nº 10.444, de 7 de maio de 2002);
5) Inclusão do *processo monitório* (Lei nº 9.079, de 14 de julho de 1995).
6) *Arbitragem* (Lei nº 9.307, de 23 de setembro de 1996[51];

Se, por um lado, um exame superficial permite facilmente concluir que tais reformas, marcadas pela tonificação dos poderes do juiz na condução do processo e correspectiva diminuição do poder de iniciativa das partes, não geraram a almejada e prometida celeridade do serviço jurisdicional, por outro lado a artilharia desfechada sobre o texto de 1973 apagou-lhe a unidade, descaracterizou-lhe o sistema, fez dele um mosaico. Além de, no seu todo, ensejar interpretações contrárias a princípios elementares do processo civil tradicionalmente caros aos estudiosos e praticantes dessa importante ciência[52].

Daí a manifestação de processualistas brasileiros em prol de um novo código.

Ato baixado pelo Sr. Presidente do Senado em 14 de outubro de 2009 compôs comissão de onze membros, sob a presidência do Ministro Luiz Fux, do Superior Tribunal de Justiça, para elaborar anteprojeto de código. É nesse passo que ora nos encontramos.

Espera-se que neste alvorecer do século XXI a principal lei brasileira de processo civil venha a ser o marco de uma era de respeito à tradição liberal do homem brasileiro e da vocação democrática da sociedade em que vive, podendo retornar a uma desprendida e total confiança na sua Justiça.

---

51. Não se mencionaram os diplomas legais que modificaram disposições constantes em legislação extravagante do Código de Processo Civil.
52. A inserção do § 7º ao art. 273 do Código permitiu a construção da tese da "fungibilidade de mão dupla", que, tratando indistintamente a tutela antecipada e a tutela cautelar, desatende ao princípio da iniciativa de parte (ver nosso Processo e democracia. Garantia de direitos fundamentais na "fungibilidade" das espécies de tutela de urgência. *Revista Literária de Direito*. São Paulo: Editora Jurídica Brasileira, ano XI, n. 55, dezembro de 2004/janeiro de 2005, p. 8-11).

BIBLIOGRAFIA

ALVES, José Carlos Moreira. *Direito romano*. 3. ed. Rio de Janeiro: Forense, 1971, v. I.

AZEVEDO, Luiz Carlos de. *Origem e introdução da apelação no direito lusitano*. São Paulo: Fieo, 1976.

_____. *O direito de ser citado*. São Paulo: Fieo Universitária, 1980.

BOUZON, Emanuel. *O Código de Hammurabi*. 2. ed. Petrópolis: Vozes, 1976.

BUZAID, Alfredo. *Anteprojeto de Código de Processo Civil*. Rio de Janeiro: Departamento de Imprensa Nacional, 1964.

CALASSO, Francesco. *Medio evo del diritto*. Milano: Giuffrè, 1954, v. I.

CARVALHO, Milton Paulo de. Alguns aspectos práticos da reforma do Código de Processo Civil. *Revista do Advogado*, AASP, São Paulo, agosto de 1995, p. 21.

_____. Pedido novo e aditamento do pedido. O art. 294 do Código de Processo Civil na sua nova redação. In: *Processo Civil – Evolução – 20 anos de vigência*, coord. Prof. José Rogério Cruz e Tucci. São Paulo: Saraiva, 1995, p. 169.

_____. A prática do procedimento sumário segundo a sua nova disciplina. In: *Reforma do Código de Processo Civil*, coord. Min. Sálvio de Figueiredo Teixeira. São Paulo: Saraiva, 1996, p. 423.

_____. Poderes instrutórios do juiz. O momento da prova pericial nos procedimentos ordinário e sumário. *Ciência, Direito e Arte: estudos jurídicos complementares*. Campinas: Edicamp, 2001, p. 241.

_____. Processo e democracia. Garantia de direitos fundamentais na "fungibilidade" das espécies de tutela de urgência. *Revista Literária de Direito*. São Paulo: Editora Jurídica Brasileira, ano XI, n. 55, dezembro de 2004/janeiro de 2005, p. 8.

_____. A crise jurídico-judiciária brasileira. Entrevista para o *site* Academus. Disponível em: <http://www.academus.pro.br/site/pg.asp?pagina=detalhe_ent revista&titulo=Entrevista&codigo=38&cod_categoria=&nome_categoria=>. São Paulo, 9 de março de 2006.

_____. Pedido genérico e sentença líquida. In: *Execução civil*. Estudos em homenagem ao Prof. Humberto Theodoro Júnior. Coord. Ernane Fidélis dos Santos, Nelson Nery Júnior, Luiz Rodrigues Wambier, Teresa Arruda Alvim Wambier. São Paulo: Revista dos Tribunais, 2007, p. 241.

_____. Aplicação e reforma da lei processual. In: *Os poderes do juiz e o controle das decisões judiciais*. Estudos em homenagem à Prof[a] Teresa Arruda Alvim Wambier, coord. José Miguel Garcia Medina, Luana Pedrosa Figueiredo Cruz, Luís Otávio Sequeira de Cerqueira e Luiz Manoel Gomes Júnior. São Paulo: Revista dos Tribunais, 2008, p. 1.125.

_____. Os princípios e um novo Código de Processo Civil. In: *Bases científicas para um renovado Direito Processual*, coletânea publicada pelo Instituto Brasileiro de Direito Processual, ano 10, n. 20, julho/dezembro de 2007, p. 201.

CHIOVENDA, Giuseppe. *Instituições de direito processual civil.* Tradução de J. Guimarães Menegale. 2 ed. São Paulo: Saraiva, 1965, v. I.

CORREIA, Alexandre; SCIASCIA, Gaetano. *Manual de direito romano.* 4. ed. São Paulo: Saraiva, 1961, v. I.

COSTA, Moacyr Lobo da. *Breve notícia histórica do direito processual civil brasileiro e sua literatura.* São Paulo: Revista dos Tribunais e Ed. da Universidade de São Paulo, 1970.

CUENCA, Humberto. *Proceso civil romano.* Buenos Aires: Ediciones Jurídicas Europa-América, 1957.

DINAMARCO, Cândido Rangel. *Execução civil.* 3. ed. São Paulo: Malheiros, 1993.

ESPÍNOLA, Eduardo. *Código do Processo do Estado da Bahia anotado.* Bahia: Typographia Bahiana de Cincinnato Melchiades, 1912.

FERREIRA, Waldemar Martins. *História do direito brasileiro.* São Paulo: Livraria Freitas Bastos, 1952, t. II.

GOLDSCHMIDT, James. *Derecho procesal civil.* Tradução de Leonardo Prieto Castro. Barcelona: Editorial Labor, 1936.

GRINOVER, Ada Pellegrini; CINTRA, Antônio Carlos Araújo; DINAMARCO, Cândido Rangel. *Teoria geral do processo.* 24. ed. São Paulo: Malheiros, 2008.

GUASP, Jaime. *Derecho procesal civil.* 3. ed. Madrid: Instituto de Estudos Políticos, 1968, t. I.

MAIA, José Motta. Ordenações Afonsinas, verbete in *Enciclopédia Saraiva do Direito.* São Paulo: Saraiva, 1977, v. 56.

MARQUES, José Frederico Marques. *Instituições de direito processual civil.* Rio de Janeiro: Forense, 1958, v. I.

ORDENAÇÕES AFONSINAS, reprodução *fac-símile* pela Fundação Calouste Gulbenkian, Coimbra, 1984, da edição do Livro III feita na Real Imprensa da Universidade de Coimbra em 1792.

ORDENAÇÕES FILIPINAS, reprodução *fac-símile* pela Fundação Calouste Gulbenkian, Coimbra, 1985, da edição dos Livros II e III feita por Cândido Mendes de Almeida, Rio de Janeiro, 1870.

ORDENAÇÕES MANUELINAS, reprodução *fac-símile* pela Fundação Calouste Gulbenkian, Coimbra, 1984, da edição do Livro III feita na Real Imprensa da Universidade de Coimbra em 1792.

RIBAS, Antonio Joaquim. *Consolidação das leis do processo civil.* Rio de Janeiro: Dias da Silva Júnior Editor, 1879, v. I.

SALDANHA, Nelson. Código de Manu, verbete in *Enciclopédia Saraiva do Direito.* São Paulo: Saraiva, 1977, v. 15.

SANTOS, Moacyr Amaral. História do direito processual civil, verbete in *Enciclopédia Saraiva do Direito.* São Paulo: Saraiva, 1977, v. 41

SCIALOJA, Vittorio. *Procedimiento civil romano*. Tradução de Santiago Sentis Melendo e Marino Ayerra Redin. Buenos Aires: Ediciones Jurídicas Europa-América, 1954.

TEIXEIRA, Sálvio de Figueiredo. A reforma processual na perspectiva de uma nova justiça. In: *Reforma do Código de Processo Civil*. São Paulo: Saraiva, 1996.

THEODORO JÚNIOR, Humberto. *A reforma da execução do título extrajudicial*. Rio de Janeiro: Forense, 2007.

_____. *As novas reformas do Código de Processo Civil. Leis n°s 11.187, de 19/10/2005; 11.232, de 22/12/2005; 11.276 e 11.277, de 07/02/2006; e 11.280, de 16/02/2006*. Rio de Janeiro, Forense, 2006.

CAPÍTULO 7

A DEFESA E REPRESENTAÇÃO DOS INTERESSES COLETIVOS

MILTON PAULO DE CARVALHO

DEVE CONSIGNAR-SE, AO ensejo de encerrar este breve estudo sobre a história do processo civil, a mudança de direção na prática de um considerável número de institutos desse ramo da ciência jurídica.

A mudança de orientação que se aponta é no sentido da relevância assumida a partir do século XX pela defesa dos direitos coletivos, a ponto de conviverem hoje regras processuais reguladoras de litígios individuais ao lado e às vezes cumulativamente com normas disciplinadoras da tutela dos novos direitos.

Esses novos direitos foram assinalados por Mauro Cappelletti como os motivadores de uma das três "ondas renovadoras" do processo civil, a determinar a busca do mais autêntico e efetivo acesso à justiça[1].

As alterações no sentido da proteção judicial dos interesses coletivos têm sido introduzidas no direito processual civil brasileiro por meio de leis extravagantes do CPC, cujo contexto ocupou-se da lide em termos privados, contemplando conflitos individuais.

Passou-se a reconhecer os interesses *coletivos* ou *difusos*, que não pertencem fracionadamente a ninguém, mas a todas as pessoas e no seu todo: concernem ao meio ambiente, aos valores históricos e culturais, à segurança coletiva, ao erário, às relações

---

1. *Acesso à Justiça*, em coautoria com Bryant Garth, tradução de Ellen Gracie Northfleet, Porto Alegre, Sérgio Antonio Fabris Editor, 1988. As três "ondas" eram, em ordem cronológica: a assistência judiciária para os pobres, a proteção judicial dos direitos difusos e a necessidade de mudança do modo de ser do processo (p. 31 e s.).

de consumo, à saúde pública. São direitos transindividuais e indivisíveis. Passou-se a disciplinar a sua defesa em juízo por meio da ação popular pela Lei nº 4.717, de 29/06/1965, e da ação civil pública, pela Lei nº 7.347, de 24/07/1985, complementadas pela Lei nº 8.078, de 11/09/2009.

Sobrevieram, com a mesma finalidade de defesa dessa classe de direitos, a Lei nº 7.853, de 24/10/1989, para pessoas portadoras de deficiências; a Lei nº 8.069, de 13/07/1990, para proteção de interesses transindividuais de crianças e adolescentes; a Lei nº 8.078, de 11/09/1990, de defesa do consumidor; a Lei nº 8.429, de 02/06/1992, para defesa da probidade administrativa, e a Lei nº 8.884, de 11/06/1994, sobre a ordem econômica.

Segundo Humberto Theodoro Júnior, cuja exposição estamos acompanhando[2], pode-se resumir, do ponto de vista prático, a atuação jurisdicional e consequentemente processual, no novo processo coletivo, aos seguintes modos de atuação em juízo:

- a defesa individual do direito individual faz-se segundo as regras do CPC, disciplinadoras de um processo restrito à lide privada;
- se são violados de maneira igual direitos próprios de vários sujeitos, esses são titulares de interesses individuais homogêneos, dando ensejo à representação dos titulares em juízo por organismos ou associações com essa finalidade;
- para a tutela de direitos transindividuais utilizam-se as ações civis públicas ou a ação popular; e
- para a "tutela da própria ordem jurídica, em caráter genérico e abstrato, ações e instrumentos processuais de controle de constitucionalidade das normas jurídicas e das omissões legislativas"[3].

A composição judicial dos litígios relativos a esses direitos constitui o *processo coletivo*, instituição de que se pretende tratar com a devida detença, segundo seu sistema e a sua metodologia, oportunamente.

À guisa de conclusão da história do direito processual civil brasileiro, cabe ponderar que a comissão de ilustres processualistas nomeada pelo Presidente do Senado da República, por ato de 14 de outubro de 2009 para apresentar anteprojeto de um novo CPC, por certo haverá de conciliar a disciplina dos litígios individuais, da qual foi exemplo para a sua época o Código Buzaid, com a necessidade de tutela adequada à congérie contemporânea de interesses metaindividuais (vocábulo com que vulgar e indistintamente se designam os coletivos e os difusos).

---

2. *Curso de direito processual civil*, v. I, 44. ed., Rio de Janeiro, Forense, 2006, p. 45 e s.
3. Ob. cit., p. 47. Neste passo, o eminente processualista mineiro traz à colação síntese formulada por Teori Albino Zavascki em Reforma do sistema processual civil brasileiro e reclassificação da tutela jurisdicional. *Revista de Processo*, v. 88, p. 175.

Bibliografia

Cappelletti, Mauro; Garth, Bryant. *Acesso à Justiça*. Tradução de Ellen Gracie Northfleet. Porto Alegre: Sérgio Antonio Fabris, 1988.

Mancuso, Rodolfo de Camargo. *Interesses difusos*. São Paulo: Revista dos Tribunais, 1988.

_____. *Ação civil pública*. 8. ed. São Paulo: Revista dos Tribunais, 2007.

Theodoro Júnior, Humberto. *Curso de direito processual civil*. 44. ed. Rio de Janeiro: Forense, 2006, v. I.

Capítulo 8

Princípios gerais do direito processual civil

Milton Paulo de Carvalho

8.1. Noção de princípio

Por princípio entende-se a origem, o ponto de partida, aquilo de que deriva outra coisa: *principium est primum a quo aliud oritur* ("princípio é o primeiro, ou principal, do qual tem origem outra coisa").

Embora se atribuam sentidos diversos ao vocábulo *princípio*, no tocante à sua força e à matéria da sua abrangência em direito processual civil[1], adotamo-lo aqui com o sentido genérico que a seguir exporemos, de resto também utilizado pelos compêndios desta disciplina.

Como empregado nas ciências humanas, e particularmente no direito, princípio é a origem, a base, a razão fundamental que inspira certa doutrina, a qual, por sua vez, caracteriza um sistema ou influi na sua interpretação. A adoção solene de certos princípios, ou a sua adoção reiterada – esta sempre verificada *a posteriori* –, "consciente ou inconscientemente dão forma e caráter" aos sistemas[2], no nosso caso, aos sistemas processuais. Afirmam Ada Pellegrini Grinover, Araújo Cintra e Dinamarco que "É do exame dos princípios gerais que informam cada sistema, que

---

1. Cândido R. Dinamarco isola os assim chamados *princípios econômico, lógico, jurídico e político*, observando que na verdade **não são princípios**, mas apenas regras técnicas, entre as quais se incluem os que chamamos de princípios, como da *iniciativa de parte*, da *correlação entre sentença e pedido*, do *livre convencimento*, da *oralidade*, da *instrumentalidade das formas*. (*Instituições* cit., I, n. 77, p. 195). Por seu turno, Rogério Lauria Tucci e José Rogério Cruz e Tucci preferem a *princípios* a expressão *regramentos* (*Constituição de 1988 e processo*, § 1º, n. 1, p. 10).
2. Robert Winess Millar, *Los principios formativos del procedimiento civil*, p. 43.

resultará qualificá-lo naquilo que tem de particular e de comum com os demais, do presente e do passado"[3].

Daí a noção de *síntese crítica*, que lhe atribuem os escritores, explicando o efeito de certas generalizações encontradas nos ordenamentos e métodos processuais[4].

José Frederico Marques explica que essa operação de *síntese crítica* consiste

> em focalizar os preceitos onde esses princípios são consagrados, e os seus respectivos corolários, bem como a harmonização de seu conteúdo, em um ordenamento estatal, com outros princípios jurídicos e com os imperativos do bem comum.
> O estudo de alguns desses princípios situa-se no limiar da dogmática processual, nos lindes desta com a zona de altas especulações filosóficas em que as normas do direito positivo são examinadas à luz de cânones éticos e políticos. Daí denominarem alguns a esses postulados e preceitos genéricos, de princípios políticos do processo.
> Neles estão condensadas, de qualquer modo, a orientação e diretrizes que o legislador adotou na ordenação normativa e sistemática dos preceitos que formulou, pelo que servem para indicar os motivos que o inspiraram e a dar particular evidência às principais características das regras legais em conjunto[5].

Princípios há, ditados por razões de ordem prática ou técnica; outros, enraizados na própria origem do direito (a lei moral), são éticos na sua essência, alguns destes evidenciando, nitidamente, o seu fulcro no direito natural. Não discrepa do seu conceito, portanto, o fato de assumirem caráter programático ou conotações sociopolíticas, quando circunstâncias históricas e culturais o exijam. Hoje, o direito processual civil vive a fase da *instrumentalidade*, cujo ideário concebe a jurisdição e o seu instrumento, o processo, como meios de concretização da ordem jurídica, da pacificação da convivência humana e da efetivação dos direitos e garantias constitucionais. Procura atender-se ao brado de Mauro Cappelletti: "Os juristas precisam, agora, reconhecer que as técnicas processuais servem a funções sociais"[6]. Segundo a visão *instrumentalista*, não se concebe mais o processo como um fim em si mesmo, indiferente aos efeitos que deve produzir em relação aos indivíduos em particular, à sociedade e ao Estado. Sustenta-se a busca de um *processo civil de resultados*, integrado pelo fortalecimento dos poderes do juiz no processo, "com deveres de participação e diálogo e com empenhada responsabilidade pelo modo como a sua atividade repercutirá na vida dos usuários do sistema"[7], encarecendo-se que a forma do

---

3. *Teoria geral do processo*, p. 56.
4. José Frederico Marques, *Manual de direito processual civil*, v. I, n. 314, p. 489; Ada P. Grinover, A. C. Araújo Cintra e Cândido R. Dinamarco. *Teoria geral do processo*, n. 17, p. 50.
5. Ob. cit., n. 312, p. 366-367.
6. Mauro Cappelletti e Bryant Garth, *Acesso à justiça*, p. 12.
7. Com acentuada visão política e social, Cândido Rangel Dinamarco, *Instrumentalidade do processo*, 11. ed., São Paulo: Malheiros, 2003; Nasce um novo processo civil, in *A Reforma do Código de Processo Civil*, cit., p. 4-5 e 14; *Instituições de direito processual civil*, v. I, n. 40, p. 107-108. Ver também Roberto Rosas,

procedimento só se justifica enquanto propicia a satisfação concreta do credor em tudo aquilo e só aquilo a que tem direito, conforme declarado no título respectivo.

8.2. INDICAÇÃO E CLASSES DOS PRINCÍPIOS GERAIS DE DIREITO PROCESSUAL CIVIL

São em grande número os princípios informativos do direito processual civil, tendo todos eles a sua função característica no sistema brasileiro, como acima explicado. Não cabe, pois, enumerá-los, senão indicar os que acolhemos com a noção exposta, que é a da doutrina dominante, e dar-lhes o conteúdo e a forma de atuação no direito processual posto.

Classificamos os princípios em: *políticos*, *éticos* e *técnicos*, observando que eles não são necessariamente distintos na sua essência, notando-se conexão entre alguns deles e, até, a possibilidade de dois ou mais se identificarem pela comunhão parcial dos respectivos conteúdos.

Indicam-se, pois, e classificam-se os princípios da seguinte forma:

8.2.1. Princípios políticos

8.2.1.1. PRINCÍPIO DO ACESSO À JUSTIÇA

É da natureza das coisas que o litígio entre duas pessoas deva ser resolvido por uma terceira, imparcial, independente e equidistante daquelas. Desde que o Estado avocou a jurisdição, obrigou-se a prestá-la por um dos seus Poderes, o Judiciário, que participa da estrutura unitária do Poder Estatal com total independência em relação aos outros dois, a Administração e o Legislativo (Constituição da República, art. 2º). Litígios em que seja parte o Estado-Administração são julgados, como todos – salvas as pouquíssimas exceções –, pelo Poder Judiciário.

O poder subordina-se à lei: é um postulado do Estado de Direito. Na sua origem ética, o princípio do acesso à justiça atende à necessidade de um *tertius* para a decisão de qualquer contenda, ao mesmo tempo que, na sua finalidade política, assegura a tutela jurisdicional contra o arbítrio do próprio poder estatal.

O princípio do acesso à justiça influencia a todos os demais princípios.

A Constituição garante aos brasileiros e aos estrangeiros residentes no País que *"a lei não excluirá da apreciação do Poder Judiciário lesão ou ameaça a direito"* (art. 5º, inciso XXXV).

Este princípio assegura o direito à jurisdição estatal, outorgado de forma *universalista* a brasileiros e a estrangeiros residentes no País, uma vez que o Estado é o detentor do poder de declarar a vontade concreta da lei, solucionando litígio proveniente de lesão ou ameaça a direito subjetivo. E quando se fala em lesão ou ameaça a direito não se supõe o ingresso em juízo somente daquele que reclama,

---

Processo civil de resultados, *Revista Dialética de Direito Processual*, n. 2.

mas igualmente o daquele contra quem se reclama. O direito de ambos é o mesmo. Mas, o sentido político-programático do princípio está em que o acesso à justiça compreende a defesa também dos direitos metaindividuais, como os coletivos e difusos, e não pode ser obstado ou dificultado por razões de ordem econômico-financeira, como custas, despesas, honorários de advogado; ou de ordem burocrática, como a morosidade judicial.

> Vem a calhar a lembrança de reação do moleiro de Potsdam diante da ameaça de Frederico II, o Grande, Rei da Prússia, monarca absoluto, ameaçando-o de, por seu poder, expropriar-lhe o moinho, que se encontrava próximo ao palácio de Sans Souci, então em construção: "Il y a des juges à Berlin", respondeu o moleiro, demonstrando a confiança num reduto que hoje deve ser o esteio do próprio Estado, o direito aplicado pelos juízes. Sim – ajunta Calamandrei – mas a história não conta como poderia o moleiro defender-se, se não tivesse os meios indispensáveis para viajar a Berlim com o objetivo de fazer valer suas razões contra o régio adversário e pagar um advogado que àquele fizesse frente nessa disputa[8]. Hoje, o acesso à justiça esbarra em obstáculos dessa e de outras ordens.

Diz-se que o acesso à Justiça deve significar *acesso à ordem jurídica justa*, podendo-se lobrigar o sentido jurídico-material que a locução *ordem jurídica* sugere.

Como conceituar a ordem jurídica justa, no seu sentido substancial?

Essa pergunta tem cabimento quando formulada em sede da filosofia do direito: "Em que consiste essencialmente a ordem jurídica? Será um simples produto da força dominante no meio social? Ou a razão do direito e da justiça reside num princípio superior às determinações positivas e decorrente da natureza das coisas?"[9].

O *ter cada um o que é seu* é imperativo social porque tal constitui a ordem ou harmonia sociais; é a *proportio* (proporção) da definição de Dante Alighieri já citada (*supra*, n. *1.1.*), na qual cada coisa está na correta relação a respeito do seu titular. É a ordem social justa. Qualquer anomalia, ou tudo o que ofenda a essa correta relação, produz uma desordem ou desarmonia social: é a ordem injusta ou estrutura injusta[10].

Para a vida social dos nossos dias, a doutrina processual vem formulando as recomendações que lhe cabem. Cappelletti, depois de explicar que o acesso à justiça significa a possibilidade de todas as pessoas reivindicarem do sistema jurídico os seus direitos, acrescenta que o sistema "deve produzir resultados que sejam individual e socialmente justos"[11], e

---

8. *Proceso y democracia*, p. 180-181.
9. José Pedro Galvão de Sousa, *O positivismo jurídico e o direito natural*, p. 77.
10. Javier Hervada, *Lecciones propedéuticas de filosofía del derecho*, p. 91.
11. *Acesso à Justiça*, cit., p. 8.

que qualquer regulamentação processual, inclusive a criação ou o encorajamento de alternativas ao sistema judiciário formal tem um efeito importante sobre a forma como opera a *lei substantiva* – com que frequência ela é executada, em benefício de quem e com que impacto social. Uma tarefa básica dos processualistas modernos é expor o impacto *substantivo* dos vários mecanismos de processamento de litígios[12].

Para Cândido Rangel Dinamarco, em visão indiscutivelmente política,

> acesso à justiça é acesso à *ordem jurídica justa*, ou seja, obtenção de *justiça substancial*. Não obtém justiça substancial quem não consegue sequer o exame de suas pretensões pelo Poder Judiciário e também quem recebe soluções atrasadas ou mal formuladas para suas pretensões, ou soluções que não lhe melhorem efetivamente a vida em relação ao bem pretendido[13].

O princípio do acesso à justiça é o mais importante dentre os princípios políticos que informam o direito processual civil porque projeta suas luzes sobre todo o sistema, ao subordinar o desencadeamento da atividade jurisdicional à iniciativa de parte, ao inspirar a efetiva aplicação das regras processuais, ao servir de fundamento e norte para a reforma de instituições vigentes ou para a criação de processos e procedimentos. Além disso, dele dimanam as demais promessas e recomendações constitucionais, como as garantias relativas à jurisdição e ao processo.

8.2.1.2. PRINCÍPIO DO JUIZ NATURAL

O princípio do juiz natural enuncia-se como a exigência de que qualquer juízo, em qualquer espécie de litígio, há de ser aquele anteriormente constituído pela lei para apreciação, em tese, daquela espécie litigiosa (isto é, possua competência), bem como integre os quadros do Poder Judiciário já criado e vigente, e não se lhe possa atribuir causa de suspeição ou impedimento, isto é, possua imparcialidade. Esse é também o *juiz competente* a que alude o art. 5º, inciso LIII, da Constituição: *"Ninguém será processado nem sentenciado senão pela autoridade competente"*.

A Constituição da República consagra o princípio do juiz natural no art. 5º, inciso XXXVII, com esta dicção lapidar: *Não haverá juízo ou tribunal de exceção*. Tribunais de exceção são os adrede criados para julgamento de disputas já instauradas.

O princípio do juiz natural, como se vê, é corolário do acesso à justiça e, dentre os institutos processuais, sua incidência maior é sobre a jurisdição.

8.2.1.3. PRINCÍPIO DO DEVIDO PROCESSO LEGAL

Compartilha da natureza do acesso à justiça o princípio do devido processo

---

12. Ob. cit, p. 12-13. Grifos nossos.
13. *Instituições*, I, cit., n. 43, p. 114-115.

legal, também insculpido no art. 5º, inciso LIV, da Lei Magna nestes termos: *Ninguém será privado da liberdade ou de seus bens sem o devido processo legal.*

A origem remota deste princípio realça o seu caráter político: foram os barões que exigiram do rei João Sem Terra, da Inglaterra, em 1215, o compromisso de que

> nenhum homem livre será detido ou preso ou tirado de sua terra ou posto fora da lei ou exilado ou, de qualquer outro modo destruído (arruinado), nem lhe imporemos nossa autoridade pela força ou enviaremos contra ele nossos agentes, senão pelo julgamento legal de seus pares ou pela lei da terra.

O princípio compreende a adoção do procedimento hipoteticamente estabelecido na lei de processo para o caso emergente, já ali prevista a atuação das partes com igualdade de armas e o cumprimento do mesmo sem distorções, de forma a propiciar a aplicação correta do direito objetivo. Para alguns, compreende, também, segundo o desdobramento da concepção norte-americana, "a elaboração correta da lei, sua razoabilidade, senso de justiça e enquadramento nas preceituações constitucionais (*substantive due process of law*)"[14].

Bem observado, o devido processo legal encerra a obediência aos demais princípios informativos do direito processual civil, não só os políticos, de que ora nos ocupamos, como também os de natureza ética e técnica, como os da lealdade, contraditório, ampla defesa etc.[15] e até mesmo o procedimento, substituído, na formulação original, pelo vocábulo *processo*, em sentido genérico. Com efeito, a violação da garantia do acesso à justiça tanto se pode consumar, com a mesma gravidade, por exemplo, pela iniciativa arbitrária do juiz, pela incompetência do juízo ou pela negativa do contraditório, todas violações do devido processo legal. Por isso, o princípio do devido processo legal insere-se entre os que respeitam ao acesso à justiça e *também* ao processo, enquanto instrumento da jurisdição.

8.2.1.4. PRINCÍPIO DISPOSITIVO OU DA INICIATIVA DE PARTE

Consiste esse princípio em poder a parte deduzir ou não sua pretensão em juízo, bem como em deduzi-la como lhe aprouver, não se permitindo a nenhum juiz desencadear o procedimento ou alterar por sua conta a postulação ou a defesa sem requerimento expresso do interessado quando e como permitido pela lei. Esse princípio vem solenemente estampado no pórtico do CPC (art. 2º) com esta sentença: *Nenhum juiz prestará a tutela jurisdicional, senão quando a parte ou o interessado a requerer, nos casos e forma legais.*

Não se concebe jurisdição sem ação. A consciência política nacional, em todos os tempos, tem repudiado as investidas totalitárias de subtrair ao particular

---

14. Rogério Lauria Tucci e José Rogério Cruz e Tucci, *Constituição de 1988 e processo*, p. 15.
15. Conforme José Carlos Barbosa Moreira, que designa esse princípio como uma *"règle de clôture"*, in *Temas de direito processual*, 5ª série, p. 47.

a segurança de que o Estado não intervirá na sua esfera jurídica, e de que não será demandado, mas julgado por um juiz imparcial. No crime, são tristemente lembradas as disposições dos arts. 531 a 538 do CPP, com a redação anterior à Constituição de 1988, segundo a qual o juiz penal baixava portaria desencadeando a *persecutio criminis* por contravenção penal e ele mesmo a julgava. Pela Lei nº 4.611, de 2 de abril de 1965, estendeu-se esse procedimento iníquo à apuração dos crimes culposos contra a integridade física das pessoas, com o escopo de coibir os chamados *delitos do automóvel*.

Se essas ofensas ao princípio da ação, no direito processual penal, foram rechaçadas com veemência, no processo civil há de se reconhecer apenas um caso de exceção ao princípio da iniciativa de parte, devendo-se interpretar os demais à luz do elevado princípio de que nos ocupamos, para concluir que a nossa formação liberal lhe devota fidelidade constante. A hipótese a que nos referimos é a da arrecadação, prevista em três procedimentos de jurisdição voluntária: a) no artigo 1.142 do CPC, pelo qual, "nos casos em que a lei civil considere jacente a herança, o juiz, em cuja comarca tiver domicílio o falecido, procederá sem perda de tempo à arrecadação de todos os seus bens"; b) no art. 1.160 do mesmo Código, cuidando da arrecadação dos bens de ausentes nas mesmas circunstâncias; e c) no art. 1.170 do mesmo diploma, tratando da arrecadação de coisa alheia achada. Nesses casos, a razão de excepcionar-se o princípio da iniciativa de parte é uma só: a *urgência*, e o procedimento é também um só, a *arrecadação*; por isso, *só* no caso de arrecadação se permite ao juiz proceder de ofício.

Parece-nos que, na jurisdição propriamente dita, a hipótese do art. 989 do CPC[16] tem sido mal colhida como exemplo de exceção ao princípio da iniciativa de parte, em que pese o prestígio do grande número de ilustres processualistas que assim entendem. Temos para nós que tal disposição legal não configura exceção àquele importante princípio[17].

Para nós, a regra do art. 989 tem redação elementar e suficientemente clara para ser entendida como integrante do sistema segundo o qual não se admite jurisdição sem ação nem jurisdição estranha à demanda. Isto é: o caráter tradicionalmente liberal do processo civil brasileiro opõe freios à atuação do juiz, enquanto este personifica o Estado no processo. Os comandos legais exprimem de forma cogente e imperativa, com eloquentes proibições ao condutor do processo, esse sinal característico da nossa formação: no limiar do Código, o art. 2º já proíbe: "**Nenhum juiz** *prestará a tutela jurisdicional senão quando a parte ou*

---

16. "Art. 989. O juiz determinará, de ofício, que se inicie o inventário, se nenhuma das pessoas mencionadas nos artigos antecedentes o requerer no prazo legal".
17. Além de outros lugares em que temos exposto o nosso modo de entender a regra citada, veja-se Os princípios e um novo Código de Processo Civil. In: *Bases científicas para um renovado Direito Processual*, publicação do Instituto Brasileiro de Direito Processual, v. I, p. 209.

o interessado a requerer, nos casos e forma legais". Prosseguindo como que por essa "coluna vertebral" do sistema, no capítulo do juiz, entre normas que exigem respeito à sua elevada função, estampa-se estoutra proibição: *"O juiz decidirá a lide nos limites em que foi proposta, **sendo-lhe defeso conhecer de questões, não suscitadas, a cujo respeito a lei exige a iniciativa da parte"*** (art. 128). Ao chegar à sentença, o art. 459 estabelece com rigor: *"O juiz proferirá sentença, **acolhendo ou rejeitando**, no todo ou em parte, **o pedido formulado pelo autor**...."*, sendo-lhe igualmente vedado ir além, ficar fora ou aquém do pedido (*ultra petita, extra petita* ou *infra petita*). Outras disposições confirmam o sistema da obediência à iniciativa de parte, como, por exemplo, os lindes que o recorrente põe no recurso (art. 505).

O que o sistema impede é que diga o Estado o direito se não lhe tiver sido pedido, ou o direito que lhe convém em lugar daquele pedido pelo autor. Sempre, e assim também no caso particular de que se cuida, repugna a qualquer sentido de processo justo seja o juiz autor e julgador ao mesmo tempo.

Façamos rápida interpretação do art. 989 do Código de Processo Civil. Observe-se que o Código vem enumerando, nos antecedentes arts. 987 e 988, os legitimados para a instauração do procedimento de inventário: aquele que estiver na posse e administração do espólio, o cônjuge supérstite, o herdeiro, o legatário, o testamenteiro, o cessionário do herdeiro ou do legatário, o credor do herdeiro, do legatário, do autor da herança ou do cônjuge supérstite, o Ministério Público, em havendo herdeiros incapazes e a Fazenda Pública, quando tiver interesse. O art. 989 atribui ao juiz o encargo de "determinar, de ofício, que se inicie o inventário, se nenhuma das pessoas mencionadas nos artigos antecedentes o requerer no prazo legal". Verificando a posição desse comando no contexto das legitimações para início do processo de inventário, extrai-se que se trata de providência consistente apenas na incoação material e imediata de tal processo, sem substituição do autor pelo juiz. Com efeito, o *ne procedat iudex sine actore* (não proceda o juiz sem autor) mantém-se íntegro, porque o magistrado não ocupará a posição de autor ou de inventariante no processo; não se confundirá o promovente da ação com o julgador. Ao magistrado incumbe apenas uma medida administrativa, de instigar o legitimado a desencadear, este sim, o processo, sendo cogitável a nomeação de inventariante dativo (Código cit., art. 990, VI), com o que se mantém o juiz equidistante dos sujeitos parciais na relação jurídica processual, podendo julgar a partilha com imparcialidade. É de imaginar-se como viria o juiz a exercer as funções atribuídas ao inventariante pelos arts. 991 e 992 do CPC. Lembre-se que, se há possibilidade de transformar-se a partilha em negócio jurídico processual, por outro lado um inventário pode encerrar toda litigiosidade do direito das sucessões. Daí que não se podem confundir autor e juiz nesse processo.

A comparação da hipótese ora tratada com o caso da arrecadação, antes mencionado – justamente porque importa à ordem jurídica o destino das heranças e são conhecidos eventuais herdeiros e credores do espólio, a quem se destinará, com justiça, o patrimônio do extinto –, não levará à concepção de uma exceção à regra da iniciativa de parte.

Sálvio de Figueiredo Teixeira também afirma que o prescrito no art. 989 do CPC não constitui exceção ao princípio da demanda[18].

Antonio Carlos Marcato traz à colação acórdão do Tribunal de Justiça de São Paulo que subordina a iniciativa oficial, nas grandes comarcas, à provocação de qualquer interessado que não possua legitimidade concorrente para requerer a abertura do inventário[19]. No corpo desse acórdão lê-se referência à doutrina de Clóvis do Couto e Silva, a explicar que a prescrição do art. 989 do CPC é a de uma "atividade que pode ele (juiz) exercitar como *órgão da administração*, não se confundindo com sua atividade jurisdicional, que só passa a exercitar depois de iniciado o inventário..." (excerto do acórdão).

Alertamos para o fato de que causa e efeito da vulgarização do conceito de princípio, que leva a considerar como tal o que na verdade não informa nem fundamenta nenhum regime jurídico, é a indicação, nos princípios, de exceções e "abrandamentos", o que, intencional ou acidentalmente, acaba por descaracterizar e desnaturar princípios verdadeiros, como este, da iniciativa de parte ou inércia da jurisdição.

Tem-se indicado também como exceção ao princípio de que tratamos a declaração de falência de empresa sob o regime de recuperação judicial, quando o juiz verifica a ausência de algum requisito para o prosseguimento do processo pretendido (Lei nº 11.101, de 09/02/2005, arts. 73 e 74)[20]. Atrevemo-nos a discordar, pois está, nesse caso, o juiz a prover conforme o direito, simplesmente indeferindo o favor pleiteado pelo devedor, sem a iniciativa de declarar a quebra.

O princípio da disponibilidade informa outrossim o exercício do direito de agir[21].

Este princípio, também denominado *princípio da ação* ou *princípio dispositivo*, ou ainda *princípio da inércia da jurisdição*, não se diria corolário do acesso à justiça, mas preceito que a este completa, de igual expressão política, porquanto a Lei Maior previu a inafastabilidade do controle jurisdicional de ameaças ou lesões de direito *mediante a provocação do interessado*. A rubrica *acesso à justiça* significa que o interessado vai ao Estado-juiz, e não que a jurisdição, por sua conta, repare o que entender injusto.

---

18. *Código de Processo Civil anotado*, anotação ao art. 989, p. 639.
19. *Código de Processo Civil interpretado*, art. 989, p. 2735-6.
20. Ada Pellegrini Grinover, Cândido Rangel Dinamarco e Antonio Carlos Araújo Cintra, *Teoria geral do processo*, 24. ed., 2008, n. 63, p. 151.
21. Recomenda-se a leitura do item 71, às páginas 145 e seguintes do Capítulo Primeiro, Título Segundo, do *Manual de direito processual civil* de Enrico Tullio Liebman, trad. de Cândido Rangel Dinamarco.

O fundamento do princípio da inércia da jurisdição é de caráter liberal, significando que o Estado não pode promover a tutela judicial de direitos sem que o seu titular o peça.

> Calamandrei ridicularizou a ofensa ao princípio da iniciativa de parte, dizendo que o juiz que sai à procura de injustiças para reparar não pode ser considerado um herói da justiça, mas um insano perigoso, do tipo Don Quixote ou do lendário sapateiro de Messina[22]. Mais do que isso – permitimo-nos acrescentar – é de imaginar-se a crueldade da tirania a que a sociedade estará submetida no dia em que Estado, ao influxo de razões políticas ou contingências de momento, determinar que os seus juízes promovam e decidam controvérsias aplicando o direito que interessa à ideologia dominante.

A tonificação dos poderes do juiz encontra limite intransponível no respeito ao princípio disponibilidade.

8.2.1.5. PRINCÍPIO DA PUBLICIDADE

Os atos da administração pública *lato sensu* devem ser do conhecimento de todos, conforme os ditames do Estado Democrático de Direito (Constituição da República, art. 37). O mesmo se impõe aos atos judiciais, estabelecendo neste particular a Lei Magna, no art. 5º, inciso LX, que *"A lei só poderá restringir a publicidade dos atos processuais quando a defesa da intimidade ou o interesse social o exigirem"*, e no art. 93, inciso IX, que *"Todos os julgamentos dos órgãos do Poder Judiciário serão públicos, e fundamentadas todas as decisões, sob pena de nulidade, podendo a lei, se o interesse público o exigir, limitar a presença, em determinados atos, às próprias partes e a seus advogados, ou somente a estes"*. Faculta-se, portanto, quando da realização dos atos processuais, a presença dos interessados e de qualquer membro da comunidade, permitindo-se-lhes, outrossim, a consulta de autos, de forma a poderem conhecer e fiscalizar a atuação e imparcialidade dos seus juízes, bem como o labor dos membros do Ministério Público e dos advogados na aplicação da lei aos litígios emergentes.

O princípio da publicidade é de natureza político-liberal, tendo sido proclamado solenemente em ocasiões de revolta contra regimes totalitários e seus julgamentos secretos, como na Revolução Francesa e após a Segunda Guerra Mundial[23]. Mas a sua aplicação comporta restrições: podem correr em segredo de justiça os processos em que o exigir o interesse público, ou que digam respeito a casamento, filiação, separação dos cônjuges, conversão desta em divórcio, alimentos e guarda de menores (art. 155, incisos I e II, do CPC).

---

22. La relatividad del concepto de acción, p.140, in *Estudios sobre el proceso civil*, p. 140.
23. Na Bastilha recolhiam-se acusados por meio de *lettres de cachet*, que eram ordens secretas. A Declaração Universal dos Direitos do Homem, em 1948, por seu turno, proclama: "X – Todo homem tem direito, em plena igualdade, a uma justa e pública audiência por parte de um tribunal independente e imparcial, para decidir de seus direitos e deveres ou do fundamento de qualquer acusação criminal contra ele".

8.2.1.6. PRINCÍPIO DA MOTIVAÇÃO DAS DECISÕES

Este princípio político veda a qualquer juiz o proferimento de decisão arbitrária ou autoritária. Seja quando se submete à legalidade estrita, decidindo segundo os termos expressos da lei, seja quando decide por equidade nos casos autorizados pela lei, não se exime o magistrado de fundamentar suas decisões, salvo quando se trate de despachos meramente ordinatórios do processo (CPC, arts. 162 e 165).

É certo que se tem incluído, nas bem-intencionadas medidas de renovação do direito processual civil destes últimos anos, assim no direito nacional como no estrangeiro, um alargamento dos poderes do juiz não só na condução do processo, mas na aplicação, mediante integração, do direito material, verificando-se, neste último caso, a *jurisdicionalização do direito material*[24]. Essas hipóteses não abrogam os princípios maiores, da iniciativa de parte, do juiz natural, do devido processo legal, da motivação das decisões e da correlação entre provimento e pedido; ao contrário, as provisões judiciais emitidas conforme as citadas permissões só têm utilidade e validade se e quando obedecidos aqueles princípios maiores.

O princípio da motivação das decisões tem também um fundamento ético e uma finalidade social. O fundamento ético é o direito inato à pessoa, natural ou jurídica, de conhecer os motivos por que a decisão lhe foi favorável ou desfavorável; a finalidade social, teleológica e prática, resume-se em que o vencido deve ser convencido da sua desrazão, caso contrário a litigiosidade continua, reprimida ou manifestada por outros meios, frustrando o escopo da pacificação social pelo processo. Ainda sob o aspecto prático, a motivação permite o controle da adequação do julgado à previsão do direito objetivo, possibilitando a sua impugnação pelo sucumbente.

A motivação das decisões insere-se entre as garantias oferecidas pela Constituição da República, estando prevista no seu art. 93, inciso IX, acima transcrito, do qual se tira a certeza de que o princípio influi também sobre o processo. No que respeita ao procedimento civil, o Código considera da *essência* da sentença a motivação, como está no seu art. 458, inciso II, de sorte que sentença sem motivação não é sentença.

Ao contrário do princípio da publicidade, que comporta exceções, o da motivação das decisões é de obediência absoluta, interferindo também no processo, enquanto permite ao vencido, caso não se convença, preparar as razões com que impugnará as do *decisum*.

8.2.1.7. PRINCÍPIO DA CORRELAÇÃO ENTRE SENTENÇA E PEDIDO

Também denominado *princípio da congruência* ou *princípio da adstrição*, o princípio da correlação entre sentença e pedido significa que a prestação jurisdicional

---

24. São exemplos as cláusulas gerais, os conceitos indeterminados e os julgamentos por equidade previstos no Código Civil; são os casos de integração do direito material pelo juiz, como o do art. 461 do CPC etc.

tem por objeto o pedido do autor, acolhendo-o ou rejeitando-o, no todo ou em parte, mas dele não se podendo afastar.

É princípio de natureza política, estágio do percurso iniciado pelo acesso à justiça, que dependeu da iniciativa de parte, passou pela limitação da atividade cognitiva do juiz e pela motivação das decisões, o qual assegura a não intromissão do Estado na esfera jurídica dos litigantes: ao autor garante-se decisão conforme à sua pretensão, enquanto ao réu se assegura que não será surpreendido por provimento distinto daquele contra o qual se defendeu. É como deve atuar judicialmente o Estado democrático.

As reformas da lei civil material e processual, que concedem ao juiz prover de maneira a integrar o direito, como nas chamadas cláusulas gerais introduzidas no Código Civil de 2002 e as destinadas a realizar efetivamente o comando condenatório nas obrigações de fazer e não fazer, como as do art. 461 do CPC, encontram parâmetros e confins no princípio da correlação. O Estado não pode dizer o direito que o demandante não pediu; do contrário, caem por terra todos os princípios de que precedentemente tratamos, eis que desvirtuada e corrompida a razão do acesso à justiça.

> Quando se cuida da reforma da lei processual é oportuno rememorar as observações e advertências com que Piero Calamandrei verberava, em 1939, as investidas totalitárias do nazismo e do comunismo, que se utilizavam do processo civil. Discorrendo sobre a "relatividade" do conceito de ação, o Professor de Florença mostrou as distorções conceituais de que se aproveita o Estado autoritário para fazer da jurisdição instrumento de realização político-partidária. E apontava, na Alemanha nazista, as seguintes: a) a teoria do *Rechtsschultzansprucht* (a ação como direito face ao Estado à tutela de uma pretensão), até havia poucos anos predominante entre os processualistas alemães, considerava-se uma concepção genial, mas ultrapassada, conciliável apenas com o Estado liberal; b) no Estado autoritário não há direitos subjetivos públicos, não se admitindo a ação com esse perfil, retrocedendo o direito de ação à simples faculdade de denúncia; c) propõe-se a abolição do processo civil e a sua conversão em jurisdição voluntária; d) incrementam-se os poderes do Ministério Público (representante do Estado) para atuação cada vez mais frequente no processo civil. Na Rússia comunista, Calamandrei indicava: a) transferência da inquisitoriedade penal para o processo civil; b) aumento dos poderes do Ministério Público, a ponto de dar-lhe legitimidade para fazer valer em juízo qualquer pretensão civil, *"quando, segundo o seu conceito, assim o exija o interesse do Estado ou da massa trabalhadora"*, e
>
> se o particular, formalmente titular desta pretensão, permanece inerte ou manifesta-se contrário ao exercício da mesma, o Ministério Público tem o poder de fazê-la valer sem, ou até contra, a vontade do credor, e de submeter à execução forçada o devedor para confiscar os seus bens **a favor do Estado**[25].

---

25. La relatividad del concepto de acción, in *Estudios sobre el proceso civil*, p. 157-159.

Assim, no exercício das atribuições que a nova lei civil e a nova lei processual civil lhe conferem, o juiz terá a conduzi-lo, a freá-lo, a garantir-lhe a independência e a autoridade o princípio da congruência, ou correlação entre provimento e pedido.

Corolário do princípio da inércia da jurisdição, o princípio da correlação completa o sistema do CPC que consagra o sentimento liberal brasileiro: o art. 2º, já transcrito, estampa o princípio da inércia da jurisdição; o art. 128 põe na atuação judicial os limites ditados pela iniciativa das partes, e os arts. 459 e 460 impedem decisões extravagantes da pretensão inicial.

Por isso, esse princípio tem presença também na jurisdição e no processo.

8.2.2. Princípios éticos

8.2.2.1. PRINCÍPIO DA LEALDADE

A lealdade processual é princípio ou dever?

A lealdade é dever processual que emana de um princípio.

A prática da lealdade é atributo que orna o ser humano pela sua fidelidade à verdade em todas as circunstâncias da vida. É dever processual enquanto possibilita o alcance da verdade sobre a qual deve alicerçar-se a sentença.

Processualmente, a verdade a que se deve obediência é a que envolve e interpreta os fatos (verdade histórica, dever de exposição fiel ao ocorrido), a que se refere ao direito, assim material como processual (verdade científica, dever de conhecimento da ciência jurídica, de não formular pretensões ou defesas sem fundamento) e a que se aplica no procedimento processual propriamente dito (verdade processual, consistente em admitir o direito oposto, reconhecido por decisão judicial a cujo cumprimento não se deve opor resistência).

Em razão da natureza conflituosa da atividade forense, a lealdade aplica-se ao processo com alguns dos seus atributos menores e consequentes, como a serenidade, a cortesia e a altivez. A serenidade das partes e do juiz permite a fiel exposição dos fatos e a objetiva sustentação do direito; a tranquilidade, provinda da obediência à verdade em qualquer circunstância, enseja a urbanidade no trato mesmo entre adversários; por seu turno, a altivez é tributo que se não pode arredar da atividade processual, seja por parte do juiz, representante da autoridade detentora do poder de julgar, ente equidistante dos demais entes do processo, seja pelos advogados das partes, na postulação enérgica e intransigente como o exige a seriedade da própria lei, porém sem arrebatamentos.

Como outro componente da lealdade, por sua vez, o dever de probidade sustenta a moralização do processo civil.

> A lealdade é, assim, a virtude do bom sujeito processual, litigante ou juiz. Entre muitos exemplos de ofensa a este princípio, poder-se-iam apontar: a instauração de processo colusivo, proscrita e punida pelo art. 129 do Código de Processo Civil; a imputação

de ilícito a quem se sabe inocente; a promoção de defesas ou recursos protelatórios; o pedido fundado em fatos não verdadeiros; o erro manifestamente grosseiro na postulação, o que equivale à má-fé; a criação de teses manifesta e reconhecidamente insustentáveis ou a defesa nelas fundada; o mau uso de institutos processuais, como os memoriais, na audiência de instrução e julgamento, em vez dos debates orais; a renovação de argumentos já rechaçados por decisões preclusas etc. etc. É de lembrar que o Código Penal tipifica comportamentos ofensivos a este princípio no capítulo sob a rubrica de crimes contra a administração da justiça (art. 338 e s.).

Independentemente de conceituação que considere o processo como instrumento a serviço do Estado, a atuação da vontade concreta da lei realiza-se à vista de um conflito de interesses, para cuja composição se torna imprescindível, formalmente, a *parcialidade* dos disputantes. A discussão da causa é necessária à própria finalidade do provimento a ser emitido. Daí a transposição, para o processo, do litígio ocorrido na vida real, com a descrição de mazelas domésticas, de agressões físicas ou verbais, de artimanhas para fugir ao cumprimento de obrigações, de fatos e motivos que comprometem a imparcialidade do juiz, por impedimento ou suspeição etc.

No plano do direito posto, o princípio de que cuidamos tem tratamento casuístico, a partir da própria Constituição da República, que estabelece, no capítulo das funções essenciais à justiça, no art. 133, o seguinte: *"O advogado é indispensável à administração da justiça, sendo inviolável por seus atos e manifestações no exercício da profissão, nos limites da lei"*, qual seja, a de nº 8.906, de 4 de julho de 1994 (Estatuto da Advocacia), que estabelece no art. 7º, § 2º: *"O advogado tem imunidade profissional, não constituindo injúria, difamação ou desacato[26] puníveis qualquer manifestação de sua parte, no exercício de sua atividade, em juízo ou fora dele, sem prejuízo das sanções disciplinares perante a OAB, pelos excessos que cometer."* No capítulo dos crimes contra a honra, o CP exclui a ilicitude por injúria ou difamação, no art. 142: *"Não constitui injúria ou difamação punível: I – a ofensa irrogada em juízo, na discussão da causa, pela parte ou por seu procurador"*.

A imunidade reconhecida restringe-se à utilidade na discussão da causa (*ratione litis*), vigorando para o processo civil a tipificação de deveres e proibições contida principalmente nos arts. 14 e 15 do Código (exigência de comportamento conforme à boa-fé), com a caracterização da litigância de má-fé no art. 17 e os preceitos sancionadores nos arts. 16 e 18, punindo-se a exposição dos fatos contrária à verdade ou o emprego de expressões injuriosas nos escritos ou manifestações orais e gerando esses comportamentos a obrigação de indenizar o dano material ou moral daí advindo[27].

---

26. A expressão "ou desacato" foi declarada inconstitucional pelo Supremo Tribunal Federal, em ADIn nº 1.127-8, julgada em 17/05/2006.
27. Veja-se o nosso artigo Notas sobre o dano moral no processo, in *Revista de Processo*, n. 66, p. 113. Ver também o nosso O trabalho do advogado, in *Revista do Advogado*, n. 74, p. 19.

Entre os deveres das partes e de todos aqueles que de qualquer forma participam do processo está o de "cumprir com exatidão os provimentos mandamentais e não criar embaraços à efetivação de provimentos judiciais, de natureza antecipatória ou final" (art. 14, citado, inciso V), enquanto o parágrafo único desse art. 14 considera ato atentatório à dignidade da justiça a violação do disposto nesse inciso V, ressalvando, entretanto, que os "advogados se sujeitam exclusivamente aos estatutos da OAB". Esta ressalva é aplicação do princípio da especialidade, uma vez que o Estatuto da Ordem dos Advogados do Brasil é **lei federal** (nº 8.906, de 4 de julho de 1994, citada) de hierarquia igual à do Código, define infrações disciplinares e impõe sanções aos inscritos nessa Corporação, cabendo-lhe distinguir quando a defesa contra o mandamento judicial ultrapassa as raias da postulação lícita, constituindo desvio do trabalho profissional. A OAB não é apenas órgão de seleção e defesa da classe dos advogados, mas também de manutenção da sua disciplina; as normas reguladoras da advocacia contêm preceitos incriminadores e sancionadores de condutas que possam contrariar o alto objetivo do serviço advocatício.

O princípio da lealdade e boa-fé nas atividades em juízo alcança o comportamento do juiz, de quem se espera o pronto e correto desempenho das suas elevadas funções, estando igualmente previstos os casos em que responde por perdas e danos nos arts. 133 do CPC e 49 da Lei Orgânica da Magistratura (Lei Complementar nº 35, de 14 de março de 1979). Deve o juiz ainda respeito igual a todas as partes e seus advogados, de forma a predominar o trabalho destinado exclusivamente à apuração da verdade e definição do direito entre os contendores (CPC, art; 14, *caput*; Lei nº 8.906/1994, cit., art. 6º; Lei Orgânica da Magistratura, cit., art. 35). Tem imunidade pelas opiniões que manifestar ou pelo teor das decisões que proferir (art. 41 da citada Lei Orgânica da Magistratura), bem como a atividade censória de tribunais e conselhos deve respeitar a independência e a dignidade pessoal do magistrado (art. 40 da mesma lei).

O princípio ético da lealdade processual obriga também o escrivão, o oficial de justiça e o perito, cominando-lhes a lei a responsabilidade por perdas e danos, como dispõem os arts. 144 e 147 do CPC.

Tão relevante e indispensável à formação e desenvolvimento do processo é a lealdade, como aqui conceituada e caracterizada, que ofensas a ela podem ensejar a desconstituição da coisa julgada, como preveem os incisos I, III e VI do art. 485 do CPC.

8.2.2.2. PRINCÍPIO DA ISONOMIA PROCESSUAL

A Constituição da República apregoa a igualdade de todos perante a lei (art. 5º, *caput*), o que significa que na atividade processual os litigantes se equiparam sob a incidência, igualmente, da norma substancial e da norma instrumental. Em consideração ontológica, porém, a noção de juízo traz em si a ideia de igualdade entre os contendores e de imparcialidade, equidistância e superposição do julgador em relação a eles. Porque não se forma juízo sobre o objeto do litígio se na postulação não há equilíbrio; e impossível a imparcialidade do juiz se na disputa não há paridade de armas.

O princípio da igualdade das partes no processo, assim como o princípio do contraditório, tem fundamento ético, mas a sua expressão prática depende da técnica processual aplicada.

Pelo princípio da isonomia, as partes devem gozar de iguais faculdades e submeter-se a iguais encargos, conforme o que a cada uma incumbir na relação processual. Prescreve o art. 125, inciso I, do CPC, que *"O juiz dirigirá o processo conforme as disposições deste Código, competindo-lhe: I – assegurar às partes igualdade de tratamento".*

A igualdade processual das partes não significa a igualdade substancial das pessoas litigantes, mas por aquela pode chegar-se a esta sem transformar o processo em instrumento de demagogia política e o juiz em agente da ideologia dominante. O direito material compõe as crises que se verificam no convívio social. Uma norma de *supradireito* determina que *"Na aplicação da lei, o juiz atenderá aos fins sociais a que ela se dirige e às exigências do bem comum"* (art. 5º da Lei de Introdução ao Código Civil), enquanto a ciência jurídica sugere métodos de interpretação e aplicação do direito escrito que dão preferência à sua intrínseca *socialidade*. De sorte que a observância estrita da legalidade – ainda mais considerando que entre as normas compositivas dos conflitos se acham os subsídios das *cláusulas abertas* e dos *conceitos indeterminados*, como no novo Código Civil – pode ser caminho para a igualdade substancial por meio do processo. Quando em cada processo se faz *justiça* e se *dá a cada um o que é seu*, pela interpretação *correta* do direito posto, devolve-se a harmonia à comunidade, na direção da ordem (estrutura) social justa. Temos para nós que as vicissitudes por que passa o acesso à justiça e especialmente a igualdade substancial das pessoas não podem ser superadas pelo juiz *assistencialista*, com risco de perda da sua imparcialidade. Têm elas raízes na estrutura jurídica do Estado e na forma como é exercido o poder político, devendo aí ser corrigidas e superadas.

Agora, na condução do processo, o juiz deverá adotar medidas, expressas ou não na lei, mas lícitas evidentemente, que impeçam que circunstâncias estranhas ao processo violem a igualdade de comportamento ou a paridade de armas, perturbando o equilíbrio a que inicialmente se aludiu. Daí o aspecto *técnico* de que também se reveste o princípio da igualdade das partes.

Discriminações que constituem iniquidades e estão a exigir correção porque ofendem a ordem natural dos juízos, além de prejudicar o curso do processo no sentido da prestação jurisdicional oportuna, são os privilégios concedidos à Fazenda Pública e ao Ministério Público, como os contidos nos arts. 188 e 475 do CPC.

A Lei nº 10.741, de 1º de outubro de 2003, *Estatuto do Idoso*, concede prioridade na tramitação e julgamento dos processos em que tenham interesse pessoas maiores de sessenta anos. Essa lei regula matéria anteriormente regida pela Lei nº 10.173, de 9 de janeiro de 2001, que introduziu os arts. 1.211-A, 1.211-B e 1.211-C no CPC, concedendo a mesma prioridade aos maiores de sessenta e cinco anos. Estas disposições ficam revogadas pela citada Lei nº 10.741 em conformidade com o estatuído pelo § 1º do art. 2º da Lei de Introdução ao Código Civil. Tais normas não ferem o princípio da isonomia justamente porque tratam desigualmente pessoas desiguais, considerando-se, como dizem Ada P. Grinover, Cândido R. Dinamarco e A. C. Araújo Cintra, que tais pessoas "têm menor expectativa de sobrevida e, na maioria dos casos, mais necessitam da tutela jurisdicional"[28].

8.2.2.3. PRINCÍPIO DO CONTRADITÓRIO

Define-se esse princípio, também chamado da *bilateralidade da audiência*, como a necessidade de reconhecer aos litigantes o direito de ter ciência de tudo o que se passa no processo e o de manifestar-se a respeito. Está na Constituição da República, no art. 5º, inciso LV, com estas palavras: *"aos litigantes, em processo judicial ou administrativo, e aos acusados em geral são assegurados o contraditório e ampla defesa, com os meios e recursos a ela inerentes"*.

É também princípio que brota da regularidade dos juízos, uma vez que além do direito natural de manifestar-se, que tem cada litigante, ainda importa ao julgador a contribuição que cada um traga ao processo.

O CPC revela inúmeras aplicações do princípio do contraditório: a citação (art. 213); as intimações (art. 234); dentre os requisitos da petição inicial (art. 282), a descrição da causa de pedir (inciso III), o pedido com suas especificações (inciso IV), a indicação das provas que o autor pretende produzir (inciso VI), o requerimento para citação do réu (inciso VII); a contestação pormenorizada (art. 300) etc.

Muito longe de constituir meio de retaliação, vezo marcado por ofensas recíprocas, o contraditório deve ser entendido como *participação* dos interessados na elaboração do provimento jurisdicional: elementos de fato e de direito que se contrapõem, bem como a discussão da causa com urbanidade, são subsídios que autor e réu levam ao magistrado para a decisão do litígio.

Este princípio informa a jurisdição e o processo.

8.2.3. Princípios técnicos

8.2.3.1. PRINCÍPIO DO IMPULSO OFICIAL

O princípio do impulso oficial significa que o processo deve ser conduzido pelo magistrado. Assim que provocada a abertura do processo pelo titular do

---

28. *Teoria geral do processo*, n. 19, p. 55.

direito de agir, cabe ao juiz promover o seu andamento até a sentença final, escoimando-o de irregularidades e impedindo que nele se pratiquem atos contrários à finalidade de produzir sentença justa. Prescreve o CPC, no art. 262: *"O processo civil começa por iniciativa da parte, mas se desenvolve por impulso oficial"*.

Esse princípio interessa ao processo e ao procedimento e interpretada a disposição acima como integrante do sistema de poderes-deveres do juiz, do qual faz parte o *caput* do art. 125, antes transcrito, evidencia-se o comando direto e pessoal que o juiz deve exercer de cada processo, uma vez que fundados e integrados no impulso oficial são-lhe atribuídos outros encargos: o do conhecimento da lide, para fins de promover a conciliação (art. 125, IV, do CPC); para determinar ou deferir provas (por exemplo, arts. 130, 331, § 2º, 342, 451), e para coibir expedientes protelatórios (art. 125, III), estes apenas para exemplificar.

8.2.3.2. PRINCÍPIOS DA ECONOMIA E DA INSTRUMENTALIDADE DAS FORMAS

Como se tem definido, o princípio da economia significa a aplicação, ao processo, do critério de proporção entre meios e fim. Embora o direito se sobreponha ao dinheiro, não teria sentido o dispêndio de tempo, trabalho e valor superiores àqueles sobre os quais se disputa no processo. Para isso, o legislador adota métodos como, por exemplo, a concentração e a supressão de atos e a instrumentalidade das formas, percebendo-se, pois, que esta não constitui um princípio autônomo, mas um modo de realizar a economia processual.

São exemplos do método da concentração de atos: o procedimento sumário, em que se reúnem, numa só audiência, contestação, conciliação, instrução e julgamento da causa (CPC, arts. 275 a 281); bem como as ações dúplices, nas quais a contestação equivale a reconvenção, como a prestação de contas (art. 914 e s.), as possessórias (art. 920 e s.), a renovatória de locação para fins comerciais (Lei nº 8.245, de 18 de outubro de 1991, art. 74) e outras.

É exemplo da adoção do método de supressão de atos o julgamento antecipado do mérito, previsto no art. 330 do CPC, segundo o qual, estando o processo em condições de receber sentença definitiva, o juiz a profere ao encerrar a fase postulatória, dispensando a realização da audiência de instrução e julgamento, sendo-lhe facultado, aliás, assim proceder mesmo depois de iniciada a fase instrutória, se munido de elementos bastantes que formem o seu convencimento. Outro exemplo é o do § 3º do art. 515 do CPC, acrescido pela Lei nº 10.352, de 26 de dezembro de 2001, a permitir ao tribunal, no julgamento de recurso em que se discuta a extinção do processo sem julgamento do mérito (art. 267 do mesmo Código), desde que convalescido o processo, passe a julgar o mérito, sem devolução dos autos ao juízo inferior.

Já a instrumentalidade das formas é corolário do princípio da economia, enquanto representa o citado método de buscar o resultado sem necessidade de obediência estrita à forma prevista na lei. Participa, pois, do princípio da economia como um dos seus métodos, não sendo um princípio autônomo.

Os atos processuais são típicos e sua forma vem prescrita na lei. Naqueles em que a forma integra a essência, a inobservância da forma acarreta a sua invalidade. A instrumentalidade das formas consiste, pois, no aproveitamento dos atos que, praticados de maneira não prevista na lei de processo, alcancem o seu efeito processual, *mas somente se à inobservância da forma a lei não tiver cominado a invalidade*, como dispõe o art. 244 do CPC. Apontam-se atos para os quais a forma, isto é, a espécie do instrumento e o conteúdo do escrito, são essenciais, não incidindo o princípio da instrumentalidade: a petição inicial (art. 282), a sentença (art. 458), a apelação (art. 514) entre os outros.

8.2.3.3. PRINCÍPIO DO DUPLO GRAU DE JURISDIÇÃO

Este princípio assegura o direito ao recurso. Respeita a tendência inata no homem de não se conformar com um primeiro e único juízo sobre a sua disputa, e atende à necessidade prática de remediar os erros decorrentes da falibilidade humana, possibilitando que um órgão hierarquicamente superior corrija o mau julgamento do inferior.

Fala-se em *duplo* grau de jurisdição porque um é o que se desenvolve desde o ajuizamento da ação até a sentença definitiva ou terminativa, que põe fim à relação processual de primeiro grau; outro é composto por todos os órgãos jurisdicionais que julgam os recursos interpostos em primeiro grau, desde os agravos ou apelação, incluindo os tribunais locais e os tribunais federais (Supremo Tribunal Federal e Superior Tribunal de Justiça). Portanto, os julgamentos depois de primeiro grau são todos de segundo grau.

Emprega-se, também, a expressão *pluralidade dos graus de jurisdição*, neste caso considerando autônomos os julgamentos dos tribunais, a partir da sentença de primeiro grau. Teríamos, segundo esta classificação, no mínimo, três graus de jurisdição: o de primeiro grau, compreendendo os juízos unipessoais das varas cíveis; o de segundo, consistente nos tribunais locais ou regionais que julgam recursos das decisões de primeiro; e o terceiro grau, composto pelos tribunais superiores, sediados na Capital da República, ou seja, em matéria civil, o Superior Tribunal de Justiça e o Supremo Tribunal Federal.

O princípio do duplo grau de jurisdição esteve expresso na Carta Imperial de 25 de março de 1824, no art. 158, com estes dizeres: *"Para julgar as causas em segunda, e última instância haverá nas Províncias do Império as Relações, que forem necessárias para comodidade dos Povos"*. As demais Constituições não consignaram o princípio de modo expresso, deduzindo-se, como na atual, a sua presença e a sua obrigatoriedade da letra de outro princípio, o do contraditório acima tratado. Com efeito, a Constituição de 1988 estabelece, no art. 5º, inciso LV, acima transcrito na íntegra, que o contraditório e a ampla defesa são assegurados com todos os meios *"e recursos a ela inerentes"*.

O duplo grau visa assegurar a correção dos julgamentos pela revisão dos julgados de competência dos órgãos hierarquicamente superiores, e atender ao imperativo natural de inconformidade das decisões únicas. Diz respeito ao processo e à jurisdição.

8.2.3.4. PRINCÍPIO DA APURAÇÃO DA VERDADE E PERSUASÃO RACIONAL DO JUIZ

Este princípio é técnico porque comanda e inspira uma das atividades mais práticas que se realizam no processo, qual seja, a colheita da prova; mas tem também natureza ética, pois atina com a finalidade precípua do processo, que é a realização da justiça assentada na verdade.

Com efeito, a apuração da verdade, no processo civil, é elementar a qualquer julgamento, proclamando o Código que *"Ninguém se exime do dever de colaborar com o Poder Judiciário para o descobrimento da verdade"* (art. 339).

Não tem sentido a distinção que a doutrina de antanho fazia entre verdade formal e verdade material, entendendo que, em razão do princípio dispositivo aplicável à prova, a verdade seria aquela que as partes trouxessem para o processo, em conformidade com as suas alegações: o juiz ater-se-ia à prova produzida, primordialmente, pelas partes, nos limites dos fatos por elas postos no processo, restando-lhe, pois, uma atividade probatória meramente subsidiária: essa a chamada *verdade formal*. Diferentemente, no processo penal buscar-se-ia a *verdade material,* porque o juiz decide sobre o *fato* descrito na acusação inicial, com maior poder inquisitivo na perquirição da prova: seria a *verdade material,* ou *real*. Como se disse, tal distinção está ultrapassada. Prevalece a letra clara do art. 339: a verdade é ontologicamente una.

Diante da impossibilidade de reconstruir-se com exatidão, no processo, os fatos pretéritos que causaram o litígio, admite-se, para formação do convencimento do julgador, a *certeza* da veracidade das alegações, no sentido de que *toda* a atividade dirigida à busca da verdade resultou naquela certeza. Inclui-se, por imprescindível, a atuação do juiz na mesma direção da busca da verdade, razão por que lhe põe a lei à disposição, no processo civil, poderes instrutórios de feição inquisitiva. A toda evidência, respeita-se a iniciativa de parte quanto à descrição dos fatos, tanto pelo autor (CPC, art. 282, inciso III), como pelo réu (art. 300); mas a apuração da verdade deles, além do labor que se espera dos litigantes, deve contar também com igual trabalho do juiz, este não apenas subsidiariamente. Essa atividade probatória concomitante exerce-a o juiz quando entender necessária: são do mesmo CPC as disposições dos arts. 130; 331, § 2º; 342, 440 e muitas outras a denotarem o exercício da busca da verdade pelo juiz. Acrescente-se que essa busca da verdade pelo juiz, tal como ressai do sistema processual civil brasileiro, não implica alteração da sua imparcialidade, eis que atua ele com o objetivo único de formar o convencimento para decidir com justiça. A lei propicia a busca *objetiva* da verdade, dentro dos limites de fato postos pelas partes, sem possibilidade de cogitar-se de parcialidade do julgador.

Fala-se, em matéria probatória, também do princípio da *aquisição da prova*, consistente em considerar *adquirido* pelo processo qualquer elemento que possa formar o convencimento do julgador sobre a verdade, não importando quem o tenha produzido nem como ele tenha vindo ao processo.

A persuasão racional significa que o juiz deve apreciar e sopesar – isto quer dizer *valorar* – as provas, formando o seu convencimento e justificando-o. Está impedido de julgar *secundum conscientiam*, ou seja, segundo o que lhe parece, dispensado de fundamentar; bem como impedido de atribuir valores prefixados às espécies probatórias. Conforme o prescrito no art. 131 do Código, *"O juiz apreciará livremente a prova, atendendo aos fatos e circunstâncias constantes dos autos, ainda que não alegados pelas partes; mas deverá indicar, na sentença, os motivos que lhe formaram o convencimento".*

8.2.3.5. PRINCÍPIO DA EFICIÊNCIA NA ADMINISTRAÇÃO DA JUSTIÇA

Está previsto no art. 37 da Constituição da República o princípio da eficiência na administração da Justiça com estas palavras: "A administração pública direta e indireta de qualquer dos Poderes da União, dos Estados, do Distrito Federal e dos Municípios obedecerá aos princípios de legalidade, impessoalidade, moralidade, publicidade e eficiência e, também, (...)".

A prescrição constitucional, como se vê, inclui o Poder Judiciário, sendo irrelevante tratar-se da Justiça dos Estados, da Justiça Federal ou das Justiças Especiais (do Trabalho, Militar e Eleitoral).

Ao Conselho Nacional de Justiça (ver, *infra*, item 22.2.7.) compete, por força do art. 103-B, § 4º, inciso II, da Constituição da República, entre outros encargos, o de "zelar pela observância do art. 37" (evidentemente, da mesma Constituição).

Entende-se a eficiência, cuja expressão vocabular vem do verbo latino *efficere* – ter força ou capacidade de produzir o bom efeito desejado – como a aptidão de apresentar o resultado útil, oportuno e não dispendioso de um serviço, seja público, seja privado. Assim concebida, a eficiência é, antes que um princípio, a maneira de assumir e executar qualquer trabalho humano. Como qualidade ínsita ao serviço jurisdicional, a eficiência significa a dicção precisa, justa e oportuna do direito: precisa, ao resolver a controvérsia trazida pelos litigantes sem desvios ou tergiversações e capaz de gerar a paz convicta entre eles; justa, porque não se afasta do direito, mesmo quando a lei a ele se opõe; e oportuna, porque em tempo ainda de o titular reconhecido usufruir o direito declarado, sem ter produzido desgastes de qualquer ordem aos jurisdicionados.

As reformas da lei processual civil introduzidas a partir de 1994 têm-se destinado a imprimir maior celeridade aos procedimentos que servem aos processos de conhecimento, de execução e cautelar, mas o nó górdio do problema da ineficiência que gera a demora na prestação jurisdicional situa-se na organização dos serviços judiciários. Por isso, vem-se intentando a informatização dos trabalhos judiciários com a entrada em vigor, em março de 2007, da Lei nº 11.419, de 19 de dezembro de 2006, que cria o processo eletrônico, no qual os autos serão total ou parcialmente digitais, "utilizando-se, preferencialmente, a rede mundial de computadores e acesso por meio de redes internas e externas"(art. 8º da citada Lei nº 11.419/2006).

8.3. RELAÇÕES E HIERARQUIA ENTRE OS PRINCÍPIOS

Como afirmamos (8.2., *supra*), os princípios inter-relacionam-se, podendo-se notar identidade parcial no conteúdo de dois ou mais, mas podendo-se estabelecer, pela especificidade conceitual de cada um, uma hierarquia entre eles[29]. No concernente aos princípios aqui expostos, nota-se, por exemplo, a larga abrangência daquele do devido processo legal, compreendendo o contraditório e a ampla defesa, enquanto o da instrumentalidade das formas é absorvido pelo da economia, e assim por diante.

A circunstância da interpenetração deriva do caráter instrumental do direito processual, cabendo ao intérprete distinguir, na respectiva aplicação, qual o princípio dominante, para tanto se utilizando do critério teleológico, a saber: a natureza do problema emergente determina a incidência deste ou daquele princípio em razão do seu escopo predominante, sem prejuízo da incidência de mais de um princípio.

Por outro lado, ao invocar-se o princípio considera-se a existência de uma hierarquia entre eles. Uns voltam-se para valores mais altos, constituindo, mesmo, a garantia dos *fins* do processo, como a liberdade e o direito de defesa, outros caracterizam-se como *meios* de obtenção de melhor rendimento do trabalho em juízo. Dos primeiros são exemplos o acesso à justiça, a iniciativa de parte, a correlação entre sentença e pedido, o contraditório, a lealdade; dos segundos, a economia processual, a apuração da verdade, a eficiência etc.

Respeita-se a hierarquia entre os princípios quando dois ou mais concorrerem para aplicação a uma certa hipótese. Não se dispensará, por exemplo, a audiência da parte quando da juntada de documento pela contrária (CPC, art. 396) para economizar tempo ou trabalho. O princípio do contraditório, *fim* porque emana de direito fundamental e diz respeito à estrutura justa da relação processual, prevalece sobre a economia, que sugere apenas *meio* de trabalho.

---

29. Conforme Joaquín Arce y Flórez-Valdés, *Los principios generales del derecho y su formulación constitucional*, p. 139 e s.

BIBLIOGRAFIA

CALAMANDREI, Piero. *Proceso y democracia*, Tradução de Hector Fix Zamudio. Buenos Aires: Ediciones Jurídicas Europa-America, 1960.

_____. La relatividad del concepto de acción. In: *Estudios sobre el proceso civil*. Tradução de Santiago Sentis Melendo. Buenos Aires: Editorial Bibliográfica Argentina, 1961.

CAPPELLETTI, Mauro; GARTH, Bryant. *Acesso à justiça*. Tradução de Ellen Gracie Northfleet. Porto Alegre: Sérgio Antonio Fabris, 1988.

CARVALHO, Milton Paulo de. Notas sobre a contenciosidade no processo de inventário. *Revista de Processo*. São Paulo: Revista dos Tribunais, 1985, n. 38, abril/junho de 1985, p. 192.

_____. Notas sobre o dano moral no processo. *Revista de Processo*. São Paulo: Revista dos Tribunais, 1992, n. 66.

_____. O trabalho do advogado. *Revista do Advogado*. São Paulo: Associação dos Advogados de São Paulo, dezembro de 2003, n. 74.

_____. Aplicação do princípio da eficiência na administração da justiça. In: *Constitucionalismo social*. Estudos em homenagem ao DD. Presidente do Supremo Tribunal Federal, Ministro Marco Aurélio Mendes de Farias Mello. São Paulo: Ltr, 2003, p. 139.

_____. Processo e democracia. Garantia de direitos fundamentais na "fungibilidade" das espécies de tutela de urgência. *Revista Literária de Direito*, São Paulo: Editora Jurídica Brasileira, ano XI, n. 55, dezembro de 2004/ janeiro de 2005, p. 8-11.

_____. Princípio do devido processo legal – Brevíssimas notas sobre o procedimento da desconsideração da personalidade jurídica. In: FUX, Luiz; NERY JR., Nelson; WAMBIER, Teresa Arruda Alvim (coord.). *Processo e Constituição*. Estudos em homenagem ao Prof. José Carlos Barbosa Moreira. São Paulo: Revista dos Tribunais, 2006, p. 905.

_____. Prefácio. In: CAMPANELLI, Luciana Amicucci. *Poderes instrutórios do juiz e a isonomia processual*. São Paulo: Juarez de Oliveira, 2006, p. VII-VIII.

_____. A crise jurídico-judiciária brasileira. Entrevista para o *site Academus*. Disponível em <http://www.academus.pro.br/site/pg.asp?pagina=detalhe_ent revista&titulo=Entrevistas&codigo=38&cod_categoria=&nome_categoria=>. São Paulo, 9 de março de 2006.

_____. Pedido genérico e sentença líquida. In: SANTOS, Ernane Fidélis dos; NERY JR., Nelson; WAMBIER, Luiz Rodrigues; WAMBIER, Teresa Arruda Alvim (coords.). *Execução Civil*, em homenagem ao Prof. Humberto Theodoro Júnior. São Paulo: Revista dos Tribunais, 2007, p. 241.

_____. Os princípios e um novo Código de Processo Civil. In: *Bases científicas para um renovado Direito Processual*. Coletânea comemorativa dos 50 anos do

Instituto Brasileiro de Direito Processual, v. 1, maio de 2008, p. 199-239.

CINTRA, Antônio Carlos Araújo; DINAMARCO, Cândido Rangel; GRINOVER, Ada Pellegrini. *Teoria geral do processo*. 24. ed. São Paulo: Malheiros, 2008.

CRUZ E TUCCI, José Rogério; TUCCI, Rogério Lauria. *Constituição de 1988 e processo*. São Paulo: Saraiva, 1989.

DINAMARCO, Cândido Rangel. Nasce um novo processo civil. In: *Reforma do Código de Processo Civil*. São Paulo: Saraiva, 1996.

_____. *Instituições de direito processual civil*. São Paulo: Malheiros, 2001, v. I.

_____. *A instrumentalidade do processo*. 11. ed. São Paulo: Malheiros, 2003, v. I.

FLÓREZ-VALDÉS, Joaquín Arce y. *Los princípios generales del derecho y su formulación constitucional*. Madrid: Editorial Civitas, 1990.

GRECO FILHO, Vicente. *Direito processual civil brasileiro*. 19. ed. São Paulo: Saraiva, 2008, v. III.

HERVADA, Javier. *Lecciones propedêuticas de filosofía del derecho*. 3. ed. Pamplona: Ediciones Universidade Navarra, 2000.

LIEBMAN, Enrico Tullio. *Manual de direito processual civil*. 2. ed. Tradução de Cândido Rangel Dinamarco. Rio de Janeiro: Forense, 1985.

MARCATO, Antonio Carlos. *Código de Processo Civil interpretado*. 3. ed., São Paulo, Atlas, 2008.

MARQUES, José Frederico. *Manual de direito processual civil*. 9. ed. Campinas: Millennium Editora, 2003, v. I.

MILLAR, Robert Wyness. *Los princípios formativos del procedimiento civil*. Tradução de Catalina Grossmann. Buenos Aires: Ediar, s/d.

MOREIRA, José Carlos Barbosa. Les príncipes fondamentaux de la procédure civile dans la nouvelle Constitution brèsilienne. In: *Temas de direito processual*. São Paulo: Saraiva, 1994, 5. série.

NERY JÚNIOR, Nelson; NERY, Rosa Maria de Andrade. *Código de Processo Civil Comentado e legislação processual civil extravagante em vigor*. 5. ed. São Paulo: Revista dos Tribunais, 2001.

ROSAS, Roberto. Processo civil de resultados. *Revista Dialética de Direito Processual*. São Paulo: Dialética, 2003, n. 2.

SOUSA, José Pedro Galvão de. *O Positivismo jurídico e o direito natural*. São Paulo: Revista dos Tribunais, 1940.

TEIXEIRA, Sálvio de Figueiredo. *Código de Processo Civil anotado*. 6. ed. São Paulo: Saraiva, 1996.

THEODORO JÚNIOR, Humberto. *Curso de direito processual civil*. 34. ed. Rio de Janeiro: Forense, 2005, v. III.

TRIBUNAL DE JUSTIÇA DO ESTADO DE SÃO PAULO, 5ª Câmara da Seção de Direito Privado, Embargos de declaração nº 440.199.4/2-01, Relator, Des. A. C. Mathias Coltro, julgamento em 02/08/2006.

CAPÍTULO 9

FORMAS DE EXPRESSÃO DO DIREITO PROCESSUAL

MILTON PAULO DE CARVALHO

9.1. FONTE E FORMA DE EXPRESSÃO DO DIREITO

DISTINGUE-SE FONTE DE *forma de expressão* do direito. Fonte é a origem, a causa eficiente da norma jurídica. Esta emerge da ordem natural que deve reinar na sociedade, apreendida pelos conviventes e convertida em regra de comportamento. A lei não é fonte do direito, mas a maneira de exteriorizarem-se as regras que brotam das contingências naturais e das propensões que impelem a sociedade à busca do bem comum.

Elucidativo este trecho de Rubens Limongi França:

> Com efeito, a lei, o costume etc. não geram, não criam, não produzem o direito. O que gera o direito são as necessidades sociais e a vontade humana. É esta que, tomando conhecimento das imposições inadiáveis da realidade sociojurídica, se serve da organização política da nação, o Estado, para criar as leis. Do mesmo modo, já no terreno dos *fatos* (em contraposição ao do direito constituído) é ainda a vontade humana, conglomerada na *consciência popular* (no sentido de *unidade moral* das vontades individuais), que cria o costume.
>
> Assim, realmente, as fontes do direito propriamente ditas, são o arbítrio humano e o direito natural. O Estado e a consciência popular (ou o povo) são apenas as causas instrumentais da elaboração do direito. Ao passo que a lei, o costume etc. são os modos, as formas, os meios técnicos de que lança mão a vontade humana para, por intermédio do Estado e da consciência popular, externar, dar a conhecer, objetivar o direito suscitado pelas imposições naturais da vida em sociedade[1].

---

1. *Formas de expressão do direito positivo*, verbete in *Enciclopédia Saraiva do Direito*, v. 38, p. 208. Ver, também, do mesmo autor, o livro *Formas e aplicação do direito positivo*, São Paulo, Revista dos Tribunais, 1969.

9.2. FORMAS DE EXPRESSÃO DO DIREITO PROCESSUAL

O direito processual exprime-se pela lei, pelo costume e pela jurisprudência.

Os comandos legais sobre o processo provêm: da Constituição da República, das Constituições estaduais, de leis complementares e de leis ordinárias federais, a estas equiparando-se os acordos, convenções e tratados internacionais. Provêm também de normas estaduais de organização judiciária, incluindo-se a permissão aos Estados, contida no art. 24, inciso XI, da Carta Magna, de legislarem, concorrentemente com a União, sobre *"procedimentos em matéria processual"*. Ainda em concurso podem legislar a União e os Estados sobre a *"criação, funcionamento e processo do juizado de pequenas causas"* (art. 24, citado, inciso X).

Constituem formas legais de expressão do direito processual os atos normativos dos tribunais, como os seus regimentos internos, e os emanados dos seus órgãos dirigentes, como as portarias e provimentos.

O direito processual consuetudinário pode ser extraído dos hábitos em cartórios ou secretarias, pelos usos e costumes adotados no foro etc.

Sobre a natureza e o conteúdo da norma processual, e a sua comparação com a norma substancial, já discorremos anteriormente (*supra*, capítulo 3).

9.2.1. A jurisprudência, as súmulas e a súmula vinculante

9.2.1.1. A JURISPRUDÊNCIA

Em sentido amplo, dá-se o nome de jurisprudência à massa de julgados dos tribunais; exemplos: a jurisprudência do Tribunal de Justiça de São Paulo, a jurisprudência como forma de expressão do direito etc.

Em sentido estrito, entende-se a jurisprudência como o conjunto das reiteradas decisões dos tribunais a respeito de temas jurídicos determinados, quaisquer que tenham sido as direções adotadas pelas decisões; fala-se, assim, da jurisprudência sobre locação, sobre posse, sobre sociedades de fato etc., qualquer que seja o número de decisões reconhecendo ou negando direitos. Nesse sentido estrito, ainda se pode referir à jurisprudência de tal ou qual tribunal a respeito deste ou daquele tema jurídico: jurisprudência do Tribunal de Justiça de São Paulo a respeito da prisão por alimentos, do direito da minoria nas sociedades anônimas etc.

É da jurisprudência em sentido amplo que se fala quando se cuida de determinar sua natureza de forma de expressão do direito.

As decisões dos tribunais são enunciadas por *ementas*, que são resumos, ou sínteses do objeto e da orientação do julgamento.

A interpretação reiterada da norma pelos tribunais acaba por sugerir regra não constante no ordenamento, pela influência que exerce sobre o tráfico jurídico na comunidade e sobre os demais juízos de qualquer hierarquia, embora, ainda, sem força vinculante.

A jurisprudência passa a ser forma de expressão do direito processual quando assume o caráter de direito costumeiro.

9.2.1.2. AS SÚMULAS

A reiteração de julgados pode vir a constituir precedente para julgamentos de um tribunal, se assim decidido pela maioria absoluta dos seus membros integrantes, em procedimento incidental de uniformização da jurisprudência, como vem estatuído nos arts. 476 a 479 do CPC. Importa-nos transcrever como a lei determina a instauração do incidente e o efeito dado por ela ao resultado do julgamento respectivo. Estabelece o art. 476, citado:

> Compete a qualquer juiz, ao dar o voto na turma, câmara ou grupo de câmaras, solicitar o pronunciamento prévio do tribunal acerca da interpretação do direito quando:
> I – verificar que, a seu respeito, ocorre divergência;
> II – no julgamento recorrido a interpretação for diversa da que lhe haja dado outra turma, câmara, grupo de câmaras ou câmaras cíveis reunidas.

Prescreve o art. 479:

> O julgamento, tomado pela maioria absoluta dos membros que integram o tribunal, será objeto de súmula e constituirá precedente na uniformização da jurisprudência. Parágrafo único: Os regimentos internos disporão sobre a publicação no órgão oficial das súmulas de jurisprudência dominante.

Observe-se que essa atividade normativa atribuída aos tribunais destina-se apenas a formular orientação para julgamentos futuros, porquanto cada tribunal é independente para sumular decisão sobre qualquer matéria de sua competência, ainda que sua súmula seja oposta à de outro tribunal de igual competência. Por isso, não se pode equiparar a súmula à lei, em termos de irrecusabilidade ou inafastabilidade.

Essa súmula, que chamaríamos comum ou ordinária, tem, como todas, também a finalidade de tornar conhecida a jurisprudência de cada tribunal, com o que se efetiva a uniformização da sua posição a respeito de cada assunto, sendo de registrar-se também o efeito pedagógico da sua divulgação entre as comunidades jurisdicionadas.

Diferente é o que se passa com a súmula vinculante.

9.2.1.3. A SÚMULA VINCULANTE

Súmula vinculante é a promulgação de síntese de julgados do Supremo Tribunal Federal a respeito de matéria constitucional, extraída por dois terços dos seus membros após reiteradas decisões sobre aquela matéria, cuja promulgação, após a sua publicação na imprensa oficial, tem efeito vinculante para os demais órgãos do

Poder Judiciário e para a administração pública direta ou indireta, federal, estadual ou municipal.

Esse instituto deve ser estudado à luz da lei que o criou, dela fazendo-se interpretação restritiva, pois trata-se de permissão legiferante que discrepa do sistema adotado na República brasileira para o processo legislativo.

Com efeito, a súmula vinculante foi criada pela Emenda Constitucional nº 45, de 30 de dezembro de 2004, que acrescentou à Carta Magna o art. 103-A, com esta redação:

> Art. 103-A. O Supremo Tribunal Federal poderá, de ofício ou por provocação, mediante decisão de dois terços dos seus membros, após reiteradas decisões sobre matéria constitucional, aprovar súmula que, a partir de sua publicação na imprensa oficial, terá efeito vinculante em relação aos demais órgãos do Poder Judiciário e à administração pública direta e indireta, nas esferas federal, estadual e municipal, bem como proceder à sua revisão ou cancelamento, na forma estabelecida em lei.
>
> § 1º A súmula terá por objetivo a validade, a interpretação e a eficácia de normas determinadas, acerca das quais haja controvérsia atual entre órgãos judiciários ou entre esses e a administração pública que acarrete grave insegurança jurídica e relevante multiplicação de processos sobre questão idêntica.
>
> § 2º Sem prejuízo do que vier a ser estabelecido em lei, a aprovação, revisão ou cancelamento de súmula poderá ser provocada por aqueles que podem propor a ação direta de inconstitucionalidade.
>
> § 3º Do ato administrativo ou decisão judicial que contrariar a súmula aplicável ou que indevidamente a aplicar, caberá reclamação ao Supremo Tribunal Federal que, julgando-a procedente, anulará o ato administrativo ou cassará a decisão judicial reclamada, e determinará que outra seja proferida com ou sem a aplicação da súmula, conforme o caso.

A norma constitucional acrescida foi regulamentada, em nível ordinário, pela Lei nº 11.417, de 19 de dezembro de 2006, bastando, para conhecimento da natureza jurídica e do escopo da súmula vinculante no contexto das formas de expressão do direito processual civil, o exame da enxertia operada pela Emenda Constitucional nº 45, isto é, o citado art. 103-A da Constituição.

Com efeito, não se pode reconhecer à súmula vinculante a natureza jurídica e a eficácia de lei, pois a lei é preceito genérico e abstrato, que a todos obriga, resultante de processo legislativo no qual se apura a necessidade de sua edição inspirada pela natureza das coisas e das relações humanas, diante das vicissitudes sociais emergentes[2].

---

2. "Lei é a norma geral de direito formulada e promulgada, por modo autêntico, pelo órgão competente da autoridade soberana e feita valer pela proteção-coerção, exercida pelo Estado." Esta definição é de Vicente Ráo em *O direito e a vida dos direitos*, v. I, t. II, p. 241-242, devendo entender-se como "órgão competente" o Poder Legislativo.

Uma súmula vinculante somente pode ser editada pela aprovação de dois terços dos membros do Supremo Tribunal Federal e tem os seguintes limites de incidência: a) restringe-se a matéria constitucional; b) destina-se a todos os órgãos do Poder Judiciário, incluindo a própria Corte Suprema, apesar de o texto constitucional referir-se aos "demais órgãos do Poder Judiciário" (art. 103-A). Assim é porque, em caso de decisão do Supremo contrária à súmula dominante, caber-lhe-á revê-la ou revogá-la, como está no *caput* do mesmo art. 103-A; c) é de obediência cogente para a administração pública direta e indireta, nas esferas federal, estadual e municipal. Cada súmula vinculante aplica-se, pois, no âmbito do Poder Judiciário, como precedente de obediência obrigatória na solução do litígio por ela caracterizado. Daí não se poder atribuir-lhe o caráter de lei.

Por outro lado, o escopo da súmula vinculante está expresso no § 1º do art. 2º da Lei nº 11.417, de 19/12/2006:

> O enunciado da súmula terá por objeto a validade, a interpretação e a eficácia de normas determinadas (obviamente de caráter constitucional), acerca das quais haja entre órgãos judiciários ou entre esses e a administração pública, controvérsia atual que acarrete grave insegurança jurídica e relevante multiplicação de processos sobre idêntica questão.

A expressão "normas determinadas" compreende também preceitos constitucionais não escritos, mas dedutíveis do sistema jurídico-político brasileiro.

A instituição da súmula vinculante visa obviar as consequências da instabilidade jurisdicional, que propicia o abuso praticado por demandistas contumazes, "multiplicando processos sobre a mesma questão", como diz a Lei nº 11.417, acima citada.

Assim se compreendem a natureza jurídica e o escopo da súmula vinculante.

BIBLIOGRAFIA

França, Rubens Limongi. *Formas e aplicação do direito positivo*. São Paulo: Revista dos Tribunais, 1969.

_____. *Formas de expressão do direito positivo*, verbete in Enciclopédia Saraiva do Direito. São Paulo: Saraiva, 1977, v. 38.

Ráo, Vicente. *O direito e a vida dos direitos*. 2. ed. São Paulo: Editora Resenha Universitária, 1976, t. II, v. I.

CAPÍTULO 10

INTERPRETAÇÃO DA LEI DE PROCESSO E INTEGRAÇÃO DO DIREITO PROCESSUAL

Milton Paulo de Carvalho

10.1. CONCEITO DE INTERPRETAÇÃO

Interpretar é explicar a razão da existência, o sentido e o alcance da norma.

A mera exegese do texto legal derivava da concepção *positivista* sustentada pelos juristas afeiçoados ao método de aplicação do Código Civil francês. Hoje, a leitura crítica da norma escrita desce à sua razão de ser e à sua conformidade com o direito natural. Perquire-se, antes do seu sentido, a sua liceidade. A seguir, determinado o conteúdo da prescrição legal, delimita-se a extensão da sua abrangência.

Dado o caráter instrumental do processo, a norma legal que o regula deve ser interpretada no sentido da sua utilidade para a obtenção de provimento justo. Por isso, o método teleológico é de grande valia na interpretação da lei de processo. E por essa mesma razão, de outra parte, o entendimento da lei de processo não pode prejudicar o direito substancial, como, por exemplo, declarando nulidades em casos em que não há prejuízo para o litigante[1].

10.2. MÉTODOS DE INTERPRETAÇÃO

Métodos são os modos empregados na tarefa de interpretar a lei. Utilizam-se na interpretação da lei de processo os mesmos métodos aplicados para o entendimento das leis em geral, que podem ser os seguintes, observando-se que excepcionalmente

---

1. Humberto Theodoro Júnior, *Curso de direito processual civil*, v. I, n. 20, p. 24 e 25.

um ou dois métodos podem ser suficientes, dependendo a interpretação da conjugação de todos os aplicados:

– o *método gramatical ou filológico* consiste na intelecção do texto legal como vem redigido. Dá-se às palavras o seu sentido literal, extraindo-se da leitura a função sintática dos termos e proposições. É método elementar e intuitivo de interpretação, o primeiro a que é provocado o leitor de qualquer texto;

– os *métodos histórico* e *sociológico* servem para indicar ao intérprete como a evolução das normas em dada comunidade, bem como as peculiaridades e exigências da vida social, impuseram a edição da regra em certo momento;

– o *método teleológico*, ou *finalístico*, é o que leva em consideração o fim a que a norma se destina. Pela sua natureza instrumental, o processo civil deve levar à efetividade, no sentido de justiça e presteza das decisões. Logo, na interpretação das suas leis, releva a indagação sobre o papel que cada uma desempenha para a obtenção daquele desiderato; e

– o *método sistemático* encerra o trabalho do intérprete ao fazê-lo situar o texto examinando no contexto a que pertence. Assim é porque todas as normas integram um sistema, sendo necessário apontar como se relacionam e como se submetem aos princípios gerais. Efeito desta interpretação é a definição ou caracterização do *sistema* composto pelas normas[2].

10.3. RESULTADOS DA INTERPRETAÇÃO

Aplicados os métodos de trabalho para a interpretação da lei processual, pode verificar-se que ela resultou:

– *declarativa*, se o sentido encontrado coincide precisamente com o das palavras empregadas no texto;

– *extensiva*, se o intérprete concluiu que o texto ficou aquém da hipótese a ser disciplinada, isto é, o legislador *minus scripsit quam voluit* (escreveu menos do que quis); e

– *restritiva*, se a conclusão é a de que a disposição deve ter alcance limitado por constituir exceção a alguma regra, por outorgar favor ou instituir preferência ou privilégio a alguém; ou se se apura que o legislador estendeu-se nas palavras da lei além do fato que disciplinou.

---

2. Por exemplo: o sistema da iniciativa de parte consolida-se por, no mínimo, três artigos do Código de Processo Civil, cuja localização demonstra a importância e a consagração daquele sistema: um, no limiar do Código, proclama que "Nenhum juiz prestará a tutela jurisdicional senão quando a parte ou o interessado a requerer, nos casos e forma legais" (art. 2º). Outro, no capítulo destinado ao juiz, restringe: "O juiz decidirá a lide nos limites em que foi proposta, sendo-lhe defeso conhecer de questões, não suscitadas, a cujo respeito a lei exige a iniciativa das partes" (art. 128). E ao tratar da sentença, o art. 459, primeira parte, dispõe: "O juiz proferirá a sentença, acolhendo ou rejeitando, no todo ou em parte, o pedido formulado pelo autor". Como se vê, a relação existente entre normas distantes evidencia o sistema.

10.4. CONCEITO DE INTEGRAÇÃO DO DIREITO PROCESSUAL ESCRITO. ANALOGIA, COSTUMES, PRINCÍPIOS GERAIS DE DIREITO

O direito não tem lacunas, mas a lei as tem. Se se encontra um vazio no direito escrito (a lei), busca-se regra que o complete, de sorte a não faltar norma que incida sobre a hipótese emergente.

Cumprindo e aplicando o princípio da legalidade, que a Constituição consagra (art. 5º, inciso II), o sistema processual brasileiro rigidamente comete ao juiz a tarefa de submeter-se aos comandos legais expressos, devendo integralizar o ordenamento escrito, quando este for lacunoso, ou recorrendo à analogia, ou mediante aplicação dos usos e costumes ou dos princípios gerais de direito. Esse comando provém da Lei de Introdução ao Código Civil, art. 4º, nestes termos: *"Quando a lei for omissa, o juiz decidirá o caso de acordo com a analogia, os costumes e os princípios gerais de direito"*, o que bastaria para aplicar-se à integração da lei de processo. Todavia é repetido no art. 126 do CPC, devendo entender-se que tal disposição se refere a lacunas ou obscuridade tanto da lei substancial como da de processo. A ordem cronológica do uso desses instrumentos, na tarefa de integração da lei, é a fixada de maneira idêntica nos citados dispositivos: em primeiro lugar, o meio analógico; depois, a incidência dos usos e costumes; por último, a dos princípios gerais de direito.

Como dissemos, a integração recomendada pelo CPC tanto alcança a lei de processo como a lei de direito material, mas aqui nos referimos à integração da primeira.

Faz-se a integração analógica aplicando à hipótese, que se pretende regular, *preceito* que regule hipótese assemelhada[3]. O fundamento é de que fatos iguais devem ter disciplina jurídica igual.

Para a prática, melhor a explicação de Carnelutti: "Ponto assente é que, quando se fala de analogia, não há norma nem preceito. Se houvesse norma ou preceito, seria excluído o pressuposto da deficiência. Não se tem, pois, que interpretar o que disse o legislador para se conhecer o seu verdadeiro pensamento, mas sim que adivinhar o que é que ele teria dito se tivesse previsto o caso"[4].

No conceito acima, falamos de *"preceito que regule hipótese assemelhada"* para facilitar ao leitor o entendimento de que há duas modalidades de analogia: a *analogia legis*, se se faz a integração mediante a aplicação do preceito contido em norma legal que disciplina hipótese semelhante[5]; e a *analogia iuris*, se a integração não é

---

3. Em filosofia, considera-se a analogia um *processo do espírito*, consistente num raciocínio que, de certas semelhanças observadas, conclui para outras semelhanças ainda não observadas (Charles Lahr, *Manuel de philosophie*, p. 407).
4. *Teoria geral do direito*, § 67, p. 174-175.
5. *Ubi eadem legis ratio, ibi eadem legis dispositio* (Onde a razão igual à da lei, aí a disposição da norma correspondente), conforme Carlos Maximiliano, *Hermenêutica e aplicações do direito*, n. 239, p. 257.

feita pelo uso de norma legislativa – de que não se dispõe por inexistir –, mas pela aplicação de preceito existente em outras formas de expressão do direito, como a doutrina, a jurisprudência e os princípios gerais de direito.

A segunda forma de integração da lei de processo é o acolhimento dos usos e costumes relativos à atividade jurisdicional: a praxe do foro, os modos de aplicação dos procedimentos, a forma de julgamento nos tribunais, os hábitos dos juízos colegiados, que pela reiteração alcançam força cogente, aqueles que participam da jurisprudência, são exemplos de usos e costumes aptos a integrar o direito positivo processual, à falta da analogia.

Por fim, não podendo realizar a integração analógica, nem dispondo de usos e costumes capazes de formular a regra que o legislador não formulou, deve o juiz recorrer aos princípios gerais de direito.

Os fundamentos e a especificação dos princípios gerais de direito vêm acoroçoando os juristas há muito tempo[6], mas para os fins e limites desta obra parecem-nos suficientes os elementos que a seguir expomos.

A primeira noção de princípios gerais de direito vem do seu próprio fundamento, ou seja, a lei moral que explica a própria existência das regras jurídicas. É o *fazer o bem e evitar o mal*, citado nos primeiros capítulos desta obra. Dessa regra intuitiva e natural deduziu a sapiência e o espírito prático dos romanos aqueloutra que ressoa através dos séculos: *praecepta iuris sunt haec: honeste vivere, alterum non laedere, suum cuique tribuere*, que quer dizer: *os preceitos de direito são estes: viver honestamente, não lesar o próximo e dar a cada um o que é seu*. A noção dos princípios gerais de direito não se pode apartar da noção elementar e básica do justo e do injusto, que resulta do cotejo entre uma determinada hipótese e a natureza das pessoas e das coisas, ou seja, o dar a cada um o que é seu e o não lesar o próximo.

BIBLIOGRAFIA

BRETHE DE LA GRESSAYE, Jean; LABORDE-LACOSTE, Marcel. *Introduction générale à l'étude du droit*. Paris: Recueil Sirey, 1947.

CARNELUTTI, *Teoria geral do direito*. Tradução de A. Rodrigues Queiró e Artur Anselmo de Castro. São Paulo: Livraria Acadêmica Saraiva, 1942.

FRANÇA, Rubens Limongi. Princípios gerais do direito (especificação), verbete in *Enciclopédia Saraiva do Direito*. São Paulo: Saraiva, 1977, v. 61.

LAHR, Charles. *Manuel de philosophie*. Paris: Gabriel Beauchesne, 1924.

---

6. São sempre lembradas as lições de Brethe de la Gressaye e Laborde-Lacoste, em *Introduction générale à l'ètude du droit*; de Carlos Maximiliano, em *Hermenêutica e aplicação do direito*; de Vicente Ráo, em *O direito e a vida dos direitos*; de Serpa Lopes, no *Curso de direito civil*; de Washington de Barros Monteiro, no *Curso Direito civil*, e de muitos outros, como o ilustre compilador dessas posições, Rubens Limongi França, em *Princípios gerais do direito (especificação)*, *Enciclopédia Saraiva do Direito*, v. 61, p. 37.

MAXIMILIANO, Carlos. *Hermenêutica e aplicação do direito.* 5. ed. Rio de Janeiro: Livraria Freitas Bastos, 1951.

MONTEIRO, Washington de Barros. *Curso de direito civil.* 29. ed. Direito das obrigações – 1ª parte. São Paulo: Saraiva, 1997, v. IV.

_____. *Curso de direito civil.* 35. ed. Parte Geral. São Paulo: Saraiva, 1997, v. I.

RÁO, VICENTE. *O direito e a vida dos direitos.* 2. ed. São Paulo: Editora Resenha Universitária, 1976, t. I e II, v. I.

SERPA LOPES, Miguel Maria de. *Curso de direito civil.* Rio de Janeiro: Livraria Freitas Bastos, 1953, v. I.

THEODORO JÚNIOR, Humberto. *Curso de direito processual civil.* 44. ed. Rio de Janeiro: Forense, 2006, v. I.

CAPÍTULO 11

EFICÁCIA DA LEI PROCESSUAL NO ESPAÇO E NO TEMPO

MILTON PAULO DE CARVALHO

11.1. A LEI DE PROCESSO NO ESPAÇO

ESTABELECE A PRIMEIRA parte do art. 1.211 do CPC brasileiro: *"Este Código regerá o processo civil em todo o território brasileiro".*

Entendamos por que esse texto restringe a aplicação das leis de processo ao território brasileiro.

A lei de processo é nacional porque serve à jurisdição e esta é poder ínsito à soberania, eis que somente se entende soberano o Estado que diz o seu direito dentro dos seus confins territoriais e dos que a estes se equiparam segundo o direito internacional público. Daí que a eficácia da lei de processo submete-se ao princípio da *territorialidade*, admitindo-se exceções nos casos de competência internacional, quando possível a execução, em outro Estado, da decisão pronunciada por juiz brasileiro (CPC, arts. 88 a 90). Também a diversidade dos procedimentos obviamente impediria a adoção, num país, do direito processual de outro.

O juiz brasileiro aplica sempre o direito processual brasileiro; mas pode aplicar o direito material estrangeiro, se a relação jurídica material tiver de ser decidida por este direito, conforme o determinarem as normas de direito internacional privado (Lei de Introdução ao CC, arts. 7º a 11).

11.2. A LEI DE PROCESSO NO TEMPO

Como as demais leis, a de processo rege para o futuro, começando a vigorar, salvo disposição contrária, quarenta e cinco dias depois de publicada, nos termos do art. 1º da Lei de Introdução ao Código Civil, ou de republicada, consoante os §§ 3º e 4º do mesmo artigo. Não sendo destinada a vigência temporária, a lei vigora até que outra a modifique ou revogue (Lei de Introdução citada, art. 2º).

É da tradição do direito brasileiro o respeito e a preservação, por parte de qualquer ato normativo, da situação jurídica consolidada, do direito adquirido e da coisa julgada, como vem expresso no art. 5º, inciso XXXVI, da Constituição da República: *"A lei não prejudicará o direito adquirido, o ato jurídico perfeito e a coisa julgada".* Evidentemente, a lei de processo deve submeter-se a esse princípio, percebendo-se de pronto que não atingirá os processos findos, em razão de se acharem consolidados pela coisa julgada os atos neles praticados e o direito reconhecido. Da mesma forma, de pronto se vê que alcançará os processos que se iniciarem a partir da sua vigência.

Quid iuris quanto aos processos pendentes?

A lei de processo é instrumental e como tal deve atuar de imediato sobre uma entidade considerada unitária, que é o procedimento. Mas, sendo o procedimento uma sucessão de atos jurídicos processuais, a lei que modifica o modo e o tempo desses atos deverá incidir apenas sobre os procedimentos novos, sobre fases do procedimento em curso ou imediatamente, sem aguardar a conclusão do processo ou da fase processual?

Para resposta a essas indagações com obediência ao princípio da irretroatividade da lei, de há muito se encontram na doutrina três fórmulas, ou teorias, que tiveram em mira, subjetivamente, a faculdade da prática de atos processuais sem o risco de ofensa à sua eficácia pela lei nova, e, objetivamente, a inserção do ato no contexto procedimental sem violação dos efeitos consolidados dos atos anteriores:

a) a *teoria da unidade processual*, que considera cada processo um todo, fazendo incidir a lei processual nova sobre os processos que tiverem início a partir da sua vigência;

b) a *teoria das fases procedimentais* sustenta que para não ofender o direito adquirido nem a situação processual consolidada, a lei nova deve incidir a partir da fase seguinte àquela em que o processo se encontra – postulatória, de saneamento, instrutória, decisória etc. –, conforme, evidentemente, a matéria disciplinada por aquela lei; e

c) a terceira leva em conta o *isolamento dos atos processuais*, isto é, não atende à unidade do processo nem às suas fases, sustentando então que a lei nova alcança o processo como quer que ele se encontre, regendo-o daí para a frente e assim se resguardando eficácia e validade dos atos já praticados. O sistema preconizado por essa teoria é o adotado pelo direito brasileiro, como estatuído na segunda parte do citado art. 1.211 do CPC: *"Ao entrar* (o Código) *em vigor, suas disposições aplicar-se-ão desde logo aos processos pendentes".*

A lei processual brasileira, ao entrar em vigor, aplica-se aos processos em curso, estejam no ponto em que estiverem.

Atente-se para o seguinte: na lei de processo, tomando-se por exemplo a lei comum que é o Código de Processo Civil, encontram-se disposições reguladoras de situações de direito material, como, entre outras, a do art. 291, que disciplina o recebimento da prestação por um dos credores na obrigação indivisível, acrescentando circunstância de direito substancial não contida nos arts. 893 do Código Civil de 1916 e 261 do Código Civil de 2002. O citado art. 291 prescreve: *"Na obrigação indivisível com pluralidade de credores, aquele que não participou do processo receberá a sua parte, deduzidas as despesas na proporção do seu crédito"* [1].

Com o mesmo efeito a parte a seguir assinalada do art. 461:

*Na ação que tenha por objeto o cumprimento de obrigação de fazer ou não fazer, o juiz concederá a tutela específica da obrigação ou, se procedente o pedido, **determinará providências que assegurem o resultado prático equivalente ao do adimplemento**. § 1º **A obrigação somente se converterá em perdas e danos se o autor o requerer ou se impossível a tutela específica ou a obtenção do resultado prático equivalente**.*

Não importa, entretanto, que a nova norma regule hipótese de direito material; se modifica ou introduz disposição destinada à disciplina de processos judiciais, entra em vigor imediatamente, incidindo sobre aqueles em curso. Nesse sentido expusemos anteriormente, em *3.1. Topologia das normas de direito material e de direito processual.*

BIBLIOGRAFIA

CINTRA, Antônio Carlos Araújo; DINAMARCO, Cândido Rangel; GRINOVER, Ada Pellegrini. *Teoria geral do processo.* 24. ed. São Paulo: Malheiros, 2008.

DINAMARCO, Cândido Rangel. *Instituições de direito processual civil.* São Paulo: Malheiros, 2001, v. I.

THEODORO JÚNIOR, Humberto. *Curso de direito processual civil.* 44. ed. Rio de Janeiro: Forense, 2006, v. I.

MARQUES, JOSÉ FREDERICO. *Manual de direito processual civil.* 9. ed. Campinas: Millennium, 2003, v. I.

SANTOS, Moacyr Amaral. *Primeiras linhas de direito processual civil.* 25. ed. São Paulo: Saraiva, 2007, v. I.

---

1. As disposições dos arts. 893 do Código Civil de 1916 e 261 do Código Civil de 2002 são idênticas ao estabelecer o direito do credor, que não demandou, de receber a sua parte na prestação recebida, enquanto a do art. 291 do Código de Processo Civil acrescenta, no plano jurídico-material, o direito de o credor que recebeu deduzir as despesas na proporção do seu crédito. Já a do art. 461, ao permitir a conversão do cumprimento da obrigação de fazer ou não fazer em prestação de "resultado prático equivalente" àquele cumprimento, inova no plano jurídico-material, pois o Código Civil não contemplou a possibilidade dessa conversão.

Título II

ESTUDO DOS INSTITUTOS BASILARES DO PROCESSO CIVIL

CAPÍTULO 12

OS INSTITUTOS BASILARES DO DIREITO PROCESSUAL. PREVALÊNCIA DA JURISDIÇÃO

MILTON PAULO DE CARVALHO

O DIREITO PROCESSUAL, CIVIL ou penal, assenta-se, como ciência, sobre três institutos considerados primordiais para a sua autonomia. São a jurisdição, a ação – que compreende, enquanto direito, a defesa – e o processo.

Coube a Ramiro Podetti, processualista argentino, identificar e precisar os três institutos que formam a estrutura dogmática do direito processual, explicando-os como basilares desse ramo da ciência jurídica, embora já a doutrina os viesse estudando não com esse caráter no sistema processual. O seu trabalho, intitulado *Trilogia estructural de la ciencia del proceso civil*, foi publicado em 1944[1]. Essa teoria é aceita pela maioria dos processualistas brasileiros. Ganhou corpo, todavia, a doutrina assumida por outro processualista sul-americano, o uruguaio Eduardo Juan Couture, que explica a importância da defesa, ou exceção, como instituto correlato à ação, entre os fundamentais do direito processual civil. Essa doutrina quadrinômica é exposta por Cândido Rangel Dinamarco[2], Antonio Carlos Araújo Cintra e Ada Pellegrini Grinover, que mostram, outrossim, a íntima proximidade entre a ação e a defesa[3].

Dentre os institutos indicados como estruturais do direito processual civil, a jurisdição releva sobre a ação e sobre o processo, fato que se pode caracterizar como reflexo da visão política atualmente dominante neste ramo da ciência jurídica. Essa

---

1. *Revista de derecho procesal*, año II, Primera Parte, Buenos Aires.
2. Cândido Rangel Dinamarco, *Instituições de direito processual civil*, v. I, n. 108 e s.
3. *Teoria geral do processo*, 24. ed., capítulo 29, n. 165 e s.

prevalência, contida expressa ou tacitamente em considerável parte da doutrina de hoje, decorre do sentido publicístico que se dá ao processo, isto é, de meio de satisfazer antes aos interesses do Estado do que aos dos particulares em litígio. O fato de encontrar-se nas mãos do Estado o múnus de julgar e de atribuir-se a correspondente atividade a um dos seus poderes, por vezes em indisfarçável contiguidade com o direito administrativo, predomina na apuração da relevância de cada instituto, sobrepondo a jurisdição à ação porque da primeira agente é o Estado. Não se trata, todavia, como pode parecer, de discurso doutrinário formulado à luz de circunstâncias ocasionais, pois, se o enfoque que se acabou de expor é o mais expressivo no momento, sob muitos outros, e continuamente, o instituto da jurisdição sempre se reconheceu como prevalente sobre os demais, assim nos textos de lei como nas lições dos estudiosos.

Se, de um lado, juiz nenhum poderá prestar a tutela jurisdicional senão quando a parte ou o interessado a requerer, como enuncia o princípio da iniciativa de parte, por outro lado a ninguém é concedida a autotutela senão nos casos excepcionais previstos em lei. Daí se tira que o direito de ação, constitucionalmente assegurado, somente se exerce perante a jurisdição, e que o processo tem a natureza de instrumento pelo qual a jurisdição elabora o provimento que solucionará a lide.

Sob ótica exclusivamente técnico-jurídica, há de reconhecer-se, pois, o primado da jurisdição entre os institutos basilares do direito processual civil, sem que isso represente influxo de tendências ideológico-políticas do momento.

BIBLIOGRAFIA

CINTRA, Antônio Carlos Araújo; DINAMARCO, Cândido Rangel, e GRINOVER, Ada Pellegrini. *Teoria geral do processo*. 24. ed. São Paulo: Malheiros, 2008.

DINAMARCO, Cândido Rangel. *Instituições de direito processual civil*. São Paulo: Malheiros, 2001, v. I.

PODETTI, Ramiro. Trilogia estructural de la ciência del proceso civil. *Revista de Derecho Procesal*. Buenos Aires, 1944, año II, segunda parte.

CAPÍTULO 13

CONCEITO DE JURISDIÇÃO

MILTON PAULO DE CARVALHO

O DIZER O DIREITO, definir quem tem razão, a *iurisdictio* (jurisdição), como se viu, compete por direito natural a um terceiro equidistante e situado hierarquicamente acima das partes em conflito, com poder de coerção para o cumprimento das suas decisões. Assim, a jurisdição deve ser exercida pela autoridade que se reconhece legítima em determinada sociedade.

Fala-se que o Estado avocou a jurisdição porque a tarefa de julgar nem sempre lhe pertenceu. Veem-se particulares exercendo esse mister em Roma durante séculos (nos tempos das *legis actiones* e do processo formulário, especialmente), enquanto o direito barbárico admitia juízos por assembleias de toda a comunidade; na Idade Média, juízos do senhor da terra e das corporações de ofício nas matérias de sua esfera de ação, bem assim, especialmente no período final dessa etapa histórica, pela Inquisição; no Brasil colonial, os donatários das capitanias hereditárias exercem a jurisdição nos seus territórios, embora a sede do governo real se situasse em Portugal.

A absorção pelo Estado da tarefa de julgar deu-se como corolário dos princípios da Revolução Francesa, no fim do século XVIII e começo do século XIX.

No constitucionalismo moderno, dada a configuração de Estado de Direito à organização jurídica da sociedade e separados os poderes de administrar (poder executivo), de legislar (poder legislativo) e de julgar (poder judiciário), toca a este último, como um dos poderes do Estado, ou melhor, toca ao Estado por um dos seus poderes, a prestação do serviço jurisdicional, destinada não apenas à satisfação dos interesses particulares em conflito como também à satisfação do seu próprio interesse enquanto responsável pela observância do direito positivo e pela manutenção da paz no convívio social.

Hoje se diz que a jurisdição é *poder, função* e *atividade* do Estado. Poder porque, desde a clássica tripartição sugerida por Montesquieu[1], é por meio do poder judiciário que o Estado exerce o monopólio citado[2]; é função da autoridade estatal porque lhe cabe aplicar as leis e preservar-lhes o cumprimento, tais como dispostas pela sociedade; e atividade porque são necessários estrutura e inúmeros órgãos para o desempenho diuturno da função (carreira de juízes, organização judiciária etc.).

Um ponto, no conceito que buscamos formular, merece ser examinado, embora aqui o façamos sem a detença e a reflexão que o tema poderia exigir: é o da substitutividade da jurisdição. A doutrina acrescenta aos caracteres que identificam a jurisdição o de ser ela substitutiva, como ensinava Chiovenda, no sentido de que, ocorrida a inadimplência ou qualquer violação do direito, o Estado, provocado pela parte prejudicada, se substitui ao devedor para reparar a ofensa[3]. Tal observação, a nosso ver, não cabe no direito processual civil atual, quando se considera que desde o momento em que o Estado avocou a jurisdição, exerce função que lhe é própria, de sujeito imparcial e equidistante das partes litigantes, dispondo da sua autoridade para compelir ao cumprimento do que proveu. Declarando o direito e impondo o cumprimento do direito declarado, o Estado exerce função que deriva do seu poder, não se substituindo a ninguém.

Segue-se, de todo o exposto, uma definição de jurisdição estatal, que supomos fiel aos seus sentidos teórico e técnico-processual, exprimindo o seu caráter finalístico: jurisdição é o poder exercido pela autoridade social legítima, de declarar o direito para solução de conflitos intersubjetivos e impor coercitivamente o cumprimento dessa declaração ou de órgão legalmente autorizado a declará-lo.

A definição pretende abarcar a jurisdição estatal, que afirma e faz cumprir o direito afirmado, e a jurisdição em sentido estrito e literal, consistente em apenas dizer o direito, *ius dicere* ou *iurisdictio*, o que pode ser realizado, por exemplo, por árbitros. Não se cogita dos escopos social e político pelas razões expostas no item seguinte.

A definição não contempla a chamada jurisdição voluntária, porque esta de *iuris + dictio* (dicção do direito) para solução de controvérsias não se trata, mas sim de atividade administrativa exercida pelo poder judiciário (*infra*, capítulo 18).

---

1. *Do Espírito das Leis*, Livro XI, v. II, tradução de Leôncio Martins Rodrigues.
2. A versão do Poder Judiciário como expressão do Poder do Estado, ou o "próprio poder estatal, que é uno, enquanto exercido com os objetivos do sistema processual" (Cândido R. Dinamarco, *Instituições de direito processual civil*, v. I, n. 109, p. 294), entendemo-la como reconhecimento da autoridade naturalmente existente em qualquer sociedade (o poder civil), tenham sido ou não tripartidas as funções dessa autoridade para o fim de perseguir o bem comum como escopo social e assim servir a cada homem. Entenda-se, entretanto, como já explicado, que nem por isso a *iurisdictio* só se concebe se exercida pelo Estado, tarefa que outros entes podem cumprir, conquanto a satisfação do direito afirmado dependa da força coativa da autoridade para a sua execução.
3. *Instituições de direito processual civil*, v. II, p. 9-14

BIBLIOGRAFIA

CHIOVENDA, Giuseppe. *Instituições de direito processual civil*. Tradução J. Guimarães Menegale. 2. ed, São Paulo: Saraiva, 1965, v. 2.

DINAMARCO, Cândido Rangel. *Instituições de direito processual civil*. São Paulo: Malheiros, 2001, v. 1.

MONTESQUIEU. *Do espírito das leis*. Tradução Leôncio Martins Rodrigues. São Paulo: Difusão Europeia do Livro, 1962, v. II.

Capítulo 14

Escopo da Jurisdição

Milton Paulo de Carvalho

A apontada identidade entre Estado e autoridade que julga – proveniente do fato de ter o primeiro avocado a tarefa da segunda – e os efeitos que a atividade jurisdicional produz, quais o de reconhecer e satisfazer o direito particular e manter a integridade do direito posto (ordenamento jurídico), têm feito surgir, historicamente, uma disputa entre teorias privatísticas e publicísticas a respeito do escopo da jurisdição e por conseguinte do seu conceito: de um lado, a tese de que a jurisdição tende à tutela dos direitos subjetivos, isto é, à reintegração dos direitos subjetivos ameaçados ou violados, servindo, então, pelo processo, o Estado às partes; de outro, a tese segundo a qual a jurisdição tende à atuação do direito posto, mediante aplicação da norma ao caso concreto e sua realização forçada, e com isso a manutenção da integridade do ordenamento jurídico, ao que se acrescenta, atualmente, como escopos distintos e autônomos, a realização de fins sociais e políticos do Estado, acentuando-se o caráter público do processo civil, permitindo concluir que pelo processo mais servem as partes ao Estado do que este àquelas.

É de todos os tempos o embate entre privatismo e publicismo no processo civil. Marco Tullio Zanzucchi, por exemplo, já apontava, na primeira metade do século XX, essa dissensão entre as duas teorias[1]. Ainda hoje, se conceituada doutrina sustenta que

---

1. *Diritto processuale civile*, v. I, 6. ed. *aggiornata*, n. 7, p. 7. Zanzucchi, entretanto, não aceitava tal dicotomia, porque, ao seu ver, não representavam dois conceitos contrapostos, mas somente dois ângulos sob os quais a função jurisdicional é considerada.

a jurisdição tem os escopos social, político e jurídico, considerável e expressivo número de autores sustenta uma noção antipublicística da jurisdição e do processo: Juan Montero Aroca, professor da Universidade de Valência, Espanha, coordenou a publicação de recente obra coletiva, com estudos das duas tendências, em que pontifica o número de processualistas defensores do privatismo[2].

A conclusão a ser tirada é a de que o escopo da jurisdição, a influir naturalmente na sua própria definição, tem oscilado conforme as tendências ideológicas, sob acentuado efeito da orientação política dominante.

Nessa perspectiva política do processo civil, respeitável doutrina sustenta que de três espécies são os escopos tanto da jurisdição como do processo: o escopo jurídico, consistente na resolução do litígio mediante a afirmação do direito; os escopos sociais, consistentes na pacificação da convivência humana mediante a eliminação de litígios e na educação "para a defesa de direitos próprios e respeito aos alheios"[3], sendo político o escopo que considera o processo (e assim por meio do seu poder jurisdicional) "como algo de que o Estado se serve para a consecução dos objetivos políticos que se situam por detrás da própria lei"[4], de modo a "concorrer para a estabilidade das instituições políticas e para a participação dos cidadãos na vida e nos destinos do Estado"[5].

Para uma tomada de posição nessa importante disputa é imprescindível, em qualquer tempo, levar em conta a orientação adotada nas legislações civis e processuais dos países de cultura igual ou próxima à da comunidade considerada, assim como, desta mesma, as suas peculiaridades histórico-sócio-jurídicas, a manifestação da sua jurisprudência e a das necessidades do povo consumidor do respectivo trabalho judiciário, com o objetivo de determinar como tem desempenhado o Estado o seu papel de solucionador de conflitos jurídicos com a autoridade de quem aplica, restabelece e faz cumprir coercitivamente o direito objetivo material e processual positivado pela sociedade. Pois é este, a nosso ver, o escopo da jurisdição estatal:

---

2. *Proceso civil e ideologia*, Valência, Tirant Lo Blanch, 2006. São considerados privatistas ou "liberais" os seguintes colaboradores dessa obra, além do próprio coordenador Juan Montero Aroca: Ignacio Diez-Picazo Gimenez (Espanha), Franco Cipriani (Itália), Girolamo Monteleone (Itália), Adolfo Alvarado Velloso (Argentina), Federico G. Dominguez (Argentina), Eugenia Ariano Deho (Peru) e Luís Correia de Mendonça (Portugal). Nessa coletânea, aparecem como adeptos da teoria publicística apenas Giovanni Verde (Itália), Joan Pico i Junoy (Espanha) e José Carlos Barbosa Moreira (Brasil), sabendo-se que o número destes é imensamente maior. Todavia, ressalva-se que a obra coletiva não parece destinar-se a fixar o número de partidários em disputa.
3. Segundo Cândido R. Dinamarco, a *educação*, "que pode vir da instrução escolar básica, de campanhas publicitárias de variada ordem e do exemplo ofertado pelos bons resultados do processo", atuaria como meio de correção de "maus vezos, de fundo cultural ou psicossocial", consistentes nas "demoras da justiça tradicional, seu custo, formalismo, a insensibilidade de alguns aos verdadeiros valores e ao compromisso com a justiça, a mística que leva aos menos preparados e leigos em geral ao irracional temor reverencial perante as instituições judiciárias e os órgãos da Justiça". (*Instituições*, cit., v. I, n. 49, p. 129).
4. Cândido R. Dinamarco, *A instrumentalidade do processo*, n. 24, p. 206.
5. *Idem*, *Instituições*, v. I, cit., n. 50, p. 129-130.

afirmado e feito valer o direito objetivo (escopo jurídico), têm-se por satisfeitos o escopo social e o escopo político já compreendidos no preceito aplicado desde a sua elaboração e promulgação[6].

BIBLIOGRAFIA

AROCA, Juan Montero (coord.). *Proceso Civil e Ideología*. Valencia: Tirant lo Blanch, 2006.

BEDAQUE, José Roberto dos Santos. *Direito e processo*. São Paulo: Malheiros, 1995.

DINAMARCO, Cândido Rangel. *A instrumentalidade do processo*. 11. ed., São Paulo, Malheiros Editores, 2003.

_____. *Instituições de direito processual civil*. São Paulo: Malheiros, 2001, v. I.

ZANZUCCHI, Marco Tullio. *Diritto processuale civile*. 6. ed. Milano: Giuffrè, 1964, v. I.

---

6. No mesmo sentido, José Roberto dos Santos Bedaque: "Pode-se afirmar que o escopo jurídico absorve o social e o político." (*Direito e processo*, p. 50 e 51).

Capítulo 15

Unidade e espécies de jurisdição

Milton Paulo de Carvalho

Já afirmamos: "a jurisdição é una, como uno é o direito, como uno é o poder estatal que o declara"[1].

O juiz que decide um litígio entre cônjuges é o mesmo, ontologicamente considerado, que decide um litígio entre empregado e empregador, na Justiça do Trabalho, ou o juiz que impõe pena ao delinquente no processo penal. Ou seja: todos integram o Poder Judiciário, que por sua vez integra o poder estatal.

Para o desempenho, todavia, dos serviços judiciários de modo prático e econômico, e considerada a matéria jurídica que regula as múltiplas atividades humanas, distingue-se a *jurisdição comum*, também chamada *justiça comum*, da *jurisdição especial*, ou *justiça especial*.

Essa divisão em justiça comum e justiças especiais vem da Constituição da República, que isola três espécies de jurisdição para conhecer e decidir de litígios caracterizados por suas peculiaridades: a) a Justiça do Trabalho, à qual competem os dissídios individuais e coletivos entre trabalhadores e empregadores, tal como previsto no art. 114 da Carta Magna; b) a Justiça Eleitoral, cuja competência consiste em conhecer e resolver as questões relativas ao processo eleitoral, oriundas do exercício do direito de votar e ser votado (Constituição, arts. 118 e s.); e c) a Justiça Militar, prevista na Lei Maior, arts. 122 a 124, cuja competência cinge-se à solução de questões sobre a aplicação do direito *castrense*[2].

---

1. *Manual da competência civil*, p. 7.
2. Do latim *castrensis*, que provém de *castrum, i*, fortaleza, praça fortificada.

Se essas são as "justiças especiais", a *justiça comum* é formada pela justiça penal e civil, nesta compreendida toda a jurisdição não penal, eis que a jurisdição civil destina-se a solucionar todos os conflitos não penais, incluindo até, subsidiariamente, os litígios trabalhistas (Consolidação das Leis do Trabalho, art. 769) (ver, *infra*, Organização judiciária brasileira, capítulo 22, e Competência interna, capítulo 21).

BIBLIOGRAFIA

CARVALHO, Milton Paulo. *Manual da competência civil*. São Paulo: Saraiva, 1995.

Capítulo 16

Princípios e caracteres relativos à jurisdição

Milton Paulo de Carvalho

Achamos conveniente distinguir princípios relativos à jurisdição de caracteres ou características da jurisdição, uma vez que os primeiros são elementares do instituto, dão-lhe feição distinta, orientam a interpretação e a aplicação das regras que o disciplinam, enquanto os segundos dizem respeito à maneira como a jurisdição é exercida, respeitando aos aspectos formais do instituto.

Vejamos os princípios, voltando a observar que na doutrina também se encontrarão sob a rubrica de caracteres ou características.

Ao tratar dos princípios relativos à jurisdição, convém atentar para o seguinte: como dissemos ao cuidar dos princípios informativos do sistema processual civil brasileiro, uns há que regem certos institutos em particular (aqui nos ocuparemos só dos que regem a jurisdição, primeiro instituto processual); mas, como também já advertimos, alguns princípios, além de nortearem institutos em particular, por sua relevância acabam dando caráter a todo o sistema. Veremos como isso ocorre com alguns dos relativos à jurisdição.

16.1. INÉRCIA

Diz-se que a jurisdição é inerte, no sentido de que depende da iniciativa da parte para apreciação de qualquer pleito de repulsa ou sanção estatal contra ameaça ou violação de direito. A restrição compreende, por corolário, a proibição de julgamento fora, acima ou diferente do pleiteado.

Como já exposto quando se tratou dos princípios políticos, informadores do direito processual civil, a inércia da jurisdição significa a contenção estatal diante do direito do cidadão de levar a sua queixa a juízo se, quando e na medida que lhe convier. Estas máximas latinas resumem a proibição de o Estado-juiz desencadear qualquer tipo de tutela jurídica sem que a parte ou o interessado o requeira: *ne procedat iudex ex officio* (não proceda o juiz por conta própria) e *nemo iudex sine actore* (nenhum juiz sem autor, ou melhor: nenhuma jurisdição sem ação).

Já falamos sobre a alegada exceção à aplicação do princípio no processo civil brasileiro (*supra*, item 8.2.1.4.).

16.2. INDELEGABILIDADE

Este princípio não diz respeito propriamente à jurisdição estatal, porquanto não se cogita de que a jurisdição só exista se exercida pelo Estado, de modo a poder-se afirmar, por exemplo, que os meios "alternativos" de solução de litígios seriam "delegados pelo Estado"[1]. A autoridade que atualmente diz o direito resolvendo o litígio e impõe coercitivamente a obediência à sua "juris-dicção" é o Estado, por ter "avocado" a tarefa. O princípio, todavia, atina não com o múnus estatal, mas sim com a competência dos órgãos jurisdicionais e sua investidura, no sentido de que não se admite a transferência de funções judicantes para organismos estranhos ao Poder Judiciário (*indelegabilidade externa*), da mesma forma que um juiz ou tribunal não pode remeter a outro juiz ou tribunal os encargos que a lei de processo ou de organização judiciária lhes atribuem (*indelegabilidade interna*)[2].

16.3. INDECLINABILIDADE

É princípio pertinente ao *exercício* da jurisdição. Nenhum juiz ou tribunal, firmado como o competente pelas leis reguladoras da competência, pode deixar de emitir o julgamento de qualquer litígio sob qualquer pretexto. A regra que estampa o princípio é o art. 126 do CPC: "*O juiz não se exime de sentenciar ou despachar alegando lacuna ou obscuridade da lei. No julgamento da lide caber-lhe-á aplicar as normas legais; não as havendo, recorrerá à analogia, aos costumes e aos princípios gerais de direito*".

---

1. Ao explicar a *jurisdicionalidade da arbitragem* e o fim da atividade meramente homologatória, tocante ao juiz no regime anterior à Lei nº 9.307/1996, Carlos Alberto Carmona afirma: "Certamente continuarão a surgir críticas, especialmente dos processualistas ortodoxos que não conseguem ver atividade processual – e muito menos jurisdicional – fora do âmbito da tutela estatal estrita". Para rebater tal ideia tacanha de jurisdição, não há lição mais concisa e direta que a de Giovanni Verde: "A experiência tumultuosa destes últimos quarenta anos nos demonstra que a imagem do Estado onipotente e centralizador é um mito, que não pode (e talvez não mereça) ser cultivado. Deste mito faz parte a ideia que a justiça deva ser administrada em via exclusiva por seus juízes". O excerto de Verde vem de *Arbitrato e giurisdizione*, in *L'arbitrato secondo la Legge*, 28/83, Nápoles, Jovene Editore, 1985, p. 161-182, esp. p. 168, inserido na obra de Carmona, *Arbitragem e processo*, 2. ed., São Paulo, Atlas, 2004, n. 22, p. 45.
2. Ver Vicente Greco Filho, *Direito processual civil brasileiro*, v. 1, 20. ed., 2007, n. 26, p. 176.

A competência pode cessar nos casos expressamente previstos na lei, como são exemplos as exceções contidas no art. 132 do CPC: *"O juiz, titular ou substituto, que concluir a audiência julgará a lide,* salvo se estiver convocado, licenciado, afastado por qualquer motivo, promovido ou aposentado, *casos em que passará os autos ao seu sucessor".*

Vê-se que o princípio da indeclinabilidade integra-se, no tocante à jurisdição, ao princípio fundamental de acesso à justiça.

Por outro lado, pode concluir-se, como adiante se exporá, que a sentença que deixa de apreciar algum pedido formulado pelo autor (chamada *infra* ou *citra petita*), na verdade não porta vício de congruência, mas ofensa ao princípio sobre o qual estamos discorrendo.

16.4. JUIZ NATURAL

Esse é um princípio que efetivamente dá caráter ao sistema processual brasileiro. Como já exposto, significa que não se admite a criação de órgão judicial propositadamente para julgamento de certa causa ou conjunto de causas depois de verificados os fatos que as provocaram e os litígios daí decorrentes.

A Constituição da República resume a proibição nesta frase: "Não haverá juízo ou tribunal de exceção." (Art. 5º, inciso XXXVII).

Sobre esse importante princípio, remetemos o leitor ao item 8.2.1.2., *supra.*

16.5. ADERÊNCIA AO TERRITÓRIO

De simples observação se tira que a jurisdição é nacional, isto é, não se concebe um poder jurisdicional que ultrapasse os confins territoriais de cada Estado soberano, até porque se tornaria praticamente impossível o cumprimento de decisão que invadisse a jurisdição alheia. Daí o dizer que a jurisdição é imanente à soberania porque esta se caracterizaria pelo poder de dizer o direito em última instância.

Assim como no âmbito nacional, ocorre a aderência da jurisdição ao território também para os juízes e tribunais nos limites das suas comarcas e dos Estados federados, sendo que no caso da Justiça Federal tais limites são demarcados por seções judiciárias.

Em obediência à territorialidade em que se exerce a atividade judiciária, o **intercâmbio jurisdicional** é disciplinado pela lei de processo com a utilização de "cartas", como estatuem os arts. 200 e seguintes do CPC, sendo o primeiro e o art. 201 com estes teores:

> Art. 200. *Os atos processuais serão cumpridos por ordem judicial ou requisitados por carta, conforme hajam de realizar-se dentro ou fora dos limites territoriais da comarca.*
> Art. 201. *Expedir-se-á carta de ordem se o juiz for subordinado ao tribunal de que ela emanar; carta rogatória, quando dirigida a autoridade judiciária estrangeira; e carta precatória, nos demais casos.*

Assim, o cumprimento pelo juízo de primeiro grau, de ordem emanada do tribunal, será requisitado por carta de ordem; a solicitação de que juízo de país estrangeiro pratique ato destinado a processo em curso neste País será feita mediante carta rogatória; e a oitiva de certa testemunha residente em comarca diversa daquela que é a sede da lide será solicitada por carta precatória enviada pelo juiz da causa (deprecante) ao juiz do local onde se encontra a testemunha (deprecado).

16.6. PRINCÍPIOS DA INAFASTABILIDADE, DA DEFINITIVIDADE E DA INEVITABILIDADE

O direito de acesso à justiça, garantido constitucionalmente como princípio, assume, como quer que seja encarado, a designação de princípio da *inafastabilidade* da jurisdição. Ou seja: o acesso à justiça a todos garantido significa que de nenhuma forma será possível subtrair ao cidadão o direito de levar à jurisdição seu pleito de resguardo ou restabelecimento do direito ameaçado ou violado. É princípio que também distingue o sistema processual.

O chamado princípio da *definitividade* consiste em que à jurisdição compete encerrar a controvérsia de modo incontrastável, sem a possibilidade de revisão por nenhuma outra autoridade estatal ou particular. O mesmo não acontece com as decisões proferidas por órgãos administrativos ou legislativos[3].

Finalmente, a *inevitabilidade* significa que a autoridade jurisdicional impõe-se por advir do poder civil, ou seja, da autoridade estatal,

> independentemente da vontade das partes, ou de eventual pacto para aceitarem os resultados do processo; a situação de ambas as partes perante o Estado-juiz (e particularmente a do réu) é de sujeição, que independe de sua vontade e consiste na impossibilidade de evitar que sobre elas e sobre sua esfera de direitos se exerça a autoridade estatal[4].

16.7. CARACTERES DA FUNÇÃO JURISDICIONAL

São características da função jurisdicional do Estado:

a) a *investidura*, em razão da qual o Estado se representa na relação processual por pessoa investida do poder de julgar, sendo a investidura a capacitação e autoridade para julgar, resultado da escolha feita pela autoridade segundo critérios seletivos dentre os portadores de título de conclusão do curso superior de direito;

---

3. Conf. Vicente Greco Filho, ob. e loc. cits.
4. Ada Pellegrini Grinover, Cândido Rangel Dinamarco e Antonio Carlos de Araújo Cintra, *Teoria geral do processo*, 24. ed., 2008, n. 65, p. 155. Esta é uma das razões pelas quais entendemos não ser substitutiva a jurisdição, pois com toda a força da sua inevitabilidade os provimentos estatais impõem-se coercitivamente, cumprindo função **própria** do Estado, que assim não se coloca no lugar de qualquer dos litigantes.

b) a *existência de litígio*, porque sem litígio não há ação nem processo, instrumento este em que atua a jurisdição. Em síntese: não haverá possibilidade de atuação da jurisdição se não existir lide; e

c) a *realização secundária ou declarativa do direito*, consistente em que o Estado-juiz não cria o direito pela sentença, mas declara o direito preexistente. Este característico compreende a atividade superveniente à declaração, que é a de impor coercitivamente obediência ao direito declarado por parte do devedor.

BIBLIOGRAFIA

CARMONA, Carlos Alberto. *Arbitragem e processo. Um comentário à lei nº 9.307/1996*. 2. ed. São Paulo: Malheiros, 2004.

CINTRA, Antônio Carlos de Araújo; GRINOVER, Ada Pellegrini; DINAMARCO, Cândido Rangel. *Teoria geral do processo*. 24. ed. São Paulo: Malheiros Editores, 2008.

GRECO FILHO, Vicente. *Direito processual civil brasileiro*. 20. ed. São Paulo: Saraiva, 2007, v. I.

Capítulo 17

Atividades Jurisdicionais

Milton Paulo de Carvalho

Na aplicação do direito objetivo, as atividades dos juízes podem orientar-se aos seguintes objetivos: ou para conhecer o litígio e declarar a vontade da lei a favor de um dos litigantes, a tanto correspondendo a possibilidade de serem repelidas, no todo ou em parte, as pretensões de ambos; ou para determinar a satisfação do direito já declarado; ou para preservar a regularidade da relação processual de modo a assegurar a efetividade e integridade do provimento a ser proferido no caso da primeira atividade (cognição) ou assegurar a regularidade do processo para efetivar o pagamento do credor mediante atos de coerção (segunda atividade, ou de execução, ou executória); ou, ainda, para, como veremos no Capítulo 18, *infra*, integrar o negócio jurídico (jurisdição voluntária).

Este assunto será tratado melhor quando se cuidar da classificação das ações e da classificação dos provimentos jurisdicionais. Mas, vejamos, ainda que perfunctoriamente, cada uma dessas atividades.

17.1. Atividade jurisdicional cognitiva

É atividade também chamada "declarativa", ou de cognição, conhecimento. Esta é a atividade mais importante do Poder Judiciário, pois consiste em apreciar o pedido do autor e a resistência do réu à luz dos fatos provados e no proferimento de decisão conforme ao direito.

Realiza-se a atividade jurisdicional cognitiva por meio do processo do mesmo nome: processo de conhecimento, ou de sentença.

17.1.1. Espécies de atividade jurisdicional cognitiva

Surge a jurisdição quando invocada para a solução de um litígio.

Na expressiva linguagem de Cândido R. Dinamarco[1], a atividade jurisdicional cognitiva é invocada quando se verificam *crises jurídicas*: se a crise é de *certeza*, porque se discute a respeito da existência (ou inexistência) de um direito, a atividade cognitiva afirmará ou negará tal existência e ter-se-á um provimento *declaratório*; se se estiver diante de uma *crise de situação*, em que se disputa se uma determinada relação jurídica poderá emergir do provimento ou haverá de extinguir-se ou permanecer de certa forma, proferindo-se, então, sentença *constitutiva*; e, finalmente, uma *crise de satisfação*, em que se deverá impor ao devedor inadimplente a sanção prevista no preceito secundário da norma jurídica, por meio de um provimento *condenatório*.

Como a classificação dos provimentos jurisdicionais interessa intimamente à classificação das ações, remetemos o leitor ao capítulo próprio (cap. 26, *infra*), especialmente para apreciação dos característicos de cada uma das ações, das respectivas sentenças e dos seus efeitos jurídicos[2].

A esta atividade também se cognominou *juris-diccional*, propriamente dita.

17.2. ATIVIDADE JURISDICIONAL EXECUTIVA

Esta é a atividade desenvolvida pelo magistrado no sentido de assegurar satisfação concreta do direito declarado num título judicial ou num título extrajudicial a cujo crédito a lei reconhece liquidez e certeza. Enquanto a atividade cognitiva se diz *juris-diccional*, a esta se chama *juris-satisfativa*, entre outras razões para não se ter ideia de que se trataria de atividade meramente administrativa.

Se a atividade jurisdicional executória é promovida com fundamento em título judicial, isto é, nas sentenças a que a lei atribui força executiva, subordina-se às regras do *cumprimento de sentença*, cujo procedimento é disciplinado no Capítulo X do Título VIII do CPC, onde se encontram enumerados os títulos executivos mencionados (arts. 475-I a 475-R).

Se a atividade executória ou satisfativa se alicerça em título executivo extrajudicial, tem-se o "processo de execução" disciplinado no Livro II do CP, a partir do art. 566.

17.3. ATIVIDADE JURISDICIONAL CAUTELAR. CAUTELARIDADE E ANTECIPAÇÃO DA TUTELA

Esta é atividade que a jurisdição desenvolve acessoriamente à atividade cognitiva ou executiva, para assegurar a regularidade do processo *principal*, que é o da

---

1. *Instituições de direito processual civil*, v. I, n. 18, p. 149.
2. A observação tem por objetivo despertar o interesse para a discussão sobre uma possível reclassificação das ações, tendo em vista a reforma introduzida pela Lei nº 11.232, de 23 de dezembro de 2005, que inseriu o art. 275-N no CPC, nele enumerando os títulos executivos judiciais em revogação do art. 584, e deste extinguindo a sentença proferida no processo civil de conhecimento.

cognição (processo de conhecimento) ou o da execução (processo de cumprimento de sentença ou de execução) e a efetividade da decisão a ser nele proferida. A regularidade do processo principal deve ser preservada para alcançar-se a sentença justa que se quer na cognição, ou a satisfação correta do direito que se busca como escopo da execução.

O CPC erigiu a atividade cautelar em processo autônomo, o qual, anterior ou incidente do processo principal, inicia-se por petição dirigida ao juiz competente para o processo principal, comporta contestação, instrução, sentença e os demais recursos admitidos em outros processos. A disciplina do processo cautelar constitui o Livro III do Código de 1973.

Objeto do processo cautelar são as medidas cautelares, ou provisões destinadas à preservação da lide, como vistorias e perícias sobre o estado de fato da disputa para que se não desfaça ou altere até o julgamento da causa, ou buscas e apreensões de documentos e coisas, ou o arresto de bens do devedor para que se não distraiam, fazendo assim inútil a decisão futura de satisfação do credor etc.

Pressupostos ou fundamentos para a concessão das medidas cautelares são a plausibilidade do direito contestado pela outra parte (*fumus boni iuris*) e o perigo da demora no andamento do processo principal (*periculum in mora*).

Reconhece-se em doutrina que as medidas de preservação da boa ordem processual e garantia de sentença oportuna, efetiva e útil não necessitam, entretanto, ser requeridas pela parte, podendo e até devendo ser ordenadas de ofício pelo juiz. A tanto o autoriza, se não o impele, o art. 125, incisos I a III, do CPC.

Do exposto se tira que as provisões cautelares independem de requerimento da parte.

Essa atividade jurisdicional, que se desenvolve com o escopo cautelar e como tal disciplinada sob a rubrica de processo cautelar (Livro III, citado), integra a categoria das chamadas tutelas de urgência, como uma de suas espécies. As tutelas de urgência que envolvem o atendimento do objeto do processo principal não são cautelares, mas satisfativas, e como tal não podem ser concedidas de ofício pelo juiz, mas pleiteadas como tutela antecipada (art. 273 do CPC), por injunção preliminar do princípio da inércia da jurisdição. Essa tutela antecipada do mérito vem a ser a outra espécie do gênero tutela de urgência. A distinção entre cautelaridade e tutela antecipada do mérito parece clara na lei processual brasileira, especialmente diante do disposto no § 7º do art. 273 do CPC, enquanto em outros ordenamentos, como no italiano, a jurisdição cautelar compreende tanto a concessão de medidas cautelares como de antecipações da tutela de mérito (Código de Processo Civil italiano, art. 700)[3].

---

3. "*Codice di procedura civile, **Sezione V: Dei Provvedimenti D'urgenza** (Numerazione così modificata dalla Legge 26 novembre 1990, n. 353:* **Art. 700. (Condizioni per la concessione)**. *Fuori dei casi regolati nelle precedenti sezioni di questo capo, chi ha fondato motivo di temere che durante il tempo occorrente per far valere il suo diritto in via ordinaria, questo sia minacciato da un pregiudizio imminente e irreparabile, può*

Diz-se que a distinção se apresenta clara, segundo as conclusões da interpretação histórica, literal e sistemática que desenvolvemos; mas a questão de entenderem-se mescladas as tutelas cautelar e antecipada, não apenas no sentido conceitual, mas na prática do foro, ganhou corpo, no Brasil, também em virtude da sua origem, como a seguir é narrado.

Em passado recente, a necessidade de proteção judicial satisfativa urgente para certos direitos, impossível de obter em razão da morosidade dos serviços forenses e também da escassez de disposições legais, que a permitiam apenas em poucos casos isolados, levou à utilização distorcida de procedimentos cautelares para obtenção daquela tutela, acabando por gerar a figura híbrida, e teratológica, da "cautelar satisfativa". Substituiu-se, então, pela Lei nº 8.952/1994, a redação primitiva do art. 273, introduzindo-se a possibilidade de antecipação dos efeitos da tutela pretendida pelo autor. Ainda assim, a redação constante no *caput* do art. 273 do Código, como se disse, de previsão dessa antecipação da tutela de mérito, oferecia confusão com a tutela cautelar, o que gerou a inserção do § 7º no citado art. 273, o qual veio trazer nitidez à distinção entre as duas espécies de tutela – cautelar e antecipatória do mérito (ou "de fundo", em distinção gráfica): Tal dispositivo soa: *"Se o autor, a título de antecipação de tutela, requerer providência de natureza cautelar, poderá o juiz, quando presentes os respectivos pressupostos, deferir a medida cautelar em caráter incidental do processo ajuizado".*

A enxertia, entretanto, não trouxe à questão a luz que se esperava.

Doutrina de respeitáveis autores sustenta a "fungibilidade" entre medida cautelar e medida antecipatória do mérito, o que, a nosso ver, desrespeita o princípio da iniciativa de parte a ser obrigatoriamente obedecido para a concessão da tutela aqui mencionada em segundo lugar. *Ne procedat iudex ex officio* é o princípio que refreia e bitola as ações do juiz nessa hipótese.

Observa-se que se respalda tal doutrina na prática promíscua, no foro, das duas espécies de tutela, por motivo, entre outros, da postulação defeituosa pelos litigantes e da tendência de aumento dos poderes do juiz de primeiro grau. Por esse e por outros motivos, ainda uma zona cinzenta anuvia as fronteiras dessas tutelas e participa, assim, como uma das causas da insegurança jurídica vivida nos dias atuais.

17.4. ATIVIDADE JURISDICIONAL INTEGRATIVA

Essa é atividade administrativa exercida pelo Estado através dos seus juízes. É a chamada jurisdição voluntária, objeto de estudo no capítulo 18, a seguir.

---

chiedere con ricorso al giudice i provvedimenti d'urgenza, che appaiono, secondo le circostanze, più idonei ad assicurare provvisoriamente gli effetti della decisione sul merito."

BIBLIOGRAFIA

BEDAQUE, José Roberto dos Santos. *Tutela cautelar e tutela antecipada: tutelas sumárias e de urgência (tentativa de sistematização)*. 2. ed. São Paulo: Malheiros, 2001.

CARVALHO, Milton Paulo de. Processo e democracia. Garantia de direitos fundamentais na "fungibilidade" das espécies de tutela de urgência. *Revista Literária de Direito*, São Paulo: Editora Jurídica Brasileira, ano XI, n. 55, dezembro de 2004/ janeiro de 2005, p. 8-11.

DINAMARCO, Cândido Rangel. *Instituições de direito processual civil*. São Paulo: Malheiros, 2001, v. I.

Capítulo 18

Jurisdição Voluntária

Milton Paulo de Carvalho

18.1. Conceito e Natureza Jurídica

Expliquemos etimologicamente a locução "jurisdição voluntária".

O litígio entre duas partes revela discordância, ou seja, uma expressa um "não querer" em relação à pretensão da outra. A locução verbal *não querer*, em latim, se diz *nolo* (não quero), resultando *inter nolentes* (entre os que não querem) a relação respectiva, que é a de discordância recíproca. Essa disputa *inter nolentes* é resolvida pela jurisdição "contenciosa", que é a jurisdição propriamente dita. Já o verbo querer é indicado, em latim, por *volo* (quero), resultando *inter volentes* a relação entre os sujeitos que estão de acordo. Aqui, a solicitação formulada *inter volentes* é apreciada e integrada pelo juiz; daí o nome de jurisdição *voluntária*.

Além do poder de julgar, que os juízes exercem regularmente, o direito escrito desde há muito tempo lhes atribui outra atividade, extraordinária, que discrepa da *iurisdictio* propriamente dita, inserindo-se entre as administrativas, pois consiste em participar de negócios jurídicos dando a estes a chancela do Estado sem a qual não integrariam o comércio jurídico. Trata-se de negócios jurídicos cuja relevância para o contexto social exige que sejam consumados sob o crivo de autoridade É que, levada em conta a importância de certos negócios jurídicos, o agente capaz, a licitude do objeto e a forma prescrita na lei (CC, art. 104, incisos I e III) só se consideram presentes se de tais negócios participar o Estado-juiz com decisão proferida em procedimento regulado no Código de Processo Civil (Livro

IV, Título II, arts. 1.103 a 1.210). É, como se vê, atividade administrativa do juiz, anômala da jurisdição. Daí se identificar tal tarefa como *tutela administrativa de interesses privados*.

Quanto à natureza jurídica dos atos de jurisdição voluntária, a rigor, não se pode considerar *constitutivo*[1] o provimento emitido, justamente porque não se trata de jurisdição, mas de serviço administrativo prestado pelo Poder Judiciário. A classe dos *constitutivos* integra os provimentos contidos em *sentença*, em processo de sentença, isto é, em ato que põe fim a um litígio, *definindo* quem tem razão. Entende-se, então, que a "constitutividade" atribuída ao provimento de jurisdição voluntária significa mera aplicação, por analogia, da terminologia usada para classificar provimentos cognitivos; ou, em sentido vulgar, ato que faz nascer, que faz surgir. É, pois, a jurisdição voluntária, atividade anômala atribuída pela lei ao Judiciário.

Em verdade, a atividade do juiz nos casos de jurisdição voluntária é *integrativa* do negócio jurídico submetido à sua apreciação e participação. Tanto que ele pode, e deve, recusar a integração pleiteada se a pretensão do requerente contrariar os objetivos superiores que a lei visou proteger quando exigiu a sua participação no negócio. Como pode o magistrado, para a integração em qualquer negócio jurídico, recorrer aos critérios da conveniência e da oportunidade, chancelando ou não o ato sugerido pelo requerente.

Por fim, considere-se que a atividade na jurisdição voluntária compreende a prática de atos públicos para a integração de negócios *privados*[2].

18.2. CARACTERES DA JURISDIÇÃO VOLUNTÁRIA E DISTINÇÃO DA JURISDIÇÃO PROPRIAMENTE DITA

Caracteriza-se a jurisdição voluntária e distingue-se da jurisdição propriamente dita, ou contenciosa, pelos seguintes aspectos:

a) é atividade integrativa de negócios jurídicos exercida pelo Poder Judiciário, nela não existindo "juris-dicção" propriamente dita;

b) enquanto na jurisdição propriamente dita o juiz deve obediência à legalidade estrita, devendo aplicar em primeiro lugar as normas legais e só depois, não as havendo, recorrer sucessivamente à analogia, ao direito consuetudinário e aos princípios gerais, como determina o art. 126 do CPC, nos casos de jurisdição voluntária não está o magistrado jungido à legalidade estrita, podendo, para homologar e integrar o negócio jurídico, ou para negar-lhe a pretendida validade,

---

1. Ver, *infra*, capítulo 26, classificação das ações e dos provimentos.
2. Elio Fazzalari explica que certos interesses, quando referidos às pessoas dos seus titulares, constituem interesses privados, mas, quando confiados à cura do magistrado, integram um interesse público, como, por exemplo, o patrimônio do incapaz (*La giurisdizione volontaria*, p. 179). Para esse autor, a jurisdição voluntária seria um *tertium genus* entre a administração e a jurisdição, ou uma "categoria unitária" (ob. cit., p. 237) e *Istituzioni di diritto processuale* (p. 534).

adotar critérios apenas de conveniência ou oportunidade, como faculta o art. 1.109 do mesmo Código.

Podem resumir-se aos seguintes os pontos em que se estremam a jurisdição voluntária da jurisdição propriamente dita:
   a) na jurisdição voluntária não há lide, há apenas negócio;
   b) na jurisdição voluntária não há partes, há interessados;
   c) nela não há ação, há requerimento;
   d) nela não há processo, há procedimento;
   e) nela não há preclusão nem coisa julgada.

BIBLIOGRAFIA

CINTRA, Antônio Carlos Araújo; DINAMARCO, Cândido Rangel; GRINOVER, Ada Pellegrini. *Teoria geral do processo*. 24. ed. São Paulo: Malheiros, 2008.

FAZZALARI, Elio. *La giurisdizione volontaria*. Padova: Cedam, 1953.

_____. *Istituzioni di diritto processuale*. 8. ed. Padova: Cedam, 1996.

MARQUES, José Frederico. *Manual de direito processual civil*. 9. ed. São Paulo: Millennium, 2003, v. I.

_____. *Ensaio sobre a jurisdição voluntária*. São Paulo: Millennium, 2000.

MEDINA, Paulo Roberto de Gouvêa. Estudo sobre a jurisdição voluntária. In: CARVALHO, Milton Paulo de (coord.). *Direito Processual Civil*. São Paulo: Quartier Latin, 2007.

THEODORO JÚNIOR, Humberto. *Curso de direito processual civil*. 44. ed. Rio de Janeiro: Forense, 2006, v. I.

CAPÍTULO 19

LIMITAÇÕES DO PODER JURISDICIONAL

MILTON PAULO DE CARVALHO

CONSIDERAM-SE LIMITAÇÕES DO poder jurisdicional as restrições, de variada ordem, que se opõem ao seu desenvolvimento normal, fazendo cessar a sua atuação.

19.1. IMUNIDADES DIPLOMÁTICAS

O caráter nacional da jurisdição compreende também o respeito à soberania de cada Estado, de modo que os Estados estrangeiros, os chefes de Estados estrangeiros e os agentes diplomáticos, estes, como integrantes dos seus países, não se sujeitam à jurisdição do país onde exercem suas funções. Convenções internacionais têm estabelecido essa restrição às jurisdições nacionais, observando, como regra geral, a reciprocidade nas convenções.

19.2. ÓRGÃOS ESTRANHOS AO PODER JUDICIÁRIO

Razões de necessidade política e de respeito à constituição dos órgãos de outros poderes, que não o Judiciário, originam casos em que se subtrai a esse Poder a função jurisdicional.

Assim, o Senado Federal tem competência exclusiva (absoluta) para processar e julgar o Presidente e o Vice-Presidente da República nos crimes de responsabilidade, bem como os Ministros de Estado e os Comandantes da Marinha, do Exército e da Aeronáutica nos crimes da mesma natureza conexos com aqueles, como determina o art. 52, inciso I, da Constituição da República.

Compete ainda à chamada Câmara Alta do Poder Legislativo brasileiro processar e julgar os Ministros do Supremo Tribunal

Federal, os membros do Conselho Nacional de Justiça e do Conselho Nacional do Ministério Público, o Procurador-Geral da República e o Advogado-Geral da União nos crimes de responsabilidade (art. 52, inciso II, da Constituição da República).

19.3. COMPETÊNCIA INTERNACIONAL

Dentre as normas de direito público interno que regulam a denominada competência internacional, algumas limitam o poder jurisdicional nacional, fazendo-o em razão dos interesses de cada Estado na convivência com os demais. São regras ordinárias, contidas, no direito brasileiro no CPC, como as dos arts. 88 e 90, que admitem a pendência simultânea de ações com o mesmo objeto perante o juízo brasileiro e o juízo estrangeiro. (Ver *infra*, item 20.4.).

19.4. CONVENÇÃO DE ARBITRAGEM

As pessoas capazes de contratar podem elidir a atividade jurisdicional cognitiva do Estado, promovendo convenção de arbitragem para solução de litígios relativos a direitos patrimoniais disponíveis.

Essa exclusão da atividade estatal tornou-se possível a partir da Lei nº 9.307, de 23/09/1996. Sobre esse e outros meios de solução de litígios, chamados "alternativos", remete-se o leitor para o item 2.4.

19.5. SOBRE O CONTENCIOSO NÃO JURISDICIONAL

O Estado-Administração, ou Poder Executivo, se necessita de tutela contra ameaça ou violação a direito seu, ou se emerge disputa entre seus órgãos que precise ser dirimida com aplicação coercitiva do direito, dirige-se ao Poder Judiciário como qualquer outro demandante, da mesma forma como o Estado-Administração é demandado e defende-se da alegação de ter ofendido a direito de qualquer pessoa, física ou jurídica.

Da mesma forma, litígios ocorrentes entre órgãos da Administração pública ou entre servidores e a pessoa jurídica integrante da Administração direta ou indireta são resolvidos perante a jurisdição, que é única, quer dizer, o sistema jurisdicional brasileiro não contempla jurisdições diferenciadas.

Não existe no Brasil o *contencioso administrativo*, que, embora previsto facultativamente na Constituição de 1969 para dirimir litígios decorrentes das relações de trabalho dos servidores com a União, inclusive as autarquias e as empresas públicas federais, qualquer que fosse o seu regime jurídico (arts. 110 e 111), jamais chegou a ser instalado.

Por isso, não se pode falar em competência das autoridades policiais, por exemplo, pois sendo o inquérito policial atividade administrativa, a autoridade que o preside não tem jurisdição, não sendo por isso possível falar-se em competência.

Outro tanto se pode dizer – aproveitando-se a oportunidade – quanto a certos atos praticados por órgãos do Poder Executivo no desenvolvimento das suas funções, que se subordinam a etapas e à participação de vários sujeitos, o que, na verdade, caracteriza um procedimento, só se admitindo a designação de *processo administrativo* na linguagem leiga. Isso porque o processo é instrumento da jurisdição, não da administração[1-2].

BIBLIOGRAFIA

CINTRA, Antônio Carlos Araújo; DINAMARCO, Cândido Rangel; GRINOVER, Ada Pellegrini. *Teoria geral do processo*. 24. ed. São Paulo: Malheiros, 2008.

DINAMARCO, Cândido Rangel. *Instituições de direito processual civil*. São Paulo: Malheiros, 2001, v. I.

GRECO FILHO, Vicente. *Direito processual civil brasileiro*. 20. ed. São Paulo: Saraiva, 2007, v. I.

THEODORO JÚNIOR, Humberto. *Curso de direito processual civil*. 44. ed. Rio de Janeiro: Forense, 2006, v. I.

---

1. Ver, adiante, as noções de processo e de procedimento (item 36.1.).
2. A Constituição Federal contém esse laicismo no art. 5º, inciso LV: "Aos litigantes, em processo judicial ou administrativo, e aos acusados em geral são assegurados o contraditório e ampla defesa, com os meios e recursos a ela inerentes".

CAPÍTULO 20

DA COMPETÊNCIA. NOÇÕES GERAIS E COMPETÊNCIA INTERNACIONAL

MILTON PAULO DE CARVALHO

20.1. DEFINIÇÃO

"COMPETÊNCIA É A medida da jurisdição na atividade dos órgãos judiciários." Essa é a clássica definição de competência, formulada por João Mendes de Almeida Júnior no seu famoso livro *Direito Judiciário brasileiro*[1].

Essa definição deve ser entendida sob duas perspectivas: pela primeira, significa simplesmente que a competência é o resultado da divisão do trabalho jurisdicional, ou que é a quantidade de jurisdição que cada juiz exerce em cada processo, uma vez que todo magistrado tem todo o poder de julgar, pois a investidura para julgar não se submete, ela mesma, a delimitações. Sob a segunda, sugere que, como a jurisdição é poder do Estado, todo juiz tem o poder de dizer o direito, mas o exercício desse poder é disciplinado pela lei, desde a Constituição às normas de organização judiciária; predominam sob esta ótica os limites legais impostos ao exercício válido e regular do poder jurisdicional[2].

20.2. CONTEÚDO DAS REGRAS SOBRE COMPETÊNCIA

As regras sobre competência são fundadas em dois componentes de naturezas juridicamente diversas.

---

1. 2ª edição, Rio de Janeiro, Tipografia Baptista de Souza, 1918, p. 40.
2. Sob os ângulos da legitimidade e da investidura da pessoa do magistrado, Celso Neves oferece este conceito de competência: "a relação necessária de adequação legítima entre o processo e o órgão jurisdicional" e "atributo de capacidade para o exercício da jurisdição, decorrente de investidura legítima"(*Estrutura fundamental do processo civil*. 2. ed., Rio de Janeiro: Forense, 1997, p. 56). O Prof. Carlos Augusto de Assis, coautor desta obra, participa desse entendimento.

Um primeiro componente a ditar a elaboração da regra positiva sobre a competência é o de cumprir a vocação estatal de prestar a tutela, entendida esta no seu contexto de realização concreta e pronta do direito subjetivo, segundo os caracteres deste e a situação das partes. Este componente, que pode ser designado primário, tem natureza eminentemente **processual**, por isso que se caracteriza pela instrumentalidade no exercício da jurisdição. Isto é: inspira a regra no sentido de fazer cumprir o direito substancial a ser apreciado pela jurisdição.

O segundo componente da norma legal sobre competência é o que interessa à divisão dos serviços do Estado. Diríamos secundário. A divisão do trabalho jurisdicional, feita na lei, resulta, ao final, como disse Calamandrei, em *"tracciare i confini reciproci di attività tra questo giudice e tutti gli altri"*[3]. Esse componente tem natureza nitidamente jurídico-administrativa.

Tão definido e distinto é esse segundo elemento que a uma visão superficial pode parecer o único, de modo a provocar a transferência daquelas normas do direito processual para o direito administrativo.

Observe-se, todavia, na aplicação dessas regras, que precisamente onde a necessidade do serviço estatal o exigiu, aí o caráter de ordem pública está presente, mas na medida em que propicia a satisfação do componente primário.

Esse conteúdo administrativo está presente em todas as regras sobre competência, mas em algumas delas é prevalente, sendo tal o seu realce que acaba por pontificar na própria definição do instituto. São, por exemplo, as disposições relativas à competência especial da Justiça Federal, as que o legislador constituinte reservou aos Estados-membros, na organização das suas Justiças, entre outras.

20.3. INTERPRETAÇÃO DAS NORMAS SOBRE COMPETÊNCIA

Na interpretação das normas sobre competência, prevalecem os métodos literal e teleológico.

O método literal deve ser empregado porque se trata de conhecer os lindes de um trabalho do Estado, como tal sujeito ao princípio da legalidade estrita. E o método teleológico deve ser empregado, como, aliás, na interpretação de todas as normas de processo, por tratar-se de disposições instrumentais e porque se acha nítida nelas a sua destinação de economizar e apurar o serviço jurisdicional.

Por outro lado, não se poderá dispensar o conhecimento do direito material objeto da controvérsia, de molde a entender por que a lei determinou a competência deste ou daquele juiz na sua solução. É mais um vínculo entre direito e processo.

No tocante à competência interna, veremos que é possível extrair da interpretação literal e teleológica um verdadeiro sistema, que foi adequado à vida judiciária brasileira durante algum tempo de vigência do Código de 1973. A vertiginosidade

---

3. *Opere giuridiche*, v. IV, Napoli: A. Morano, 1970, p. 316.

do tráfico jurídico e das mutações sociais nos dias atuais, impulsionada pelos avanços da tecnologia que estreitam o relacionamento humano, aliada à nova configuração dos direitos coletivos, fazem, entretanto, obsoleto o sistema da competência concebido por aquele diploma. Todavia, *legem habemus*, e é com fulcro nessa lei e no seu sistema que se deve estudar a competência.

Uma advertência, talvez ociosa, a respeito da interpretação é a de que se deve fazer a adequação de cada hipótese à previsão literal do texto da lei com aplicação de regras e princípios próprios da literalidade e da tipicidade, inclusive aplicando o princípio da especialidade, segundo o qual a lei especial derroga a geral; isso porque a previsão do Código, em alguns lugares casuística, contempla situações que provocam o chamado concurso aparente de normas.

Teleologicamente, a norma sobre competência haverá de facilitar o conhecimento da matéria de fato pelo juiz e possibilitar o alcance efetivo do resultado estabelecido na futura sentença, sendo esses os objetivos que determinarão o comando prevalente na regra interpretada.

20.4. COMPETÊNCIA INTERNACIONAL

Como já se estudou, a jurisdição é instituto intimamente ligado à soberania. Daí que se limita aos confins de cada Estado. Pense-se como, mesmo possuindo todos os juízes todo o poder de julgar, restaria incumprida qualquer sentença destinada a produzir, indiscriminadamente, efeitos fora do país em que é emitida. Por isso, editam-se regras que estabelecem as hipóteses, justificadas pelos superiores interesses da soberania nacional, em que o julgamento da causa é reservado com exclusividade ao juiz do país e aqueles em que tal julgamento pode concorrer com o do juiz estrangeiro.

Não significa isso que se estende a jurisdição nacional para outro Estado, nem que se está tratando da aplicação das leis do direito internacional privado (Lei de Introdução ao CC, arts. 7º e seguintes), estas de natureza material[4].

Cuida-se apenas de determinar a abrangência da competência do juiz brasileiro quando interesse deste Estado estiver envolvido em certa demanda. Sempre em obediência ao princípio da legalidade, considera-se presente o interesse do Estado brasileiro nas causas mencionadas nos arts. 88 e 89 do CPC.

As regras que disciplinam o concurso da competência do juiz brasileiro com a do estrangeiro compõem a **competência internacional**. Essas regras não são de direito internacional, mas sim de direito público interno. No CPC brasileiro encontram-se nos arts. 88 a 90.

---

4. Quer dizer: pelo direito internacional privado, cujo caráter de direito público interno parece inquestionável, o direito material estrangeiro pode ser aplicado pelo juiz nacional. Mas não se admite a aplicação do direito processual estrangeiro na decisão da causa ajuizada no Brasil.

20.4.1. Competência internacional concorrente

O CPC disciplina a competência internacional concorrente nos arts. 88 e 90.

No art. 88 estão os casos em que se admite que a sentença do juiz estrangeiro seja executada no Brasil, evidentemente, depois de homologada pelo Superior Tribunal de Justiça (art. 105, inciso I, alínea *i*, da Constituição Federal). Poder-se-ia dizer que nesses casos o interesse da soberania nacional é relativo. São os seguintes: I – quando o réu, qualquer que seja a sua nacionalidade, estiver domiciliado no Brasil; II – quando no Brasil tiver de ser cumprida a obrigação; e III – quando a ação se originar de fato ou de ato praticado no Brasil.

A hipótese do inciso I remete às regras do domicílio, constantes no CC (arts. 70 a 78), admitindo-se o foro de eleição como permitido pelo art. 111 do CPC. Entretanto, proposta aqui a ação, admite-se a competência *concorrente* do juiz estrangeiro.

Se o cumprimento da obrigação for no Brasil, assegura-se ao credor o direito de aqui o demandar (art. 88, cit., II).

Quanto às ações resultantes de ato ilícito ou fato praticado no Brasil, é de toda conveniência que o juiz brasileiro seja o competente, principalmente para facilitar a instrução da causa, propiciando a reparação do dano. A previsão do inciso III encontra símile na do art. 100, V, do CPC, esta para a competência interna.

Correndo ações a respeito dessas matérias no país estrangeiro e concomitantemente no Brasil, não haverá litispendência, como estatui o art. 90 do Código. Nesse caso, as consequências práticas serão as seguintes: a) passada em julgado a sentença estrangeira e homologada pelo Superior Tribunal de Justiça no chamado "juízo de delibação", poderá ser cumprida no Brasil; b) se a sentença brasileira tiver transitado em julgado antes da homologação da sentença estrangeira, o vencedor pela sentença estrangeira carecerá da homologação; e c) se a sentença estrangeira tiver sido homologada e ainda não tiver sido proposta ação no Brasil, o autor que a intentar carecerá da ação. Nestes dois últimos casos, os impedimentos provêm da coisa julgada. Esta é a lição, que acolhemos, de José Carlos Barbosa Moreira[5].

20.4.2. Competência internacional exclusiva

Aqui, como o interesse da soberania nacional é absoluto, exclui-se o poder jurisdicional de Estados estrangeiros.

As hipóteses de competência exclusiva do juiz brasileiro estão elencadas nos incisos I e II do art. 89 do CPC.

Assim, o processo e julgamento de ações relativas a imóveis situados no Brasil, sejam elas fundadas em direito real ou pessoal, é da competência exclusiva do

---

5. Relações entre processos instaurados, sobre a mesma lide civil, no Brasil e em país estrangeiro, in *Temas de direito processual*, 1ª série, p. 41-44.

juiz brasileiro (art. 89, I). Tal preceito repete o contido no art. 12, § 1º, da Lei de Introdução ao CC.

Da mesma forma, a ação de inventário de bens situados no Brasil deve processar-se perante o juiz brasileiro, ainda que o autor da herança seja estrangeiro e seu último domicílio tenha sido no Exterior (art. 89, II). Nada impede se realize o inventário e a partilha por escritura pública, como autoriza o art. 982 do CPC com a redação determinada pela Lei nº 11.441/2007, dos bens aqui situados, se todos os interessados forem capazes e concordes. Nesse caso, não haverá sentença nem coisa julgada.

Sendo necessário inventário judicial, se no espólio há bens situados no Brasil e bens situados fora, promover-se-á a ação perante juiz brasileiro para os bens aqui situados.

Por aplicação do fundamento da competência exclusiva do juiz brasileiro decorre que sentença estrangeira de partilha de bens situados no Brasil não será homologada pelo Superior Tribunal de Justiça.

BIBLIOGRAFIA

ALMEIDA JÚNIOR, João Mendes de. *Direito judiciário brasileiro*. 2. ed. Rio de Janeiro: Typographia Baptista de Souza, 1918.

CALAMANDREI, Piero. ......, in *Opere giuridiche*. Napoli: A. Morano, 1972. vol. IV, p. 316 – **CONFERIR OBRA**

CARNEIRO, Athos Gusmão. *Jurisdição e competência*. 13. ed. São Paulo: Saraiva, 2004.

CARVALHO, Milton Paulo de. *Manual da competência civil*. São Paulo: Saraiva, 1995.

MOREIRA, José Carlos Barbosa. Relações entre processos instaurados, sobre a mesma lide civil, no Brasil e em país estrangeiro. In: *Temas de direito processual*, 1ª série, 2. ed. São Paulo: Saraiva, 1988.

NEVES, Celso. *Estrutura Fundamental do Processo Civil*. Rio de Janeiro: Forense, 1997.

Capítulo 21

Da competência interna

Milton Paulo de Carvalho

21.1. INTRODUÇÃO

Exame superficial da hipótese permitirá concluir se a demanda a ajuizar envolve competência internacional. Não sendo o caso de competência internacional, sê-lo-á de competência interna, cujo estudo consiste em:
a) conhecer, sistematizar e interpretar os critérios utilizados pelo legislador para a divisão do trabalho jurisdicional; e
b) determinar a força de cogência dessa divisão, isto é, demonstrar quando a competência encontrada é imodificável (absoluta) ou quando admite prorrogação (relativa).

Este estudo tem por base, como se disse, a legislação, porque a matéria é exclusiva de direito escrito, encontrando-se na Constituição Federal, nas leis ordinárias (infraconstitucionais) e nas normas estaduais de organização judiciária.

Comecemos pela Constituição.

Nela se encontra a primeira **grande divisão**, a que se dá o nome de **competência de jurisdição.**

21.2. COMPETÊNCIA DE JURISDIÇÃO

Cabe uma observação prévia: não é estritamente correto falar em "espécies" de jurisdição, porque a jurisdição é uma, como uno é o direito. Faz-se, entretanto, a divisão, como veremos no texto constitucional, para **facilitar o desempenho** dos serviços judiciários de modo prático e econômico, bem como pela **diversidade da matéria** sobre que se voltam as múltiplas atividades humanas.

A chamada *competência de jurisdição* compreende, então, uma **jurisdição comum**, que também chamamos de *justiça comum*, e uma **jurisdição especial**, também conhecida como *justiça especial*.

Essa divisão vem da Constituição da República: a justiça especial é composta da Justiça do Trabalho (art. 114 e s.), da Justiça Eleitoral (art. 118 e s.) e da Justiça Militar (arts. 122 a 124). A justiça comum conhece-se, obviamente, por exclusão.

Observe-se que a divisão é feita pela mais alta norma sobre competência, que é a constitucional, dividindo **toda** a atividade do Poder Judiciário. Não se trata de competência em razão da matéria, que constituirá classe de competência da justiça comum. Aqui se divide a jurisdição, não o tocante a cada juiz depois de o trabalho dividido (competência).

A competência de jurisdição pode ser posta neste quadro sinótico:

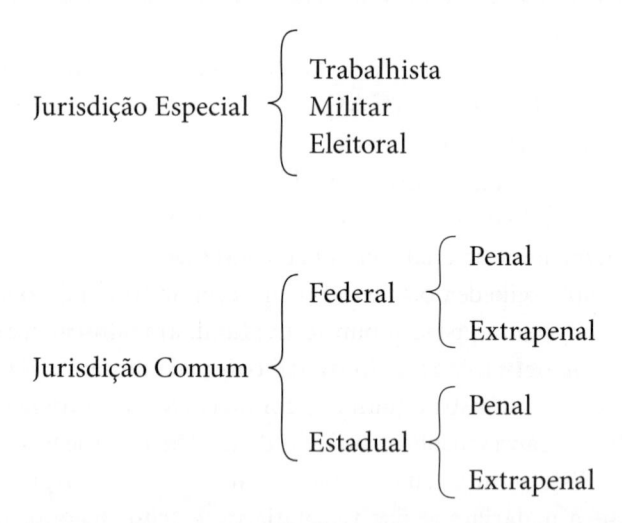

$$\text{Jurisdição Especial} \begin{cases} \text{Trabalhista} \\ \text{Militar} \\ \text{Eleitoral} \end{cases}$$

$$\text{Jurisdição Comum} \begin{cases} \text{Federal} \begin{cases} \text{Penal} \\ \text{Extrapenal} \end{cases} \\ \text{Estadual} \begin{cases} \text{Penal} \\ \text{Extrapenal} \end{cases} \end{cases}$$

21.3. A COMPETÊNCIA NA JUSTIÇA COMUM

Como se verá na explicação da organização judiciária brasileira, a justiça comum compreende a justiça federal e as justiças estaduais, penal e civil. Mais precisamente, deve dizer-se penal e extrapenal, uma vez que a jurisdição civil abarca o conhecimento e julgamento de litígios de direito constitucional, administrativo, civil, comercial, tributário, enfim, todos os que não digam respeito à *persecutio criminis*, esta em sede penal.

Corresponde ao segundo quadro no gráfico acima.

Sobre a competência dos Juizados Especiais Cíveis, ver *infra*, item 22.2.3.

21.4. CRITÉRIOS LEGISLATIVOS PARA DISTRIBUIÇÃO DA COMPETÊNCIA CIVIL INTERNA

Critérios para distribuição da competência civil interna são os que o legislador utiliza para divisão do trabalho jurisdicional, levando em conta os fatores predominantes em cada comunidade, a começar da maior, que é o país. São, por exemplo, o lugar, o valor da causa, a matéria discutida etc.

O CPC brasileiro foi fiel ao ensinamento de Giuseppe Chiovenda, ao distribuir a competência interna conforme os critérios por ele sugeridos para o processo civil italiano.

Chiovenda dividiu a competência em objetiva, territorial e funcional. A objetiva compreendia a competência em razão do valor e da matéria da causa. A territorial levava em conta o lugar, e a funcional, as atividades que cada juiz pudesse praticar no mesmo processo[1]. A fidelidade do nosso Código à divisão de Chiovenda está assim estampada: a competência em razão do valor, no art. 91; a competência em razão da matéria, nos arts. 91 e 111; a competência funcional, no art. 93 e a territorial, nos arts. 94 e seguintes.

O comércio jurídico e as dimensões geográficas do Brasil são diferentes dos da Itália, razão por que o entendimento da disciplina da competência entre nós acabou tornando-se verdadeira *vexata quaestio*[2].

21.5. COMPETÊNCIA MATERIAL *LATO SENSU*

A divisão do trabalho jurisdicional comporta, em verdade, por exigência natural desse tipo de tarefa, a aplicação de dois métodos: a) a divisão conforme o volume do trabalho[3], o que se pode chamar, para adotar termo familiar ao assunto, de **competência material** *lato sensu* e b) a divisão do trabalho de cada juiz em cada processo, o que vem a ser a **competência funcional**. Só em duas grandes classes, portanto, se divide a competência interna, sendo possível extrair dos textos legais o seguinte sistema com pretensões de abrangência:

A primeira classe é a da competência material *lato sensu* ("massa de lides"). Distribui-se por meio dos seguintes critérios, podendo-se utilizar cada um como qualificativo de uma subclasse de competência: a) territorial ou do lugar (competência territorial), nos arts. 94 e seguintes; b) em razão da matéria *stricto sensu* (competência em razão da matéria), que leva em conta, principalmente, os elementos objetivos das ações, como o pedido e a causa de pedir, nos arts. 91 e 111; c) em razão do valor (competência em razão do valor), no art. 91; d) em razão da pessoa (ou competência *ratione personae*), que no Código não surge disciplinada com autonomia, mas é encontrada em vários dispositivos do capítulo da competência; e e) competência de atribuições, que também pode ser chamada *competência de juízo*, disciplina a atividade dos juízes quando já definido pelos critérios anteriores o foro (lugar) quando nele houver mais de um juízo. É exemplo

---

1. *Instituições de direito processual civil*, v. II, 2. ed., trad. de J. Guimarães Menegale, São Paulo, Saraiva, 1965, § 25, n. 173, p. 154.
2. Moacyr Amaral Santos, *Primeiras linhas de direito processual civil*, v. 1, 25. ed. São Paulo, Saraiva, 2007, n. 159, p. 213.
3. Francesco Carnelutti chamava de "massa de lides".

de competência de atribuições aquela dos foros distritais e dos foros regionais[4].

A competência material está assim disciplinada no CPC:
a) competência territorial, ou de foro, ou de lugar:
foro comum – art. 94;
foros subsidiários do foro comum – art. 94, §§ 1º a 4º;
foros especiais – arts. 95 (*forum rei sitae*), 1ª parte; 96, 1ª parte; 97, 2ª parte; 98; 100, IV, c, d; V, a, b e parágrafo único;
b) competência em razão da matéria *stricto sensu*:
foro da situação da coisa – art. 95, 2ª parte;
foro para as ações em face do espólio – art. 96, 2ª parte;
foro para as ações em que o ausente seja réu – art. 97, 1ª parte;
c) competência em razão da pessoa:
foro do domicílio do alimentando – art. 100, II;
foro do incapaz – art. 98;
foro e juízo da União Federal e de Territórios – art. 99;
foro do alimentando – art. 100, II;
foro para a ação de anulação de título extraviado ou destruído – art. 100, III;
foro para a ação de reparação de dano sofrido em razão de delito ou acidente de veículos – art. 100, parágrafo único;
d) a competência de atribuições é estabelecida em normas de organização judiciária ou em leis estaduais, como previsto no art. 125 da Constituição da República. É inspirada na necessidade de atribuições específicas a juízes de comarcas cuja competência está firmada segundo as disposições do Código, em virtude do acúmulo de demandas nessas comarcas. Impõe-se pelo caráter de ordem pública.

Para resumir, pode-se ter a seguinte visão gráfica da divisão da competência material:

Competência material *lato sensu*
- Territorial
- Em razão da matéria *stricto sensu*
- Em razão do valor
- Em razão da pessoa
- Competência de atribuições

---

4. A expressão "competência de atribuições" é aplicada na obra de João Mendes Júnior e, por coincidência, embora a sua matéria não seja igual à que aqui se trata, tem o mesmo sentido de divisão do trabalho jurisdicional pelas regras de organização judiciária (*Direito judiciário brasileiro*, 2. ed., p. 40).

21.6. COMPETÊNCIA FUNCIONAL

A segunda classe de competência interna é a competência funcional. Competência funcional é a que define e delimita o trabalho de cada juiz na mesma relação processual. Supõe, por isso, a determinação anterior da competência material, e nesta não interfere.

A competência funcional divide-se em *vertical* e *horizontal*: a primeira, também conhecida como *competência hierárquica* ou *pelos graus de jurisdição*, aponta os órgãos jurisdicionais que hierarquicamente atuam num mesmo processo; a segunda, aqueles aos quais toca algum ato ou providência no processo em que outro juízo do mesmo grau atuou ou ainda atuará.

A competência funcional hierárquica divide-se em:
a) *originária*, ou *primitiva*, que estabelece as hipóteses em que o órgão jurisdicional de segundo grau é o competente para conhecer e julgar ações que devem ser propostas diretamente perante ele, como, por exemplo, a ação direta de inconstitucionalidade de lei ou ato normativo federal ou estadual (art. 102, I, da Constituição da República), as ações rescisórias etc.; e
b) *derivada*, ou *recursal*, que é a competência dos órgãos jurisdicionais superiores para conhecimento e julgamento de recursos interpostos de decisões proferidas por órgãos de inferior hierarquia.

A competência funcional horizontal pode ser dividida em:
a) *pelas fases do procedimento*, que é a atribuída a juízes da mesma hierarquia para a prática de certos atos em continuação aos praticados por juiz anterior. É exemplo a competência estabelecida no art. 475-P, inciso II, do CPC; e
b) *pelo objeto do juízo*, que é a que define os atos que devam ser praticados por determinado órgão. São exemplos: a execução por carta, feita perante o juízo onde se encontrem bens sujeitos à expropriação, ou a competência prevista no art. 481 do CPC.

Graficamente:

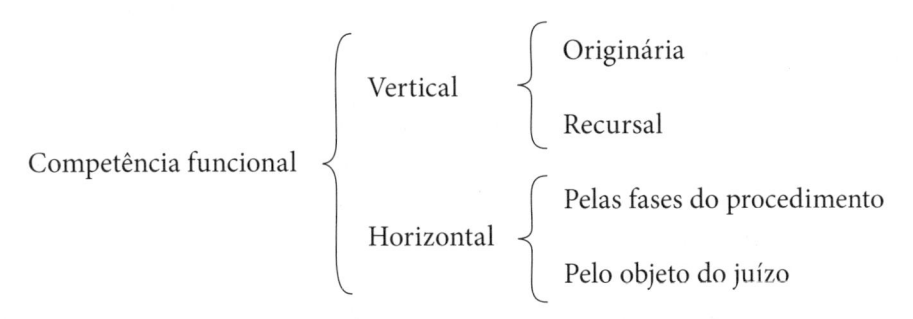

Competência funcional
- Vertical
  - Originária
  - Recursal
- Horizontal
  - Pelas fases do procedimento
  - Pelo objeto do juízo

21.7. A *PERPETUATIO IURISDICTIONIS* E SUAS EXCEÇÕES

A *perpetuatio iurisdictionis* é o princípio estampado no art. 87 do CPC, segundo o qual se determina a competência no momento em que a ação é proposta, sendo "irrelevantes as modificações do estado de fato ou de direito ocorridas posteriormente". Tal princípio integra a outro, de maior alcance, o da estabilização do processo, a recomendar que para a garantia da firmeza do provimento jurisdicional e com vistas à pacificação social, não se alterem, no curso do feito, os elementos objetivos e subjetivos do processo. No art. 264, o Código regula a estabilização do pedido e da causa de pedir (elementos objetivos das ações), bem como, no concernente aos sujeitos, estabelece a fixação das partes; no art. 87, a estabilização é do juízo.

São exceções ao princípio da estabilização do juízo a supressão do órgão judiciário e a alteração da competência em razão da matéria *stricto sensu* ou da competência funcional vertical como está na parte final do art. 87.

Se ocorrer modificação que suprima o órgão judiciário, evidentemente não haverá como manter-se a sua competência. Esta passa ao juízo que por lei suceder ao supresso.

Se a alteração produzida pela lei nova é da matéria em sentido estrito, o processo deve prosseguir perante o juízo instituído pela lei nova. Se, contudo, a lei sobrevier depois de proferida sentença pelo juízo anteriormente competente, o tribunal para conhecer do eventual recurso será o da Justiça (ou Jurisdição) que proferiu a sentença.

21.8. COMPETÊNCIA ABSOLUTA E COMPETÊNCIA RELATIVA

A competência absoluta é a determinada por ordem pública e por isso não pode ser modificada ou prorrogada. A competência relativa é instituída no interesse de qualquer dos litigantes, admitindo modificação ou prorrogação. A distinção entre uma e outra é de suma importância no processo civil, pois o reconhecimento da incompetência pode levar à invalidade total de atos processuais. Basta considerar que, enquanto podem as partes demandar em foro relativamente incompetente – se se omitir o réu de arguir a incompetência e o juiz não a declarar de ofício –, não o poderão se ocorrer incompetência absoluta, pois esta é causa até de rescisão da coisa julgada (CPC, art. 485, II).

No sistema processual civil brasileiro, são absolutas as seguintes competências:
a) em razão da matéria em sentido estrito (*supra*, item 21.4., letra b porque assim o determina o art. 111 do Código;
b) de atribuições (*supra*, item 21.4., letra d), porque composta de critérios variados, como domicílio, valor e território (caso dos foros regionais), destina-se a atender exigência de distribuição do serviço jurisdicional, sendo de ordem pública; e
c) a competência funcional, horizontal ou vertical, porque assim também o determina o art. 111 do Código (*supra*, 21.5.).

São relativas as seguintes competências:
a) territorial (*supra*, 21.4., letra a);
b) em razão da pessoa (*supra*, 21.4., letra c) porque o sujeito beneficiado pela regra pode optar pelo foro do domicílio do réu;
c) em razão do valor, porque se permite a modificação pela vontade das partes (art. 111 citado).

Não há falar na distinção entre competência absoluta ou relativa se se trata de competência de jurisdição. Assim, será erro palmar dizer que a competência da Justiça do Trabalho é absoluta porque é em razão da matéria. Como já se viu, a competência de tal Justiça é especial, divisão constitucional que antecede à divisão da competência material *lato sensu*.

21.8.1. Foro de eleição

Distingue-se o domicílio, que as partes podem eleger, em contrato escrito, onde se exercitem e cumpram os direitos e obrigações dele resultantes, como o permite o art. 78 do CC, daquele foro eleito em contrato para as demandas dele resultantes.

O primeiro é de natureza jurídico-material, uma vez que fixa o lugar, o domicílio para o cumprimento de obrigações constantes no negócio jurídico. O segundo é o foro que as partes elegem para dirimir as controvérsias dele emergentes. Este é o *foro competente* para as demandas resultantes do contrato. Tem natureza jurídico-processual.

Entenda-se que tal foro não se presta à solução de pendências que envolvam a própria existência ou a validade do contrato, mas as que provêm das suas estipulações, como, por exemplo, a forma de cumprimento ou o não cumprimento de certa cláusula ou condição.

A faculdade para a eleição de foro está no já citado art. 111, cujo texto soa: *"A competência em razão da matéria e da hierarquia é inderrogável por convenção das partes; mas estas podem modificar a competência em razão do valor e do território, elegendo foro onde serão propostas as ações oriundas de direitos e obrigações"*.

A forma é da essência da estipulação do foro: só em contrato *escrito* ela pode ser feita.

21.9. ARGUIÇÃO DA INCOMPETÊNCIA

A incompetência absoluta pode (e deve) ser declarada de ofício pelo juiz. Se não o for, qualquer das partes, a qualquer tempo, deve argui-la, sob pena de responder pelas custas do retardamento (art. 113, § 1º, do CPC). Ao réu compete alegar a incompetência absoluta em preliminar da contestação (art. 301, inciso II).

A incompetência relativa argui-se por exceção instrumental (arts. 112, 299 e 304 do CPC).

A arguição da incompetência relativa interessa ao réu. Todavia, por força de disposições introduzidas pela recente reforma do CPC, passou-se a admitir que seja declarada, de ofício, pelo juiz, nula a cláusula de eleição do foro, bem como declarada de ofício pelo juiz a incompetência relativa (art. 114 c/c art. 112, parágrafo único, do CPC, nas redações introduzidas pela Lei nº 11.280, de 2006)[5].

21.10. MODIFICAÇÕES DA COMPETÊNCIA

A competência absoluta – já o dissemos – não pode sofrer modificação. Portanto, são os seguintes meios e fatos que podem provocar a modificação da competência relativa: a) a convenção das partes, por meio do foro de eleição; b) a conexão; c) a continência, e d) o não oferecimento de exceção e a não declinação da competência pelo juiz.

Pela conexão pode-se alterar a competência relativa de foro ou de juízo. O art. 103 do CPC define a conexão: *"Reputam-se conexas duas ou mais ações, quando lhes for comum o objeto ou a causa de pedir"*. Três elementos identificam as ações: os sujeitos, o pedido e o fundamento do pedido (a causa de pedir). Basta para existir conexão que um dos dois últimos seja comum entre as demandas. A lei não exige para caracterização da conexão que sejam mesmos os sujeitos.

A continência, define-a assim o Código, no art. 104: *"Dá-se a continência entre duas ou mais ações sempre que há identidade quanto às partes e à causa de pedir, mas o objeto de uma, por ser mais amplo, abrange o das outras"*. Trata-se, na verdade, de conexão pelo objeto. Ou: a conexão é o gênero, do qual a continência é espécie.

Para apontar o objeto mais amplo, no cotejo de ações, pode-se utilizar um critério quantitativo, por exemplo, comparar os valores dos pedidos em cada uma; ou um critério qualitativo, como comparar a mera declaratividade num pedido com a constitutividade, noutro.

21.11. CONFLITO DE COMPETÊNCIA

Quem julga da competência em cada processo é o juiz que o dirige. O juiz que aceita, expressa ou tacitamente, a competência, exclui a dos outros; o juiz que nega a sua competência afirma, expressa ou tacitamente, a competência de outro.

Ocorre o conflito positivo de competência quando dois ou mais juízes se declaram competentes (CPC, art. 115, I); ocorre o conflito negativo de competência quando dois ou mais juízes se declaram incompetentes (Código cit., art. 115, II); e ocorre conflito, positivo ou negativo, se dois ou mais juízes divergirem sobre a reunião ou separação, respectivamente, de processos (Código cit., art. 115, III).

---

5. Observa-se, como comentário a respeito de certa prática forense, que a competência absoluta deve ser arguida em preliminar da contestação e não por meio de exceção, pois o equívoco pode ter como consequência a possível perda do prazo para a contestação se restar não conhecida a exceção instrumental.

A competência para julgar o conflito é do tribunal superior aos órgãos judiciais discordantes. A competência do tribunal, nesse caso, é funcional vertical originária.

O conflito de competência constitui incidente que não suspende o processo, facultando-se ao relator, se o conflito for positivo, mandar sobrestá-lo, mas designando um dos juízes "para resolver, em caráter provisório, as medidas urgentes", como está no art. 120 do CPC.

Permite-se ao relator decidir de plano o conflito se houver no tribunal jurisprudência dominante sobre a questão suscitada. Dessa decisão cabe agravo para o órgão recursal competente (parágrafo único do art. 120 citado).

BIBLIOGRAFIA

ALMEIDA JÚNIOR, João Mendes de. *Direito judiciário brasileiro.* 2. ed. Rio de Janeiro: Typographia Baptista de Souza, 1918

CARNEIRO, Athos Gusmão. *Jurisdição e competência.* 13. ed. São Paulo: Saraiva, 2004.

CARVALHO, Milton Paulo de. *Manual da competência civil.* São Paulo: Saraiva, 1995.

CHIOVENDA, Giuseppe. *Instituições de direito processual civil.* 2. ed. Tradução de J. Guimarães Menegale. São Paulo: Saraiva, 1965, v. II.

SANTOS, Moacyr Amaral. *Primeiras linhas de direito processual civil.* 25. ed. São Paulo: Saraiva, 2007, v. I.

CAPÍTULO 22

ORGANIZAÇÃO JUDICIÁRIA BRASILEIRA

Luiz Dellore

22.1. CONTEXTUALIZAÇÃO

Como já se viu em capítulo anterior, ao Estado cabe, atualmente, o principal meio de pacificação, a principal maneira de resolver os conflitos de interesse, que é a jurisdição. Para que a jurisdição possa ser exercida, naturalmente, é preciso que se crie todo um aparato, é necessário o estabelecimento de órgãos destinados a exercer em nome do Estado a função jurisdicional.

É disso que agora passaremos a tratar: das linhas mestras do aparelho criado pelo Estado para o exercício da jurisdição. Nesse sentido, é certo que as providências materiais de criação e estruturação desses órgãos vão seguir uma determinada disciplina jurídica a que chamamos de organização judiciária.

A organização judiciária é uma disciplina jurídica que, encarada de determinado ângulo, pertine ao direito administrativo, afinal, cria e estrutura órgãos integrantes do Estado. Por outro lado, porém, é algo que serve ao Judiciário, pois afeta diretamente o exercício da jurisdição[1].

Não é difícil perceber que, além de boas regras processuais, para o Poder Judiciário funcionar bem, ele precisará de uma boa estrutura. Assim, a organização judiciária vai cuidar de estabelecer quais são os órgãos do Poder Judiciário, como se compõem,

---

1. Neste sentido, Vicente Greco Filho: "As normas de organização judiciária estão entre o direito administrativo e o direito processual. São administrativas na medida em que estruturam órgãos públicos, não interferindo em direitos e ônus das partes; servem de apoio ao direito processual e estão a serviço deste" (*Direito processual civil brasileiro*, v. 1, 20. ed. São Paulo: Saraiva, 2007, p. 73).

como se subdividem, qual é a forma de acesso a eles, como os membros integrantes do Judiciário progridem dentro da carreira etc.

A questão relativa ao acesso à carreira de magistrado é das mais delicadas. Existem diversas formas para a escolha dos juízes[2], como (i) eleição pelo voto popular, (ii) nomeação pelo Executivo – seja livre, mediante lista elaborada por outros Poderes ou mediante aprovação de outro Poder, (iii) nomeação pelo Judiciário, (iv) escolha por um órgão especializado, composto por membros de diversos poderes ou (v) concurso.

No Brasil, a regra é o acesso à magistratura de 1º grau via concurso público. Mas a composição dos Tribunais é distinta, como adiante se verá.

Em nosso país, as linhas mestras a respeito da organização judiciária estão traçadas na Constituição Federal. Contudo, cada Estado pode ter suas regras próprias, em relação à Justiça Estadual. Neste contexto, é possível falar em estrutura jurisdicional brasileira[3].

Contudo, como já exposto em capítulo anterior, considerando o princípio dispositivo, em regra a jurisdição é inerte, razão pela qual deve ser provocada. Neste contexto é que se inserem a Advocacia e o Ministério Público, responsáveis por provocar o Poder Judiciário ao exercício da jurisdição. Porém, como se verá abaixo, não se pode entender que as funções institucionais da Advocacia e do Ministério Público sejam as mesmas.

22.2. ESTRUTURA JURISDICIONAL BRASILEIRA (MAGISTRATURA)

É certo que a estrutura jurisdicional pátria irá reproduzir, com órgãos jurisdicionais e Tribunais, a divisão da jurisdição operada pelas diversas regras de competência. Tanto é assim que há autores, como Ovídio A. Baptista da Silva que, ao exporem o tema, o tratam em conjunto[4]. E há autores, como nós, que optam por tratar a competência separadamente da organização judiciária, considerando que as diversas regras de competência (saber onde a causa será julgada) não se confundem com os diversos órgãos existentes para o exercício da atividade jurisdicional. É, por exemplo, a opção de Marcus Orione Gonçalves Correia, que inicialmente aponta quais são os órgãos jurisdicionais existentes para, depois, tratar da competência[5].

Vale destacar que, em relação ao objeto, é possível que cada ramo do Judiciário trate tanto de matéria cível como criminal. Isso se verifica de maneira aguda em relação às Justiças Federal, Estadual e Eleitoral. Mas, ainda que em menor grau, tam-

---

2. Moacyr Amaral Santos expõe a questão nestes exatos moldes (*Primeiras linhas de direito processual civil*. v. 1, 25. ed. São Paulo: Saraiva, 2007, p. 98-101).
3. Esta nomenclatura (estrutura jurisdicional brasileira) já foi antes exposta em obra de minha coautoria (*Manual de prática civil*, 4. ed. São Paulo: Método, 2009, p. 23 e s.).
4. Cf. o capítulo "Órgãos e competência do Poder Judiciário", *Teoria geral do processo civil*. 3. ed. São Paulo: Revista dos Tribunais, 2002, p. 83 e s.
5. *Teoria geral do processo*. 2. ed. São Paulo, Saraiva, 2003, p. 52 e s.

bém é possível se verificar o exercício da jurisdição penal na Justiça do Trabalho[6].

Por sua vez, a Justiça Militar da União apenas trata de matéria penal, especificamente crimes militares de membros das Forças Armadas[7].

Conforme a natureza da pretensão resistida (lide) debatida em juízo, cada um dos ramos do Judiciário acima exposto é que será o competente para julgamento da causa, a partir de regras previstas na Constituição Federal.

Há uma estrutura diferenciada em cada uma das Justiças, com distinções em relação aos horários de funcionamento, dias sem expediente forense, necessidade de recolhimento e valores de custas, além da existência de regimentos internos dos diversos Tribunais, entre outros aspectos. Um ponto comum é que o acesso à magistratura, em 1º grau, somente se dá via concurso público.

Para garantir o princípio do duplo grau de jurisdição, devido processo legal e juiz natural, já se tem definido qual é o órgão recursal, hierarquicamente superior, em cada um dos ramos do Judiciário. É o que se vê no seguinte quadro:

1º grau	Tribunal	Tribunal Superior
Justiça Estadual (juízes de direito)	Tribunal de Justiça (TJ)	Superior Tribunal de Justiça [8] (STJ)
Justiça Federal (juízes federais)	Tribunal Regional Federal (TRF)	Superior Tribunal de Justiça (STJ)
Justiça do Trabalho (juízes do trabalho)	Tribunal Regional do Trabalho (TRT)	Tribunal Superior do Trabalho [9] (TST)
Justiça Eleitoral (juízes estaduais acumulam as varas eleitorais)	Tribunal Regional Eleitoral (TRE)	Tribunal Superior Eleitoral [10] (TSE)
Justiça Militar da União (juízes-auditores e Conselhos de Justiça)	---	Superior Tribunal Militar [11] (STM) (cf. competência na Lei nº 8.457/1992)

---

6. A partir da EC nº 45/2004, o art. 114, IV, afirma ser da competência da Justiça do Trabalho o julgamento de *habeas corpus* "quando o ato questionado envolver matéria sujeita à sua jurisdição". O *habeas corpus* é uma típica ação penal, ainda que se esteja diante de uma ação civil.
7. É o que se depreende do art. 124 da Constituição, que trata da Justiça Militar da União: "À Justiça Militar compete processar e julgar os crimes militares definidos em lei".
8. <www.stj.jus.br>. Necessário consignar que o STJ não faz parte da Justiça Estadual ou Federal, não obstante ser órgão de cúpula da Justiça Comum. O STJ, nos termos do art. 92 da CF, já acima mencionado, é um órgão do Judiciário autônomo em relação aos demais ramos do Poder Judiciário.
9. <www.tst.jus.br>.
10. <www.tse.jus.br>.
11. <www.stm.jus.br>.

A Justiça Militar da União é exclusivamente destinada à análise dos crimes militares cometidos pelos membros do Exército, Marinha e Aeronáutica. Não dispõe de um órgão intermediário recursal, sendo que o duplo grau é exercido diretamente em Brasília, pelo STM.

De seu turno, a Justiça Militar Estadual – que pode ser criada nos Estados da Federação que possuam um efetivo superior a 20 mil militares – tem por objetivo o julgamento de crimes militares cometidos pelos membros da Polícia Militar e do Corpo de Bombeiros. Atualmente, apenas existe em Minas Gerais, Rio Grande do Sul e São Paulo[12].

Exatamente por ser vinculada ao Estado e não à União, a Constituição insere a Justiça Militar Estadual na Seção que trata da Justiça Estadual (art. 125, § 3º[13]) e não na Seção que prevê a Justiça Militar da União (arts. 122 a 124). Destarte, não se trata de ramo da Justiça Especializada (como a Justiça Militar da União), mas sim de uma divisão da Justiça Comum Estadual. Tanto é assim que recursos de decisões da Justiça Militar Estadual em 2º grau são julgados pelo STJ e não pelo STM[14].

Além disso, a partir da Emenda Constitucional (EC) nº 45/2004 (a denominada "Reforma do Judiciário"), por força do disposto no art. 125, § 4º da Constituição, passou a ser da competência da Justiça Militar Estadual o julgamento de "ações judiciais contra atos disciplinares militares". Ou seja, passou-se a analisar o aspecto administrativo disciplinar de atos dos policiais e bombeiros militares, e não mais apenas o aspecto criminal. Portanto, hoje, há jurisdição civil na Justiça Militar Estadual.

Para deixar clara a estrutura jurisdicional, especialmente no âmbito dos Tribunais intermediários, analisemos especificamente um Estado da Federação, no caso, São Paulo:

---

12. No final da 1ª década do século XXI, discute-se no Rio Grande do Sul e em Minas Gerais a extinção da Justiça Militar Estadual, com sua incorporação pela Justiça Estadual. Dentre as justificativas para tanto, o elevado custo da máquina e o pequeno número de causas. Além disso, vale destacar que no início de 2009 a Argentina simplesmente extinguiu, na íntegra, sua Justiça Militar.

13. "§ 3º A lei estadual poderá criar, mediante proposta do Tribunal de Justiça, a Justiça Militar estadual, constituída, em primeiro grau, pelos juízes de direito e pelos Conselhos de Justiça e, em segundo grau, pelo próprio Tribunal de Justiça, ou por Tribunal de Justiça Militar nos Estados em que o efetivo militar seja superior a vinte mil integrantes."

14. Neste sentido, o seguinte julgado do STJ: "*Habeas Corpus*. Acórdão do Tribunal de Justiça Militar de São Paulo. Competência do Superior Tribunal de Justiça. Tese não examinada no acórdão atacado. Supressão de instância. Ordem não conhecida. 1 – Compete ao Superior Tribunal de Justiça processar e julgar os pedidos de *habeas corpus* e os recursos interpostos contra acórdãos dos Tribunais de Justiça Militar Estadual, existentes hoje apenas nos Estados de São Paulo, Rio Grande do Sul e Minas Gerais, os quais possuem competência para processar e julgar os policiais militares e bombeiros militares nos crimes militares definidos em lei. (...)" (HC 35.252/SP, Rel. Ministro Paulo Gallotti, 6ª Turma, julgado em 24/05/2007, DJ 06/08/2007 p. 695).

1º grau	Tribunal (em SP)	Tribunal Superior
Justiça Estadual	TJ/SP[15]	STJ
Justiça Militar do Estado de São Paulo (4 Auditorias Militares)	TJM/SP[16]	STJ
Justiça Federal	TRF 3ª Região[17]	STJ
Justiça do Trabalho	TRT 2ª Região, em São Paulo[18] TRT 15ª Região, em Campinas[19]	TST
Justiça Eleitoral	TRE/SP[20]	TSE
Justiça Militar da União em São Paulo (2ª Circunscrição Judiciária Militar[21])	---	STM

Ainda, além de todos os Tribunais de 2º grau e dos Tribunais Superiores, como guardião da Constituição e acima de todos esses órgãos, há o Supremo Tribunal Federal (STF[22]).

Na sequência serão analisadas as principais características de cada um desses órgãos jurisdicionais – com exceção da Justiça Militar, visto tratar-se de ramo do Judiciário criminal[23] e considerando que seus caracteres mais relevantes já foram acima apontados.

22.2.1. *Justiça Comum Estadual*

Trata-se da Justiça mais capilarizada e interiorizada, com a maior penetração no território nacional. Julga as causas que, por exclusão, não forem das demais Justiças. Mas, ainda que tenha a competência residual, é a que tem o maior número de causas. Por exemplo, toda causa de direito de família é julgada na Justiça Estadual.

Cada Estado tem seu Tribunal de Justiça, sediado na capital.

Em Brasília, há o TJDFT, Tribunal de Justiça do Distrito Federal e Territórios. Atualmente, no tocante à divisão político-administrativa brasileira, há apenas

---

15. <www.tj.sp.gov.br>.
16. <www.tjm.sp.gov.br>.
17. <www.trf3.jus.br>, com competência para julgar causas que tramitaram em São Paulo e no Mato Grosso do Sul, em 1º grau.
18. <www.trt2.jus.br>, com competência para julgar reclamações trabalhistas que tramitaram na Grande São Paulo e litoral, em 1º grau.
19. <www.trt15.jus.br>, com competência para julgar reclamações trabalhistas que tramitaram no interior do Estado de São Paulo, em 1º grau.
20. <www.tre-sp.gov.br>.
21. <www.stm.jus.br/auditorias-militares/auditoria-da-2a-cjm>
22. <www.stf.jus.br>.
23. E lembrando que o foco desta obra é o processo civil.

Estados e não existe nenhum Território Federal. Contudo, se vier a ser criado algum Território[24], o recurso das causas que ali tramitarem será julgado pelo TJDFT.

Conforme a população e o número de causas, a composição dos Tribunais de Justiça é muito variada[25].

Antes da EC nº 45/2004, era possível a existência de Tribunais de Alçada – os quais eram competentes para julgar determinadas matérias e eram Tribunais distintos do TJ, dentro de um mesmo Estado da Federação. Em São Paulo, além do Tribunal de Justiça, havia o 1º e 2º TACs (Tribunais de Alçada Civil) e o TACrim (Tribunal de Alçada Criminal).

Cada Tribunal tem suas regras internas, o denominado Regimento Interno (RI). Portanto, há o RITJSP, RITJRS, RITJPR e assim sucessivamente. E vale destacar que todos os Tribunais de todos os ramos do Judiciário têm seus respectivos Regimentos Internos (portanto, a existência do RI é comum a todos os Tribunais pátrios).

Quanto à composição, o TJ é formado por juízes de carreira, magistrados de 1º grau que, mediante promoção, são alçados a desembargadores. Mas, além disso, um quinto das vagas são destinadas, alternadamente, a membros do Ministério Público e da Advocacia. É o denominado "quinto constitucional" (CF, art. 94), que tem por finalidade arejar o julgamento no âmbito dos Tribunais, trazendo para o julgamento também a experiência de membros de outras carreiras que não apenas da magistratura[26].

22.2.2. Justiça Comum Federal

É dotada de um número de fóruns muito inferior ao da Justiça Estadual, estando presente apenas nas capitais e principais cidades dos Estados. Por força dessa dificuldade ao jurisdicionado, a Constituição permite que algumas causas federais sejam excepcionalmente processadas em 1º grau pela Justiça Estadual, mas sempre com recurso julgado pelo TRF[27].

A Justiça Federal é competente para julgar causas em que entes federais participem do processo, qualquer que seja o polo. Portanto, nos termos do art. 109,

---

24. Conferir CF, art. 18, §§ 2º e 3º.
25. Por exemplo: o TJSP, o maior do país, tem mais de 350 desembargadores, ao passo que o TJAL tem 14.
26. Aberta uma vaga pelo quinto, OAB e MP apontam, em lista sêxtupla, quem são seus indicados (frise-se, de forma alternada; assim, advogados e membros do Ministério Público não concorrerão entre si). O TJ, mediante votação de seus membros, transforma essa lista em tríplice, sendo que o Governador do Estado escolhe um dos nomes para ser nomeado desembargador. Atualmente, há muitas críticas e polêmicas em torno da existência do quinto constitucional, sendo que se discute sua modificação ou até mesmo extinção – o que é especialmente defendido por associações de magistrados.
27. CF, art. 109, §§ 3º e 4º, permitindo que, se o domicílio do segurado não for sede de Justiça Federal, é possível o ajuizamento de demanda em face do INSS na Justiça Estadual. Isso de modo a garantir o acesso à Justiça a quem – pela idade ou condição física – teria dificuldade de se locomover a outra cidade para ir ao fórum.

I da Constituição, a presença da União, autarquias federais[28] e empresas públicas federais[29] atraem a competência da Justiça Federal para julgamento da causa.

Na seara federal não há um Tribunal para cada Estado, mas apenas cinco Tribunais Regionais Federais[30].

O TRF da 1ª Região[31], com sede em Brasília, tem competência para as causas que tramitam nos Estados do Norte, Bahia, Maranhão, Piauí, Mato Grosso, Goiás, Distrito Federal e Minas Gerais. O TRF da 2ª Região[32], com sede no Rio de Janeiro, tem competência para os Estados de Rio de Janeiro e Espírito Santo. O TRF da 3ª Região[33], com sede em São Paulo, tem competência para os Estados de São Paulo e Mato Grosso do Sul. O TRF da 4ª Região[34], com sede em Porto Alegre, tem competência para os Estados de Rio Grande do Sul, Santa Catarina e Paraná. E, por fim, o TRF da 5ª Região[35], com sede em Recife, tem competência para os Estados de Alagoas, Ceará, Paraíba, Pernambuco, Rio Grande do Norte e Sergipe.

Quanto à composição, verifica-se no TRF a mesma lógica do TJ: 80% de juízes de carreira, 10% de advogados e 10% de membros do MP (ou seja, há o "quinto constitucional" no TRF, tal qual se verifica no TJ). Mas, por certo, a partir do momento da nomeação, todos são desembargadores federais[36], independentemente da origem.

22.2.3. Juizados Especiais Cíveis e Federais (justiça comum)

A Constituição Federal, no seu art. 98, prevê, ainda, a existência de Juizados Especiais para causas cíveis de menor complexidade[37].

A Lei nº 9.099/1995 criou os Juizados Especiais Cíveis (JEC), no bojo da Justiça Estadual, cuja competência é relativa. Ou seja, a parte autora pode optar pelo ajuizamento da demanda no JEC ou perante a Vara Cível da Justiça Estadual, se a causa tiver o valor de até 40 salários mínimos[38].

---

28. Como o INSS, um dos maiores litigantes do país.
29. Como a Caixa Econômica Federal e os Correios. Banco do Brasil e Petrobras são sociedades de economia mista e, assim, não são julgados pela Federal, mas pela Estadual, por exclusão. Neste sentido, a Súmula nº 42 do STJ: "Compete à Justiça Comum Estadual processar e julgar as causas cíveis em que é parte Sociedade de Economia Mista e os crimes praticados em seu detrimento".
30. Há, no Congresso Nacional, projetos para criação de mais 04 TRFs, cujas sedes seriam em Curitiba, Belo Horizonte, Manaus e Salvador.
31. <www.trf1.jus.br>
32. <www.trf2.jus.br>
33. <www.trf3.jus.br>
34. <www.trf4.jus.br>
35. <www.trf5.jus.br>
36. Na verdade, a Constituição apenas denomina de desembargadores os magistrados de 2º grau da Justiça Estadual. Assim, pelo texto constitucional seriam "juízes federais de Tribunal Regional Federal" (CF, art. 107, *caput*.). Mas, no cotidiano forense, os próprios magistrados se autodenominam desembargadores, por isso assim se escreveu no texto.
37. E também para o julgamento de causas criminais de menor potencial ofensivo.
38. Se o valor da causa for superior a tal montante e a parte promover a ação no Juizado, tal conduta ensejará a renúncia do montante excedente (nos termos do art. 3º, § 3º da Lei nº 9.099/1995, "a opção pelo

Por sua vez, no âmbito da Justiça Federal, a Lei nº 10.259/2001 criou os Juizados Especiais Federais (JEF), cuja competência é absoluta para as demandas cujo valor da causa não ultrapasse 60 salários mínimos. Logo, não há opção pela utilização da Vara Federal.

É de esclarecer que os Juizados não contam, em sua estrutura, com Tribunais. O duplo grau de jurisdição é realizado pelos Colégios Recursais (compostos por três juízes que atuam na primeira instância[39]). Este órgão colegiado irá apreciar e julgar os recursos interpostos contra as decisões proferidas pelo juiz de primeiro grau dos Juizados.

A finalidade dos Juizados é proporcionar o acesso à justiça de forma mais simples, informal e célere para lides de valores econômicos reduzidos[40].

Os Juizados importam tanto em uma modificação de procedimento (mais simples que o padrão utilizado, que é o procedimento comum ordinário, regulamentado pelo CPC), como em uma estrutura paralela à usual apresentação do Judiciário, distinta principalmente em relação ao aspecto recursal.

Assim, a estrutura do JEC é a seguinte:

1º grau	2º grau	Tribunal Superior	Defesa Constituição
Vara do JEC	Colégio Recursal	--	STF

Por sua vez, a estrutura jurisdicional do JEF apresenta alguma distinção:

1º grau	2º grau	Tribunal Superior	Defesa Constituição
Vara do JEF	Colégio Recursal	STJ, somente via uniformização de jurisprudência[41] (Lei nº 10.259/2001, art. 14)	STF

22.2.4. Justiça do trabalho

A Justiça do Trabalho é competente para julgar litígios envolvendo a relação de trabalho e emprego. A EC nº 45/2004, ao dar nova redação ao art. 114 da Constituição, ampliou a competência da Justiça Trabalhista. A Justiça do Trabalho não é tão interiorizada como a Justiça Estadual, mas sua presença é maior do que a Justiça Federal.

---

procedimento previsto nesta Lei importará em renúncia ao crédito excedente ao limite estabelecido neste artigo, excetuada a hipótese de conciliação".

39. Portanto, não há o "quinto constitucional" na composição dos Colégios Recursais dos Juizados.

40. Suas origens remontam aos antigos "Juizados de Pequenas Causas" (Lei nº 7.244/1984) e nos estudos de Mauro Capelletti, o qual apontou que os formalismos e altos custos afastam do Poder Judiciário a solução de inúmeros litígios, o que seria fator de instabilidade social. Kazuo Watanabe, ao se manifestar a respeito desse fenômeno, fala em litigiosidade contida.

41. O STF, no julgamento do RE 571572 (agosto de 2009), afirmou que, até a edição de lei que crie o incidente de uniformização de jurisprudência no JEC, será cabível reclamação ao STJ se uma decisão de Colégio Recursal de JEC for contrária à jurisprudência do STJ. Trata-se de uma inovação que acaba por permitir a abertura de uma via ao STJ das decisões proferidas pelo JEC.

Os recursos das Varas do Trabalho são julgados pelos Tribunais Regionais do Trabalho (TRT) e, em grau superior, pelo Tribunal Superior do Trabalho (TST).

A maioria dos Estados da Federação tem seu respectivo TRT[42], e apenas São Paulo tem dois Tribunais[43], considerando a grande quantidade de empregados e litígios trabalhistas no Estado. Quanto à composição, o TRT é formado por magistrados de carreira e, também, pelo "quinto constitucional", com advogados e membros do Ministério Público do Trabalho[44].

O TST é composto de 27 Ministros, nomeados pelo Presidente da República, após aprovação pelo Senado Federal. Há magistrados de carreira, indicados pelo próprio TST e também o "quinto constitucional", com advogados e membros do Ministério Público do Trabalho[45].

22.2.5. Justiça Eleitoral

Cada um dos ramos do Judiciário é dotado de carreira e estrutura física próprias.

A exceção é a Justiça Eleitoral, a qual não é dotada de uma carreira específica, de juiz eleitoral. Os magistrados que exercem a jurisdição eleitoral são, originariamente, da Justiça Estadual ou Federal. A competência deste ramo da jurisdição é gerir todo o processo eleitoral (desde a filiação partidária e registro da candidatura, até eventual cassação de mandato), além de apurar a ocorrência de crimes eleitorais.

No 1º grau, a Justiça Eleitoral é exercida por juízes de direito – que acumulam suas funções de magistrados estaduais e, em regra, é fisicamente localizada na própria sede da Justiça Estadual. Há a utilização da Justiça Estadual exatamente por esta se tratar da Justiça com a maior presença no interior do país.

Por sua vez, no 2º grau, em cada Estado há o Tribunal Regional Eleitoral (TRE), que é composto por magistrados estaduais, federais e advogados[46].

Já o Tribunal Superior Eleitoral (TSE) é composto por três Ministros do STF, dois Ministros do STJ e dois advogados[47].

22.2.6. STF e STJ

Além dos órgãos e Tribunais acima expostos, a estrutura jurisdicional brasileira traz, ainda, dois Tribunais Superiores: o Supremo Tribunal Federal (STF) e o Superior Tribunal de Justiça (STJ).

---

42. O Acre é um exemplo de Estado que não tem TRT. Os recursos das reclamações que tramitam nesse Estado são julgados pelo TRT 14 <www.trt14.jus.br>, com sede em Rondônia.
43. Como já visto acima, o TRT 15 tem sede em Campinas, que, portanto, é a única cidade do país que tem um Tribunal, apesar de não ser capital.
44. CF, art. 115.
45. CF, art. 111-A.
46. CF, art. 120. São dois desembargadores do TJ, dois juízes estaduais de 1º grau, um magistrado federal (TRF ou 1º grau) e dois advogados. Assim, no âmbito eleitoral, não há o "quinto constitucional", já que não se trata de um quinto das vagas e não há a participação de membros do MP.
47. CF, art. 119. Assim, conforme exposto na nota anterior, não há propriamente o "quinto constitucional".

O STF, como já exposto, é a cúpula do sistema jurisdicional pátrio. É o Tribunal que tem por principal finalidade a guarda da Constituição. Sua competência está delimitada no art. 102 da Constituição[48]. Assim, o STF é um Tribunal que pode apreciar causas originárias de qualquer ramo do Judiciário.

É composto por 11 Ministros, escolhidos pelo Presidente da República, e que dependem de aprovação do Senado Federal[49]. Não há obrigação de que sejam juízes de carreira, mas sim que tenham "notável saber jurídico" e "reputação ilibada"[50].

De seu turno, o STJ – criado na Constituição de 1988 como uma tentativa de desafogar o STF[51] – tem por finalidade ser o órgão máximo da Justiça Comum, no tocante à matéria não constitucional. Ou seja, é o Tribunal que terá a última palavra em matéria infraconstitucional[52], a saber: Código Civil, Código de Processo Civil, Código Penal etc. Nesta perspectiva, percebe-se como se trata de um Tribunal com grande importância no cotidiano das pessoas.

É composto por 33 Ministros[53], escolhidos pelo Presidente da República, dotados de "notável saber jurídico" e "reputação ilibada", os quais dependem de aprovação do Senado Federal[54]. Mas, diferentemente do STF, o texto constitucional traz alguns critérios para a composição do STJ: um terço de desembargadores federais, um terço de desembargadores estaduais e um terço de advogados e membros do MP[55].

A distinção entre esses Tribunais se insere no âmbito de atuação de cada um:

a) STJ busca unificar a aplicação do direito federal infraconstitucional (Códigos e legislação extravagante), mas especificamente em relação à jurisdição comum;

b) STF busca unificar a aplicação da Constituição; em relação a qualquer uma das Justiças.

Vale destacar que, apesar de ambos os Tribunais serem órgãos de cúpula do Poder Judiciário (STJ, em nível infraconstitucional, quanto à Justiça Comum e STF,

---

48. Nos termos de tal dispositivo, o STF é dotado de competência originária ou recursal, conforme o caso.
49. CF, art. 101. No Brasil, a regra é que a sabatina do Senado é meramente homologatória, sem maior resistência ao nome indicado pelo Presidente da República.
50. O subjetivismo desses critérios e a concentração de poder nas mãos do Presidente da República levantam diversas críticas a respeito desse modo de escolha dos Ministros. Diversas vozes apontam a necessidade de mudança dos critérios, quiçá aproximando da composição dos outros Tribunais Superiores (com elaboração de listas pelos próprios Tribunais) ou de modelos estrangeiros (em diversos países da Europa, a responsabilidade pela composição é divida entre Executivo, Legislativo e Judiciário). O modelo brasileiro é cópia do modelo norte-americano, em que a escolha é exclusiva do chefe do Executivo.
51. Antes de 1988, a competência que hoje é do STJ era também do STF.
52. Sua competência está delimitada no art. 105 da Constituição. Tal qual ocorre em relação ao STF, o STJ é dotado de competência originária e/ou recursal.
53. A Constituição, no *caput* de seu art. 104, fala em "no mínimo" 33 Ministros. Desde sua criação este é o número de Ministros do STJ. Mas, pela interpretação do texto constitucional, é certo ser possível a majoração no número de Ministros.
54. CF, art. 104, p.u.
55. CF, art. 104, p.u., I e II. Ou seja, no âmbito do STJ tem-se o "terço constitucional" e não o "quinto constitucional", como nos demais Tribunais.

no âmbito constitucional, em relação a todas os ramos do Poder Judiciário), não são vinculados a nenhum desses ramos do Judiciário, mas gozam de autonomia, nos termos do art. 92 da Constituição.

O mesmo não se verifica em relação aos demais Tribunais Superiores (TST, TSE e STM), que são parte integrante de cada uma das Justiças Especializadas.

Por sua vez, em relação à competência, TST, TSE e STM, tal qual o STJ, também são responsáveis por analisar a legislação infraconstitucional, mas aquela específica ao ramo especializado daquele Tribunal Superior. Portanto, à guisa de exemplo, a última palavra a respeito de um artigo da CLT, do ponto de vista infraconstitucional, será do TST. Assim, estes Tribunais Superiores são exclusivos de cada uma das respectivas justiças especializadas.

Diante do exposto, percebe-se que uma causa eleitoral não chegará ao STJ, nem uma reclamação trabalhista chegará ao TSE, nem uma causa de família (julgada pela Justiça Estadual) chegará ao TST. Mas qualquer dessas causas pode, no caso de uma violação à Constituição, vir a ser apreciada pelo STF.

22.2.7. CNJ

Por fim, ainda inserido no art. 92 da Constituição como órgão do Judiciário, há o Conselho Nacional de Justiça (CNJ[56]).

O CNJ, previsto no art. 103-B da Constituição, foi inserido no texto constitucional via EC nº 45/2004. Apesar de ser um órgão do Judiciário, não se trata de um órgão jurisdicional, como os antes apontados. Isto é, não há julgamento de lide por parte do Conselho.

Sua finalidade é o "controle da atuação administrativa e financeira do Poder Judiciário e do cumprimento dos deveres funcionais dos juízes"[57]. Ou seja, busca-se administrar o Poder Judiciário de maneira profissional e nacionalmente – além de atuar de forma incisiva diante de deslizes dos magistrados.

É composto por 15 Conselheiros, com mandato de 2 anos, sendo admitida uma recondução[58]. A presidência do CNJ será sempre do Presidente do STF[59]. Os demais membros são nomeados pelo Presidente da República, dependendo de aprovação do Senado[60]. A Constituição traz alguns critérios para a escolha dos membros do CNJ, sendo o colegiado composto de 9 magistrados, 2 membros do MP, 2 advogados e 2 cidadãos[61].

---

56. <www.cnj.jus.br>.
57. Suas principais atribuições estão previstas no § 4º do art. 103-B.
58. CF, art. 103-B, *caput*.
59. CF, art. 103-B, § 1º, com a redação da EC nº 61/2009.
60. CF, art. 103-B, § 2º.
61. O art. 103-B aponta que serão Conselheiros: "I – o Presidente do Supremo Tribunal Federal; II – um Ministro do Superior Tribunal de Justiça, indicado pelo respectivo tribunal; III – um Ministro do Tribunal Superior do Trabalho, indicado pelo respectivo tribunal; IV – um desembargador de Tribunal de Justiça,

Apesar de ser um órgão ainda novo na estrutura jurisdicional pátria, o CNJ tem logrado obter alguns bons resultados no sentido de tornar mais transparente o Poder Judiciário brasileiro[62].

---

indicado pelo Supremo Tribunal Federal; V – um juiz estadual, indicado pelo Supremo Tribunal Federal; VI – um juiz de Tribunal Regional Federal, indicado pelo Superior Tribunal de Justiça; VII – um juiz federal, indicado pelo Superior Tribunal de Justiça; VIII – um juiz de Tribunal Regional do Trabalho, indicado pelo Tribunal Superior do Trabalho; IX – um juiz do trabalho, indicado pelo Tribunal Superior do Trabalho; X – um membro do Ministério Público da União, indicado pelo Procurador-Geral da República; XI – um membro do Ministério Público estadual, escolhido pelo Procurador-Geral da República dentre os nomes indicados pelo órgão competente de cada instituição estadual; XII – dois advogados, indicados pelo Conselho Federal da Ordem dos Advogados do Brasil; XIII – dois cidadãos, de notável saber jurídico e reputação ilibada, indicados um pela Câmara dos Deputados e outro pelo Senado Federal".

62. Como destaque, a proibição do nepotismo no bojo do Poder Judiciário (Resolução 7/2005), discussão que posteriormente foi decidida pelo STF e deu origem à Súmula Vinculante nº 13, estendendo a vedação do nepotismo nos 3 Poderes: "A nomeação de cônjuge, companheiro ou parente em linha reta, colateral ou por afinidade, até o terceiro grau, inclusive, da autoridade nomeante ou de servidor da mesma pessoa jurídica, investido em cargo de direção, chefia ou assessoramento, para o exercício de cargo em comissão ou de confiança, ou, ainda, de função gratificada na Administração Pública direta e indireta, em qualquer dos poderes da União, dos Estados, do Distrito Federal e dos Municípios, compreendido o ajuste mediante designações recíprocas, viola a Constituição Federal".

CAPÍTULO 23

Ministério Público[1]

Luiz Dellore

O MINISTÉRIO PÚBLICO (MP) é uma instituição destinada à preservação dos valores fundamentais do Estado. O art. 127 da CF o define como instituição "permanente e essencial à função jurisdicional", sendo responsável pela defesa da ordem jurídica, do regime democrático e dos interesses sociais.

No âmbito criminal, o MP é responsável pela acusação (repressão do crime – que atenta contra valores fundamentais da sociedade). No âmbito cível, pode atuar como fiscal da lei (*custos legis* – art. 82 do CPC) ou mesmo como parte, tanto nos casos previstos em lei (art. 81 do CPC) como, principalmente, em demandas coletivas.

Está presente, portanto, em toda a estrutura jurisdicional brasileira. Ou seja, em qualquer ramo do Judiciário, nos momentos em que sua atuação for prevista na Constituição ou em lei, deverá o MP atuar.

A Constituição, em seu art. 128, divide o MP em Ministério Público da União (MPU), regido pela LC nº 75/1993 e o Ministério Público Estadual (MPE), que se rege pela Lei nº 8.625/1993 – além da legislação de cada um dos Estados.

O MPU compreende o MP Federal (que atua no STF, no STJ e na Justiça Federal), o MP do Trabalho (atuação na Justiça do Trabalho), o MP Militar (oficia na Justiça Militar da União) e o MPDFT (pertinente ao Distrito Federal e Territórios). As carreiras e os concursos são distintos entre estes diversos órgãos.

---

1. Ver, também, item 32.3., *infra*, O ministério Público, no processo civil.

Não há previsão constitucional de um Ministério Público Eleitoral. Assim, a atuação na Justiça Eleitoral é semelhante ao que se verifica em relação aos juízes. Portanto, no 1º grau atua o MPE, ao passo que, em 2º grau, oficia o MPF.

Por sua vez, diante da ausência de um MP Militar Estadual, o MPE atua na Justiça Militar Estadual, nos Estados em que esta existir.

A nomenclatura dos membros do MP é distinta[2], conforme a carreira e o grau de jurisdição em que se atua. O acesso sempre é feito mediante concurso público.

Inicialmente, apresentamos quadro referente ao MPU[3].

Órgão	1º grau	2º grau	Chefia
MPF[4]	Procurador da República	Procurador Regional da República	Procurador-Geral da República
MPT[5]	Procurador do Trabalho	Procurador Regional do Trabalho	Procurador-Geral do Trabalho
MPM[6]	Promotor da Justiça Militar	Procurador da Justiça Militar	Procurador-Geral da Justiça Militar
MPDFT[7]	Promotor de Justiça do Distrito Federal	Procurador de Justiça do DF	Procurador-Geral de Justiça do DF

A chefia do MPU é exercida pelo Procurador-Geral da República (PGR), que é nomeado pelo Presidente da República, dependente de aprovação do Senado[8].

O PGR nomeia os chefes do MPT[9] e do MPM[10]. O chefe do MPDFT é escolhido pelo Presidente da República[11].

Por sua vez, no âmbito do MPE, a situação é a seguinte:

Órgão	1º grau	2º grau	Chefia
MPE[12]	Promotor de Justiça	Procurador de Justiça	Procurador-Geral de Justiça

---

2. Quando das discussões da EC nº 45/2004 (Reforma do Judiciário), propôs-se que todos os membros do Ministério Público fossem chamados "promotores", nomenclatura que, seguramente, facilitaria a correta identificação dos membros da carreira, já que os nomes atualmente utilizados dão margem a diversas confusões, especialmente por parte dos leigos – especialmente no tocante ao termo "procurador", que é polissêmico. Porém, a proposta não avançou no Congresso Nacional.
3. <www.mpu.gov.br>.
4. <www.pgr.mpf.gov.br>.
5. <www.pgt.mpt.gov.br>.
6. <www.mpm.gov.br>.
7. <www.mpdft.gov.br>.
8. CF, art. 128, § 1º.
9. LC nº 75/1993, art. 88.
10. LC nº 75/1993, art. 121.
11. CF, art. 128, § 3º e LC nº 75/1993, art. 156.
12. Como já se percebe, cada Estado tem o seu próprio MP, com sua respectiva página na internet. O MPSP tem o seguinte endereço: <www.mp.sp.gov.br>.

O Procurador-Geral de Justiça é escolhido pelo Governador, em cada um dos Estados da Federação[13].

À semelhança do CNJ e com as mesmas atribuições deste órgão, só que voltadas ao MP, a EC nº 45/2004 criou o Conselho Nacional do Ministério Público (CNMP[14]), previsto no art. 130-A[15].

---

13. CF, art. 128, § 3º, após elaboração de lista tríplice pelos integrantes da carreira.
14. <www.cnmp.gov.br>
15. O artigo prevê 14 Conselheiros, nomeados pelo Presidente da República e dependendo de aprovação do Senado, com presidência do PGR, sendo 8 membros do MP, 2 magistrados, 2 advogados e 2 cidadãos, da seguinte forma (CF, art. 130-A): "I – o Procurador-Geral da República, que o preside; II – quatro membros do Ministério Público da União, assegurada a representação de cada uma de suas carreiras; III – três membros do Ministério Público dos Estados; IV – dois juízes, indicados um pelo Supremo Tribunal Federal e outro pelo Superior Tribunal de Justiça; V – dois advogados, indicados pelo Conselho Federal da Ordem dos Advogados do Brasil; VI – dois cidadãos de notável saber jurídico e reputação ilibada, indicados um pela Câmara dos Deputados e outro pelo Senado Federal".

Capítulo 24

Advocacia[1]

Luiz Dellore

Para conclusão deste capítulo, necessária uma breve exposição a respeito da carreira do *advogado, defensor público e procuradores que defendem os entes estatais.*

O advogado é "indispensável à administração da justiça" (CF, art. 133) e representa as partes em juízo. Em regra, para que as partes (autor e réu) possam se manifestar em juízo, devem ser representadas por advogados (profissional dotado de capacidade postulatória)[2].

Justifica-se a assessoria do advogado à parte visto que (i) o profissional tem conhecimento técnico a respeito do Direito e (ii) o advogado é sujeito alheio ao conflito. Assim, tem plenas condições – psicológicas e intelectuais – de analisar a lide e assessorar seu cliente.

Para que alguém possa ser advogado, deve observar alguns requisitos, previstos na Lei nº 8.906/1994, que assim prevê:

> Art. 8º Para inscrição como advogado é necessário:
> I – capacidade civil;
> II – diploma ou certidão de graduação em direito, obtido em instituição de ensino oficialmente autorizada e credenciada;
> III – título de eleitor e quitação do serviço militar, se brasileiro;
> IV – aprovação em Exame de Ordem;

---

1. Ver, também, item 32.4., *infra*, O advogado, no processo civil.
2. Por vezes, a própria parte é dotada de capacidade postulatória, situação na qual a presença do advogado passa a ser facultativa e não obrigatória. Um exemplo é a postulação perante o JEC, situação na qual, se o valor da causa for de até 20 salários mínimos, a própria parte pode pleitear (Lei nº 9.099/1995, art. 9º).

V – não exercer atividade incompatível com a advocacia;
VI – idoneidade moral;
VII – prestar compromisso perante o conselho.

O Exame de Ordem, mencionado no inciso IV, é aplicado pela Ordem dos Advogados do Brasil (OAB)[3].

Assim, considerando a inércia da Jurisdição, o advogado é essencial para, representando as partes, acionar o Judiciário e dar início ao processo, de modo a se solucionar a lide. Além de, por certo, defender a parte ré em juízo.

Contudo, como já visto em capítulos anteriores (23 e 24), é possível que uma parte tenha dificuldade de arcar com os custos de um advogado. De modo a garantir o acesso à justiça (sob a ótica do autor) e à ampla defesa (sob a perspectiva do réu), há a Defensoria Pública.

A Defensoria é um órgão estatal que presta assistência jurídica à população carente (CF, art. 134). O ingresso à Defensoria se dá via concurso público.

Há, no âmbito federal, para atuação perante a Justiça Federal, a Defensoria Pública da União (DPU)[4], ao passo que para atuação na Justiça Estadual há as Defensorias Estaduais[5]. A Defensoria Pública tem suas principais diretrizes na LC nº 80/1994.

Além disso, é certo que o Estado (nas suas três esferas, Federal, Estadual e Municipal) também necessita de advogados para atuar em juízo. E destaque-se que os entes estatais são litigantes em larga escala. Tal advogado usualmente recebe o nome de procurador[6]. O ingresso aos órgãos de postulação judicial e assessoramento jurídico dos entes estatais se dá por concurso público[7].

Para a defesa da União foi criada, na Constituição de 1988, a Advocacia-Geral da União (AGU). Assim, a representação em juízo da administração direta da União é realizada pelos advogados da União[8].

---

3. Há o Conselho Federal da OAB (www.oab.org.br), bem como, em cada Estado da Federação, uma Seção. Atualmente, o Exame de Ordem é unificado para quase todos os Estados do país, aplicando-se, portanto, a mesma prova em todo o território nacional. Exame este que é dividido em 2 fases: a primeira com 100 testes, múltipla escolha, e a segunda fase (em que há opção de área do Direito), consistente em 5 questões discursivas e uma peça prático-profissional.
4. <www.dpu.gov.br>
5. A situação das Defensorias estaduais é bem distinta no país. Há Estados em que ela nem sequer foi criada (como em Santa Catarina, em que a assessoria à população carente é feita por convênios com a OAB e órgãos de faculdades de Direito). Há Estados em que ela já foi criada há anos, e já está consolidada (como em Minas Gerais: <www.defensoriapublica.mg.gov.br> e no Rio de Janeiro: <www.dpge.rj.gov.br>). E há Estados em que se trata de uma instituição recente, ainda em fase de estruturação (é o caso de São Paulo: <www.defensoria.sp.gov.br>).
6. E, assim, é comum a confusão entre o Procurador do Estado (Advogado que defende o Estado em juízo) e o Procurador de Justiça do Estado (membro do MP estadual que atua em 2º grau de jurisdição).
7. Quanto à União e aos Estados, há expressão menção ao concurso público nos arts. 131, § 2º, e 132 da Constituição, respectivamente. Quanto aos Municípios, aplica-se a regra geral do art. 37, II da Constituição.
8. CF, art. 131.

Por sua vez, a representação dos demais órgãos federais (ou seja, órgãos da administração indireta, a saber, autarquias e fundações públicas federais como INSS, Incra, Ibama, universidades federais etc.) é realizada pelos procuradores federais. A Procuradoria-Geral Federal é um órgão vinculado à AGU, mas com autonomia administrativa e financeira[9].

Ainda no âmbito federal, para a execução da dívida ativa (ou seja, cobrança de débitos tributários), há a Procuradoria da Fazenda Nacional (PFN)[10].

No que pertine à esfera estadual para a defesa dos diversos Estados da Federação, atua a Procuradoria do Estado. Já no âmbito municipal, há as Procuradorias dos Municípios.

A chefia desses diversos órgãos é escolhida pelo chefe do respectivo Poder Executivo.

Ente	Responsável pela postulação	Chefia do órgão
União (administração direta) AGU[11]	Advogado da União	Advogado-Geral da União
Autarquias e fundações federais Procuradoria Federal	Procurador Federal	Procurador-Geral Federal
União (débitos tributários) PFN[12]	Procurador da Fazenda Nacional	Procurador-Geral da Fazenda Nacional
Estados Procuradoria do Estado[13]	Procurador do Estado	Procurador-Geral do Estado
Municípios Procuradoria do Município[14]	Procurador do Município	Procurador-Geral do Município

BIBLIOGRAFIA (CAPÍTULOS 22, 23 E 24)

CAPPELLETTI, Mauro; GARTH, Bryant. *Acesso à justiça.* Tradução de Ellen Gracie Northfleet. Porto Alegre: Sérgio Antonio Fabris Editor, 1988.

CARVALHO, Milton Paulo de. *Manual da competência civil.* São Paulo: Saraiva, 1995.

CORREIA, Marcus Orione Gonçalves. *Teoria Geral do Processo.* 2. ed. São Paulo, Saraiva, 2003.

DELLORE, Luiz; MARIN, Marco Aurélio; TARTUCE, Fernanda. *Manual de Prática Civil.* 4. ed. São Paulo: Método, 2009.

GRECO FILHO, Vicente. *Direito processual civil brasileiro.* 20. ed. São Paulo: Saraiva, 2007, v. I.

---

9. Art. 9º da Lei nº 10.480/2002.
10. CF, art. 131, § 3º.
11. <www.agu.gov.br>.
12. <www.pgfn.fazenda.gov.br>.
13. À guisa de exemplo, Procuradoria do Estado de São Paulo: <www.pge.sp.gov.br>.
14. A título de exemplo, Procuradoria do Município de São Paulo: <http://www.prefeitura.sp.gov.br/cidade/secretarias/negocios_juridicos/procuradoria_geral/>.

NEVES, Celso. *Estrutura Fundamental do Processo Civil*. Rio de Janeiro: Forense, 1997.

SALLES, Sérgio Luiz Monteiro. *Breviário Teórico e Prático de Direito Processual Civil*. São Paulo: Malheiros, 1993.

SANTOS, Moacyr Amaral. *Primeiras linhas de direito processual civil*. 25. ed. São Paulo: Saraiva, 2007, v. 1.

SILVA, Ovídio A. Baptista da. *Teoria Geral do Processo Civil*. 3. ed. São Paulo: Editora Revista dos Tribunais, 2002.

WATANABE, Kazuo. *Juizado Especial de Pequenas Causas*. São Paulo: Editora Revista dos Tribunais, 1985.

TÍTULO III
DA AÇÃO

Capítulo 25

Conceito e natureza jurídica da ação e da exceção. Caracteres do direito de agir

Carlos Augusto de Assis

A AÇÃO SEMPRE FOI um tema fascinante para o estudioso do processo. Na realidade, o próprio desenvolvimento histórico do direito processual como ciência autônoma se deve, em boa medida, às discussões que foram travadas a respeito de ação.

É assim que, para poder chegar a uma noção mais precisa do que vem a ser ação e qual a sua natureza jurídica, temos de passar por um exame histórico, ainda que breve.

25.1. A teoria imanentista (ou civilista) da ação

Comecemos, portanto, da época mais remota, em que não se tinha consciência da autonomia do processo. É nesse período que vamos encontrar a corrente de pensamento que defendia ser a ação mera expressão do próprio direito subjetivo. Costuma-se referir a tal corrente como *imanentista* pelo entendimento de que a ação era imanente (inerente) ao próprio direito subjetivo.

Exemplo eloquente dessa visão era a afirmação de Unger que a ação era "*o direito em pé de guerra, reagindo contra sua ameaça ou violação*"[1]. Como bem destaca Cândido Dinamarco[2], o art. 75, do antigo CC refletia esse pensamento quando dispunha que "*a todo direito corresponde uma ação, que o assegura*".

---

1. Segundo nos conta Moacyr Amaral Santos, *Primeiras linhas de direito processual civil*, 25. ed., São Paulo: Saraiva, 2007, v. 1, p. 156.
2. Cf. *Instituições de direito processual civil*, 6. ed., São Paulo: Malheiros, 2009, v. II, n. 555.

Como explicava Chiovenda, para essa doutrina, a ação era encarada "*como um elemento do próprio direito deduzido em juízo, como um poder, inerente ao direito mesmo, de reagir contra a violação, como o direito mesmo em sua tendência a atuar*"[3].

Esse entendimento tinha raízes na concepção romana de *actio*, em que não havia distinção entre "ter direito" e "ter ação". Ocorre que, como bem notou Liebman, havia aqui uma curiosa inversão. Para os romanos não havia o conceito de direito subjetivo, e sim o de *actio*, que era o meio para defesa de seus interesses. Não se dizia que o indivíduo tinha um direito e sim uma *actio*. A teoria imanentista, ao contrário, falava na ação como elemento integrante do direito subjetivo (sua face ativa)[4].

Essa concepção, que tinha no romanista Savigny o grande defensor, era amplamente dominante até meados do século XIX[5]. E foi justamente uma polêmica sobre o conceito de *actio* no direito romano que abriu caminho para uma revisão do pensamento sobre a natureza da ação na época contemporânea.

Referimo-nos à famosa polêmica entre Windscheid e Muther[6], ocorrida em meados do século XIX. Windscheid destacou que a ação contemporânea não se confundia com a *actio* romana (que seria equivalente à *anspruch* – pretensão de direito material). A ideia de Muther, por outro lado, de que a *actio* era o direito "contra o magistrado à concessão da fórmula" acabou servindo de base para uma nova concepção de ação, dirigida contra o Estado, distinta do direito subjetivo discutido em juízo[7]. A teoria imanentista começa a ser repelida por vários autores.

25.2. TEORIA DA AÇÃO COMO DIREITO CONCRETO

A percepção da ação como algo distinto do direito subjetivo levou ao reconhecimento de sua autonomia. Esse reconhecimento não significou, porém, para toda a doutrina, que não houvesse relação de dependência entre o direito deduzido e a ação.

Com efeito, após o imanentismo, nasce de um lado a teoria da ação como direito concreto, que pode ser resumida na ideia de que só tinha ação quem tinha o direito a um provimento favorável. A partir dessa concepção básica, temos variantes ao sabor da posição particular de cada autor.

Vejamos, em primeiro lugar, o alemão Adolf Wach, que desenvolveu sua teoria em 1885. Ele concebia a ação como um direito subjetivo público **contra o Estado**, mas dependente de uma **sentença favorável**. Wach desenvolveu um inteligente argumento para demonstrar a autonomia da ação que era o da ação declaratória de

---

3. *Instituições de direito processual civil*, tradução de Guimarães Menegale, São Paulo: Saraiva, 1942, v. I, p. 49.
4. Cf. Enrico Tullio Liebman, *Manual de direito processual civil*, v. 1, n. 72 e 73.
5. Cf. Moacyr Amaral Santos, *Primeiras linhas de direito processual civil*, 25. ed., São Paulo: Saraiva, 2007, v. 1, p. 156.
6. Para um panorama sobre a polêmica veja-se, em doutrina nacional, Cândido Dinamarco, *Fundamentos do processo civil moderno*, 3. ed., São Paulo: Malheiros, 2000, v. 1, capítulos II e VII.
7. Cf. Celso Neves, *Estrutura fundamental do processo civil*, Rio de Janeiro: Forense, 1997, n. 39 e 40, p. 90-91.

inexistência de relação jurídica. Não se poderia falar em direito subjetivo, porque ela se baseia justamente na inexistência do direito[8].

Outro autor, influenciado por Wach, que adere à teoria concreta foi Chiovenda, o qual apresenta sua teoria de base concretista em 1903. Chiovenda defendia, porém, que a ação era dirigida contra o adversário e não contra o Estado. A ação, na concepção do jurista italiano, era fundamentalmente um poder de fazer atuar a jurisdição contra o adversário, que não podia evitar de sujeitar-se a ela. A ação era, assim, um típico direito potestativo. Nas próprias palavras de Chiovenda, seria "(...) *um poder que nos assiste em face do adversário em relação a quem se produz o efeito jurídico da atuação da lei*"[9].

Vários outros autores podem ser destacados como partidários da teoria concreta, como Bülow, Schmidt, Hellwig e Pohle[10].

25.3. TEORIA DA AÇÃO COMO DIREITO ABSTRATO

Por outro lado, também na Alemanha, nasce a teoria que levaria a autonomia às últimas consequências[11]. Não é por outro motivo que Crisanto Mandrioli afirma que a abstração é um "corolário da autonomia da ação"[12].

Realmente, dizer que a ação não depende da existência de qualquer direito subjetivo é ir um passo além da ideia de que a ação não se confunde com o direito subjetivo. É assim que o cerne da teoria abstrata estaria no fato de que a ação seria um direito não só autônomo, mas *independente* de a sentença ser ou não favorável.

Essa mesma concepção de que a teoria da ação como direito abstrato representa um passo além nós encontramos no abstratista Eduardo Couture, quando afirma que o caminho trilhado por Wach foi completado por Degenkolb[13]. Realmente, a doutrina em geral reconhece nesse outro autor alemão a primazia da criação da teoria abstrata, o que ocorreu mais ou menos simultaneamente às conclusões do húngaro Plòsz, ambas em 1877.

> Curioso observar que Degenkolb, que concebeu essa forma mais avançada de enxergar a ação, acaba, anos mais tarde, retrocedendo, ao afirmar, segundo noticia Chiovenda, que *"um direito de agir, correspondente não a quem tem razão, mas a qualquer que a creia ter, não é um direito subjetivo, senão mera faculdade jurídica"*[14]. Ele afirma, mais tarde, que o autor, para ter "ação", deveria, pelo menos, acreditar ser titular do direito.

---

8. Cf. Moacyr Amaral Santos, *Primeiras linhas de direito processual civil*, 25. ed., São Paulo: Saraiva, 2007, v. 1, p. 156-157.
9. Cf. *Instituições de direito processual civil*, tradução de Guimarães Menegale, São Paulo: Saraiva, 1942, v. I, p. 53.
10. Cf. Cintra-Grinover-Dinamarco, *Teoria geral do processo*, 24. ed., São Paulo: Malheiros, 2008, n. 151.
11. O que para Chiovenda (op. cit., p. 52) era um "exagero inaceitável".
12. *Corso di Diritto Processuale Civile*, 3. ed., Torino: Giappichelli, editore, 1981, p. 57.
13. *Introdução ao estudo do processo civil*, trad. de Mozart Victor Russomano, 3. ed., Rio de Janeiro: Forense, 2001, p. 8.
14. Giuseppe Chiovenda, *Instituições de direito processual civil*, tradução de Guimarães Menegale, São Paulo: Saraiva, 1942, v. I, p. 52.

Essas oscilações demonstram como o tema era – e ainda é – objeto de discussão e passível de visões diferenciadas, de acordo com o ângulo de que se posta o observador. A grande contribuição de Degenkolb, porém, acabou sendo a sua primeira publicação, que revela a teoria abstrata na sua pureza.

Na essência, essa teoria destacava o fato, de fácil constatação, de que o indivíduo que fizesse uso do processo, provocasse a atividade jurisdicional, mas, afinal, viesse a perder a demanda, teria feito uso de algo. Esse algo era, naturalmente, a própria ação, que não dependia de resultado favorável para ser exercida.

Nesse contexto, a ação seria um direito de provocar a atividade jurisdicional, independentemente do resultado. Eduardo Couture diz, literalmente, que ação é *"um direito à jurisdição"*[15]. Alfredo Rocco, outro abstratista famoso, fala na ação como um direito público subjetivo à intervenção do estado e que não dependeria nem mesmo da crença na titularidade de um direito subjetivo material, bastando a mera referência ao *interesse primário protegido*[16].

No Brasil, essa teoria acabou tendo grande penetração, sobretudo na formulação de Enrico Tullio Liebman. Esse autor, de destacada influência em terras brasileiras, também nega que a ação dependa de um julgamento favorável. Aduz, porém, que sempre que se provoque a atividade do Judiciário se estará exercendo ação, no sentido técnico-processual. Para Liebman, o autor só teria ação (processualmente falando) se alguns requisitos mínimos estivessem presentes, quais sejam, a possibilidade jurídica da demanda, o interesse processual e a legitimidade *ad causam* (referidas condições da ação serão tratadas em capítulo à parte).

O detalhe acrescentado por Liebman (a sujeição às condições da ação) é bastante significativo, a ponto de vários autores referirem-se à sua teoria como sendo eclética[17], o que é enfaticamente negado por Cândido Dinamarco. Para Dinamarco, a formulação de Liebman veio a corrigir determinados exageros da teoria, mas não deixaria de ser "abstrata" porque não condiciona a ação à existência do direito[18].

Assim, na esteira de Liebman, a ação não seria propriamente um amplo direito à jurisdição, mas sim o direito a um provimento de mérito[19]. Como um dos fiéis seguidores de Liebman no Brasil, destaque-se, entre outros, Cândido Dinamarco.

---

15. *Introdução ao estudo do processo civil*, tradução de Mozart Victor Russomano, 3. ed., Rio de Janeiro: Forense, 2001, p. 15.
16. Como explica, com mais detalhes, Moacyr Amaral Santos, *Primeiras linhas de direito processual civil*, 25. ed., São Paulo: Saraiva, 2007, v. 1, p. 159-160.
17. Nesse sentido, por exemplo, Alexandre Freitas Câmara, *Lições de direito processual civil*, 19. ed., Rio de Janeiro: Lumen juris, 2009, v. I, p. 111; Wambier-Correia de Almeida-Talamini, *Curso avançado de processo civil*, 10. ed., São Paulo: Revista dos Tribunais, 2008, v. 1, p. 146.
18. *Instituições de direito processual civil*, 6. ed., São Paulo: Malheiros, 2009, v. II, n. 555.
19. Para dar maior amplitude ao conceito, incluindo a exceção, Cândido Dinamarco fala em direito "ao provimento jurisdicional sobre a pretensão deduzida ao juiz (...)" (*Instituições de direito processual civil*, 6. ed., São Paulo: Malheiros, 2009, v. II, n. 555).

Dinamarco, porém, atualmente, sem negar a formulação de Liebman, desenvolveu uma posição que nos parece mais conciliatória, vislumbrando o que chama de *escalada de situações*, havendo um primeiro momento (*ação não exercida*), em que existe o simples direito ao processo, que vai se intensificando, dando o direito a uma série de poderes para realização de atos de participação no processo (*ação em fase de exercício*), até chegar ao direito a um provimento sobre a pretensão deduzida (*ação exercida*)[20].

A doutrina brasileira amplamente dominante norteia-se pela teoria abstrata, seja na formulação de Liebman (independentemente de se denominar ou não de eclética), seja na sua formulação pura, original, como se nota em Kazuo Watanabe[21].

25.4. ALGUMAS CONCLUSÕES SOBRE O CONCEITO E A NATUREZA JURÍDICA DA AÇÃO

A conceituação de ação, como se pode perceber, passa pela tomada de posição a respeito das teorias visitadas nos itens anteriores. Antes de firmar nossa posição pessoal, devemos destacar que, hoje em dia, há forte tendência no sentido de minimizar essas divergências. O enfoque que deve ser privilegiado, em termos de ação, diz respeito à sua aptidão para proporcionar, da melhor forma possível, a promessa constitucional de acesso à justiça (art. 5º, XXXV). Nesse sentido, as divergências em termos de natureza jurídica da ação, ainda existentes, hoje em dia, não podem ser exacerbadas.

De fato, com exceção da teoria imanentista, fruto de uma época em que o direito processual carecia de desenvolvimento científico, as demais têm justificação teórica possível[22]. Nesse sentido vemos as ponderações de autores como Alexandre Freitas Câmara, afirmando que cada uma analisa sob um determinado ângulo o fenômeno da iniciativa de provocar a atividade jurisdicional: o poder de demandar (teoria abstrata), o poder de ação (direito a uma sentença de mérito – teoria de Liebman) e direito à tutela jurisdicional (assegurado a quem tem razão – teoria concreta)[23].

---

20. Cf. *Instituições de direito processual civil*, 6. ed., São Paulo: Malheiros, 2009, v. II, n. 435 e 555.
21. Cf. *Da Cognição no processo civil*, 3. ed., São Paulo: DPJ editora, 2005, p. 91.
22. Mesmo a teoria da ação como direito concreto, francamente minoritária, encontra entre nós seus defensores. Nesse sentido, merece especial menção a posição do Professor José Ignacio Botelho de Mesquita que, em sua tese de cátedra, enfrenta as críticas que se fazem à ação como direito concreto, e define "(...) o direito de ação como o *direito à realização da ordem jurídica*, por meio da atividade do Estado. É um direito subjetivo público, dirigido contra o Estado, a quem incumbe o dever de, pela atividade de seus órgãos jurisdicionais, tornar efetiva a ordem prevista na lei". (*Teses, estudos e pareceres de processo civil*, São Paulo: Revista dos Tribunais, 2005, v. I, p. 121-122).
23. Cf. *Lições de direito processual civil*, 19. ed., Rio de Janeiro: Lumen Juris, 2009, v. 1, p. 113-114. Uma parcial conciliação entre a teoria abstrata "pura" e a concretista encontramos em Ovídio Baptista da Silva, que acolhe a distinção de Pontes de Miranda quando este identifica uma ação de direito material e uma "ação", de conteúdo processual. Ovídio Baptista fala que é preciso distinguir, primeiro, um **direito de acesso aos tribunais**, como um poder que o Estado reconhece aos jurisdicionados de invocar a proteção jurisdicional. Já a **"ação"** (de conteúdo processual) seria o exercício do direito de acesso aos tribunais. Seria, portanto, abstrata e incondicionada, assim como aquele. Finalmente, teríamos a **ação de direito material**, que é expressão do direito material e representa a conduta do titular de um direito para obter a sua realização. Para Ovídio Baptista, portanto, Chiovenda e os concretistas, equivocadamente, não estão tratando da

Outra ressalva que deve ser feita é que, independente da teoria que cada um adote, não se pode ignorar a conformação dada pelo nosso direito positivo, fortemente influenciado, como se sabe, pela doutrina de Liebman. É por isso que, à luz do disposto no CPC, as condições da ação efetivamente não integram o mérito. Moniz Aragão adverte, nesse sentido, que não é possível interpretar o direito positivo brasileiro nessa matéria com base na teoria de Chiovenda, por exemplo[24].

Feitas essas observações, manifestamos nossa adesão à teoria abstrata, na sua formulação original, isto é, como direito incondicionado a uma prestação jurisdicional[25]. Isso não significa ignorar o nosso direito positivo, pois, como assevera Kazuo Watanabe, as condições da ação não são inconciliáveis com essa corrente doutrinária. Numa perspectiva abstratista pura as condições da ação "seriam 'condições' para o *julgamento do mérito da causa*, impostas basicamente por razões de economia processual, e não condições para a existência da ação"[26].

Por outro lado, tratando de natureza jurídica, se é certo que a ação não se confunde com o direito subjetivo material, há uma certa dúvida se ela é um direito ou um poder. Para Dinamarco, tanto a ação como a defesa são mais bem definidos como poderes, isto é, "*capacidade de produzir efeitos sobre a esfera jurídica alheia*"[27]. Realmente, o exercício da ação gera o dever de prestar jurisdição tanto para o autor como ao réu, e envolve um *conjunto de situações* que gera oportunidades e expectativas. Ademais, esse dever se refere a algo que interessa ao próprio Estado, que é a realização da pacificação social[28].

É comum, porém, referir-se à ação como um direito, embora sem os limites restritos do direito obrigacional, que não se confunde com o direito subjetivo material. Desde que se tenha essa dimensão, não vemos maior repercussão prática na distinção[29].

25.5. CARACTERES DO DIREITO DE AGIR

Tudo quanto foi discutido nos itens anteriores irá informar as caracterizações que faremos a seguir. Observe-se que, para efeito didático, procederemos à caracterização da ação como um "direito", embora entendamos que a sua configuração como "poder" expressa melhor a realidade.

---

categoria "ação", de direito processual, e sim da ação de direito material (cf. *Curso de processo civil*, Porto Alegre: Sérgio Fabris Editor, 1987, v. I, capítulo A "Ação" no Direito Processual Contemporâneo).
24. Cf. *Comentários ao código de processo civil*, 10. ed., Rio de Janeiro: Forense, 2005, v. II, n. 517.
25. A despeito de grande parte da doutrina brasileira ter aderido à formulação de Liebman.
26. Cf. *Da Cognição no processo civil*, 3. ed., São Paulo: DPJ editora, 2005, p. 91.
27. Cf. *Instituições de direito processual civil*, 6. ed., São Paulo: Malheiros, 2009, v. II, n. 556.
28. Cf. *Instituições de direito processual civil*, 6. ed., São Paulo: Malheiros, 2009, v. II, n. 556.
29. O próprio Liebman, como anota Dinamarco (nota 103 ao *Manual de direito processual civil*, 2. ed., Rio de Janeiro: Forense, 1985, v. 1), dizia que a dúvida era meramente terminológica. Também nesse sentido, Vicente Greco Filho (*Direito processual civil brasileiro*, 19. ed., São Paulo: Saraiva, 2006, v. 1, p. 77, nota de rodapé 1 ao capítulo 2).

Feita essa observação preliminar, podemos passar à definição dos caracteres do direito de agir, em conformidade com a teoria que adotamos.

a) Direito público

A caracterização da ação como direito público leva em consideração o fato de se tratar de uma exigência de prestação jurisdicional feita ao Estado. Não se trata de direito exigível contra o juiz, como parecera a Carnelutti[30]. O juiz é agente do Estado e é nessa qualidade que atua no processo. Assim, se o juiz deixar de exercer suas funções no processo, seja por aposentadoria, promoção ou qualquer outro motivo, a relação derivada do exercício do direito de agir em nada fica alterada.

A ação, nessa perspectiva, tem natureza constitucional, correspondendo à promessa do Estado de prestar jurisdição, expressa no art. 5º, XXXV, CF. De fato, como sabido, o Estado proibiu a autotutela (salvo algumas poucas exceções) e, em contrapartida, assumiu o dever de apreciar lesão ou ameaça de lesão a qualquer direito, sempre que para isso for invocado. Não há como negar que, nesse particular, a ação está intimamente ligada ao acesso à justiça, que é uma da maiores preocupações do processualista contemporâneo.

b) Direito subjetivo

Novamente reafirmando nossa ressalva anteriormente feita, quanto a tratar-se de verdadeiro poder, a caracterização como direito subjetivo parte da premissa de que fica a líbito da parte exercer ou não o direito de agir. Em contrapartida, exercido o direito, irá gerar o dever (do Estado, como vimos) de prestar jurisdição.

c) Direito autônomo

Essa concepção de autonomia da ação pode ser considerada uma conquista do Direito Processual como ciência. Como vimos no capítulo anterior, podemos considerar assentado entre os juristas a ideia de que a ação é coisa diversa do direito subjetivo material. A maneira mais fácil de demonstrar é através da ação declaratória negativa, em que ação é exercida justamente para evidenciar que não existe uma relação jurídica material.

d) Direito abstrato

Nosso posicionamento, acima mencionado, importa considerar a ação não apenas como autônoma, mas, também, abstrata, isto é, existe independentemente de o autor ter ou não razão. Dentro da teoria abstrata, somos favoráveis à concepção original, pura, sem o condicionamento sugerido por Liebman. A nosso ver essa

---

30. Como indicam Cintra-Grinover-Dinamarco, *Teoria geral do processo*, 24. ed., São Paulo: Malheiros, 2008, p. 270.

concepção capta melhor o fenômeno na sua inteireza. Em outras palavras, quando se provoca o Judiciário, automaticamente surge uma variada gama de faculdades, poderes, deveres, ônus e sujeições. Isso ocorrerá independentemente de estarem presentes as condições para que haja um provimento sobre pretensão deduzida. Como pondera corretamente Marinoni, o próprio CPC afirma considerar-se proposta a ação quando a petição inicial é despachada (art. 263) e que faltando uma das condições da ação o processo será extinto (art. 267, VI). Se houve processo, que é instrumento da jurisdição, e a ação foi exercida, tivemos ação, processo e jurisdição, mesmo na falta de uma das condições da ação[31].

e) Direito instrumental

O caráter instrumental deriva da própria ideia de que a jurisdição existe para a atuação do direito material. Com efeito, o fato de entendermos que a ação existirá independentemente da procedência da pretensão deduzida em juízo (abstração) não significa que ela possa ser exercida sem referência a direito algum. A ação é exercida para possibilitar o exercício da atividade jurisdicional em função de uma determinada situação de direito material referida pela parte[32].

É nesse sentido que observamos em Cintra-Grinover-Dinamarco a afirmação de que a ação tem caráter instrumental na medida em que *sua finalidade é dar solução a uma pretensão de direito material*[33].

25.6. A EXCEÇÃO (DEFESA)

Após examinarmos a ação, a ordem natural exige que examinemos o seu contraposto, que é a exceção, ou defesa. Aliás, antes de prosseguirmos, é mister fazer uma observação de ordem terminológica. A palavra exceção é plurívoca. Ela ora é empregada para especificar um determinado tipo de defesa, mesmo de direito material (como a exceção de contrato não cumprido), ora para designar uma espécie de defesa processual dilatória, que gera um incidente (são as exceções processuais dos arts. 304 a 314, incompetência relativa, impedimento e suspeição). O sentido que ora estamos examinando é o mais amplo, e serve para designar em geral as defesas.

A Constituição Federal garante a ampla defesa no mesmo inciso em que fala do contraditório (art. 5º, LV). Há, aliás, íntima relação entre as duas figuras[34]. O contraditório,

---

31. Cf. *Teoria geral do processo*, 2. ed., São Paulo: Revista dos Tribunais, 2007, p. 184.
32. Cf. José Roberto dos Santos Bedaque, *Direito e processo*, São Paulo: Malheiros, 1995, p. 68-70.
33. *Teoria geral do processo*, 24. ed., São Paulo: Malheiros, 2008, n. 56, p. 274. Exatamente no mesmo sentido, Humberto Theodoro Jr., *Curso de direito processual civil*, 44. ed., Rio de Janeiro: Forense, 2006, v. I, n. 51, p. 60.
34. Cintra-Grinover-Dinamarco, *Teoria geral do processo*, 24. ed., São Paulo: Malheiros, 2008, p. 61-63, tratam de ambos dentro da mesma rubrica. Nelson Nery Jr. assevera que o legislador constitucional, "ao garantir aos litigantes o contraditório e a ampla defesa, quer significar que tanto o *direito de ação* quanto o *direito de defesa* são manifestações do princípio do contraditório." (*Princípios do processo civil na*

porém, tem conteúdo mais amplo[35]. A ampla defesa, no dizer de Cássio Scarpinella Bueno, envolve, no âmbito do processo civil, garantia ampla para qualquer réu "ter condições *efetivas*, isto é *concretas* de se responder às imputações que lhe são dirigidas antes que seus efeitos decorrentes possa ser sentidos"[36]. Já o contraditório envolve a ideia de participação (ou possibilidade de) no processo[37], entendida esta no sentido mais amplo possível, tanto para o réu como para o autor. Mais ainda, tem sido destacado que o contraditório envolve não apenas a devida ciência para o réu dos atos praticados pelo autor, e vice-versa, mas, também, a necessidade de o próprio juiz, ao decidir as questões, mesmo as de conhecimento de ofício, franquear previamente a palavra a autor e réu[38].

A exceção no sentido genérico (defesa) apresenta exato paralelo com o instituto da ação, de tal sorte que prestigiosa doutrina, abandonando a clássica divisão tripartite, identifica quatro institutos fundamentais do processo: a jurisdição, ação, *defesa* e processo[39]. Independentemente da adoção ou não dessa divisão, não se pode olvidar que, numa perspectiva isonômica do processo, o instituto da defesa não pode deixar de ser examinado ao lado da ação.

Nessa perspectiva, a figura do réu, com o direito à defesa, vai andar em paralelo com a ação concretamente exercida. Como vimos, o autor tem, ao movimentar a máquina jurisdicional, o direito não necessariamente a um provimento favorável, mas a um processo, ou, mais propriamente, a um devido processo legal (com oportunidade para alegações, recursos, produção de prova, existência de um provimento emanado de maneira imparcial e devidamente motivado etc.). Ora, o réu, por outro lado, também terá o mesmo direito a um devido processo legal, com todas as exigências que ele envolve[40]. Da mesma forma, se, de um lado, o autor tem ao seu dispor todos os mecanismos que lhe permitem buscar uma tutela jurisdicional, seja condenatória, constitutiva ou de qualquer outra natureza, o réu, de outro, tem a possi-

---

Constituição Federal, 7. ed., São Paulo: Revista dos Tribunais, 2002, p. 135).
35. João Batista Lopes, Princípio da Ampla Defesa, in *Princípios processuais civis na Constituição*, Rio de Janeiro: Elsevier, 2008, p. 124-125.
36. *Curso sistematizado de direito processual civil*, São Paulo: Saraiva, 2007, v. 1, p. 112.
37. Esse elemento participativo, inerente ao contraditório, é bastante destacado por parte da doutrina a respeito. Para Luiz Guilherme Marinoni, por exemplo, "contraditório é a expressão técnico-jurídica do princípio da participação, isto é, do princípio que afirma que todo poder, para ser legítimo, deve estar aberto à participação, ou que sabe que todo poder, nas democracias, é legitimado pela participação". (*Teoria Geral do Processo*, 2. ed., São Paulo: Revista dos Tribunais, 2007, p. 317).
38. Cândido Rangel Dinamarco, *Fundamentos do processo civil moderno*, 3. ed., São Paulo: Malheiros, 2000, v. 1, n. 49; e, mais amplamente, nas suas *Instituições de direito processual civil*, São Paulo: Malheiros, 2001, v. I, n. 88.
39. Cândido Rangel Dinamarco, *Fundamentos do processo civil moderno*, 3. ed., São Paulo: Malheiros, 2000, v. I, n. 38, p. 111-115. A obra *Teoria geral do processo*, de Cintra-Grinover-Dinamarco (24. ed., São Paulo: Malheiros, 2008) é estruturada com base na existência de quatro institutos fundamentais.
40. Um sinal claro de que o réu, da mesma forma que o autor, tem o direito ao processo, é o fato de que a desistência da ação, após decorrido o prazo para resposta, está condicionada à concordância do réu (art. 267, § 4º, CPC).

bilidade de utilizar os meios que o legislador processual lhe franqueia para buscar a tutela jurisdicional decorrente da rejeição do pedido do autor (seja no grau máximo, que é a improcedência, seja, pelo menos, em grau menor, que seria a extinção do processo sem resolução do mérito).

A diferença essencial que se pode divisar consiste no fato de que a ação importa um verdadeiro poder de iniciativa, ensejadora da atividade jurisdicional, enquanto na defesa isso não se verifica, pelo simples e curial motivo de que, ao surgir a possibilidade de defesa a atividade jurisdicional já está presente[41]. No mesmo diapasão, uma diferença a mais nos parece identificável. O direito a um específico processo só surge efetivamente com o exercício da demanda (a ação concretamente exercida), ao passo que para o ocupante do polo passivo o direito àquele processo deriva da sua própria condição de réu, independentemente do efetivo exercício do direito de defesa.

Feitas essas pequenas distinções, podemos conceituar defesa de modo semelhante ao que conceituamos ação. Assim, se a ação significa um poder de provocar a atividade do Poder Judiciário para obter uma prestação jurisdicional, a defesa se afigura como o poder de se manifestar a respeito da pretensão deduzida pelo autor, de modo a que a prestação jurisdicional leve em conta as razões do réu[42].

Do ponto de vista das características do direito de defesa, podemos dizer, com Humberto Theodoro Jr.[43], que é também direito subjetivo[44] público e abstrato. Dizemos público porque é atinente ao exercício de função estatal, a jurisdição. É abstrato porque não depende da existência do direito material alegado na defesa.

Procedida a essa abordagem do conceito, natureza jurídica e características da exceção (defesa), oportuno apresentar uma classificação a respeito. A defesa pode ser, num primeiro momento, identificada como material (ou de mérito, ou substancial) ou processual. As defesas materiais, se acolhidas, provocarão a extinção do processo sem resolução de mérito, enquanto as processuais terão efeitos apenas processuais.

A material pode ser direta ou indireta[45]. Falamos em defesa direta quando há um ataque diretamente ao fundamento daquilo que se pede. Em outras palavras, na defesa direta visa-se a atingir a própria causa de pedir, seja negando os fatos que a compõem, seja contrariando os fundamentos jurídicos. Assim, apresento uma defesa de mérito direta tanto quando nego a ocorrência dos fatos (ou lhes dou uma versão substancialmente diferente), como quando enfrento o argumento jurídico

---

41. Cândido Rangel Dinamarco, *Instituições de direito processual civil*, 6. ed., São Paulo: Malheiros, 2009, v. II, n. 556.
42. Nesse sentido a definição apresentada por Cintra-Grinover-Dinamarco, *Teoria geral do processo*, 24. ed., São Paulo: Malheiros, 2008, p. 292.
43. *Curso de direito processual civil*, 44. ed., Rio de Janeiro: Forense, 2006, v. I, n. 56.
44. Naturalmente ficam valendo aqui as mesmas observações que fizemos no tocante à ação, no sentido de que, melhor que dizer direito subjetivo, seria destacar ser um poder.
45. Veja-se, a respeito, José Carlos Barbosa Moreira, *O novo processo civil brasileiro*, 19. ed., Rio de Janeiro: Forense, 1999, p. 38-39.

apresentado pelo autor. Vale dizer, se o autor afirma que o réu praticou determinados atos e que tais atos são reputados ilícitos, gerando dever de indenizar, e, consequentemente, pede reparação, podemos imaginar, em termos de defesa de mérito direta, duas atitudes: a) as alegações de fato feitas pelo autor não correspondem à realidade (exemplo: "o réu jamais praticou tais atos"); b) tais atos, ao contrário do que alega o autor, não geram, segundo nosso ordenamento jurídico, o dever de indenizar.

E a defesa material indireta? Ela faz, por assim dizer, um ataque lateral. Note-se que, como defesa material, a sua acolhida provocará a extinção do processo com resolução do mérito. Ocorre que, nesse caso, mesmo que os fatos narrados pelo autor correspondam à verdade, mesmo que tais fatos gerem, normalmente, as consequências jurídicas pretendidas pelo autor, a defesa irá alegar que há outro elemento que impedirá que isso se dê. Trata-se da ocorrência de fato impeditivo, modificativo ou extintivo do direito do autor. Exemplifiquemos. Imagine-se que o autor alegue que emprestou uma determinada quantia ao réu, que, por sua vez, ficou de pagar numa certa data e não o fez. O réu pode confirmar tudo isso, mas acrescentar: "não irei pagar, porque a respeito ocorreu prescrição". A prescrição é um fato impeditivo, da mesma forma que a ocorrência de compensação seria fato extintivo e um posterior parcelamento da dívida seria fato modificativo.

Quanto às defesas processuais, dividem-se em peremptórias (ou próprias) e dilatórias (ou impróprias)[46]. As peremptórias, se acolhidas, provocarão a extinção do processo sem resolução do mérito. É o caso típico da falta de condição da ação. É o que ocorre, também, quanto às alegações de coisa julgada, litispendência, perempção etc.

Já quanto às dilatórias, mesmo se acolhidas, o processo não se extinguirá. Ele apenas irá se alongar, para que seja corrigido algum vício. É o caso das alegações de incompetência, impedimento e suspeição. A incompetência, quando acolhida, não provoca a extinção do processo, mas, apenas, a remessa dos autos ao juízo competente. O impedimento e a suspeição, por sua vez, acarretam a substituição do juiz cuja imparcialidade esteja comprometida.

BIBLIOGRAFIA

Barbosa Moreira, José Carlos. *O Novo Processo Civil Brasileiro*. 19. ed. Rio de Janeiro: Forense, 1999.

Bedaque, José Roberto dos Santos. *Direito e Processo*. São Paulo: Malheiros, 1995.

Bueno, Cássio Scarpinella. *Curso Sistematizado de Direito Processual Civil*. São Paulo: Saraiva, 2007, v. 1.

---

46. Wambier-Correia de Almeida-Talamini, *Curso avançado de processo civil*, 10. ed., São Paulo: Revista dos Tribunais, 2008, v. 1, p. 385-386.

CÂMARA, Alexandre Freitas. *Lições de Direito Processual Civil.* 19. ed. Rio de Janeiro: Lumen Juris, 2009, v. 1.

CHIOVENDA, Giuseppe. *Instituições de direito processual civil.* 2. ed. Tradução de J. Guimarães Menegale. São Paulo: Saraiva, 1965, v. I.

CINTRA, Antônio Carlos Araújo; DINAMARCO, Cândido Rangel; GRINOVER, Ada Pellegrini. *Teoria geral do processo.* 24. ed. São Paulo: Malheiros, 2008.

COUTURE, Eduardo. *Introdução ao Estudo do Processo Civil.* 3. ed. Tradução de Mozart Victor Russomano. Rio de Janeiro: Forense, 2001.

DINAMARCO, Cândido Rangel. *Fundamentos do processo civil moderno.* 3. ed. São Paulo: Revista dos Tribunais, 2000.

_____. *Instituições de direito processual civil.* São Paulo: Malheiros, 2001, v. I.

_____. *Instituições de Direito Processual Civil.* 6. ed. São Paulo: Malheiros, 2009, v. II.

GRECO FILHO, Vicente. *Direito processual civil brasileiro.* 20. ed. São Paulo: Saraiva, 2007, v. I.

LIEBMAN, Enrico Tullio. *Manual de direito processual civil.* 2. ed. Tradução de Cândido Rangel Dinamarco. Rio de Janeiro: Forense, 1985.

LOPES, João Batista. Princípio da Ampla Defesa. In: *Princípios Processuais Civis na Constituição.* Rio de Janeiro: Elsevier, 2008.

MANDRIOLI, Crisanto. *Corso di Diritto Processuale Civile.* 3. ed. Torino: Giappichelli editore, 1981, v. I.

MARINONI, Luiz Guilherme. *Teoria Geral do Processo.* 2. ed. São Paulo: Revista dos Tribunais, 2007.

MESQUITA, José Ignacio Botelho de. *Teses, Estudos e Pareceres de Processo Civil.* São Paulo: Revista dos Tribunais, 2005, v. I.

MONIZ ARAGÃO, Egas Dirceu. *Comentários ao Código de Processo Civil.* 10. ed. Rio de Janeiro: Forense, 2005, v. II.

NERY JUNIOR, Nelson. *Princípios do Processo Civil na Constituição Federal.* 7. ed. São Paulo: Revista dos Tribunais, 2002.

NEVES, Celso. *Estrutura Fundamental do Processo Civil.* Rio de Janeiro: Forense, 1997.

SANTOS, Moacyr Amaral. *Primeiras linhas de direito processual civil.* 25. ed. São Paulo: Saraiva, 2007, v. I.

SILVA, Ovídio Araújo Baptista da. *Curso de Processo Civil.* Porto Alegre: Sérgio Fabris Editor, 1987, v. I.

THEODORO JÚNIOR, Humberto. *Curso de direito processual civil.* 44. ed. Rio de Janeiro: Forense, 2006, v. I.

WAMBIER, Luiz Rodrigues; CORREIA DE ALMEIDA, Flávio; TALAMINI, Eduardo. *Curso Avançado de Processo Civil.* 10. ed. São Paulo: Revista dos Tribunais, 2008, v. 1.

WATANABE, Kazuo. *Da Cognição no Processo Civil.* 3. ed. São Paulo: DPJ Editora, 2005.

CAPÍTULO 26

IDENTIFICAÇÃO DAS AÇÕES

MILTON PAULO DE CARVALHO

26.1. CONCEITO E FINALIDADES

AS AÇÕES DIFEREM umas das outras pelos seus elementos, ou seja, pelas suas partes essenciais que, em razão da sua individualidade, não se confundem com outras, essenciais ou não.

A identificação das ações, que depende antes da identificação dos seus elementos, tem importância para os casos em que a semelhança ou mesmo a identidade entre elas tem relevância para a regularidade do processo e para a decisão da lide.

Os elementos que dão individualidade às ações são:

– *subjetivos*, isto é, os sujeitos, definidos respectivamente como autor, ou seja, quem pede (sujeito ativo), e réu, ou seja, em face de quem se pede (sujeito passivo na relação processual). São as *personae*; e

– *objetivos*, ou seja, o pedido, isto é, o que se pede, em latim designado *petitum* ou *res*; e a causa de pedir (*causa petendi*), isto é, por que se pede, o fundamento do pedido.

Por isso, esse modo de identificar as ações ficou conhecido como o da teoria dos *tria eadem* (três identidades).

O conhecimento e a distinção desses elementos interessam à aplicação de institutos processuais importantes como a litispendência, a coisa julgada, a qualificação da competência, entre outros.

O art. 301 do CPC estabelece que o réu deve alegar na contestação, antes de discutir o mérito, a ocorrência de incompetência absoluta (inciso II). Elementos identificadores da ação, como a causa de pedir e o pedido, podem determinar a competência absoluta, do que é exemplo a segunda parte do art. 95 do CPC, ao especificar que nas causas cujos fundamentos ou pretensão derivem do direito de propriedade, da posse, de servidão, das relações de vizinhança, ou constituam divisão ou demarcação de terras ou embargo de obra nova, o foro da situação da coisa exclui a competência de outros. Também estabelece o mesmo art. 301 que a contestação deverá arguir em preliminares quando for o caso de litispendência (inciso V), coisa julgada (inciso VI) e conexão (inciso VII). A litispendência e a coisa julgada vêm definidas, para os fins da alegação do réu, nos §§ 1º e 2º do citado art. 301, nestes termos: *§ 1º Verifica-se a litispendência ou a coisa julgada, quando se reproduz ação anteriormente ajuizada. § 2º Uma ação é idêntica à outra quando tem as mesmas partes, a mesma causa de pedir e o mesmo pedido.* Enquanto a conexão está assim conceituada no art. 103: *Reputam-se conexas duas ou mais ações quando lhes for comum o objeto ou a causa de pedir.* Aí estão a importância e a necessidade do estudo da identificação das ações.

Vejamos alguns aspectos dos três elementos identificadores das ações.

26.2. OS ELEMENTOS IDENTIFICADORES DAS AÇÕES

Os sujeitos, ou *partes*, são caracterizados pelas posições que assumem na relação processual. Podem figurar como titulares do direito em litígio, como substitutos processuais, como representados por outras pessoas etc. Para fins de comparação entre demandas, é necessário identificar a qualidade com que age cada pessoa em cada demanda.

A causa de pedir, ou *causa petendi*, ou fundamento do pedido, são os fatos em que se assenta a pretensão do autor. São fatos jurígenos, isto é, os fatos aos quais o direito confere a capacidade de produzir efeitos. Em outras palavras, são os fatos com ressonância jurídica. Aos fatos írritos para o direito dá-se a designação de fatos simples e não constituem causa de pedir. Isso significa que a causa de pedir não se exprime pela mera descrição de quaisquer fatos.

Cabem algumas considerações justificativas dessa afirmação, que expomos segundo o nosso enfoque atual do tema da causa de pedir.

A lei processual (art. 282, III) diz que a causa de pedir é composta dos fatos e do fundamento jurídico, distinguindo-se os fatos como a causa de pedir remota, e o fundamento jurídico como a causa de pedir próxima. Tempo houve em que se discutiam duas teorias, oriundas da ZPO alemã (*ZivilProcessOrdnung*), de 1877, chamadas da substanciação e da individuação (ou individualização), explicando-se que a primeira exigia, para perfeita caracterização da causa de pedir, a exposição do fato ou fatos constitutivos do direito, tendo originado ou sendo influenciada pelo princípio *da mihi factum, dabo tibi ius* ("dá-me o fato, dar-te-ei o direito"), enquanto para a segunda bastava a indicação do direito ofendido[1]. O nosso direito atual considera irrelevante essa dicotomia, uma vez que se aceita como exposta a causa de pedir e satisfeito o requisito do inciso III do art. 282 do CPC com a indicação dos fatos **que constituem fundamento jurídico** do pedido.

A causa de pedir encerra os seguintes componentes: (a) o *fato constitutivo* (exemplo: casamento), que deu origem à relação jurídica em discussão, subsumindo-se no (b) *direito constitutivo*, ou seja, na sua disciplina jurídica, realizada pelo direito escrito ou não escrito (exemplo: as regras do CC disciplinadoras do casamento); (c) o *fato particular*, afirmado como *contra ius*, que é o causador da disputa (exemplo: abandono material, em que um cônjuge deixa o outro), e, finalmente, (d) o *direito particular*, ou, no dizer de Chiovenda, o *diritto singolo*, qual seja, o remédio previsto pela lei e invocado pelo autor. Esses são os fatos que constituem o fundamento jurídico do pedido, ou a causa de pedir, tal como a exige o art. 282, III, do CPC.

O *petitum*, ou *res*, ou objeto, é a pretensão formulada pelo autor e compõe-se, por sua vez, de dois elementos: um primário ou condicionante, também chamado *objeto imediato do pedido*, que é o pleito de tutela jurisdicional de certa espécie (declaratória, constitutiva etc.) e um secundário ou condicionado, chamado *objeto mediato do pedido*, consistente no bem da vida pretendido.

O pedido, de consignação imprescindível na petição inicial com todas as suas especificações (CPC art. 282, IV), constitui o objeto do processo civil, no sentido de que vem a ser aquilo que o juiz deverá ter diante dos olhos ao proferir a sentença, tal como estabelece o art. 459 do mesmo Código: *O juiz proferirá a sentença, acolhendo ou rejeitando, no todo ou em parte, o pedido formulado pelo autor (...)* (omissis). É-lhe vedado decidir fora ou acima do que foi pedido (art. 460).

Para a identificação do pedido, utilizam-se os seus elementos e o seu fundamento, na ordem crescente de complexidade: pode ser ele conhecido, de pronto, por seu objeto mediato, que é o bem da vida reclamado (quantia em dinheiro, rescisão do contrato, dissolução da sociedade conjugal, declaração de inexistência de certa obrigação tributária etc.); em seguida, por seu objeto imediato, que é a espécie de provisão jurisdicional pretendida (declaratividade, constitutividade, condenação etc.); e finalmente pela causa de pedir, considerando-se o liame jurídico entre o fato, como causa, e o pedido, como efeito[2].

---

1. Informa Victor Fairen Guillén que *"El leit motiv ocasional de la controversia, mantenida entre los defensores de una y de otra doctrina, lo fueron las palabras 'fundamentación de la demanda' que aparecen en la Exposición de Motivos de la ZPO alemana, y la valoración de su alcance; se trataba de determinar si tal expresión se dirigia a la cuestión de hecho o de derecho a ser incluida en la demanda". (La transformación de la demanda en el proceso civil*, p. 23).
2. Conforme nosso *Do pedido no processo civil*, itens 5.4.6., à p. 93, e 7, à p. 98.

BIBLIOGRAFIA

CARVALHO, Milton Paulo de. *Do pedido no processo civil.* Porto Alegre: Fieo-Fabris, 1992.

GUILLÉN, Victor Fairen. *La transformación de la demanda en el proceso civil.* Santiago de Compostela: Editorial Libraria Porto, S. L., 1949.

CAPÍTULO 27

CONDIÇÕES DA AÇÃO

CARLOS AUGUSTO DE ASSIS

27.1. GENERALIDADES

NOSSO SISTEMA PROCESSUAL, como vimos ao tratar das teorias sobre a ação, foi moldado na concepção de Liebman, que identificava condições da ação que não se confundem com o mérito e são, antes, requisitos para que este possa ser apreciado.

A menção a três condições da ação é feita em vários dispositivos. Da legitimidade e do interesse começa a falar no art. 3º. O art. 267, VI, fala nas três condições (possibilidade jurídica, legitimidade das partes e interesse processual), dispondo que a falta de uma delas provoca a extinção do processo sem resolução do mérito. Já pelo art. 295 podemos depreender que a ausência de qualquer das condições da ação pode provocar o indeferimento da inicial (inciso I, c/c parágrafo único, III; e os incisos II e III). Uma referência indireta encontramos, ainda, no art. 301, quando, ao elencar as preliminares da contestação aponta a "carência de ação" (inciso X), isto é, a falta de alguma das condições da ação.

Não há como negar, portanto, que nosso direito positivo, em matéria de condições da ação, foi concebido à luz da doutrina de Enrico Tullio Liebman. E foi concebido de acordo com a formulação original de Liebman, que entrevia três condições da ação. Mais tarde, como nos dá notícia Dinamarco, o processualista italiano abandonou a possibilidade jurídica como uma das condições da ação, passando a entrever apenas as outras duas (legitimidade e interesse)[1]. De nossa parte, tendo em vista o direito

---

1. Nota 106 ao *Manual de direito processual civil*, 2. ed., Rio de Janeiro: Forense,

positivo vigente, temos de considerar as três condições da ação, conforme iremos examinar.

Outro aspecto importante a destacar é que as condições da ação devem ser aferidas segundo a "ação concretamente exercida", conforme ensinava Celso Neves[2]. Com efeito, enquanto poder genérico de provocar o exercício da atividade jurisdicional, não se há de cogitar em condições da ação.

O exame das condições da ação, como resultará claro da análise que procederemos de cada uma delas, só pode ser feito à luz dos elementos da relação jurídica material levada a juízo[3]. Trata-se, aqui, de um daqueles pontos de grande aproximação entre o plano processual e o plano material, chamado por Dinamarco de *faixas de estrangulamento*[4].

Isso nos leva a confrontar a própria expressão "condições da ação". Vejamos. Como vimos, as condições da ação só existem diante de uma "ação concretamente exercida". Por outro lado, o exercício da ação dá-se pela demanda. De fato, como bem conceitua Barbosa Moreira, *chama-se demanda ao ato pelo qual alguém pede ao Estado a prestação de atividade jurisdicional*[5]. Somente quando alguém age em juízo, narrando uma determinada situação concreta e pleiteando em função disso um provimento jurisdicional, i.e., *propõe a demanda*, que se torna possível identificar os elementos de direito material que servem de base para aferição das "condições da ação". Assim, estamos, na verdade, diante de "condições da demanda"[6]. Não se está propondo, evidentemente, uma substituição da expressão consagrada, mas apenas se pretende uma reflexão sobre o seu significado.

Feitas essas primeiras reflexões, passemos à análise das chamadas condições da ação.

27.2. POSSIBILIDADE JURÍDICA

A possibilidade jurídica foi definida por Liebman como a *admissibilidade em abstrato do provimento pedido*, correspondente àqueles casos em que aquilo que foi pleiteado não era *expressamente proibido*[7].

Na mesma linha, Cândido Dinamarco afirma que:

1985, v. I, p. 160-161.
2. Celso Neves, *Estrutura fundamental do processo civil*, Rio de Janeiro: Forense, 1997, n. 90.
3. José Roberto dos Santos Bedaque, *Direito e processo*, São Paulo: Malheiros, 1995, p. 71-73.
4. *Instituições de direito processual civil*, 6. ed., São Paulo: Malheiros, 2009, v. II, n. 542.
5. *O novo processo civil brasileiro*, 19. ed., Rio de Janeiro: Forense, 1999, p. 9.
6. Em sentido semelhante, Fredie Didier Jr., *Curso de direito processual civil*, 9. ed., Salvador: Jus Podivm, 2008, v. 1, p. 168.
7. Enrico Tullio Liebman, *Manual de direito processual civil*, 2. ed., Rio de Janeiro: Forense, 1985, v. I, *passim*, na nota 106 de Cândido Rangel Dinamarco, que reproduz o trecho em que Liebman tratava da possibilidade jurídica, na segunda edição do seu *Manuale*.

A demanda é juridicamente impossível quando de algum modo colide com regras superiores do direito nacional e, por isso, sequer comporta apreciação mediante exame de seus elementos concretos. Já *a priori* ela se mostra inadmissível e o autor carece de ação por impossibilidade jurídica da demanda[8].

Moniz Aragão, por seu turno, procura frisar que ocorre a impossibilidade jurídica quando houver um veto legal ao que foi pleiteado, e não no caso de ausência de previsão no ordenamento jurídico[9].

Há quem diga, porém, que a possibilidade jurídica se refere aos casos de "ausência de previsão jurídica, em abstrato, da providência solicitada (...)"[10].

Procurando conciliação, Wambier, Correia de Almeida e Talamini afirmam que em matéria de direito privado seria suficiente a inexistência de vedação legal, mas, na esfera do direito público (como no direito tributário e no direito administrativo), a questão muda de figura, exigindo-se expressa previsão legal[11].

> Parece-nos que o entendimento de Cândido Dinamarco não é avesso a essa forma de apresentação. Isso porque o professor paulista embora afirme que em processo civil "a determinação da possibilidade jurídica faz-se em termos negativos, dizendo-se que há *impossibilidade jurídica*, quando o Estado (...) nega aprioristicamente (...)", ressalva os casos em que "o próprio direito a tutelar em juízo seja regido pela regra da tipicidade estrita (...)"[12]. Essa última situação, aponta, seria excepcional em processo civil.

Aceitamos a ressalva de Wambier, Correia de Almeida e Talamini, destacando, porém, que, na grande maioria dos casos, dada a tendência à universalização da jurisdição, apontada por Cândido Dinamarco[13], estaremos tratando da possibilidade jurídica sob o aspecto negativo, i.e., como ausência de vedação. Não é por outro motivo que a doutrina, ao tratar de possibilidade jurídica, figura exemplos concretos de impossibilidade jurídica ligados à existência de uma concreta vedação no ordenamento jurídico. Vejamos alguns deles.

O exemplo clássico apresentado originalmente por Liebman era o do divórcio (expressamente proibido, à época, tanto na Itália como no Brasil). Esse exemplo,

---

8. *Instituições de direito processual civil*, 6. ed., São Paulo: Malheiros, 2009, v. II, n. 543.
9. *Comentários ao código de processo civil*, 10. ed., Rio de Janeiro: Forense, 2005, v. II, n. 521.
10. Arruda Alvim, *Manual de direito processual civil*, 9. ed., São Paulo: RT, 2005, v. 1, n. 122. É verdade que o autor ameniza a afirmação dizendo que isso deve ser entendido como regra geral. Tanto que depois apresenta definição de possibilidade jurídica no sentido de que só se pode pedir "(...) providência que esteja, em tese, prevista, ou que a ela óbice não haja, no ordenamento jurídico material." (idem, ibidem).
11. *Curso avançado de processo civil*, 10. ed., São Paulo: Revista dos Tribunais, 2008, v. 1, p. 162.
12. *Execução civil*, 4. ed., São Paulo: Malheiros, 1994, n. 252.
13. Artigo "Universalizar a Tutela Jurisdicional", in *Fundamentos do processo civil moderno*, 3. ed., São Paulo: Malheiros, 2000, v. II, em que trata da tendência expansionista do serviço jurisdicional, nos planos qualitativo e quantitativo.

hoje, é mera referência histórica, mas o da prisão por dívida[14], também aventado por Liebman[15], mantém sua atualidade.

João Batista Lopes lembra do pedido de herança de pessoa viva e a usucapião de bem público[16]. A penhora de bem público costuma ser apontada também como exemplo de impossibilidade jurídica[17]. Cândido Dinamarco[18] também exemplifica com o pedido de desligamento de Estado membro da Federação (art. 1º, CF).

Outro exemplo muito citado em doutrina é o da dívida de jogo, vedada expressamente pelo art. 814 do CC. Esse exemplo, aliás, é muito útil para evidenciar um ponto muito bem observado por Cândido Dinamarco[19]. Apesar de a lei referir-se a possibilidade jurídica do **pedido,** esta condição da ação melhor se designa como possibilidade jurídica da **demanda.**

Com efeito, a impossibilidade pode dizer respeito a qualquer dos elementos da demanda, e não apenas ao pedido. A cobrança de dívida é permitida pelo ordenamento jurídico, mas não se ela for decorrência de jogo (causa de pedir). Do mesmo modo, a execução por quantia certa contra devedor solvente, com consequente penhora de bens, quando o devedor é a Fazenda Pública[20].

27.3. INTERESSE PROCESSUAL

Outro dos requisitos para que a demanda proposta venha a ter apreciação da pretensão deduzida perante o juiz é o interesse processual, também referido como interesse de agir.

Essa condição da ação parte da premissa de que o Estado deve prestar jurisdição, com todo o correspondente desenvolvimento processual, quando se possa com ela atingir um resultado útil. A **utilidade** é, assim, a palavra-chave para a configuração

---

14. Ressalvada, no nosso ordenamento jurídico, a do devedor de alimentos. Quanto ao depositário infiel, originalmente tratado na Constituição como a outra exceção, não mais prevalece como tal, tendo em vista a Súmula Vinculante nº 25, do STF, vazada nos seguintes termos: "É ilícita a prisão civil do depositário infiel, qualquer seja a modalidade do depósito".
15. Enrico Tullio Liebman, *Manual de direito processual civil*, 2. ed., Rio de Janeiro: Forense, 1985, v. I, na nota 106 de Cândido Rangel Dinamarco, que reproduz o trecho em que Liebman tratava da possibilidade jurídica, na segunda edição do seu *Manuale*.
16. *Curso de direito processual civil*, São Paulo: Atlas, 2005, v. I, p. 91.
17. Antonio Cláudio da Costa Machado, *Código de processo civil interpretado*, 6. ed., Barueri: Manole, 2007, nota ao art. 295, parágrafo único, inciso III; João Batista Lopes, *Curso de direito processual civil*, São Paulo: Atlas, 2005, v. I, p. 91 e Cândido Dinamarco, *Instituições de direito processual civil*, 6. ed., São Paulo: Malheiros, 2009, v. II, n. 543.
18. *Instituições de direito processual civil*, 6. ed., São Paulo: Malheiros, 2009, v. II, n. 543.
19. Cândido Dinamarco. *Instituições de Direito Processual Civil*, 6. ed., São Paulo: Malheiros, 2009, v. II, n. 543.
20. *Execução civil*, 4. ed., São Paulo: Malheiros, 1994, n. 257. Alexandre Freitas Câmara aponta como impedimento ligado à parte a ação de indenização proposta perante o Juizado Especial em que o réu é preso, vedada pelo art. 8º, *caput*, da Lei nº 9.099/1995 (*Lições de direito processual civil*, 19. ed., Rio de Janeiro: Lumen Juris, 2009, v. 1, p. 120). Particularmente, somos da opinião de que aqui não temos propriamente impossibilidade jurídica da demanda e sim vedação de acesso a esse específico órgão do Poder Judiciário e ao modelo processual que perante ele se desenvolve.

do interesse processual. Não é por outra razão que Liebman falava que o interesse de agir era "*a relação de utilidade entre a afirmada lesão de um direito e o provimento de tutela jurisdicional pedido*"[21].

Calmon de Passos explicava muito bem essa noção, partindo do próprio conceito de interesse, como relação que se estabelece entre o bem da vida e a necessidade a ser satisfeita. Se esse interesse perseguido tem amparo no ordenamento jurídico, temos o interesse jurídico. Esse interesse jurídico seria o interesse primário, cuja satisfação poderá dar-se por meio do processo, quando sua satisfação for negada pelo obrigado[22]. O provimento jurisdicional apresenta-se, assim, como sendo **útil,** porque é **necessário** para a obtenção da satisfação do interesse primário.

Nesse sentido, e como dizia Liebman, o interesse processual é *secundário e instrumental com relação ao interesse substancial primário*[23].

Impende considerar que essa necessidade da via jurisdicional nem sempre deriva exclusivamente da resistência do demandado em satisfazer a pretensão. Temos, ainda, as chamadas "ações constitutivas necessárias", em que a necessidade da ida ao Judiciário deriva da própria lei. É o caso, por exemplo, das ações de anulação de casamento ou de separação litigiosa[24].

Mas, se a necessidade auxilia a aferir a utilidade e, consequentemente, o interesse processual, resta saber se ela é suficiente. Nesse ponto, lembramos Moniz de Aragão, que salienta existirem duas grandes correntes nessa matéria. De um lado, há quem diga que a necessidade é suficiente para a caracterização do interesse processual, mas, por outro lado, vemos autorizada doutrina indicando que é preciso, também, que o provimento solicitado seja apto a solucionar o litígio (adequação)[25].

Essa exigência de adequação, a rigor, já podia ser depreendida da locução de Liebman, quando este ensinava que seria uma inutilidade proceder ao exame do pleiteado se "*o provimento pedido fosse em si mesmo inadequado ou inidôneo a remover a lesão*"[26].

Coube, porém, a Cândido Dinamarco desenvolver com maior precisão esse aspecto componente do interesse processual. Segundo esse jurista, o interesse de agir não deve ser visto simplesmente como útil e proveitoso para o demandante. É preciso, ainda, que seja também vantajosa para o Estado a concessão daquilo que

---

21. *Manual de direito processual civil*, 2. ed., Rio de Janeiro: Forense, 1985, trad. de Cândido Dinamarco, v. 1, n. 74, p. 156.
22. *Comentários ao Código de Processo Civil*, 9. ed., Rio de Janeiro: Forense, 2005, v. III, 35.4, p. 254.
23. *Manual de direito processual civil*, 2. ed., Rio de Janeiro: Forense, 1985, trad. de Cândido Dinamarco, v. 1, n. 74, p. 155.
24. *Teoria geral do processo*, 24. ed., São Paulo: Malheiros, 2008, p. 277; Alexandre Freitas Câmara, *Lições de direito processual* Civil, 19. ed., Rio de Janeiro: Lumen Juris, 2009, v. 1, p. 119.
25. *Comentários ao código de processo civil*, 10. ed., Rio de Janeiro: Forense, 2005, v. III, 526, p. 446.
26. *Manual de direito processual civil*, 2. ed., Rio de Janeiro: Forense, 1985, trad. de Cândido Dinamarco, v. 1, n. 74, p. 155.

foi pleiteado. É importante ponderar o custo social envolvido. Fala, desse modo, que o interesse processual tem de ser legítimo, ou seja, precisa haver coincidência entre a utilidade pretendida e o interesse do Estado em conceder-lhe o provimento diante da situação reclamada. Chegamos, portanto, à exigência de adequação[27]. Um exemplo ilustra perfeitamente esse aspecto. O indivíduo é credor de uma importância não paga no vencimento. Ele tem necessidade de ir ao Judiciário. Porém, se esse credor ingressar com ação executiva sem ser detentor de título executivo, tal como estipulado em lei, ele será considerado carecedor da ação por falta de interesse processual. Isso porque a via escolhida não era hábil, na circunstância, para a obtenção da satisfação de seu interesse. Em outras palavras, ela não era adequada[28].

Podemos, assim, finalizar apresentando situações em que falta interesse processual seja pela ausência de necessidade, seja pela ausência de adequação (ambos elementos que permitem aferir a utilidade). Vejamos. Anulação do casamento por adultério (falta interesse pela inadequação); mandado de segurança para participar de concurso já realizado (falta interesse pela desnecessidade); pedido de condenação de devedor que sempre se dispôs a pagar e teve recusa do credor (falta necessidade); ação monitória ajuizada sem documento escrito (falta adequação); filho que propõe ação declaratória de paternidade, apesar de já ter sido reconhecido formalmente pelo pai (falta necessidade) ou pedido judicial de cancelamento de protesto proposto por quem já tem o recibo emitido pelo credor (novamente, faltaria necessidade)[29].

27.4. LEGITIMIDADE DE PARTE (*LEGITIMATIO AD CAUSAM*)

Essa condição da ação era definida por Liebman como sendo a *pertinência subjetiva da ação*[30]. Considerando, porém, que a ação concretamente exercida terá, de qualquer forma, pertinência àqueles que objetivamente nela figuram, não nos parece que essa seja a melhor forma de traduzir a ideia. O ponto nodal para a compreensão do sentido de tal requisito diz respeito ao fato de que, enquanto as partes na demanda são objetivamente identificáveis pelo exame da petição inicial, a aferição das partes legítimas corresponde à indagação: *quem deve figurar como parte nesse litígio?*

---

27. *Execução civil*, 4. ed., São Paulo: Malheiros, 1994, n. 253 e 264.
28. No sentido oposto, manifestando-se contrariamente à inserção da adequação com elemento indicador do interesse, veja-se Fredie Didier Jr. *Curso de direito processual civil*, 9. ed., Salvador: Jus Podivm, 2008, v. 1, p. 189-190.
29. Dois últimos exemplos extraídos de Antônio Cláudio da Costa Machado, *Código de processo civil interpretado*, 6. ed., Barueri: Manole, 2007, nota ao inciso III do art. 295.
30. *Manual de direito processual civil*, 2. ed., Rio de Janeiro: Forense, 1985, trad. de Cândido Dinamarco, v. 1, n. 74, p. 159.

Nesse sentido, exata a definição de Cândido Dinamarco[31] a respeito de legitimidade de parte: *qualidade para estar em juízo, como demandante ou demandado, em relação a determinado conflito trazido ao exame do juiz.*

Em outras palavras, se hipoteticamente penso numa demanda visando à cobrança de uma dívida, imagino que no polo ativo deva figurar o suposto credor e no passivo, o suposto devedor. Essas são as partes legítimas, independentemente de quem, na prática, vier a figurar como parte na demanda, quando esta for proposta.

Nesse diapasão, a separação judicial deve ser proposta por quem é cônjuge, e não pela sogra, a dívida deve ser cobrada pelo credor e não pelo irmão do credor e assim por diante. Isso é o que *ordinariamente* acontece. As partes na demanda devem apresentar correspondência em relação às partes na relação material deduzida em juízo.

É o que inferimos do art. 6º, CPC, na sua primeira parte: *"Ninguém poderá pleitear em nome próprio direito alheio (...)"*. A isso chamamos **legitimidade ordinária**.

O mesmo art. 6º, entretanto, abre espaço para um outro tipo de legitimação, na medida em que complementa: *"(...) salvo quando autorizado por lei."* Essa legitimação excepcional, i.e., que foge ao que normalmente acontece, em razão de expressa disposição legal, é o que chamamos **legitimação extraordinária**.

Os exemplos que primeiro ocorrem referem-se à tutela coletiva. Uma empresa que polui o meio ambiente pode vir a sofrer ação civil pública proposta, por exemplo, pelo Ministério Público. A quem pertence o direito a um meio ambiente sadio? À toda comunidade, e não ao Ministério Público. A lei, porém, para possibilitar a efetiva defesa de interesses difusos atribui legitimidade, para atuar em juízo a respeito deles, a determinadas entidades (entre elas, o Ministério Público). A ação popular também pode ser considerada um bom exemplo. É um cidadão defendendo em juízo o patrimônio público, que diz respeito à coletividade, e não a ele individualmente.

A questão, evidentemente, não se limita à tutela coletiva. Há diversas situações, típicas de direitos individuais, em que o legislador concede essa autorização excepcional para a defesa, em nome próprio, de direito alheio. É o caso do condômino autorizado a pleitear em juízo o pagamento de multa imposta a outro morador, quando o síndico não o faz (art. 21, parágrafo único, da Lei nº 4.591/1964); o do acionista que propõe ação de responsabilidade contra o administrador de sociedade anônima, pelo fato de, apesar de deliberado pela assembleia geral, a medida não ter sido tomada dentro de três meses (art. 159, § 3º, da Lei nº 6.404/1976); ou do titular de direito líquido e certo decorrente de direito de terceiro, ao impetrar mandado de segurança em favor do direito originário, na hipótese prevista no art. 3º, da Lei nº 12.016/2009.

---

31. *Instituições de direito processual civil*, 6. ed., São Paulo: Malheiros, 2009, v. II, n. 545, p. 313.

A legitimação extraordinária, segundo Barbosa Moreira[32], pode ser classificada em **autônoma** ou **subordinada**, conforme o legitimado extraordinário possa ou não atuar com total independência em relação ao legitimado ordinário. Nessa visão, o assistente simples teria legitimidade extraordinária subordinada, sem poder contrariar o assistido. Ainda segundo Barbosa Moreira, a legitimidade extraordinária autônoma seria subdividida em **exclusiva** (excluindo o titular do direito[33]) e **concorrente** (que não exclui o legitimado ordinário), podendo, nesse último caso, ser *primária* (a iniciativa é independente por parte de qualquer dos legitimados) ou subsidiária (que ocorreria no caso de omissão do legitimado ordinário).

O legitimado extraordinário, segundo a lição de Edoardo Garbagnati, é também chamado de substituto processual[34]. Frequentemente encontramos em doutrina a referência a legitimação extraordinária ou substituição processual[35], o que faz supor sinonímia. Cumpre observar, entretanto, que há alguma controvérsia a respeito. Parte da doutrina faz uma distinção no sentido de que a substituição processual só ocorreria nos casos de legitimação extraordinária autônoma, e nunca na subordinada. É esse o entendimento de Ephraim de Campos Junior, para quem ocorreria "(...) *substituição processual quando alguém, devidamente autorizado por lei, pleiteia, como autor ou réu, em nome próprio, direito (pretensão) alheio, estando o titular deste direito ausente da ação, como parte*"[36].

Do exposto é fácil concluir que o substituto processual não se confunde nem com o representante, nem com o sucessor. O substituto processual é parte no sentido processual, embora não integre a relação jurídica material. O substituto processual defende em nome próprio (como parte, portanto) interesse alheio. O representante não é parte. A parte é a pessoa que é representada. Finalmente o sucessor é aquele que se torna parte no processo, na qualidade de titular do direito que adquiriu na pendência do processo (são os casos dos arts. 41 a 43 do CPC, impropriamente denominados de *substituição das partes*).

---

32. Apontamentos para um estudo sistemático da legitimação extraordinária, in *RT* 404, julho 1969, p. 9-18.
33. O grande exemplo dessa modalidade era a legitimidade extraordinária do marido para defender os bens dotais da esposa. Essa modalidade desapareceu com o advento do Código Civil de 2002.
34. "*ecco che il sostituto processuale si profila precisamente come um subietto legittimato, in via straordinaria, ad agire o contradire, in nome proprio, rispetto ad un rapporto giuridico altrui*" (*La Sostituzione Processuale nel Nuovo Codice di Procedura Civile*, p. 206). Numa versão livre, seria: "eis que o substituto processual se apresenta precisamente como um sujeito legitimado, em via extraordinária, a agir ou contradizer, em nome próprio, com respeito a uma relação jurídica alheia".
35. Veja-se, por exemplo, Humberto Theodoro Jr., *Curso de direito processual civil*, 44. ed., Rio de Janeiro: Forense, 2006, v. 1, p. 67.
36. *Substituição processual*, São Paulo: Revista dos Tribunais, 1985, p. 24. Alexandre Freitas Câmara (*Lições de Direito Processual Civil*, 19. ed., Rio de Janeiro: Lumen Juris, 2009, v. I, p. 118) faz observação semelhante.

27.5. TEORIA DA ASSERÇÃO

Em matéria de condições da ação temos, ainda, um grande ponto de divergência. Ele diz respeito ao modo de aferi-las. Se tal se deve fazer com base, inclusive, no material probatório obtido no decorrer do processo[37], ou se, ao contrário, deve ser avaliada segundo as afirmações do autor contidas na inicial ("*in statu assertionis*"). Essa última é conhecida como teoria da *prospettazione,* ou prospectação, ou, ainda, teoria da asserção.

As diferenças práticas são sensíveis. Imagine-se que alguém se intitule credor de uma pessoa, em face da qual propõe uma demanda. Essa pessoa, a Ré, nega essa qualidade, e o fato se torna controverso, exigindo dilação probatória. Terminada a instrução, ficou demonstrado que a Ré não era a devedora. Para a teoria da apresentação a solução seria julgar o autor carecedor da ação, enquanto para os adeptos da teoria da asserção a solução seria a improcedência. Isso porque, analisada a questão à luz do quanto afirmado na inicial, as partes eram legítimas. Observe-se que a diferença não diz respeito propriamente ao momento em que as condições da ação podem ser analisadas (visto que o § 3º do art. 267 permite que seja feita a qualquer momento antes de proferida a sentença de mérito), mas ao tipo de cognição do juiz. Notou muito bem esse aspecto Suzana Henriques da Costa, dizendo, com toda clareza, que "(...) *a pedra de toque da teoria assertista não é o momento procedimental em que é proferida a sentença de carência de ação, mas o grau de cognição do juiz quando da prolação de tal sentença*"[38].

A teoria da asserção parte do pressuposto de que as condições da ação são justificáveis no sistema apenas como medida de economia processual, possibilitando, através de cognição superficial (tendo em vista a simples afirmação do demandante), extinguir, desde logo, processos que não possuem viabilidade alguma. Se a análise exigir dilação probatória e cognição exauriente não parece adequado dizer que não houve exame do mérito. No exemplo acima figurado, o que se pretendia discutir era se a Ré devia para o Autor. Isso ficou definido através da cognição exauriente exercida naquele processo. Se a Ré nada devia para o Autor porque a dívida era de terceiro ou se nunca existiu dívida alguma, é irrelevante para aquele processo. Aquele processo, cujo mérito era saber se a Ré devia para o Autor, foi definitivamente julgado.

A análise das condições da ação "*in statu assertionis*" é defendida com vigor por Kazuo Watanabe, que reputa ser essa forma de verificação a única compatível com a teoria abstratista[39]. A cognição exercida para essa verificação é superficial, nas

---

37. Referida como *Teoria da Apresentação*, segundo Cintra-Grinover-Dinamarco, *Teoria geral do processo*, 24. ed., São Paulo: Malheiros, 2008, p. 279.
38. *Condições da ação*, São Paulo: Quartier Latin, 2005, p. 47.
39. *Da cognição no processo civil*, 3. ed., São Paulo: DPJ editora, 2005, p. 92.

palavras do mesmo autor[40]. Flávio Yarshell, que já tinha manifestado sua adesão à teoria da asserção anteriormente[41], reafirma no seu livro *Tutela Jurisdicional* que a aferição é feita com base em uma *situação concreta afirmada pelo demandante*, que é *inspirada por razões de economia processual* e que se trata de um exame *apriorístico e superficial*[42].

Na mesma linha, vários doutrinadores brasileiros também se manifestaram, como José Carlos Barbosa Moreira[43], José Roberto dos Santos Bedaque[44], Alexandre Freitas Câmara[45], Luiz Guilherme Marinoni[46] e Fredie Didier Jr[47]. Há vários julgados acolhendo essa tese[48].

Em doutrina estrangeira também encontramos, por exemplo, em Crisanto Mandrioli, que, em matéria de condições da ação, fala em *"accoglibilità ipotetica"* (referindo-se à aferição de tais requisitos tomando-se como hipótese que aquilo que foi afirmado seja verdadeiro)[49].

A questão permanece ainda controversa, sendo de destacar o firme posicionamento contrário à teoria da asserção da parte de Cândido Dinamarco, asseverando que a teoria assercionista *incorre em uma série de erros e abre caminho para incoerências que desmerecem desnecessária e inutilmente o sistema*[50].

De nossa parte, com a devida vênia quanto ao posicionamento defendido por Dinamarco, somos do entendimento de que a teoria da asserção é muito útil para melhor distinguir mérito de condições da ação, além de ser mais coerente com a ideia de economia processual presente no sistema.

---

40. *Da cognição no processo civil*, 3. ed., São Paulo: DPJ editora, 2005, p. 109.
41. *Tutela jurisdicional específica nas obrigações de declarações de vontade*, São Paulo: Malheiros, 1993, em nota de rodapé 94, às p. 112 e 113.
42. *Tutela jurisdicional*, São Paulo: Atlas, 1998, p. 102 e 103.
43. Apontamentos para um estudo sistemático da legitimação extraordinária, in *RT* 404, julho 1969, p. 9-18, especialmente p. 10.
44. *Efetividade do processo e técnica processual*, São Paulo: Malheiros, 2006, n. 6, p. 250. Cumpre ressaltar que o autor, embora seja partidário da tese assercionista, concluiu que essa teoria é insuficiente para explicar adequadamente o instituto no caso da ação declaratória, quando a discussão refere-se justamente à existência ou não de incerteza objetiva (idem, n. 25, à p. 318).
45. *Lições de Direito Processual Civil*, 19. ed., Rio de Janeiro: Lumen Juris, 2009, v. 1, p. 122.
46. *Teoria geral do processo*, 2. ed., São Paulo: Revista dos Tribunais, 2007, p. 185.
47. *Curso de direito processual civil*, 9. ed., Salvador: Jus Podivm, 2008, v. 1, p. 173.
48. Como é exemplo essa decisão do STJ: "Direito Administrativo e Processual Civil – Demarcação de terras indígenas – Ausência de violação do art. 535 do CPC – Ato administrativo discricionário – Teoria da asserção – Necessidade de análise do caso concreto para aferir o grau de discricionariedade conferido ao administrador público – Possibilidade jurídica do pedido. 1 (...) 2. Nos termos da teoria da asserção, o momento de verificação das condições da ação se dá no primeiro contato que o julgador tem com a petição inicial, ou seja, no instante da prolação do juízo de admissibilidade inicial do procedimento. 3. Para que se reconheça a impossibilidade jurídica do pedido, é preciso que o julgador, no primeiro olhar, perceba que o *petitum* jamais poderá ser atendido, independentemente do fato e das circunstâncias do caso concreto". (REsp 879188 / RS – 2ª Turma STJ, Rel. Min. Humberto Martins; j. em 21/05/2009; publ. DJE 02/06/2009)
49. *Corso di diritto processuale civile*, 3. ed., Torino: Giappichelli editore, 1981, v. 1, p. 48.
50. *Instituições de direito processual civil*, 9. ed., São Paulo: Malheiros, 2009, v. II, n. 553.

27.6. CRISE DAS CONDIÇÕES DA AÇÃO

A estrutura do nosso CPC é moldada no sentido de que a falta de alguma das condições da ação irá provocar aquilo que é chamado de carência de ação (art. 301, X), que leva à extinção do processo sem resolução do mérito (art. 267, VI), o que pode ser feito, inclusive, no primeiro exame da parte do juiz, quando recebe a inicial (art. 295, II, III e parágrafo único, III). Isso significa, em termos práticos, que a parte pode propor novamente a demanda (art. 268) e que a sentença não tem aptidão para formar coisa julgada material.

A expressão carência sugere falta, o que leva à formulação original de Liebman, que dizia textualmente que *"só se estiverem presentes essas condições é que se pode considerar existente a ação(...)"*[51]. Já vimos, entretanto, que essa não é a única interpretação possível do nosso direito positivo, sendo lícito entender que a falta de condições da ação apenas impede que se emita o provimento sobre a pretensão deduzida em juízo (no processo de conhecimento, o julgamento do mérito).

O que não nos parece possível, em face do direito positivo, é negar o fato ou as consequências práticas de o legislador ter tratado as condições da ação separadamente do mérito. É por esse motivo que, com todo o respeito, não podemos concordar com Suzana Henriques da Costa quando afirma que a decisão que extingue o processo por ausência de condição da ação acarreta *"improcedência"*[52]. A opção do legislador foi clara no sentido de que a carência de ação acarreta a extinção sem resolução do mérito. Pode-se discordar da opção do legislador, pode-se propor *de lege ferenda* outra forma de tratamento das condições da ação, mas, atualmente, a solução dada pelo sistema é essa[53].

Da mesma forma, não concordamos com a teoria surgida mais recentemente, com reflexos jurisprudenciais, no sentido de que a extinção do processo por carência de ação impediria a repropositura da demanda idêntica[54]. O disposto no art. 268, a nosso ver, não autoriza essa conclusão.

---

51. *Manual de direito processual civil*, 2. ed., Rio de Janeiro: Forense, 1985, trad. de Cândido Dinamarco, v. 1, n. 74, p. 154.
52. *Condições da ação*, São Paulo: Quartier Latin, 2005, p. 97.
53. Nesse sentido, correta a postura de Fredie Didier Jr. que, embora propugne para abolição da categoria das condições da ação, reconhece que a clara opção legislativa foi pela "extinção do processo sem análise do mérito", quando ausente um desses requisitos (*Curso de direito processual civil*, 9. ed., Salvador: Jus Podivm, 2008, v. 1, p. 171).
54. Um bom panorama dessa teoria e sua repercussão jurisprudencial pode ser encontrado no artigo de Botelho de Mesquita *et al.*, intitulado "O Colapso das Condições da Ação? Um breve ensaio sobre os efeitos da carência de ação", in *RePro* 152/11-35. Flávio Luiz Yarshell (*Ação rescisória*, São Paulo: Malheiros, 2005, item 51) analisa essa teoria e, primeiro, destaca que, se se entender que a repropositura de demanda extinta por carência está vedada, ter-se-á, por coerência, de concluir que tal sentença é passível de ação rescisória. Considerando, porém, o ordenamento positivo, o autor manifesta-se no sentido de que o art. 268 autoriza a repropositura. Em sentido diverso, José Roberto Bedaque (*Efetividade do processo e técnica processual*, São Paulo: Malheiros, 2006, n. 32) acolhe essa teoria, ressalvando, porém, que estaria autorizada, nesse caso, a ação rescisória.

Tudo isso, porém, nos leva a observar que a temática das condições da ação, desde sempre tão controversa, como tudo o que se refere a ação, passa por verdadeira crise. É claro que devemos pensar se a sistemática atual é adequada, ou se nosso modelo processual deveria ser alterado nesse particular. Porém, *de lege lata*, falta de condição da ação acarreta sentença de extinção sem resolução do mérito, a qual, consequentemente, não faz coisa julgada material, sendo autorizada, nesse caso, a repropositura de demanda idêntica.

BIBLIOGRAFIA

ARRUDA ALVIM, José Manoel de. *Manual de Direito Processual Civil*. 9. ed. São Paulo: Revista dos Tribunais, 2005, v. I.

BARBOSA MOREIRA, José Carlos. *O Novo Processo Civil Brasileiro*. 19. ed. Rio de Janeiro: Forense, 1999.

_____. Apontamentos para um Estudo Sistemático da Legitimação Extraordinária. *Revista dos Tribunais*. São Paulo: Revista dos Tribunais, 1969, n. 404.

BEDAQUE, José Roberto dos Santos. *Direito e Processo*. São Paulo: Malheiros, 1995.

_____. *Efetividade do Processo e Técnica Processual*. São Paulo: Malheiros, 2006.

CALMON DE PASSOS, José Joaquim. *Comentários ao Código de Processo Civil*. 9. ed. Rio de Janeiro: Forense, 2005, v. III.

CÂMARA, Alexandre Freitas. *Lições de Direito Processual Civil*. 19. ed. Rio de Janeiro: Lumen Juris, 2009, v. 1.

CAMPOS JR., Ephraim de. *Substituição Processual*. São Paulo: Revista dos Tribunais, 1985.

CINTRA, Antônio Carlos Araújo; DINAMARCO, Cândido Rangel; GRINOVER, Ada Pellegrini. *Teoria geral do processo*. 24. ed. São Paulo: Malheiros, 2008.

COSTA, Suzana Henriques da. *Condições da Ação*. São Paulo: Quartier Latin, 2005.

DIDIER JR., Fredie. *Curso de Direito Processual Civil*. 9. ed. Salvador: Jus Podivm, 2008, v. 1.

DINAMARCO, Cândido Rangel. *Execução Civil*. 4. ed. São Paulo: Malheiros, 1994.

_____. Universalizar a Tutela Jurisdicional. In: *Fundamentos do Processo Civil Moderno*. 3. ed. São Paulo: Malheiros, 2000, v. II.

_____. *Instituições de Direito Processual Civil*. 6. ed. São Paulo: Malheiros, 2009, v. II.

GARBAGNATI, Edoardo. *La Sostituzione Processuale nel Nuovo Codice di Procedura Civile*. Milano: Giuffrè, 1942.

LIEBMAN, Enrico Tullio. *Manual de direito processual civil*. 2. ed. Tradução de Cândido Rangel Dinamarco. Rio de Janeiro: Forense, 1985.

LOPES, João Batista. *Curso de Direito Processual Civil*. São Paulo: Atlas, 2005, v. I.

MACHADO, Antonio Cláudio da Costa. *Código de Processo Civil Interpretado*. 6. ed. Barueri: Manole, 2007.

Mandrioli, Crisanto. *Corso di Diritto Processuale Civile*. 3. ed. Torino: Giappichelli editore, 1981, v. I.

Mesquita, José Ignacio Botelho de; Lombardi, Mariana Capela; Amadeo, Rodolfo da Costa Manso Real; Dellore, Luiz Guilherme Pennacchi; Zveibl, Daniel Guimarães. O Colapso das Condições da Ação?: um breve ensaio sobre os efeitos da carência de ação. *Revista de Processo*. São Paulo: Revista dos Tribunais, 2007, n. 152.

Moniz Aragão, Egas Dirceu. *Comentários ao Código de Processo Civil*. 10. ed. Rio de Janeiro: Forense, 2005, v. II.

Neves, Celso. *Estrutura Fundamental do Processo Civil*. Rio de Janeiro: Forense, 1997.

Theodoro Júnior, Humberto. *Curso de direito processual civil*. 44. ed. Rio de Janeiro: Forense, 2006, v. I.

Wambier, Luiz Rodrigues; Correia de Almeida, Flávio Renato; Talamini, Eduardo. *Curso Avançado de Processo Civil*. 10. ed. São Paulo: Revista dos Tribunais, 2008, v. 1.

Watanabe, Kazuo. *Da Cognição no Processo Civil*. 3. ed. São Paulo: DPJ Editora, 2005.

Yarshell, Flavio Luiz. *Tutela Jurisdicional Específica nas Obrigações de Declarações de Vontade*. São Paulo: Malheiros, 1993.

_____. *Tutela Jurisdicional*. São Paulo: Atlas, 1998.

_____. *Ação Rescisória*. São Paulo: Malheiros, 2005.

CAPÍTULO 28

Classificação das Ações

MILTON PAULO DE CARVALHO

28.1. SOBRE OS CRITÉRIOS DE CLASSIFICAÇÃO

Dos vários critérios sob os quais se podem classificar as ações, isolamos os três mais expressivos da evolução cronológica do direito processual civil.

O primeiro é o que leva em conta o fundamento da pretensão deduzida pelo autor. Segundo esse critério, as ações serão reais ou pessoais, conforme estejam fundadas em direito real ou direito pessoal. Falava-se em ações petitórias – ou "juízo petitório" – para designar as em que se reclamava o domínio (reivindicatórias); e em ações possessórias, como ainda hoje, para aquelas fundadas no *ius possessionis*. É critério arcaico e pouco científico.

O segundo, que ainda remonta ao praxismo, considera a espécie de procedimento. Segundo tal critério, as ações eram sumaríssimas, sumárias, ordinárias etc.

O critério moderno de classificação das ações, calcado em princípios e conceitos científicos, leva em conta a natureza do provimento jurisdicional invocado na ação. Registra-se que a doutrina atual formula uma indagação: estaremos a classificar as ações ou os provimentos jurisdicionais? Tal indagação pode ser apontada como um dos sintomas da supremacia da jurisdição sobre a ação. Mas, não será este um critério somente válido para a classificação dos provimentos, pois a ação, assim como qualquer instituto jurídico, pode ser classificado pelos seus escopos. Vale, pois, como critério para classificar a ação.

Além disso, vale o critério porque as ações estão sendo classificadas por um dos seus elementos, o *petitum*, ou melhor, por um dos elementos do pedido, que é o seu objeto imediato; e esta classificação antecede àquela dos procedimentos, eis que estes se pospõem ao pedido.

28.2. CLASSIFICAÇÃO DAS AÇÕES DE ACORDO COM A NATUREZA DO PROVIMENTO JURISDICIONAL INVOCADO

É a seguinte a classificação das ações segundo a natureza do provimento jurisdicional que pleiteiam: ação de conhecimento, ação de execução, ação cautelar.

A ação de conhecimento é aquela em que o provimento jurisdicional afirma a vontade da lei solucionando o litígio. Ela pode ser meramente declaratória, constitutiva ou condenatória. A ação de conhecimento meramente declaratória tende, apenas, à afirmação da existência ou inexistência de relação jurídica, da autenticidade ou falsidade de documento (CPC, art. 4º). A ação de conhecimento constitutiva busca provimento que constitua (ação constitutiva positiva ou constitutiva propriamente dita), modifique (ação constitutiva modificativa) ou extinga uma relação jurídica (ação constitutiva negativa, ou desconstitutiva). E a ação de conhecimento condenatória é a que se destina a obter um provimento que imponha a sanção prevista no preceito secundário da norma jurídica (exemplo: ocorrido o inadimplemento de uma obrigação – preceito primário da norma jurídica –, pede-se provimento que imponha a sanção – preceito secundário da norma).

Ação executiva, ou ação de execução, ou ação executória é a em que se pede provimento de satisfação do direito afirmado no título extrajudicial. Assim é porque a execução do direito afirmado na sentença se faz por meio de prosseguimento da ação de conhecimento já instaurada, pelo procedimento denominado "cumprimento de sentença" previsto nos arts. 475-I e seguintes do CPC, não sendo necessário o exercício de novo direito de agir.

Ação cautelar é a destinada a obter provimento que assegure resultado útil ao processo. Destina-se diretamente à tutela do processo, o que significa a tutela indireta do direito (exemplo: o arresto de bens do devedor visa que a sentença executória não se frustre, enquanto está assegurando o recebimento pelo credor). Tem autonomia científica, mas é dependente da ação principal, de conhecimento ou de execução.

A classificação quinária das ações, feita por Pontes de Miranda, reúne adeptos de elevada expressão no contexto da doutrina processual. É a seguinte tal classificação, que toma por base as "cargas" de eficácia prevalentes em cada ação, tarifadas com "pesos" de 1 a 5, porque "não há nenhuma ação, nenhuma sentença, que seja pura. Nenhuma é somente declarativa. Nenhuma é somente constitutiva. Nenhuma é somente condenatória. Nenhuma é somente mandamental. Nenhuma é somente executiva"[1].

---

1. Pontes de Miranda, *Comentários ao Código de Processo Civil*, v. I, t. I, Rio de Janeiro: Forense, 1974, p. 222.

Assim consideradas, as ações são: *declaratória*, porque a eficácia maior é a de declarar; *constitutiva*, porque "a sentença, que ela espera, mais constitui do que declara, do que manda, do que executa, do que condena"[2]; *condenatória*, porque por ela mais se pede condenar do que os outros efeitos; *mandamental*, porque "a sentença, que ela pede, é sentença que mais mande do que declare, do que constitua, do que condene, do que execute"; e *executiva*, porque por ela mais se espera que execute do que produza os outros referidos efeitos[3].

BIBLIOGRAFIA

CINTRA, Antônio Carlos Araújo; DINAMARCO, Cândido Rangel; GRINOVER, Ada Pellegrini. *Teoria geral do processo*. 24. ed. São Paulo: Malheiros, 2008.

GRECO FILHO, Vicente. *Direito processual civil brasileiro*. 20. ed. São Paulo: Saraiva, 2007, v. I.

MIRANDA, Pontes de. *Comentários ao Código de Processo Civil*. Rio de Janeiro: Forense, 1974, v. I, t. I.

---

2. Ob. cit., p. 223.
3. Ob. e loc. cits.

TÍTULO IV
DO PROCESSO

CAPÍTULO 29

Conceito e natureza jurídica do processo

Andrea Boari Caraciola

29.1. CONCEITO

A O DIREITO PÚBLICO e subjetivo assegurado pela Carta Constitucional a todo indivíduo relativamente ao exercício do direito de ação, simetricamente e em contrapartida, corresponde o poder-dever imposto ao Estado-juiz de prestar a tutela jurisdicional[1] adequada, por meio de um processo regular, adstrito à cláusula do devido processo legal e animado por um procedimento em contraditório[2].

Diante dessa colocação, translúcida, exsurge uma primeira inquietação àquele que se dispõe a estudar o processo: o que se entende por processo? Qual o seu conceito e significado? Este, o tema a ser aqui abordado.

---

1. Não há questionar a polissemia a envolver o termo tutela que, adstrito ao contexto jurídico, é utilizado em vários ramos do direito para significar proteção, defesa, bem como subordinação e submissão. Na preleção de João Batista Lopes: "No Direito Civil, significa o encargo atribuído a uma pessoa para representar, velar, administrar os bens de um menor. No Direito Público, fala-se em tutela dos direitos do cidadão no sentido de proteção desses direitos. No Direito Processual Civil, o termo é empregado também no sentido de proteção de direitos por meio do processo. Diz-se que a sentença do juiz deve conceder a tutela jurisdicional a quem tiver razão (o autor ou o réu)". Lopes, João Batista. *Curso de direito processual civil* (parte geral). V. I. São Paulo: Atlas, 2005. p. 18.
2. Ressalta Elio Fazzalari que *"il processo è un procedimento in cui partecipano (sono abilitati a partecipare) coloro nella cui sfera giuridica l'atto finale è destinato a svolgere effetti: in contraddittorio. Ed è la struttura dialettica del procedimento, cioè appunto, il contraddittorio"*. Fazzalari, Elio. *Istituzioni di diritto processuale.* VIII Edizione. Pádua: Cedam, 1996, p. 82-83. Tradução livre: "O processo é um procedimento no qual participam (são habilitados a participar) aqueles em face dos quais o ato final é destinado a produzir efeitos: em contraditório. E é a estrutura dialética do procedimento que aponta o contraditório".

O vocábulo processo se nos afigura como polissêmico, quando inserido no ordenamento jurídico, dotado, nesse sentido, de ao menos três significações: a primeira, adstrita ao seu aspecto institucional, a segunda, à dogmática jurídica e, por fim, uma terceira acepção, relacionada à realidade fenomenológica.

Consoante a preleção de Cândido Rangel Dinamarco[3]:

> Embora o uso indiscriminado do vocábulo processo dificulte a boa compreensão de cada um dos três objetos que ele designa, a consciência de que existem esses três planos oferece-se como excelente chave para penetrar adequadamente nos conceitos. São três acepções muito próximas e intimamente entrelaçadas, a saber: (a) o processo como sistema de princípios e normas constitucionais e legais, coordenados por uma ciência específica, (b) o processo como modelo imposto pelos princípios e normas e (c) o processo como realidade fenomenológica.

Estudado sob seu aspecto institucional, exsurge o processo como um ramo do direito, qual seja, o direito processual, que tem por objeto as categorias jurídicas relacionadas ao acesso à Justiça: jurisdição, ação, defesa e processo[4].

Adstrito o vocábulo processo à sua segunda acepção, podemos decodificar o processo como um método de trabalho. Jungido à noção de procedimento realizado em contraditório[5] e, derivado do latim, *procedere*[6], o termo processo tem suas raízes etimológicas relacionadas à noção de *marcha adiante,* caracterizando-se como movimento dialético[7] dirigido a determinado fim, movimento este exteriorizado pela observância de um procedimento que se traduz em um conjunto de atos logicamente coordenados, mediante a ação de órgãos da jurisdição, tendentes à pacificação social.

---

3. Dinamarco, Cândido Rangel. *Instituições de direito processual civil.* 2. ed., São Paulo: Malheiros, 2002, v. II, p. 24-25.
4. Dinamarco, Cândido Rangel. *Instituições de direito processual civil.* 2. ed., São Paulo: Malheiros, 2002, v. III, p. 23-24.
5. "É lícito dizer, pois, que o processo é o procedimento realizado mediante o desenvolvimento da relação entre seus sujeitos, presente o contraditório. Ao garantir a observância do contraditório a todos os "litigantes em processo judicial ou administrativo e aos acusados em geral", está a Constituição (art. 5º, inciso LV) formulando a solene exigência política de que preparação de sentenças e demais provimentos estatais se faça mediante o desenvolvimento da relação jurídica processual". Araújo Cintra, Antônio Carlos; Grinover, Ada Pelegrini; Dinamarco, Cândido Rangel. *Teoria geral do processo.* 21. ed. São Paulo: Malheiros, 2005, p. 288.
6. O termo processo tem suas raízes etimológicas adstritas às noções de caminhar para frente, ir adiante, marchar adiante. Derivado do latim *procedere,* faz referência a algo que se processa e se desenvolve no tempo e no espaço.
7. Assevera Athos Gusmão Carneiro que "O processo é instrumento indispensável" à paz social, pela *composição justa* das lides, ou seja, pela composição (ou melhor, pela *eliminação*) das lides mediante a exata aplicação do direito material. Desenvolve-se o processo dialeticamente, expondo-se nele o contraste entre os interesses dos litigantes, empenhado cada qual em convencer o juiz da justiça das respectivas pretensões". Carneiro, Athos Gusmão. *Intervenção de terceiros.* 10. ed. São Paulo: Saraiva, 1998, p. 9.

O processo é o instrumento colocado à disposição da jurisdição, pois dele se vale o órgão jurisdicional para solucionar de modo imparcial e justo o litígio submetido à sua apreciação, para tanto contando com ampla colaboração das partes em método de debate.

Consoante Humberto Theodoro Junior[8], processo "é o *método*, isto é, o *sistema* de compor a lide em juízo através de uma relação jurídica vinculativa de direito público (...)".

Dentro dessa perspectiva, estudado o processo mergulhado nessa segunda acepção, é que pretendemos enunciar um conceito de processo, com auxílio da processualística, observando que está presente na concepção de processo tanto a ideia de sucessão de movimentos, como também a ideia de método e a de finalidade a ser alcançada (sentido teleológico).

Importante assinalar a ideia de processo relacionada à sucessão de atos. Para Chiovenda[9],

> o processo é um complexo de atos. Não se trata, porém, naturalmente, de uma série de atos dissociados e independentes, senão de uma sucessão de atos vinculados pelo objetivo comum da atuação da vontade da lei e procedendo ordenadamente para a consecução desse objetivo; de onde o nome processo.

A dimensão temporal do processo também é sublinhada pela doutrina, na medida em que o tempo une os atos processuais em sequência ordenada e irreversível, de forma a ser desenhada uma ordem cronológica e lógica entre os diversos atos, marcada pela incidência da preclusão.

Nesse contexto a lição de Giovanni Verde[10], que define o processo como uma "série de atos coordenados segundo critérios de máximo preestabelecimento, proveniente de sujeitos diversos e não homogêneos e endereçados à emanação de um ato final, que toma o nome de provimento".

Mister aqui assinalar o aspecto teleológico imanente à ideia de processo: a finalidade do processo está relacionada à pacificação com Justiça, exsurgindo o processo, nesse contexto, como um instrumento apto ao atingimento dessa finalidade.

Nesse sentido o conceito enunciado por Enrico Túlio Liebman[11]:

> A atividade mediante a qual se desempenha em concreto a função jurisdicional chama-se processo. Essa função não se cumpre, em verdade, a um só tempo e com um só ato, mas através de uma série coordenada de atos que se sucedem no tempo e que tendem à formação de um ato final. Daí a ideia de um proceder em direção a uma meta e o nome

---

8. Theodoro Júnior, Humberto. *Curso de direito processual civil*. 44. ed. Rio de Janeiro: Forense, 2006, v. 1, p. 49.
9. Chiovenda, Giuseppe. *Instituições de direito processual civil*. São Paulo: Saraiva, 1969. v. 1, p. 50.
10. Verde, Giovanni. *Profili del processo civile*. Napoli: Jovene Editore, 1988, p. 270.
11. Liebman, Enrico Túlio. *Manual de direito processual civil*. 2. ed. Rio de Janeiro: Forense, 1985, v. I, p. 33.

dado ao conjunto de atos postos em prática no exercício dessa função. Especificamente, processo civil é aquele que se realiza para o desempenho da função jurisdicional em matéria civil.

Assim, o processo é indispensável ao exercício da função jurisdicional, formalmente exteriorizado por meio de um procedimento em contraditório, que nasce com a iniciativa do autor, delimita-se com a contestação do réu e culmina com a sentença do juiz, ato jurisdicional magno na relação processual.

Cumpre-nos aqui destacar o processo enquanto instrumento adequado ao exercício da função jurisdicional, objetivando a pacificação social e a composição dos conflitos de direito material, de sorte a assumir universalmente o desafio da efetividade e utilidade dos resultados que produz face ao direito material.

O processo é, pois, indispensável ao exercício da função jurisdicional. Nos termos da Exposição de Motivos do Código de Processo Civil, item 5, assim assevera Alfredo Buzaid: "O processo civil é um instrumento que o Estado põe à disposição dos litigantes, a fim de administrar a justiça".

O processo é o instrumento colocado à disposição da jurisdição, pois dele se vale o órgão jurisdicional para solucionar de modo imparcial e justo o litígio submetido à sua apreciação, para tanto contando com ampla colaboração das partes em método de debate.

Impõe-se ao processualista contemporâneo uma nova visão desta ciência jurídica, visão esta que venha a superar a dogmática endoprocessual, extremamente tecnicista e formalista, tendo em vista a realização dos escopos sociais, políticos e jurídicos do processo.

Objetiva-se, assim, conferir maior utilidade aos provimentos jurisdicionais e assegurar substancialmente a acessibilidade à Justiça, na busca de soluções novas para velhos problemas, rompendo definitivamente com as velhas posturas introspectivas do sistema e abrindo os olhos para a realidade da vida que passa fora do processo.

29.2. NATUREZA JURÍDICA

O estudo sobre a natureza jurídica do processo nos conduz a uma concepção histórica acerca da evolução do processo, que suscitou inúmeras divergências sobre o tema, a ponto de justificar um certo ceticismo em relação à exata delimitação da questão. Não obstante as dificuldades encontradas ao longo da história para a definição da natureza jurídica do processo, o tema encontra-se hoje pacificado.

As principais teorias criadas para a definição da natureza jurídica do processo são: teoria contratualista do processo, processo como *quasi contractus*, teoria da relação jurídica processual, processo como relação complexa, processo como situação jurídica e processo como módulo processual, entendido como procedimento em contraditório.

As teorias privatistas dos séculos XVIII e XIX assemelharam processo e contrato, de sorte a transformar o processo em um acordo de vontades com vistas a uma determinada finalidade.

Foi assim que surgiu a teoria contratualista, teoria esta que procura explicar a natureza jurídica do processo a partir do pressuposto de que as partes submetem-se voluntariamente ao processo e aos seus resultados, através de um verdadeiro negócio jurídico de direito privado, negócio este denominado *litiscontestatio*.

Interessante observar que Rousseau, com o seu *Contrato social*, exerceu significativa influência sobre essa teoria, ligada à ideia romana de processo e desenvolvida especialmente na França, nos séculos XVIII e XIX. Essa teoria via no processo o produto de um acordo de vontades das partes, daí exsurgindo a sua similitude com os vínculos contratuais, nos quais se destaca o consensualismo.

Sobre a questão, uma observação crítica: vale lembrar que "nem o poder do juiz provinha das partes contratantes, nem a posição passiva do processo se explica em virtude de um contrato ou convenção", de sorte a não ser possível resumir a natureza jurídica do processo a uma categoria contratual[12].

À teoria do processo como contrato seguiu-se outra, que ainda pretendia enquadrar o processo nas categorias do direito privado: a teoria do *quasi contractus*, ou seja, do quase contrato, concebida no século XIX pelo francês Arnault de Guényvau.

Objetivava a teoria do quase contrato ultrapassar as críticas e objeções desenhadas à teoria contratualista, de sorte a afirmar que, se o processo não era um contrato e não podia ser um delito, deveria ser um quase contrato. Assim, chegou-se a essa concepção por eliminação: não seria o processo um contrato, mas equivaleria a um contrato: *como se fosse um contrato*. Mais uma vez exsurge a intenção de qualificar como privado algo que se reveste de natureza pública: o processo![13]

Ultrapassadas as concepções privatistas que tentam equivocadamente explicar a natureza jurídica do processo, surge uma nova concepção de processo, adstrita ao seu caráter público.

Nesse contexto destacamos o ano de 1868, marco histórico mais importante na evolução teórica e conceitual do processo: foi nesse ano que Oskar Von Bülow, doutrinador alemão, lançou seu livro *Teoria das exceções dilatórias e dos pressupostos processuais*, obra na qual o autor afirma ser o processo uma relação jurídica autônoma, dinâmica e em constante movimentação, de sorte que sua constituição está sujeita a determinados requisitos, denominados pressupostos processuais, cuja

---

12. Carmona, Carlos Alberto. Considerações sobre a evolução conceitual do processo. *Revista de Processo* 57, p. 46.
13. Cintra, Antonio Carlos de Araújo; Grinover, Ada Pellegrini; Dinamarco, Cândido Rangel. *Teoria geral do processo*. 21. ed. São Paulo: Malheiros, 2004, p. 287-288.

verificação, observada esta concepção original, há de ser realizada em procedimento prévio e autônomo[14].

Significa dizer que o processo traduz um contrato de direito público pelo qual, de um lado, o Estado-juiz assume concretamente a obrigação de decidir e realizar o direito deduzido em juízo e, de outro lado, as partes se obrigam a colaborar para que este fim seja alcançado, como também a estarem sujeitas aos resultados dessa atividade[15].

Bülow foi quem primeiro sustentou a tese segundo a qual o processo é uma relação jurídica de direito público, de forma a considerar que se os direitos e obrigações processuais se dão entre funcionários do Estado e as partes, se as partes se vinculam de forma a colaborar com a atividade judicial, essa relação é uma relação que pertence ao direito público, sendo o processo, portanto, uma relação jurídica pública que se desenvolve de modo progressivo, entre o tribunal e as partes[16].

Assim, segundo a teoria do processo como relação jurídica, o processo era considerado uma relação de direitos e obrigações recíprocos, ou seja, uma relação jurídica que se dá entre as partes e o juiz.

Bülow é merecedor de méritos e obteve destaque, principalmente, por sistematizar a existência da relação jurídica processual, relação esta que ordena a conduta dos sujeitos do processo e suas ligações recíprocas. Bülow conseguiu realçar a existência de dois planos de relações no processo: a de direito material e a de direito processual. Demais, observou que a relação jurídica de direito processual se distingue da relação material por três aspectos: a) pelos sujeitos processuais – *autor, réu e juiz*; b) pelo seu objeto – *prestação jurisdicional* – e; por fim, c) pelos seus pressupostos – *pressupostos processuais*[17].

Não obstante a *(re)*evolução conceitual acerca da natureza jurídica do processo, a teoria de Bülow foi alvo de inúmeras críticas.

Já em 1888, duas décadas após o lançamento da revolucionária obra de Oskar Von Bülow, Josef Kohler publicou sua obra *O Processo como relação jurídica*, que pretendia, a partir de reparos à teoria lançada por Bülow, implementar a teoria do processo como relação jurídica complexa, segundo a qual a propositura da demanda caracteriza-se por ser um negócio jurídico unilateral que não necessita a aceitação, tampouco a colaboração do demandado e que cria a relação jurídica processual. Assim, o processo é uma relação jurídica entre as partes, já que só entre elas existem direitos e obrigações, tanto materiais como processuais. Dessa forma, o juiz não participaria dessa relação, sendo apenas um terceiro: órgão controlador e/ou julgador[18].

---

14. Carmona, Carlos Alberto. Considerações sobre a evolução conceitual do processo. *Revista de Processo* 57, p. 47.
15. Carmona, Carlos Alberto. Considerações sobre a evolução conceitual do processo. *Revista de Processo* 57, p. 47.
16. Mancuso, Sandra Regina. O processo como relação jurídica. *RT* 682/55-61.
17. Cintra, Antonio Carlos de Araújo; Grinover, Ada Pellegrini; Dinamarco, Cândido Rangel de. *Teoria geral do processo*. 21. ed. São Paulo: Malheiros, 2004, p. 288.
18. Carmona, Carlos Alberto. Considerações sobre a evolução conceitual do processo. *Revista de Processo*

Destacamos a importância de James Goldschmidt relativamente à determinação da natureza jurídica do processo, vez que o doutrinador também está diretamente relacionado à construção de uma nova conceituação de processo.

Goldschmidt não negou a importância de Bülow para a evolução da ciência processual, mas propôs uma nova visão do processo. Em 1925, elaborou a teoria do *processo como situação jurídica – El proceso como situación jurídica* – na tentativa de explicar a natureza do processo, reduzindo-o a uma expectativa, juridicamente fundada, a uma sentença favorável ou desfavorável e, dessa forma, naturalmente, a expectativa ao reconhecimento, favorável ou não, de uma pretensão que foi exercitada[19].

Assim, segundo Goldschmidt, o direito processual seria um conjunto de possibilidades e de expectativas, não se podendo falar em relação das partes entre si e entre elas e o juiz. Nessa acepção, o juiz profere sentença, porque esse é seu dever funcional, e não um direito conferido às partes. Demais, as partes não estão ligadas entre si, mas estão apenas sujeitas à ordem pública. Destarte, pela concepção de Goldschmidt, onde havia o direito subjetivo, há agora, tão somente, chances: possibilidades, expectativas, perspectivas[20]!

A teoria de Goldschmidt, embora rejeitada pela maioria dos processualistas, é rica de conceitos e observações que vieram contribuir para o desenvolvimento da ciência processual, esclarecendo uma série de conceitos até então não compreendidos e envoltos em dúvidas e enganos.

Mais recentemente, Elio Fazzalari, jurista italiano, combateu a introdução da relação jurídica processual no conceito de processo, propondo sua substituição pelo contraditório. Fazzalari utiliza a expressão "módulo processual", representado pelo procedimento realizado em contraditório, propondo que se passe a considerar como elemento do processo essa abertura à participação, que é constitucionalmente garantida. Assim, o processo seria "o procedimento realizado mediante o desenvolvimento da relação entre seus sujeitos, presente o contraditório"[21].

Nesse sentido, Fazzalari caracteriza-se por demonstrar a importância do procedimento, de sorte a revelar que o caminho a ser percorrido para a prolação de uma decisão é o procedimento, sendo certo para este jurista que, se esse procedimento for desenvolvido com respeito ao contrário e o órgão de decisão for imparcial, teremos, aí, o processo![22]

57, p. 47-48.
19. Carmona, Carlos Alberto. Considerações sobre a evolução conceitual do processo. *Revista de Processo* 57, p. 49.
20. Carmona, Carlos Alberto. Considerações sobre a evolução conceitual do processo. *Revista de Processo* 57, p. 49.
21. Fazzalari, Elio. *Instituioni di diritto processuale*. 7. ed. Padova: Cedam, 1994, p. 8-22.
22. Carmona, Carlos Alberto. Considerações sobre a evolução conceitual do processo. *Revista de Processo* 57, p. 52.

Fazzalari foi responsável pela generalização da estrutura processual e procedimental, ressaltando a importância do procedimento no estudo do processo[23]. O processo só pode ser compreendido se houver o contraditório, o que ocorre quando as partes em litígio possuem posição de simétrica paridade.

Neste sentido Fazzalari foi o responsável pela *"reabilitação do procedimento* na teoria processual", no que toca, especialmente, à sua reintrodução ao conceito de processo[24].

Sintetizadas aqui as teorias a justificar a natureza jurídica do processo, importante destacar a necessidade de conciliação dos conceitos de processo e procedimento, até mesmo porque "um procedimento falho, que não atenda aos princípios de economia, celeridade e garantia implica uma desvirtuação do processo"[25].

Transcrevemos aqui a preleção insuperável de Cândido Rangel Dinamarco[26]

> A teoria do processo como relação jurídica, formulada em 1868 por Oskar Von Bülow e vitoriosa em todos os quadrantes da doutrina continental europeia – com notória repercussão na brasileira – jamais explicou como poderia o processo ser *só uma relação processual*, sem incluir em si mesmo um procedimento. Ela teve o mérito de suplantar a arcaica visão do processo como pura sequência de atos – ou seja, como mero procedimento, sem cogitações de um específico vínculo de direito entre seus sujeitos – mas por sua vez acabou sendo suplantada pela percepção de que procedimento e relação processual coexistem no conceito e na realidade do processo, sem que este pudesse ser o que é se lhe faltasse um desses dois elementos.

Mister salientar que não encontram aceitação na doutrina moderna as teorias que ao longo da evolução histórica procuraram explicar a natureza jurídica do processo. Assim é que refutadas encontram-se as teorias contratualistas, do quase contrato, como também a teoria do processo como situação jurídica construída por Goldschmidt, vez que, todas elas, não encontram lastro na realidade do processo.

Importante consignar, ainda, que a teoria do processo como relação jurídica, desenvolvida por Oskar Von Bülow, só encontra respaldo na ciência processual quando conciliada com o procedimento, exsurgindo daí, dessa conciliação entre relação jurídica e procedimento, a natureza jurídica do processo: entidade complexa composta de relação processual e procedimento em contraditório.

---

23. Nalini, Processo e procedimento – distinção e a celeridade da prestação jurisdicional. *RT* 730/673-688.
24. Cintra, Antonio Carlos de Araújo; Grinover, Ada Pellegrini; Dinamarco, Cândido Rangel. *Teoria geral do processo*. 21. ed. São Paulo: Malheiros, 2004, p. 294.
25. Carmona, Carlos Alberto. Considerações sobre a evolução conceitual do processo. *Revista de Processo* 57, p. 52.
26. Dinamarco, Cândido Rangel. *Instituições de direito processual civil*. 2. ed. São Paulo: Malheiros, 2002, v. II, p. 27.

BIBLIOGRAFIA

CARNEIRO, Athos Gusmão. *Intervenção de terceiros.* 10. ed. São Paulo: Saraiva, 1998.

CHIOVENDA, Giuseppe. *Instituições de direito processual civil.* 2. ed. Tradução de J. Guimarães Menegale. São Paulo: Saraiva, 1965, v. I.

CINTRA, Antônio Carlos Araújo; DINAMARCO, Cândido Rangel; GRINOVER, Ada Pellegrini. *Teoria geral do processo.* 24. ed. São Paulo: Malheiros, 2008.

DINAMARCO, Cândido Rangel. *Instituições de Direito Processual Civil.* 6. ed. São Paulo: Malheiros, 2009, v. II.

FAZZALARI, Elio. *Istituzioni di diritto processuale.* VIII Edizione. Pádua: CEDAM, 1996.

LIEBMAN, Enrico Tullio. *Manual de direito processual civil.* 2. ed. Tradução de Cândido Rangel Dinamarco. Rio de Janeiro: Forense, 1985.

MANCUSO, Sandra Regina. *O processo como relação jurídica.* São Paulo: Revista dos Tribunais 682/55-61.

NALINI. *Processo e procedimento – distinção e a celeridade da prestação jurisdicional.* São Paulo: Revista dos Tribunais 730/673-688.

NORONHA, Carlos Silveira. Evolução histórica da sentença no processo lusitano. *Revista de Processo,* n. 92, São Paulo: Revista dos Tribunais.

THEODORO JÚNIOR, Humberto. *Curso de direito processual civil.* 44. ed. Rio de Janeiro: Forense, 2006, v. I.

VERDE, Giovanni. *Profili del processo civile.* Napoli: Jovene Editore,1988.

Capítulo 30

Caracteres da relação jurídica processual

Andrea Boari Caraciola

Após a exposição das teorias desenvolvidas ao longo da história na tentativa de delinear a natureza jurídica do processo, e após a sua exata delimitação como entidade complexa composta de relação processual e procedimento em contraditório, ou seja, relação jurídica que se desenvolve observado um método de debate em contraditório, de sorte a conviverem os conceitos de processo e procedimento, importante averiguar as características que informam a relação processual.

30.1. Relação jurídica de direito público

Não se há de questionar que a relação processual pertence ao direito público, vez que deriva de normas reguladoras de uma atividade pública[1]. Nesse contexto, acertado o entendimento de Goldschmidt ao afirmar que o dever do juiz de conhecer e julgar a demanda não encontra fundamento no direito processual, mas, sim, no direito público, isto porque, ao ajuizar sua pretensão, o que o autor deseja é que o Estado garanta a tutela desse direito lesado ou ameaçado de lesão[2].

Assim, na medida em que o juiz, no processo, age em nome do Estado, exercendo sobre as partes a sua autoridade soberana, não há questionar a natureza pública da relação processual, ainda que seja privada a relação de direito material controvertida entre as partes[3].

---

1. Chiovenda, Guiseppe. *Instituições de processo civil*. São Paulo: Saraiva, 1969, p. 37.
2. Mancuso, Sandra Regina. O processo como relação jurídica. *RT* 682/58.
3. Cintra, Antonio Carlos de Araújo; Grinover, Ada Pellegrini; Dinamarco, Cândido

30.2. RELAÇÃO JURÍDICA AUTÔNOMA

A relação processual não se confunde com a relação jurídico-material que lhe dá substrato, tampouco dela depende para sua validade, isto porque enquanto o objeto da relação jurídico-material recai sobre determinado bem, direito ou interesse, o objeto da relação processual, diversamente, recai sobre a obtenção de um provimento jurisdicional.

Significa dizer que o processo serve ao objetivo do direito material. Através da relação jurídica processual é que se estabelece um vínculo, um elo entre o direito material e o direito processual, vínculo este por meio do qual o primeiro fornece conteúdo ao segundo. Não obstante o processo esteja a serviço do direito material, daí exsurgindo sua natureza instrumental, não se há de verificar qualquer vínculo de dependência entre eles.

Demais, "a autonomia da relação processual é tão evidente que, mesmo que se venha a negar a relação material que o autor queira ver declarada ou constituída, a relação processual não deixaria de existir"[4].

Todos os atos do processo são direcionados ao atingimento de um objetivo comum, qual seja, a obtenção de um provimento jurisdicional, que pacifique o conflito com Justiça. Nesse sentido é que podemos perceber a unicidade da relação processual, na medida em que todos os atos que compõem a relação processual destinam-se a um só fim, de sorte a revelar a acepção teleológica que envolve a relação processual.

Não obstante a unicidade teleológica, "o processo é um complexo de atos. Não se trata, porém, naturalmente, de uma série de atos dissociados e independentes, senão de uma sucessão de atos vinculados pelo objetivo comum (...)"[5], objetivo esse que se resume na ideia e no ideal de consecução da Justiça.

30.3. RELAÇÃO JURÍDICA COMPLEXA

Podemos considerar o processo como um todo, que se desenvolve por meio de uma série de relações secundárias, as quais vão surgindo durante o transcorrer da relação processual, de forma a que a prática sucessiva de atos processuais enseja às partes uma alternância entre posições nas quais ora são titulares de direitos e poderes, ora são titulares de ônus e obrigações, e ora estão em posição de sujeição. Nesse sentido, perceptível que a relação processual "apresenta-se como uma soma de uma série de posições jurídicas ativas e passivas, derivando daí o seu caráter complexo"[6].

Rangel. *Teoria geral do processo*. 21. ed. São Paulo: Malheiros, 2004, p. 298-299.
4. Mancuso, Sandra Regina. O processo como relação jurídica. RT 682/58.
5. Chiovenda, Guiseppe. *Instituições de processo civil*. São Paulo: Saraiva, 1969, p. 50.
6. Cintra, Antonio Carlos de Araújo; Grinover, Ada Pellegrini; Dinamarco, Cândido Rangel. *Teoria geral do processo*. 21. ed. São Paulo: Malheiros, 2004, p. 298.

30.4. RELAÇÃO JURÍDICA PROGRESSIVA

Caracteriza-se a relação processual pela continuidade e dinamismo, na medida em que avança, inequivocamente, em direção à solução e composição do conflito de interesses submetido à apreciação judiciária.

Dessa forma, em sendo dinâmica e contínua, e relacionando-se à ideia de *marcha adiante* rumo à prolação de uma tutela jurisdicional que pacifique o conflito com Justiça, as fases processuais são marcadas pela preclusão, de forma que, ultrapassada uma determinada fase do processo ou realizado um determinado ato processual, a eles não se retroage, salvo diante do reconhecimento de um vício insanável que venha a contaminar de nulidade a relação processual.

30.5. RELAÇÃO JURÍDICA DINÂMICA

A relação jurídica processual se desenvolve de forma triangularizada, envolvendo o Estado-juiz, autor e réu: essa a conformação mínima relativamente aos sujeitos da relação processual. Nesse sentido a expressão *judicium est actum trium personarum*.

BIBLIOGRAFIA

CINTRA, Antônio Carlos Araújo; GRINOVER, Ada Pellegrini; DINAMARCO, Cândido Rangel. *Teoria geral do processo*. 21. ed. São Paulo: Malheiros, 2005.

CHIOVENDA, Giuseppe. *Instituições de direito processual civil*. São Paulo: Saraiva, 1969, v. 1.

DINAMARCO, Cândido Rangel. *Instituições de direito processual civil*. 2. ed. São Paulo: Malheiros, 2002, v. II.

MANCUSO, Sandra Regina. *O processo como relação jurídica*. São Paulo: Revista dos Tribunais 682/55-61.

NALINI. *Processo e procedimento – distinção e a celeridade da prestação jurisdicional*. São Paulo: Revista dos Tribunais 730/673-688.

Capítulo 31

Pressupostos Processuais

Andrea Boari Caraciola

31.1. PRESSUPOSTOS PROCESSUAIS, CONDIÇÕES DA AÇÃO E MÉRITO

Provocada a atividade jurisdicional por meio do exercício da garantia constitucional do direito de ação (CF 5º, XXXV) e deflagrado o processo, inicia-se uma relação jurídica entre o autor e o juiz e, após a citação, o réu[1], relação jurídica processual esta que tende a se desenvolver até a prolação de um provimento final, que pode ser de natureza cognitiva, cautelar ou satisfativa, e que, espera-se, resolva o conflito dando o direito a quem de direito[2], de sorte a pacificar a lide.

Assegurada pela Constituição Federal, em seu art. 5º, inciso LIV, a cláusula do devido processo legal, que enuncia o comando imperativo relativo à impossibilidade de alguém ser privado de sua liberdade ou de seus bens sem um devido processo legal, mister destacar que a teoria dos pressupostos processuais e das nulidades trata, exatamente, dos requisitos necessários para que o processo se constitua e se desenvolva de forma regular, de sorte a ser qualificado como "devido", nos termos da previsão constitucional.

---

1. Inserimos aqui uma observação no que toca ao CPC, 285-A, dispositivo este fruto de reforma processual pela Lei nº 11.277, de 7 de fevereiro de 2006, e que introduziu no sistema processual o instituto da improcedência liminar de ação repetitiva, que permite ao juiz julgar o mérito da ação antes da citação do réu. Pelo instituto permite-se que o juiz julgue pedido idêntico ao que já havia sido anteriormente julgado no mesmo juízo, pela sua total improcedência.
2. Pertinente a afirmação de Chiovenda: *Il processo deve dare per quanto è possibile praticamente a chi ha um diritto tutto quello e proprio quello ch'egli ha diritto di conseguire*. Chiovenda, Giuseppe. *Saggi di diritto processuale civile*. V. I. Roma, 1930, p. 110.

Neste contexto, podemos afirmar que a análise do fenômeno processual nos conduz à identificação das categorias fundamentais da ciência do processo, categorias estas que dizem respeito aos pressupostos processuais, condições da ação e mérito, tríade que sintetiza, de forma expressiva, o objeto da cognição judicial, quer no processo de conhecimento, quer nos processos de execução e cautelar, nestes dois últimos respeitadas as especificidades que os diferenciam do processo de conhecimento[3].

Antes da apreciação do mérito da causa veiculado no caso concreto submetido à apreciação judiciária, ao magistrado impõe-se verificar a ocorrência de determinados elementos na relação processual, sem os quais não há como examinar o mérito da causa. Assim, o objeto da cognição judicial em sentido horizontal recai sobre a tríade: pressupostos processuais e condições da ação e, superadas estas, adentra ao mérito da causa[4].

É que no Brasil predomina a chamada "teoria do trinômio processual"[5], segundo a qual o magistrado só adentra ao mérito da causa se estiverem preenchidos os pressupostos processuais e as condições da ação. Significa dizer que os pressupostos processuais e as condições da ação, não obstante constituam antecedentes do exame do mérito, perfazem categorias distintas.

Interessante aqui registrar o tratamento diverso conferido à questão na Itália, na medida em que os requisitos de natureza processual apresentam-se inseridos em uma única categoria, caracterizada por reunir os elementos necessários a que o processo proporcione ao juiz o exame do direito à tutela jurisdicional pleiteada[6], experiência estrangeira esta que nos conduz a refletir sobre a lógica e a utilidade da sistematização vigente em nosso ordenamento[7-8].

Destarte, ao lado das condições da ação, os pressupostos processuais compõem a categoria genérica dos denominados pressupostos processuais de admissibilidade da atividade jurisdicional específica[9].

---

3. Conferir: Watanabe, Kazuo. *Da cognição no processo civil*. 3. ed. São Paulo: Perfil, 2005, p. 81-82.
4. Dinamarco, Cândido Rangel. *Litisconsórcio*. 7. ed. São Paulo: Revista dos Tribunais, 2002, p. 252. Ainda: Dinamarco, Cândido Rangel. *Instituições de direito processual civil*. São Paulo: Malheiros, 2001, v. 3, p. 128.
5. Interessante conferir: Neves, Celso. Binômio, trinômio ou quadrinômio? RT 517/11-16.
6. Bedaque, José Roberto dos Santos. *Efetividade do processo e técnica processual*. São Paulo: Malheiros, 2006, p. 181, nota 4.
7. Sobre o tema: Scarpinella Bueno, Cássio. *Curso sistematizado de direito processual civil*. São Paulo: Saraiva, 2007, v. 1, p. 390.
8. Expressão da polêmica acerca do instituto se reflete na tentativa de revisão e alteração da nomenclatura "pressupostos processuais". Destacamos aqui a preferência de alguns doutrinadores na adoção de outras terminologias, dentre as quais: "requisitos de admissibilidade do processo" ou "juízo de admissibilidade do processo".
9. A doutrina brasileira distingue as condições da ação dos pressupostos processuais, incluindo ambos na mesma categoria: "pressupostos de admissibilidade do julgamento do mérito". Conferir: Araújo Cintra, Antônio Carlos; Grinover, Ada Pelegrini; Dinamarco, Cândido Rangel. *Teoria geral do processo*. 21. ed. São Paulo: Malheiros, 2005, p. 297.

Neste capítulo trataremos especificamente dos pressupostos processuais, logicamente antecessores das condições da ação, delineando seu conceito, função e classificação. Já as condições da ação foram objeto de investigação própria, no capítulo relativo ao estudo da "ação" (capítulo 25).

31.2. CONCEITO

Ao abordarmos o tema pressupostos processuais somos convidados a perquirir a contribuição de Oskar Von Bülow[10], doutrinador alemão, que em sua obra *Teoria das exceções dilatórias e dos pressupostos processuais* afirma ser o processo uma relação jurídica autônoma, dinâmica e em constante movimentação, de sorte que sua constituição está sujeita a determinados requisitos, denominados pressupostos processuais, cuja verificação, observada esta concepção original, há de ser realizada em procedimento prévio e autônomo.

Assim, importante registrar que Bülow procurou demonstrar a existência de uma relação jurídica distinta da relação jurídica de direito material, que constitui o objeto do processo[11-12].

Em que pese não possamos atribuir a Bülow a criação dos pressupostos processuais, o doutrinador se destaca por ter sistematizado o instituto, sendo certo que, em sua concepção original, a verificação da existência desses requisitos deveria ocorrer previamente, em procedimento autônomo, e não no próprio processo, tal como nos ordenamentos atuais[13-14].

Impõe-se registrar que para que o Estado-juiz possa prolatar uma tutela jurisdicional é necessário que a relação processual, iniciada por provocação da parte interessada, esteja apta a desenvolver-se regularmente[15].

---

10. Cumpre-nos salientar as duas principais asserções e contribuições mundialmente aceitas de Oskar Von Bülow: a primeira, que não conduz a grandes controvérsias e discrepâncias, diz respeito ao processo como relação jurídica, na qual estão inseridos os sujeitos processuais. A segunda, por sua vez, categoriza o processo sob a figura dos pressupostos processuais, asserção esta que exsurge envolva em muita celeuma. Sobre a questão, conferir: Góes, Gisele Santos Fernandes. *Proposta de sitematização das questões de ordem pública processual e substancial.* Tese (Doutorado em Direito), Faculdade de Direito da Pontifícia Universidade Católica de São Paulo, 2007, p. 215. Conferir ainda: Neves, Celso. *Estrutura fundamental do processo civil.* Rio de Janeiro: Forense, 1997.
11. Importante registrarmos as três fases metodológicas na história do processo civil: o período de sincretismo, o período autonomista ou conceitual e, por último, o período teleológico ou instrumental. No que atina à fase autonomista ou conceitual, que teve início em 1868, mister destacarmos a contribuição de Oskar Von Bülow, que proclamou, em termos sistemáticos, a existência de uma relação jurídica autônoma entre os sujeitos do processo – juiz, autor e réu –, relação esta diversa e diferente da relação jurídica de direito material: quer por seus sujeitos, já que nela há a inclusão da figura do "juiz"; quer por seu objeto, o "provimento jurisdicional"; quer, por fim, por seus pressupostos, os "pressupostos processuais". Conferir: Dinamarco, Cândido Rangel. *Instituições de direito processual civil.* 2. ed. São Paulo: Malheiros, 2002, v. I, p. 254.
12. Mancuso, Sandra Regina. O processo como relação jurídica. *RT* 682/55-61.
13. Bedaque, José Roberto dos Santos. *Efetividade do processo e técnica processual.* São Paulo: Malheiros, 2006, p. 180.
14. Barbosa Moreira, José Carlos. Sobre os pressupostos processuais. In: *Temas de direito processual:* 4ª Série. São Paulo: Saraiva, 1989, p. 84.
15. Bedaque, José Roberto dos Santos. Pressupostos Processuais e Condições da Ação. *Justitia,* v. 156. out./

Nesse contexto, os pressupostos processuais constituem

> exigências legais sem cujo atendimento o processo, como relação jurídica, não se estabelece ou não se desenvolve validamente. E, em consequência, não atinge a sentença que deveria apreciar o mérito da causa. São, em suma, requisitos jurídicos para a validade da *relação processual*[16].

Assim, delineada a existência de uma relação jurídica processual e reconhecida a sua autonomia em face do direito material, a processualística passou a perceber também que essa relação está sujeita a certos requisitos específicos, denominados pressupostos processuais, para a sua constituição válida e regular desenvolvimento[17].

Inserem-se os pressupostos processuais entre os requisitos de admissibilidade do provimento jurisdicional, de sorte a que, no processo de conhecimento, a prolação de uma sentença de mérito dependerá da presença desses requisitos, que não são sistematizados de maneira uniforme na doutrina.

31.3. FUNÇÃO

O legislador impõe ao Estado-juiz a verificação de certos requisitos para que o processo nasça e se desenvolva validamente, tendo em vista a necessidade de conferir ordem ao processo, de sorte a possibilitar que os sujeitos processuais possam participar de forma efetiva do processo e influir na obtenção do resultado final: "A técnica é importante para possibilitar que a relação processual se desenvolva de forma adequada, sem tumulto, a fim de que as partes sejam tratadas com igualdade, observando-se rigorosamente o contraditório"[18].

Consoante a preleção de José Carlos Barbosa Moreira, os pressupostos processuais assumem a função de verdadeiro "filtro processual", a impedir a passagem de pretensões *formalmente* inviáveis. Em outras palavras, consoante os dizeres do doutrinador, os pressupostos processuais estariam a conferir um "passaporte em ordem" para a relação processual, possibilitando a passagem do Estado-juiz à verificação da substância do litígio[19].

---

dez. 1991, p. 49.
16. Theodoro Júnior, Humberto. *Curso de direito processual civil*. 44. ed. Rio de Janeiro: Forense, 2006, v. 1, p. 68.
17. Araújo Cintra, Antônio Carlos; Grinover, Ada Pelegrini; Dinamarco, Cândido Rangel. *Teoria geral do processo*. 21. ed. São Paulo: Malheiros, 2005, p. 297.
18. Bedaque, José Roberto dos Santos. *Efetividade do processo e técnica processual*. São Paulo: Malheiros, 2006, p. 183.
19. "O controle de tais pressupostos teria por finalidade precípua barrar o acesso de espécimes processuais gravemente defeituosos à superior região em que se resolve o destino das partes quanto à substância do litígio. A semelhante desfecho ficaria impedido de chegar o processo que não exibisse, por assim dizer, passaporte em ordem." Conferir: Barbosa Moreira, José Carlos. Sobre os pressupostos processuais. In: *Temas de direito processual*: 4ª Série. São Paulo: Saraiva, 1989, p. 89.

Significa dizer que a presença dos pressupostos processuais revela que o processo se encontra formalmente em ordem, de sorte a estar apto à obtenção da solução à crise de direito material com segurança e rapidez, observados os princípios de economia e efetividade, como de resto também o princípio da instrumentalidade do processo[20].

Segundo a preleção de José Roberto dos Santos Bedaque[21], os pressupostos processuais constituem

> exigências legais destinadas à proteção de determinados valores inerentes às partes e à jurisdição, visando a possibilitar que o processo seja efetivo instrumento de acesso à ordem jurídica – ou, em outras palavras, que ele represente método êquo e justo de solução de controvérsias.

Nesse diapasão, os pressupostos processuais podem ser conhecidos *ex officio*[22], a qualquer tempo, nas instâncias ordinárias, no curso da relação processual, em função dos arts. 267, § 3º, e 301, § 4º, do CPC. Não obstante seja recomendado ao magistrado analisar a presença ou ausência dos pressupostos processuais desde logo, são vários os momentos nos quais tais elementos podem ser analisados: preliminar de contestação, saneamento do processo, prolação de sentença, recursos, impugnação ao cumprimento de sentença, embargos à execução, objeção de executividade etc.[23]

31.4. CLASSIFICAÇÃO

Classificar significa distribuir em classes, agrupar segundo um determinado método e ponto de vista, com o objetivo de facilitar o estudo do objeto cognoscível. Importa consignar, ainda, que as classificações variam conforme o ângulo da análise a ser desenvolvida, de forma a propiciar a melhor compreensão dos fenômenos a serem investigados[24].

No que se refere à classificação, não se pode deixar de mencionar a doutrina de José Carlos Barbosa Moreira[25] que, em seus estudos e apontamentos, alerta para a

---

20. O princípio da instrumentalidade há de ser visto conjuntamente com os da economia e celeridade processuais, princípios estes norteadores da completa entrega da prestação jurisdicional.
21. Bedaque, José Roberto dos Santos. *Efetividade do processo e técnica processual*. São Paulo: Malheiros, 2006, p. 185.
22. Ressalva feita em relação ao compromisso arbitral, pressuposto processual negativo que, nos termos expressos do CPC 301, § 4º, não pode ser conhecido *ex officio*, mas tão somente mediante provocação da parte.
23. Considerando-se, inclusive, que alguns vícios, como exemplo, a falta ou nulidade de citação (que se constitui em pressuposto processual de validade do processo), têm natureza transrescisória, nos termos dos arts. 301, inciso I; 475- L, inciso I; e 741, inciso I, todos do CPC, esses vícios não se submetem a prazo, de sorte a restar afastada a ação rescisória pelo seu prazo de dois anos, admitindo-se a propositura da *querela nullitatis*.
24. Watanabe, Kazuo. *Da cognição no processo civil*. 2. ed. Campinas: Bookseller, 2000, p. 90.
25. Barbosa Moreira, José Carlos. Questões velhas e novas em matéria de classificação das sentenças. *Revista Dialética de Direito Processual*, n. 7, São Paulo, out. 2003, p. 37.

necessidade da homogeneidade dos critérios classificatórios: "Toda classificação é, antes de mais nada, uma operação lógica. Ora, em qualquer manual elementar de lógica, encontram-se várias regras básicas, e uma delas impõe que o critério classificatório seja *uniforme*".

Ainda na preleção de José Carlos Barbosa Moreira[26]:

> A utilidade prática da reunião de várias figuras sob o mesmo rótulo consiste em permitir o tratamento conjunto: o que se disser de substancial acerca de qualquer delas poderá dizer-se de todas. Subsistirão, é óbvio, as diferenças específicas, de alcance, contudo, acidental; nos pontos mais importantes, haverá necessariamente comunhão. Destarte, fixado o regime genérico, bastará afirmar, de tal ou qual espécie, que pertence ao gênero, para que desde logo se saiba a disciplina a que ela se sujeita. Quando se diz, porém, que determinado requisito é um pressuposto processual, a rigor é pouquíssimo o que se fica sabendo a seu respeito. Que se cuida de matéria referente ao processo, a ser apreciada preliminarmente ao mérito – e só. Quem se acreditar habilitado a extrair mais dos dizeres do art. 267 estará assumindo o risco de comer gato por lebre.

A questão relativa à classificação e sistematização dos pressupostos processuais não é tratada de forma homogênea pela doutrina. De acordo com o autor pelo qual se estuda o tema em comento, exsurge uma proposta diferente de sua apresentação. Não obstante a diversidade de propostas doutrinárias acerca do tema, podemos decodificar duas tendências doutrinárias[27].

A primeira tendência, de natureza restritiva, vem exposta nas lições de Antônio Carlos Araújo Cintra, Ada Pellegrini Grinover e Cândido Rangel Dinamarco, doutrinadores estes para quem os pressupostos processuais constituem requisitos mínimos para a constituição de uma relação processual válida, compreendendo, assim, uma demanda regularmente formada, a capacidade de quem formula e a investidura do destinatário[28].

Estes requisitos correspondem, portanto, à tendência doutrinária mais restritiva acerca do tema e que bem sintetiza a seguinte fórmula: "uma correta propositura da ação, feita perante uma autoridade jurisdicional, por uma entidade capaz de ser parte em juízo"[29].

Não obstante a doutrina mais restritiva, representada, dentre outros, pelos doutrinadores acima colacionados, cumpre-nos destacar a existência de doutrina

---

26. Barbosa Moreira, José Carlos. Sobre os pressupostos processuais. In: *Temas de direito processual.* 4ª Série. São Paulo: Saraiva, 1989, p. 93.
27. A questão não encontra ressonância na doutrina estrangeira, vez que a mesma, como regra, não se preocupa em distinguir pressupostos processuais de condições da ação.
28. Araújo Cintra, Antônio Carlos; Grinover, Ada Pellegrini; Dinamarco, Cândido Rangel. *Teoria geral do processo.* 21. ed. São Paulo: Malheiros, 2005, p. 297.
29. Araújo Cintra, Antônio Carlos; Grinover, Ada Pellegrini; Dinamarco, Cândido Rangel. *Teoria geral do processo.* 21. ed. São Paulo: Malheiros, 2005, p. 297.

ampliativa acerca dos pressupostos processuais, representada no Brasil por Moacyr Amaral Santos, que inclui nesta categoria fundamental todos os requisitos necessários ao nascimento e ao desenvolvimento regular do processo. Destarte, somente se presentes tais requisitos, abaixo delineados, é que a relação processual se desenvolve validamente até provimento final sobre a relação jurídica de direito material[30].

Afirma o autor – Moacyr Amaral Santos – que os pressupostos processuais são requisitos necessários à existência e validade da relação processual, que se apresentam em dois grandes grupos: subjetivos e objetivos. Os subjetivos estão adstritos aos sujeitos principais da relação processual: ao juiz (investidura, competência e imparcialidade) e às partes (capacidade de ser parte, capacidade de estar em juízo e capacidade postulatória). Já os objetivos, sistematizados com fundamento na doutrina de Galeno Lacerda[31], são divididos em duas categorias: a) extrínsecos à relação processual, requisitos estes relacionados à inexistência de fatos impeditivos (litispendência, coisa julgada e perempção) e; b) intrínsecos à relação processual, estes últimos atinentes à subordinação do procedimento às normas legais (petição inicial apta, citação válida e regularidade procedimental)[32].

Na mesma linha a doutrina esposada por Humberto Theodoro Júnior, que vislumbra uma classe denominada "pressupostos processuais de formação e de desenvolvimento do processo", que compreende requisitos subjetivos (capacidade das partes, competência e capacidade postulatória) e objetivos (observância da forma, existência de procuração, inexistência de qualquer outro ato que impeça o desenvolvimento válido do processo)[33].

Teresa Arruda Alvim Wambier sistematiza os pressupostos processuais em duas categorias de natureza intrínseca, pressupostos de existência e de validade e, mais, pressupostos de natureza extrínseca ao processo, estes últimos assim delineados: litispendência, coisa julgada e cláusula compromissória. Para a doutrinadora, os pressupostos processuais de existência são: a) jurisdição; b) representação do autor (capacidade postulatória); c) petição inicial e; d) citação. Já os pressupostos processuais de validade: a) juízo – competência (absoluta); b) juiz – imparcialidade (impedimento); c) capacidade e legitimidade processual; d) petição inicial válida e; e) citação válida[34].

---

30. Amaral Santos, Moacyr. *Primeiras linhas de direito processual civil*. 19. ed. São Paulo: Saraiva, v. 1, p. 321.
31. Lacerda, Galeno. *Despacho saneador*. Porto Alegre: Sérgio Antonio Fabris Editor, 1985, p. 60.
32. Amaral Santos, Moacyr. *Primeiras linhas de direito processual civil*. 19. ed. São Paulo: Saraiva, v. 1, p. 321.
33. Theodoro Júnior, Humberto. Pressupostos processuais, condições da ação e mérito da causa. *Revista de Processo*, São Paulo, v. 17, p. 41-49, jan./mar. 1980.
34. Wambier, Teresa Arruda Alvim. *Nulidades do processo e da sentença*. 5. ed. São Paulo: Revista dos Tribunais, 2004, p. 49-50.

Sobre o tema, Nelson Nery Junior e Rosa Maria de Andrade Nery verificam a ocorrência de pressupostos processuais de existência e de validade da relação processual, como também pressupostos processuais negativos. Na primeira categoria incluem: a) jurisdição; b) citação; c) capacidade postulatória (CPC 37 parágrafo único), apenas para o autor e; d) petição inicial. Já na segunda categoria, relativa aos pressupostos processuais de validade: a) petição inicial apta (CPC 295); b) citação válida; c) capacidade processual (CPC 7º e 8º); d) competência do juiz (inexistência de incompetência absoluta: material ou funcional) e; e) imparcialidade do juiz (inexistência de impedimento do juiz – CPC 134 e 136). Por fim, quanto aos pressupostos processuais negativos, ou seja, circunstâncias que, se verificadas no processo, conduzem à sua extinção sem julgamento do mérito: litispendência, perempção e coisa julgada (CPC 267, V)[35].

Em que pese a ausência de unidade na sistematização da matéria pela doutrina pátria[36], o que se pode comprovar pela exposição acima, importante consignar a existência de um ponto de convergência doutrinária[37], segundo o qual "ir a juízo" não se confunde com "ter razão", ou seja, ser titular da relação jurídica material que dá substrato à ação. Esta também é a nossa posição sobre a questão.

Nessa perspectiva, mister destacar a necessidade de que o tema relativo aos pressupostos processuais seja iluminado pelo plano constitucional. É que, assegurada pela Carta Constitucional a garantia do devido processo legal, importante ressaltar que a teoria dos pressupostos processuais e das nulidades versa sobre os requisitos necessários a que o processo se constitua e se desenvolva de forma regular, de sorte a ser qualificado como devido, nos termos da previsão veiculada no art. 5º, inciso LIV, da CF.

A legislação processual civil brasileira, em seu art. 267, inciso VI, do CPC, adota expressamente a nomenclatura "pressupostos processuais", distinguindo-os em duas classes: "pressupostos de constituição" (identidade com existência) e "pressupostos de desenvolvimento válido e regular" (identidade com validade) do processo, classes estas que não podem deixar de ser sistematizadas pela doutrina, que há de perquirir os elementos pertencentes a cada grupo.

---

35. Nery Junior, Nelson; Nery, Rosa Maria de Andrade. *Código de Processo Civil comentado e legislação extravagante*. 10. ed. rev., atual. e ampl. São Paulo: Revista dos Tribunais, 2007, p. 502.
36. Descatamos ainda que, sobre o tema, a moderna doutrina constrói severa crítica sobre a teoria dos pressupostos processuais e sobre a relação jurídica processual concebida por Oskar Von Bülow. Dentre estes doutrinadores, podemos citar Luiz Guilherme Marinoni e Fredie Didier Jr. Sobre a posição destes doutrinadores, conferir: Marinoni, Luiz Guilherme. *Teoria geral do processo*. São Paulo: Revista dos Tribunais, 2006, p. 468-481. Ainda: Didier Jr., Fredie. *Pressupostos processuais e condições da ação: o juízo de admissibilidade do processo*. São Paulo: Saraiva, 2005.
37. Vale destacar: "os autores não deixam de concordar que uma coisa é ir a juízo porque se afirma titular de um determinado bem, viabilizando por causa de certos pressupostos a atuação do Estado-juiz; outra, bem diferente, é ter razão, vale dizer, é ser mesmo titular daquele bem. Uma coisa é poder exercer direitos também no plano do processo e outra é ser titular da relação jurídica de direito material deduzida em juízo". Scarpinella Bueno, Cássio. *Curso sistematizado de direito processual civil*. São Paulo: Saraiva, 2007, v. 1, p. 391.

Não obstante a previsão expressa dessas duas classes, nosso enquadramento também incluirá os "pressupostos processuais negativos", aqui entendidos como elementos que, se presentes na relação processual, impedirão a sua constituição e desenvolvimento válido.

Assim, de forma sintética, desenvolveremos nosso objeto de estudo a partir de três classes de pressupostos processuais: a) os de existência ou constituição; b) os de validade e, por fim, c) os negativos. Resta-nos, agora, sistematizar os elementos que compõem cada uma dessas classes.

31.4.1. Pressupostos processuais de existência ou constituição do processo

Os pressupostos processuais de existência são aqueles essenciais à formação do processo, de sorte que a sua ausência implica a inexistência jurídica do próprio processo. Dizem respeito à constituição do processo, de forma que, uma vez presentes, asseguram a própria existência jurídica do processo: existência jurídica esta que não se confunde com a sua existência fática[38]!

Mister ainda diferenciar a existência jurídica do processo da sua validade, esta última relacionada com a aptidão do processo em produzir os efeitos pretendidos e desejados pelo ordenamento jurídico[39].

Surge aqui a inquietação: quais os elementos a compor os pressupostos processuais de existência, também chamados de constituição, do processo?

Reitere-se aqui que, não obstante a falta de unidade doutrinária na sistematização dos elementos que compõem esta classe dos pressupostos processuais, destacamos os elementos abaixo relacionados.

O primeiro pressuposto processual de existência aqui destacado é a jurisdição, do latim *juris + dictio,* que corresponde à dicção do direito ao caso concreto. Consoante Chiovenda[40], corresponde ao poder que o Estado tem de aplicar a lei ao caso concreto e que, na preleção de Cândido Rangel Dinamarco[41], surge como a "função do Estado destinada à solução imperativa de conflitos e exercida mediante a atuação da vontade do direito em casos concretos".

Certo é que, para que o processo exista juridicamente, imprescindível se desenvolva perante um órgão jurisdicional, nos termos do art. 92 da Constituição Federal.

Em decorrência do princípio da aderência, mister salientar que os juízes e tribunais exercem atividade jurisdicional apenas no território nacional, de acordo com a regras determinativas de competência[42].

---

38. Scarpinella Bueno, Cássio. *Curso sistematizado de direito processual civil.* São Paulo: Saraiva, 2007, v. 1, p. 393.
39. Scarpinella Bueno, Cássio. *Curso sistematizado de direito processual civil.* São Paulo: Saraiva, 2007, v. 1, p. 393.
40. Chiovenda, Giuseppe. *Principii di diritto processuale civile.* Napoli: Jovene, 1965, p. 891.
41. Dinamarco, Cândido Rangel. *Instituições de direito processual civil.* São Paulo: Malheiros, 2002, v. I, p. 306.
42. Nery Junior, Nelson; Nery, Rosa Maria de Andrade. *Código de Processo Civil comentado e legislação*

Importante sublinhar que, no que toca a este pressuposto processual, ainda não se há de indagar se órgão jurisdicional tem (ou não) competência para processar e julgar a demanda que lhe for apresentada em juízo, na medida em que a aferição da competência do órgão jurisdicional em face do caso concreto exsurge como pressuposto processual de validade do processo, e não de sua existência. Assim, mesmo que incompetente o órgão jurisdicional, existirá a relação processual na medida em que um dos órgãos do Poder Judiciário venha a ser provocado.

O segundo pressuposto processual diz respeito à provocação inicial, também entendida como a demanda introduzida em juízo por meio da petição inicial, na medida em que, inerte a jurisdição, a atuação do Estado-juiz está adstrita à iniciativa da parte. O princípio da inércia da jurisdição, fundamento basilar do sistema processual, revela ser a jurisdição, em regra, uma atividade provocada (CPC 2º)[43].

Assim sendo, não há como concebê-la sem a respectiva ação, o que nos remete à necessidade de um pedido, o que justifica a incidência dos brocardos *nemo judex sine actore*, a exteriorizar a máxima segundo a qual não há juiz sem autor, bem como *ne procedat judex ex officio*, ou seja, não proceda o juiz de ofício.

Destarte, como assinalado por Athos Gusmão Carneiro[44]: "Os juízes não saem em busca das lides para resolvê-las, mas aguardam que os interessados, frustradas eventuais tratativas amigáveis, busquem espontaneamente a intervenção estatal, propondo a demanda".

Diante do exposto, não se há de questionar versarem, inércia da jurisdição e demanda, o mesmo fenômeno processual analisado por ângulos distintos: o princípio da inércia da jurisdição é o mesmo princípio da demanda visto pelo lado passivo.

Destacamos neste contexto a citação, por alguns doutrinadores, sistematizada como pressuposto processual de existência do processo[45], por outros, não, o que nos conduz a algumas reflexões, em virtude da polêmica que o tema gera em sede doutrinária e jurisprudencial.

---

extravagante. 10. ed. rev., atual. e ampl. São Paulo: Revista dos Tribunais, 2007, p. 165.
43. Existem exceções ao princípio da inércia da jurisdição, nas quais se permite ao magistrado iniciar a atividade jurisdicional de ofício: a) instaurar o processo de inventário, diante da omissão das pessoas legitimadas para tanto (art. 989); b) ordenar a exibição em juízo de testamento, face à omissão dos que o detêm (art. 1.129); c) promover, de ofício e sem perda de tempo, a arrecadação de bens em caso de herança jacente (art. 1.142 e 1.149) bem como; d) tomar a iniciativa para determinar a arrecadação dos bens de ausentes, dando-lhes curador (art. 1.159 e 1.160). Ver, distinguindo os casos de jurisdição propriamente dita daqueles de jurisdição voluntária, a conclusão de Milton Paulo de Carvalho no item 8.2.1.4., *supra*.
44. Carneiro, Athos Gusmão. Jurisdição – noções fundamentais. *Revista de Processo*, n. 19, São Paulo: Revista dos Tribunais, 1980, p. 9.
45. Reproduzimos aqui o entendimento de Nelson Nery Júnior, para quem a citação constitui pressuposto processual de existência do processo: "Muito embora com o despacho da petição inicial já exista relação angular entre autor e juiz, para que seja instaurada, de forma completa, a relação jurídica processual é necessária a realização da citação. Portanto, a citação é pressuposto processual de existência da relação processual, assim considerada em sua totalidade (autor, réu, juiz)". Nery Junior, Nelson; Nery, Rosa Maria de Andrade. *Código de Processo Civil comentado e legislação extravagante*. 10. ed. rev., atual. e ampl. São Paulo: Revista dos Tribunais, 2007, p. 404.

Cumpre salientar que, consoante doutrina de André de Luizi Correia[46],

> a citação envolve a ideia de se dar a alguém a oportunidade de ser ouvido em juízo, a propósito de alguma coisa que lhe diz respeito. E ser *ouvido* significa não apenas apresentar defesa, mas exercer, durante todo o processo, o contraditório pleno.

Não obstante a citação perfaça o modelo constitucional do processo no que toca ao devido processo legal, mais especificamente ao contraditório e ampla defesa, importante anotar que a relação processual existe antes mesmo da citação, com o despacho da petição inicial ou simplesmente com a sua distribuição, onde há mais de uma vara (CPC 263).

Para melhor ilustrar a questão relativa à formação da relação processual antes mesmo da citação, tomemos as situações veiculadas no CPC 296, alterado pela Lei nº 8.952, de 13 de dezembro de 1994 e CPC 285-A, introduzido pela Lei nº 11.277, de 7 de fevereiro de 2006.

A hipótese tratada no CPC 296, relaciona-se ao indeferimento liminar da petição inicial, situação na qual o magistrado proferirá sentença terminativa, de sorte a extinguir o processo sem resolução do mérito, nos termos do CPC 267, I.

O indeferimento liminar nos conduz à negativa de seguimento da petição inicial mediante decisão proferida *initio litis*. Significa dizer: mesmo antes da citação, terá o magistrado extinto o processo. Daí sua existência independentemente da citação[47].

Já no que toca ao CPC 285-A, a norma dispõe sobre a possibilidade conferida ao juiz para julgar improcedente *in limine* pedido idêntico ao que já havia sido anteriormente julgado totalmente improcedente no mesmo juízo. Este o teor do dispositivo em comento, que também veicula permissivo legal para a prolação de sentença definitiva (com resolução do mérito) de total improcedência, antes mesmo da citação, desde que preenchidos os requisitos acima mencionados, na medida em que o instituto em comento versa exceção no sistema do CPC.

Nos casos acima analisados (CPC 296 e 285-A), como de resto também em todas as outras situações processuais, não há como negar existência jurídica do processo antes mesmo da citação: o Estado-juiz foi devidamente provocado, houve decisão judicial, o processo existiu!

Vale transcrever o entendimento de Cássio Scarpinella Bueno[48]:

---

46. Correia, André de Luizi. A *citação no direito processual civil brasileiro*. Coleção estudos de direito processual Enrico Tullio Liebman, v. 46. São Paulo: Revista dos Tribunais, p. 32.
47. Interessante e importante consignar que o STF se manifesta quanto à constitucionalidade do diferimento da citação nos casos do CPC 296: STF, Pleno, AI-AgR 427.533/RS, rel. p./ acórdão Min. César Peluso, j.m.v. 02/08/2004, DJ 17/02/2006, p. 55.
48. Scarpinella Bueno, Cássio. *Curso sistematizado de direito processual civil*. São Paulo: Saraiva, 2007, v. 1, p. 396-397.

é interessante verificar que não há como entender a citação como pressuposto de existência *tout court* do processo, isto é, sem fazer, ao menos uma ressalva. A citação do réu só pode ser entendido como pressuposto de *existência* do exercício da função jurisdicional em relação a ele. Para ele, réu, o processo terá existência jurídica na medida em que ele seja *citado*, isto é, vale a ênfase, convocado (formalmente) para participar da formação da convicção do juiz e dos atos destinados a concretizar o reconhecimento do direito. Antes disso, a existência do processo é potencial. Ele *existe* mas apenas entre o autor (quem provoca o exercício da função jurisdicional) e o Estado-juiz.

Assim, a relação processual só se aperfeiçoa com a citação do réu, não obstante o processo já exista desde a simples distribuição ou despacho da petição inicial (CPC 263).

31.4.2. Pressupostos processuais de desenvolvimento válido e regular do processo

Outra classe de pressupostos processuais é a que se refere ao desenvolvimento válido e regular do processo, que dizem respeito aos elementos que dão viabilidade ao processo para que o mesmo possa ter aptidão de produzir a tutela jurisdicional pleiteada. Estes pressupostos relacionam-se com a aptidão de o processo produzir efeitos válidos, quer no plano material, quer no plano processual[49].

Nesse contexto, cumpre-nos destacar a preleção de José Roberto dos Santos Bedaque[50]:

> pode-se afirmar que existem pressupostos de existência e de validade do processo. Sem estes últimos considerados como pressupostos processuais de desenvolvimento, sejam eles tratados como a segunda categoria de requisitos para que a jurisdição atinja o seu escopo, a verdade é que, para emitir provimento final sobre o caso concreto, o juiz necessita que o processo se desenvolva sem vícios.

Abaixo destacamos a sistematização dos pressupostos processuais de validade, pelo legislador do CPC expressamente nominados "pressupostos de desenvolvimento válido e regular" do processo.

O primeiro pressuposto desta classe de pressupostos processuais diz respeito à aptidão da provocação inicial quanto ao desenvolvimento válido e regular do processo, ou seja: petição inicial apta (CPC 295).

Constitui a petição inicial a peça inaugural do processo, "veículo formal da demanda"[51], o ato que provoca o exercício da função jurisdicional e rompe com a sua inércia (CPC 2º e 262), de sorte a fixar os limites da lide (CPC 128 e 460).

---

49. Scarpinella Bueno, Cássio. *Curso sistematizado de direito processual civil.* São Paulo: Saraiva, 2007, v. 1, p. 397.
50. Bedaque, José Roberto dos Santos. Pressupostos Processuais e Condições da Ação. *Justitia*, v. 156. out./dez. 1991, p. 51.
51. Theodoro Júnior, Humberto. *Curso de direito processual civil.* 44. ed. Rio de Janeiro: Forense, 2006, v. 1, p. 313.

Somente a petição inicial apta pode ser admitida em juízo. Do contrário, exsurgirá o vício de nulidade do processo. Consoante a lição de José Frederico Marques[52]: "pedido viável, apto portanto a produzir efeitos jurídicos – eis o pressuposto de constituição regular do processo de que o CPC trata no art. 295, I, e parágrafo único, e faz menção no art. 301, III. Petição inepta é aquela não apta a produzir efeitos".

Nesse diapasão, mister destacar que a petição inicial será indeferida quando for inepta (CPC 295, inciso I e parágrafo único), dispondo o legislador processual civil, em *numerus clausus*, os casos de inépcia no parágrafo único do artigo mencionado: I – ausência de pedido ou causa de pedir; II – da narração dos fatos não decorrer logicamente a conclusão; III – pedido juridicamente impossível e, por fim; IV – veiculação de pedidos incompatíveis entre si.

Constatada a inépcia da inicial, em consequência, será prolatada sentença terminativa, extinguindo o juiz o processo sem resolução do mérito, com fundamento no CPC 267, VI ,na hipótese de o pedido ser juridicamente impossível ou com fundamento no CPC 267, inciso I, c/c 295 *caput*.

Não basta que a jurisdição seja provocada (pressuposto processual de existência), sendo necessário, para a validade e regularidade do processo, que o órgão jurisdicional seja absolutamente competente face ao caso concreto[53]: a competência do juízo constitui assim pressuposto processual de validade. Versa a questão acerca da inexistência de incompetência absoluta: seja ela material ou funcional. Sobre o tema adstrito a competência, nesta obra, verificar o quanto asseverado nos capítulos 20 e 21.

Mister sublinhar que, nos termos do CPC 113, § 2º, nos casos de incompetência absoluta impõe-se ao magistrado não a extinção do processo sem resolução do mérito, mas, sim, a remessa dos autos ao juízo competente, declarando-se a nulidade tão só dos atos decisórios até então praticados, com o aproveitamento dos demais.

Outro pressuposto processual de validade diz respeito à imparcialidade do juiz. Não se há de olvidar que as exigências da competência e da imparcialidade estão diretamente relacionadas ao princípio do juiz natural (CF, 5º, XXXVII e LIII), sendo certo que a violação destes pressupostos implica nulidade do processo e da sentença que dele originar.

Interessante delimitar, com fundamento na doutrina de Nelson Nery Junior[54], que

> a garantia do juiz natural é tridimensional. Significa que: 1) não haverá juízo ou tribunal *ad hoc*, isto é, tribunal de exceção; 2) todos têm direito de se submeter a julgamento (civil

---

52. Frederico Marques, José. *Manual de direito processual civil*. 3. ed. São Paulo: Saraiva, 1977, v. II, p. 142.
53. Conferir sobre o tema: Carvalho, Milton Paulo de. *Manual da competência civil*. São Paulo: Saraiva, 1995. Ainda: Pizzol, Patrícia Miranda. *A competência no processo civil*. São Paulo: Revista dos Tribunais, 2003. Ainda: Marcato, Antonio Carlos. Breves considerações sobre jurisdição e competência. *Revista de Processo*, ano 17, abr.-jun. 1992, v. 66, São Paulo: Revista dos Tribunais, p. 25-43.
54. Nery Junior, Nelson. *Princípios do processo na Constituição Federal*. Processo civil, penal e administrativo. 9. ed. São Paulo: Revista dos Tribunais, p. 126.

ou penal) por juiz competente, pré-constituído na forma da lei; 3) o juiz competente tem de ser imparcial.

Nesse contexto, a imparcialidade do juiz – *e não do juízo*[55] – está intimamente relacionada com a independência do juiz, necessária à regularidade da relação processual. Assim, todos os jurisdicionados têm direito de ser julgados pelo seu juiz natural, imparcial e pré-constituído na forma da lei[56], afastada a existência de impedimento (CPC 134) e suspeição do juiz (CPC 135). Certo, ademais, que se aplicam os motivos de impedimento e suspeição aos "juízes" de todos os tribunais, de sorte que o juiz que violar o dever de abstenção, ou não se declarar suspeito, poderá ser recusado por qualquer das partes (CPC 137).

Impõe-se ainda consignar, na classe de pressuposto processual de validade, a capacidade processual (CPC 267 IV), que significa a aptidão para a prática de atos processuais, e se caracteriza como manifestação da capacidade de exercício no plano do direito processual. Em sendo reflexo da capacidade de direito, têm capacidade processual os que possuem capacidade plena de exercício[57].

Os absoluta e os relativamente incapazes podem ser parte, mas não podem praticar os atos processuais, pois não têm capacidade processual. Em assim sendo, só poderão estar em juízo, suprida a sua incapacidade, pela representação (absolutamente incapazes) ou pela assistência (relativamente incapazes), nos termos do CPC 8º.

Interessante aqui distinguir a capacidade processual, pressuposto processual de validade que é, também, denominada *legitimatio ad processum*, da *legitimatio ad causam*, esta última, condição da ação, estudada no capítulo 25.

Assim, a regra veiculada no art. 8º do CPC completa a do art. 7º do CPC, de sorte que aqueles que não tiverem capacidade de exercício, nos termos das regras de direito civil, para estarem em juízo necessitarão integrar sua capacidade pela representação ou assistência, nos termos da lei.

Os vícios relativos aos pressupostos processuais em comento serão sanados pelo magistrado, nos termos do CPC 13 c/c 327 e 328. Caso não seja regularizado e sanado o vício, será necessário analisar a consequência processual daí decorrente. Se o vício estiver relacionado ao autor, implicará a extinção do processo sem resolução do mérito. Relativamente ao réu, ele será considerado revel. Relativamente a terceiro interveniente, ele será excluído do processo, de sorte a não ser admitida sua participação[58].

---

55. Juiz não se confunde com juízo, este último do latim, *judicium*, significa "foro onde se processam os feitos judiciais, constituído pelo juiz e pelos demais funcionários da Justiça". Crettela Neto, José. *Dicionário de processo civil*. Rio de Janeiro: Forense, 1999, p. 233.
56. Nery Junior, Nelson. *Princípios do processo na Constituição Federal*. Processo civil, penal e administrativo. 9. ed. São Paulo: Revista dos Tribunais, 2009, p. 137.
57. Interessante assinalar que a capacidade de ser parte pode ser entendida como um requisito pré-processual. Conferir: Alvim, Arruda. *Manual de direito processual civil*, v. I, p. 442.
58. Scarpinella Bueno, Cássio. *Curso sistematizado de direito processual civil*. São Paulo: Saraiva, 2007,

Também a capacidade postulatória exsurge como pressuposto processual de validade do processo. Diz respeito à autorização legal para atuar, para procurar em juízo, não se confundindo com a procuração judicial, instrumento do mandato e que habilita o advogado a postular em juízo, no interesse do outorgante.

É o advogado, devidamente inscrito nos quadros da OAB, que detém capacidade postulatória: CPC 36; EOA 8º, §1º, e s. Impõe-se registrar que também o membro do Ministério Público tem capacidade postulatória para atuar no processo civil (bem como no processo penal). Já nos Juizados Especiais Cíveis (âmbito da Lei nº 9.099/1995) há a dispensa da capacidade postulatória para pretensões não superiores a vinte salários mínimos, sendo necessária a participação de advogado nas causas de valor superior a vinte salários mínimos, como de resto também para recorrer.

Mister consignar que, mesmo sem procuração, ao advogado possibilita-se praticar os atos urgentes, necessários a evitar o perecimento de direito. O advogado, no entanto, deverá apresentar em juízo a procuração no prazo de 15 (quinze) dias.

A ausência de capacidade postulatória em relação ao autor implicará a concessão de prazo para que seja nomeado um novo advogado, sob pena de extinção do processo sem resolução do mérito. Relativamente ao réu, ele será considerado revel. Relativamente a terceiro interveniente, ele será excluído do processo, de sorte a não ser admitida sua participação.

Por fim, ainda sobre o tema adstrito aos pressupostos processuais, destacamos a citação válida (CPC 213 a 233), garantia de um Estado Democrático de Direito, sob pena de nulidade do processo[59]. Nesse sentido, a sentença proferida em processo no qual não houve citação é coisa vã, carecendo de efeitos no mundo jurídico[60].

O comparecimento espontâneo do réu em juízo, no entanto, supre a falta da citação (CPC 214, §1º), o que ocorre no momento em que se evidencia esse comparecimento, o que se dá, por exemplo, pela juntada de procuração aos autos, petição para vista dos autos etc[61].

Mister registrar ainda que a citação válida produz, nos termos do CPC 219, efeitos processuais e materiais. Dentre os efeitos processuais: a prevenção, a litispendência e a litigiosidade da coisa. Já no que toca aos efeitos materiais: a constituição do devedor em mora e a interrupção da prescrição.

---

v. 1, p. 404.
59. Reitera-se aqui a observação anteriormente realizada, no que toca à falta ou nulidade da citação, vícios estes que têm natureza transrescisória, nos termos do CPC, 301, inciso I; 475-L, inciso I; e 741, inciso I, e que não se submetem a prazo, de sorte a restar afastada a ação rescisória pelo seu prazo de dois anos, admitindo-se a propositura da *querela nullitatis*.
60. Conferir: RJTJRS 63/76.
61. Nery Junior, Nelson. *Princípios do processo na Constituição Federal*. Processo civil, penal e administrativo. 9. ed. São Paulo: Revista dos Tribunais, 2009, p. 465.

31.4.3. Pressupostos processuais negativos

Enquanto os pressupostos processuais de existência e de validade se caracterizam por serem pressupostos positivos e intrínsecos ao processo, os pressupostos processuais negativos, por sua vez, são extrínsecos ao processo: correspondem a certos acontecimentos que não se devem fazer presentes na relação processual, sob pena de extinção do processo, nos termos do CPC 267.

No que toca a esta última classe de pressupostos processuais, impõe-se catalogar os vícios de litispendência, perempção e coisa julgada, não obstante parte da doutrina sistematize tais pressupostos negativos de forma a incluir a este rol a convenção de arbitragem.

A litispendência corresponde à repetição de uma ação idêntica a outra que ainda pende de julgamento (CPC 301, §§ 1º a 3º), sendo certo que a identidade de ações é aferida pela identidade dos três elementos da ação: partes, pedido e causa de pedir. Constatado o vício, a consequência processual é a extinção do segundo processo (CPC 267, V) já que este não poderia ter se constituído de forma válida.

A coisa julgada, por sua vez, também vem definida na lei processual, no mesmo dispositivo legal que trata da litispendência: CPC 301, §§ 1º a 3º. No que toca à coisa julgada, ela ocorre quando se reproduz ação idêntica a outra que já foi definitivamente julgada, por sentença definitiva, contra a qual não cabe mais recurso, tampouco reexame necessário[62]. Constatada a coisa julgada, o processo repetido será extinto sem julgamento do mérito, também com fundamento no CPC 267, V.

A perempção, por sua vez, também constitui pressuposto processual negativo, previsto no CPC 268, parágrafo único. Corresponde à perda do direito de ação pela desídia do autor, ao dar causa à extinção do processo sem resolução do mérito, por três vezes, com fundamento no CPC 267, III, que trata da desídia demonstrada de forma inequívoca pelo autor que, por não promover os atos e diligências a seu cargo, abandona o feito por mais de trinta dias. Verificando o magistrado a ocorrência de perempção, a ele se impõe a extinção do processo sem resolução do mérito com fundamento no CPC 267, V.

Os três pressupostos processuais negativos acima arrolados – litispendência, coisa julgada e perempção – constituem matérias de ordem pública, o que implica ao magistrado deles conhecer *ex officio* nas instâncias ordinárias, consoante abaixo analisado, ao tratarmos do regime jurídico dos pressupostos processuais.

Por fim, destacamos também como pressuposto processual negativo a convenção de arbitragem (CPC 267, VII, e 301, IX), que resulta do conjunto formado pela cláusula compromissória e pelo compromisso arbitral. A sua presença significa que

---

[62]. Instituto previsto no CPC 475 e que se constitui em condição para o trânsito em julgado nas ações em que a Fazenda Pública for condenada em quantia superior a 60 salários mínimos, desde que esta condenação não esteja amparada em jurisprudência do pleno do STF ou em súmula desse tribunal ou de tribunal superior.

as partes renunciam à jurisdição estatal, preferindo nomear um árbitro para que resolva eventual conflito existente entre elas[63]. Em que pese não constitua matéria de ordem pública, só podendo ser conhecida pelo juiz mediante provocação da parte (CPC 301, § 4º), diferenciando-se, neste particular, dos demais pressupostos processuais, em sendo suscitada, ao magistrado impõe-se a extinção do processo sem julgamento do mérito[64].

31.5. REGIME JURÍDICO: MATÉRIAS DE ORDEM PÚBLICA?

Objetivamos, neste tópico de abordagem, analisar como o magistrado deve se comportar diante da ausência (pressupostos processuais de existência e desenvolvimento regular do processo) ou presença (pressupostos processuais negativos) de um dos pressupostos processuais.

Como são matérias de ordem pública[65], os pressupostos processuais podem ser alegados e examinados a qualquer tempo e em qualquer grau de jurisdição, porque não acobertados pela preclusão, devendo ser examinados *ex officio* pelo juiz ou tribunal.

Consoante Nelson Nery Junior, "Há matérias que, por serem de ordem pública, devem ser apreciadas *ex officio* pelo juiz, não estando sujeitas à preclusão"[66], dentre elas, de natureza processual, aqui destacamos as condições da ação e os pressupostos processuais.

Assim, nos termos dos arts. 267, § 3º, e 301, § 4º, do CPC, compete ao Estado-juiz o conhecimento *ex officio* dos requisitos de admissibilidade da tutela jurisdicional, a saber: os pressupostos processuais e as condições da ação[67].

Não obstante as considerações acima, que, nos termos da lei processual, afastam a incidência da preclusão, cumpre-nos destacar a existência de momentos, no curso da relação processual, que se revelam mais adequados para a verificação da presença ou não dos pressupostos processuais, como, por exemplo, no desenrolar da fase ordinatória. Aqui, uma indicação relacionada com os princípios da economia e celeridade processual.

---

63. Nery Junior, Nelson; Nery, Rosa Maria de Andrade. *Código de Processo Civil comentado e legislação extravagante*. 10. ed. rev., atual. e ampl. São Paulo: Revista dos Tribunais, 2007, p. 504.
64. Nelson Nery Junior posiciona-se contrariamente à inclusão da convenção de arbitragem no rol dos pressupostos processuais negativos, já que versa matéria de direito dispositivo, matéria esta que, para ser apreciada pelo magistrado, necessita de provocação do réu, de sorte que o juiz dela não pode conhecer de ofício. Assim, caso o réu não alegue o vício, haverá a incidência da preclusão, de forma que o processo será julgado perante o Estado-juiz, em processo regular. Conferir: Nery Junior, Nelson; Nery, Rosa Maria de Andrade. *Código de Processo Civil comentado e legislação extravagante*. 10. ed. rev., atual. e ampl. São Paulo: Revista dos Tribunais, 2007, p. 503.
65. Ressalva a convenção de arbitragem: CPC 301, § 4º.
66. Nery Junior, Nelson; Nery, Rosa Maria de Andrade. *Código de Processo Civil comentado e legislação extravagante*. 10. ed. rev., atual. e ampl. São Paulo: Revista dos Tribunais, 2007, p. 166.
67. STJ, REsp 10.113-SP, Rel. Min. Sálvio de Figueiredo Teixeira, 4ª T., j. 04/06/1991, DJU 09/09/1991.

Vale ressaltar que não há cogitar da incidência de preclusão para o exame da matéria. No entanto, subsiste aqui uma indagação: o que significa dizer que os pressupostos processuais podem ser conhecidos a qualquer tempo e em qualquer grau de jurisdição?

Pertinente, aqui, a observação de Nelson Nery Junior e Rosa Maria de Andrade Nery[68-69], que chama a atenção para a expressão qualquer grau de jurisdição:

> Entenda-se por "qualquer grau de jurisdição" os da instância ordinária (primeiro e segundo graus, até os embargos infringentes), não se incluindo nesta locução as instâncias extraordinárias do RE e do REsp (RTJ 105/267). Assim, não se pode alegar, pela primeira vez, as matérias aqui enumeradas, como objeto do RE ou do REsp, já que se exige que a questão tenha sido efetivamente *decidida* (CF 102, III, e 105, III).

Significa dizer, dessa forma, que a exigência constitucional quanto ao prequestionamento, para a admissibilidade dos recursos excepcionais, veiculada na Constituição Federal, nos arts. 102, III, e 105, III, também se perfaz relativamente às matérias de ordem pública, mais especificamente, nesta narrativa, aos pressupostos processuais.

Ao magistrado impõem-se, portanto, como gerenciador do processo, seja em primeiro grau de jurisdição, seja em sede recursal – *ressalva feita aos recursos excepcionais: recurso extraordinário (STF) e recurso especial (STJ)* –, o conhecimento *ex officio* da ausência de algum dos pressupostos processuais de existência e/ou validade, e a presença de algum dos pressupostos processuais negativos[70].

Vale destacar a incidência do efeito translativo dos recursos[71] no que atina à possibilidade de conhecimento *ex officio* dos pressupostos processuais em sede recursal, efeito este manifestação do princípio inquisitório no processo, e que tem por objeto as questões de ordem pública, sem que daí se possa cogitar em eventual prejuízo para aquele que recorreu em razão do seu próprio recurso, ou seja, a chamada *reformatio in pejus*.

---

68. Nery Junior, Nelson; Nery, Rosa Maria de Andrade. *Código de Processo Civil comentado e legislação extravagante*. 10. ed. rev., atual. e ampl. São Paulo: Editora Revista dos Tribunais, 2007, p. 505.
69. STJ, REsp 864362/RJ, Rel. Min. Luiz Fux, 1ª T., j. 26/08/2008, DJE. 15/09/2008: "1. Os temas que gravitam em torno das condições da ação e dos pressupostos processuais podem ser conhecidos *ex officio* no âmbito deste egrégio STJ, desde que o apelo nobre supere o óbice da admissibilidade recursal, no afã de aplicar o direito à espécie, nos termos do art. 257 do RISTJ e Súmula nº 456 do STF (Precedentes: REsp 698.061 – MG, Rel. Min. Eliana Calmon, 2ª T., DJ de 27 de junho de 2005; REsp 869.534 – SP, Rel. Min. Teori Albino Zavascki, 1ª T., DJ de 10 de dezembro de 2007; REsp 36.663 – RS, Rel. Min. Antônio de Pádua Ribeiro, 2ª T., DJ de 8 de novembro de 1993)".
70. REsp 737999/MS, Rel. Min. Aldir Passarinho, 4ª T., j. 23/08/2005, DJ 26/09/2005: "Pressupostos de constituição da ação. Questão de ordem pública. Conhecimento *ex officio* pelo tribunal. CPC, art. 267, IV, c/c § 3º.".
71. O efeito translativo dos recursos, manifestação do princípio inquisitivo, tem como objeto as matérias de ordem pública, o que significa dizer que "o exame das questões de ordem pública, ainda que não decididas pelo juízo *a quo*, fica transferido ao tribunal destinatário do recurso (...)". Nery Junior, Nelson; Nery, Rosa Maria de Andrade. *Código de Processo Civil comentado e legislação extravagante*. 10. ed. rev., atual. e ampl. São Paulo: Revista dos Tribunais, 2007, p. 815.

Assim, é lícito ao tribunal, ao apreciar recurso de apelação interposto apenas pelo autor, contra sentença de procedência parcial do pedido, extinguir o processo sem resolução do mérito, nos termos do CPC 267, IV, por ausência de pressupostos processuais de constituição e/ou desenvolvimento válido e regular do processo. E, em situações que tais, não há cogitar de reforma para pior, uma vez que, ao agir assim e extinguir o processo sem resolução de mérito, o magistrado simplesmente adequará a decisão a uma realidade processual[72-73].

BIBLIOGRAFIA

ALVIM, Arruda. *Manual de direito processual civil*. 9. ed. São Paulo: Revista dos Tribunais, 2005, v. I.

BARBOSA MOREIRA, José Carlos. Questões velhas e novas em matéria de classificação das sentenças. *Revista Dialética de Direito Processual*, n. 7, São Paulo, out. 2003.

_____. Sobre os pressupostos processuais. In: *Temas de Direito Processual*: Quarta Série. São Paulo: Saraiva, 1989.

BEDAQUE, José Roberto dos Santos. *Efetividade do processo e técnica processual*. São Paulo: Malheiros, 2006.

_____. Pressupostos Processuais e Condições da Ação. *Justitia*, v. 156, out./dez. 1991.

BUENO, Cássio Scarpinella. *Curso sistematizado de direito processual civil*. São Paulo: Saraiva, 2007, v. 1.

CARNEIRO, Athos Gusmão. *Jurisdição – noções fundamentais*. Revista de Processo, n. 19. São Paulo: Editora Revista dos Tribunais, 1980.

CARVALHO, Milton Paulo de. *Manual da competência civil*. São Paulo: Saraiva, 1995.

CINTRA, Antônio Carlos Araújo; GRINOVER, Ada Pellegrini; DINAMARCO, Cândido Rangel. *Teoria geral do processo*. 21. ed. São Paulo: Malheiros, 2005.

CORREIA, André de Luizi. *A citação no direito processual civil brasileiro*. Coleção estudos de direito processual Enrico Tullio Liebman, v. 46. São Paulo: Revista dos Tribunais.

CRETELLA NETO, José. *Dicionário de processo civil*. Rio de Janeiro: Forense, 1999.

DIDIER JR., Fredie. *Pressupostos processuais e condições da ação: o juízo de admissibilidade do processo*. São Paulo: Saraiva, 2005.

DINAMARCO, Cândido Rangel. *Instituições de direito processual civil*. São Paulo: Malheiros, 2001, v. 3.

---

72. Nery Junior, Nelson; Nery, Rosa Maria de Andrade. *Código de Processo Civil comentado e legislação extravagante*. 10. ed. rev., atual. e ampl. São Paulo: Revista dos Tribunais, 2007, p. 815.
73. Alguns doutrinadores, dentre eles citados Nelson Nery Junior e Rosa Maria de Andrade Nery, denominam essa situação de *reformatio in pejus* permitida. Conferir: Nery Junior, Nelson; Nery, Rosa Maria de Andrade. *Código de Processo Civil comentado e legislação extravagante*. 10. ed. rev., atual. e ampl. São Paulo: Revista dos Tribunais, 2007, p. 810.

_____. *Litisconsórcio*. 7. ed. São Paulo: Revista dos Tribunais, 2002.

FREDERICO MARQUES, José. *Manual de direito processual civil*. Campinas: Millennium, 2003, v. II.

GÓES, Gisele Santos Fernandes. Proposta de sitematização das questões de ordem pública processual e substancial. Tese de Doutorado em Direito, Faculdade de Direito da Pontifícia Universidade Católica de São Paulo, 2007.

LACERDA, Galeno. *Despacho saneador*. Porto Alegre: Sérgio Antonio Fabris Editor, 1985.

MANCUSO, Sandra Regina. *O processo como relação jurídica*. São Paulo: Revista dos Tribunais 682/55-61.

MARCATO, Antonio Carlos. Breves considerações sobre jurisdição e competência. *Revista de Processo*, ano 17, abr./jun. 1992, v. 66, São Paulo: Revista dos Tribunais, p. 25-43.

MARINONI, Luiz Guilherme. *Teoria geral do processo*. São Paulo: Revista dos Tribuanis, 2006.

NERY JUNIOR, Nelson; NERY, Rosa Maria de Andrade. *Código de Processo Civil comentado e legislação extravagante*. 10. ed. rev., atual. e ampl. São Paulo: Revista dos Tribunais, 2007.

NEVES, Celso. Binômio, trinômio ou quadrinômio? *Revista dos Tribunais*, v. 517/11-16.

_____. *Estrutura fundamental do processo civil*. Rio de Janeiro: Forense, 1997.

PIZZOL, Patrícia Miranda. *A competência no processo civil*. São Paulo: Revista dos Tribuanis, 2003.

SANTOS, Moacyr Amaral. *Primeiras linhas de direito processual civil*. 26. ed. São Paulo: Saraiva, 2010, vol. II.

THEODORO JÚNIOR, Humberto. *Curso de direito processual civil*. 44. ed. Rio de Janeiro: Forense, 2006, v. 1.

_____. Pressupostos processuais, condições da ação e mérito da causa. *Revista de Processo*, São Paulo, v. 17, p. 41-49, jan./mar. 1980.

WAMBIER, Teresa Arruda Alvim. *Nulidades do processo e da sentença*. 5. ed. São Paulo: Revista dos Tribuanis, 2004.

WATANABE, Kazuo. *Da cognição no processo civil*. 2. ed. Campinas: Bookseller, 2000.

CAPÍTULO 32

SUJEITOS DO PROCESSO

CARLOS AUGUSTO DE ASSIS

O DINAMISMO DA RELAÇÃO processual e o complexo de atos procedimentais envolvidos no desenvolvimento dessa relação exigem a participação de diversas pessoas. São os *atores* do processo, lembrando que atuar procede do latim *actuare* (representar, fazer algo, ou, mais propriamente, praticar o ato).

A tarefa, agora, é identificar quem vai praticar os atos do processo, ou quem vai *atuar* no processo. Trata-se de saber quem, com sua atividade, vai concorrer, em maior ou menor grau, para a movimentação e consequente desenvolvimento da relação processual. Essas pessoas são chamadas de **sujeitos processuais**.

32.1. SUJEITOS PRINCIPAIS. AUTOR E RÉU

32.1.1. Aspectos conceituais e terminológicos

Para, desde logo, indicar os sujeitos principais, valemo-nos do que Cândido Dinamarco[1] chama de *esquema mínimo* da relação processual: uma pessoa, formulando um pedido em face de outra pessoa, o que envolve necessariamente autor, Estado-juiz e réu. Essa ideia remonta à antiga alocução *"judicium est actum trium personarum"*.

Dentro dessa perspectiva, fácil identificar aqueles que seriam os atores principais, os protagonistas da estória, para os quais todos voltam os olhos durante o desenvolver da relação processual. Esses são os **sujeitos principais**, entre os quais

---

1. Cf. *Instituições de direito processual civil*, São Paulo: Malheiros, 2001, v. II, item 451.

identificamos, em primeiro lugar, o **autor** (*aquele que formula uma pretensão em juízo*) e o **réu** (*aquele em face de quem se formula tal pretensão*). Vale reproduzir a conhecida definição de Chiovenda: "*Parte é aquele que demanda em seu próprio nome (ou em cujo nome é demandada) a atuação duma vontade concreta da lei, e aquele em face de quem essa atuação é demandada*"[2].

Cabe, neste passo, uma observação de ordem terminológica. Em termos de teoria geral, em lugar de autor e réu (aplicável, mais propriamente ao processo de conhecimento), melhor dizermos **demandante** e **demandado** (englobando, assim, *requerente* e *requerido*, do processo cautelar, o *exequente/credor* e *executado/devedor* do processo de execução, o *impetrante*, no mandado de segurança; *reconvinte* e *reconvindo*, na demanda ulterior reconvencional etc.).

Demandante e demandado são o que chamamos de **partes**. São partes na demanda e, também, partes no processo.

> Tem toda pertinência, aqui, mencionar a definição que Liebman apresenta de partes como sendo "*os sujeitos do contraditório instituído perante o juiz* (os sujeitos do processo diversos do juiz, para os quais este deve proferir o seu provimento)"[3]. O conceito de Chiovenda descreve muito bem quem são as partes na demanda, mas, como bem observa Dinamarco[4], o de Liebman é mais abrangente, identificando as partes no processo, o que permite englobar, por exemplo, o assistente. De fato, não se pode deixar de considerar que no processo, além de demandante e demandado, necessariamente existentes, pode haver outras pessoas que efetivamente atuam, em nome próprio, estão sujeitas ao poder jurisdicional, influenciam no convencimento do juiz e submetem-se ao complexo de deveres e ônus estabelecidos no capítulo II, do Título II, do Livro I, do Código de Processo Civil (arts. 14 a 35)[5].

Nunca é demais ressaltar que quando aqui falamos em "parte" estamos nos referindo a **parte processual**. Essa é uma constatação objetiva que deve ser feita a partir da observação de quem está atuando no processo. Se o papel lhe cai bem ou não, se seria mais adequado estar em seu lugar fulano ou beltrano é algo irrelevante para identificação da parte, no sentido processual. Será relevante, sim, para a aferição da **legitimidade de parte,** mas não para a identificação de parte, no sentido puro.

---

2. Giuseppe Chiovenda, *Instituições de direito processual civil*, v. 2, trad. de J. Guimarães Menegale, com notas de Enrico Tullio Liebman, Saraiva, 1942, p. 320-321.
3. Enrico Tullio Liebman, *Manual de direito processual civil*, 2. ed., trad. de Cândido Rangel Dinamarco, Rio de Janeiro: Forense, 1985, v. I, p. 89.
4. Especificando a distinção entre parte na demanda e parte no processo, ver seu *Instituições de direito processual civil*, v. II, item 437 e item 520; e *Litisconsórcio* (4. ed., São Paulo: Malheiros, 1996, p. 23, item 3.1).
5. Levando em conta justamente esse aspecto que Humberto Theodoro Jr., após expor o sentido de parte ativa e passiva, anota ser necessário "(...) buscar um conceito de *parte processual* de tal dimensão que possa abranger também os terceiros intervenientes, os quais, sem dúvida, exercem direitos processuais e se sujeitam a ônus e deveres no âmbito da relação dialética do processo" (*Curso de direito processual civil*. Rio de Janeiro: Forense, 44. ed., 2006, v. I, item 66). Invoca, em seguida, o conceito de Liebman como adequado a expressar esse sentido mais amplo (idem, ibidem).

Para aferir se a parte é legítima devemos verificar sua pertinência à relação jurídica material deduzida (legitimidade ordinária) ou se a lei, no caso, lhe confere excepcional qualidade para estar em juízo em nome próprio defendendo interesse alheio (legitimidade extraordinária)[6], mas isso nada interfere na sua condição de parte processual. A parte ilegítima deve ser excluída do processo, e esse fato poderá até mesmo provocar sua extinção (art. 267, VI), mas, enquanto estiver no processo, será parte, com todas as consequências derivadas dessa qualidade.

Nunca é demais destacar, ainda, que o **representante não é parte**. Recorda-se, aqui, a definição de Chiovenda quando explica que parte é quem demanda uma prestação jurisdicional *"ou em cujo nome é demandada"*. Em outras palavras, se a parte for incapaz ela precisará estar em juízo através de um representante, mas não perde a qualidade de parte por causa desse fato. Essa questão diz respeito à capacidade processual, já tratada no capítulo 27, ao qual remetemos o leitor.

32.1.2. Aquisição da qualidade de parte

Já dizia Liebman que a qualidade de parte se adquire através da propositura da demanda, por força de sucessão ou ainda por intervenção em processo já instaurado[7]. Em sentido semelhante, Dinamarco[8] fala em *propositura da demanda, citação, sucessão* e *intervenção espontânea*.

Com a propositura da demanda, são definidas as partes na demanda e se inicia a relação processual (demandante-Estado-juiz). O demandante é, assim, desde logo, parte na demanda e parte no processo. Já o demandado, parte na demanda desde o ajuizamento desta, passa a ser parte no processo apenas com sua citação (art. 219, *caput*). É também pela citação que adquirem a qualidade de parte no processo as pessoas que ingressam pela intervenção forçada (como o denunciado, na denunciação da lide, o chamado, no chamamento a processo etc.).

A sucessão ocorre nas hipóteses dos arts. 41 a 43, dentro do capítulo intitulado "Da substituição das partes e dos procuradores". A expressão utilizada pelo legislador para nomear o capítulo não foi a mais feliz, tendo em vista que as hipóteses ali tratadas dizem respeito ao fenômeno da *sucessão processual*, e não à substituição processual (ligada à legitimidade extraordinária, conforme já visto). A respeito, portanto, da *sucessão*, fixa o legislador a regra de que só se admite a mudança da parte quando houver expressa autorização legal. Cabe lembrar, nesse ponto, que pelas regras de estabilização da demanda o autor só pode mudar a estrutura subjetiva antes da citação do réu (ver art. 264, CPC).

---

6. Sobre legitimidade de parte como uma das condições da ação, remetemos o leitor ao capítulo 27.
7. Enrico Tullio Liebman, *Manual de direito processual civil*, 2. ed., trad. de Cândido Rangel Dinamarco, Rio de Janeiro: Forense, v. I, p. 90.
8. Cf. *Litisconsórcio*, 4. ed., São Paulo: Malheiros, 1996, p. 22 (item 3.1). Alexandre Freitas Câmara (*Lições de direito processual civil*, 19. ed., Rio de Janeiro: Lumen Juris, 2009, v. 1, p. 143) adota integralmente o entendimento de Dinamarco nesse particular.

As situações abordadas são duas. A primeira diz respeito à alienação de bem litigioso. Apesar de tal ato operar mudança na estrutura subjetiva da relação jurídica material, as partes no processo permanecem as mesmas, salvo se a outra parte consentir que o adquirente assuma o lugar do alienante no processo (art. 42, § 1º). Assim, a sucessão, nesse caso, só ocorrerá se houver tal autorização. Caso contrário, o que resta ao adquirente é, se quiser, intervir na qualidade de assistente (art. 42, § 2º). A segunda, por seu turno, trata da sucessão *causa mortis*, que efetivamente provoca mudança na parte processual, que passa a ser o espólio (se a partilha ainda não ocorreu) ou os sucessores (caso já se tenha operado). Ressalva-se a hipótese em que se trate de direito intransmissível, quando, em vez de ocorrer sucessão, a solução será a extinção do processo (art. 267, IX).

Finalmente, a intervenção voluntária que se dá na assistência (tratada no capítulo 34) e no recurso de terceiros.

32.1.3. Direitos, obrigações, deveres, ônus e responsabilidades das partes

É de se advertir, em primeiro lugar, que alguns dos deveres aqui expostos abrangem também todos os que de qualquer forma atuam no processo. Contudo, a responsabilidade derivada de sua violação, prevista nos arts. 16 a 18, só se refere às partes, motivo pelo qual estamos tratando de todos esses itens dentro da rubrica das partes.

Conforme destaca Humberto Theodoro Jr.[9], o processo, como relação jurídica que é, implica a criação de direitos processuais (derivados da própria garantia de ação e ampla defesa, bem como do devido processo legal), obrigações (que sujeitam a prestações de cunho econômico), deveres (prestações que não têm expressão econômica) e ônus (imperativos do próprio interesse, no dizer de Goldschmidt[10]).

Desse modo, entre os direitos processuais, além da ação e defesa, diretamente previstos na Constituição, temos o de ser tratado de forma isonômica (derivado do dever imposto ao juiz pelo art. 125, I, CPC), ser julgado por juiz imparcial (decorrente da proibição do juiz impedido ou suspeito – arts. 134 e 135) etc.

As obrigações processuais, por seu turno, dizem respeito ao custo econômico do processo, envolvendo principalmente antecipação das custas dos diversos atos processuais e o pagamento final pelo vencido (arts. 19 a 35, CPC).

Os deveres das partes são de várias ordens e se encontram em diversos pontos do CPC, como o de colaborar com o descobrimento da verdade (art. 339); comparecer em juízo para ser interrogado (art. 340, I); submeter-se à inspeção judicial (art. 340, II), que deverão ser tratados juntamente com o tema a eles afeto. No momento,

---

9. *Curso de direito processual civil.* 44. ed., Rio de Janeiro: Forense, 2006, v. I, itens 64 e 65.
10. James Goldschmidt (*Principios generales del proceso*, Buenos Aires: Ediciones Juridicas Europa-America, 1961, v. l, capítulo VI, p. 91 e s.) explica que os ônus processuais, ao contrário das obrigações, não geram direitos ao adversário nem ao Estado. Quando há ônus, interessa ao seu próprio titular se desincumbir de realizar a atividade prevista, sob pena de ficar em situação de desvantagem.

ocupar-nos-emos do previsto especialmente no Capítulo II, do Título I, do CPC, intitulado "Dos Deveres das Partes e dos seus Procuradores".

A primeira regra a ser examinada corresponde ao dever de lealdade processual, expresso no art. 14, e abrange não somente as partes, mas todos os que atuam no processo (aí incluídos, portanto, os advogados e os auxiliares da justiça).

A atividade da parte, embora seja naturalmente tendente a buscar o seu próprio interesse, deve ser pautada por padrões éticos. Afinal, a premissa é de que a atividade das partes no processo deve servir para o juiz alcançar melhor conhecimento do que ocorreu e do correto enquadramento jurídico. O atuar das partes não deve servir para desviar o juiz da decisão justa. Como dizia Calamandrei, no célebre ensaio em que compara o processo a um jogo, a *habilidade* é permitida, mas não a *trapaça*[11].

É pautado nessa premissa que o Código procura fixar parâmetros de atuação, tais como: (a) dizer a verdade (art. 14, I); (b) não apresentar argumentos em juízo sabidamente infundados (art. 14, III); (c) não praticar atos desnecessários (art. 14, IV); (d) bem como o genérico "proceder com lealdade e boa-fé", que de certa forma abarcaria as outras hipóteses.

Ainda sobre o art. 14, merece reflexão particular o inciso V, acrescentado pela Lei nº 10.358, de 27/12/2001. Prevê o dispositivo em pauta, entre os deveres do art. 14, o de cumprir os provimentos mandamentais e o de não criar dificuldades para a efetivação das decisões judiciais. Como bem esclarece Bedaque[12], trata-se, de um lado, de cumprir as ordens judiciais, cuja colaboração depende de ato da parte, e, de outro, de não obstaculizar, de forma ilegítima, a efetivação daquelas que se operam por simples sub-rogação, sem necessidade de concurso da parte, como ocorre com as condenatórias.

O descumprimento do dever previsto neste inciso, porém, ao contrário do que ocorre com os anteriores, cuja violação remete à litigância de má-fé, tem sanção específica prevista no parágrafo único do art. 14. A infração a esse dever é qualificada como "ato atentatório ao exercício da jurisdição" e é apenada com multa de até 20% do valor da causa. Essa multa deverá ser paga dentro do prazo fixado pelo juízo, cujo termo inicial será o trânsito em julgado da decisão final da causa. A falta do pagamento dentro desse prazo acarretará a inscrição do débito na dívida ativa da União ou do Estado.

Várias questões surgem desse dispositivo. E se o ato praticado, violador do disposto no inciso V, também configurar litigância de má-fé, conforme art. 17? A multa do parágrafo único elidiria a sanção do art. 18? A resposta é negativa. São penas

---

11. *Il processo come gioco*, original em italiano publicado na *Rivista di Diritto Processuale*, 1950, v. V, parte 1, sendo disponível tradução em português por Roberto B. Del Claro, na *Revista Gênesis de Direito Processual Civil*, v. 23, jan./mar. 2002, p. 191 a 208, trecho encontrado à p. 196.
12. José Roberto dos Santos Bedaque, *Código de Processo Civil interpretado*, coord. Antonio Carlos Marcato, 3. ed., São Paulo: Atlas, 2008, em nota 6 ao art. 14.

distintas. O próprio parágrafo único já dá a entender nesse sentido quando expressa que será aplicável a multa "sem prejuízo das sanções criminais, civis e processuais cabíveis". Ademais, a multa do parágrafo único reverte em proveito do Estado, enquanto a cabível por litigância de má-fé tem como beneficiário a parte inocente. O mesmo ocorre se a violação também configurar ato atentatório à dignidade da justiça (art. 600), que prevê multa a favor do exequente (art. 601)[13].

Outro ponto polêmico, mas expressamente resolvido pela lei, refere-se à não sujeição do advogado à multa pela violação do inciso V, apesar de o dever em questão também dizer respeito a ele, a teor do *caput* do art. 14. Assim, mesmo na hipótese de o ato violador ter sido cometido por inspiração do advogado, a pena é aplicável à parte[14]. José Rogério Cruz e Tucci[15] observa que o não atendimento a provimentos mandamentais (ex: não demolição de muro, ocultamento de menor etc.) *normalmente* implica atos materiais da parte, e não de seu advogado. De todo modo, se o patrono da parte tiver participação, não se lhe aplicarão as penas do parágrafo único. O advogado[16] só poderá ser responsabilizado nos termos do Estatuto da OAB, cabendo ao juiz, se for o caso, oficiar à Ordem dos Advogados, conforme prevê o art. 72, da Lei nº 8.906/1994 ("o processo disciplinar pode instaurar-se de ofício ou *mediante representação de qualquer autoridade(...)*").

Finalmente, problema surge quando quem pratica a violação é o Poder Público (Estado ou União). Considerando que, nesse caso, o beneficiário da multa poderia se confundir com o obrigado a pagá-la, seria de se cogitar da ocorrência de confusão (art. 381 do CC – causa extintiva da obrigação). Cândido Dinamarco[17] defende interpretação segundo a qual a multa deveria reverter em benefício do Estado quando o violador for a União, e vice-versa, único meio, segundo ele, de superar o impasse sem cairmos na impunidade[18].

Quanto ao art. 15, o dever de não injuriar (aqui entendido no sentido amplo de não ofender, e não no restrito e tipificado do âmbito penal) abrange tanto as partes e advogados. O calor dos debates e a litigiosidade ínsita ao processo não pode redundar em falta ao dever de urbanidade. O respeito é sempre exigível.

---

13. No sentido do texto, ver José Roberto dos Santos Bedaque, Código de Processo Civil Interpretado, coord. Antonio Carlos Marcato, 3. ed, São Paulo: Atlas, 2008, em nota 6 ao art. 14. Entendendo que a pena do art. 18 é cumulável com a do parágrafo único do art. 14, manifestou-se Cândido Dinamarco (A Reforma da Reforma, São Paulo: Malheiros, 2002, item 27).
14. Como lembra Dinamarco, comentando esse dispositivo, *"o mandante responde sempre pelo ato do mandatário"* (*A reforma da reforma*, São Paulo: Malheiros, 2002, item 27).
15. *Lineamentos da nova reforma do CPC*, 2. ed., São Paulo: RT, 2002, p. 24.
16. Outra questão que surgiu, derivada da falta de vírgula após a palavra "advogados", referente à exclusão ou não dos advogados do setor público, ficou definitivamente resolvida pela ADIn 2.652-6. Todos os advogados estão excluídos da pena do parágrafo único.
17. *A reforma da reforma*, São Paulo: Malheiros, 2002, item 26.
18. Alexandre Freitas Câmara (*Lições de direito processual civil*, 19. ed., Rio de Janeiro: Lumen Juris, 2009, p. 144) defende a criação de um fundo gestor a ser administrado pelo Judiciário, ao qual reverteria essa multa. A solução é boa, mas depende de lei.

Na seção dedicada à responsabilidade das partes, o Código prevê a litigância de má-fé e as consequências dela advindas. Primeiro, no art. 16, estabelece a responsabilidade por perdas e danos daquele que pleitear de má-fé. A partir do parâmetro estabelecido no art. 14, já poderíamos concluir que o não agir conforme aquele dispositivo seria precisamente litigar de má-fé. A despeito dessa lógica conclusão, o legislador, como forma de dar maior efetividade aos preceitos éticos e moralizadores da conduta processual, elenca no art. 17 o que deve ser reputado como litigância de má-fé.

Nota-se, nessas hipóteses, uma clara correspondência aos incisos do art. 14. Vejamos o que prevê o art. 17, comparando com o art. 14: (a) deduzir pretensão ou defesa contra texto de lei ou fato incontroverso (inciso III do art. 14); (b) alterar a verdade dos fatos (inciso I do art. 14); (c) usar do processo para conseguir objetivo ilegal (inciso II do art. 14); (d) opor resistência injustificada ao andamento do processo (podem apresentar similitude com os incisos IV ou V do art. 14); (e) proceder de modo temerário (inciso IV do art. 14); e (f) interpor recurso protelatório (inciso IV do art. 14)[19]. Outro ponto a ser considerado nessa relação é que o legislador, como nota Bedaque[20], apresenta *expressões abertas*, abrindo boa margem para interpretação judicial (devidamente justificada, e não discricionária!). Justamente por se tratar de expressões abertas, é bastante comum o mesmo ato poder ser considerado violação a um inciso e a outro do mesmo art. 17.

Ocorrendo litigância de má-fé[21], o art. 18 prevê responsabilidade para a parte nos seguintes termos:

a) condenação às penas ali previstas pode-se dar de ofício ou mediante provocação;

b) abrange multa não excedente a 1% do valor da causa, indenização pelos prejuízos, além da condenação a honorários e despesas;

c) quanto à indenização por danos, poderá ser fixada mediante arbitramento ou, desde logo, estabelecida pelo juiz, em até 20% do valor da causa[22].

> De observar que a aplicação mais severa das penas de litigância de má-fé é de todo recomendável para o bom andamento da tarefa jurisdicional. Nota-se, por parte de alguns magistrados, uma certa leniência, nesse particular. Essa tendência mais branda, ainda

---

19. Alexandre Freitas Câmara (*Lições de direito processual civil*, 19. ed., Rio de Janeiro: Lumen Juris, 2009, p. 145) lembra que o art. 4º, parágrafo único, da Lei nº 9.800/1999 prevê mais uma modalidade, que é remeter original de petição não conforme à versão remetida via fax.
20. José Roberto dos Santos Bedaque, *Código de Processo Civil interpretado*, coord. Antonio Carlos Marcato, 3. ed., São Paulo: Atlas, 2008, em nota 1 ao art. 17.
21. Registre-se, aqui, que a litigância de má-fé também poderá gerar antecipação de tutela fundada no art. 273, II.
22. Humberto Theodoro Jr. (*Curso de direito processual civil*, 44. ed., Rio de Janeiro: Forense, 2006, p. 97) defende que o juiz deve fixar desde logo o valor da indenização, até 20%, a não ser que vislumbre prejuízos maiores, em montante superior (só então remeterá ao arbitramento). Considerando a dificuldade normalmente existente em provar os danos, e o tempo exigido para a apuração, parece-nos que essa é a melhor solução.

que eventualmente motivada por bons propósitos (não prejudicar o contraditório, por exemplo) não condiz com os aspectos publicísticos da jurisdição. Lembre-se, inclusive, que a conduta de má-fé, reiterada e multiplicada em inúmeros processos, é uma das causas da morosidade do Judiciário.

32.2. O JUIZ, SEUS PODERES E DEVERES
32.2.1. Características, garantias e vedações

Outra figura de destaque, que imediatamente se visualiza no contexto do processo, é a do juiz. É perante o juiz, que se apresenta acima e entre as partes, que se desenvolve o debate entre as partes. Na realidade, a figura em questão é a do Estado, entre cujas funções (administrar, legislar, julgar) se insere a jurisdicional, que ora nos interessa estudar. Como, porém, o Estado se vale do juiz para poder exercer tal função, é ele quem visualizamos no processo. Considerando, assim, que o juiz faz o papel do Estado no processo, vários doutrinadores preferem falar em Estado-juiz. De fato, essa expressão parece mais adequada para revelar o fenômeno em sua inteireza.

Vislumbrando, dessa forma, no juiz, a face do Estado no processo, podemos compreender melhor as características desse que é um dos sujeitos principais do processo[23]. Se é o Estado, em exercício de poder, que está se apresentando, a preocupação deve estar voltada para que sua atuação seja marcada pela **efetividade** (sem a qual não há falar em poder[24]), mas, também, tenha as balizas adequadas para que não seja arbitrária (daí o dever de motivar – art. 93, IX, CF; a garantia da publicidade – art. 93, IX –, que permite maior transparência; a exigência do contraditório – que se apresenta como o meio de participar da formação da decisão e atuação do poder jurisdicional etc.).

A principal característica é a imparcialidade, ideia ínsita ao próprio conceito de juiz, e, para que isso efetivamente ocorra, o legislador, desde o constitucional até o ordinário, estabelece todo um complexo normativo. Realmente, pouco adiantaria uma regra literal afirmando que o juiz deve ser imparcial. O que fazer, que cuidados tomar, para que o juiz realmente seja imparcial? Com esse propósito, além da expressa consagração do princípio do juiz natural, já comentado nos capítulos 8, item 8.2.1.2., e 16, item 16.4., a Constituição Federal se incumbe de prever garantias e de impor vedações ao magistrado, objetivando a preservar sua imparcialidade.

Garantias, porque o juiz, como todo ser humano, é suscetível de sofrer pressões, o que poderia prejudicar sua isenção. Assim, o legislador constitucional, no art. 95,

---

23. Enquanto o autor e o réu, os outros sujeitos principais, são chamados de "sujeitos parciais", o juiz é o "sujeito imparcial".
24. Como lembra Dinamarco em seu *A instrumentalidade do processo* (São Paulo: Malheiros, 1986, p. 122), poder político é "capacidade de decidir imperativamente e impor as decisões". Sem a possibilidade de se atuar praticamente, a decisão, por mais justa que seja, não se revela verdadeiramente como expressão do poder estatal.

em primeiro lugar, procura garantir o exercício de sua função de magistrado, tornando seu cargo vitalício, o que acontece após o período inicial de dois anos (**vitaliciedade**). O juiz vitaliciado só pode perder seu cargo por decisão judicial transitada em julgado. Também se pretende que o juiz tenha condição de exercer sua função com tranquilidade, sem receio de ser transferido para outro lugar, contra sua vontade. É a garantia da **inamovibilidade**, aplicável até mesmo em caso de transferência em virtude de promoção na carreira. A inamovibilidade só não prevalecerá no caso de o Tribunal (ou Conselho Nacional de Justiça), por maioria absoluta de votos, decidir que a remoção se impõe por razões de interesse público (art. 93, VIII, CF). Finalmente, a **irredutibilidade de subsídios**, destinada a fazer com que o juiz tenha segurança financeira para poder atuar nos seus misteres. Naturalmente, a garantia em pauta não implica isenção de pagamento de impostos, como o próprio inciso III do parágrafo único do art. 95, da Constituição Federal, deixa claro, com suas remissões.

Por outro lado, também leva em conta o legislador constitucional que o ser humano pode ser desviado das boas ações por influência de terceiros. Em função disso, procura-se vedar situações que colocassem o magistrado sob tal risco, como seria o caso se lhe fosse permitido receber presentes das partes, exercer atividade político-partidária etc. (tudo conforme parágrafo único do art. 95, da CF).

Essa mesma preocupação com a imparcialidade pode ser encontrada nos preceitos do CPC que tratam da suspeição e do impedimento.

Tratemos da suspeição. O art. 135 da Lei Processual Civil reputa fundada a suspeita do juiz que se enquadre em algumas das circunstâncias nele compendiadas. Assim, por exemplo, a inimizade figadal ou a amizade íntima , enfim, tudo aquilo que possa ser entendido como suscetível de tirar o juiz da sua natural isenção, prejudicando a sua condição de sujeito que se coloca entre e sobre as partes. São situações em que a relação que o juiz tem ou teve com uma das partes (ou procurador da parte) ou com o objeto do litígio faz supor risco de que ele seja tendencioso naquele processo. Além dos incisos I a V, o CPC prevê ainda a suspeição por motivo íntimo, espécie de cláusula genérica, que permitiria ao juiz conscencioso afastar-se de um determinado litígio em que ele mesmo entrevê dificuldades para se manter imparcial, mesmo que a circunstância em pauta não se enquadre nas situações anteriores.

Outra figura é o impedimento, e o art. 134 enumera situações que supostamente também afetariam a condição de imparcial, ínsita ao juiz. A maior proximidade a um dos lados do conflito revela aqui um alto risco de perda da imparcialidade, o que leva o legislador a **vedar** a atividade do juiz naquele processo. Observe-se que, no impedimento, ao contrário do que ocorre em vários dos casos de suspeição, as circunstâncias são objetivamente verificáveis e podem ser constatadas mediante prova que normalmente não oferece maior dificuldade na apreciação. Basta um breve exame das situações previstas no art. 134 para chegarmos a tal conclusão (v.g., verificar se o juiz é ou não filho de uma das partes normalmente não exigirá mais do que o exame de certidão de nascimento).

Desse modo, o próprio tratamento legislativo revela que o legislador tomou como mais grave o impedimento que a suspeição. O impedimento é vício que, se não alegado de pronto, permanece ao longo de todo o processo, e, mesmo depois, pode ser discutido através de ação rescisória (art. 485, II). Todavia, se a suspeição não for alegada na primeira oportunidade (prazo de 15 dias), operar-se-á preclusão, ficando tal vício superado.

Assim, para tentar garantir a imparcialidade, o legislador, tanto constitucional como ordinário, age principalmente de modo preventivo. É claro que podemos imaginar um magistrado com tal senso moral que mesmo se uma das partes for seu filho consegue manter total isenção. Como, porém, é intuitivo que, numa circunstância como essa, muitas pessoas não lograriam manter-se imparciais, o legislador, novamente levando em consideração que o juiz é um ser humano, prefere afastar o risco[25].

No sentido técnico-processual a suspeição ou impedimento em si mesmos não representam desdouro ao magistrado. Não se está dizendo que ele agiu de forma parcial, mas, apenas, que está em uma circunstância que talvez possa tornar difícil a ele manter-se isento. Por outro lado, o agir parcial em si mesmo – já não suposição, mas a constatação efetiva – pode ensejar, além da nulidade do ato, consequências criminais (ex: o juiz corrupto) e administrativas (sanções na esfera profissional, repercutindo na carreira do juiz).

32.2.2. Poderes e deveres do juiz no processo

Dizer que o juiz, quando atua no processo, possui poderes, não surpreende, uma vez que ele é o próprio Estado em juízo. Ademais, se levarmos em conta que o processo, embora se inicie por atuação da parte, **se desenvolve por impulso oficial** (art. 262, CPC), isto é, pela atividade do magistrado, fácil concluir que só mesmo a existência de autênticos poderes permitiria a ele se desincumbir dessa tarefa.

Acontece que esses poderes, examinados sob outra ótica, não deixam também de ser deveres, pois, ao mesmo tempo que o magistrado tem mecanismos para obrigar os outros à obediência, tem o dever de fazer uso deles quando tal se tornar necessário. Isso, a começar do próprio exercer da jurisdição: expressa poder, uma vez que implica sujeição, mas, examinando do ponto de vista do jurisdicionado, temos que o Estado-juiz não pode negá-la a quem solicita (inafastabilidade do controle jurisdicional – art. 5º, XXXV, CF). Trata-se, portanto, como bem salienta

---

25. Para Liebman (*Manual de direito processual civil*, 2. ed., tradução de Cândido Dinamarco, Rio de Janeiro: Forense, 1985, v. I, item 36, à p. 92), a certeza da imparcialidade do juiz é garantia de prestígio perante as partes e à própria sociedade, e assim, "(...) não basta que o juiz, no íntimo, se sinta capaz de exercer o seu ofício com a habitual imparcialidade: é necessário que não reste sequer a dúvida de que motivos pessoais possam influir em seu ânimo".

Cândido Dinamarco[26], de autênticos poderes-deveres.

> Relevante observar que esse fenômeno tem forte ligação com o fato, destacado por boa doutrina, que o juiz, no processo, como regra não tem, salvo em raras situações, poder discricionário[27]. Assim, por exemplo, caso lhe seja requerida uma liminar em dada situação de urgência, desde que os requisitos estejam presentes, ele não apenas tem o **poder** de concedê-la, mas **deve** fazê-lo, em obediência à promessa de tutela jurisdicional efetiva, existente na Constituição, que ele tem a missão de implementar. A existência de um certo grau de subjetividade na interpretação dos requisitos para a concessão ou não de uma medida, por eventualmente envolver análise de conceitos indeterminados, não se confunde com discricionariedade.

Esses poderes (ou poderes-deveres) podem ser classificados de diversas formas. Para Moacyr Amaral Santos[28], a primeira grande divisão leva em conta, de um lado, a sua qualidade de sujeito do processo, de outro, a de autoridade que tem incumbência de assegurar o desenvolvimento regular dos atos processuais. Teríamos assim, nessa ordem, *poderes jurisdicionais* e *poderes de polícia*[29].

Entre os poderes jurisdicionais, o mesmo processualista entrevê os *ordinatórios*[30] (destinados a promover o andamento do processo), os *instrutórios* (relativos à colheita de provas) e os *finais* (que têm caráter decisório)[31].

Prosseguindo no intuito classificatório, Moacyr Amaral Santos inclui entre os ordinatórios: os de *inspeção* (petição inicial está regular?; representação processual está regular? etc.), *concessão* ou *recusa* (por exemplo, prorrogar prazos, na hipótese do art. 182), *nomeação* (exemplo: curador especial na hipótese do art. 9º, II), poderes de *repressão* (ex., impor pena por litigância de má-fé), poderes de *iniciativa* (como a determinação de que litisconsorte necessário deve comparecer em juízo[32].

Os poderes instrutórios, por sua vez, passaram a ser grandemente enfatizados nas últimas décadas aqui no Brasil. Com efeito, a doutrina mais tradicional não admitia – a não ser em situações excepcionais – a produção de provas de ofício[33]

---

26. Cf. *Instituições de direito processual civil*, 6. ed., São Paulo: Malheiros, 2009, v. 2, item 509, p. 234-235.
27. Cf. Teresa Arruda Alvim Wambier, *Controle das decisões judiciais por meio de recursos de estrito direito e de ação rescisória*, São Paulo: Revista dos Tribunais, 2001, especialmente capítulo 11.
28. *Primeiras linhas de direito processual civil*, 25. ed., São Paulo: Saraiva, 2007, v. 1, p. 340.
29. Também apresentando essa primeira grande divisão, ver Arruda Alvim, *Manual de direito processual civil*, 9. ed., São Paulo: Revista dos Tribunais, 2005, v. 2, p. 24.
30. Podemos lembrar, entre outros, o poder do juiz de determinar a emenda da inicial para juntar documento indispensável (art. 284), ou a determinação no sentido de suprir irregularidades, prevista no art. 327.
31. *Primeiras linhas de direito processual civil*, 25. ed., São Paulo: Saraiva, 2007, v. 1, p. 341.
32. Idem, p. 342-343.
33. Nesse sentido, a alocução de Liebman: "No processo civil, informado pelo princípio dispositivo, o juiz não tem uma tarefa da busca do material probatório, ao qual, ao invés, devem as partes fornecer. Ao juiz compete escolher, receber, assumir, valorar as provas oferecidas e levadas pelas partes, e nunca fazer sua a iniciativa dos outros". (Tradução livre do original: "Nel processo civile, informato al principio dispositivo, il giudice non ha un compito di ricerca del materiale probatorio, a cui devono invece provvedere le parti.

(art. 130, CPC). Vários autores, porém, nas últimas décadas, cuidaram de afastar alguns mitos que permaneciam no trato da matéria[34]. O problema, em suma, era o forte receio de que o juiz perdesse sua imparcialidade se lhe fosse autorizado, de um modo geral, determinar de ofício a produção de provas. Parece-nos que esse receio não procede. O juiz não pode, evidentemente, querer favorecer este ou aquele litigante, mas deve estar interessado em que saia vencedor aquele que tem razão (a pessoa que merece a tutela jurisdicional). Ao determinar a realização de prova que julgue importante para formar o seu convencimento, não se torna, por isso, tendencioso. A realização da prova pode, isso sim, torná-lo mais apto a julgar com efetivo conhecimento dos fatos, favorecendo o escopo de proferir a decisão mais justa.

Quando se fala em poderes instrutórios, entretanto, não se está referindo apenas ao poder de determinar provas de ofício. Poderes instrutórios dizem respeito às atividades do juiz na orientação e desenvolvimento da instrução, tais como a inquirição de partes e testemunhas, a formulação de quesitos, indeferimento de perguntas ou quesitos, determinação de nova perícia e indeferimento de provas inúteis ou protelatórias.

Os poderes finais, por sua vez, são voltados ao julgamento e à efetivação prática dos direitos. Nesse campo, costuma-se destacar a íntima ligação com o dever de julgar (ver art. 5º, XXXV, CF), ainda que a causa não lhe pareça totalmente esclarecida (art. 126, CPC)[35]. Mais uma vez, fica destacado o fato de que os poderes do juiz devem ser encarados como verdadeiros poderes-deveres.

Com respeito aos poderes de polícia, que têm caráter administrativo, observamos sua presença, de modo mais pronunciado, nas audiências, embora estejam presentes em vários pontos da atividade processual, como, por exemplo, no art. 15, já referido, que prevê o comando do juiz no sentido de riscar as palavras ofensivas.

Sobre tais poderes na audiência, sua sede natural, encontramos principalmente o disposto no art. 445, CPC, que atribui ao juiz o encargo de manter a ordem e o decoro em audiência (inciso I), podendo ordenar a retirada da sala de audiência daqueles que não se portarem devidamente (inciso II), até mesmo requisitando força policial, se for o caso (inciso III). Naturalmente o bom-senso e a proporcionalidade devem dar a medida para o correto exercício do poder de polícia nas audiências.

Al giudice spetta cioè scegliere, ricevere, assumere, valutare le prove offerte e portate dalle parti, non mai quello di andarne a ricercare di sua iniziativa delle altre." – *Manuale di diritto processuale civile*, 2. ed., Milano: Giuffrè editore, 1968, v. 2, p. 24.)

34. Para essa análise, recomendamos a leitura da monografia *Poderes instrutórios*, de José Roberto dos Santos Bedaque, São Paulo, Revista dos Tribunais, 2. ed., 1994.

35. A falta de clareza por lacuna da lei tem a solução prevista nesse artigo. Quando a falta de clareza diz respeito aos fatos e a dificuldade é insuperável pelas provas produzidas, a solução é a aplicação das regras do ônus da prova.

Athos Gusmão Carneiro[36] também inclui no poder de polícia na audiência o previsto no inciso III do art. 446, CPC, impelindo os advogados e Ministério Público a debaterem a causa com urbanidade e o disposto no parágrafo único, do mesmo artigo, que confere ao magistrado poder de permitir ou não que o advogado intervenha durante um depoimento.

Finalmente, quanto aos deveres do juiz, conforme falado, costumam acompanhar os próprios poderes, inseridos que estão na missão maior, constitucionalmente atribuída, de prestar jurisdição. Cabe apenas acentuar, especificamente falando em deveres, o de atuar de forma imparcial, e imprimir celeridade (art. 5º, LXXVIII, CF), evitando as delongas do serviço judiciário e as manobras protelatórias de alguma parte. Impende apontar, porque o próprio legislador inseriu em rubrica própria (seção I do capítulo IV – Do Juiz), o dever de julgar, mesmo em caso de lacuna na lei (art. 126): o de só decidir por equidade excepcionalmente, nos casos e limites da lei (art. 127) e de decidir nos limites da demanda (art. 128 – princípio da congruência, tratado no capítulo referente a princípios).

32.2.2.1. OS PODERES-DEVERES DO ART. 125

Como se pôde perceber, os poderes e deveres do juiz encontram-se disseminados pelo CPC e seu detalhamento, na medida do necessário para os propósitos do livro, será feito ao tratarmos da matéria específica a eles atinente.

Nesse momento, cabe abordar aqueles poderes e deveres que o próprio Código destacou de modo específico, em rubrica própria, quais sejam, os referidos no art. 125. Uma palavra sobre cada um deles.

O primeiro indicado na relação do art. 125 é o de *assegurar igualdade de tratamento para as partes*. É decorrência direta do princípio da isonomia previsto no art. 5º, da Constituição Federal. O juiz, ao dirigir o processo, deve, evidentemente, zelar pelo cumprimento de todos os princípios que estão à base do nosso sistema processual e, dentre eles, o da igualdade.

Como se costuma dizer, o princípio da igualdade no processo tem dois endereçamentos: o legislador e o juiz. O legislador deve cuidar de elaborar normas conformes ao princípio da isonomia (no seu aspecto substancial e não meramente formal) e o juiz, além de observar as regras que foram editadas dentro desse princípio, deve interpretar e aplicar as normas, sobretudo em situações de dúvida, de modo a dar efetividade à igualdade.

Em seguida, temos a exortação no sentido de que promova a rápida solução do litígio. Esse é um dispositivo que existe desde a origem do Código, mas que, hoje em dia, deve ser lido em consonância com o disposto no art. 5º, LXXVIII, Constituição

---

36. *Audiência de instrução e julgamento e audiências preliminares*, 9. ed., Rio de Janeiro: Forense, 2000, p. 39.

Federal. Na prática, significa atentar para os atalhos estabelecidos pelo legislador (como o julgamento antecipado da lide do art. 330), empenhar-se no cumprimento de seus prazos e evitar delongas tanto do serviço judiciário como de alguma parte mal-intencionada.

O terceiro inciso impõe ao juiz o dever de prevenir e reprimir atos atentatórios à dignidade da justiça. Aqui devemos compreender a utilização dos mecanismos de que o sistema processual dispõe para que o processo se desenvolva dentro de padrões éticos. Cabe nesse rol não só a prática de atos para combater as situações descritas no art. 600 (nominadas expressamente como sendo atos atentatórios à dignidade da justiça), mas, também, aquelas descritas como litigância de má-fé[37].

O quarto e último inciso, acrescentado pela Lei nº 8.952/1994, vem na esteira da disposição do legislador em incentivar mecanismos alternativos para a solução dos litígios. Na mesma oportunidade foi acrescida, via nova redação ao art. 331, uma audiência na tramitação do procedimento ordinário, chamada de conciliação (hoje denominada "preliminar"). O juiz, naturalmente, já devia, em momento específico, tentar a conciliação (por exemplo, no início da audiência de instrução), mas hoje é um empenho e cuidado que deve ter ao longo do processo.

32.2.3. Responsabilidade do juiz

O juiz naturalmente está sujeito a deveres no processo. Assim sendo, o descumprimento desses deveres por parte do juiz lhe deve gerar responsabilidade. Os limites dessa responsabilidade estão expressos no art. 133 do CPC e, como veremos, se dá num âmbito mais restrito do que a multiplicidade dos deveres do juiz poderia fazer crer.

A responsabilidade prevista no art. 133, advirta-se, desde logo, está no âmbito civil e implica perdas e danos, sem prejuízo de eventuais sanções penais ou administrativas a que o magistrado possa se sujeitar. Apenas para referência, a infringência, pelo juiz, de seus deveres no processo poderá, conforme o caso, também configurar os crimes de prevaricação (art. 316, CP) ou concussão (art. 317, CP).

A responsabilidade por perdas e danos, prevista no art. 133, difere em parte do sistema geral de responsabilidade civil que encontramos no CC (arts. 927 a 954). Em primeiro lugar, a situação prevista no inciso I ("no exercício de suas funções, proceder com dolo ou fraude") claramente exclui modalidade culposa.

Já a previsão do inciso II, "recusar, omitir ou retardar" providência requerida pela parte, ou que lhe caiba tomar de ofício, admite a simples culpa. Aliás, a exclusão da responsabilidade, nesse caso, e por expressa determinação legal, dá-se pela

---

37. Ernane Fidélis dos Santos (*Manual de direito processual civil*, 11. ed., São Paulo: Saraiva, 2006, v. 1, p. 178) refere-se ao art. 600, mas adverte que a previsão genérica do art. 125, III, abrange a prevenção e repressão de qualquer ato que venha "de encontro às finalidades da jurisdição e da pronta realização do direito".

apresentação de *motivo justificado*, o que elidiria a culpa. Note-se que a ocorrência dessa hipótese está condicionada a requerimento da parte para que o juiz tome a providência necessária. Esse requerimento deverá ser entregue pela parte ao escrivão, para que este encaminhe ao juiz (parágrafo único, art. 133).

A responsabilidade do juiz ocorrerá nos termos do mencionado dispositivo legal, sem prejuízo da do Estado, nos termos do art. 37, § 6º, da CF.

32.3. O MINISTÉRIO PÚBLICO
32.3.1. Características, garantias, vedações e responsabilidades

O Ministério Público é instituição permanente, que exerce função considerada essencial à justiça e sua vocação é "a defesa da ordem jurídica, do regime democrático e dos interesses sociais e individuais indisponíveis" (art. 127, CF).

Essa missão precípua serve de baliza para a correta interpretação das situações em que ele deve atuar no âmbito processual civil.

As principais características desse órgão, bem como os princípios que o informam, podem ser encontradas na própria Constituição Federal. Em primeiro lugar, sua autonomia. O Ministério Público, nos moldes da Constituição de 1988, não está vinculado a nenhum dos Poderes da República. Mesmo a eventual representação da União, nas comarcas do interior, que lhe era atribuída na Constituição anterior (art. 95, § 2º, Constituição de 1969) lhe foi suprimida.

Quanto aos princípios que o regem, temos a unidade, a indivisibilidade e a independência funcional (art. 127, § 1º, CF).

Por *unidade e indivisibilidade*, temos que a atuação de cada membro do Ministério Público é tida como do próprio órgão. Ela não é pessoal (sendo irrelevante qual o agente que no caso está atuando)[38].

A indivisibilidade institucional em nada interfere com a sua divisão em termos organizacionais, conforme expressa o art. 128, da Constituição Federal. Essa divisão estrutural leva em consideração que o Ministério Público, embora independente do Judiciário, exerce suas funções predominantemente perante essa instituição. Assim, podemos notar uma certa correspondência em termos estruturais: (a) Ministério Público da União, subdividido em Federal, do Trabalho, Militar e do Distrito Federal e Territórios – atuando perante o STF e STJ e a Justiça comum Federal, Justiça do Trabalho, Justiça Militar e perante a Justiça do Distrito Federal e territórios; (b) Ministério Público dos Estados – atuando nas várias Justiças Estaduais.

Quanto à independência funcional, temos preocupação semelhante à observada para com os magistrados: evitar que sejam submetidos a pressões que possam prejudicar o cumprimento de sua missão constitucional.

---

38. Cf. Cintra; Grinover e Dinamarco, *Teoria geral do processo*, 24. ed., São Paulo: Malheiros, 2008, p. 231. Dinamarco (*Instituições de direito processual civil*, São Paulo: Malheiros, 2001, v. I, p. 684, item 373) explica que unidade e indivisibilidade expressam uma ideia só.

É justamente por isso que lhe são dadas as seguintes garantias: vitaliciedade; inamovibilidade e irredutibilidade de subsídio (art. 128, § 5º, I, da CF).

Pelas mesmas razões são estabelecidas vedações aos membros do Ministério Público que são parcialmente semelhantes às dos magistrados: (a) receber custas ou honorários pelo processo em que atuar; (b) exercer advocacia; (c) participar de sociedade comercial, na forma da lei; (d) exercer outra função pública salvo uma de magistério; (e) exercer atividade político-partidária; (f) receber contribuições de pessoa física ou entidade, salvo exceções previstas em lei (art. 128, § 5º, II, da CF).

A responsabilidade do órgão do Ministério Público, de modo semelhante ao que ocorre com o magistrado, incidirá quando proceder com dolo ou fraude no exercício de suas funções (art. 85, CPC).

32.3.2. Sua atuação no processo civil

O conceito de parte, anteriormente apresentado, permite concluir, sem dificuldade, que o Ministério Público, quando atua, será sempre **parte no processo** (sujeito do contraditório instituído perante o juiz), mesmo quando não seja parte na demanda.

O CPC estabelece uma divisão em termos de atuação do Ministério Público: (a) na qualidade de autor – art. 81; (b) na qualidade de fiscal da lei – art. 82. Apesar da menção expressa a poderes e ônus quando trata da hipótese do art. 81, é de se reconhecer que sempre que atuar (mesmo como interveniente) será sujeito de ônus e deveres, por ser *parte na relação processual*[39].

Sua atuação como autor revela-se muito evidente nas ações civis públicas da Lei nº 7.347/1985 (interesses difusos) combinada com a Lei nº 8.078/1990 (CDC), mas aparece em várias situações específicas de diversos diplomas legais: ação de nulidade de casamento (art. 1.549, CC); ação rescisória (art. 497, III, CPC); ação direta de inconstitucionalidade (art. 129, IV, CF) etc.[40]

A intervenção do Ministério Público como fiscal (*custos legis*) ocorrerá em diversas situações específicas previstas no ordenamento jurídico, como na ação de usucapião (art. 944, CPC), no mandado de segurança (Lei nº 12.016/2009, art. 12), ação de alimentos (art. 9º da Lei nº 5478/1968), separação consensual (art. 1.122, § 1º, CPC) etc.

De forma genérica, a atuação do Ministério Público está expressa no art. 82, CPC, em três incisos:

---

39. Bedaque (*Código de processo civil interpretado*, coord. Antonio Carlos Marcato, 3. ed., São Paulo: Atlas, 2008, comentário ao art. 81, p. 175) lembra, inclusive, que o STF já teve oportunidade de decidir que o MP, mesmo quando atua como interveniente, tem prazo em quádruplo para contestar e em dobro para recorrer.
40. Paulo Cezar Pinheiro Carneiro (*O Ministério Público no processo civil e penal*, 5. ed., Rio de Janeiro: Forense, 1999, p. 28-29) apresenta extensa relação de situações em que o MP atuará como demandante.

a) "nas causas em que há interesses de incapazes";

b) "nas causas concernentes ao estado da pessoa, pátrio poder, tutela, curatela, interdição, casamento, declaração de ausência e disposições de última vontade";

c) "nas ações que envolvam litígios coletivos pela posse da terra rural e nas demais causas em que há interesse público evidenciado pela natureza da lide ou qualidade da parte".

A parte final do último inciso, norma genérica, de encerramento, expressa efetivamente a regra para se concluir pela interveniência do MP no processo civil, como *custos legis*: interesse público. Em determinadas hipóteses, o próprio legislador já sinaliza especificamente, quando prevê sua participação nas causas envolvendo direito de família e nos litígios coletivos pela posse de terra rural (acrescido pela Lei nº 9.415/1996 tendo em vista o elevado número e a repercussão social que tal tipo de conflito assumiu). Também de forma específica o legislador determina a atuação quando há interesses de incapazes. Assume-se que o incapaz é a parte mais fraca da relação, surgindo o MP para assegurar igualdade para litigar. Cumpre observar, com Cândido Dinamarco, que nesse caso o MP, a rigor, não age como "fiscal da lei", e sim como assistente da parte, uma vez que deve sempre atuar em favor do incapaz[41].

> Comina a lei de nulidade a falta de participação do Ministério Público quando esta for obrigatória (art. 84, CPC). Essa disposição, porém, deve ser interpretada de forma coerente com a sistemática processual em matéria de nulidades. Entre os parâmetros que devemos observar em matéria de nulidades sobreleva a regra de que não há nulidade sem prejuízo. Assim, por exemplo, se o MP deixou de intervir em processo no qual havia interesse de incapaz e esse último saiu vencedor, não há que se declarar nulidade[42].

32.4. O ADVOGADO

32.4.1. Função no processo

O advogado é figura necessária no processo, embora não se trate de parte, e sim de representante da parte. A obrigatoriedade de sua presença ficou consagrada na Constituição Federal de 1988, que o encarta no capítulo das Funções Essenciais à Justiça e declara no art. 133 ser ele "indispensável à administração da justiça". A sua presença no processo perfaz a exigência de capacidade postulatória, um dos pressupostos processuais mencionados anteriormente (capítulo 31).

A conveniência de sua atuação no processo é justificada, em primeiro lugar, pelo seu conhecimento técnico, o que se afigura essencial para que o contraditório seja exercido com plenitude. Ademais, o fato de ser uma pessoa não envolvida

---

41. Cf. *Instituições de direito processual civil*, 6. ed, São Paulo: Malheiros, 2009, v. II, item 618, p. 442.
42. Nesse sentido, com detalhes, ver José Roberto Bedaque, Nulidade Processual e Instrumentalidade do Processo, *RePro* 60, out./dez. 1990.

diretamente no conflito[43] permite um distanciamento psicológico muito útil para que a defesa do interesse da parte não seja prejudicada pelo aspecto emocional.

A inserção do art. 133, da CF, gerou alguma discussão sobre a adequação da norma da Lei nº 7.244/1985 que permitia litigar no então Juizado de Pequenas Causas sem estar acompanhado de advogado. Apesar da Lei nº 8.906/1994 no seu art. 1º pretender incluir expressamente a postulação perante os Juizados Especiais entre os atos privativos de advogado, a ADIn 1.127-8 declarou inconstitucional essa previsão. Hoje em dia, a referida lei foi substituída pela Lei nº 9.099/1995, que permite litigar em juízo desacompanhado de advogado, nos Juizados Especiais, nas causas até vinte salários mínimos[44].

32.4.2. Regime jurídico: direitos, deveres, forma de atuação e responsabilidade

O regime jurídico da atividade de advogado é dado, principalmente, pela Lei nº 8.906/1994 (Estatuto da Ordem dos Advogados do Brasil), sem prejuízo de algumas regras encontradas no próprio CPC.

Esclareça-se que por advogado deve ser entendido o bacharel em direito devidamente inscrito na Ordem dos Advogados do Brasil – OAB. Para poder se inscrever no quadro de advogados o bacharel deve passar por um exame específico (art. 8º da Lei nº 8.906/1994).

Alguns de seus direitos estão previstos no próprio CPC, art. 40, como o de examinar os autos do processo em cartório ou secretaria do tribunal (inciso I), requerer vista dos autos (inciso II) e retirar os autos sempre que lhe competir falar (inciso III – salvo prazo comum, quando só poderá ser feito mediante prévio ajuste dos advogados envolvidos – § 2º) e são absolutamente essenciais para o correto exercício de sua função no processo. Vários outros direitos complementam o conjunto de garantias e podem ser encontrados nos arts. 6º e 7º da Lei nº 8.906/1994.

Em matéria de deveres, também encontramos disposições no próprio CPC (arts. 14 e 15, já examinados, e art. 39 – indicar endereço e sua eventual mudança), ao lado de uma série de outras normas do Código de Ética e Disciplina, a que a Lei nº 8.906/1994 faz expressa remissão.

O advogado atua no processo mediante procuração para fins judiciais (ou *ad judicia*)[45]. A procuração deve ser apresentada desde logo para permitir a atuação do advogado, salvo urgência, quando, então, se obriga a exibir o mandato no prazo de quinze dias[46] (prorrogáveis por mais quinze, mediante despacho judicial). A falta

---

43. Excetuadas, naturalmente, aquelas situações em que o advogado postula em causa própria.
44. De destacar que essa não é a única hipótese em nosso sistema em que se admite atuar sem a presença de advogado.
45. Às vezes o advogado também precisa praticar atos fora do juízo e, nesse caso, poderá receber procuração *ad judicia et extra*.
46. É a chamada caução "de rato".

de juntada de procuração no prazo legal acarretará nulidade dos atos praticados e sujeitará o advogado ao pagamento das despesas e de perdas e danos (art. 37, parágrafo único, CPC).

A procuração *ad judicia* pode ser outorgada por instrumento público ou particular e não precisa de reconhecimento de firma (desde a Lei nº 8.952/1994), habilitando o advogado a atuar de modo geral no processo, peticionando, requerendo provas, recorrendo, ressalvados os casos que demandam poderes especiais, conforme indicado no art. 38 (confessar, desistir, transigir, renunciar ao direito sobre que se funda a ação, receber citação, reconhecer a procedência do pedido, receber, dar quitação e firmar compromisso).

Quanto à responsabilidade, devemos ter em mente que, segundo o art. 32 da Lei nº 8.906/1994, o advogado responde por dolo ou culpa pelos atos que pratica no exercício profissional. Complementa o parágrafo único do mesmo artigo que em caso de lide temerária "será solidariamente responsável com seu cliente, desde que coligado com este para lesar a parte contrária".

Independentemente de responsabilidade civil, o advogado está sujeito a várias punições (desde a simples censura até suspensão, multa e, por fim, exclusão) em caso de infração disciplinar. As infrações estão tipificadas no art. 34 da Lei nº 8.906/1994 e a aplicação das sanções é objeto dos arts. 35 a 43.

Ainda no campo da advocacia, mas com suas especificidades, é importante uma nota sobre a defensoria pública e a advocacia da União. A Defensoria Pública foi criada pela Constituição de 1988, e teve por intuito dar efetividade à promessa constitucional de dar assistência *jurídica* (e não apenas judiciária) às pessoas desprovidas de recursos (ver arts. 5º, LXXIV e 134, CF). No âmbito dos Estados, cabe a cada um criar a sua Defensoria, dentro dos parâmetros constitucionais. Em São Paulo, a Defensoria foi instituída pela Lei Complementar Estadual nº 988, de 09/01/2006. Quanto à Advocacia Geral da União, também criada pela Constituição de 1988, é instituição que se destina à consulta e assessoramento jurídico do Poder Executivo (art. 131, CF), de um modo geral, ficando reservado à Procuradoria Geral da Fazenda Nacional a execução da dívida ativa de natureza tributária (art. 131, § 3º).

32.5. SUJEITOS SECUNDÁRIOS DO PROCESSO

Como é intuitivo, o juiz não tem como exercer sozinho toda a gama de atividades que o aparato jurisdicional exige. Ele precisa de auxiliares para diversos serviços, tanto para documentação de atos como para diligências externas ou mesmo guarda de bens. Entre esses auxiliares temos aqueles que atuam *permanentemente*, que fazem parte do quadro de funcionários públicos (como o oficial de justiça), e aqueles que são chamados em caso de necessidade, os *eventuais* (caso, por exemplo, dos intérpretes).

Sem prejuízo do detalhamento procedido pelas normas de organização judiciária, o próprio CPC apresenta uma indicação dos principais auxiliares e suas funções básicas: escrivão, oficial de justiça, perito, depositário, administrador e intérprete[47].

O *escrivão* é o principal auxiliar do juízo, a quem incumbe a guarda do processo, a documentação e prática dos atos materiais exigidos no dia a dia do processo. É dotado de fé pública. É ele o responsável por redigir cartas e ofícios, executar as ordens judiciais, encaminhar os autos para a conclusão ou à contadoria, expedir certidões e tudo o mais que está indicado no art. 141 do CPC. O escrivão tem como seu auxiliar os escreventes.

O *oficial de justiça*, igualmente dotado de fé pública, tem como tarefa o cumprimento de diligências que se realizam fora do cartório, e segundo ordem judicial, expressa nos mandados. Assim, consoante se pode depreender do art. 143, CPC, deverá realizar citação, intimação, notificação, busca e apreensão e, de acordo com o acréscimo procedido pela Lei nº 11.382/2006, efetuar avaliações.

Tanto o escrivão como o oficial de justiça são responsáveis pelos prejuízos que causarem às partes em caso de recusa a cumprimento tempestivo dos atos que lhes competia realizar ou na hipótese de praticar ato nulo, dolosa ou culposamente (art. 144).

O *perito* é aquela pessoa dotada de conhecimento técnico especializado, da confiança do juízo, que é chamada para o caso de o processo depender de esclarecimentos técnicos naquela área de sua *expertise* (art. 145, CPC). Sua atuação será mais detalhada quando do exame da prova pericial, no volume 2 deste curso.

O *depositário* e o *administrador* são utilizados para a guarda e conservação de bens, em virtude de penhora, arresto, sequestro ou arrecadação (art. 148, CPC). Saliente-se que o administrador existe para o casos em que além da guarda há necessidade de prática de atos de gestão em relação à coisa constrita[48]. Tanto um como outro terão direito a uma remuneração fixada pelo juiz (art. 149, CPC). Se, no exercício de sua função, derem causa a prejuízo, perderão sua remuneração (mas não o direito de reembolso do que legitimamente tiverem despendido no cumprimento do encargo), conforme art. 150, CPC.

O *intérprete* auxilia o juízo traduzindo documentos em língua estrangeira, vertendo para o português os depoimentos e declarações de partes e testemunhas e traduzindo a linguagem dos surdos-mudos (art. 151, CPC).

---

47. Essa é a relação que encontramos no art. 139, CPC. Além desses, Moacyr Amaral Santos (*Primeiras linhas de direito processual civil*, 25. ed., São Paulo: Saraiva, 2007, v. 1, p. 146) indica o *partidor* (a quem cabe "individuar os quinhões nas partilhas judiciais"), o *contador* (que "faz cálculos aritméticos concernentes ao principal e juros das condenações (...)") e o *porteiro* (a quem incumbe apregoar "a abertura e o encerramento das audiências (...)").
48. Cf. Humberto Theodoro Jr., *Curso de direito processual civil*, 44. ed., Rio de Janeiro: Forense, 2006, v. 1, p. 238.

BIBLIOGRAFIA

ARRUDA ALVIM, *Manual de Direito Processual Civil*, São Paulo: Revista dos Tribunais, 9. ed., 2005, v. II.

BEDAQUE, José Roberto dos Santos. *Código de Processo Civil Interpretado*, coord. Antonio Carlos Marcato, São Paulo: Atlas, 3. ed., 2008

_____. *Poderes instrutórios do juiz*. 2ª ed. São Paulo: Revista dos Tribunais, 1994.

_____. Nulidade Processual e Instrumentalidade do Processo. *RePro*, n. 60, out./dez.1990.

CALAMANDREI, Piero. Il Processo como gioco. *Rivista di Diritto Processuale*, 1950, volume V, parte 1, tradução de Roberto B. Del Claro. *Revista Gênesis de Direito Processual Civil*, v. 23, jan./mar. 2002, p. 191-208.

CÂMARA, Alexandre Freitas. *Lições de Direito Processual Civil*. 19. ed. Rio de Janeiro: Lumen Juris, 2009, v. I.

CARNEIRO, Athos Gusmão. *Audiência de Instrução e Julgamento e Audiências Preliminares*. 9. ed. Rio de Janeiro: Forense, 2000.

CARNEIRO, Paulo Cezar Pinheiro. *O Ministério Público no Processo Civil e Penal*. 5. ed. Rio de Janeiro: Forense, 1999.

CHIOVENDA, Giuseppe. *Instituições de Direito Processual Civil*. Tradução de J. Guimarães Menegale, com notas de Enrico Tullio Liebman. São Paulo: Saraiva, 1942, v. 2.

CINTRA, Antonio Carlos Araujo; GRINOVER, Ada Pellegrini; DINAMARCO, Cândido Rangel. *Teoria Geral do Processo*, 24. ed. São Paulo: Malheiros, 2008.

CRUZ E TUCCI, José Rogério. *Lineamentos da Nova Reforma do CPC*. 2. ed. São Paulo: Revista dos Tribunais, 2002.

DINAMARCO, Cândido Rangel. *Instituições de Direito Processual Civil*. 6. ed. São Paulo: Malheiros, 2009, v. II.

_____. *Instituições de Direito Processual Civil*. São Paulo: Malheiros, 2001, v. I.

_____. *A Reforma da Reforma*. São Paulo: Malheiros, 2002.

_____. *A Instrumentalidade do Processo*. São Paulo: Malheiros, 1986.

_____. *Litisconsórcio*. 4. ed. São Paulo: Malheiros, 1996.

GOLDSCHMIDT, James. *Principios Generales del Proceso*. Buenos Aires: Ediciones Juridicas Europa-America, 1961, v. 1.

LIEBMAN, Enrico Tullio. *Manual de Direito Processual Civil*. 2. ed. Tradução de Cândido Rangel Dinamarco. Rio de Janeiro: Forense, 1985, v. I.

_____. *Manuale di Diritto Processuale Civile*. 2ª edizione. Milano: Giuffrè editore, 1968, v. 2.

SANTOS, Ernane Fidélis dos. *Manual de Direito Processual Civil*. 11. ed. São Paulo: Saraiva, 2006, v. 1.

SANTOS, Moacyr Amaral. *Primeiras Linhas de direito Processual Civil*. 25. ed. São Paulo: Saraiva, 2007, v. I (atualizado por Maria Beatriz Amaral Santos Köhnen).

THEODORO JR., Humberto. *Curso de Direito Processual Civil*. 44. ed. Rio de Janeiro: Forense, 2006, v. I.

WAMBIER, Teresa Arruda Alvim. *Controle das Decisões Judiciais por meio de recursos de estrito direito e de ação rescisória*. São Paulo: Revista dos Tribunais, 2001.

CAPÍTULO 33

LITISCONSÓRCIO

Carlos Augusto de Assis

33.1. CONCEITO E CLASSIFICAÇÃO

Ao tratar do tema dos sujeitos do processo, tivemos a oportunidade de identificar, na esteira da lição de Dinamarco, a existência de uma estrutura mínima na relação processual: uma pessoa, com base em um fundamento, formulando um pedido, em face de outra, perante um determinado juízo.

Essa estrutura mínima pode, conforme o caso, ser acrescida em algum ou alguns de seus elementos, tornando-se mais complexa. Naturalmente, isso só será permitido pelo legislador na medida em que houver benefício para o sistema processual. Tendo esse dado em mente fica mais fácil compreender a razão de o legislador impor determinados requisitos para admitir esse acréscimo.

É precisamente o que ocorre no tema ora tratado. O legislador admite, em determinadas circunstâncias, que em vez de termos uma pessoa em cada polo da relação processual passemos a ter duas ou mais, seja no polo ativo, seja no passivo, ou mesmo em ambos. A essa pluralidade de pessoas em um ou ambos os polos dá-se o nome de *litisconsórcio*[1]. Se a pluralidade ocorre no

---

1. Considerando que a mudança de qualquer dos elementos da demanda a transforma em outra (lembrar da tríplice identidade já examinada no capítulo 31, item 31.4.3.), teremos, aqui, uma espécie de cumulação de demandas pela pluralização no elemento subjetivo. Seria uma espécie de *cumulação subjetiva de demandas*. Falamos em cúmulo subjetivo de demandas, porém, apenas no caso do litisconsórcio facultativo e comum a existência de cumulação é indiscutível. Para Dinamarco, no litisconsórcio unitário "tem-se uma demanda só" (*Litisconsórcio*, 4. ed., São Paulo: Malheiros, 1996, n. 28) e para Araken de Assis (*Cumulação de ações*, 4. ed., São Paulo: Revista dos Tribunais, 2002, n. 30, à p. 135) "toda vez que *necessário* o litisconsórcio existe uma só ação".

lado do autor, temos o *litisconsórcio ativo*, se no lado do réu, *litisconsórcio passivo*, e se em ambos os lados, *litisconsórcio misto*. Essa é, pois, uma primeira classificação que podemos fazer de litisconsórcio.

Há outras classificações importantes a serem consideradas. Primeiro, quanto à sua obrigatoriedade ou não. Desse ponto de vista teremos, respectivamente, o *litisconsórcio necessário* (obrigatório) e o *litisconsórcio facultativo*. Com efeito, dissemos que o legislador, em determinadas circunstâncias, permite acréscimo subjetivo na estrutura mínima da relação processual (litisconsórcio facultativo), mas há casos em que se vai mais além: há uma verdadeira exigência de que mais de uma pessoa figure num dos polos da relação (litisconsórcio necessário). As hipóteses de ocorrência de uma ou outra situação serão examinadas em seguida.

Antes, porém, apresentemos outra classificação possível, essa quanto aos efeitos. Nesse sentido, falamos em *litisconsórcio unitário* (em que o juiz necessariamente terá de decidir a demanda de modo uniforme para todos os litisconsortes) e *litisconsórcio comum*, ou *simples* (a decisão da demanda, considerando em abstrato, poderá ser diversa para cada um dos litisconsortes). Essa classificação também demanda algumas especificações, que serão feitas adiante.

Desde logo, tendo em conta que se trata de classificações sob pontos de vista diferentes, podemos, em tese, ter litisconsórcio necessário unitário, litisconsórcio necessário comum, litisconsórcio facultativo unitário e litisconsórcio facultativo comum.

Finalmente, podemos classificar o litisconsórcio de acordo com o momento de sua constituição e aí dizemos *litisconsórcio inicial* (formado desde o início da relação processual, por indicação na petição inicial) e *litisconsórcio ulterior* (surgido posteriormente). Esse litisconsórcio ulterior pode, inclusive, ocorrer por ato do réu, no caso do chamamento ao processo (art. 77, CPC). O juiz, como veremos, deve determinar a integração do litisconsorte necessário na relação processual, mas não pode simplesmente determinar a inclusão no caso de litisconsórcio facultativo[2].

Em resumo, em termos classificatórios, podemos, de maneira esquemática, apresentar:

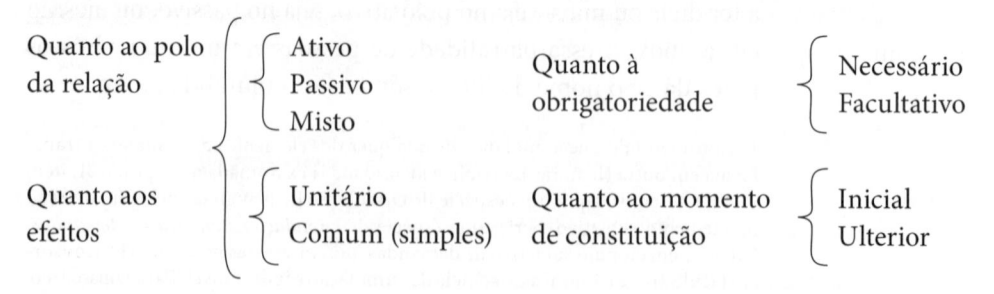

Quanto ao polo da relação	Ativo Passivo Misto	Quanto à obrigatoriedade	Necessário Facultativo
Quanto aos efeitos	Unitário Comum (simples)	Quanto ao momento de constituição	Inicial Ulterior

---

2. O que pode ocorrer, com o mesmo efeito prático, é o juiz determinar a reunião de demandas conexas para julgamento conjunto (art. 105, CPC) em que não haja identidade de autor e réu. O resultado prático será o mesmo de um litisconsórcio formado inicialmente por iniciativa do autor.

Registre-se que alguns doutrinadores[3] ainda cogitam numa outra possível modalidade de litisconsórcio: o **alternativo** (tanto o puro como na versão alternativa subsidiária ou eventual). Ocorre aqui uma analogia com a cumulação objetiva alternativa e alternativa eventual, tratada nos arts. 288 e 289, CPC. Essa forma de litisconsórcio, na visão desses autores, seria utilizável naquelas situações em que há forte dúvida sobre quem deveria ser o sujeito passivo. Seria um meio de evitar a formação de dois processos sucessivos, caso o primeiro eleito seja reconhecido como parte ilegítima passiva. As razões, portanto, estão, de um lado, no âmbito da economia processual. De outro, evitaria o risco de decisões conflitantes (que haveria nesse caso se o outro juízo também concluísse pela ilegitimidade passiva). A matéria não é muito desenvolvida no direito brasileiro, e a doutrina se fundava principalmente em precedentes no direito comparado (Itália). O STJ, porém, já registra um caso em que se admitiu o litisconsórcio alternativo. Trata-se do RESP 727.233/SP (2ª T., Rel. Min. Castro Meira, j. 19/03/2009). No caso, dois municípios diferentes cobraram ISS de uma empresa por uma mesma prestação de serviços. Essa empresa, tendo pago o imposto ao primeiro dos municípios, pleiteou anulação do débito fiscal em relação ao outro. Para a eventualidade, porém, de se entender devido o tributo ao segundo município, incluiu no polo passivo o primeiro, em litisconsórcio eventual, pleiteando a repetição do indébito[4]. Registre-se, ainda, que a lei processual prevê expressamente uma hipótese de litisconsórcio alternativo, no caso do art. 895.

Estabelecidas, assim, as principais classificações que o tema envolve, passemos à análise das hipóteses e consequências jurídicas daí derivadas.

33.2. LITISCONSÓRCIO FACULTATIVO
33.2.1. Hipóteses

O legislador permite que mais de uma pessoa figure no mesmo polo da relação processual tendo em vista certas aproximações existentes entre o pleito de uma e outra (ou do que é pleiteado em relação a uma ou a outra). Razões de economia processual tornam útil essa ampliação na estrutura da relação processual. Em lugar de termos dois processos para resolver as duas situações jurídicas, teríamos apenas um, com economia de tempo e atos processuais.

> Apenas para visualizar melhor o que acabamos de falar, figure-se a seguinte situação: um indivíduo e outro, isoladamente considerados, que estariam sujeitos, em tese, ao pagamento de um determinado tributo. Imagine-se que a lei que instituiu esse tributo

---

3. Abordando a matéria, em doutrina nacional, veja-se Cândido Dinamarco, *Instituições de direito processual civil*, 6. ed., São Paulo: Malheiros, 2009, n. 581; e o artigo de Ronnie Preuss Duarte (Litisconsórcios Alternativo e Subsidiário no processo civil brasileiro, *RePro*: 147:27-49, maio 2007).
4. Para uma análise detalhada do caso, veja-se Silas Silva Santos, Litisconsórcio eventual: decisão pioneira do STJ, *RePro* 175:279-285, setembro 2009.

tenha discutível constitucionalidade. Poderia cada um deles promover uma demanda, v.g., declaratória de inexigibilidade de tributo, gerando, assim, dois processos. Outra hipótese é esses dois indivíduos se reunirem, em litisconsórcio, formulando tal pleito, gerando apenas um processo, que irá resolver as duas relações jurídicas.

Essas hipóteses que levam em consideração essas aproximações estão compendiadas no art. 46 do CPC, e serão a seguir examinadas. Cândido Dinamarco[5] percebe nelas uma *escalada de intensidade* nas diversas situações, isto é, parte-se de aproximações maiores ("comunhão") até menores ("afinidade"). Em alguns casos, como veremos, a distinção entre uma hipótese e outra é, no mínimo, sutil, de tal sorte que uma mesma situação prática poderia ser enquadrada em um e outro inciso. A existência de situações dúbias em termos de enquadramento neste ou naquele inciso, todavia, não nos deve preocupar, desde que possamos aferir corretamente ser ou não admissível o litisconsórcio naquele caso. Vamos às hipóteses.

O inciso I faculta o litisconsórcio de duas ou mais pessoas quando *"entre elas houver comunhão de direitos ou de obrigações relativamente à lide"*. Naturalmente a aferição da existência ou não dessa comunhão nos remete ao direito material. É por isso que imediatamente nos vem à mente a solidariedade ativa ou passiva, prevista no CC (arts. 267 a 285). Não é por outro motivo que a maioria dos autores alude à solidariedade quando trata desse inciso[6]. Realmente, olhando para a solidariedade ativa, conforme a lei civil, cada credor – sozinho – pode exigir a totalidade da prestação (art. 267), ficando responsável por pagar aos demais a parte que lhes cabe (art. 272). Isso significa que eles não estão obrigados a figurar no mesmo polo da relação, mas, naturalmente, como existe comunhão de direitos, podem se apresentar juntos exigindo o cumprimento da obrigação. Se assim o fizerem, serão litisconsortes, e a modalidade será a facultativa. Pensando na solidariedade passiva, observamos na lei civil que o credor pode exigir de um ou de alguns a totalidade da dívida (art. 275). Obviamente também pode exigir de todos os devedores solidários. Exigindo em juízo de mais de um deles, teremos litisconsórcio na sua modalidade facultativa. A hipótese do inciso I não se reduz, porém, à solidariedade. Como explica Celso Agrícola Barbi, podemos ter comunhão de obrigações com vários devedores em conjunto, mas com partes definidas[7]. Também será caso de litisconsórcio com fulcro nesse inciso se tivermos mais de um condômino reivindicando a coisa comum (art. 1314, CC). Arruda Alvim observa que nos casos do art. 77 (chamamento

---

5. *Litisconsórcio*, 4. ed., São Paulo: Malheiros, 1996, n. 16, p. 56.
6. Cf. Arruda Alvim, *Manual de direito processual civil*, 9. ed., São Paulo: Revista dos Tribunais, 2005, v. 2, item 35 (à p. 83); Celso Agrícola Barbi, *Comentários ao Código de Processo Civil*, 6. ed., Rio de Janeiro: Forense, 1991, v. I, item 290.
7. Cf. Celso Agrícola Barbi, *Comentários ao Código de Processo Civil*, 6. ed., Rio de Janeiro: Forense, 1991, v. I, item 290

ao processo), teremos, também, situação que possibilitaria ao autor promover a demanda em litisconsórcio passivo, com fulcro no inciso I[8].

O inciso II prevê a possibilidade de litigarem em conjunto se "*os direitos ou as obrigações derivarem do mesmo fundamento de fato ou de direito*". Um bom exemplo dessa situação é o caso de um acidente de trânsito em que o motorista imprudente acaba atingindo mais de um carro, danificando-os. Temos aqui que uma mesma ocorrência de fato pode levar os lesados a litigarem em conjunto, no polo ativo, exigindo a devida reparação. O mesmo fundamento de direito pode também dar azo ao litisconsórcio. Imagine-se o caso de dois funcionários públicos, pleiteando em juízo a incorporação aos seus vencimentos de um determinado adicional concedido a ambos pela mesma lei[9].

O inciso III, por seu lado, permite o litisconsórcio quando "*entre as causas houver conexão pelo objeto ou pela causa de pedir*". Celso Agrícola Barbi observa que há superposição entre o inciso II e o III. Realmente, considerando que o inciso II se reporta ao mesmo fundamento de fato ou de direito, teríamos, nessas situações, igualmente configurada a conexão pela *causa petendi* a que se refere o inciso III. É por essa razão que Cândido Dinamarco, tratando das hipóteses de litisconsórcio facultativo, elenca apenas três, explicando que a do inciso II está subsumida no inciso III[10], que é mais amplo. Assim, abordando essa hipótese, considerando que já tratamos da conexão pela causa de pedir ao falar do inciso II, resta dizer uma palavra sobre a conexão pelo objeto (isto é, pedido). O pedido, conforme se explicou no capítulo 24, pode ser mediato (bem da vida) ou imediato (provimento jurisdicional). A conexão que dá ensejo ao litisconsórcio diz respeito a pedido mediato[11]. Esse dispositivo é coerente com a sistemática de nosso Código, que prevê a possibilidade de reunião de demandas conexas para julgamento conjunto (art. 105). As razões, lá e aqui, são a economia processual e a intenção de evitar decisões contraditórias. A técnica do litisconsórcio e a da reunião de demandas acabam produzindo o mesmo resultado prático.

Cândido Dinamarco[12] faz interessante observação no sentido de que a conexão, adotada pelo Código, parte da tradicional teoria dos três *eadem* (partes, causa de pedir e pedido). Entretanto, a verificação da conexão não se deve prender à identidade perfeita da causa de pedir ou do pedido, bastando, às vezes, identidade parcial. O critério básico seria o proveito prático, isto é, a *convicção única* acerca do quanto

---

8. Cf. Arruda Alvim, *Manual de direito processual civil*, 9. ed., São Paulo: Revista dos Tribunais, 2005, v. 2, item 35 (às p. 83-84)
9. Celso Agrícola Barbi (*Comentários ao Código de Processo Civil*, 6. ed., Rio de Janeiro: Forense, 1991, v. I, item 291) aponta outro exemplo: várias pessoas litigando a respeito de direitos diversos oriundos do mesmo contrato.
10. Cf. *Litisconsórcio*, 4. ed., São Paulo: Malheiros, 1996, item 34.
11. Cf. Celso Agrícola, *Comentários ao Código de Processo Civil*, 6. ed., Rio de Janeiro: Forense, 1991, v. I, item 294.
12. Cf. *Litisconsórcio*, 4. ed., São Paulo: Malheiros, 1996, item 31.

está sendo demandado num caso e noutro, e que recomenda a decisão conjunta, de modo a evitar disparidades. Parece-nos correto esse entendimento, mas, se no caso prático surgir alguma dúvida se a identidade parcial é ou não suficiente para enquadramento no inciso III, cremos que a circunstância acabará por se encaixar na hipótese do inciso IV, o que faz permitir o litisconsórcio, de qualquer forma.

Finalmente, temos o inciso IV, viabilizando o litisconsórcio quando *"ocorrer afinidade de questões por um ponto comum de fato ou de direito".* Com relação a esse inciso, costuma haver alguma discussão sobre o significado da palavra questão. Como se sabe, questão, na sua acepção técnica, significa *ponto controvertido* de fato ou de direito. Pressupõe, portanto, contestação. Como estamos tratando de situação existente no momento da propositura da ação, vemos que não é possível entender a expressão no seu sentido técnico. Melhor é entender como sendo afinidade de fundamentos[13]. Ernane Fidélis dos Santos[14] figura diversos exemplos: vários trabalhadores promovem juntos cobrança da empreitada de cada um deles, realizada numa *mesma* construção; filhos que pleiteiam em conjunto a nulidade de diversas vendas de imóvel que o pai deles fez aos outros filhos, tendo como afinidade de fundamento a infração ao art. 496 do CC, entre outros.

33.2.2. Recusa do litisconsórcio

O direito atual não admite a simples recusa do litisconsórcio por parte do réu, isto é, por sua simples vontade. Poderá, no entanto, haver a limitação do litisconsórcio na hipótese prevista no parágrafo único do art. 46.

Essa hipótese, trazida pela Lei nº 8.952/1994, permite que o réu se insurja contra o litisconsórcio, da forma como foi instituído, por prejudicar o contraditório. O juiz, igualmente, poderá limitar o litisconsórcio, agindo de ofício, quando verificar a sua inconveniência em termos de celeridade ou contraditório. Esse dispositivo, que a Reforma Processual incluiu atendendo a reclamos da doutrina, obedece à lógica do litisconsórcio, anteriormente apresentada. Permite o legislador que a estrutura subjetiva da relação processual seja ampliada porque vislumbra benefícios ao sistema. Ora, se em determinadas circunstâncias os prejuízos superam de forma significativa os possíveis benefícios, há de haver uma válvula que permita corrigir esse tipo de inconveniente.

Nesse sentido é que deve ser lido o parágrafo único do art. 46, que apresenta a seguinte redação: "o juiz poderá limitar o litisconsórcio facultativo quanto ao número de litigantes, quando este comprometer a rápida solução do litígio ou dificultar a defesa. O pedido de limitação interrompe o prazo para a resposta, que recomeça da intimação da decisão".

---

13. Cf. Cândido Dinamarco, *Litisconsórcio*, 4. ed., São Paulo: Malheiros, 1996, item 32. Igualmente, Arruda Alvim, *Manual de direito processual civil*, 9. ed., São Paulo: Revista dos Tribunais, 2005, v. 2, item 39, p. 87.
14. *Manual de direito processual civil*, 11. ed., São Paulo: Saraiva, 2006, v. 1, item 132, p. 73.

Observe-se que estão em xeque dois princípios fundamentais do processo: a celeridade processual (hoje incluída na Constituição Federal, no art. 5º, LXXVIII) e o contraditório (igualmente assegurado pela lei maior, no art. 5º, LV). O litisconsórcio, nas hipóteses do art. 46, pode ser conveniente, em princípio, mas não será se prejudicar qualquer dos dois princípios[15].

Cândido Dinamarco fornece exemplo típico de situação em que o litisconsórcio, pelo excesso de pessoas envolvidas (chamado de *litisconsórcio multitudinário*) seria prejudicial: milhares de servidores públicos pleiteando um mesmo benefício em face da Fazenda, num mesmo processo[16]. Ainda que a tese jurídica seja a mesma, o excessivo número de pessoas impedirá que o juiz atente para circunstâncias particulares de cada um que poderiam influir no resultado (comprovação de requisitos necessários para o enquadramento na situação analisada etc.). Note-se, ainda, como bem observa Araken de Assis, que o dispositivo em apreço se aplica tanto ao litisconsórcio ativo como ao passivo[17]. Ernane Fidélis dos Santos dá exemplo de caso em que o excesso de litigantes está no polo passivo: grandes invasões de imóveis, feitas por centenas de pessoas, mediante ações autônomas. A propositura da ação de reintegração de posse em face de todos poderia, segundo ele, prejudicar o processamento do feito[18].

Verificando-se a hipótese figurada no parágrafo único do art. 46, o juiz não irá recusar o litisconsórcio, ou excluir alguns dos litigantes. O juiz deverá desmembrar o processo em tantos quantos forem necessários para evitar o prejuízo à defesa ou à celeridade.

33.2.3. O problema do litisconsórcio ulterior

Ainda no tocante ao litisconsórcio facultativo, devemos tecer algumas considerações relativas à sua formação posteriormente ao ajuizamento da demanda. Não nos referimos, evidentemente, ao chamamento ao processo, que acarreta litisconsórcio ulterior por expressa disposição de lei. O problema, aqui, é a possibilidade de o autor, após ter ajuizado a demanda, promover a ampliação na estrutura subjetiva da demanda e algum terceiro, intervindo, provocar tal alteração. São essas as situações que iremos tratar.

O autor, antes da citação do réu, pode provocar alteração subjetiva na demanda, consoante permite o art. 294. Nesse caso, não há, em princípio, obstáculo para a formação de litisconsórcio ulterior. Após o saneamento, é certo que qualquer

---

15. Araken de Assis (*Cumulação de ações*, 4. ed., São Paulo: Revista dos Tribunais, 2002, item 50, p. 194) refere-se ao dispositivo em questão como decorrente do princípio da igualdade entre as partes (art. 125, I, CPC), que, em última análise, também decorre de dispositivo constitucional (art. 5º, *caput*).
16. *A Reforma do Código de Processo Civil*, São Paulo: Malheiros, 1995, item 27, à p. 58.
17. Cf. *Cumulação de ações*, 4. ed., São Paulo: Revista dos Tribunais, 2002, item 50, à p. 94.
18. *Manual de direito processual civil*, 11. ed., São Paulo: Saraiva, 2006, v. 1, item 133, p. 73.

alteração está vedada pelo parágrafo único do art. 264. A dúvida fica por conta do período entre a citação e o saneamento. Dinamarco[19] interpreta o *caput* do art. 264 como impondo anuência do réu apenas para a alteração objetiva. Para a adição no plano subjetivo, incluindo novos réus, mesmo após o oferecimento de contestação, não haveria obstáculo, visto que o contraditório não restaria prejudicado.

Outra questão polêmica é o litisconsórcio ulterior por iniciativa de terceiro. Trata-se do caso em que, numa demanda já ajuizada, alguém (que se enquadra em uma das hipóteses do art. 46) pretenda ingressar do lado do autor. É comum, por exemplo, um funcionário pleitear determinada vantagem em face da Fazenda Pública e alguns outros, na mesma situação, pretenderem ingressar formulando seu pleito no mesmo processo. Dinamarco[20], discorrendo largamente sobre o tema, admite, em princípio, essa intervenção litisconsorcial voluntária, mesmo contra a vontade das partes originárias, desde que, evidentemente, não prejudique o contraditório ou o bom desenvolvimento do processo. Ficariam excluídos, portanto, na opinião do referido autor, os casos em que tal intervenção venha a configurar a situação mencionada no parágrafo único do art. 46, bem como nos casos em que o litisconsórcio ulterior fosse ocorrer após o saneamento (em que a alteração subjetiva provocaria tumulto processual).

Trata-se de tema polêmico. De nossa parte, entendemos que o litisconsórcio voluntário ulterior não deve ser admitido, sob pena de violarmos o princípio do juiz natural. Realmente, a formação posterior do litisconsórcio, por simples vontade da parte, poderia redundar na escolha do juízo que se pretende litigar, o que atenta contra aquele princípio. É por esse motivo que Alexandre Freitas Câmara[21], Nelson Nery Jr. e Rosa Maria de Andrade Nery[22] e Vicente Greco Filho[23] manifestam seu repúdio à intervenção litisconsorcial voluntária. No mesmo sentido tivemos oportunidade de conferir julgado do Superior Tribunal de Justiça[24]. Ressalte-se, ainda, que a Lei nº 12.016/2009, em seu art. 10, § 2º, veda expressamente o litisconsórcio ativo ulterior no mandado de segurança ("depois de despachada a petição inicial").

---

19. Cf. *Litisconsórcio*, 4. ed., São Paulo: Malheiros, 1996, n. 69, p. 328.
20. Cf. *Litisconsórcio*, 4. ed., São Paulo: Malheiros, 1996, n. 72, p. 333-344.
21. Cf. *Lições de direito processual civil*, 19. ed., Rio de Janeiro: Lumen Juris, 2009, n. 4.5, p. 165.
22. Cf. *Código de Processo Civil comentado e legislação extravagante*, 7. ed., São Paulo: Revisa dos Tribunais, 2003, em nota 4 ao art. 46.
23. *Direito processual civil brasileiro*, 19. ed., São Paulo: Saraiva, 2006, v. 1, p. 131.
24. Processual civil. Ofensa ao art. 535 do CPC não configurada. Litisconsórcio facultativo ativo ulterior. Impossibilidade. Violação do princípio do juiz natural. Alínea "C". Não demonstração da divergência. (...) 2. Inadmissível a formação de litisconsórcio facultativo ativo após a distribuição do feito, sob pena de violação ao Princípio do Juiz Natural, em face de propiciar ao jurisdicionado a escolha do juiz. Precedentes do STJ. (AgRg no REsp 1022615 / RS – 2ª T. do STJ – Rel. Min. Herman Benjamin, v.u., j. 10/03/2009, DJE 24/03/2009).

33.3. LITISCONSÓRCIO NECESSÁRIO

Diferentemente da figura que acabamos de tratar, vamos agora à pluralidade subjetiva num dos polos da relação como exigência legal. Como exigência legal ou, como expressa o art. 47, como decorrência da natureza da relação jurídica. O que identifica o litisconsórcio necessário, de qualquer forma, é a indispensabilidade da presença de mais de uma pessoa em um dos polos da relação processual.

Vale, nesse passo, deixar bem claro que litisconsórcio necessário e unitário não se confundem. É importante repisar esse aspecto, uma vez que o legislador processual mistura os conceitos no art. 47. O critério de classificação da necessariedade e da unitariedade, como vimos, é distinto. Embora, na prática, a ocorrência de litisconsórcio necessário-unitário seja mais frequente que a do litisconsórcio necessário-comum, os conceitos – e as consequências jurídicas – não se confundem. Só para ilustrar, podemos, de um lado, indicar como exemplo de litisconsórcio necessário comum a ação de usucapião, que inclui no polo passivo também os confinantes do imóvel, em que a sentença pode excluir um deles e o outro não. Por outro lado, temos a possibilidade de o litisconsórcio ser facultativo e unitário, na ação de anulação de deliberação societária proposta por alguns dos sócios. Observe-se que é facultativo porque apenas um dos sócios poderia propor a demanda, mas, caso haja litisconsórcio, será unitário, porque o resultado terá de ser uniforme (o juiz não pode anular a deliberação para um sócio e para o outro não).

O ser necessário em decorrência de disposição legal não oferece maior dificuldade de interpretação. Tanto o CPC como várias leis extravagantes estabelecem situações em que o litisconsórcio é obrigatório. Nos casos dos §§ 1º e 2º do art. 10 do CPC, ou na ação de usucapião (art. 942, CPC) o litisconsórcio deve ocorrer por expressa disposição legal.

Paralelamente, temos litisconsórcio necessário pela relação jurídica envolvida. A jurisprudência e a doutrina são pródigas em exemplos: ação ordinária de extinção de condomínio[25]; ação de investigação de paternidade em face dos herdeiros, tendo já falecido o pai; ação de nulidade de casamento promovida pelo Ministério Público (art. 1.549, CC); ação visando anular escritura de venda e compra, em que se exige a participação de todos os que figuraram no ato anulando[26] etc.

Em se tratando de litisconsórcio necessário, deixando o autor de promover a demanda em face de alguém que deveria obrigatoriamente figurar, o juiz deverá ordenar que o autor providencie a sua citação, sob pena de extinção do processo

---

25. Exemplo extraído de Arruda Alvim, *Manual de direito processual civil*, 9. ed., São Paulo: Revista dos Tribunais, 2005, v. 2, item 40, à p. 92, que contempla, ainda, vários outros casos encontrados na jurisprudência.
26. Esse e os demais exemplos encontrados em Cândido Dinamarco (*Litisconsórcio*, 4. ed., São Paulo: Malheiros, 1996, n. 52), que apresenta extensa casuística.

(art. 47, parágrafo único)²⁷. E se o juiz deixar de fazer tal determinação? O processo será nulo? Se percebida a falha durante o curso do processo, o juiz determinará a integração, sob pena de extinção do processo (art. 47, parágrafo único), anulando-se os atos que ficaram viciados pela não participação do litisconsorte necessário²⁸. E se a sentença tiver transitado em julgado sem que se tenha percebido a falta de litisconsorte necessário? A sentença, segundo o *caput* do art. 47, será reputada ineficaz²⁹. Essa ineficácia poderia, inclusive, ser objeto de arguição através de ação declaratória autônoma (a chamada *querela nullitatis insanabilis*), não estando sujeita aos limites temporais da ação rescisória³⁰.

Ainda sobre litisconsórcio necessário devemos analisar as dificuldades e problemas no caso da sua configuração no polo ativo da relação jurídica processual. Há quem negue, é verdade, a possibilidade de sua configuração³¹. Considerando os problemas que essa modalidade pode gerar, o próprio legislador procura evitá-la (veja-se, por exemplo, o caso do art. 10, *caput*, em que o legislador exige a simples outorga do cônjuge, em vez de sua participação; ou os casos de solidariedade ativa, em que é permitido a qualquer dos credores pleitear o direito que a todos pertence etc.). Todavia, tendo em vista que o litisconsórcio necessário pode derivar da própria natureza da relação jurídica discutida, parece-nos que não se pode, de plano, recusar a sua configuração³².

Admitida a hipótese do litisconsórcio necessário ativo, como fazer se algum deles não integrou a relação jurídica processual? O problema é complexo porque, em decorrência do próprio princípio da demanda, o nosso sistema é avesso a compelir alguém a propor demanda. Por outro lado, se não pode ser obrigado a integrar

---

27. Para Dinamarco (*Litisconsórcio*, 4. ed., São Paulo: Malheiros, 1996, n. 63, à p. 251) a falta de integração de litisconsorte necessário faz com que aquele que está no processo sem o concurso dos demais seja parte ilegítima passiva, o que se traduz em carência de ação, o que deveria, pela nossa sistemática processual, acarretar extinção sem resolução do mérito (art. 267, VI, CPC).
28. Como explica Dinamarco (*Litisconsórcio*, 4. ed., São Paulo: Malheiros, 1996, n. 63.3, p. 258-259), dependendo da atitude do litisconsorte chamado a participar, pode não haver necessidade de anular ato algum (v.g., se ele, citado, comparecer simplesmente ratificando os atos praticados pelo colitigante).
29. José Roberto Bedaque (*Efetividade do processo e técnica processual*, São Paulo: Malheiros, 2000, n. 38, p. 376-381) defende, porém, que deverá ser considerado o resultado da demanda para se definirem os efeitos.
30. Luiz Rodrigues Wambier, Flávio Renato Correia de Almeida e Eduardo Talamini (*Curso avançado de processo civil*, 10. ed., São Paulo: Revista dos Tribunais, 2008, n. 19.6, p. 280) defendem que a ineficácia significaria a própria inexistência jurídica da sentença, o que justificaria o emprego da ação declaratória. O tema é detalhado por Eduardo Talamini (*Coisa julgada e sua revisão*, São Paulo: Revista dos Tribunais, 2005, itens 5.8.2.1 e 5.8.2.2, p. 338-347), e pode apresentar certas nuances se analisarmos a sentença sob o prisma do litisconsorte não citado ou daquele que o foi.
31. É o caso de Celso Agrícola Barbi (*Comentários ao Código de Processo Civil*, 6. ed., Rio de Janeiro: Forense, 1991, v. I, item 305).
32. Cândido Dinamarco figura, entre outros, o exemplo de dois compradores de um imóvel numa venda *"ad mensuram"* que não tenha observado a medida especificada. O exercício de qualquer um dos três direitos concorrentes, através de ação, só poderá ocorrer mediante o concurso de ambos no polo ativo (*Litisconsórcio*, 4. ed., São Paulo: Malheiros, 1996, n. 58.8, p. 234).

a relação processual, pode ser que a sua ausência inviabilize a propositura da ação. Cândido Dinamarco entende que a solução é, em primeiro lugar, considerar o litisconsórcio necessário ativo apenas em caráter excepcional, mas, caso venha a se configurar, sem a integração do litisconsorte o processo deverá ser extinto sem resolução de mérito[33].

Essa parece ser a opinião mais acertada. Há outra solução proposta, entretanto. Para Nelson Nery Jr. e Rosa Maria de Andrade Nery[34], não se poderia exigir o litisconsórcio ativo. Assim, para eles, caso seja necessária a integração na relação processual daquele que poderia figurar como autor e não o deseja, a solução seria citá-lo para integrar a relação processual, restando-lhe a opção de continuar no polo passivo ou passar ao polo ativo, formando litisconsórcio com o autor. Não nos parece que uma solução dessa possa ser extraída do nosso sistema processual. Difícil vislumbrar legitimidade passiva daquele que poderia tê-la para figurar no polo ativo daquela demanda. A nosso ver, tal solução só poderia ser cogitada se houvesse expressa disposição legal a respeito.

33.4. LITISCONSÓRCIO UNITÁRIO E LITISCONSÓRCIO COMUM

O litisconsórcio unitário, como já explicado, prende-se ao fato de que a decisão terá, forçosamente, de ser uniforme para todos os colitigantes. Trata-se de uma *verificação prévia*, sem necessidade de se conferir o resultado final daquela demanda em concreto. Assim, não é pelo fato de aquele caso em particular ter recebido decisão uniforme para todos os colitigantes que o litisconsórcio terá sido unitário. Veja-se o caso de uma ação de nulidade de casamento proposta pelo Ministério Público. Não é concebível que o juiz julgue procedente a demanda em face de um cônjuge e do outro, improcedente. É a incindibilidade da relação jurídica que irá determinar a unitariedade do litisconsórcio. Além do exemplo já mencionado, vários outros podem ser indicados, como a ação de anulação de deliberação social proposta por alguns dos sócios; a ação de alguns dos condôminos reivindicando a coisa comum na posse de um terceiro (art. 1.314, CC) etc.

O litisconsórcio comum, ou simples, define-se pelo oposto. Configura-se quando aquela demanda admite, *em tese*, decisão diversa para cada um dos litisconsortes. Imagine-se, por exemplo, dois funcionários públicos pleiteando, cada um para si, o mesmo tipo de vantagem funcional. É perfeitamente concebível que o juiz entenda que um dos litigantes preencheu os requisitos para a obtenção do benefício e o outro não, o que acarretará a procedência para um deles e para o outro a improcedência.

---

33. Cf. *Litisconsórcio*, 4. ed., São Paulo: Malheiros, 1996, n. 58.9, p. 239.
34. *Código de Processo Civil comentado e legislação extravagante*, 7. ed., São Paulo: Revista dos Tribunais, 2003, em notas 6, 7, 8 e 9 ao art. 47. No mesmo sentido, Alexandre Freitas Câmara, *Lições de direito processual civil*, 19. ed., Rio de Janeiro: Lumen Juris, 2009, v. 1, n. 4.5, p. 156.

Por outro lado, se o juiz, no caso concreto, decidir pela procedência de ambos os pleitos, esse evento não tornará o litisconsórcio unitário.

A caracterização da unitariedade ou do caráter comum do litisconsórcio traz reflexos práticos que serão tratados a seguir, no tocante ao regime jurídico.

33.5. REGIME JURÍDICO

A principal regra encontrada no CPC para definir as consequências do litisconsórcio é a do art. 48, segundo o qual *"salvo disposição em contrário, os litisconsortes serão considerados, em suas relações com a parte adversa, como litigantes distintos; os atos e as omissões de um não prejudicarão nem beneficiarão os outros"*.

Como adverte Celso Agrícola Barbi, esse parâmetro geral de independência entre os litigantes é aplicável ao litisconsórcio comum, tendo pouca serventia para o unitário. Como nessa última modalidade o tratamento precisa ser único para todos os litisconsortes, o ato de um deles beneficia os demais, mas as suas omissões não os pode prejudicar. Não se poderia, evidentemente, dar a um dos litigantes o poder de prejudicar os outros[35].

Como o próprio dispositivo ressalva, há exceções à regra da independência. Veja-se o disposto no art. 320, I, que elide o efeito da revelia no caso de um dos litisconsortes contestar (observando que essa regra se aplica plenamente ao litisconsórcio unitário, mas também ao simples se o tipo de defesa apresentada for comum a ambos).

Finalmente, o art. 49 reitera a regra da independência ao determinar a intimação de cada um dos litisconsortes, reafirmando a faculdade que cada um deles possui de promover os atos para dar andamento ao processo.

BIBLIOGRAFIA

Assis, Araken de. *Cumulação de Demandas*. 4. ed. São Paulo: Revista dos Tribuanis, 2002.

Arruda Alvim, José Manoel de. *Manual de Direito Processual Civil*. 9. ed. São Paulo: Revista dos Tribunais, 2005, v. 2.

Barbi, Celso Agrícola. *Comentários ao Código de Processo Civil*. 6. ed. Rio de Janeiro: Forense, 1991, v. I.

Bedaque, José Roberto dos Santos. *Efetividade do Processo e Técnica Processual*. São Paulo: Malheiros, 2000.

Câmara, Alexandre Freitas. *Lições de Direito Processual Civil*. 19. ed. Rio de Janeiro: Lumen Juris, 2009, v. I.

Dinamarco, Cândido Rangel. *Litisconsórcio*. 4. ed. São Paulo: Malheiros, 1996.

_____. *A Reforma do Código de Processo Civil*. São Paulo: Malheiros, 1995.

---

35. Cf. *Comentários ao Código de Processo Civil*, 6. ed., Rio de Janeiro: Forense, v. I, 1991, n. 312.

GRECO FILHO, Vicente. *Direito processual civil brasileiro*. 19. ed. São Paulo: Saraiva, 2009, v. 1.

NERY JR., Nelson; NERY, Rosa Maria de Andrade. *Código de Processo Civil Comentado e legislação extravagante*. 7. ed. São Paulo: Revista dos Tribunais, 2003.

SANTOS, Ernane Fidélis dos. *Manual de Direito Processual Civil*. 11. ed. São Paulo: Saraiva, 2006, v. 1.

SILVA SANTOS, Silas. Litisconsórcio eventual: decisão pioneira do STJ. *Repro 175*, set. 2009.

TALAMINI, Eduardo. *Coisa Julgada e sua revisão*. São Paulo: Revista dos Tribunais, 2005.

WAMBIER, Luiz Rodrigues; CORREIA DE ALMEIDA, Flávio; TALAMINI, Eduardo. *Curso Avançado de Processo Civil*. 10. ed. São Paulo: Revista dos Tribunais, 2008, v. 1.

Capítulo 34

Intervenção de terceiros

Carlos Augusto de Assis

34.1. CONSIDERAÇÕES GERAIS

Sob essa rubrica o CPC trata de várias formas de admissão de um terceiro em um processo já existente. A doutrina costuma incluir nesse rol a assistência, tratada na lei junto com o litisconsórcio.

A intervenção de terceiros ocorre de variadas formas, como teremos oportunidade de constatar. O terceiro poderá ingressar no processo e substituir o réu (nomeação à autoria); poderá ingressar no processo em outra demanda que é veiculada por ele mesmo (oposição) ou por uma das partes (denunciação da lide), que correrão simultaneamente e serão julgadas em conjunto; poderá compor o polo passivo junto com o réu da demanda original (chamamento ao processo); ou poderá atuar de forma a auxiliar uma das partes (assistência).

As possibilidades aqui são muito diversas conforme as necessidades do direito material que se pretende instrumentalizar. Em tema de intervenção de terceiros, é particularmente sensível a influência da situação de direito material, conforme bem observa José Roberto Bedaque[1]. Bem por isso que o exame dessas modalidades de intervenção de terceiros só pode ser feito com os olhos postos no direito material. Os conceitos de solidariedade, coobrigação, evicção, posse, detenção e outros extraídos do direito material devem estar presentes na mente de quem estuda as várias formas de intervenção de terceiros.

---

1. Cf. *Direito e processo*, São Paulo: Malheiros, 1995, n. 26, p. 88.

A despeito da variedade acima destacada, podemos identificar algum tipo de ampliação (ou pelo menos alteração) na estrutura subjetiva definida na petição inicial. Referimo-nos novamente à estrutura mínima do processo, que, no seu aspecto subjetivo, envolve um autor, o juiz e um réu. A razão para se admitir a intervenção está ligada ou à influência que aquele processo terá na esfera jurídica de terceiro, ou ao interesse em termos de economia processual e/ou de evitar decisões logicamente conflitantes[2].

São essas as primeiras considerações gerais que tínhamos a fazer, deixando as particulares para cada uma das modalidades de intervenção.

34.2. ASSISTÊNCIA

34.2.1. Conceito e procedimento

A assistência é uma modalidade de intervenção de terceiro visando a auxiliar uma das partes. O CPC preferiu tratá-la junto do litisconsórcio, fora, portanto, da rubrica da intervenção de terceiros, mas isso não muda a sua natureza. Na assistência, que é uma intervenção voluntária, não há introdução de demanda nova, não ficando alterado, pela sua ocorrência, o objeto litigioso. Esse terceiro que intervém na qualidade de assistente passa a ser parte? Depende, naturalmente, do conceito de parte que se adote. Coerentemente ao que foi dito antes, a respeito de parte no processo como alguém que está sujeito ao contraditório instituído perante o juiz e que, portanto, tem poderes, deveres, faculdades, devemos concluir que o assistente é parte no processo, embora não seja parte na demanda. A sua especial condição leva a dizer que ele é parte auxiliar.

O que autoriza alguém a intervir no processo para auxiliar uma das partes? A resposta é **interesse jurídico**, conforme expressa o art. 50 do CPC. Só pode intervir no processo como parte quem tiver interesse jurídico na causa[3]. O mero inte-

---

2. Curiosamente, porém, razões ligadas à celeridade processual (que é tema intimamente ligado à economia processual) levam o legislador a vedar a intervenção de terceiros no procedimento sumário (ver art. 280, com as ressalvas ali constantes).
3. De fato, esse é um ponto em que a doutrina não discrepa. O interesse que autoriza a intervenção como assistente tem de ser jurídico e não meramente econômico. Há de se fazer uma ressalva, porém, quanto ao disposto na Lei nº 9.469, de 10 de julho de 1997 (que trata da intervenção da União nas causas em que figurarem como autores ou réus entes da administração indireta). O art. 5º, do mencionado diploma legal, dispõe: "Art. 5º A União poderá intervir nas causas em que figurarem, como autoras ou rés, autarquias, fundações públicas, sociedades de economia mista e empresas públicas federais. Parágrafo único. As pessoas jurídicas de direito público poderão, nas causas cuja decisão possa ter reflexos, ainda que indiretos, de natureza econômica, intervir, independentemente da demonstração de interesse jurídico, para esclarecer questões de fato e de direito, podendo juntar documentos e memoriais reputados úteis ao exame da matéria e, se for o caso, recorrer, hipótese em que, para fins de deslocamento de competência, serão considerados partes". Embora a lei não mencione a palavra assistente, a forma de intervenção ali prevista é, se não idêntica, pelo menos muito similar à assistência. De certa forma, é possível entender, então, que, nesse caso específico, embora sem justificativa plausível, teríamos uma assistência sem necessidade de interesse jurídico. Uma verdadeira anomalia, segundo nos parece. De todo modo, não se pode ignorar que a lei o prevê expressamente nesse caso.

resse econômico não é suficiente. É clássico o exemplo do credor que vê o devedor demandado em outro processo pelo pagamento de vultosa quantia. O credor tem interesse em que o devedor saia vencedor, caso contrário este último talvez não tenha condições de pagar o seu crédito. Esse interesse, porém, é *meramente econômico*, e não jurídico. A relação jurídica desse credor em nada ficará alterada se o devedor vier a ser derrotado no outro processo. Podemos defluir, portanto, que interesse jurídico é dado pela potencialidade de a decisão do processo influir na relação jurídica daquele que pretende intervir na qualidade de assistente.

Note-se, como esclarece Cândido Dinamarco, que esse terceiro pode optar por não intervir, mesmo vislumbrando essa interferência. Afinal, mantendo-se fora daquele processo, ainda que a eficácia natural da sentença o atinja, não será abrangido pela coisa julgada material e poderá discutir o decidido em outro processo. Se o resultado daquele processo, porém, for desfavorável a seus interesses, criará um *precedente inconveniente*, o que pode levá-lo a tentar evitar que o juiz profira tal decisão[4].

Dependendo da proximidade do vínculo com a relação jurídica em disputa, poderemos ter assistência simples ou assistência qualificada (litisconsorcial). Mas essas distinções serão abordadas nos itens seguintes. Cabe-nos, nesse momento, tratar do procedimento de assistência.

Quanto ao procedimento, por primeiro destaque-se o preceituado no parágrafo único do art. 50, que permite a assistência em qualquer tipo de procedimento (comum ou especial) e em qualquer grau de jurisdição (até mesmo nas instâncias superiores). Isso, naturalmente, falando em termos de processo de conhecimento. Discute a doutrina se seriam cabíveis no processo de execução ou no cautelar. Considerando que o auxílio é prestado para evitar uma decisão desfavorável, tem-se entendido que não caberá na execução (embora seja admissível nos embargos à execução), mas eventualmente, num processo cautelar (na medida em que a presença daquele terceiro possa trazer subsídios para aquele processo principal)[5].

Apresentada a petição de assistência, o juiz irá verificar, num exame preliminar, se os requisitos estão preenchidos. Em seguida, será dada oportunidade para as partes se manifestarem a respeito. Caso uma delas se manifeste contrariamente à assistência, o juiz mandará autuar em apenso a petição que pleiteou a intervenção, bem como sua impugnação, e facultará às partes a produção de provas. Feita a necessária produção de prova, o juiz decidirá o incidente (art. 51, CPC).

---

4. Cf. Candido Dinamarco, *Instituições de direito processual civil*, 6. ed., São Paulo: Malheiros, 2009, v. II, item 597.
5. Cf. Cândido Dinamarco, *Intervenção de terceiro*, São Paulo: Malheiros, 1997, capítulo 1, nota ao art. 54, CPC, p. 165-173.

34.2.2. A assistência simples

Na assistência simples (também chamada adesiva), o vínculo jurídico que a autoriza é com o próprio assistido. Alguns exemplos tornarão mais clara essa modalidade: a) demanda entre credor e devedor afiançado, discutindo a existência da dívida: o fiador pode intervir como assistente, uma vez que tem interesse jurídico em que o devedor saia vencedor, pois nesse caso sua obrigação como fiador desaparecerá[6]; b) ação de despejo que o locador promove em face do locatário: sublocatário pode intervir como assistente porque o seu vínculo com o locatário ficará afetado caso o locador tenha êxito no seu pleito (nesse caso, a própria lei manda intimá-los para, querendo, figurar como assistente – art. 59, § 2º, Lei nº 8.245/1991).

Marcus Vinícius Rios Gonçalves apresenta interessante regra prática para identificação de interesse jurídico motivador da assistência simples. A situação teria de preencher três condições. Em primeiro lugar, se aquele que pretende intervir no processo tem uma relação jurídica com uma das partes. Em segundo, se essa relação jurídica é distinta da relação entre autor e réu. Em terceiro, se a relação jurídica desse terceiro que pretende intervir pode ser afetada pelo resultado da demanda. Estando presentes essas três condições, teríamos ensejo para a intervenção a título de assistência[7].

Identificado, assim, o que motiva a assistência simples, resta analisar de que maneira o assistente pode atuar e quais os reflexos que a sua atuação lhe trará.

Em primeiro lugar tenha-se em mente que a relação jurídica que está sendo discutida não lhe pertence. Assim, sua atividade deverá se limitar ao auxílio ao assistido, não podendo, naturalmente, praticar qualquer ato de disposição a respeito do direito deste último. Observada essa premissa, a lei lhe garante ampla oportunidade de atuação. Basta examinar o disposto no art. 52, que assevera que o assistente "*exercerá os mesmos poderes e sujeitar-se-á aos mesmos ônus[8] processuais que o assistido*".

Assim sendo, o assistente pode apresentar provas, fazer impugnações, recorrer etc., desde que não contrarie os atos praticados pelo assistido[9]. Prevê ainda a lei que se o assistido for revel "*o assistente será considerado gestor de negócios*" (art. 52, parágrafo único). A questão que surge a partir dessa disposição é saber em que medida a sua intervenção afasta os efeitos da revelia. Quanto à previsão do art. 322, parece não haver dúvida de que sua intervenção será eficaz, pois o andamento do processo passará a depender da intimação do assistente[10]. Mas, e o efeito mais

---

6. Exemplo extraído de Celso Agrícola Barbi, *Comentários ao Código de Processo Civil*, 6. ed., Rio de Janeiro: Forense, 1991, n. 316, à p. 173.
7. Cf. *Novo curso de direito processual civil*, 3. ed., São Paulo: Saraiva, 2006, v. 1, p. 168-171.
8. Quanto aos ônus, é de lembrar que o art. 32, CPC, estabelece a medida da sujeição do assistente à condenação aos honorários de sucumbência.
9. Ernane Fidélis dos Santos, *Manual de direito processual civil*, 11. ed., São Paulo: Saraiva, 2006, v. 1, n. 145, p. 80.
10. Nesse sentido, Humberto Theodoro Jr., *Curso de direito processual civil*, 44. ed., Rio de Janeiro: Forense,

severo da revelia, a presunção de veracidade do art. 319, fica afastado? Parece-nos que se a contestação do assistente for *tempestiva* estará, sim, afastada a presunção do art. 319[11]. É consequência natural da qualidade de gestor de negócios que a lei lhe atribuiu.

Deixa claro a lei, no entanto, que a sua atividade não pode contrariar o desejo do assistido, nem mesmo quando este último estiver abrindo mão de seu direito. É o que podemos concluir do art. 53, que dispõe que *"a assistência não obsta a que a parte principal reconheça a procedência do pedido, desista da ação*[12] *ou transija sobre direitos controvertidos"*.

O fato de o assistente intervir no processo lhe traz as consequências jurídicas previstas no art. 55 do CPC, no sentido de que não mais poderá discutir a *justiça da decisão* em processo futuro. O que se deve entender por justiça da decisão? Segundo lição doutrinária[13], significa fundamentos da decisão. Assim, não poderá o assistente, em processo posterior de que venha a ser parte, pretender negar o direito que foi afirmado, ou o fato tido como provado[14].

A exceção à regra do art. 55 encontra-se no seu próprio texto (incisos I e II), que desvincula o assistente do fundamento da decisão se ele alegar e provar que não pôde influir decisivamente no resultado seja pelo momento em que assumiu o processo, seja pela própria conduta do assistido.

34.2.3. A assistência litisconsorcial

Na assistência litisconsorcial o vínculo é mais forte. Diz a lei que, nesse caso, o terceiro está autorizado a intervir como assistente porque a sentença haverá de *"influir na relação jurídica entre ele e o adversário do assistido"* (art. 54, CPC).

No sentido expresso na lei, teremos a própria relação jurídica do assistente sendo discutida em juízo. Nada mais razoável que se lhe permita o ingresso para discutir. É o que ocorre, por exemplo, na alienação de coisa litigiosa. Segundo o art. 42 do CPC, essa alienação, por si só, não altera a legitimidade das partes. O adquirente só

2006, v. 1, n. 130, p. 163.
11. Arruda Alvim, *Manual de direito processual civil*, 9. ed., São Paulo: Revista dos Tribunais, 2005, v. 2, n. 48, p. 129. Igualmente nesse sentido, Antonio Cláudio da Costa Machado, *Código de Processo Civil interpretado*, 6. ed., Barueri: Manole, 2007, em comentário ao parágrafo único do art. 52.
12. A lei não fala expressamente, mas, mediante interpretação lógico-sistemática devemos incluir também a renúncia. No sentido de incluir a renúncia, Antonio Cláudio da Costa Machado, *Código de Processo Civil interpretado*, 6. ed., Barueri: Manole, 2007, em comentário ao art. 53.
13. Cândido Dinamarco, *Instituições de direito processual civil*, 6. ed., São Paulo: Malheiros, 2009, v. II, item 597, p. 397. Ovídio Baptista, reportando-se a Goldschmidt, fala em "fundamentos de fato e de direito que determinaram a decisão anterior" (*Teoria geral do processo*, 2. ed., São Paulo: Revista dos Tribunais, 2000, p. 179).
14. Arruda Alvim entende por "justiça da decisão" os fatos e sua respectiva prova, de tal sorte que aquilo que se reputou verídico num processo em que o assistente interveio, não poderá ser por ele discutido em processo futuro (Cf. *Manual de direito processual civil*, 9. ed., São Paulo: Revista dos Tribunais, 2005, v. 2, n. 47, p. 126-127).

poderá assumir a posição do alienante no processo se o adversário concordar. Caso não concorde, o adquirente poderá intervir na qualidade de assistente. Assistência litisconsorcial, sem dúvida. Basta termos em mente que a relação jurídica discutida diz respeito ao próprio adquirente, de tal sorte que o alienante terá passado a figurar no processo como substituto processual (pois estará defendendo em nome próprio interesse alheio).

Outras situações de assistência litisconsorcial poderão ser figuradas sempre que uma pessoa, que poderia ter ingressado desde o início como litisconsorte, por um motivo qualquer não o fez. Essa pessoa poderá, posteriormente, ingressar prestando assistência qualificada ou litisconsorcial. Imaginem vários condôminos cuja propriedade esteja sendo indevidamente ocupada. Podem eles juntos, como litisconsortes, promover a ação reivindicatória. Mas, digamos que um ou alguns não o façam. Nada impede que, mais tarde, no decorrer do processo, esse ou esses resolvam intervir como assistentes. Serão assistentes litisconsorciais.

O assistente litisconsorcial seria, segundo a doutrina dominante, o próprio titular da relação jurídica discutida (na hipótese de substituição processual) ou cotitular da relação jurídica controvertida[15]. Cândido Dinamarco, porém, tem uma ideia um pouco mais ampla dessa figura de assistência, nela incluindo outras situações que não se enquadrariam no art. 54, como o caso do litisdenunciado na demanda original em face do litisdenunciante[16].

De todo modo, como a proximidade do assistente litisconsorcial é maior, costuma a doutrina entender que seus poderes são também maiores, comparando-se ao que ocorre com o assistente simples[17]. Não lhe seria aplicável, portanto, a restrição do art. 53. Assim, pode ele, por exemplo, recorrer mesmo se não for essa a vontade do assistido. Pode requerer prova, mesmo que o assistido esteja pretendendo o julgamento antecipado da lide. O que ele não pode, evidentemente, é praticar qualquer ato de disposição ou que contrarie o direito do assistido. O CPC equipara-o à parte no art. 54 ("considera-se litisconsorte da parte principal o assistente (...)"). Observe-se, no entanto, que, embora tratado do ponto de vista processual (poderes, ônus) como se fosse parte, ele não é realmente *parte na demanda*, pois ele nada pede e em face dele não é deduzido nenhum pedido.

O que significa exatamente isso de ser considerado litisconsorte? A doutrina não é uníssona, mas há entendimento de que a ele seria aplicável a regra do art. 509

---

15. Falando em titularidade e/ou cotitularidade da relação veja-se, por exemplo, Vicente Greco Filho, *Direito processual civil brasileiro*, 19. ed., São Paulo: Saraiva, 2006, v. 1, p. 131; Ernane Fidélis dos Santos, *Manual de direito processual civil*, 11. ed., São Paulo: Saraiva, 2006, v. 1, n. 147; Humberto Theodoro Jr., *Curso de direito processual civil*, 44. ed., Rio de Janeiro: Forense, 2006, v. 1, n. 127, p. 161; Celso Agrícola Barbi, *Comentários ao Código de Processo Civil*, 6. ed., Rio de Janeiro: Forense, 1991, v. 1, n. 337; Ovídio Baptista, *Teoria geral do processo civil*, 2. ed., São Paulo: Revista dos Tribunais, 2000, p. 185 etc.
16. *Instituições de direito processual civil*, 6. ed., São Paulo: Malheiros, 2009, v. II, n. 597, p. 399.
17. Athos Gusmão Carneiro, *Intervenção de terceiros*, 11. ed., São Paulo: Saraiva, 2000, p. 135.

do CPC[18], e até mesmo que se aplicaria o prazo em dobro a que se refere o art. 191 do CPC[19].

Finalmente, as consequências da sentença proferida em processo em que há assistência litisconsorcial. A sentença faz coisa julgada para o assistente? Celso Barbi[20] entende que a sentença faz coisa julgada no caso de assistência litisconsorcial. Segundo o processualista, o art. 55 só se aplicaria para a modalidade simples, não para a litisconsorcial. De nossa parte concordamos com Arruda Alvim[21] quando este afirma que o art. 55 se aplica a ambas as modalidades de assistência. Assim, ressalvadas as hipóteses dos incisos I e II, o assistente litisconsorcial, embora não esteja sujeito à coisa julgada, estará proibido de discutir a *justiça da decisão* em processo futuro. Nesse sentido muito precisa a lição de Cândido Dinamarco[22] de que em ambas as modalidades de assistência não há vinculação à coisa julgada porque seus limites subjetivos restringem-se ao autor, que deduziu uma pretensão em juízo, e ao réu, em face de quem ela foi deduzida. Esses são os destinatários da coisa julgada, ficando a eficácia da assistência, simples ou qualificada, regulada pelo disposto no art. 55 do CPC.

34.3. NOMEAÇÃO À AUTORIA

34.3.1. Conceito

Conforme foi estudado no capítulo 27, a ilegitimidade de parte ou ilegitimidade *ad causam* leva à extinção do processo sem resolução do mérito (art. 267, VI, CPC). O Código prevê, no entanto, duas situações em que a ilegitimidade de parte passiva pode ser corrigida, evitando, assim, a extinção[23]. Trata-se da nomeação à autoria.

A nomeação à autoria deve ser entendida, portanto, como uma modalidade de

---

18. Antonio Cláudio da Costa Machado, *Código de Processo Civil interpretado*, 6. ed., Barueri: Manole, 2007, em comentário ao art. 54.
19. José Roberto Bedaque, *Código de Processo Civil interpretado*, 3. ed., São Paulo: Atlas, 2008, p. 130. Em sentido contrário, Cândido Dinamarco, *Instituições de direito processual civil*, 6. ed., São Paulo: Malheiros, 2009, n. 597, p. 400. Moacyr Amaral Santos (*Primeiras linhas de direito processual civil*, 24. ed., São Paulo: Saraiva, 2007, v. 2, n. 344) entende que por ser equiparado a litisconsorte, ao teor da lei, seria aplicável ao assistente qualificado o art. 48, do CPC, consagrando a autonomia que vige entre os litisconsortes (ato e omissão de um não prejudica nem beneficia o outro).
20. É o que se pode concluir das suas observações no sentido de que o art. 55 só se aplica à assistência simples (*Comentários ao Código de Processo Civil*, 6. ed., Rio de Janeiro: Forense, 1991, n. 346). Parte o autor da premissa de que o assistente litisconsorcial é parte (como litisconsorte), o que, em tese, tornaria aplicável o art. 472, CPC. Parece-nos, porém, que o assistente litisconsorcial é parte apenas no processo e não na demanda, sendo inaplicável a ele o art. 472.
21. *Manual de direito processual civil*, 9. ed., São Paulo: Revista dos Tribunais, 2005, v. 2, n. 43.
22. Cf. *Intervenção de terceiros*, São Paulo: Malheiros, 1997, capítulo Coisa Julgada e Intervenção de Terceiros, n. 13.
23. A matéria normalmente é assim tratada pela doutrina. Alexandre Freitas Câmara (*Lições de direito processual civil*, 19. ed., Rio de Janeiro: Lumen Juris, 2009, v. I, p. 178), porém, faz inteligente observação no sentido de que, para os adeptos da teoria da asserção em matéria de condições da ação, o erro na indicação do possuidor acarretaria a improcedência. Assim, a nomeação à autoria estaria abrindo oportunidade para evitar a decretação da improcedência.

intervenção de terceiros pela qual o réu, em hipóteses estritamente previstas em lei, indica ao autor quem deveria figurar no polo passivo da demanda, requerendo a sua exclusão mediante a substituição da pessoa indicada. Observe-se que a intenção aqui não é ampliar a relação processual, mas apenas corrigir o polo passivo. O réu que efetua a nomeação é chamado de *nomeante*, e o terceiro, que é indicado para substituí-lo, *nomeado*.

34.3.2. Hipóteses

A nomeação só é possível nas hipóteses previstas em lei (especificamente arts. 62 e 63, CPC). A primeira hipótese refere-se a ação possessória proposta em face de quem é mero detentor, exercendo a posse em nome de outrem. Pensemos na situação do caseiro que vem a sofrer ação possessória. Apesar de sua presença física no local eventualmente dar uma aparência de que é possuidor, na verdade ele só está cumprindo as ordens que recebe. O verdadeiro possuidor é o seu patrão. Assim, permite a lei que o caseiro, no exemplo figurado, nomeie à autoria o seu patrão para que o processo possa se desenvolver entre as partes legítimas.

A outra hipótese diz respeito a ação de indenização por danos causados a um bem. A particularidade é que tal ação tenha sido proposta em face de alguém que praticou o ato lesivo por ordem ou cumprindo instruções de terceiro. O verdadeiro responsável será esse terceiro, embora o autor possa desconhecer esse fato, uma vez que quem apareceu praticando o ato foi o preposto. Athos Gusmão Carneiro dá como exemplo o indivíduo que, agindo sob ordens e de boa-fé, corta árvore do terreno de outrem[24].

Em ambos os casos temos uma possível identificação equivocada de quem deveria figurar no polo passivo. Todavia, nas duas situações apontadas o equívoco é perfeitamente justificado. Em tais casos, é bem possível que o autor da demanda não tenha como saber quem era o verdadeiro responsável pelo ato que gerou o conflito. Não seria razoável que ele viesse a arcar com o mau êxito da demanda (extinção por carência de ação ou improcedência) em virtude de tal desconhecimento.

34.3.3. Procedimento

Diz o art. 64 que a nomeação deve ser requerida no prazo da defesa, ou seja, no prazo da contestação, que é, no rito ordinário, de 15 (quinze) dias. O juiz, se o pedido não tiver amparo legal, desde logo deve rejeitá-lo. Caso contrário, deverá deferi-lo, suspendendo o processo e determinando que o autor se manifeste a respeito no prazo de 5 (cinco) dias.

Se o autor aceitar a nomeação, deverá promover a citação do nomeado (art. 65). A lei presume a aceitação se o autor nada requerer no prazo da manifestação

---

24. Cf. *Intervenção de terceiros*, 11. ed., São Paulo: Saraiva, 2000, n. 38, p. 70.

(art. 68, I). Se o autor não aceitar, a nomeação ficará sem efeito. É claro que o autor estará, nesse caso, assumindo o risco de o juiz entender que o réu é realmente parte ilegítima e extinguir o processo por carência. Observe-se, ainda, que se o autor não aceitar a nomeação o prazo para o réu contestar será devolvido (art. 67). É de se esperar, naturalmente, que nessa contestação o réu alegue ilegitimidade de parte passiva.

Se o autor aceitar e promover a citação do nomeado, se este concordar, a substituição no polo passivo se completa e o processo segue normalmente. A aceitação é presumida se o nomeado não comparecer ou, mesmo comparecendo, nada alegar (art. 68, II). Caso o nomeado recuse a nomeação, ficaria, segundo a lei, prejudicada a nomeação, e o processo seguiria em face do primitivo réu (art. 66). Frustrada a nomeação, novo prazo deverá ser fixado para o réu contestar (art. 67).

Não podemos concordar com a literalidade da norma que admite que o nomeado simplesmente recuse a nomeação. É certo que o nomeado pode impugnar a nomeação, mas, se isso vier a ocorrer, o correto seria decidir o juiz quem é a parte legítima, excluindo a outra pessoa do polo passivo. Figurar como réu no processo não é faculdade de ninguém. É decorrência da inevitabilidade da jurisdição. É verdade que o autor poderia desistir da ação e promovê-la agora em face do terceiro-nomeado[25]. Mas, para desistir da ação original, precisará da concordância do réu (art. 267, § 4º). Caso contrário, terá de prosseguir na demanda, que já sabe fadada ao insucesso, para só depois direcionar seu pleito a quem ostenta legitimidade para ocupar o polo passivo. Decididamente, não é uma boa solução[26].

A lei procura evitar, nos casos aqui tratados, que o réu, por ser pessoa subordinada a um terceiro, trate de protegê-lo, deixando de fazer a nomeação ou nomeando pessoa diversa. A fórmula encontrada para coibir tal atitude foi sujeitar à responsabilidade por perdas e danos quem assim procede (art. 69).

34.4. OPOSIÇÃO
34.4.1. Generalidades. Conceito de oposição

A oposição é uma demanda de terceiro em face de duas ou mais pessoas que litigam entre si em juízo, com o objetivo de obter, total ou parcialmente, o mesmo bem da vida (objeto mediato) que estava sendo originariamente disputado.

Qual a razão de ser desse instituto? Não é difícil imaginar que ele visa, de um lado, à economia processual e, de outro, a evitar decisões conflitantes. Explicamos. Imagine-se um conflito entre as pessoas "A" (autor) e "B" (réu) a respeito de um determinado bem da vida. Adicione-se o fato de que há um terceiro ("C"), não integrante

---

25. Alternativa aventada por Athos Gusmão Carneiro, *Intervenção de terceiros*, 11. ed., São Paulo: Saraiva, 2000, n. 39, p. 71.
26. Em sentido semelhante, José Roberto dos Santos Bedaque, *Código de Processo Civil interpretado*, 3. ed., São Paulo: Atlas, 2008, nota 1 ao art. 66.

do processo, que julga ter direito a esse bem. Como ele não é parte, pode perfeitamente esperar o resultado do processo e promover uma ação em face do vencedor. Ocorre que, nesse caso, teremos dois processos para resolver, no final, a situação jurídica em relação àquele bem da vida. Se "C" tivesse oferecido oposição, a situação jurídica poderia ter sido resolvida de uma vez só, em relação às três pessoas. É claro o benefício em termos de economia processual. Pensemos a questão sob outro ângulo, porém. Se não tivesse havido oposição, poderíamos ter uma decisão, por exemplo, reconhecendo o direito de "A" àquele bem da vida. O processo posterior inaugurado por força da demanda de "C" poderia reconhecer o direito deste último àquele bem da vida, contrariando, do ponto de vista lógico, a decisão anterior. É certo que isso pode perfeitamente ocorrer em nosso sistema, mas, tanto quanto possível, o melhor é evitar o conflito. Aliás, a própria existência da decisão em favor de "A" já seria um precedente incômodo para "C", razão pela qual pode ser interessante para ele entrar na discussão desde logo. Ademais, ingressar na discussão desde logo poderá representar, na prática, acesso mais rápido àquele bem da vida.

O exemplo mais comum de oposição refere-se à existência de uma ação reivindicatória tramitando em juízo. Imaginemos um terceiro que entenda ser ele o proprietário daquele bem, disputado pelo autor e réu. Esse terceiro pode, observados os requisitos legais, oferecer oposição em face do autor e do réu. Esse terceiro será chamado de opoente, e o autor e réu da demanda original serão denominados opostos.

34.4.2. Modalidades: interventiva e autônoma

A lei admite a oposição até que seja proferida a sentença (art. 56, CPC), mas estabelece diferença essencial se a oposição é movida antes da audiência de instrução ou posteriormente ao seu início. No primeiro caso, correrá simultaneamente à demanda original, sendo julgada na mesma sentença (art. 59, CPC). Vale dizer, nesse caso nós teremos a relação processual ampliada, de tal sorte que o processo original abrigará a primeira demanda e a demanda formulada pelo opoente. Aqui teremos, efetivamente, uma intervenção de terceiro. Essa *oposição* é denominada, por isso mesmo, de *interventiva*. Já no segundo caso, a oposição dará ensejo a novo processo, que se desenvolverá sem prejuízo da causa principal. O que eventualmente poderá ocorrer é o juiz sobrestar o andamento da causa principal, por no máximo 90 dias, a fim de poder julgá-las simultaneamente (art. 60, CPC). Essa oposição, que não amplia a relação processual original, não é propriamente intervenção de terceiro e é conhecida justamente como *autônoma*.

34.4.3. Natureza jurídica

A oposição tem natureza jurídica de ação. Quanto a isso não podemos ter dúvida. O opoente formula em juízo pedido de tutela jurisdicional em face do autor e do réu da demanda original. No caso da oposição interventiva, o faz no próprio processo já existente e na autônoma dá origem a outro processo. De todo modo, em ambos os casos, trata-se de ação.

O que oferece alguma divergência diz respeito à natureza da ação veiculada através da oposição. Boa parte da doutrina costuma dizer que a oposição geralmente contém um pedido de declaração negativa em relação ao oposto-autor e de condenação do oposto-réu[27]. Cândido Dinamarco, ao contrário, prefere destacar que não há limitação quanto aos tipos de pedido formulados na oposição em face de um e outro[28].

Realmente, a lei não apresenta limite em termos de tipo de demanda original nem de oposição. Naturalmente, ela deve ser de conhecimento, pois pretende dizer o direito aplicável e, em função disso, quem tem o direito àquele bem da vida. O importante é que se trate de uma disputa, total ou parcial, da mesma coisa ou direito, a respeito da qual autor e réu litigam, como diz o art. 56 do CPC.

34.4.4. Requisitos

Como visto, a oposição tem natureza jurídica de ação e esse fato gera uma série de implicações jurídicas. Como o próprio art. 57 menciona, a petição de oposição deverá observar os ditames dos arts. 282 e 283, ou seja, os requisitos intrínsecos e extrínsecos da petição inicial. Mas não é só.

Naturalmente, o opoente deverá observar as condições da ação (possibilidade jurídica, interesse e legitimidade), como acontece em qualquer demanda. Igualmente os pressupostos processuais objetivos e subjetivos precisam ser respeitados. Nesse sentido, cabe fazer algumas observações, particularmente em termos de compatibilidade procedimental e competência.

A oposição interventiva inaugura nova demanda no mesmo processo, produzindo o fenômeno da cumulação de demandas. Deve, portanto, ser observado o requisito de compatibilidade procedimental, expresso de modo genérico no art. 292 do CPC, que trata da cumulação de demandas, e que aqui deve ser aplicado, com as necessárias adaptações. Assim, a pretensão veiculada através da demanda de oposição deve ser apta a se desenvolver sob o mesmo procedimento da demanda original. Problema não haverá, naturalmente, se a demanda original se processar sob rito ordinário. Mesmo nas ações de rito especial em que a especialidade se limita ao início do procedimento, nada impediria a oposição interventiva posterior[29]. E quanto ao rito comum sumário? Admite-se a oposição? Essa já foi uma questão debatida em doutrina, quando o procedimento se chamava "sumaríssimo", mas ficou superada

---

27. Cf. Pontes de Miranda, *Comentários ao Código de Processo Civil*, 2. ed., Rio de Janeiro: Forense, 1979, tomo II, p. 107. Igualmente, Athos Gusmão Carneiro, *Intervenção de terceiros*, 11. ed., São Paulo: Saraiva, 2000, n. 37, p. 67.
28. Cf. Cândido Dinamarco, *Intervenção de terceiros*, São Paulo: Malheiros, 1997, n. 20.
29. Cf. Cândido Dinamarco, *Intervenção de terceiros*, São Paulo: Malheiros, 1997, n. 34.

com a atual redação do art. 280, que proíbe expressamente as intervenções de terceiros, com as ressalvas ali constantes. Entre as exceções não se inclui a oposição, que fica afastada, destarte, quando estivermos diante de ação rito sumário. Igualmente no Juizado Especial, temos expressa vedação legal (art. 10, Lei nº 9.099/1995).

Não há problema em termos de compatibilidade procedimental se estivermos falando em oposição autônoma. Como ela irá gerar outro processo, se este correr sob procedimento diverso nem por isso a oposição ficará impedida.

No pertinente à competência para a oposição, observe-se que ela é determinada pela própria lei, automaticamente, pela função que o juiz da demanda original deve exercer no processo. Trata-se de competência funcional, que, na forma da lei, entende-se como absoluta. Isso vale tanto para oposição interventiva quanto para a autônoma.

Quanto aos demais requisitos, sobreleva o da *incompatibilidade de pretensões*, para utilizar a expressão adotada por Cândido Dinamarco[30]. O opoente tenciona excluir, total ou parcialmente, a possibilidade de que autor e réu originais tenham acesso ao objeto disputado. O pleito do opoente tem de ser incompatível com o pleito da demanda original, visto que se refere ao mesmo objeto. Em outras palavras, não será possível, do ponto de vista lógico, o juiz dar integral procedência para a demanda original e a formulada através de oposição. Esse objeto disputado é aquilo que chamamos bem da vida, e pode ser de diversa natureza. O legislador fala em "coisa" ou "direito", dando a entender que pode tratar-se de direito real ou direito pessoal. Celso Agrícola Barbi apresenta como exemplo uma situação em que o autor cobra uma dívida do réu e um terceiro oferece oposição, visando a receber do oposto-réu o mesmo crédito[31]. Direito pessoal, portanto. O exemplo outrora indicado, da ação reivindicatória, diz respeito a direito real. Cândido Dinamarco entrevê a possibilidade de oposição até mesmo para direitos de caráter personalíssimo. Apresenta como exemplo uma ação de investigação de paternidade, em que um terceiro intervém oferecendo oposição, pretendendo que seja declarado pai do autor-oposto[32].

Como já foi mencionado, há necessidade de que haja uma pendência judicial. A oposição é feita em relação a um processo já existente. Esse processo, pelos motivos já explicados acima, deve ter natureza de conhecimento, como reconhece a maioria da doutrina[33], apesar da opinião contrária de Celso Agrícola Barbi, que a admite em processo de execução[34].

---

30. Cândido Dinamarco, *Intervenção de terceiros*, São Paulo: Malheiros, 1997, n. 41, p. 81.
31. *Comentários ao Código de Processo Civil*, 6. ed., Rio de Janeiro: Forense, 1991, v. I, n. 349.
32. Cândido Dinamarco, *Intervenção de terceiros*, São Paulo: Malheiros, 1997, n. 33.
33. Arruda Alvim, *Manual de direito processual civil*, 9. ed., São Paulo: Revista dos Tribunais, 2005, v. 2, n. 54, p. 138, Ernane Fidélis dos Santos, *Manual de direito processual civil*, 11. ed., São Paulo: Saraiva, 2006, v. 1, n. 173, p. 89, entre outros.
34. *Comentários ao Código de Processo Civil*, 6. ed., Rio de Janeiro: Forense, 1991, v. I, n. 357. Humberto

A lei fala em controvérsia entre autor e réu, mas isso não significa que a oposição precise necessariamente se referir à demanda formulada pelo autor em face do réu. É perfeitamente possível a oposição em relação ao bem da vida disputado em sede de reconvenção. Basta que os demais requisitos, como a incompatibilidade de pretensões e a compatibilidade procedimental estejam presentes.

34.4.5. Procedimento

A oposição deverá ser proposta, com a observância dos preceitos legais em matéria de petição inicial, e distribuída por dependência. O juiz, feito o juízo de admissibilidade, determinará a citação dos opostos (art. 57, CPC).

Desde logo percebe-se que a lei cria, aqui, um litisconsórcio necessário passivo, com as consequências próprias desse instituto. Não se aplica, porém, respeitadas as opiniões em contrário[35], o prazo em dobro para contestar (art. 191, CPC), uma vez que o art. 57 dispõe expressamente que terão o prazo comum de 15 (quinze) dias para fazê-lo. A citação será feita na pessoa dos advogados do autor-oposto e do réu-oposto. Essa é uma medida de economia processual, levando em conta que os opostos já estão presentes na relação processual e devidamente representados, numa situação semelhante à que ocorre na reconvenção (art. 316, CPC). Reparem que a lei não exige, nessa situação, que o advogado tenha poderes específicos para receber citação. Caso, porém, o oposto-réu seja revel, isto é, não esteja presente no processo já instaurado, sua citação deverá ser feita seguindo os padrões normais de citação: primeiro tenta-se a citação pessoal por carta ou oficial de justiça; na impossibilidade, poderá ser o caso de citação com hora certa ou edital.

A lei fala que os opostos serão citados para *contestar*. Mas, pergunta-se, apenas a contestação ou seria cabível outra modalidade de resposta? Não parece haver razão plausível para interpretação restritiva. Os opostos, como réus da demanda de oposição, terão à disposição todas as modalidades de resposta, desde que, no caso concreto, os requisitos legais sejam observados.

Em se tratando de oposição interventiva, apesar de sua autuação em apenso aos autos principais, teremos unidade procedimental e sentença única (art. 59, CPC). Essa sentença será dividida em capítulos, sendo que no primeiro será resolvida a oposição, para, depois, em outro capítulo, se decidir a demanda original (art. 61, CPC).

Se for oposição autônoma, a lei apenas prevê a possibilidade eventual de suspensão do primeiro processo para permitir julgamento conjunto. Afora essa possibilidade, temos independência do ponto de vista procedimental, correndo a oposição

---

Theodoro Jr. *Curso de direito processual civil*, 44. ed., Rio de Janeiro: Forense, 2006, v. I, n. 108, p. 132 também admite na execução.

35. Como é o caso de Ernane Fidélis dos Santos, *Manual de direito processual civil*, 11. ed., São Paulo: Saraiva, 2006, v. 1, n. 175, p. 90. No sentido do texto, entre outros, Alexandre Freitas Câmara, *Lições de direito processual civil*, 19. ed., Rio de Janeiro: Forense, 2009, v. I, p. 176.

sob procedimento comum. A lei fala em "ordinário", mas, por razões de ordem sistemática, deve-se entender que se a demanda de oposição se enquadrar em alguma das hipóteses do inciso I ou II do art. 275 do Código de Processo Civil, o rito será sumário.

No caso de um dos opostos reconhecer a procedência do pedido, a lei prevê que a demanda de oposição deverá correr apenas contra o outro. Levando-se em conta, entretanto, a relação de prejudicialidade existente entre a oposição e a demanda original, o fato é que a demanda original também fica resolvida pelo ato de reconhecimento. Assim, se o autor-oposto reconhece a procedência da oposição estará renunciando ao direito que alegava ter na demanda original, e se é o réu-oposto que o faz, é ele quem perde o interesse em relação ao bem da vida, sendo motivo para extinção do pleito original.

Considerando que a lei não veda oposições plúrimas, registre-se, ainda, o entendimento de que poderemos ter diversas oposições, apresentadas como sucessivas.

34.5. DENUNCIAÇÃO DA LIDE
34.5.1. Conceito e noções gerais

A denunciação da lide é uma espécie de intervenção de terceiros por meio da qual se acresce uma nova demanda, de caráter regressivo e condicionada ao resultado do mérito da demanda original. A parte que se vale da denunciação é chamada de denunciante, e o terceiro que ingressa na relação processual passa a ser denominado de denunciado.

Nesse ponto impende considerar, novamente, a referência à estrutura mínima do processo (capítulo 32 – sujeitos do processo). É essa estrutura mínima que será ampliada pela introdução de nova demanda, o que é permitido por economia processual e também para evitar decisões contraditórias. Apenas para exemplificar, visto que depois serão detalhadas as hipóteses de cabimento, figuremos a situação em que uma pessoa "A" vende um imóvel para "B". Essa pessoa "B", mais tarde, vem a sofrer ação reivindicatória relativamente àquele imóvel. Se o sistema processual nada previsse a respeito, "B" ficaria na incômoda e onerosa situação de ter de litigar na defesa do bem adquirido e, se vencido, posteriormente, teria de demandar indenização em face do alienante, em outro processo. Sem contar que "B" ainda correria o risco de perder a demanda indenizatória se o alienante viesse a demonstrar que ele era o regular proprietário e a venda foi regular. Com o instituto da denunciação da lide, "B" deve ao mesmo tempo que se defende, provocar a presença do alienante no processo, com duas boas vantagens. A primeira é que o alienante o auxiliará na demanda promovida por "A", sendo que este terá, provavelmente, melhores condições de apresentar argumentos em defesa da regularidade da aquisição de "B". Por outro lado, se "A" vier a ser o vencedor, o juiz, na mesma sentença, condenará o alienante a indenizar "B". Dois conflitos resolvidos num processo só, com economia processual e sem o risco de decisões logicamente conflitantes.

Costuma-se dizer que se trata da inserção de uma lide eventual, pois sua apreciação está condicionada à procedência da demanda original (ou improcedência, no caso de denunciação feita pelo autor). Há uma nítida relação de prejudicialidade entre a demanda original e a introduzida pela denunciação. Perdendo o denunciante a demanda original, poderá vir a ser favorecido com uma sentença condenatória, no mesmo processo, contra o denunciado.

Por aí já se vê que a denunciação da lide não é admissível em processo de execução[36], nem cautelar[37], estando limitada às ações de conhecimento. Mas, não toda ação de conhecimento. Os Embargos do Devedor, por exemplo, embora tenham natureza de conhecimento, não admitem denunciação, pois visam apenas a desconstituir o título executivo ou declarar a sua insubsistência, e não a produzir condenação. As ações de conhecimento que correm sob o rito sumário, como regra, não admitem a litisdenunciação, nos termos do art. 280 do CPC (que excepciona, porém, as intervenções fundadas em contrato de seguro). Algumas ações de conhecimento de rito especial, como a ação de anulação e substituição de títulos ao portador[38], as possessórias[39] e a de usucapião[40], admitem a denunciação.

34.5.2. Hipóteses de cabimento

Curioso observar que embora a denunciação da lide, nos moldes em que está estruturada em nosso direito processual, tenha maior amplitude, servindo para os casos de ação regressiva, de maneira geral, a sua gênese está na figura da evicção. Realmente, nas suas raízes romanas, como informa Cândido Dinamarco, já havia essa estreita ligação[41]. Até mais recentemente, inclusive, no CPC de 1939, verifica-se a denunciação da lide (então, sob o nome de chamamento à autoria) servindo unicamente ao instituto da evicção.

Hoje, conforme consta do art. 70, denuncia-se a lide não apenas na hipótese de evicção (inciso I), mas, também, em caso de demanda dirigida ao possuidor direto, a fim de que este desde logo tenha reconhecidos seus direitos frente ao possuidor indireto (inciso II), ou, ainda, em qualquer caso de ação regressiva (inciso III).

---

36. Milton Flaks, *Denunciação da lide*, Rio de Janeiro: Forense, 1984, p. 189.
37. Cândido Dinamarco, *Instituições de direito processual civil*, 6. ed., São Paulo: Malheiros, 2009, v. II, n. 601, p. 410, é particularmente claro ao explicitar que "em processo *cautelar* instaurado em contemplação de um futuro processo de conhecimento (cautelar preparatório), para que os atos realizados possam produzir eficácia perante terceiro a parte tem o ônus de simplesmente provocar *sua intimação a intervir como assistente*, sem lhe denunciar a lide".
38. Ernane Fidélis dos Santos, *Dos procedimentos especiais do Código de Processo Civil*, 3. ed., Rio de Janeiro: Forense, 1999, v. VI, p. 73.
39. Nelson Nery Jr. e Rosa Maria Andrade Nery, *Código de Processo Civil comentado*, 7. ed., São Paulo: Revista dos Tribunais, 2003, p. 437, nota 11 ao art. 70.
40. Theotonio Negrão, *Código de Processo Civil e legislação processual em vigor*, 40. ed., São Paulo: Saraiva, 2008, nota 5 ao art. 70, à p. 205.
41. *Intervenção de terceiros*, São Paulo: Malheiros, 1997, p. 132-133.

Analisemos brevemente cada uma das hipóteses, começando pela denunciação para exercício dos direitos resultantes da evicção (art. 70, I, CPC). Lembre-se que a evicção é a perda da coisa por vício de titulação. A evicção e suas consequências estão previstas no CC, arts. 447 a 457. Se alguém adquire a coisa de alguém e posteriormente vem a saber que este não era seu titular, perdendo o bem para o verdadeiro proprietário, terá direito a indenização, que compreende a restituição integral do preço, mais indenização dos frutos que teve de restituir, mais despesas dos contratos e prejuízos diretamente causados por essa perda da coisa e as custas judiciais e honorários de advogado (art. 450, CC).

A hipótese do inciso II refere-se às situações em que acontece bipartição entre posse direta e indireta. Como se sabe, a posse é a manifestação visível da propriedade (exteriorização do domínio). O proprietário normalmente tem os atributos todos do domínio, entre eles a posse. Ocorre que o proprietário, no exercício de seus poderes, pode permitir que outrem exerça a posse do bem que é da sua titularidade. É o caso, por exemplo, do proprietário que aluga o imóvel para outrem. A posse, propriamente dita, estará sendo exercida pelo locatário. Reconhece a lei, entretanto, que o proprietário mantém também direitos de possuidor, podendo defendê-la de um terceiro que turbe ou esbulhe. Convivem, então, por disposição legal, duas posses: a direta (de quem tem a coisa em seu poder) e a indireta (do proprietário)[42]. A previsão legal é de que se o possuidor direto vier a ser demandado pela coisa, como sua posse é derivada de outrem (possuidor indireto), poderá denunciar a lide a ele para, se for o caso, obter indenização no mesmo processo. Antonio Carlos Marcato[43] dá exemplo de denunciação com base no inciso II, do art. 70, quando figura situação em que o locatário sofre ação de reintegração de posse movida por um terceiro. Se a reintegratória for julgada procedente, o locatário sofrerá evidente prejuízo, podendo, então, denunciar a lide ao locador, para que este o indenize, se for o caso. A indenização no caso seria decorrente do dever do locador de garantir o uso pacífico da coisa durante o período de locação (art. 566, II, CC).

Finalmente, a hipótese mais genérica de indenização: a feita para exercício de direito de regresso ("aquele que estiver obrigado, pela lei ou pelo contrato, a indenizar, em ação regressiva, o prejuízo do que perder a demanda" – art. 70, III, CPC). O caso típico é o do indivíduo que sofre ação de indenização por acidente de trânsito. Se ele tiver seguro relativo a esse tipo de evento, irá denunciar a lide à seguradora para que esta o ressarça caso venha a ser derrotado na demanda. Um outro exemplo é o do condomínio que promove ação em face da construtora por vícios da construção, pois o prédio construído vem apresentando sinais de infiltração. A construtora,

---

42. "A posse direta, de pessoa que tem a coisa em seu poder, temporariamente, em virtude de direito pessoal, ou real, não anula a indireta, de quem aquela foi havida, podendo o possuidor direto defender a sua posse contra o indireto" (art. 1.197, Código Civil).
43. *Procedimentos especiais*, 10. ed., São Paulo: Atlas, 2004, p. 171.

se for o caso, poderá denunciar a lide à empresa que ficou encarregada de fazer a impermeabilização.

Em todos esses casos, a estrutura da denunciação é a mesma. Na verdade, estruturalmente falando, diferença há apenas entre a denunciação da lide feita pelo autor e a feita pelo réu, como se verá mais adiante.

34.5.3. Obrigatoriedade?

A redação do *caput* do art. 70 sugere, à primeira vista, que a denunciação da lide nas hipóteses ali previstas seria uma exigência legal ("a denunciação da lide é obrigatória"). A doutrina majoritária entende, porém, que ela se apresenta, normalmente, como uma faculdade e não uma obrigação.

De observar, por outro lado, que há alguns casos em que o próprio legislador proíbe a denunciação. Referimo-nos, particularmente, ao disposto no art. 280, CPC (com a ressalva ali constante) e no art. 88, do Código de Defesa do Consumidor. Em ambos os casos, ponderando, de um lado, a vantagem de resolver dois conflitos em um processo só, e, do outro, o ônus de provocar maior demora naquele processo, o legislador acabou por entender que as desvantagens eram superiores. No primeiro caso, porque a celeridade maior é da própria essência do rito sumário, no segundo porque a demora prejudicaria a satisfação do consumidor.

Segundo boa parte dos autores que tratam da matéria, a obrigatoriedade da denunciação da lide não existe nas hipóteses dos incisos II e III do art. 70 do CPC[44]. E por qual motivo haveria obrigatoriedade no inciso I? Porque a lei material, no caso, o CC, assim o determina. De fato, a legislação anterior (CC de 1916) já o fazia, no seu art. 1.116 (*"para poder exercitar o direito, que da evicção lhe resulta, o adquirente notificará do litígio o alienante (...)"*). O mesmo comando é agora repetido no art. 456, do novo Código Civil.

Nos casos em que a denunciação da lide não é obrigatória, sua ausência em nada impede que se pleiteiem os eventuais direitos regressivos em outro processo. Entretanto, poderá a parte, por não se ter valido do mesmo processo para discutir o seu direito, vir a ser surpreendida com uma decisão igualmente desfavorável. Ou seja, nada garante que o entendimento de um juízo a respeito dos fatos que ensejaram a procedência (ou improcedência) da primeira demanda irá se repetir no outro juízo. É o chamado risco da dupla sucumbência. Como explica Vicente Greco Filho[45], a denunciação da lide, além de justificar-se pela economia processual, é "(...)

---

44. Nesse sentido, entre outros, Humberto Theodoro Jr., *Curso de direito processual civil*, 44. ed., Rio de Janeiro: Forense, 2006, v. 1, p. 144-145; Marinoni e Arenhart, *Curso de Processo Civil*, 7. ed., São Paulo: Revista dos Tribunais, 2008, v. 2, p. 185; Nelson Nery Jr. e Rosa Maria Andrade Nery, *Código de Processo Civil comentado*, 7. ed., São Paulo: Revista dos Tribunais, 2003, p. 436; Marcus Vinicius Rios Gonçalves, *Novo curso de direito processual civil*, 3. ed., São Paulo: Saraiva, 2006, v. 1, p. 196.
45. *Direito processual civil brasileiro*, 19. ed., São Paulo: Saraiva, 2006, v. 1, p. 145.

exigência de justiça, porque evita sentenças contraditórias (p. ex., poderia ser procedente a primeira e improcedente a de regresso por motivo que, se levado à primeira, também a levaria à improcedência)".

Mesmo na hipótese de evicção, entretanto, considerar obrigatória a litisdenunciação não significa necessariamente que se o evicto não a fizer ele estará totalmente desamparado. Ele poderia, pelo menos, segundo já se decidiu diversas vezes, *"recobrar o preço do alienante"*[46]. Em outras palavras, mesmo que não se lhe reconheçam todos os direitos que da evicção resultam, permitir que o alienante fique com o preço da coisa indevidamente por ele alienada seria o mesmo que consagrar o enriquecimento sem causa. Isso não é admissível, mormente hoje em dia, em que o CC, nos arts. 884 a 886, revela especial preocupação em coibir o enriquecimento sem causa.

Mesmo em relação à evicção, temos hoje em dia o entendimento que se vem observando em vários julgados do Superior Tribunal de Justiça, de não considerá-la obrigatória (*"Para que possa exercitar o direito de ser indenizado, em ação própria, pelos efeitos decorrentes da evicção, não há obrigatoriedade de o evicto promover a denunciação da lide em relação ao antigo alienante do imóvel na ação em que terceiro reivindica a coisa. Precedentes."* – RESP 880698/DF, 3ª T., Rel. Min. Nancy Andrighi, j. 10/04/2007, DJU 23/04/2007). Registre-se, ainda, a posição de Adriano Caldeira no sentido de que considerar obrigatória a denunciação da lide seria inconstitucional por violar a garantia de livre acesso à justiça[47].

34.5.4. Procedimento

O procedimento da denunciação da lide é um pouco diferente se ela for feita pelo autor ou pelo réu. Vejamos, primeiro, como ela se opera quando utilizada pelo réu.

Deve ser feita no prazo para contestar. Temos, assim, que, feita pelo réu, ela se afigura como uma das possíveis respostas do réu. A denunciação pode ser feita na própria contestação, como um de seus tópicos, embora não se possa excluir a possibilidade de o réu efetuar a denunciação em peça apartada, desde que dentro do prazo da contestação (art. 71, CPC).

Oferecida a denunciação, o processo ficará suspenso a partir do momento em que for ordenada a citação do denunciado. O denunciado deverá ser citado para

---

46. Humberto Theodoro Jr., *Curso de direito processual civil*, 44. ed., Rio de Janeiro: Forense, 2006, v. 1, p. 145, nota de rodapé 52, referindo-se a julgado do STJ. Nesse sentido, veja-se ementa citada por José Roberto dos Santos Bedaque (*Código de Processo Civil interpretado*, 3. ed., São Paulo: Atlas, 2008, p. 158): "Evicção. Denunciação da lide. Precedentes da Corte. Já assentou a Corte, em diversos precedentes, que o 'direito que o evicto tem de recobrar o preço, que pagou pela coisa evicta, independe, para ser exercitado, de ter ele denunciado a lide ao alienante, na ação em que terceiro reivindicara a coisa'. Recurso especial não conhecido" (STJ, REsp 255.639/SP, 3ª T., Rel. Min. Carlos Alberto Menezes Direito, j. 24/04/2001)."
47. Cf. A inconstitucionalidade da obrigatoriedade da denunciação da lide, *RePro* 134/75-87, abril/2006.

responder, no prazo de 10 ou 30 dias, conforme resida ou não na mesma comarca. Também será de 30 dias o prazo se o denunciado residir em outra comarca. Como consequência, se não for procedida a citação no prazo, a denunciação se torna ineficaz, tudo conforme o art. 72 do CPC.

Soa no mínimo estranha a fixação de prazo tão exíguo (considerando a nossa realidade forense) para a realização da citação sob pena de ineficácia da denunciação. É certo que o legislador, ao fixar prazo, procurou coibir eventuais atrasos indevidos e até manobras protelatórias sob o manto da denunciação. Acontece, porém, que a parte tem pouco controle do prazo para realização da citação, eis que depende principalmente dos serviços judiciários. Athos Gusmão Carneiro defende que a previsão legal de perda da eficácia só irá ocorrer se o descumprimento do prazo se deveu à desídia do denunciante. Se o denunciante não teve culpa, deverá o juiz autorizar a citação do denunciado mesmo fora do prazo, se o atraso não for muito grande (a ponto de trazer prejuízo ao autor da demanda original). Se o prazo, mesmo sem culpa do denunciante, tiver sido excedido em muito, o juiz deve permitir que a ação regressiva seja efetivada autonomamente, sem qualquer perda de direito ao denunciante[48]. Parece-nos correta tal solução, que pode ser atingida aplicando-se analogicamente o disposto no art. 219, § 2º, CPC.

Citado, abrem-se algumas alternativas ao denunciado. Ele poderá aceitar a denunciação e contestar o pedido. Nesse caso, ele se posicionaria ao lado do denunciante *em relação à demanda original*. Outra possibilidade é o denunciado ser revel ou comparecer só para negar a qualidade que lhe foi atribuída na denunciação. Nesse caso, prevê o inciso II do art. 75 que a demanda principal prosseguirá normalmente com o denunciante. A redação do art. 75 do CPC, no particular, poderia dar a entender que no caso da negativa ou de revelia o denunciado estaria excluído do processo. Essa ideia é evidentemente errada, pois o denunciado é réu da demanda de denunciação, não podendo se recusar a sofrer os efeitos do processo, tendo em vista o princípio da inevitabilidade da jurisdição. Assim, devemos entender que a negativa da qualidade ou a revelia não exclui da relação processual o denunciado. Sua atitude equivaleria a não tomar parte ativa na defesa dos interesses do denunciante frente ao autor. Assume o denunciado, com essa atitude, o risco de o juiz entender que a demanda original é procedente e, consequentemente, condenar o denunciado a indenizar o denunciante. Em outras palavras, ao contrário do que a redação analisada de forma isolada poderia fazer crer, o não concordar com a denunciação (seja expressamente, seja deixando de responder quando citado) não o exime das suas decorrências normais. Nos termos do art. 76, a sentença resolverá as duas relações jurídicas deduzidas, ficando o denunciado vinculado pelo que for decidido[49].

---

48. Cf. *Intervenção de terceiros*, 11. ed., São Paulo: Saraiva, 2000, n. 52, p. 99-100.
49. A esse respeito, confira-se Cândido Rangel Dinamarco, *Instituições de direito processual civil*, 6. ed., São Paulo: Malheiros, 2009, v. II, n. 606, p.418-419.

Outra questão que surge desse dispositivo (art. 75, II) diz respeito à expressão "cumprirá (...) prosseguir na defesa (...)". Entende Athos Gusmão Carneiro que se o denunciante deixar de dar continuidade na defesa, irá perder também a demanda regressiva veiculada na denunciação[50]. Não nos parece que assim seja, malgrado a redação do dispositivo possa sugerir que é um dever do denunciante. Aplicando-se a sistemática do Código de Processo Civil, teremos duas demandas, a original e a regressiva. Na demanda original houve, no máximo, a contestação e, em seguida, o réu não se manifestou. Poderá ter deixado de apresentar argumentos e provas que lhe poderiam garantir o sucesso e, *eventualmente*, isso poderá ter provocado sua sucumbência. Note que o denunciado também poderia ter agido de modo a evitar a derrota do réu-denunciante. No caso, porém, também preferiu omitir-se. Por outro lado, a demanda regressiva deverá avaliar se, procedente a primeira, existe direito de regresso a ser implementado. A eventual revelia do denunciado, no caso, não lhe ajudará a vencer essa demanda. Se apresentou argumentos para negar a qualidade de obrigado em regresso, tais serão devidamente analisados. Se procedentes os argumentos, a denunciação estará fadada ao insucesso, mas não pelo simples fato de o denunciante deixar de ter prosseguido na defesa em relação à outra demanda. Essa falta de obrigatoriedade de se defender ficou mais ressaltada, em relação à evicção, pelo menos, com o advento do Código Civil/2002, que, em seu parágrafo único do art. 456, pretende autorizar o denunciante a proceder dessa forma quando a procedência da demanda original for evidente. Esse, resumidamente, o entendimento que, em trabalho conjunto, defendemos[51].

Figura a lei ainda outra hipótese, em que o denunciado comparece e confessa os fatos alegados pelo autor. Se tal vier a ocorrer, o denunciante poderá prosseguir normalmente com a defesa, ou seja, não será afetado pela confissão. Consideramos, porém, a atitude do denunciado, nessa hipótese, incompatível com a formulação de defesa frente ao denunciante, de tal sorte que se o réu vier a perder a demanda, automaticamente o denunciado será condenado a indenizá-lo.

Com relação à denunciação feita pelo autor, observamos, primeiro, que ela é pouco usual. Nesse caso, pode-se dizer que a denunciação nem é bem uma intervenção de terceiros, pois antes de se completar a relação processual, o denunciado ingressa no processo. Com efeito, o art. 71 do CPC determina que, nesse caso, *"a citação do denunciado será requerida juntamente com a do réu"*, sendo que o art. 74 complementa permitindo que o denunciado, comparecendo, adite a inicial para, depois, proceder-se à citação do réu. Poderíamos dizer que na denunciação feita pelo autor há uma verdadeira cumulação eventual de demandas, envolvendo réus diversos. Como exemplo de denunciação feita pelo autor podemos figurar uma demanda reivindicatória proposta pelo adquirente que, ao pretender se imitir na posse do imóvel, percebe que está ocupado por outrem. Ao mesmo tempo que

---

50. Cf. *Intervenção de terceiros*, 11. ed., São Paulo: Saraiva, 2000, n. 57, p. 108-109.
51. Carlos Augusto de Assis e Cláudia Maria Carvalho do Amaral Cunha Camargo, Denunciação da lide e evicção no direito pátrio, *Revista Gênesis de Direito Processual Civil*, n. 38, dezembro 2005.

pretende haver o imóvel, através da reivindicatória, pode incluir a demanda eventual regressiva em face de quem o alienou, para o caso de a reivindicatória vir a ser julgada improcedente.

Com relação à demanda principal, pode o denunciado aditar a petição inicial, conforme explicita o art. 74 do CPC. O denunciado terá todo o interesse em aditar a petição inicial, uma vez que, se a demanda principal vier a ser julgada procedente, a denunciação ficará prejudicada. Se, por outro lado, a demanda principal for julgada improcedente, a sentença decidirá também sobre a denunciação. Ocorre, aqui, exatamente o contrário do que diz o art. 76 do CPC. O legislador, ao redigir esse dispositivo legal, certamente estava pensando na denunciação feita pelo réu – que, de fato, é mais comum – esquecendo-se de que na denunciação feita pelo autor a situação se inverteria.

Saliente-se que a sentença, tanto no caso da denunciação pelo réu como na efetuada pelo autor, irá decidir as duas demandas, condenando, se for o caso, o denunciado a indenizar o denunciante (art. 76, CPC).

34.5.5. Questões polêmicas

O assunto denunciação suscita uma série de debates. Alguns deles foram abordardos nos itens anteriores. Outros, porém, merecem uma menção, ainda que rápida, para nosso estudo não ficar incompleto. Vejamos, pois.

Uma das maiores polêmicas diz respeito à posição do denunciado em relação à demanda original. A lei fala que ele será litisconsorte, o que conta com o beneplácito de vários doutrinadores[52]. A despeito da dicção da lei, no entanto, entende Cândido Dinamarco que não se trata de litisconsórcio, pois o denunciado não é réu na demanda original[53]. Réu, na demanda original, o denunciado não pode ser, uma vez que nada lhe foi demandado. Assim, a posição do litisdenunciado seria a de assistente. Para Sidney Sanches[54], Alexandre Freitas Câmara[55] e Marcelo Abelha Rodrigues[56], seria assistente simples. Para Dinamarco[57] e José Roberto Bedaque[58], porém, seria assistente litisconsorcial. Embora o direito ali discutido na demanda original não lhe pertença, sua proximidade é grande o bastante para o legislador resolver dar efeitos similares aos do litisconsorte.

---

52. Moacyr Amaral Santos (*Primeiras linhas de direito processual civil*, 24. ed., São Paulo: Saraiva, 2008, v. 2, p. 31-32), Athos Gusmão Carneiro (*Intervenção de terceiros*, 11. ed., São Paulo: Saraiva, 2000, p. 106), Arruda Alvim (*Manual de direito processual civil*, 9. ed., São Paulo: Revista dos Tribunais, 2005, v. 2, p. 173) e Marcus Vinícius Rios Gonçalves (*Novo curso de direito processual civil*, 3. ed., São Paulo: Saraiva, 2006, v. 1, p. 198) entre outros.
53. *Intervenção de terceiros*, São Paulo: Malheiros, 1997, p. 145-147.
54. *Denunciação da lide*, São Paulo: Revista dos Tribunais, 1984, p. 193 e 206.
55. *Lições de direito processual civil*, 19. ed., Rio de Janeiro: Lumen Juris, 2009, v. I, p. 191-192.
56. *Manual de direito processual civil*, 4. ed., São Paulo: Revista dos Tribunais, 2008, p. 373-373.
57. *Intervenção de terceiros*, São Paulo: Malheiros, 1997, p. 145-147.
58. *Código de Processo Civil Interpretado*, 3. ed., São Paulo: Atlas, 2008, p. 162.

Essa discussão, quanto à posição do denunciado em relação à demanda principal, tem repercussão prática especialmente no caso de denunciação feita pelo réu. O entendimento que nega ao denunciado a qualidade de litisconsorte deve, coerentemente, corresponder à não admissão de que o denunciado seja condenado diretamente perante o autor da demanda original[59]. Em outras palavras, se o denunciado não for considerado réu com relação à demanda original, não pode ser condenado no que diz respeito à decisão desta demanda (apenas no que tange à demanda ulterior, introduzida pela denunciação).

Outro aspecto muito debatido é o da possibilidade ou não de denunciação da lide por parte do Estado ao seu funcionário que praticou o ato lesivo. Advogando a impossibilidade, temos, entre outros, Vicente Greco Filho. Para ele a denunciação nesse caso estaria incluindo fundamento novo, o que não seria admissível, entre outros motivos, pelo atraso na satisfação do direito do autor[60]. Cândido Dinamarco, ao contrário, sustenta que não existe restrição legal à inclusão de fundamento novo e que, ademais, o resultado final é benéfico para o sistema, resolvendo dois conflitos em um processo só, não podendo o processo ser encarado apenas em benefício do autor[61].

Interessante observar, também, que o CPC estabeleceu a chamada denunciação sucessiva, permitindo que o denunciado também denuncie a lide ao seu responsável regressivamente e assim sucessivamente. Entretanto, o CPC não autorizava a denunciação *per saltum*, isso é, só seria possível denunciar à pessoa com quem se tinha estabelecido relação jurídica direta. Cabia a esta denunciar a quem tinha estabelecido relação jurídica regressiva e assim por diante. Se uma pessoa "A" viesse a sofrer, por exemplo, demanda reivindicatória, poderia denunciar a lide a "B" de quem havia comprado o bem, e "B", se já a adquirira com o vício, poderia, por

---

59. No entanto, como anotam Marinoni e Arenhart (*Curso de processo civil*, 7. ed., São Paulo: Revista dos Tribunais, 2008, v. 2, p. 188), sob a alegação de instrumentalidade, vários julgados admitem que seja o litisdenunciado condenado frente ao autor da demanda original.
60. Vicente Greco Filho, *Direito processual civil brasileiro*, 19. ed., São Paulo: Saraiva, 2006, v. 1, p. 145-149. Na realidade, como se percebe inclusive na alocução de Greco, essa discussão se insere numa polêmica mais ampla, que se destina a perquirir se a litisdenunciação é admissível se implicar a inserção de fundamento novo. A questão é controversa, mas temos várias decisões do STJ entendendo ser inviável a denunciação em casos como esse. A título de exemplo, veja-se, v.g: "Processual civil. Denunciação da lide. Contrato de prestação de serviços turísticos. Eventual direito de regresso. Introdução de fundamento novo. Inadmissibilidade. Ofensa aos princípios da economia e celeridade processuais. I – Consoante a jurisprudência desta Corte, 'a denunciação da lide somente deve ser admitida quando o denunciado esteja obrigado, por força de lei ou do contrato, a garantir o resultado da demanda, não se admitindo a introdução de fundamento novo, a exigir ampla dilação probatória, não constante da demanda originária' II – Tratando-se de mero direito de regresso, cuja existência depende da discussão da natureza da relação contratual estabelecida entre as partes denunciante e denunciada, estranha ao pleito principal, deve ser negada a denunciação da lide, sob pena de contrariar o princípio da celeridade processual que essa modalidade de intervenção de terceiro objetiva resguardar. Recurso não conhecido". REsp 464014 / SP – Recurso Especial 2002/0119342-9 – 3ª T., Rel. Min. Castro Filho, j. 23/08/2007, DJ 10/09/2007, p. 224 – LEXSTJ, v. 219, p. 84; *RT*, v. 867, p. 136.
61. *Intervenção de terceiros*, São Paulo: Malheiros, 1997, p. 175-192.

sua vez, denunciar a lide a "C", de quem adquirira. A denunciação "sucessiva" era admitida, conforme art. 73 do CPC[62]. Todavia, não era possível a denunciação aos saltos (ou seja, no exemplo, "A" não poderia denunciar diretamente para "C"). O CC, porém, especificamente em se tratando de evicção, abriu a possibilidade para denunciação aos saltos.

Essa denunciação *per saltum* resolve um problema que às vezes se verificava na prática. Poderia ocorrer de a pessoa a quem "A" devesse denunciar a lide não tivesse recursos para ressarci-lo. A denunciação poderia ser até vitoriosa, mas o denunciante iria ficar sem nada receber. Obviando esse tipo de inconveniente, a doutrina concebeu a chamada denunciação coletiva. Tomando-se o mesmo exemplo, "A", no caso, poderia denunciar a lide a "B" e "C". Desse modo, tendo uma sentença contra "B" e "C", caso "B" não tivesse condições de indenizá-lo, executaria "C"[63].

O novo Código Civil resolve esse problema, pelo menos quanto à evicção, de forma mais simples, permitindo a denunciação *per saltum*. Pelo seu art. 456, o *"adquirente notificará do litígio o alienante imediato, ou qualquer dos anteriores"*. Voltando ao nosso exemplo, "A" pode, então, denunciar a lide diretamente a "C". Vários doutrinadores já se manifestaram nesse sentido, como Humberto Theodoro Jr.[64] e Marcus Vinícius Rios Gonçalves[65], e, inclusive, foi essa a conclusão a que chegou a I Jornada de Direito Civil, de setembro de 2002[66], a respeito do novo Código, que emitiu o seguinte enunciado: *"29 – Art. 456: a interpretação do art. 456 do novo Código Civil permite ao evicto a denunciação direta de qualquer dos responsáveis pelo vício."*

34.6. CHAMAMENTO AO PROCESSO
34.6.1. Conceito

Entende-se por chamamento ao processo a modalidade de intervenção de terceiros na qual o réu chama outrem para compor o polo passivo, juntamente com ele.

---

62. Essa a interpretação da doutrina majoritária, como se pode conferir em Moacyr Amaral Santos, *Primeiras linhas de direito processual civil*, 24. ed., São Paulo: Saraiva, 2007, v. 2, p. 32-33; Humberto Theodoro Jr., *Curso de direito processual civil*, 44. ed., Rio de Janeiro: Forense, 2006, v. 1, p. 151; Cândido Dinamarco, *Instituições de direito processual civil*, 6. ed., São Paulo: Malheiros, 2009, v. II, n. 605, p. 403-404, entre outros.
63. A esse respeito confira-se Athos Gusmão Carneiro, *Intervenção de terceiros*, 11. ed., São Paulo: Saraiva, 2000, p. 101.
64. *Curso de direito processual civil*, 44. ed., Rio de Janeiro: Forense, 2006, v. 1, p. 151.
65. *Novo curso de direito processual civil*, 3. ed., São Paulo: Saraiva, 2006, v. 1, p. 197.
66. Realizada em Brasília, sob os auspícios do STJ. Cumpre destacar, porém, que essa interpretação não é unânime, tendo Alexandre Freitas Câmara, *Lições de direito processual civil*, 19. ed., Rio de Janeiro: Lumen Juris, 2009, v. 1, p. 190-191, manifestado sua opinião de que o novo Código Civil não autorizou a denunciação *per saltum*. Num posicionamento que se pode dizer intermediário, Rodrigo Salazar defende que o art. 456 não autoriza a denunciação *per saltum*, mas a denunciação coletiva, já admitida pela jurisprudência (cf. *Hipótese de denunciação da lide do art. 70, I, do CPC: análise do art. 456 do novo CC. Possibilidade de denunciação per saltum?*).

É um meio, portanto, de provocar a formação de litisconsórcio ulterior. Chama-se quem é obrigado tanto quanto o réu originário ou mais. Imagine-se que o réu "B" era sujeito passivo de uma determinada obrigação, juntamente com "C", "D" e "E", em caráter solidário. O autor "A", porém, resolve promover a demanda apenas em face de "B" (art. 275, CC). O instituto do chamamento ao processo permite a "B" provocar a integração de "C", "D" e "E" no polo passivo da demanda, juntamente com ele.

É curioso observar que se, de um lado, o direito material garante que se pode exigir de apenas um dos devedores solidários a totalidade da dívida, o direito processual, com tal instituto, pode acabar forçando o autor a litigar contra todos eles.

O chamamento ao processo tem, assim como as outras modalidades de intervenção de terceiros, forte ligação com a economia processual. De fato, sem o instituto do chamamento, poderia, no exemplo acima, "B" ser demandado e pagar a totalidade da dívida. Poderia, depois, cobrar a parte pertinente a "C", "D" e "E". Mas, para assim proceder, precisaria promover uma ação de conhecimento visando a obter a condenação de "C", "D" e "E". Só então poderia tomar as medidas executivas em face dessas pessoas. Com o chamamento, como poderemos observar, essas pessoas já teriam tornado parte no processo e estariam sujeitas aos seus efeitos, e a sentença as abrangeria.

Pelos próprios objetivos visados, percebe-se que o chamamento ao processo só é cabível em processo de conhecimento de natureza condenatória. Não é possível nas ações de rito sumário por expressa disposição legal ("salvo se fundada em contrato de seguro" – art. 280, CPC)[67].

34.6.2. Hipóteses de chamamento

O art. 77, do CPC, discrimina as hipóteses em que é cabível o chamamento ao processo. Trata-se de modalidade facultativa. O réu, nos casos ali compendiados, pode pedir a integração de outrem ao processo, no polo passivo, porque isso lhe facilitaria o exercício de eventuais direitos contra o(s) outro(s) obrigado(s). Novamente, é a relação de direito material que determina seu cabimento.

Vejamos as situações previstas no mencionado artigo:

a) o inciso I permite ao fiador chamar o réu. Fiador é aquele que se obriga a pagar a dívida de outrem, caso ele não pague (art. 818, CC). A fiança, em princípio, tem caráter subsidiário, admitindo que o fiador invoque o chamado benefício de ordem, i.e., ele pode exigir que primeiro sejam executados os bens do devedor (art. 827, CC). O benefício de ordem, porém, é renunciável, e a prática negocial revela que normalmente o fiador, a pedido do credor, efetua essa renúncia, tornando-se devedor solidário (art. 828, CC). Note-se que é o fiador quem pode chamar o devedor e

---

67. Sobre o chamamento em caso de seguro, ver item 34.6.4, abaixo.

não o contrário. Isso porque se o fiador tiver de pagar algum valor terá direito de obter o ressarcimento do devedor principal, mas este, evidentemente, nada poderá cobrar do fiador se vier a pagar a dívida.

b) o inciso II prevê o chamamento dos outros fiadores, quando o credor tiver proposto a ação apenas em face de algum deles. Havendo pluralidade de fiadores, salvo convenção em contrário, ocorre solidariedade entre eles (art. 829, CC). Assim, o credor pode resolver cobrar toda a dívida de apenas um deles. Se tal vier a ocorrer, o fiador-réu pode utilizar-se desse instituto para que os demais integrem o polo passivo. Caso venha a pagar a dívida, a condenação de todos facilitar-lhe-á o exercício do direito previsto no art. 831, do CC, de exigir dos demais o pagamento da respectiva quota.

c) finalmente o inciso III, que figura a situação em que há vários devedores solidários e a ação é proposta em face de um ou alguns deles. A solidariedade decorre da lei ou da vontade das partes (art. 265, CC) e significa que, em relação a uma mesma obrigação, mais de uma pessoa é credora ou obrigada pela dívida toda (art. 264, CC). No caso, trata-se de solidariedade passiva, em que há mais de um obrigado pela dívida toda. O devedor que venha a satisfazer a dívida por inteiro poderá exigir dos demais a quota de cada um (art. 283, CC).

Em todos esses casos nota-se que se trata de uma mesma dívida: as pessoas envolvidas – chamador e chamado(s) – são todas coobrigadas[68]. Todos os que ocupam, ou passarão a ocupar, o polo passivo da demanda têm relação obrigacional com o autor.

34.6.3. Procedimento

Como se pode constatar a partir da apresentação do conceito e das hipóteses de cabimento, o instituto apresenta alguma semelhança com a figura da denunciação da lide, embora com ela não se confunda. É semelhante na medida em que o coobrigado que paga a totalidade da dívida pode voltar-se *regressivamente* contra os demais. Direito de regresso, genericamente falando, é o que dá ensejo à denunciação da lide, conforme já estudamos. Mas, não podemos nos iludir. No caso do chamamento, os demais coobrigados têm vínculo jurídico com o autor da demanda e já poderiam estar no polo passivo desde o início. No caso da denunciação da lide, o vínculo que enseja o direito de regresso é entre o denunciante e o denunciado.

Não obstante a diferença apontada, a similitude é inegável. E é justamente em virtude dessa semelhança que nosso legislador toma de empréstimo, parcialmente, o procedimento previsto na denunciação da lide.

Desse modo, temos que, em primeiro lugar, o réu pode exercer esse direito *"no prazo para contestar"* (art, 78, CPC). Apresenta-se, portanto, como uma forma de

---

[68]. Cf. Cândido Dinamarco, *Intervenção de terceiros*, São Paulo: Malheiros, 1997, n. 96, p. 160.

resposta do réu. A lei não diz se o chamamento deve ser feito em peça autônoma ou não, motivo pelo qual alguns autores admitem que seja feito o chamamento na própria contestação[69]. Ao receber o chamamento, o juiz suspenderá o processo (art. 79, CPC). Em seguida, o legislador remete, quanto à citação e aos prazos, ao disposto nos arts. 72 e 74. Isso significa que o chamado assumirá a posição de litisconsorte e poderá apresentar resposta no prazo legal. Admite-se que o chamado também, se for o caso, proceda a novo chamamento (chamamento sucessivo). Quanto aos prazos para que a citação do chamado seja efetuada (iguais aos estabelecidos para a citação do denunciado, por remissão ao art. 72), ficam valendo as observações feitas na oportunidade em que comentamos o assunto ao tratar da denunciação da lide.

Finalmente, a situação peculiar da sentença no processo em que ocorre o chamamento. Em caso de procedência, serão condenados todos os coobrigados, que estarão figurando como litisconsortes passivos. Nesse ponto, nenhuma novidade em relação ao que ocorre normalmente. Essa mesma sentença formará, porém, título executivo em favor do que vier a satisfazer a dívida, conforme art. 80, CPC. As possibilidades aqui são ditadas pelo direito material, mas é o instituto do chamamento que viabiliza a imediata exigência pela via executiva. Vejamos. O fiador paga e a sentença já o habilita a exigir por inteiro, através de execução (*rectius*, cumprimento de sentença) do devedor principal. Ou, o codevedor paga toda a dívida e exige de cada um dos devedores solidários a parte que lhe compete, amparado justamente naquela sentença (título executivo judicial a seu favor). É exatamente por isso que falamos que o instituto é útil e conveniente em termos de economia processual, pois evita a formação de novo processo de conhecimento para que os direitos do que pagou integralmente possam ser exigidos. Note-se, porém, que esse título executivo não é formado em favor de quem chamou, mas sim de quem satisfez a dívida. Assim, pode perfeitamente ocorrer de um dos devedores solidários, chamado, satisfazer a dívida. Nesse caso, ele tem o direito de exigir dos demais, cada um a sua quota, incluindo aquele que procedeu ao chamamento.

34.6.4. Situações especiais

Ainda em tema de chamamento ao processo, torna-se necessário examinar algumas outras hipóteses, posteriores à entrada em vigor do Código de Processo Civil, que foram trazidas pelo Código de Defesa do Consumidor e pelo Código Civil de 2002.

Por primeiro, devemos observar o CDC, no seu art. 101, II. Nele está previsto que no caso de ação de responsabilidade do fornecedor de produtos e serviços, se ele estiver garantido por contrato de seguro de responsabilidade, poderá pedir a

---

69. Cf. Marcus Vinicius Rios Gonçalves, *Novo curso de direito processual civil*, 3. ed., São Paulo: Saraiva, 2006, p. 207.

intervenção da seguradora no processo. Só que, ao contrário do que seria o comum em situações como essa, de seguro, o fornecedor-réu não irá denunciar a lide à seguradora, para exercício de direito de regresso (art. 70, III, CPC), mas sim *chamá-la ao processo*, com todas as consequências da aplicação desse instituto. A intenção do legislador é clara. Aumenta-se o número de responsáveis diretos, facilitando o recebimento da indenização por parte do consumidor. Houve, assim, por força de tal dispositivo, uma ampliação das hipóteses de chamamento ao processo, conforme explica Kazuo Watanabe[70].

Para Humberto Theodoro Jr.[71] a nova redação do art. 787 do Código Civil autorizaria a concluir que esse mesmo mecanismo seria aplicável a todos os casos de seguro de responsabilidade civil, e não apenas em caso de relações de consumo, pois determina que a seguradora assume a *garantia* pelo pagamento. Essa interpretação é controvertida, mas, se vier a prevalecer, as hipóteses de chamamento ao processo terão sido ampliadas novamente.

Outra situação não prevista no CPC, mas já bem mais polêmica, refere-se ao disposto no art. 1.698 do CC. Nele se prevê que se o parente que deve alimentos em primeiro lugar não tiver condições de suportar o encargo na sua totalidade, serão chamados os de grau imediato, para que cada um colabore na proporção de seus recursos. Se a ação tiver sido proposta em face de apenas uma das partes, *"poderão as demais ser chamadas a integrar a lide."*

O legislador não é muito explícito em relação ao mecanismo a ser utilizado para se efetivar tal integração. Da mesma forma, não esclarece quem teria legitimidade para pleitear essa integração. Cabe, pois, examinar, dentre as modalidades de intervenção de terceiros existentes, qual delas poderia instrumentalizar a figura prevista no CC.

Dentre as figuras existentes, as únicas que talvez pudessem servir a tal papel seriam a denunciação da lide e o chamamento ao processo. Parece-nos que devemos excluir de plano a denunciação da lide, pois não há no caso qualquer direito de regresso. Já o chamamento ao processo tem mais pertinência, pois a pessoa a ser chamada a integrar o processo possui vínculo com o autor, tanto que poderia já ter figurado no polo passivo desde logo.

Fredie Didier Jr.[72], porém, defende tratar-se de modalidade nova de intervenção. Nesse sentido, aponta uma série de pontos em que a figura do CC não se encaixaria com precisão no chamamento ao processo, tal como expresso no

---
70. *Código de Defesa do Consumidor comentado pelos autores do anteprojeto*, 9. ed., Rio de Janeiro: Forense-Universitária, 2007, p. 919.
71. Cf. *Curso de direito processual civil*, 44. ed., Rio de Janeiro: Forense, 2006, n.124-b, p. 157.
72. Cf. *Curso de direito processual civil*, 9. ed., Salvador: Jus Podivm, 2008, v. 1, n. 13.5, p. 386-389. No mesmo sentido, Alexandre Freitas Câmara, *Lições de Direito Processual Civil*, Rio de Janeiro: Lumen Juris, 19. ed., 2009, v. I, p. 203.

CPC. Entre eles destaca-se: a situação prevista no art. 1.698 visa a beneficiar o credor, ao contrário do que ocorre no chamamento, que é instituto que favorece o réu; a obrigação alimentar de cada um deles é autônoma, de modo que cada devedor de alimentos paga a parte que lhe cabe, sendo que no chamamento regulado no CPC o réu, ao pedir a integração do outro coobrigado vislumbra a hipótese de vir a obter ressarcimento do devedor principal ou pelo menos da quota-parte do devedor solidário. Entende, portanto, que seria uma forma de intervenção litisconsorcial ulterior, por pedido do autor.

As observações do processualista são sem dúvida alguma pertinentes. Porém, mesmo reconhecendo as diferenças entre a figura do Código Civil e a modalidade, vamos dizer, "tradicional" do chamamento ao processo, Cássio Scarpinella Bueno[73] entende ser essa a figura processual mais adequada para resolver a situação de direito material. Para ele, uma intervenção litisconsorcial ulterior deveria respeitar os limites do art. 264 do CPC, impedindo a sua ocorrência após a citação, o que se traduziria em menor efetividade para o exercício dos direitos do autor alimentando.

A questão é delicada, e cremos que mereceria tratamento legislativo mais detalhado. Na falta desse detalhamento, porém, estamos mais inclinados a admitir o uso, ainda que anômalo, do chamamento ao processo. O ideal seria, realmente, uma nova lei processual para tratar adequadamente do tema. De qualquer modo, esse é mais um dos temas envolvendo a aplicação do Código Civil que a jurisprudência terá de enfrentar e definir parâmetros.

34.7. O "AMICUS CURIAE"

34.7.1. NATUREZA, FUNÇÃO E PREVISÃO NO ORDENAMENTO JURÍDICO

Devemos considerar, finalmente, neste capítulo sobre intervenção de terceiros, uma figura, oriunda do direito anglo-saxão, incorporada ao nosso ordenamento jurídico em época relativamente recente. Trata-se de "amicus curiae", expressão que pode ser traduzida como amigo da corte.

Em primeiro lugar, é de notar que, justamente por não ter raízes na tradição do nosso direito, a sua natureza jurídica é controvertida. Como sintetiza Walber de Moura Agra[74], há quem entenda se tratar de forma especial de intervenção de terceiros, outros como algo distinto de qualquer espécie de intervenção, havendo até quem o considere um curador especial. Essa última ideia parece que deve ser rejeitada, visto que o curador atua em proteção de uma determinada parte, enquanto o "amicus curiae" não tem essa vinculação.

---

73. Cf. Chamamento ao processo e o devedor de alimentos. In: *Aspectos polêmicos e atuais sobre terceiros no processo civil e assuntos afins*, coord. de Fredie Didier Jr. e Teresa Arruda Alvim Wambier, São Paulo: Revista dos Tribunais, 2004.
74. *Aspectos controvertidos do controle de constitucionalidade*, Salvador: Jus Podium, 2008, p. 141.

Entendemos mais adequado, para um estudo sistemático, incluir o estudo do *amicus curiae* neste capítulo, destacando, porém, que essa figura não se amolda a nenhuma forma tradicional de intervenção de terceiros.

O *amicus curiae* auxilia o juízo, veiculando posicionamentos de determinados setores da sociedade ou fornecendo subsídios técnicos, favorecendo, assim, o aprimoramento da prestação jurisdicional. Como aponta Cássio Scarpinella Bueno[75], o *amicus* é verdadeiro agente do contraditório (tomado o termo na acepção de colaboração na prestação jurisdicional), enriquecendo o debate judicial a respeito de determinadas questões jurídicas. A título de exemplo, lembre-se, aqui, a intervenção do Instituto Brasileiro de Direito Processual na ação direta de inconstitucionalidade do art. 285-A, ou do Conselho Federal da Ordem dos Advogados do Brasil na discussão da Lei Maria da Penha (veja-se decisão monocrática do Ministro Marco Aurélio, datada de 06/10/2008, na ADC 19, admitindo essa intervenção).

Nosso ordenamento jurídico conta, atualmente, com algumas situações em que a atuação de um terceiro, como *amicus curiae*, é possível, embora a menção específica a tal expressão seja feita apenas na Resolução nº 390/2004, do Conselho a Justiça Federal[76].

Fredie Didier Jr.[77] indica como hipóteses de atuação do "amicus curiae" a da Comissão de Valores Mobiliários – CVM (art. 31, da Lei nº 6.385/1976) em matéria de sua competência, a do Conselho Administrativo de Defesa Econômica – Cade (art. 89, da Lei nº 8.884/1994), em processos relativos à concorrência, ou de pessoas não determinadas, no caso do incidente de decretação de inconstitucionalidade no âmbito do tribunal (art. 482, CPC), no julgamento de Recurso Extraordinário interposto de decisão oriunda de Juizado Especial Federal (art. 321, § 5º, III, do Regimento Interno do STF), no incidente de Repercussão Geral do Recurso Extraordinário (art. 543-A, § 6º, CPC) e no procedimento de edição de enunciado de súmula vinculante (art. 3º, da Lei nº 11.417/2006). Como se vê, nos dois primeiros casos, a presença do "amicus curiae" tem em vista a necessidade de especiais esclarecimentos técnicos, enquanto nos demais ele aparece mais como uma exigência de pluralismo.

Mas, a despeito de serem variadas as hipóteses previstas em lei para sua atuação, bem como diversas as razões de ser, merece maior destaque, sem dúvida alguma, sua presença nas ações de controle abstrato de constitucionalidade. Realmente, nos processos oriundos de ação em que se discute em abstrato a (in)constitucionalidade das normas, considerando a especial necessidade de dar voz aos diversos setores da sociedade, bem como as particularidades decorrentes de se tratar de processos de caráter objetivo, parece que a atuação do "amicus curiae" apresenta-se como sendo

---

75. *Curso sistematizado de direito processual civil*, São Paulo: Saraiva, 2007, v. 2, tomo I, p. 529-530.
76. Cássio Scarpinella Bueno, *Curso sistematizado de direito processual civil*, São Paulo: Saraiva, 2007, v. 2, tomo I, p. 530.
77. *Curso de direito processual civil*, 9. ed., Salvador: Jus Podium, 2008, v. 1, p. 380.

da maior importância. Sim, porque nesse tipo de processo, justamente por não se identificar propriamente uma parte passiva, o efetivo contraditório (expressão de pluralismo e democracia) pode depender muito dessa figura. Como os ministros do Supremo Tribunal Federal repetidamente têm destacado,

> *a admissão de terceiro, na condição de "amicus curiae", no processo objetivo de controle normativo abstrato, qualifica-se como fator de legitimação social das decisões da Suprema Corte, enquanto Tribunal Constitucional, pois viabiliza, em obséquio ao postulado democrático, a abertura do processo de fiscalização concentrada de constitucionalidade, em ordem a permitir que nele se realize, sempre sob uma perspectiva eminentemente pluralística, a possibilidade de participação formal de entidades e de instituições que efetivamente representem os interesses gerais da coletividade ou que expressem os valores essenciais e relevantes de grupos, classes ou estratos sociais. Em suma: a regra inscrita no art. 7º, § 2º, da Lei nº 9.868/1999 — que contém a base normativa legitimadora da intervenção processual do "amicus curiae" — tem por precípua finalidade pluralizar o debate constitucional. (ADI 2.130-MC, rel. min. Celso de Mello, DJ 02/02/2001). Vê-se, portanto, que a admissão de terceiros na qualidade de amicus curiae traz ínsita a necessidade de que o interessado pluralize o debate constitucional, apresentando informações, documentos ou quaisquer elementos importantes para o julgamento da ação direta de inconstitucionalidade*[78].

Assim é que nos fixaremos na participação do "amicus curiae" nesse tipo de processo para identificar sua forma de atuação.

34.7.2. FORMA DE ATUAÇÃO

Em primeiro lugar, observamos a sua previsão expressa, como já foi dito, no art. 7º, § 2º, da Lei nº 9.868/1999 ("**o relator, considerando a relevância da matéria e a representatividade dos postulantes, poderá, por despacho irrecorrível, admitir, observado o prazo fixado no parágrafo anterior, a manifestação de outros órgãos ou entidades**"). Essa norma está inserida no contexto da Ação Direta de Inconstitucionalidade (ADIn), mas o entendimento é no sentido de que também se aplica à Ação Declaratória de Constitucionalidade (ADC)[79], ou à Arguição de Descumprimento de Preceito Fundamental[80].

---

78. ADI 3.921, Rel. Min. Joaquim Barbosa, decisão monocrática, julgamento em 24/10/2007, DJ 31/10/2007.
79. Embora o art. 7º da Lei nº 9.868/1999 refira-se à ação direta de inconstitucionalidade, entendo-o aplicável à declaratória de constitucionalidade prevista na mesma lei. É que ambas são de mão dupla, podendo-se chegar quer à conclusão sobre a harmonia do ato normativo com a Carta Federal, quer a resultado diverso, assentando-se a pecha. No mais, reconheço ao Conselho Federal da Ordem dos Advogados do Brasil papel em defesa da própria sociedade. Então, em jogo a denominada Lei Maria da Penha – Lei nº 11.340/2006 –, tenho como acolhível o pleito formalizado. (ADC 19, Rel. Min. Marco Aurélio, decisão monocrática, julgamento em 06/10/2008, DJE de 15/10/2008)
80. Cf. Dirley da Cunha Junior, p. "A Intervenção de Terceiros no Processo de Controle Abstrato de Constitucionalidade – a intervenção do particular, do colegitimado e do *amicus curiae* na ADIn, ADC e ADPF", in *Aspectos polêmicos e atuais sobre os terceiros no processo civil e assuntos afins*, coord. Fredie

É possível identificar-se uma intervenção voluntária com base no mencionado art. 7º, § 2º, da Lei nº 9.868/1999, mas, também, de uma intervenção provocada, por força do disposto nos arts. 9º, § 1º, e 20, § 1º, da mesma lei, que preveem a possibilidade de o relator *"requisitar informações adicionais (...) ou ouvir depoimentos de pessoas com experiência e autoridade na matéria"*.

Para que essa atuação seja possível, é mister, em primeiro lugar, conforme expressamente consta do aludido § 2º, que a entidade que pretende figurar como "amicus curiae" em processo de controle abstrato de constitucionalidade tenha **representatividade adequada**. É comum observarmos, nas diversas decisões monocráticas sobre a admissibilidade ou não da intervenção, a referência à representatividade da entidade. De fato, a intervenção não poderia ser admitida para qualquer pessoa, sob pena de inviabilizarmos o andamento desse tipo de processo. É assim que, por exemplo, já se reconheceu representatividade adequada para atuar na discussão sobre a constitucionalidade da Lei Maria da Penha tanto do Conselho Federal da OAB, pelo seu papel de defesa da sociedade[81], como de outras duas entidades de defesa da mulher[82]. Em outra oportunidade, negou-se à Associação Nacional dos Procuradores do Trabalho a possibilidade de intervenção como "amicus curiae" no processo em que se discutia a constitucionalidade de determinado normativo estadual, sob o argumento de que a relevante missão de defesa institucional foi atribuída ao próprio Ministério Público, e não àquela associação de classe[83]. De todo modo, só mesmo em cada caso concreto é possível avaliar se determinada entidade tem ou não representatividade adequada.

Outra discussão que teve lugar nessa matéria diz respeito ao momento de intervenção do "amicus curiae". Isso se originou principalmente pelo fato de que o dispositivo legal a que o § 2º fazia remissão, pertinente ao prazo, foi vetado. Diante da omissão, qual seria o momento em que seria admissível a participação? Já há algum tempo se pôde decidir que não havia prazo determinado na lei para a admissão, tendo em vista o mencionado veto, mas o "amicus curiae" receberia o processo no estado em que ele se encontrasse[84]. Esse entendimento, mantido em outros julgados, recebeu como reforço o emprego da analogia relativa à figura do assistente[85]. A inexistência de prazo não significa, porém, que a intervenção será admitida a qualquer tempo. Realmente, já se rejeitou a

---

Didier Jr. e Teresa Arruda Alvim Wambier, São Paulo: Revista dos Tribunais, p. 165-166; Cássio Scarpinella Bueno, *Curso sistematizado de direito processual civil*, São Paulo: Saraiva, 2007, v. 2, tomo I, p. 531.
81. Cf. ADC 19, Rel. Min. Marco Aurélio, j. 06/10/2008, DJE 15/10/2008.
82. Cf. ADC 19, Rel. Min. Marco Aurélio, decisão monocrática, julgamento em 13/12/2008, *DJE* de 03/02/2009.
83. Cf. ADI 3.406, Rel. Min. Ellen Gracie, decisão monocrática, julgamento em 06/02/2009, *DJE* de 16/02/2009.
84. Cf. Min. Cezar Peluso ADI 3.329, DJ de 25/05/2006.
85. Cf. ADI 3.408, Rel. Min. Menezes Direito, decisão monocrática, julgamento em 23/9/2008, *DJE* de 01/10/2008.

intervenção por ela se revelar inútil, pois o relator já tinha enviado os autos para a mesa do julgamento[86].

Além de peticionar apresentando informações e/ou documentos, atualmente tem-se admitido a possibilidade de sustentação oral por parte do "amicus curiae"[87], conforme entendimento, aliás, da maioria da doutrina[88]. Quanto à possibilidade ou não de interposição de recurso pelo "amicus curiae", trata-se de tema controvertido. Fredie Didier Jr. manifestou-se pela negativa[89]. O STF registra várias decisões no sentido de ser inadmissível até mesmo a interposição de embargos de declaração pelo "amicus curiae"[90]. Quanto à recorribilidade ou não da decisão que não admite a intervenção, apesar de a lei expressamente negar a possibilidade, há decisões divergentes a respeito[91].

Finalmente, deve-se destacar que o tema do "amicus curiae" vem sendo agitado com cada vez maior frequência, não sendo descabido imaginar que há muito ainda por se desenvolver a respeito, tanto em termos doutrinários como legislativos.

BIBLIOGRAFIA

AGRA, Walber de Moura. *Aspectos Controvertidos do Controle de Constitucionalidade*. Salvador: Jus Podivm, 2008.

ARRUDA ALVIM, José Manoel de. *Manual de Direito Processual Civil*. 9. ed. São Paulo: Revista dos Tribunais, 2005, v. II.

ASSIS, Carlos Augusto de; CUNHA CAMARGO, Cláudia Maria Carvalho do Amaral. Denunciação da Lide e evicção no direito pátio. *Revista Gênesis de Direito Processual Civil*, v. 38, dez. 2005.

BARBI, Celso Agrícola. *Comentários ao Código de Processo Civil*. 6. ed. Rio de Janeiro: Forense, 1991, v. I.

BEDAQUE, José Roberto dos Santos. *Direito e Processo*. São Paulo: Malheiros, 1995.

_____. *Código de Processo Civil Interpretado*, coord. por Antonio Carlos Marcato. 3. ed. São Paulo: Atlas, 2008.

---

86. ADI 4.071-AgR, Rel. Min. Menezes Direito, julgamento em 22/04/2009, Plenário, Informativo 543; ADI 2.669, Rel. Min. Presidente Gilmar Mendes, decisão monocrática, julgamento em 25/05/2009, DJE 02/06/2009; ADI 4.001, Rel. Min. Eros Grau, decisão monocrática, julgamento em 14/05/2008, DJE de 21/05/2008.
87. Cf. ADI 2.777-QO, voto do Min. Sepúlveda Pertence, julgamento em 26/11/2003, Informativo 349.
88. Cf. Nelson Nery Jr. e Rosa Maria de Andrade Nery, *Código de Processo Civil comentado e legislação extravagante*, 7. ed., 2003, nota 5 ao art. 7º, da Lei nº 9.868/1999, à p. 1384; Fredie Didier Jr., *Curso de Direito Processual Civil*, 9. ed., Salvador: Jus Podivm, 2008, v. 1, p. 384.
89. Cf. *Recurso de terceiro*, São Paulo: Revista dos Tribunais, 2002, p. 158.
90. ADI 3.615-ED, Rel. Min. Cármen Lúcia, julgamento em 17/03/2008, DJE de 25/04/2008; ADC 18-ED, Rel. Min. Menezes Direito, decisão monocrática, julgamento em 22/04/2009, DJE de 02/05/2009; ADI 2.591-ED, Rel. Min. Eros Grau, julgamento em 14/12/2006, DJ de 13/04/2007.
91. Entendendo descabida a impugnação, ADI 3.346-AgR-ED, Rel. Min. Marco Aurélio, decisão monocrática, julgamento em 28/04/2009, DJE de 12/05/2009; aceitando a impugnação, ADI 3.615-ED, Rel. Min. Cármen Lúcia, julgamento em 17/03/2008, DJE de 25/04/2008.

Bueno, Cássio Scarpinella. Chamamento ao Processo e o devedor de alimentos. In: Didier Jr., Fredie; Wambier, Teresa Arruda Alvim (coords.). *Aspectos polêmicos e atuais sobre terceiros no processo civil e assuntos afins*. São Paulo: Revista dos Tribunais, 2004.

_____. *Curso Sistematizado de Direito Processual Civil*. São Paulo: Saraiva, 2007, v. 2, t. I.

Caldeira, Adriano Braz. A Inconstitucionalidade da Obrigatoriedade da Denunciação da Lide. *RePro* 134-75-87, abr. 2006.

Câmara, Alexandre Freitas. *Lições de direito processual civil*. 19. ed. Rio de Janeiro: Lumen Juris, 2009, v. 1.

Carneiro, Athos Gusmão. *Intervenção de Terceiros*. 11. ed. São Paulo: Saraiva, 2000.

Cunha Junior, Dirley da. A intervenção de terceiros no processo de controle abstrato de constitucionalidade – a intervenção do particular, do colegitimado e do *amicus curiae* na ADIN, ADC e ADPF. In: Didier Jr., Fredie; Wambier, Teresa Arruda Alvim (coords.). *Aspectos polêmicos e atuais sobre terceiros no processo civil e assuntos afins*. São Paulo: Revista dos Tribuanis, 2004.

Didier Jr., Fredie. *Curso de Direito Processual Civil*. 9. ed. Salvador: Jus Podivm, 2008, v. 1.

Dinamarco, Cândido Rangel. *Instituições de Direito Processual Civil*. 6. ed. São Paulo: Malheiros, 2009, v. II.

_____. *Intervenção de Terceiros*. São Paulo: Malheiros, 1997.

Flaks, Milton. *Denunciação da Lide*. Rio de Janeiro: Forense, 1984.

Gonçalves, Marcus Vinícius Rios. *Novo Curso de Direito Processual Civil*. 3. ed. São Paulo: Saraiva, 2006, v. 1.

Greco Filho, Vicente. *Direito Processual Civil Brasileiro*. 19. ed. São Paulo: Saraiva, 2006, v. 1.

Machado, Antonio Cláudio da Costa. *Código de Processo Civil Interpretado*. 6. ed. Barueri: Manole, 2007.

Marcato, Antonio Carlos. *Procedimentos Especiais*. 10. ed. São Paulo: Atlas, 2004.

Marinoni, Luiz Guilherme; Arenhart, Sérgio Cruz. *Curso de Processo Civil*. 7. ed. São Paulo: Revista dos Tribuanis, 2008, v. 2.

Negrão, Theotônio; Gouvêa, José Roberto Ferreira. *Código de Processo Civil e legislação extravagante*. 40. ed. São Paulo: Saraiva, 2008.

Nery Junior, Nelson; Nery, Rosa Maria de Andrade. *Código de Processo Civil Comentado*. 7. ed. São Paulo: Revista dos Tribunais, 2003.

Pontes de Miranda, Francisco Cavalcanti. *Comentários ao Código de Processo Civil*. 2. ed. Rio de Janeiro: Forense, 1979, t. II.

Rodrigues, Marcelo Abelha. *Manual de direito processual civil*. São Paulo: RT, 4ª ed., 2008.

SALAZAR, Rodrigo. Hipóteses de denunciação da lide do art. 70, I, do CPC: análise do art. 456 do novo CC. Possibilidade de denunciação *per saltum*. In: DIDIER JR., Fredie; WAMBIER, Teresa Arruda Alvim (coords.). *Aspectos polêmicos e atuais sobre terceiros no processo civil e assuntos afins*. São Paulo: Revista dos Tribunais, 2004.

SANTOS, Ernane Fidélis dos. *Manual de Direito Processual Civil*. 11. ed. São Paulo: Saraiva, 2006, v. 1.

_____. *Dos Procedimentos Especiais do Código de Processo Civil*. 3. ed. Rio de Janeiro: Forense, 1999.

SANTOS, Moacyr Amaral. *Primeiras Linhas de Direito Processual Civil*. 24. ed. São Paulo: Saraiva, 2007, v. 2 (atualizado por Maria Beatriz Amaral Santos Köhnen).

SILVA, Ovídio Araújo Batista da; GOMES, Fábio. *Teoria Geral do Processo*. 2. ed. São Paulo: Revista dos Tribunais, 2000.

THEODORO JUNIOR, Humberto. *Curso de Direito Processual Civil*. 44. ed. Rio de Janeiro: Forense, 2006, v. 1.

WATANABE, Kazuo. *Código de Defesa do Consumidor comentado pelos autores do anteprojeto*. 9. ed. Rio de Janeiro: Forense-Universitária, 2007.

CAPÍTULO 35

PROCEDIMENTO

CARLOS AUGUSTO DE ASSIS

35.1. DIFERENÇA ENTRE PROCESSO E PROCEDIMENTO

CONFORME JÁ ABORDADO anteriormente, desde Von Bullow, o processo tem sido considerado, por muitos autores, como sendo, essencialmente, uma relação jurídica. Cremos, entretanto, que falar relação jurídica, apenas, não basta. Expressa melhor a realidade dizer que se trata de relação jurídica que se desenvolve segundo um determinado procedimento[1]. É nesse sentido a fórmula que encontramos em Cândido Dinamarco[2], do processo sendo a soma de *relação jurídica processual* e *procedimento*. Relação jurídica, estabelecendo poderes, direitos, faculdades e deveres entre os sujeitos do processo; procedimento, ditando o ritmo, a velocidade e modo de o processo se desenvolver.

Realmente, se formos pensar no processo como relação jurídica, não podemos ignorar que ela não é estática. Está sempre se movendo em direção a um determinado fim. Sempre se destacou a origem etimológica do processo como oriundo de *pro cedere*, i.e., ir para frente, revelando sua vocação finalística e essencialmente dinâmica.

---

1. Naturalmente, a definição de processo pode variar, bastante, de acordo com o prisma analisado. Assim, se formos relacionar à jurisdição, por exemplo, podemos dizer que o processo é instrumento para exercício da jurisdição. Parece-nos que é nesse sentido que devemos entender o conceito apresentado por Alfredo Buzaid na Exposição de Motivos do Código de Processo Civil: "o processo civil é um instrumento que o Estado põe à disposição dos litigantes, a fim de administrar a justiça."
2. *Instituições de direito processual civil*, 6. ed., São Paulo: Malheiros, 2009, v. II, n. 387, p. 25-28.

Essa característica dinâmica do processo se revela, sobretudo, através do chamado procedimento. Procedimento aqui entendido como modelo de sequência de atos, ou o esquema a ser observado para atingimento de um determinado fim. Podemos dizer que procedimento é o caminho a ser percorrido pelos sujeitos do processo.

O procedimento apresenta-se, assim, como a face visível do processo. Quando eu olho para um processo o que vejo é o procedimento, expresso pelos atos que vão sendo praticados coordenadamente, e não – pelo menos, não diretamente – a própria relação jurídica que envolve demandante, juiz e demandado.

Do exposto podemos entender que não é possível fazer perfeita distinção entre norma de processo e norma de procedimento, uma vez que dizem respeito a uma mesma realidade. Alterar, por exemplo, um prazo processual repercute nos poderes das partes e no direito de defesa. Estamos falando também em processo, portanto. Ocorre que a Constituição Federal, embora estabeleça ser privativo da União legislar sobre matéria processual (art. 22, I), prevê competência concorrente entre União, Estados e Distrito Federal a respeito de *procedimentos em matéria processual* (art. 24, XI). Pelo mesmo dispositivo, caberia à União estabelecer normas *gerais* nessa matéria (§ 1º), sem prejuízo da competência suplementar dos Estados (e o Distrito Federal). O que seriam, nesse contexto, normas procedimentais? Mais ainda, o que seriam normas procedimentais *gerais*? A questão é controversa. Vicente Greco Filho entende que não é possível separar procedimento de direito processual. Defende, então, que a competência concorrente estabelecida no art. 24, XI, limita-se a "procedimentos administrativos de apoio ao processo"[3]. Wambier-Correia de Almeida-Talamini reconhecem a dificuldade em se fazer a separação e destacam que temas relacionados a jurisdição, ação, defesa, contraditório, decisões judiciais, condições da ação e pressupostos processuais estão fora da competência estadual[4]. Cássio Scarpinella Bueno parece admitir maior gama de possibilidades em termos de legislação estadual no âmbito procedimental, pois afirma que a Constituição teria autorizado "uma verdadeira revolução no direito processual civil brasileiro[5]". Arruda Alvim é mais restritivo e, após traçar alguns limites básicos para a lei estadual, oferece como exemplo de *norma procedimental não geral* a que estabelecesse novas formas de citação ou intimação no âmbito do Estado-federado que a promulgou[6]. De nossa parte, cremos que, dada a estreita ligação entre processo e procedimento, o âmbito em que o legislativo estadual poderia fazer uso de sua competência concorrente é bastante restrito. O STF já teve oportunidade de se pronunciar sobre essa temática em algumas oportunidades: (a) no sentido de que os Estados não

---

3. *Direito processual civil brasileiro*, 19. ed., São Paulo: Saraiva, 2006, v. 1, p. 70-71.
4. *Curso avançado de processo civil*, 10. ed., São Paulo: Revista dos Tribunais, 2008, v. 1, p. 182.
5. *Curso sistematizado de direito processual civil*, São Paulo: Saraiva, 2007, v. 1, p. 454.
6. *Manual de direito processual civil*, 9. ed., São Paulo: Revista dos Tribunais, 2005, v. 1, p. 123.

podiam criar exigência de depósito recursal para recursos do Juizado Especial, pois envolvendo o direito de recorrer, seria matéria de processo e não de procedimento (ADI 4.161-MC, Rel. Menezes Direito, j. 29/10/2008, DJE 17/04/2009); (b) estabelecendo que os Estados não poderiam criar recurso contra decisão de turma recursal (AI 253.518-AgRg, Rel. Min. Marco Aurélio, j. 09/05/2000, DJ 18/08/2000); e (c) disciplinando que as custas forenses são matéria de competência concorrente, da União e Estados, sendo que a União deverá estabelecer normas gerais a respeito e, enquanto não o fizesse, os Estados teriam competência plena sobre a matéria (ADI 1.926-MC, Rel. Min. Sepúlveda Pertence, j. 19/04/1999, DJ 10/09/1999).

35.2. NECESSIDADE DE PROCEDIMENTOS DIVERSOS. O DIREITO MATERIAL E OS PROCEDIMENTOS

A partir de tais noções acerca do procedimento, não é difícil intuir que ele terá papel fundamental na aplicação do direito material e deverá ser construído pelo legislador de acordo com o objetivo específico visado. Simples. O procedimento a ser utilizado em processo destinado a descobrir a verdade e declarar o direito aplicável, estabelecendo quem tem razão, não pode ser o mesmo daquele cuja finalidade é satisfazer praticamente o direito ao recebimento de quantia. É por demais óbvio que o procedimento nos processos de conhecimento, execução e cautelar devem ser diversos.

O exemplo dado no parágrafo anterior, porém, propositadamente figurou situações em que as finalidades eram bastante diversas só para assentar a premissa de que o procedimento não pode ser sempre o mesmo em qualquer situação, justamente porque dele depende o próprio resultado visado. Fixada essa ideia, devemos partir para discussões um pouco mais complexas. Essas discussões envolvem o próprio papel do procedimento na atividade jurisdicional.

Nesse particular, podemos observar uma variação muito grande na forma com que se tem encarado o procedimento. Primitivamente, na fase imanentista, só se enxergava o procedimento, pois não se tinha consciência da autonomia do processo. Depois, com o estabelecimento da autonomia do processo, e da descoberta da relação jurídica processual, o procedimento ficou relegado a segundo plano. Mais recentemente, porém, os processualistas se aperceberam de que a realização do direito material está intimamente ligada ao procedimento. O procedimento novamente passou a ser valorizado.

Para os fins da análise empreendida neste capítulo, basta analisarmos a figura do procedimento a partir do momento em que se reconhece a autonomia científica do Direito Processual. Durante a fase autonomista do processo, como observou Ovídio Baptista[7], prevalecia a ideia de que um procedimento padrão (ordinário), na

---

7. Cf. Ovídio Araújo Baptista da Silva, *Curso de processo civil*, Porto Alegre: Sérgio Fabris Editor, 1987, v. 1, capítulo "Processos e Procedimentos", p. 93-115, em que essas ideias são desenvolvidas.

atividade jurisdicional de conhecimento seria o melhor caminho, e que os procedimentos especiais seriam um desvio justificado muitas vezes apenas pela tradição. O procedimento ordinário tinha a vantagem de abrigar todo o conflito, propiciando a plenitude do debate, sem cortes cognitivos. Nas últimas décadas, entretanto, os processualistas passaram a se preocupar de modo especial com a **efetividade** do processo, destacando que ele deve ser eficaz como instrumento de realização do direito material da melhor forma e no menor tempo possíveis. Nesse momento percebeu-se que a ideia de um procedimento único se apresentava muitas vezes como um grande obstáculo para a efetividade do processo.

Observe-se que quando se fala em ordinário, quer-se dizer, na realidade, procedimento comum. Isso porque mesmo o então procedimento sumaríssimo (hoje, com algumas adaptações, correspondente ao sumário), lembrava Ovídio Baptista[8], não passava de um ordinário abreviado.

Assim é que se passou a falar, com frequência, em **tutela jurisdicional diferenciada**[9] o que era, no fundo, a admissão de que havia necessidade do estabelecimento de procedimentos (ou técnicas procedimentais) diferenciados, de modo a propiciar maior efetividade. Como diz José Roberto Bedaque[10], a concepção de tutela jurisdicional diferenciada leva em consideração *"a natureza do direito pleiteado e os mecanismos necessários para sua efetiva satisfação"*.

Observa, porém, Marinoni[11] que é ilusório pensar que se podem construir tantos procedimentos quantas forem as situações de direito material. Hoje em dia, a par de procedimentos especiais, permitiu-se uma flexibilização dentro do próprio procedimento ordinário, inclusive através de cláusulas gerais. É o caso da antecipação de tutela prevista no art. 273 e dos mecanismos de tutela de obrigação de fazer e não fazer do art. 461.

Chegamos, portanto, ao ponto essencial, que deve ser repisado: não se pode diminuir o valor do procedimento no atingimento dos fins do processo, particularmente a instrumentalização do direito material. Não se trata de sobrevalorizar a forma, mas de perceber que a estruturação do procedimento é de fundamental importância para adaptar o processo às necessidades do direito material[12]. Nesse tema, como em tantos outros, é a perfeita consciência da instrumentalidade do processo que deve nortear o processualista.

---

8. Cf. *Curso de processo civil*, Porto Alegre: Sérgio Fabris Editor, 1987, v. 1, p. 115.
9. Ver, por todos, Andrea Proto Pisani, Sulla tutela giurisdizionale differenziata, *Rivista di Diritto Processuale* 4/536-591, 1979.
10. Cf. *Direito e processo*, São Paulo: Malheiros, 1995, item 18, p. 53.
11. Cf. Luiz Guilherme Marinoni, *Curso de direito processual civil*: Teoria geral do processo, 2. ed., 2007, itens 2.12 e 2.13, p. 436-440.
12. Cf. José Roberto Bedaque, *Direito e processo*, São Paulo: Malheiros, 1995, item 13, p. 40-41; Luiz Guilherme Marinoni, *Curso de direito processual civil*: Teoria geral do processo, 2. ed., 2007, item 2.8, p. 428-430. Marinoni destaca também, que além de adequado a tutelar os direitos, o procedimento deve *"expressar a observância dos direitos fundamentais processuais"* (op. cit., item 2.2, p. 414).

35.3. CLASSIFICAÇÃO DOS PROCEDIMENTOS

Percebida a relação entre procedimento e processo e de procedimento e adaptação à realidade do direito material, podemos nos dedicar aos aspectos classificatórios do tema.

Comecemos pela classificação diretamente derivada do direito positivo. Em se tratando de processo de conhecimento, notamos a existência de um procedimento comum e de procedimentos especiais (regulados no Livro IV, do CPC, e em legislação extravagante). O procedimento comum, dividido em ordinário e sumário (art. 272, *caput*, CPC).

A estrutura do procedimento comum pode ser bem identificada a partir das fases, quais sejam, a **postulatória** (envolvendo a postulação principal do autor e a atitude do réu em face dessa postulação), a **ordinatória** (em que o juiz expurga o processo de vícios e define seus rumos), a **instrutória** (caracterizada pela concentração de atos de natureza probatória) e a **decisória** (em se proferindo a sentença). Essas fases se encontram bem delineadas no procedimento comum ordinário. No procedimento comum sumário a estrutura é basicamente a mesma, mas, dada a concentração característica dessa modalidade procedimental, há uma certa interpenetração entre essas fases, aparecendo em parte aglutinadas.

E os procedimentos especiais? Como se diferenciam? Marcato[13] adverte que as diferenciações podem ser as mais variadas possíveis, apresentando-se pela alteração dos prazos de resposta, nas regras de legitimação e iniciativa das partes, na natureza dúplice da ação, em regras especiais de competência, de citação, da inalterabilidade do pedido, na fusão de providências de caráter cognitivo, executivo e cautelar, na concessão de medidas *inaudita altera parte*, nas limitações ao direito de defesa e no juízo de equidade.

No processo de execução também podemos identificar vários tipos de procedimento, dependendo do tipo de satisfação pretendida ou de especial característica envolvida. Nesse sentido observamos procedimentos para execução de entrega de coisa (arts. 621 a 631), obrigações de fazer e não fazer (arts. 632 a 645), por quantia certa contra devedor solvente (arts. 646 a 729), contra a Fazenda Pública (arts. 730 e 731), prestação de alimentos (arts. 732 a 735) e por quantia certa contra devedor insolvente (arts. 748 a 786-A).

Finalmente, no processo cautelar pode ser encontrado um procedimento comum, estabelecido no capítulo das disposições gerais (arts. 796 a 813), ao lado de vários procedimentos especiais, ou, pelo menos, de regras procedimentais especiais, na regulamentação dos procedimentos cautelares específicos (arresto, sequestro, caução etc.), dos arts. 813 a 889. Em outras palavras, para as cautelares inominadas, aplica-se, simplesmente, o procedimento comum. Para as cautelares nominadas

---

13. Cf. Antonio Carlos Marcato, *Procedimentos especiais*, 10. ed., São Paulo: Atlas, 2004, item 16, p. 75-81.

(específicas), aplica-se o procedimento especial ali previsto, ou as regras especiais ali estipuladas, e, subsidiariamente, o procedimento comum constante do capítulo das disposições gerais.

A par dessa classificação diretamente derivada do direito positivo, podemos, segundo a doutrina, classificar o procedimento quanto à sua linguagem, em escrito, oral e misto. O nosso modelo de procedimento tem por base a oralidade, mas, como se reconhece na própria Exposição de Motivos do Código de Processo Civil (itens 13 e 15), *"mitigando-lhe o rigor, a fim de atender a peculiaridades da extensão territorial do país"*. De fato, hoje em dia é virtualmente impossível, pelo menos na maioria dos países, a adoção da oralidade pura, como vigorava no antigo processo romano no período da *legis actiones*. O que se pode observar é um esforço para, regra geral, contemplar os subprincípios da oralidade, na formulação clássica de Chiovenda, mas, com várias exceções. Assim, como destacam Cintra, Grinover e Dinamarco[14], o nosso procedimento, nesse sentido, é considerado misto.

Sobre **oralidade**, oportuno tecer mais alguns comentários, sobretudo pela importância histórica desse princípio[15]. A oralidade, na formulação de Chiovenda, envolveria os seguintes subprincípios: a) *prevalência da palavra (oral) como meio de expressão*[16] (que não exclui, evidententemente, o emprego de meios escritos, mas dá grande valor à tomada de depoimentos orais, das partes, testemunhas e peritos, além dos debates orais que se seguem à instrução); b) *imediação* (significando que o juiz deve direta e pessoalmente proceder à coleta da prova oral, podendo assim avaliar melhor os depoimentos); c) *identidade física* (no sentido de que o juiz que esteja presente à coleta da prova oral deverá proferir julgamento); d) *concentração dos atos da causa* (para que a impressão formada no espírito do juiz, como fruto da palavra oralmente expressa, não se perca com o passar do tempo); e) irrecorribilidade das interlocutórias (para que os benefícios da palavra oral não desaparecessem, seria importante que as decisões interlocutórias não fossem sujeitas a recurso em apartado)[17]. Considerando o sistema brasileiro, deve-se observar, contudo, que, ressalvadas as demandas que tramitam pelos Juizados Especiais, a importância da oralidade, na prática, tem sido cada vez mais reduzida. Em parte, pelas exceções derivadas da própria lei, e, em certa medida, pela prática diária.

---

14. Cf. *Teoria geral do processo*, 24. ed., São Paulo: Malheiros, 2008, item, 209, p. 349-352.
15. Parte da doutrina, inclusive, insere a oralidade entre os princípios fundamentais do processo (nesse sentido, Arruda Alvim, *Manual de direito processual civil*, 9. ed., São Paulo: Revista dos Tribunais, 2005, v. 1, p. 33; Ovídio Batista da Silva, *Curso de processo civil*, Porto Alegre: Sérgio Fabris, 1997, v. 1, p. 47 e s.).
16. Na verdade, como bem observa Ovídio Batista da Silva (*Curso de processo civil*, Porto Alegre: Sérgio Fabris, 1997, v. 1, p. 53), isso seria o "núcleo do princípio", e não propriamente um subprincípio da oralidade como manifestou Chiovenda.
17. Essa é a apertada síntese do conteúdo do princípio da oralidade, feita por Chiovenda, seu grande defensor, em suas *Instituições de direito processual*, tradução de J. Guimarães Menegale da 2. edição italiana, São Paulo: Saraiva, 1945, v. 3, 67-81. Nas páginas seguintes, ele se dedica, ainda, a refutar objeções feitas à adoção da oralidade.

Veja-se que os debates orais, que deveriam ser a regra (art. 454, CPC), acabam quase que invariavelmente sendo substituídos pelos memoriais escritos. Por outro lado, as exceções à identidade física do juiz, inseridas no art. 132 do Código de Processo Civil, bastante numerosas, acabam por atenuar os efeitos do princípio em nosso sistema. Ademais, a própria existência do duplo grau de jurisdição como princípio importa em grande mitigação da oralidade, uma vez que o Tribunal, ao apreciar a causa em grau recursal (inclusive a matéria fática), irá examinar apenas a documentação dos depoimentos das partes e testemunhas.

Outra classificação do procedimento que merece ser destacada, tendo em vista o seu modo de ser, distingue procedimento *rígido* de procedimento *flexível*. Num sistema rígido a ordem dos atos do processo deve ser observada rigorosamente, sem possibilidade de retorno. No sistema rígido, como é o brasileiro, as preclusões ocupam importante papel. Preclusão é a perda da possibilidade de praticar um ato processual, seja pelo decurso do prazo (preclusão temporal), seja por ele já ter sido praticado (preclusão consumativa), seja por ser incompatível com outro já praticado (preclusão lógica).

BIBLIOGRAFIA

ARRUDA ALVIM, José Manoel de. *Manual de Direito Processual Civil*. 9. ed. São Paulo: Revista dos Tribunais, 2005, v. 1.

BEDAQUE, José Roberto dos Santos. *Direito e Processo*. São Paulo: Malheiros, 1995.

BUENO, Cássio Scarpinella. *Curso Sistematizado de Direito Processual Civil*. São Paulo: Saraiva, 2007, v. 1.

CHIOVENDA, Giuseppe. *Instituições de Direito Processual Civil*. 2. ed. italiana. Tradução de J. Guimarães Menegale. São Paulo: Saraiva, 1945, v. 3.

CINTRA, Antônio Carlos de Araújo; GRINOVER, Ada Pellegrini; DINAMARCO, Cândido Rangel. *Teoria Geral do Processo*. 24. ed. São Paulo: Malheiros, 2008.

DINAMARCO, Cândido Rangel. *Instituições de Direito Processual* Civil. 6. ed. São Paulo: Malheiros, 2009, v. II.

GRECO FILHO, Vicente. *Direito Processual Civil Brasileiro*. 19. ed. São Paulo: Saraiva, 2006, v. 1.

MARCATO, Antonio Carlos. *Procedimentos Especiais*. 10. ed. São Paulo: Atlas, 2004.

MARINONI, Luiz Guilherme. *Curso de Direito Processual Civil*: Teoria Geral do Processo. 2. ed. São Paulo: Revista dos Tribunais, 2007.

PROTO PISANI, Andrea. Sulla Tutela Giurisdizionale Differenziata. *Rivista di Diritto Processuale* 4/536-591, 1979.

SILVA, Ovídio Araújo Baptista da. *Curso de Processo Civil*. Porto Alegre: Sérgio Fabris, 1987, v. 1.

WAMBIER, Luiz Rodrigues; CORREIA DE ALMEIDA, Flávio; TALAMINI, Eduardo. *Curso Avançado de Processo Civil*. 10. ed. São Paulo: Revista dos Tribunais, 2008, v. 1.

Capítulo 36

Formação, suspensão e extinção do processo

Luiz Dellore

36.1. CONTEXTUALIZAÇÃO

Como já visto anteriormente, existem diversos conceitos para processo. Uma definição de fácil compreensão aponta que processo é o instrumento que o Estado coloca à disposição do jurisdicionado para administrar justiça, ou seja, resolver a lide[1].

Nesta perspectiva, se o processo busca solucionar a lide, não se deve entendê-lo como algo eterno. Muito ao contrário, é constante a preocupação com a celeridade do processo. Assim, deve o processo nascer, se desenvolver e morrer[2]. Tecnicamente, convencionou-se falar em formação, desenvolvimento e extinção do processo.

Além disso, por vezes algumas situações acarretam que o processo fique em estado de espera, aguardando por algum tempo. Esta é a suspensão do processo.

Neste momento, portanto, analisamos quais são as situações em que se verifica a formação, desenvolvimento, suspensão e extinção do processo.

Justifica-se a inclusão deste tópico em uma obra de teoria geral do processo porque todo e qualquer processo se forma e se extingue. Além disso, apesar de algumas distinções, é possível apontar traços comuns entre a formação, suspensão e extinção realizada nos três tipos de processos existentes (conhecimento, execução e cautelar).

---

1. A definição é de Alfredo Buzaid, e consta da Exposição de Motivos do Código de Processo Civil, item 5.
2. Carnelutti aponta que "Também o processo tem sua vida, isto é, seu princípio e fim" (*Como se faz um processo*. São Paulo: JG, 2003, p. 79).

36.2. FORMAÇÃO DO PROCESSO DE CONHECIMENTO

Como já visto anteriormente, a jurisdição é inerte, razão pela qual o Poder Judiciário em regra não atua de ofício, ou seja, não soluciona a lide sem que seja provocado. Ao contrário, é necessário que a parte busque a tutela jurisdicional.

E no momento em que a parte interessada busca a proteção jurisdicional é que se forma o processo.

Esta é a regra constante da parte inicial do art. 263: "Considera-se proposta a ação, tanto que a petição inicial seja despachada pelo juiz, ou simplesmente distribuída, onde houver mais de uma vara".

Nas comarcas onde houver mais de uma vara igualmente competente em razão da matéria[3], é necessário que haja um sorteio para se verificar qual será o órgão competente. Este sorteio é denominado de distribuição (CPC, art. 251). Contudo, se a comarca for menor e existir apenas uma vara competente, fala-se apenas em atribuição – situação que o art. 263 do CPC trata, simplesmente, como "petição inicial despachada pelo juiz".

Portanto, percebe-se que há a formação do processo no momento em que a petição inicial é protocolada em juízo.

Mas apenas há processo se uma petição é endereçada ao Poder Judiciário. Se alguém (ainda que advogado) formular algum pleito, por escrito, para um órgão administrativo estatal (como uma repartição pública) ou para um órgão privado, não haverá a formação de um processo no sentido técnico-jurídico. Exatamente porque apenas perante o Estado-juiz é que se forma o processo.

36.2.1. Estabilização da demanda (CPC, art. 264)

Por estabilização do processo entende-se a impossibilidade de alteração das partes (estabilização subjetiva) ou da causa de pedir e pedido (estabilização objetiva).

Portanto, até a realização da citação, ainda que já formado o processo, pode o autor realizar alterações em sua inicial, em relação a qualquer dos elementos da ação – partes, causa de pedir e pedido. Ou seja, ainda não há qualquer estabilização da demanda.

Efetivada a citação, somente é possível a alteração da causa de pedir e do pedido se houver concordância da parte contrária (CPC, art. 264, *caput*). Ou seja, há uma estabilização objetiva parcial da demanda.

Por fim, a partir do saneamento do processo, não é possível qualquer alteração da causa de pedir ou do pedido (CPC, art. 264, parágrafo único). Ou seja, estabilização objetiva total da demanda.

---

3. Mais de uma vara cível, vara de família e sucessões, vara do consumidor, vara da fazenda pública etc. (conforme a divisão de cada uma das Justiças). Havendo na comarca uma vara cível e uma vara criminal, não há falar em distribuição, já que há apenas uma vara cível para julgar a causa.

Já em relação à estabilização subjetiva da demanda, a regra está no art. 264, *caput*: realizada a citação, são mantidas as mesmas partes, "salvo as substituições permitidas por lei".

Estas "substituições permitidas em lei" são basicamente as previstas no CPC, arts. 41 a 43, sendo que um dos principais exemplos é a morte de alguma das partes. Contudo, critica a doutrina esta terminologia, destacando que o mais adequado seria falar em sucessão e não em substituição das partes[4].

Além de evitar o tumulto processual que qualquer alteração provoca, justifica-se a estabilização subjetiva também para evitar que alguém se beneficie de um processo que já estava previamente em trâmite.

Uma vez formado e estabilizado, o processo deverá seguir seu trâmite normalmente, até chegar à sua conclusão, de modo que se possa solucionar a lide.

Contudo, para que haja o trâmite adequado, determinadas regras devem ser observadas. Estes são os requisitos para o desenvolvimento válido e regular do processo.

36.2.2. Desenvolvimento válido e regular do processo

O desenvolvimento válido e regular do processo é um tema muito ligado aos pressupostos processuais e às nulidades, já devidamente enfrentados nesta obra[5]. De qualquer forma, neste momento cabem alguns esclarecimentos adicionais, para que se compreenda a tramitação da relação processual.

Formado o processo, ele deve prosseguir, via sequência de atos, até chegar à conclusão esperada, isto é, uma sentença que trará a solução do litígio.

Mas, se no decorrer do processo não houver a observância adequada da forma, não se estará diante de uma possibilidade de desenvolvimento regular do processo.

São diversos os requisitos para o desenvolvimento válido e regular do processo: capacidades das partes, competência do órgão julgador, imparcialidade do juiz etc. Ou seja, basicamente observância das regras formais previstas na legislação processual.

Diante da ausência de tais requisitos, haverá consequências para o processo, como se verá a seguir.

36.2.3. Ausência de requisitos de formação e desenvolvimento do processo

Sem a presença dos requisitos de constituição, o processo não se deveria formar. E sem os requisitos de validade, o processo não deveria prosseguir.

---

4. Para que não haja confusão com o fenômeno da substituição processual (legitimidade extraordinária), previsto no CPC, art. 6º: "Ninguém poderá pleitear, em nome próprio, direito alheio, salvo quando autorizado por lei. O 'pleitear direito alheio em nome próprio' é que seria a hipótese de substituição processual". Neste sentido, cf. Alexandre Freitas Câmara, *Lições de direito processual civil*, 15. ed. Rio de Janeiro: Lumen Júris, 2006, v. 1, p. 289.
5. Cf. capítulos 31 e 37.

Contudo, considerando a forma pela qual o sistema prevê a formação do processo (distribuição ou atribuição a um juiz), na realidade basicamente toda petição protocolada em juízo dará início a um processo. Por sua vez, se o juiz verificar que a petição não tinha condições de formar um processo (que já se formou), a consequência será a extinção do instrumento.

É exatamente o que preceitua o CPC, art. 267, IV, que aponta a extinção do processo na hipótese de ausência de "pressuposto de constituição" do processo. Não obstante este comando, reitere-se, se o Código aponta a necessidade de extinção, isso significa que o processo se formou[6].

E o mesmo inciso IV do art. 267 faz menção, também, à extinção do processo por falta de "pressuposto de desenvolvimento válido e regular do processo". Porém, não é a simples ausência de um tal requisito que imediatamente acarretará a extinção do processo. Em regra e desde que possível – e levando em conta que o processo não é um fim em si mesmo, mas tem por objetivo a solução da lide – primeiro o magistrado permitirá que a parte solucione a falha que acarreta a falha processual; somente se não houver a correção da falha é que o processo será extinto[7].

De qualquer forma, a problemática da extinção do processo será analisada com mais vagar após o estudo da suspensão do processo.

36.3. SUSPENSÃO DO PROCESSO DE CONHECIMENTO

Dúvida não há de que a lide debatida no processo deve ser solucionada com a maior brevidade possível. A insatisfação do jurisdicionado para com a demora do processo é uma constante no mundo inteiro – e isso se verifica agudamente no Brasil. Tanto é assim que foi alçado ao nível constitucional o princípio da razoável duração do processo[8]. Assim, em regra, não é de se admitir que o trâmite do processo seja suspenso, por qualquer que seja o tempo.

Contudo, por vezes a paralisação do trâmite processual se faz necessária. Isto se dá porque o legislador, analisando determinadas situações concretas, verifica que não se mostra adequado o prosseguimento imediato do processo. Percebe-se que é mais conveniente uma momentânea suspensão do processo. É deste instituto que ora tratamos.

Para entender as razões do instituto, bastam alguns exemplos:

(i) a suspensão é cabível como alternativa a uma pronta extinção do processo (é certo que, do ponto de vista da solução do conflito, melhor que haja a momentânea paralisação do trâmite processual do que a extinção);

---

6. Assim, a rigor, diante da sistemática do CPC (art. 263) e considerando o princípio do acesso à justiça, parece-nos que se uma petição inicial for distribuída em juízo – ainda que com diversas falhas – o processo se formará e, logo na sequência, será extinto pelo juiz.
7. Como exemplo, novamente a capacidade postulatória. O art. 13 do CPC determina expressamente a possibilidade de supressão da ausência de incapacidade postulatória antes de se verificar a extinção do processo – o que reforça a conclusão exposta na nota anterior.
8. CF, art. 5º, LXXVIII.

(ii) a suspensão foi inserida no sistema para evitar que sejam proferidas decisões contraditórias entre processos que tenham algum ponto em comum (o que acarreta o descrédito do próprio Poder Judiciário);

(iii) a suspensão consta do Código para regular situações de força maior que impedem a adequada realização de um ato processual (basta imaginar uma chuva que inunde o fórum e impeça a realização de uma audiência);

Existem situações de suspensão nas quais toda a tramitação do processo é suspensa. Como exemplo, a hipótese de força maior (após a enchente acima mencionada, até que o fórum tenha condições de reabertura, qualquer tramitação do processo estará suspensa).

Pelo outro lado, há hipóteses em que, apesar de se falar em suspensão, o que é efetivamente suspenso é a discussão a respeito da solução da lide, que se dá exatamente para que haja a apreciação de uma questão incidental relacionada ao processo. Como exemplo, a apreciação da exceção de incompetência (o processo é suspenso para que se discuta qual o juízo territorialmente competente: apesar da suspensão da solução da lide, há uma tramitação para a apreciação de qual será o juízo competente)[9].

De qualquer forma, qualquer que seja a hipótese de suspensão, o CPC, no art. 266, é expresso ao apontar que atos urgentes podem ser praticados durante a suspensão.

Por fim, vale esclarecer que suspensão do processo é algo distinto da suspensão ou interrupção do prazo processual[10]. Apesar de por vezes se verificar ao mesmo tempo a suspensão do processo como do prazo processual[11], por vezes verifica-se apenas a paralisação do prazo para realizar determinado ato processual, sem que haja a suspensão da tramitação do processo[12].

36.3.1. Hipóteses de suspensão do processo

É necessária previsão legal para que haja a suspensão do processo, sendo que o Código prevê diversas situações para tanto. O principal dispositivo que trata do tema é o art. 265.

---

9. A doutrina, aqui, costuma fazer a distinção entre suspensão própria (aquela em que todo o processo é suspenso) e suspensão imprópria (na qual existe apenas a suspensão de uma parte do processo, com a realização de algum ato lateral à solução da lide). Cf., por todos, Alexandre Freitas Câmara, op. cit., p. 291.
10. Apesar de institutos análogos, suspensão e interrupção do prazo tem características bem distintas, de grande relevância prática. Na suspensão do prazo processual, o prazo continua a correr de onde parou antes da suspensão; já na interrupção do prazo processual, o prazo volta a correr do início. Assim, se em determinado prazo de 15 dias houver uma **suspensão do prazo** no 5º dia, quando do término da suspensão, a parte terá 10 dias para realizar o ato. De seu turno, se em determinado prazo de 15 dias houver a **interrupção do prazo** no 5º dia, quando do término da interrupção, a parte terá 15 dias para realizar o ato.
11. Como exemplo, a apresentação da exceção, que suspende a tramitação do processo e, também, o prazo para contestar (CPC, art. 265, III; art. 297; e art. 306).
12. A apresentação de embargos de declaração não obsta a tramitação do processo, mas interrompe o prazo para apresentação dos outros recursos cabíveis (CPC, art. 538).

O *inciso I* prevê a suspensão "pela morte ou perda da capacidade processual de qualquer das partes, de seu representante legal ou de seu procurador".

Ocorrendo uma situação que modifique a capacidade (de ser parte, processual ou postulatória), o processo não pode prosseguir, considerando a falta de requisito de desenvolvimento regular[13]. Por tal razão, melhor que o processo seja momentaneamente suspenso, para que possa ser suprida a incapacidade verificada.

A parte, quando falece, deixa de deter capacidade de ser parte. Um idoso que é interditado perde sua capacidade processual. Um advogado que é desligado dos quadros da OAB não é mais dotado de capacidade postulatória. Nestes três exemplos, reitere-se, o processo não pode prosseguir. Daí a suspensão, até que a incapacidade seja solucionada – e se a falha não for suprida, em regra o processo será extinto, sem resolução do mérito.

Tratando-se de falecimento da parte, há casos em que o processo será extinto sem resolução do mérito[14], mas em regra haverá a sucessão do polo, com a substituição do falecido por algum herdeiro ou pelo espólio. Isto se dá via um procedimento denominado habilitação incidente (CPC, art. 1.055 e s.).

Há divergência a respeito do momento inicial da suspensão prevista neste inciso.

Uma corrente sustenta que a suspensão tem início exatamente no momento da morte ou perda da capacidade, e que, portanto, a decisão do juiz que suspende o processo é apenas declaratória – ou seja, é retroativa ao momento em que se verificou o evento, sendo nulos os atos posteriores eventualmente realizados.

Já outra corrente afirma que a suspensão se inicia somente quando o juiz profere decisão nesse sentido, tratando-se de ato constitutivo, com efeitos daí para diante.

Considerando o exemplo de falecimento do advogado, é certo que o mais adequado, para que não haja prejuízo à parte, é considerar que o início da suspensão é do momento da morte (decisão do juiz é declaratória). Caso contrário, se algum prazo estiver em curso no momento da morte, a parte possivelmente não o cumprirá. Ou seja, parece-me correta a primeira corrente, que é a dominante no STJ[15].

O *inciso II* trata da suspensão por força de acordo entre as partes. Vale esclarecer que a hipótese é frequente no cotidiano forense.

Se as partes estão em vias de celebrar um acordo, o prosseguimento do processo pode dificultar as negociações. Basta imaginar a realização de uma audiência em

---

13. Conforme exposto no tópico 31.4.2 *supra*.
14. Cf. item 36.4.1 *infra*.
15. "(...) Consoante a jurisprudência do STJ preconiza, os atos processuais praticados após a morte da parte são nulos, pois o ato de suspensão do processo tem eficácia declaratória, *ex tunc*. Precedentes da Corte Especial e das 2ª e 4ª Turmas. (...)" (REsp 1029832/DF, Rel. Min. Eliana Calmon, 2ª T., julgado em 18/11/2008, DJE 15/12/2008). "(...) Para o Superior Tribunal de Justiça, a morte da parte ou de seu representante processual provocam a suspensão do processo desde o evento fatídico, sendo irrelevante a data da comunicação ao juízo. Precedentes da 3ª Seção, 3ª e 4ª T.." (REsp 861.723/SP, Rel. Min. Eliana Calmon, 2ª T., julgado em 10/02/2009, DJE 05/03/2009).

uma causa de família, onde a oitiva de testemunhas e os depoimentos das partes podem acirrar os ânimos.

Assim, desde que as partes estejam de comum acordo e peticionarem ao juízo nesse sentido, o magistrado suspenderá o processo.

Contudo, o prazo máximo para que o processo fique suspenso é de seis meses (CPC, art. 265, § 3º). Após tal período, o processo deverá retomar seu curso.

O *inciso III* traz a hipótese de oposição de exceção de incompetência relativa, impedimento ou suspeição.

A apresentação de uma das três exceções suspende o processo, para que se decida se o juízo é relativamente incompetente[16] ou se o juiz é impedido ou suspeito[17].

Se o réu alega a incompetência relativa ou alguma das partes alega impedimento ou suspeição, não há como prosseguir a discussão da lide até que haja a decisão a respeito da exceção.

Assim, a suspensão existente no caso não é total, já que há andamento processual no tocante à exceção. Por sua vez, após a publicação da decisão que julgou a exceção, o processo retoma seu trâmite normal, com a apreciação da lide levada ao juízo.

Outra hipótese que trata de competência e acarreta a suspensão do processo é a figura do conflito de competência. Mas esta hipótese não está prevista no inciso III do art. 265 do CPC – e, portanto, pode ser enquadrada no inciso VI do mesmo artigo (outras hipóteses previstas em lei).

Quando dois ou mais juízes entenderem que são competentes ou incompetentes (CPC, art. 115), cabe o conflito, a ser suscitado perante o tribunal. Suscitado o conflito, pode o relator suspender o processo até decisão final da questão pelo tribunal – porém, deverá ser indicado um juiz para conhecer das questões urgentes (CPC, art. 120). Como se percebe, é uma nítida hipótese de suspensão do processo, que ficará sobrestado enquanto se decide a competência para julgar a causa.

De seu turno, o *inciso IV* regula a suspensão diante da existência de prejudicialidade.

Este inciso IV regulamenta a hipótese que mais traz discussões no cotidiano forense. Contudo, apesar disso, a previsão muitas vezes é simplesmente ignorada pelas partes e juízes.

A hipótese de suspensão vem assim regulamentada na legislação:

IV – quando a sentença de mérito:

a) depender do julgamento de outra causa, ou da declaração da existência ou inexistência da relação jurídica, que constitua o objeto principal de outro processo pendente;

---

16. A respeito da incompetência relativa, cf. capítulo 21.
17. A respeito do impedimento ou suspeição do juiz, cf. capítulo 32.

b) não puder ser proferida senão depois de verificado determinado fato, ou de produzida certa prova, requisitada a outro juízo;

c) tiver por pressuposto o julgamento de questão de estado, requerido como declaração incidente;

Apesar de cada uma das alíneas regulamentarem situações não idênticas, dúvida não há de que são análogas e que é possível verificar um traço comum, tanto que as três hipóteses estão previstas no mesmo inciso. Deve o processo ser suspenso quando existir uma questão prejudicial em outro processo. Assim, o inciso trata da suspensão do processo diante da prejudicialidade.

Mas o que se deve entender por prejudicialidade e questão prejudicial?

Por questão prejudicial entende-se a questão de mérito (e não processual[18]), logicamente anterior à questão principal debatida nos autos; ou seja, do ponto de vista lógico, conveniente que haja previamente a solução da questão prejudicial para, somente depois, existir a solução da questão principal.

Assim, ao se falar em prejudicialidade, isso significa dizer que antes da solução da questão principal (o pedido, aquilo que deverá ser apreciado pelo juiz), deve ser solucionada a questão prejudicial.

A prejudicialidade pode ser interna (quando a questão prejudicial e a principal forem debatidas no mesmo processo) ou externa (quando a questão prejudicial estiver sendo debatida em outro processo). A situação ora enfrentada – suspensão do processo prevista no inciso IV do art. 265 do CPC – é a de prejudicialidade externa.

Conveniente, por certo, a apresentação de exemplos para que se entenda exatamente o conceito de questão prejudicial e prejudicialidade.

Se um autor pleiteia alimentos ao argumento de que o réu é seu pai, mas o réu impugna a relação de paternidade, temos um claro exemplo de prejudicialidade: do ponto de vista lógico, antes de decidir a existência do dever de alimentar (questão principal), é necessário que o juiz decida se o réu é ou não pai (questão prejudicial).

Outra hipótese é aquela em que o autor afirma que o réu descumpriu determinada cláusula de um contrato e assim pede condenação em dinheiro, sendo que o réu, de seu turno, afirma que o contrato é nulo. Assim, antes de decidir se houve ou não violação à cláusula contratual e o direito à indenização (questão principal), é necessário que o juiz verifique se o contrato é ou não nulo (questão prejudicial).

Como já visto, a prejudicialidade pode se dar dentro do processo (interna), situação em que não há falar em suspensão do processo, já que o juiz simplesmente analisará, em sua sentença, antes a questão prejudicial e depois, a principal. Basta imaginar, nos exemplos acima, as situações em que o réu levantou tais argumentos em contestação.

---

18. Portanto, não se pode confundir questão preliminar (processual) com questão prejudicial (mérito).

Contudo, ainda em relação aos exemplos acima, se houver uma negatória de paternidade em curso e o suposto filho ingressar em juízo com uma ação de alimentos, então teremos a figura da prejudicialidade externa. A questão da paternidade (externa ao processo) deve ser decidida antes que se decida se há ou não dever de alimentar. E isso se obtém com a suspensão do processo de alimentos, até que se decida a questão prejudicial.

O mesmo raciocínio se aplica em relação à nulidade de contrato e cabimento de indenização. Se uma das partes ingressa em juízo para discutir a validade do contrato e a outra parte ingressa em juízo para buscar a condenação pelo descumprimento do contrato, percebe-se claramente que, do ponto de vista lógico, inicialmente é necessária a solução do processo em que se discute a validade contratual para que se possa, então, apreciar o pedido condenatório (no caso, em relação ao pedido principal de condenação, a validade é questão prejudicial). Mas, por certo, em relação à demanda em que há o pedido de nulidade (pedido principal), não há qualquer relação de prejudicialidade em relação ao pedido condenatório de indenização.

O grande objetivo da suspensão pela prejudicialidade externa, como se pode vislumbrar, é evitar que haja a prolação de decisões conflitantes, especialmente porque, para decidir a questão principal, o juiz terá de enfrentar a questão prejudicial – que está sendo objeto de discussão em outro processo, por outro juiz. Outra forma de se evitarem possíveis soluções conflitantes é a reunião dos dois processos, para julgamento conjunto, via conexão ou continência, desde que presentes os requisitos para tanto[19].

Outro caso em que bem se aplica a previsão do CPC, art. 265, IV, "a", é a hipótese na qual pende, no STF, julgamento de ação direta de inconstitucionalidade (ADIn) e discute-se, perante o 1º grau, exatamente a constitucionalidade daquela lei em debate perante a Corte máxima: a solução prevista pelo Código é a suspensão do processo em 1º grau até que haja a decisão da constitucionalidade em Brasília[20].

Outra situação usualmente verificada no cotidiano forense diz respeito à prejudicialidade entre o debate envolvendo o juízo cível e criminal. A questão insere-se tanto no CPC, art. 265, IV, "a", como também no art. 110[21].

---

19. Conexão e continência são formas de alteração de competência relativa, analisadas no capítulo 21. Há hipóteses em que há prejudicialidade e não há conexão (ex: causas de pedir distintas) ou, apesar de existir conexão, não se mostra possível a reunião dos processos (ex: causas em trâmite perante juízos com competência material distintas, como juízo cível e trabalhista), sendo então o caso de suspensão do processo por prejudicialidade.
20. Neste exato sentido já se manifestou o STJ: "Processual civil e tributário – Estado do Paraná – Contribuições previdenciárias – Inativos – Questão prejudicial – ADIn 2.189-3/PR – Art. 265, IV, do CPC – Suspensão do processo – Precedentes 1. Tendo em vista o efeito vinculante e a eficácia *erga omnes* das decisões proferidas nas ações de controle concentrado de constitucionalidade, impõe-se a necessidade de suspensão do processo em que se discute a lei atingida pela decisão na ADIn, nos termos do art. 265, IV, do CPC. 2. Recurso especial provido. (REsp 1005818/PR, Rel. Min. Eliana Calmon, 2ª T., julgado em 12/08/2008, DJE 08/09/2008)".
21. CPC, art. 110. "Se o conhecimento da lide depender necessariamente da verificação da existência de fato delituoso, pode o juiz mandar sobrestar no andamento do processo até que se pronuncie a justiça criminal".

Basta visualizar a situação em que se discute, no cível, indenização decorrente de uma batida de veículo. E, no crime, o mesmo acidente de veículo é discutido – sob o enfoque da lesão corporal –, sendo que a defesa do réu argumenta pela "inexistência do fato"[22]. Ora, se está em discussão a existência do fato, no âmbito criminal, é certo que se trata de uma questão prejudicial em relação ao pedido indenizatório (principal) debatido no cível.

Apesar da clareza do texto legal (tanto no art. 110 quanto no art. 265, IV, "a"), a jurisprudência afirma que esta suspensão é uma faculdade do magistrado cível[23]. Não me parece a melhor solução, considerando que não há qualquer ressalva na legislação em relação ao cabimento da suspensão apenas nesta ou naquela situação.

Como se percebe do ora exposto, a hipótese mais discutida no cotidiano forense é a suspensão prevista na alínea "a" do art. 265, IV do CPC.

A situação prevista na alínea "b" (suspensão decorrente de prova a ser produzida em outro juízo) verifica-se no momento em que o juízo determina a expedição de carta para produção de determinada prova – seja via carta rogatória ou precatória. Ou seja, o processo dito "principal" fica sobrestado até que a prova requerida a outro juízo seja produzida. Assim, não há efetivamente a suspensão de todo o processo, mas apenas de parte da solução do litígio.

Esta hipótese foi comumente utilizada pelos advogados como uma forma de adiar a solução do processo. Eram requeridas cartas precatórias para comarcas distantes (ou mesmo rogatórias para qualquer país, dada sua burocracia e demora) e, com isso, o processo se prolongava.

Visando a obstar tal comportamento, o legislador promoveu uma alteração no art. 338 do CPC: apenas quando se tratar de prova "imprescindível" é que a carta terá o condão de suspender o processo. Portanto, não se tratando, no entender do magistrado, de prova fundamental à solução da lide, poderá até mesmo haver a prolação de sentença antes que regresse a carta precatória com a oitiva de alguma testemunha[24].

---

22. CPP, art. 386, I.
23. Neste sentido, vale conferir o seguinte julgado do STJ: "Processual civil e administrativo. Ação civil pública. Suspensão em face de ação penal. Art. 64 do CPP e art. 110 do CPC. Aferição na instância ordinária. (...) 2. É princípio elementar a independência entre as esferas cíveis e criminais, podendo um mesmo fato gerar ambos os efeitos, não sendo, portanto, obrigatória a suspensão do curso da ação civil até o julgamento definitivo daquela de natureza penal. Deste modo, o juízo cível não pode impor ao lesado, sob o fundamento de prejudicialidade, aguardar o trânsito em julgado da sentença penal" (REsp 347.915/AM, Rel. Min. Fernando Gonçalves, DJU 29/10/2007). 3. Os arts. 64 do Código de Processo Penal e 110 do Código de Processo Civil encerram faculdade de que na instância ordinária se faça análise de eventual prejudicialidade externa entre ação penal e ação civil pública que justifique a suspensão da segunda. (...) (REsp 860.097/PI, Rel. Min. Castro Meira, 2ª T., julgado em 13/05/2008, DJE 21/05/2008).
24. Esta alteração legislativa, ocorrida em 2006 (Lei nº 11.280) acaba por mostrar duas facetas do processo civil brasileiro na atualidade: (i) todos os advogados – e partes – arcam com as consequências dos atos de alguns maus profissionais e (ii) a prova oral tem cada vez menos relevância.

Por fim, a alínea "c" traz a hipótese em que a prejudicialidade existe porque pende "o julgamento de questão de estado, requerido como declaração incidente". Ou seja, no processo "1" pende, como questão prejudicial, relação jurídica que é prejudicial em relação ao processo "2", na qual se discute a questão principal.

Não se trata, portanto, da suspensão do processo para solução de uma questão prejudicial interna (que, como já visto, necessariamente será solucionada pelo juiz, sem suspensão), mas sim da suspensão do processo "2" para que haja a solução da questão prejudicial interna do processo "1". Ou seja, é uma situação de "dupla prejudicialidade"[25].

Como exemplo, no processo "1" filho pleiteia alimentos do pai. Em contestação, pai nega a paternidade (questão prejudicial que surge de maneira incidental). De seu turno, no processo "2", os avós paternos discutem a guarda e visita daquele filho. A questão da paternidade é tanto prejudicial para o processo "1" quanto para o processo "2". E a hipótese prevista no CPC, art. 265, IV, "c", é exatamente essa, em que há uma "dupla prejudicialidade", com a suspensão do processo "2" para que se decida a questão prejudicial debatida no "1".

De qualquer forma, trata-se exatamente de uma prejudicialidade externa, a qual poderia ser também abarcada pela alínea "a". Exatamente por isso é que pouco debatida no cotidiano forense a aplicação da alínea "c" do art. 265, IV do CPC.

Outra dúvida envolvendo a prejudicialidade é a possibilidade de o juiz, de ofício, proceder à suspensão do processo. Diante da ausência de previsão legal a respeito do tema, parece-me que a questão é abrangida pelo princípio dispositivo. Ou seja, se não houver manifestação de qualquer das partes pleiteando a suspensão, não será lícito ao juiz isso determinar[26].

Por fim, vale esclarecer que o legislador, apesar de ter previsto a suspensão do processo, colocou um limite temporal para tanto, razão pela qual o processo em que se discute a questão principal não ficará suspenso por tempo indeterminado. Ou seja, a suspensão do processo não perdura até o trânsito em julgado do feito em que se discute a questão prejudicial. Se assim fosse, teríamos verdadeira violação ao acesso à justiça, especialmente considerando a realidade brasileira, onde muitos processos perduram por anos ou décadas.

Assim, no § 5º do art. 265, o legislador limitou a suspensão do processo por prejudicialidade externa (qualquer que seja a alínea do inciso IV) pelo prazo máximo

---

25. A expressão é de Leonardo Greco (A suspensão do Processo, *Revista de Processo*, v. 80-101, 1995).
26. Assim já se manifestou o STJ, em julgado que se reproduz apenas na parte útil: " (...) 4. O disposto no art. 265, IV, "a", do CPC não se encontra elencado entre as matérias de ordem pública passíveis de ser conhecidas de ofício pelo Magistrado em qualquer grau de jurisdição, previstas nos arts. 267, § 3º, e 301, § 4º, do CPC. Ademais, não há falar em efeitos translativos do recurso especial quando não superado seu juízo de admissibilidade. (...) (AgRg no REsp 969.740/SP, Rel. Min. Arnaldo Esteves Lima, 5ª T., julgado em 03/03/2009, DJE 30/03/2009)".

de 1 (um) ano. Período este que, na prática, é usualmente insuficiente para que haja a solução da questão prejudicial debatida nos outros autos.

E este prazo anual aplica-se mesmo quando a questão prejudicial for criminal e o processo suspenso for cível: apesar de o art. 110 do CPC não trazer qualquer prazo para suspensão do processo cível, considerando que é igualmente aplicável para a situação o art. 265, IV, "a", incide a previsão do § 5º desse artigo[27].

Portanto, toda a discussão a respeito da suspensão por prejudicialidade externa na verdade se presta a uma suspensão por apenas um ano, lapso temporal usualmente insuficiente para a decisão da questão prejudicial. Logo, a previsão do inciso IV, limitada pelo § 5º do art. 265, na verdade não soluciona o problema de possíveis decisões divergentes. De qualquer forma, esta é a formatação prevista no sistema, um meio termo a que tentou chegar o legislador, já que de um lado está o risco de decisões divergentes (o que justifica a suspensão) e, do outro, a necessidade de que o litígio seja apreciado pelo Judiciário (acesso à justiça e duração razoável do processo).

Por sua vez, o *inciso V* prevê a suspensão diante da ocorrência de força maior. Para fins deste inciso, deve-se entender por força maior a situação imprevisível, alheia à vontade das partes e do juiz, que torne impossível a realização de determinado ato processual. Se isso ocorrer, o processo estará suspenso e, consequentemente, prorrogados os prazos para realização daquele ato processual.

Apesar de usualmente decorrer de causas naturais (uma enchente que alaga o fórum), pode também decorrer de ações humanas (uma ameaça de bomba faz com que o fórum seja evacuado e encerrado o expediente). Outros exemplos de força maior, dentre vários possíveis: uma tempestade que destelhe o fórum ou impeça o trânsito nas suas vias de acesso, um incêndio, um toque de recolher determinado pelas autoridades policiais, o fechamento do fórum por recomendação da defesa civil (considerando que o peso dos autos do processo colocou em risco a estabilidade do prédio) etc.

E para demonstrar como a decisão a respeito da força maior é consideravelmente casuística, vale verificar como a jurisprudência do STJ trata a greve. Greve de servidor do Judiciário acarreta a suspensão do processo[28]; greve de advogados

---

27. Neste sentido, o STJ: "Recurso especial – Processual civil – Ação penal e correspondente ação de indenização – Art. 110, do CPC – Suspensão do processo – Possibilidade – Prazo máximo – Art. 265, §5º, do CPC. Na hipótese em que, tanto na ação penal, como na correspondente ação indenizatória, o argumento de defesa consubstancia-se na alegação de ter-se agido em legítima defesa, resta evidenciada a possibilidade de decisões contraditórias no tocante a essa excludente de ilicitude, pelo que se justifica a suspensão do processo civil, nos termos do art. 110, do CPC. O prazo de tal suspensão não poderá exceder um ano (art. 265, §5º, do CPC). Recurso Especial a que se dá provimento. (REsp 282.235/SP, Rel. Min. Nancy Andrighi, 3ª T., julgado em 19/12/2000, DJ 09/04/2001 p. 356)".
28. "Processual civil. Recurso de apelação. Tempestividade. Dúvida objetiva. Conhecimento. Precedentes do STJ. Recurso especial não conhecido. I – havendo dúvida objetiva acerca da tempestividade do recurso, dele se deve conhecer. II – a greve dos serventuários do poder judiciário é obstáculo capaz de suspender o prazo recursal, o qual só recomeça a fluir após a comunicação oficial da regularização do serviço forense.

públicos, não[29]. E greve dos correios, se não limita o funcionamento da Justiça, não provoca a suspensão do processo[30].

Por fim, o *inciso VI* permite que a suspensão se dê "nos demais casos, que este Código regula". Apesar de o inciso fazer menção ao CPC, é certo que há possibilidade de suspensão prevista em outras leis que não o próprio Código[31].

Ou seja, este último inciso é uma cláusula aberta que permite a inserção, pelo legislador, de outras hipóteses de suspensão do processo, ainda que não no próprio art. 265 do CPC. Como exemplos de suspensão no próprio Código e não localizados no art. 265, podemos citar, em rol meramente exemplificativo, as seguintes situações:

(i) art. 13, que trata da suspensão para a regularização de incapacidade processual ou de defeito de representação das partes;

(ii) art. 64, que prevê a suspensão quando da apresentação de nomeação à autoria;

(iii) art. 72, que regula a suspensão diante da apresentação de denunciação da lide;

(iv) art. 79, o qual estabelece a suspensão quando da apresentação de chamamento ao processo;

(v) art. 179, que preceitua a suspensão do prazo processual quando das férias forenses[32];

(vi) art. 1.052, que permite a suspensão do processo quando opostos embargos de terceiro;

(vii) art. 739-A, § 1º, o qual eventualmente possibilita a suspensão da execução quando opostos embargos à execução[33].

(...). (REsp 156.143/RS, Rel. Min. Adhemar Maciel, 2ª T., julgado em 05/02/1998, DJ 02/03/1998 p. 74)".
29. "Agravo regimental. Processo civil. Pedido de suspensão de andamento do feito. Greve da defensoria pública da união. Indeferimento. 1. A deflagração de movimento grevista não caracteriza hipótese de força maior, tal como previsto no art. 265, inciso V, do CPC, capaz de suspender o prazo processual. (...). (AgRg no REsp 936.161/RS, Rel. Min. João Otávio De Noronha, 4ª T., julgado em 28/04/2009, DJe 11/05/2009)".
30. "Agravo de instrumento. Agravo regimental. Representação processual. Irregularidade. Procuração. Falta. Súmula 115/STJ. Greve dos correios. Justa causa ou força maior. Inocorrência. Funcionamento do tribunal. Não comprometimento. (...) 3. A ocorrência de greve da Empresa de Correios e Telégrafos – ECT não constitui justa causa ou força maior a impedir a interposição de recurso, porque não compromete o funcionamento da Secretaria do Tribunal. Precedentes. (...) (AgRg no Ag 923.659/SP, Rel. Min. Fernando Gonçalves, 4ª T., julgado em 04/10/2007, DJ 22/10/2007 p. 308)".
31. Como exemplo, a Lei nº 11.481, de 2007, que trata, dentre outros assuntos, da ocupação de imóveis da União e prevê, em seu art. 20, que "Ficam autorizadas as procuradorias jurídicas dos órgãos responsáveis pelos imóveis (...) a requerer a suspensão das ações possessórias, consoante o disposto no inciso II do *caput* do art. 265 da Lei nº 5.869, de 11 de janeiro de 1973 – Código de Processo Civil, quando houver anuência do ente competente na alienação da área ou imóvel em litígio (...)".
32. Necessário destacar que a EC nº 45/2004 acabou com as férias forenses para o 1º e 2º graus de jurisdição – porém, não em relação aos Tribunais Superiores, razão pela qual a regra segue sendo aplicável no âmbito do STF e do STJ, bem como do TST, considerando a aplicação subsidiária do CPC ao processo do trabalho.
33. Tema a que se voltará quando tratarmos da suspensão no processo de execução.

36.4. EXTINÇÃO DO PROCESSO DE CONHECIMENTO

O processo, em determinado momento, terá de chegar a seu final, visto não se tratar de instituto criado para durar indefinidamente. Muito ao contrário, espera-se que o processo seja julgado com a maior brevidade possível.

Esse término do processo dar-se-á pelas mais diversas razões. As hipóteses em que isso ocorre é o que se denomina de extinção do processo.

O Código prevê duas formas de extinção do processo, sem (CPC, art. 267) ou com (CPC, art. 269) resolução do mérito.

Na primeira situação o processo é extinto por força de alguma falha burocrática ou processual. Ou seja, o pedido formulado pelo autor nem sequer é apreciado pelo juiz, e assim a lide permanece incomposta e o mérito, não decidido. Daí a nomenclatura "extinção sem resolução do mérito", prevista na legislação. É a denominada extinção anômala, já que, quando alguém busca o Judiciário, o esperado é que se decida o mérito.

Pelo outro lado, caso não presente qualquer falha formal-burocrática, o pedido é apreciado – o que, por certo, é o que usualmente se espera que ocorra quando se aciona a jurisdição. Nestas hipóteses, a lide é composta, o mérito é decidido. São as situações em que há "resolução do mérito".

Importante ressaltar que em qualquer uma das hipóteses, o ato que levará à extinção do processo é a sentença prolatada pelo juiz. Assim, há no sistema processual a sentença de mérito (ou definitiva) e a sentença sem mérito (ou terminativa).

Portanto, pelo CPC, a sentença pode ser proferida com ou sem resolução do mérito. Mas, no atual sistema do Código, somente no caso de sentença processual é que há a extinção; no caso de resolução de mérito, já não se fala em extinção, mas somente em "resolução do mérito". Isto de modo a justificar teoricamente a fase de cumprimento de sentença, que não é mais um processo autônomo de execução, mas um apêndice do processo de conhecimento.

Contudo, o art. 269 está topograficamente inserido no Capítulo III ("Da extinção do processo") do título VI ("Da formação, da suspensão e da extinção do processo") do Livro I do Código. Logo, percebe-se que o dispositivo legal está em capítulo que regulamenta a extinção do processo, sendo que neste tópico não houve qualquer mudança legislativa.

Além disso, de modo a demonstrar que a reforma é inócua, vale visualizar a situação em que, após a contestação do réu, o processo é extinto sem resolução do mérito. Como consequência para essa extinção, o juiz condenará o autor ao pagamento do ônus da sucumbência, isto é, custas e honorários. Ou seja, mesmo após a extinção do processo sem mérito o processo continuará, via cumprimento de sentença, para que se receba a quantia a título de sucumbência.

Assim, percebe-se que o processo, com a sentença, efetivamente termina sua tramitação em 1º grau de jurisdição, no tocante à apreciação do pedido por parte do juiz. Mas pode continuar a tramitar, tanto em grau superior, desde que haja interposição de recurso, como em grau inferior, para fins de se buscar a condenação, via cumprimento de sentença – seja em caso de decisão definitiva (no caso de procedência, para se buscar a condenação concedida pelo juiz; no caso de improcedência, para se buscar a sucumbência) ou terminativa (sucumbência).

Portanto, a meu ver, esta alteração não teve qualquer efeito concreto, sendo que o sistema segue tal como antes de 2005[34]. Ou melhor, inseriu dificuldades na definição da sentença, o que por sua vez traz consequências em relação ao recurso cabível[35].

36.4.1. Extinção sem resolução do mérito (CPC, art. 267)

36.4.1.1. MOMENTO EM QUE PODE OCORRER A EXTINÇÃO SEM RESOLUÇÃO DO MÉRITO

Cabe a extinção do processo sem resolução do mérito em diversos momentos processuais.

Pode o magistrado extinguir o feito antes mesmo da citação, no denominado indeferimento da inicial, quando se estiver diante de um grave vício processual.

É possível, também, que o juiz extinga o processo após a apresentação da defesa do réu, especialmente por força de alguma defesa preliminar apresentada em contestação, no momento do saneamento do processo (momento processual denominado pelo Código de julgamento conforme o estado do processo). Cabe, ainda, a extinção sem mérito mesmo após a instrução, no momento em que usualmente o juiz proferiria uma sentença de mérito.

E, finalmente, é possível que a extinção se dê até mesmo em grau recursal, ainda que inicialmente, em 1º grau, tenha sido proferida sentença de mérito. Isto porque, segundo o art. 267, § 3º do CPC, em alguns casos o vício processual pode ser conhecido de ofício, a qualquer tempo e grau de jurisdição[36].

Considerando este panorama, usualmente se afirma que as matérias que acarretam a extinção sem resolução do mérito não precluem[37], já que podem ser alegadas a qualquer tempo e grau de jurisdição. Assim, ainda que a questão seja decidida pelo

---

34. E – a partir de análise empírica e sem valorar o fenômeno do ponto de vista acadêmico – no cotidiano forense grande parte dos advogados e juízes segue utilizando a terminologia "extinção do processo com mérito".
35. A respeito deste tema, vale conferir o comentário do coautor Carlos Augusto de Assis, que no item 37.2 enfrenta o conceito de sentença e, também, o seguinte artigo de sua autoria: Mudou o conceito de sentença? *Revista IOB de Direito Civil e Processual Civil*, v. 41, p. 86, 2006.
36. O referido parágrafo faz menção especificamente aos arts. IV, V e VI do art. 267 do CPC.
37. Preclusão pode ser definida como a perda de uma faculdade processual. Chiovenda afirmou que "Todos processos, uns mais, outros menos, traçam limites ao exercício de determinadas faculdades processuais, com a consequência de que, além de tais limites, não se pode usar delas", sendo que a mencionada consequência foi denominada de preclusão (Chiovenda, Giuseppe, *Instituições de direito processual civil*, São Paulo: Saraiva, 1945, v. III, p. 220).

juiz de 1º grau e não houver recurso, haveria a possibilidade de nova apreciação pelo Tribunal, sem nenhuma restrição[38].

A questão é polêmica e, a meu ver, esta não é a melhor interpretação do sistema[39].

Se o réu alegar em contestação que há alguma situação que leva à extinção do processo, o juiz, ao apreciar a questão, pode decidir de duas formas: (i) acolhe a alegação e extingue o processo, proferindo sentença; (ii) afasta a alegação e determina o prosseguimento do processo, proferindo decisão interlocutória.

Se for prolatada sentença e não houver recurso, haverá o trânsito em julgado da decisão, com a formação da coisa julgada formal. Da mesma forma, parece-me que se for afastada a alegação e proferida interlocutória e não interposto recurso, também deve se verificar a preclusão[40].

Se assim não for, além da violação à isonomia, a decisão do juiz será absolutamente inútil. Afinal, se determinadas matérias processuais podem ser eternamente reabertas, independentemente de recurso, pouco importa o que o juiz decidir em 1º grau.

Destarte, parece-me que se a questão for decidida pelo juiz e não houver recurso, não poderá ser novamente discutida, por força da preclusão (CPC, art. 471). Pelo outro lado, se a questão for decidida e houver recurso, é óbvio que não haverá preclusão.

E o CPC, art. 267, § 3º, deve ser interpretado no sentido de que, se o juiz não apreciar a questão (ou seja, se a matéria não tiver sido debatida em 1º grau, diante da inércia do réu na contestação ou em qualquer outro momento), então será lícito ao Tribunal fazê-lo, a qualquer tempo e grau de jurisdição. Em síntese, creio que o § 3º, em comento preceitua que:

(i) as matérias aí indicadas podem ser conhecidas originariamente e decididas pelo juiz ou Tribunal, de ofício ou a requerimento da parte, a qualquer tempo, até que seja proferida a sentença (ou acórdão) de mérito; mas

(ii) se essas matérias se tornaram questões[41] no curso do processo e forem decididas pelo juiz sem recurso da parte prejudicada, ficam preclusas – tanto para as

---

38. Esta é a posição que parece ser a que hoje prevalece na doutrina (Humberto Theodoro Junior, *Curso de direito processual civil*. 50. ed. Rio de Janeiro: Forense, 2009, v. I, p. 315 e Ernane Fidélis dos Santos, *Manual de direito processual civil*. 11. ed. São Paulo: Saraiva, 2006, v. 1, p. 603-604). Mas há posições um pouco distintas: Luiz Guilherme Marinoni e Sérgio Cruz Arenhart afirmam ser possível conhecer a matéria de ofício em 1º e 2º graus de jurisdição, mas não no âmbito de Tribunais Superiores, considerando as especificidades e requisitos do recurso especial e do recurso extraordinário (*Manual do processo de conhecimento*, 2. ed. São Paulo: Revista dos Tribunais, 2003, p. 275).
39. A questão foi tratada, com mais vagar, em artigo de minha coautoria com José Ignacio Botelho de Mesquita e outros: Questões de ordem pública: revisíveis *ad infinitum*?. In: Araken de Assis et al. (org.). *Direito civil e processo*: estudos em homenagem ao Professor Arruda Alvim. São Paulo: Revista dos Tribunais, 2007, p. 1522-1532.
40. A coisa julgada apenas atinge a sentença e não decisão interlocutória.
41. Isto é, se tiver ocorrido debate a respeito da matéria nos autos (conflito de razões).

partes como para o juiz e, mesmo havendo posterior recurso (apelação ou recurso para Tribunal Superior), não poderá haver reapreciação por parte do Tribunal.

Contudo, a posição majoritária na jurisprudência[42] e na doutrina[43] entende não haver preclusão de tais matérias mesmo que já decididas e ainda que não tenha havido recurso atacando esse aspecto.

36.4.1.2. HIPÓTESES EM QUE HÁ A EXTINÇÃO SEM RESOLUÇÃO DO MÉRITO

As hipóteses de extinção do processo sem resolução do mérito encontram-se nos diversos incisos do art. 267 do CPC.

Considerando que o Código é um sistema, as alegações que o réu pode formular em preliminar de contestação e que acarretam a extinção do processo sem mérito estão previstas tanto no art. 301 como no art. 267 do CPC.

O *inciso I* trata da extinção por força do indeferimento liminar da petição inicial.

Como exposto no tópico anterior, é lícito ao juiz extinguir o processo antes mesmo da citação do réu. É exatamente esta a situação prevista neste inciso I.

Nas hipóteses em que o vício da petição inicial for sanável, deverá o juiz determinar sua emenda, pena de extinção (CPC, art. 284). Contudo, se o vício for grave e não admitir correção, o Código permite que o magistrado extinga o processo de plano, sem resolução do mérito, por força do princípio da celeridade. De seu turno, considerando o princípio da instrumentalidade, o juiz deve permitir, desde que possível, a emenda à extinção de plano[44].

---

42. Neste sentido, o STJ: "Processual civil. Ação anulatória de débito fiscal. Condições da ação. Matéria de ordem pública. Despacho saneador. Preclusão. Inocorrência. 1. A jurisprudência do STJ firmou orientação no sentido de que "Nas instâncias ordinárias, não há preclusão em matéria de condições da ação e pressupostos processuais enquanto a causa estiver em curso, ainda que haja expressa decisão a respeito, podendo o Judiciário apreciá-la mesmo de ofício (arts. 267, § 3º e 301, § 4º, CPC) (REsp nº 285.402/RS, 4ª T., Min. Sálvio de Figueiredo Teixeira, DJ de 07/05/2001). 2. Recurso especial provido. (REsp 847.390/SP, Rel. Min. Teori Albino Zavascki, 1ª T., julgado em 06/03/2007, DJ 22/03/2007, p. 302)". De destacar que a posição ora vitoriosa no STJ acolhendo não a irrestrita possibilidade de se conhecer da matéria perante Tribunais Superiores, mas sim a posição defendida por Marinoni e Arenhart.
43. De modo a destacar a divergência, vale esclarecer que coautor desta obra tem opinião diversa. Carlos Augusto de Assis sustenta que matérias de ordem pública, entre as quais as condições da ação e os pressupostos processuais, não estão sujeitas à preclusão *pro judicato*, ou seja, a preclusão por parte do juiz, que pode analisar o tema a qualquer tempo (Marchas e contramarchas do processo civil na fase ordinatória, *Revista Gênesis de Direito Processual Civil*, n. 35, jan./mar.2005).
44. A questão foi muito bem tratada pelo STJ no seguinte acórdão, relatado pelo Min. Luiz Fux – que é um processualista, conveniente destacar: "Processo civil. Processo judicial tributário. Recurso especial. Embargos à execução fiscal. Indeferimento liminar da inicial. Vício sanável. Declaração de inépcia. Art. 284, do CPC. Necessidade de prévia oportunização de emenda da inicial. Princípio da instrumentalidade do processo. Garantia da efetividade processual. Direito subjetivo do autor. Cerceamento de defesa. Caracterização. 1. O indeferimento da petição inicial, quer por força do não preenchimento dos requisitos exigidos nos arts. 282 e 283, do CPC, quer pela verificação de defeitos e irregularidades capazes de dificultar o julgamento de mérito, reclama a concessão de prévia oportunidade de emenda pelo autor e o transcurso *in albis* do prazo para cumprimento da diligência determinada, *ex vi* do disposto no art. 284, do CPC (Precedentes do STJ: REsp 671986/RJ, DJ 10/10/2005; REsp 802055/DF, DJ 20/03/2006; RESP 101.013/

E as hipóteses consideradas graves são aquelas constantes do rol do art. 295 do CPC.

A rigor formal, a extinção com base no inciso I somente deveria ocorrer antes da citação. Contudo, na prática, o dispositivo é muito utilizado pelos magistrados para situações após a citação e apresentação de contestação e mesmo após a produção de prova em audiência.

Como exemplo do exposto, basta visualizar uma situação de flagrante ilegitimidade de parte. O juiz, ao apreciar a inicial, já deveria indeferi-la, com base no CPC, art. 295, II, c/c art. 267, I. Contudo, se é determinada a citação e o réu, ao contestar, alega ilegitimidade de parte (CPC, art. 301, X) o juiz deveria extinguir o feito com base no art. 267, VI (ausência de condição da ação) e não pelo art. 267, I (indeferimento, já que houve citação e contestação).

Ou seja, só cabe o indeferimento da inicial antes da citação. Uma vez determinada a citação, ainda que haja falha processual grave que já estivesse nos autos desde o início, não poderá o juiz extinguir o processo por força do indeferimento da inicial. Afinal, uma vez determinada a citação – e, portanto, deferida a inicial – e apresentada a contestação, já não se pode simplesmente falar em indeferimento da inicial.

De qualquer forma, esta discussão é apenas teórica, visto que do ponto de vista prático não há qualquer distinção entre a extinção sem mérito ser fundada em qualquer dos dois incisos.

Já as hipóteses previstas nos *incisos II e III* são semelhantes, visto que tratam do abandono do processo pelas partes.

Enquanto no inciso II há abandono de ambos os litigantes, já que o "processo fica parado por mais de um ano por negligência das partes", no inciso III a inércia é apenas de quem está no polo ativo, no momento em que o "autor abandona a causa por mais de 30 dias".

Como já visto, por força do princípio dispositivo, o Judiciário é inerte mas, uma vez retirado de tal estado pela parte interessada, há o impulso oficial (CPC, art. 262). Assim, estes dois incisos apresentam uma quebra ao subprincípio do impulso oficial. O que é de todo racional, visto que, se as partes litigantes se quedam inertes, não há lógica em que o Judiciário se movimente.

CE, DJ 18/08/2003; AGREsp 330.878/AL, DJ 30/06/2003; REsp 390.815/SC, DJ 29/04/2002; REsp 384.962/MG, DJ 08/04/2002; e REsp 319.044/SP, DJ 18/02/2002). 2. O Código de Processo Civil, em seus arts. 282 e 283, estabelece diversos requisitos a serem observados pelo autor ao apresentar em juízo sua petição inicial. Caso, mesmo assim, algum desses requisitos não seja preenchido, ou a petição apresente defeito ou irregularidade capaz de dificultar o julgamento do mérito, o CPC permite (art. 284) que o juiz conceda ao autor a possibilidade de emenda da petição – se o vício for sanável, porque, se insanável, enseja o indeferimento *prima facie*. Não cumprida essa determinação judicial, a petição inicial será indeferida, nos termos do art. 295, VI, c/c o parágrafo único, do art. 284, ambos do CPC, o que resulta na extinção do processo sem julgamento do mérito com fulcro no art. 267, I, do Codex Processual. (...). (REsp 812.323/MG, Rel. Min. Luiz Fux, 1ª T., julgado em 16/09/2008, DJE 02/10/2008)".

Porém, a inércia pode se dever não à parte, mas a seu advogado – que pode estar adoentado, ter falecido ou ter indevidamente abandonado a causa, dentre tantas outras possibilidades. E é possível que nem a parte nem o juízo tenham ciência de tal situação.

Considerando este aspecto, seria nocivo à parte que houvesse a extinção sem que houvesse sua inequívoca ciência. É exatamente por isso que o § 1º do art. 267 permite a extinção tão somente 48 horas após a intimação pessoal da parte, mediante oficial de justiça ou correio. Destarte, se houver o abandono, antes da extinção deve o juiz determinar a intimação da parte, que terá 48 horas para contatar seu antigo advogado ou procurar um novo, se assim for do seu interesse. Caso mesmo após a intimação a parte permanecer inerte, aí será possível a extinção do processo sem resolução do mérito.

Além disso, por vezes se verifica no cotidiano forense uma utilização indevida, pelos juízes, desse dispositivo. Basta imaginar um processo que está em conclusão para sentença por prazo superior a um ano. Em vez de sentenciar, há magistrados que determinam a intimação das partes para que manifestem interesse no julgamento da causa, considerando o lapso temporal sem manifestação. É indubitável que este é um desvirtuamento do dispositivo legal: na hipótese, a inércia é do juiz, não das partes.

E vale lembrar que, apesar do processo se iniciar com a provocação da parte (princípio dispositivo), uma vez que se retira da inércia a jurisdição, o processo prossegue por impulso oficial (CPC, art. 262, *in fine*). Portanto, a aplicação desses incisos não deve ser a regra, mas sim a exceção. Apenas quando configurado o efetivo desinteresse dos litigantes é que se afasta a aplicação do princípio do impulso oficial e se permite a extinção do processo.

Há alguma divergência[45] em relação à possibilidade de o magistrado extinguir o processo de ofício, ou seja, sem a provocação da parte contrária, quando verificar o abandono.

É certo que se o abandono for dos litigantes dos dois polos da relação processual (CPC, art. 267, II), o juiz deve, de ofício: (i) inicialmente intimar os advogados a darem andamento ao feito, pena de extinção; (ii) mantida a inércia, determinar a intimação pessoal das partes e (iii) caso ainda não haja movimentação, extinguir o processo sem mérito.

Contudo, se o abandono for apenas do autor (CPC, art. 267, III), a situação é parcialmente distinta. Se o réu ainda não houver sido citado, nada impede que o juiz o faça sem provocação (até porque, frise-se, não há réu no processo), tal qual na situação de abandono recíproco.

---

45. Entendendo ser possível sempre a apreciação de ofício: Moacyr Amaral Santos (*Primeiras linhas de direito processual civil*. 23. ed. São Paulo: Saraiva, 2004, v. 2, p. 103). Do outro lado, entendendo ser sempre necessária a provocação da parte contrária: Misael Montenegro Filho (*Curso de direito processual civil*, 5. ed. São Paulo: Atlas, 2009, v. 1, p. 507).

Porém, se o réu já estiver nos autos, somente mediante provocação deste poderá o juiz extinguir o processo[46]. Isto é justificado porque o réu, após apresentação de sua defesa, tem interesse processual na solução da causa no mérito, pela improcedência. E, havendo o abandono do processo, a extinção é sem resolução do mérito, o que permite a repropositura da demanda por parte do autor. Neste caso, quem está no polo ativo já saberia quais são os argumentos da defesa anteriormente apresentada pelo réu, dando-lhe clara – e indevida – vantagem no novo processo[47].

O *inciso IV* prevê a extinção por "falta de requisitos de constituição ou desenvolvimento do processo", ou seja, por falta de pressupostos processuais.

Os pressupostos processuais já foram anteriormente tratados nesta obra[48]. São exemplos de pressupostos processuais: em relação ao juiz, a competência e a ausência de impedimento e suspeição; em relação às partes, a capacidade processual e postulatória; em relação ao processo, a inobservância procedimental[49].

Como já visto anteriormente, a ausência de determinados pressupostos processuais pode acarretar a suspensão do processo. Assim, neste aspecto, há nítida correlação entre a suspensão e a extinção do processo. É o caso da morte de advogado do autor. O processo inicialmente se suspende, para que a parte procure novo causídico (CPC, art. 265, I). Contudo, se não for constituído novo patrono, haverá a extinção do processo, exatamente por força de capacidade processual (CPC, art. 267, IV).

Traz o *inciso V* três hipóteses: perempção (CPC, art. 268, parágrafo único), litispendência e coisa julgada (CPC, art. 301, §§).

A perempção é um fenômeno que decorre do abandono da causa pelo autor (CPC, art. 267, III), visto há pouco. O abandono unilateral pelo autor acarreta a extinção sem mérito e, assim, admite a repropositura da demanda. Contudo, se o autor provocar a extinção do processo por três vezes por força do abandono, verifica-se a perempção e o juiz, no quarto ajuizamento, extinguirá o processo sem resolução do mérito.

E isto não se dá pelo abandono na quarta demanda, mas sim porque houve o abandono nas três vezes anteriores. É uma penalidade à desídia com que a parte tratou o Poder Judiciário. Trata-se, assim, da perda do direito de ação à repropositura da demanda – e não da perda do direito material, conforme se depreende da parte final do parágrafo único do art. 268[50].

---

46. É o que preceitua a Súmula nº 240 do STJ: "A extinção do processo, por abandono da causa pelo autor, depende de requerimento do réu".
47. A mesma situação se verifica em relação à desistência do processo, adiante analisada (inciso VIII).
48. Tanto no capítulo 29 como, incidentalmente, neste capítulo, no item 36.2., *supra*.
49. Cf. item 29.4., *supra*.
50. "Se o autor der causa, por três vezes, à extinção do processo pelo fundamento previsto no nº III do artigo anterior, não poderá intentar nova ação contra o réu com o mesmo objeto, ficando-lhe ressalvada, entretanto, a possibilidade de alegar em defesa o seu direito".

Não se trata de um fenômeno verificado com frequência no cotidiano forense[51].

E a perempção e o abandono da causa acarretam uma outra consequência para o autor. A regra prevista no art. 219 do CPC é que a citação válida interrompe a prescrição. Contudo, se o autor for desidioso para com o processo, é de se entender que a citação, ainda que válida, não terá o condão de interromper a prescrição[52].

Já a litispendência e coisa julgada são institutos que envolvem a identidade de ações, ou seja, demandas em que haja a tríplice identidade ou coincidência entre os três elementos da ação (partes, causa de pedir e pedido, CPC, art. 301, §§ 1º e 2º).

É certo que o Judiciário não pode admitir que duas ações idênticas tramitem. Daí a necessidade de extinção do processo, sem resolução do mérito, quando se estiver diante desta situação.

A distinção entre a litispendência e a coisa julgada é a situação da demanda anterior. Se quando a segunda demanda for proposta a primeira ainda estiver em trâmite, tem-se a litispendência. Pelo outro lado, se quando a segunda demanda for proposta a primeira já tiver sido julgada e houver trânsito em julgado, haverá coisa julgada. Portanto, se proposta nova demanda e a anterior estiver pendente de julgamento em Tribunal Superior, teremos litispendência e não coisa julgada.

Salvo algumas situações em que realmente há ignorância da existência prévia de uma demanda idêntica[53], usualmente verifica-se a litispendência em situações de má-fé dos advogados[54]. Mas algumas alterações processuais já estão limitando

---

51. Na Justiça do Trabalho, o não comparecimento do reclamante à audiência configura o abandono da causa (CLT, art. 844), independentemente de qualquer intimação pessoal. Contudo, a pena para o abandono não é a perempção prevista no CPC, art. 268, parágrafo único, mas sim a "(...) perda, pelo prazo de 6 (seis) meses, do direito de reclamar perante a Justiça do Trabalho" (CLT, arts. 731 e 732).
52. É a posição do STJ: "Processual civil e previdenciário. Recurso especial. Prescrição. Interrupção. Citação válida. Art. 267, II e III do CPC. Exceções. Extinção do processo. Ilegitimidade de parte. Agravo desprovido. I – O Superior Tribunal de Justiça vem entendendo que a citação válida, excepcionando-se as causas do art. 267, II e III do Código de Processo Civil, interrompe a prescrição. II – Desta forma, apenas em raros casos a citação válida não interrompe a prescrição. Um deles é a perempção, fenômeno processual resultante da extinção do processo, por três vezes, por negligência do autor que, não promovendo os atos e diligências que lhe competirem, abandonar a causa por mais de 30 (trinta) dias (art. 267, III, do CPC). O outro ocorre quando ficar o processo parado durante mais de um ano por negligência das partes (art. 267, II, da norma processual). III – Mesmo sendo extinto o processo por ilegitimidade da parte, a citação válida possui o condão de interromper a prescrição, por haver inclusive aparência de correta propositura da ação. IV – Agravo interno desprovido (AgRg no REsp 806.852/PR, Rel. Min. Gilson Dipp, 5ª T., julgado em 11/04/2006, DJ 08/05/2006 p. 291)".
53. Situação que frequentemente se verifica é a seguinte: uma cliente humilde procura advogado em sua cidade pleiteando alimentos para seu filho do pai, que está em outra Comarca. Com a demora deste primeiro processo, a mesma cliente procura advogado na outra Comarca – sendo que o novo advogado acaba por ajuizar uma causa idêntica à anterior.
54. "Processual civil. Ação cautelar. Desbloqueio de ativos retidos pela MP nº 168/1990. Extinção do feito em razão de litispendência. Imposição de multa por litigância de má-fé. I – Verificada a litispendência de ações, extinguiu-se o feito com respaldo no art. 267, V, do CPC, impondo-se, ainda, multa por litigância de má-fé, caracterizada pelo fato de que os autores distribuíram, concomitantemente, duas ações idênticas, objetivando por certo que alguma delas se direcionasse a Juízo que lhes fosse mais conveniente. II – Este Superior Tribunal de Justiça esposa o entendimento de que a Parte que intencionalmente ajuíza várias

a atuação dos advogados em relação a estas possibilidades (como exemplo, CPC, art. 253).

Já em relação à coisa julgada, apesar de também existir o problema em relação à má-fé, existem inúmeras outras dificuldades práticas, tratando-se de um complexo instituto do direito processual.

O inciso V tem uma especificidade em relação aos demais incisos do art. 267: perempção, litispendência e coisa julgada são as únicas hipóteses que impedem a repropositura da demanda, ainda que se trate de uma sentença terminativa. É o que dispõe, claramente, o art. 268 do CPC. Ou seja, uma extinção com base em qualquer dos outros incisos do art. 267 permite a repropositura, mas não nos casos do inciso V.

Por sua vez, o *inciso VI* trata das condições da ação ou, mais especificamente, da extinção por carência de ação (falta de uma das condições da ação).

O tema já foi tratado anteriormente, ao se discutir a ação[55]. Basta aqui mencionar que o nosso Código, em relação às condições de ação, adota o pensamento clássico de Liebman e são três: legitimidade de parte, interesse processual e possibilidade jurídica do pedido.

Pelo CPC, a carência de ação leva à extinção do processo sem resolução de mérito (art. 267, VI), sendo, portanto, admitida a repropositura da mesma ação.

Para Liebman, da mesma forma, a ausência de alguma das condições da ação, como não poderia deixar de ser (já que não existe ação), leva à extinção do processo sem resolução de mérito. Ora, se não há ação, não é possível a análise do mérito.

Contudo, não era esse o entendimento de Liebman. O autor italiano sustentava que a repropositura somente seria admitida se houvesse uma modificação naquilo que causou a carência de ação. Ou seja, reconhecida a ilegitimidade de parte, somente se houvesse uma modificação fática que levasse à aquisição da legitimidade é que seria possível nova propositura[56].

---

cautelares, com o mesmo objetivo, até lograr êxito no provimento liminar, configurando a litispendência, litiga de má-fé, devendo ser condenada na multa específica (REsp nº 108.973/MG, Rel. Min. Sálvio de Figueiredo Teixeira, DJ 09/12/1997). No mesmo sentido: RMS nº 18.239/RJ, Rel. Min. Eliana Calmon, DJ 13/12/2004, AgRg no REsp nº 466.775/DF, Rel. Min. Humberto Gomes De Barros, DJ 01/09/2003. III – Recurso Especial provido. (REsp 1055241/SP, Rel. Min. Francisco Falcão, 1ª T., julgado em 17/06/2008, DJE 18/08/2008)".

55. Cf. capítulo 25, *supra*.

56. É o que se vê em seu *Lezioni di Diritto Processuale Civile* (Milano: Giuffrè, 1951, p. 27), em que o autor afirma que: *"Dai presuppositi processuali si distinguono le codizioni dell'azione che abbiamo già menzionato, e che riguardano non la regolarità del processo, ma l'esistenza dell'azione proposta. La loro mancanza impedisce anch'essa l'esame del mérito, ma per motivi molto diversi, che non riguardano soltanto quel processo, ma l'azione in sè, la quale non potrà perciò essere proposta nemmeno in altro processo finché non mutano le circostanze di fatto rilevanti (se non sopravviene l'interesse ad agire o se l'attore non acquista la legittimazione che prima gli faceva difetto ecc.)"*. Em tradução livre, o trecho pode ser assim entendido: "Dos pressupostos processuais distinguem-se as condições da ação, antes já mencionadas e que não dizem respeito à regularidade do processo, mas à existência da ação. A sua falta (das condições) também impede o exame de mérito, mas por motivos diversos, que não dizem respeito ao processo, mas à ação em si, a qual não

Diante disso, conclui-se que, para Liebman, a extinção em virtude da carência da ação, apesar de ser questão processual, não admite a repropositura até a solução do problema – tese que não foi transportada pelo legislador para nosso Código (CPC, art. 267, VI, c/c art. 268).

Apesar disso, há autores que sustentam que as condições da ação na verdade são matéria de mérito e, assim, impedem a repropositura da demanda, já que são capazes de produzir coisa julgada[57]. Porém, com a devida vênia, considerando a clareza da legislação – o art. 267, VI, está inserido na extinção sem mérito e o art. 268 é expresso ao vedar a repropositura apenas em relação ao item V – parece-me que a tese somente pode ser aceita *de lege ferenda* e não no cotidiano forense[58]. Assim, salvo se houver alteração legislativa, é de se admitir a repropositura da mesma ação[59].

O *inciso VII* trata da extinção na hipótese de previsão, pelas partes, de solução do conflito pela arbitragem.

A arbitragem se insere em um contexto de soluções alternativas dos conflitos[60], em que se busca a solução fora do Poder Judiciário. Se as partes elegem a solução via arbitragem, afasta-se a possibilidade de solução do litígio pela jurisdição. Por isso é que a arbitragem – uma vez eleita pelas partes como forma de solução da lide – acarreta a extinção do processo sem resolução de mérito.

Em nosso país, a Lei nº 9.307/1996 que regulamenta o tema prevê a solução do conflito pela arbitragem quando as partes celebram a "convenção de arbitragem", que é gênero do qual existem duas espécies: cláusula compromissória (convenção na

---

poderá ser proposta nem mesmo em outro processo enquanto não modificadas as circunstâncias de fato pertinentes (se não sobrevém o interesse de agir ou se o autor não adquire a legitimação que inicialmente faltava etc.)".
57. Neste sentido, Adroaldo Furtado Fabrício, ao afirmar que "(...) pelo menos as sentenças de carência fundadas em impossibilidade e ilegitimidade fazem, sim, coisa julgada material (...)" (Extinção do processo e mérito da causa, in Oliveira et al. (org.). *Saneamento do processo*. Estudos em homenagem ao Prof. Galeno Lacerda. Porto Alegre: Sérgio Antonio Fabris Editor, 1989, p. 48) e algumas decisões do STJ, como a seguinte: "Recurso especial. Previdenciário. Extinção do processo. Condições da ação. Trânsito em julgado. Renovação do pedido. Ação idêntica. Inviabilidade. "Na hipótese dos autos, embora a r. sentença proferida na primeira ação proposta pelo ora recorrente, tenha extinguido o processo sem julgamento do mérito, ela fez coisa julgada material, pelo fato de ter afastado a pretensão do autor ao fundamento de não ser autoaplicável o artigo mencionado". Recurso conhecido, mas desprovido. (REsp 278.598/MG, Rel. Min. José Arnaldo da Fonseca, 5ª T., julgado em 02/05/2002, DJ 10/06/2002, p. 242).
58. Em artigo de minha coautoria, a questão é enfrentada com vagar: O colapso das condições da ação? Um breve ensaio sobre os efeitos da carência de ação. *Revista de Processo*, v. 152, p. 11-35, 2007.
59. Para ilustrar como o STJ separa as condições da ação do mérito, conferir o seguinte aresto: "Processual civil – Mandado de Segurança – Carência de ação – Extinção do feito com base no art. 267, VI, do CPC – Omissão quanto ao mérito da controvérsia – Inexistência – Exame da questão de fundo pelo STJ – Inviabilidade – Precedentes. 1. O reconhecimento da ausência de uma das condições da ação impede a apreciação das demais questões suscitadas pelas partes, "ex-vi" do disposto no art. 267, VI, do CPC, razão pela qual não há que se falar em omissão no acórdão recorrido quanto ao mérito. 2. Não apreciada a questão de fundo pelo Tribunal de origem, é inviável o seu exame por esta Corte, dada a ausência de prequestionamento. 3. Recurso Especial conhecido em parte e, nessa parte, não provido. (REsp 860.906/SP, Rel. Min. Eliana Calmon, 2ª T., julgado em 16/12/2008, DJE 17/02/2009)".
60. As denominadas ADRs (*alternative dispute resolution*), mencionadas no capítulo 2.

qual as partes se comprometem a submeter eventual litígio que venha a surgir a um árbitro – art. 4º da Lei nº 9.307/1996) e compromisso arbitral (convenção na qual as partes, diante de um litígio já existente, acordam em solucioná-lo via arbitragem – art. 5º da Lei nº 9.307/1996).

A arbitragem apenas abrange o processo de conhecimento, isto é, a solução da lide em relação à incerteza. Ou seja, se o árbitro decidir em favor de um dos litigantes e não houver o cumprimento espontâneo da sentença arbitral, será necessário socorrer-se da jurisdição para que a decisão seja executada. O árbitro não tem poder de ingressar no patrimônio do devedor e transferi-lo ao credor. Exatamente por isso é que a sentença arbitral é um título executivo judicial (CPC, art. 475-N, IV), que dá início ao cumprimento de sentença.

A arbitragem, nos termos do art. 1º da Lei nº 9.307/1996, apenas pode ser utilizada por pessoas capazes para solução de direitos patrimoniais disponíveis. Por causa disso, discute-se se entes estatais e se causas trabalhistas poderiam ser solucionadas via arbitragem, considerando existir aí determinado grau de indisponibilidade. A posição majoritária é pelo cabimento nas duas hipóteses[61], mas com uma resistência maior da jurisprudência em relação às causas trabalhistas[62].

Ocorre também a extinção sem mérito, nos termos do *inciso VIII*, se o autor desiste do processo.

---

61. No tocante à arbitragem pelo Estado, o STJ assim se manifesta: "Processo civil. Juízo arbitral. Cláusula compromissória. Extinção do processo. Art. 267, VII, do CPC. Sociedade de economia mista. Direitos disponíveis. Extinção da ação cautelar preparatória por inobservância do prazo legal para a proposição da ação principal. 1. Cláusula compromissória é o ato por meio do qual as partes contratantes formalizam seu desejo de submeter à arbitragem eventuais divergências ou litígios passíveis de ocorrer ao longo da execução da avença. Efetuado o ajuste, que só pode ocorrer em hipóteses envolvendo direitos disponíveis, ficam os contratantes vinculados à solução extrajudicial da pendência. 2. A eleição da cláusula compromissória é causa de extinção do processo sem julgamento do mérito, nos termos do art. 267, inciso VII, do Código de Processo Civil. 3. São válidos e eficazes os contratos firmados pelas sociedades de economia mista exploradoras de atividade econômica de produção ou comercialização de bens ou de prestação de serviços (CF, art. 173, § 1º) que estipulem cláusula compromissória submetendo à arbitragem eventuais litígios decorrentes do ajuste. 4. Recurso Especial parcialmente provido. (REsp 612.439/RS, Rel. Min. João Otávio De Noronha, 2ª T., julgado em 25/10/2005, DJ 14/09/2006 p. 299)".

62. O seguinte julgado, do TRT – 3ª Região, é paradigmático, sendo que a arbitragem foi aceita por maioria. Reproduz-se a parte útil da ementa: "Arbitragem e Conflitos Individuais de Trabalho – Possibilidade. Conceito de indisponibilidade de direitos – Efeitos jurídicos. 1 – A arbitragem é, por excelência, o meio de solução de conflitos humanos, precedendo no tempo ao próprio Poder Judiciário. (...) 13 – Já é tempo de confiar na independência e na maturidade do trabalhador brasileiro, mesmo nos mais humildes, principalmente quando sua vontade tem o reforço da atividade sindical, da negociação coletiva, do Ministério Público, que inclusive pode ser árbitro nos dissídios de competência da Justiça do Trabalho, art. 83, inciso X, da Lei Complementar nº 75/1993. 14 – A relutância em admitir a arbitragem em conflitos individuais de trabalho é uma prevenção injustificada que merece urgente revisão. Não se pode impedir que o empregado, por meio de manifestação de vontade isenta de vício ou coação, opte por meios mais céleres, rápidos e eficientes de solução do conflito do que a jurisdição do Estado. (TRT-3ª Região – 4ª T., RO nº 00259.2008. 075.03.00-2-Pouso Alegre-MG; Rel. Des. Federal do Trabalho Antônio Álvares da Silva; j. 17/12/2008; m.v)".

Desde logo é de se destacar a distinção entre desistência (CPC, art. 267, VIII) e renúncia (CPC, art. 269, V). A primeira, por ser sem mérito, admite a repropositura da mesma ação. A segunda, por ser com mérito, forma coisa julgada e impede a repropositura. Mas, sem dúvidas, há semelhanças entre ambos os institutos, já que importa em uma liberalidade por parte do autor.

Assim, na desistência o autor abre mão do processo, ao passo que, na renúncia, abre mão do direito material. Portanto, tecnicamente o mais adequado é falar em desistência do processo e renúncia ao direito.

A desistência não impede a posterior repropositura da demanda e pode ou não depender da anuência do réu. Mas, homologada a desistência do autor, deverá o magistrado condenar o autor que desistiu no ônus da sucumbência (CPC, art. 26).

Se o pedido de desistência for formulado pelo autor antes do término do prazo para a apresentação da defesa do réu, independe da concordância deste. Contudo, hipoteticamente, se o réu for revel e não estiver representado nos autos e o autor quiser desistir após configurada a revelia, não se há de falar em necessidade de concordância do réu.

Pelo outro lado, a partir do momento em que houver apresentação de contestação, a desistência depende da concordância do réu, conforme preceitua o CPC, art. 267, § 4º. Trata-se de regra totalmente justificável. Se o autor, ao verificar os sólidos argumentos de defesa apresentados pelo réu em sua contestação, acredita que irá ser vencido e requer a desistência, poderá posteriormente ingressar em juízo com a mesma demanda, trazendo novos argumentos para rebater a defesa apresentada pelo réu. Esta estratégia poderia colocá-lo em indevida vantagem em relação ao réu.

Exatamente por isso é que a legislação veda, após a defesa, a irrestrita desistência. Ora, uma vez apresentada a contestação surge ao réu o interesse de que a causa seja julgada, no mérito, de modo a provocar a formação de coisa julgada e impedir futura repropositura.

Uma situação causadora de dúvida é aquela em que o réu protocola sua contestação antes do término do prazo de defesa e, também antes do término deste prazo, o autor pleiteia a desistência. Nesta situação, haveria a necessidade de anuência do réu, para se desistir? Uma interpretação gramatical do § 4º do art. 267 concluiria pela desnecessidade de tal concordância (já que a lei fala em "depois de decorrido o prazo de resposta"); contudo, levando em conta o acima exposto, a interpretação finalística concluiria pela necessidade de anuência (de modo a evitar a desistência com o fito de posterior repropositura).

A hipótese não é meramente acadêmica. Basta visualizar uma situação em que há litisconsórcio passivo, sendo que um dos réus não é encontrado para ser citado. Considerando a regra de que o prazo para defesa somente tem início com a juntada do mandado de citação do último réu (CPC, art. 241, III), é possível que leve meses para que se inicie o prazo de resposta. E um réu diligente, já citado, pode apresentar sua contestação, não só antes do término, mas antes do início do prazo – o que, por certo, é permitido. Diante desse quadro, poderia o autor desistir sem a anuência do réu?

A meu ver, não. Portanto, a melhor interpretação do § 4º em comento seria a de que a anuência do réu é necessária a partir do momento em que ele apresenta sua contestação[63].

Contudo, a jurisprudência afirma que esta objeção do réu à desistência do autor deve ser motivada, pena de configurar abuso de direito[64]. Destarte, ao se opor à desistência, deve o réu justificar, à luz do caso concreto, seu interesse na decisão da lide pelo mérito, de modo a estabilizar a relação jurídica em debate, em prol da segurança jurídica e para evitar futuros litígios.

No tocante ao aspecto temporal, somente é possível a desistência do autor até que seja prolatada a sentença. Uma vez que o juiz tenha decidido a causa – com ou sem mérito – não há mais espaço para a desistência. A partir de então, o que se pode fazer é renunciar ao direito ou, se já tiver ocorrido a interposição de algum recurso, dele desistir, situação na qual prevalecerá a sentença[65].

---

63. Neste sentido, Humberto Theodoro Junior, op. cit., p. 313.
64. Processo civil. Pedido de desistência da ação. Deferimento. Homologação. Réu intimado. Discordância. Ausência de motivo relevante. Nulidade. Não ocorrência. Interpretação teleológica do art. 267, § 4º, do Código de Processo Civil. 1. A recusa do réu ao pedido de desistência deve ser fundamentada e justificada, não bastando apenas a simples alegação de discordância, sem a indicação de qualquer motivo relevante (REsp 90738/RJ, Rel. Min. Sálvio de Figueiredo Teixeira, DJ 21/09/1998). 2. A desistência da ação é instituto de cunho nitidamente processual, não atingindo o direito material objeto da ação. A parte que desiste da ação engendra faculdade processual, deixando incólume o direito material, tanto que descompromete o Judiciário de se manifestar sobre a pretensão de direito material (Luiz Fux, *Curso de direito processual civil*, 3. ed., p. 449). 3. A despeito de ser meramente processual, após o oferecimento da resposta, é defeso ao autor desistir da ação sem o consentimento do réu, nos termos do art. 267, § 4º, do CPC. 4. A regra impositiva decorre da bilateralidade formada no processo, assistindo igualmente ao réu o direito de solucionar o conflito. Todavia, a oposição à desistência da ação deverá ser fundamentada, sob pena de configurar abuso de direito. Precedentes: (REsp 976861/SP, DJ 19/10/2007; REsp 241780/PR, DJ 03/04/2000; REsp 115642/SP, DJ 13/10/1997.) 5. Recurso especial improvido. (REsp 864.432/PR, Rel. Min. Luiz Fux, 1ª T., julgado em 12/02/2008, DJE 27/03/2008).
65. Neste exato sentido, interessante ementa de acórdão do STJ que trata dos temas ora mencionados: "Processo Civil – Pedido de desistência da ação formulado após a prolação da sentença – Impossibilidade – Distinção dos institutos: desistência da ação, desistência do recurso e renúncia. 1. A desistência da ação é instituto de natureza eminentemente processual, que possibilita a extinção do processo, sem julgamento do mérito, até a prolação da sentença. Após a citação, o pedido somente pode ser deferido com a anuência do réu ou, a critério do magistrado, se a parte contrária deixar de anuir sem motivo justificado. A demanda poderá ser proposta novamente e se existirem depósitos judiciais, estes poderão ser levantados pela parte autora. Antes da citação o autor somente responde pelas despesas processuais e, tendo sido a mesma efetuada, deve arcar com os honorários do advogado do réu. 2. A desistência do recurso, nos termos do art. 501 do CPC, independe da concordância do recorrido ou dos litisconsortes e somente pode ser formulado até o julgamento do recurso. Neste caso, há extinção do processo com julgamento do mérito, prevalecendo a decisão imediatamente anterior, inclusive no que diz respeito a custas e honorários advocatícios. 3. A renúncia é ato privativo do autor, que pode ser exercido em qualquer tempo ou grau de jurisdição, independentemente da anuência da parte contrária, ensejando a extinção do feito com julgamento do mérito, o que impede a propositura de qualquer outra ação sobre o mesmo direito. É instituto de natureza material, cujos efeitos equivalem aos da improcedência da ação e, às avessas, ao reconhecimento do pedido pelo réu. Havendo depósitos

O *inciso IX* do art. 267 do CPC prevê a extinção do processo sem resolução do mérito quando o direito material debatido em juízo for intransmissível.

Se o direito discutido em juízo for intransmissível (basicamente as hipóteses de direito personalíssimo), o falecimento da parte (o suposto titular do direito) não permite que haja a sucessão posição jurídica processual. Ou seja, o filho não pode assumir o lugar do pai no processo, razão pela qual este deverá ser extinto.

A dificuldade na interpretação do dispositivo passa pela verificação daquilo que é ou não intransmissível. Há algumas situações mais simples, mas há hipóteses que apresentam dúvidas.

O usualmente verificado é que, falecido o autor ou o réu, seu sucessor ingressa no processo (sucessão processual). É o que ocorre em qualquer discussão envolvendo condenação em quantia. Numa cobrança de dívida, falecendo o autor, seu sucessor ingressa no polo ativo.

De seu turno, há situações de direito de família que são, claramente, intransmissíveis. O exemplo clássico é a separação judicial. Se um dos cônjuges falece durante o trâmite do processo, não há como prosseguir o feito com um sucessor do morto: não pode a esposa (ora viúva) pedir a separação em face do filho. Assim, com o falecimento de uma das partes, o processo será extinto.

Da mesma forma, quando se ingressa em juízo formulando um pedido exclusivamente em prol do autor, que só a ele interesse, também se está diante de uma situação de intransmissibilidade, sendo que o falecimento acarreta a extinção do processo. O mesmo se diga quando a prestação só pode ser cumprida por um determinado réu. É o exemplo de demanda que busca determinado tratamento médico para o autor, enfermo. Com o falecimento do autor, não há como se pleitear aquele tratamento para algum sucessor do falecido[66].

Uma situação que ainda não está totalmente sedimentada é a transmissibilidade do dano moral.

---

judiciais, estes deverão ser convertidos em renda da União. O autor deve arcar com as despesas processuais e honorários advocatícios, a serem arbitrados de acordo com o art. 20, § 4º do CPC ('causas em que não houver condenação'). 4. Hipótese em que, apesar de formulado o pleito antes do julgamento da apelação pelo Tribunal, impossível a homologação do pedido de desistência da ação. 5. Recurso Especial provido. (REsp 555139/CE, Rel. Min. Eliana Calmon, 2ª T., julgado em 12/05/2005, DJ 13/06/2005 p. 240)".

66. É o que se vê deste aresto do STJ: "Processual civil – Mandado de segurança – Sistema Único de Saúde – Internação – Óbito do impetrante no curso da lide – Extinção do feito sem julgamento do mérito nos termos do art. 267, IX do CPC. 1. Mandado de segurança impetrado para garantir ao impetrante o direito à internação em UTI. 2. Óbito do impetrante ocorrido após a concessão da liminar e antes da prolação da sentença. Fato superveniente noticiado em contra-razões de apelo e desconsiderado pelo Tribunal *a quo*, embora instado a manifestar-se através de embargos declaratórios. 2. Embora haja omissão no julgado, que analisou o mérito da impetração, quanto à existência de fato superveniente, não deve ser anulado o acórdão por violação ao art. 535 do CPC, mas extinto o feito sem julgamento do mérito, nos termos do art. 267, IX, do CPC porque, *in casu*, a aplicação das regras processuais adequadas a ninguém aproveitará. 3. Hipótese de ação personalíssima, cujo direito não é passível de transmissão aos herdeiros. 4. Recurso Especial provido para extinguir o feito sem julgamento do mérito. (REsp 703.594/MG, Rel. Ministra Eliana Calmon, 2ª T., julgado em 06/12/2005, DJ 19/12/2005 p. 352)".

Dúvida não há de que o direito à honra é personalíssimo. Contudo, tem-se entendido que a indenização decorrente de um dano moral, exatamente por ter natureza patrimonial, é transmissível, e, portanto, aquele que busca a reparação do dano moral, uma vez falecido, pode ser sucedido pelo espólio[67]. Situação um pouco distinta é o ajuizamento da demanda indenizatória após o falecimento da pessoa supostamente violada em sua honra. Há precedentes permitindo o ajuizamento, exatamente porque o direito à indenização integraria o patrimônio do falecido[68].

Curioso destacar que, conforme a situação dos autos, a morte da pessoa pode acarretar duas consequências processuais distintas. De um lado, a suspensão do processo (CPC, art. 265, I), como já visto acima e, de outro, se a hipótese for de direito material intransmissível, a extinção do processo.

O *inciso X* trata da situação em que se verifica "confusão entre autor e réu".

Este fenômeno se verifica quando as posições jurídicas processuais de autor e réu se encontrarem em uma mesma pessoa no âmbito fora do processo. Isto é: as duas partes da relação processual se encontram em uma única parte na relação jurídica de direito material. Como, por certo, não é lícito alguém litigar contra si mesmo, o processo deve ser extinto.

Um exemplo simples de visualizar é a fusão de empresas, situação na qual, no âmbito do direito material, as duas passam a ser uma só. E eventual processo entre as duas empresas passará a ter, do lado ativo e passivo, a mesma pessoa. Aí se impõe a extinção do processo sem resolução do mérito.

Outra situação corriqueira é um pedido de alimentos formulado pelo filho, menor representado pela mãe, em face do pai. Com o falecimento da mãe, o

---

67. "Administrativo e processual civil – Agravo regimental em recurso especial – Legitimidade de herdeiros prosseguirem em ação de danos morais – Possibilidade – Aferição da culpa *in vigilando* ao caso concreto – Montante da indenização do dano moral – Matéria objeto de remessa necessária exclusivamente – Preclusão lógica. 1. Conforme defendem a doutrina e entendimento do STJ, os herdeiros têm legitimidade para dar continuidade à ação de danos morais iniciada pelo *de cujus*, não sendo óbice o fato de os direitos de personalidade serem direitos personalíssimos e, por isso, intransmissíveis. 2. O Tribunal de origem consignou que o estabelecimento não tinha adequadas condições de uso. Com isso, entender que não houve imprudência da agravante seria ultrapassar o óbice do enunciado da Súmula nº 7 do STJ, que impede a análise probatória dos autos, e não valoração das provas dos autos, como pretende a agravante. 3. A matéria objeto de análise pela remessa necessária, exclusivamente, não pode ser objeto de recurso especial, em razão da preclusão lógica. Precedentes. Agravo regimental improvido. (AgRg no REsp 1072946/SC, Rel. Min. Humberto Martins, 2ª T., julgado em 20/08/2009, DJE 08/09/2009)".

68. "(...) Com essas considerações doutrinárias e jurisprudenciais, pode-se concluir que, embora o dano moral seja intransmissível, o direito à indenização correspondente transmite-se *causa mortis*, na medida em que integra o patrimônio da vítima. Não se olvida que os herdeiros não sucedem na dor, no sofrimento, na angústia e no aborrecimento suportados pelo ofendido, tendo em vista que os sentimentos não constituem um "bem" capaz de integrar o patrimônio do *de cujus*. Contudo, é devida a transmissão do direito patrimonial de exigir a reparação daí decorrente. Entende-se, assim, pela legitimidade ativa *ad causam* dos pais do ofendido, já falecido, para propor ação de indenização por danos morais, em virtude de ofensa moral por ele suportada.(...)" (REsp 978.651/SP, Rel. Min. Denise Arruda, 1ª T., julgado em 17/02/2009, DJE 26/03/2009).

representante legal do filho passa a ser seu pai. Logo, no processo, teríamos a improvável situação em que, de um lado, filho representado pelo pai e, do outro, o pai. Daí a extinção do processo sem resolução do mérito – desde que a guarda do filho passe a ser do pai, por certo. Se a guarda do filho for de um tio materno, por exemplo, este será seu representante ou, eventualmente, até mesmo lhe será nomeado curador especial pelo juiz (CPC, art. 9º, I).

Por fim, o *inciso XI* do art. 267 do CPC prevê a extinção do processo "nos demais casos previstos no Código".

Trata-se – tal como já verificado em relação ao inciso VI do art. 265 do CPC – de uma cláusula aberta que permite a inserção, pelo legislador, de outras hipóteses de extinção do processo, ainda que não no próprio art. 267.

Dentre outros, pode-se apontar o exemplo do art. 47, parágrafo único, que prevê a extinção do processo sem resolução do mérito se o autor não promover a citação dos litisconsortes necessários[69].

36.4.2. Extinção com resolução do mérito (CPC, art. 269)

36.4.2.1. MOMENTO EM QUE PODE OCORRER A EXTINÇÃO COM RESOLUÇÃO DO MÉRITO

Como visto em tópico anterior, a extinção sem resolução do mérito pode ocorrer em diversos momentos processuais. O mesmo não se verifica em relação à extinção com resolução de mérito.

Considerando que neste caso há a apreciação do pedido, a regra é que, para que haja a prolação de sentença com mérito, necessária a citação do réu, apresentação de defesa e produção de prova. Assim é por força dos princípios processuais do contraditório, ampla defesa e devido processo legal.

Contudo, há hipóteses em que é cabível o julgamento antecipado da lide (CPC, art. 330), ou seja, em que haverá decisão de mérito sem que haja a realização de audiência de instrução. Isto é possível quando:

(i) a audiência for desnecessária, isto é, quando a matéria debatida em juízo for apenas de direito ou, sendo de direito e de fato, a prova for apenas documental;

(ii) ocorrer a revelia, isto é, quando apesar de aberta a possibilidade de apresentação de defesa, o réu não contestar, tornando-se incontroversa a matéria fática.

Historicamente o sistema processual brasileiro não permitia a extinção com mérito sem que houvesse a citação do réu, exatamente de modo a possibilitar o

---

69. "Mandado de Segurança – Processual civil – Litisconsorte – Necessidade da citação pessoal – Art. 19, Lei nº 1.533/1951 – CPC, arts. 47 e parágrafo único, e 267, XI, e § 3º – Súmula nº 145 – TRF. 1. Faltante a citação pessoal do litisconsorte necessário, determinada judicialmente, o processo deve ser extinto sem julgamento do mérito. 2. Multiplicidade de precedentes jurisprudenciais. 3. Recurso improvido" (REsp 60.069/RS, Rel. Min. Milton Luiz Pereira, 1ª T., julgado em 04/12/1995, DJ 26/02/1996 p. 3942).

contraditório e a ampla defesa. Contudo, esse quadro mudou com a inserção do art. 285-A[70] no CPC.

Portanto, é excepcionalmente cabível decisão de mérito sem a oitiva do réu, na hipótese em que (a) tratar-se de causa repetitiva[71], (b) a matéria for exclusivamente de direito e (c) já houver, no juízo, decisão de improcedência proferida após o exercício do contraditório. Nestes casos, mesmo sem citar o réu, o juiz já poderá julgar improcedente o pedido, reproduzindo os termos da anterior sentença de improcedência.

Esta situação pode ser denominada de improcedência liminar do pedido[72], em analogia ao indeferimento liminar da inicial (CPC, art. 267, I). O objetivo do legislador foi a celeridade processual: se já se sabe qual será o resultado, no mérito, qual a lógica de se citar o réu e movimentar toda a máquina judiciária?

Como exemplo, a situação envolvendo a cobrança de assinatura básica de telefonia, aquela quantia mensalmente cobrada pelas empresas de telefonia sem que haja qualquer ligação. Discutiu-se maciçamente no Judiciário se essa cobrança seria legal. Milhares de processos depois e superada razoável divergência, o STJ pacificou que a cobrança é válida[73]. Considerando que a 1ª Vara Cível de determinada Comarca já tem decisão de improcedência em ação que busca a ilegalidade de tal assinatura, o juiz, ao receber nova ação que discuta exatamente o mesmo assunto, deverá julgar liminarmente improcedente o pedido, sem que haja a citação do réu.

36.4.2.2. HIPÓTESES EM QUE HÁ SENTENÇA COM RESOLUÇÃO DO MÉRITO.

Como já exposto, quando se ingressa em juízo, o esperado é uma decisão de mérito, em que o juiz aprecia o pedido formulado pela parte, decidindo a lide. As situações do art. 267 acarretam a extinção anômala.

Já as hipóteses do art. 269, trazem a extinção usual do processo.

Contudo, apenas na situação prevista no inciso I é que efetivamente há uma decisão do magistrado, optando pela tese apresentada pelo autor ou pelo réu, ou seja, uma verdadeira decisão de mérito pelo magistrado. Nas demais hipóteses, em verdade o julgador simplesmente se manifesta a respeito de uma situação que, pelo Código, também tem o condão de resolver o mérito – e, principalmente, de ser coberta pela coisa julgada.

---

70. "Art. 285-A. Quando a matéria controvertida for unicamente de direito e no juízo já houver sido proferida sentença de total improcedência em outros casos idênticos, poderá ser dispensada a citação e proferida sentença, reproduzindo-se o teor da anteriormente prolatada.", inserido no Código pela Lei nº 11.277/2006.
71. Aqui uma impropriedade do art. 285-A: se a causa fosse idêntica, a hipótese seria de litispendência ou coisa julgada. Na verdade, o dispositivo legal se refere a causas repetitivas (mesma causa de pedir e pedido) mas com parte, por certo, distintas.
72. Também denominado por alguns de "julgamento antecipadíssimo da lide", em comparação ao julgamento antecipado da lide (Vicente Greco Filho, *Direito processual civil brasileiro*. 18. ed. São Paulo: Saraiva, 2007, v. 2, p. 81).
73. Súmula nº 356 do STJ: "É legítima a cobrança da tarifa básica pelo uso dos serviços de telefonia fixa".

O *inciso I*, de forma singela, traz hipótese de grande relevância em que há apreciação da lide, isto é, "quando o juiz acolher ou rejeitar o pedido do autor". Ou seja, este inciso prevê a improcedência ou procedência do pedido.

Se o juiz afirma que o pedido, a partir da causa de pedir apresentada pelo autor e com base na defesa do réu, deve ser acolhido, tem-se a procedência. Pelo outro lado, se o juiz afirma que o pedido, a partir da causa de pedir apresentada pelo autor e com base na defesa do réu, deve ser afastado, tem-se a improcedência.

Além de ser a hipótese de maior relevância do ponto de vista processual (é a síntese do processo de conhecimento), está é a situação mais verificada no cotidiano forense: procedência ou improcedência do pedido.

Já no *inciso II* não há efetivo julgamento do magistrado, mas homologação da situação em que o "réu reconhece a procedência do pedido".

Ocorre no momento em que o réu não resiste ao pedido formulado pelo autor. Não se trata de revelia (ausência de contestação, que acarreta a veracidade dos fatos), mas sim de uma posição ativa na qual o réu se submete à pretensão do autor.

O reconhecimento do pedido, exatamente por ser uma forma de extinção com mérito, é capaz de ser coberto pela coisa julgada. Assim, impede a repropositura, isto porque encerra a lide, com a total renúncia à resistência à pretensão do autor – ou seja, com a submissão. Portanto, se a lide foi encerrada, não há por que falar em repropositura.

O reconhecimento pode-se dar nos autos (por petição ou manifestação em audiência) ou mesmo extra-autos (por documentos ou mesmo por atos que guardem correlação com o processo).

O juiz simplesmente homologará o reconhecimento do réu. Mas, para fazê-lo, verificará (a) se a parte que reconhece o pedido é capaz e (b) se o direito admite ser reconhecido (se não se trata de direito indisponível).

A parte que reconhece o pedido é a responsável pela sucumbência, visto que fez com que o autor movimentasse a máquina jurisdicional. Por essa razão, por vezes ocorre, no cotidiano forense, a tentativa de o réu afastar a verificação de reconhecimento do pedido (hipótese em que teriam custos adicionais), em favor da tese da falta superveniente de interesse de agir (extinção sem mérito: CPC, art. 267, VI), ou seja, de que a ida ao Judiciário foi desnecessária (e assim, a sucumbência seria da parte autora).

Se o atendimento, pelo réu, à pretensão do autor se deu por força do processo judicial, a hipótese é de reconhecimento do pedido. Contudo, se a atitude do réu independeu do processo judicial, então a hipótese é de falta de interesse de agir superveniente. Compete ao magistrado, caso a caso, verificar o que ocorreu[74].

---

74. Nesta linha, o STJ: "Processual civil. SUS. Tratamento cirúrgico. Ajuizamento de ação. Interesse presente. Afronta ao art. 267, VI, do CPC. Inexistência. I – Não há por que extinguir o feito por ausência de interesse da parte, visto que no momento em que ajuizada a ação existia o interesse do autor em obter o tratamento cirúrgico que, de acordo com o que se extrai do acórdão, não lhe foi oferecido espontaneamente

O *inciso III* traz a situação em que as partes transigem, ou seja, celebram acordo, com concessões recíprocas para pôr fim ao litígio (CC, art. 840).

É a forma de solução do conflito mais conveniente, visto que depende da participação dos litigantes e põe fim à lide da forma mais pacífica possível. Não obstante, a transação ainda não é parte da cultura jurídica brasileira, muito mais voltada ao litígio. Contudo, iniciativas coordenadas pelo CNJ, em eventos como a "semana nacional de conciliação", nos quais se busca a realização de diversos acordos em juízo, começam a proliferar e conseguem resultados satisfatórios.

A transação pode-se dar nos autos (por petição levada pelas partes ou acordo celebrado em audiência) ou mesmo extra-autos. Por vezes há resistências em relação a acordos celebrados fora dos autos, mas a jurisprudência costuma acolhê-los, acertadamente[75].

O juiz simplesmente homologará a transação. Mas, para fazê-lo, verificará (a) se as partes que transacionam são capazes e (b) se o direito admite transação (se não se trata de direito indisponível – CC, art. 841).

Por sua vez, o *inciso IV* traz uma situação que costumeiramente causa dúvidas no cotidiano forense: extinção com mérito "quando o juiz pronunciar a decadência ou a prescrição".

Frise-se: está é uma decisão com mérito e, portanto, não se trata de uma decisão terminativa.

Prescrição e decadência são institutos relacionados ao tempo. Se a parte permanece inerte por determinado lapso temporal, será penalizada por sua desídia. Vale sempre lembrar o brocardo *dormientibus non sucurrit jus*, ou seja, o direito não socorre quem dorme.

Assim, os institutos da prescrição e decadência são a face visível dessa inércia da parte. Transcorrido determinado lapso temporal, não será mais lícito à parte buscar o Judiciário para satisfazer sua pretensão.

---

pelo serviço público. II – De fato, somente no transcorrer da ação judicial e em razão desta é que o tratamento foi prestado ao autor. Assim, não há falar-se em afronta ao art. 267, VI, do CPC. III – Se o Estado, após o processamento da demanda, vem a disponibilizar o medicamento pleiteado, não há por que extinguir o feito com base no art. 267, VI, do CPC, ou seja, por falta de interesse processual, já que este existia no momento da propositura da demanda. Deve o feito ser extinto com base no art. 269, II, do CPC, em face de o réu haver reconhecido a procedência do pedido do autor (REsp nº 646.443/RS, Rel. Min. João Otávio de Noronha, DJ de 29/11/2004). IV – Recurso especial improvido" (REsp 1072683/RS, Rel. Min. Francisco Falcão, 1ª T., julgado em 07/10/2008, DJE 20/10/2008).

75. "Processual civil. FGTS. Correção monetária. Diferenças. Transação. 1. A transação extrajudicial que tem por objeto direito litigioso afeta imediatamente a pretensão posta em juízo, independentemente de menção específica a respeito. Não sendo nula, a transação impõe juízo de procedência, com o reconhecimento do direito nos termos como acordado entre as partes (CPC, art. 269, III) e nesses limites é que poderá ser cumprida (CPC, art. 475-N, III e V). Assim, presente o disposto na súmula vinculante 1/STF, é legítima a transação celebrada com base na LC 110/01, mesmo que não contenha menção ou que tenha sido ocultada a existência de ação judicial pendente. 2. Embargos de declaração recebidos como agravo regimental e, como tal, improvido" (EDcl no REsp 945.150/PR, Rel. Min. Teori Albino Zavascki, 1ª T., julgado em 04/11/2008, DJE 13/11/2008).

E, reconhecendo a prescrição ou decadência, o juiz extinguirá o processo com mérito. Muito se discutiu, à luz do CPC de 1939, se estes institutos eram de direito processual ou material. O CPC de 1973 acabou com a polêmica, inserindo este inciso IV ao art. 269 e definindo, *de lege lata*, tratar-se de decisão de mérito. Corroborando esta posição do legislador, vale lembrar que os prazos prescricionais estão previstos no CC (art. 205 e 206) e não no CPC.

E, para finalizar, o *inciso V* trata do fenômeno da renúncia ao direito material, pelo autor.

Como já exposto em comentário anterior, é fundamental que se diferencie a desistência (CPC, art. 267, VIII) da renúncia (CPC, art. 269, V). A desistência, que acarreta a extinção sem mérito, permite uma nova propositura da mesma ação. Já a renúncia, por ser extinção com mérito, é coberta pela coisa julgada e impede a repropositura, isto porque encerra a lide, com a total renúncia à pretensão, de forma oposta ao que se verifica em relação ao reconhecimento do pedido. De qualquer forma, se a lide foi encerrada, não há por que falar em repropositura.

Assim, na desistência, o autor abre mão do processo, ao passo que, na renúncia, abre-se mão do direito material.

Há legislação específica que preceitua não ser cabível a desistência em face de entes públicos, mas apenas a renúncia. Ou seja, se alguma parte quiser desistir de uma demanda ajuizada em face do Estado, não poderá; ou melhor, somente poderá renunciar (com mérito) e não desistir (sem mérito)[76].

A renúncia, exatamente por não permitir nova propositura, independe de anuência da parte ré e pode ser celebrada a qualquer tempo e grau, até o trânsito em julgado da sentença ou acórdão. E, ao homologar a renúncia, deverá o magistrado condenar o autor que renuncia no ônus da sucumbência (CPC, art. 26).

Tal qual em relação a incisos anteriores, o juiz simplesmente homologará a renúncia. Mas, para fazê-lo, verificará (a) se a parte renunciante é capaz e (b) se o direito admite renúncia (se não se trata de direito indisponível).

E de modo a concluir este tópico, vale relembrar que, prolatada uma sentença de mérito, se não for interposto recurso ou, uma vez esgotados os recursos, haverá o trânsito em julgado. E, uma vez verificado o trânsito em julgado da sentença definitiva, há a formação da coisa julgada (CPC, art. 467).

36.5. FORMAÇÃO, SUSPENSÃO E EXTINÇÃO DO PROCESSO DE EXECUÇÃO

De início, vale lembrar que o art. 598 do CPC é expresso ao apontar que as regras do processo de conhecimento se aplicam de forma subsidiária ao processo de execução.

---

76. Lei nº 9.469/1997.

Em relação à formação do processo executivo, não há qualquer distinção em relação ao que se verifica quanto ao processo de conhecimento. Ou seja, há a formação do processo no momento em que a petição inicial é protocolada em juízo. Apenas a finalidade do processo de execução será distinta do que se verifica no processo de conhecimento. Aqui, em regra, o objetivo é o pagamento de determinada quantia em 3 dias, sob pena de penhora (CPC, art. 652, execução de quantia certa).

De seu turno, em relação à suspensão do processo, o legislador criou um capítulo específico para tratar da suspensão do processo executivo. Trata-se do Capítulo I do Título VI do Livro II do CPC.

O art. 791 traz as seguintes hipóteses para a suspensão da execução:

I – quando recebidos com efeito suspensivo os embargos à execução;
II – nas hipóteses previstas no art. 265, I a III;
III – quando o devedor não possuir bens penhoráveis.

O *inciso I* trata da defesa do executado, denominada embargos à execução. No atual sistema, apenas se existirem bons argumentos e uma situação de urgência é que os embargos serão recebidos com efeito suspensivo (CPC, art. 739-A, § 1º) e, consequentemente, terão o condão de suspender o trâmite do processo de execução. A regra, pois, é que, recebidos os embargos, a execução prossiga normalmente – é o que se vê do *caput* do art. 739-A.

De qualquer forma, presentes os requisitos, o juiz receberá os embargos com efeito suspensivo e, portanto, a execução quedará suspensa, até decisão dos embargos – que continuarão com seu trâmite.

O *inciso II* remete a três situações do art. 265, a saber: (a) morte ou perda da capacidade processual das partes ou procuradores, (b) convenção das partes e (c) se apresentadas algumas das exceções (incompetência relativa, suspeição ou impedimento).

As situações já foram antes analisadas, razão pela qual se remete o leitor à leitura de tais tópicos.

A dúvida que surge diz respeito à suspensão por convenção das partes, especialmente porque o art. 792 preceitua que "*Convindo as partes, o juiz declarará suspensa a execução durante o prazo concedido pelo credor, para que o devedor cumpra voluntariamente a obrigação*".

Há autores que entendem não existir qualquer relação entre o art. 265, II e o art. 792[77].

---

77. Antonio Cláudio da Costa Machado, *Código de Processo Civil interpretado*. 7. ed. Barueri: Manole, 2008, p. 1142.

A suspensão com base no art. 265, II, como já visto, está limitada ao prazo de 6 meses[78]. Assim, findo tal período, o processo de execução retornará a seu trâmite normal. Já a suspensão no art. 792 não está limitada a esse prazo de suspensão[79].

Portanto, tudo depende do teor do acordo. Se estivermos diante de um acordo que importe em extinção da obrigação[80], então haverá extinção da execução. Se a convenção disser respeito a um prazo para pagamento do débito, ainda que superior a seis meses, o processo ficará suspenso o tempo que for necessário para que ocorra o adimplemento. Já se o acordo for uma suspensão para se tentar chegar a uma forma de pagamento ou outra forma de extinção da obrigação, então deverá ser observado o prazo de 6 meses.

Como melhor exemplo da situação prevista no art. 792, os diversos programas estatais de refinanciamento de dívidas tributárias, para pagamento em diversas parcelas mensais: a execução fiscal ficará suspensa até que haja o pagamento final do débito[81]. Não havendo o pagamento integral, o processo voltará a tramitar, nos termos do art. 793.

Por sua vez, o *inciso III* do art. 791 aponta a suspensão quando não houver bens penhoráveis do executado.

A execução só pode prosseguir se houver a penhora de bens do executado, já que o objetivo é a expropriação do bem, com entrega da quantia ao exequente. Logo, não havendo bens passíveis de penhora, não há como prosseguir o processo, e por isso cabível a suspensão. O objetivo da suspensão é aguardar algum período para depois, novamente, tentar-se encontrar algum bem passível de penhora. Contudo, se o processo é suspenso de maneira indefinida e o exequente permanece inerte, é de se ser reconhecida a prescrição[82].

Fechando o capítulo de suspensão, o legislador, no art. 793, aponta que durante a suspensão "é defeso praticar quaisquer atos processuais", salvo diante de situações de urgência. A regra é simétrica à prevista no art. 266 do CPC, que trata da suspensão do processo de conhecimento. Havendo, por exemplo, risco de perecimento do bem penhorado, pode o juiz determinar alguma providência mesmo durante a suspensão.

---

78. CPC, art. 265, § 3º.
79. Nesta linha, o STJ: "Processo civil. Execução. Acordo. Suspensão. Art. 792, CPC. Recurso provido. Na execução, o acordo entre as partes quanto ao cumprimento da obrigação, sem a intenção de novar, enseja a suspensão do feito, pelo prazo avençado, que não se limita aos seis meses previstos no art. 265, CPC, não se autorizando a extinção do processo" (REsp 164.439/MG, Rel. Min. Sálvio De Figueiredo Teixeira, 4ª T., julgado em 08/02/2000, DJ 20/03/2000 p. 76).
80. Tal qual novação, remissão ou pagamento.
81. "Tributário. Execução fiscal. Suspensão. Adesão ao Programa de Recuperação Fiscal (Refis). A opção do executado pelo Refis implica em suspensão da execução durante o prazo concedido pelo credor" (REsp 443.731/RS, Rel. Min. Humberto Gomes De Barros, 1ª T., julgado em 18/02/2003, DJ 17/03/2003 p. 188).
82. Destaque para a seguinte frase de acórdão do STJ: "Paralisado o feito por mais de quinze anos, correta a decretação da prescrição intercorrente, tanto mais que ouvida a Fazenda Pública" (REsp 988.781/BA, Rel. Min. Luiz Fux, 1ª T., julgado em 09/09/2008, DJE 01/10/2008).

Já a extinção do processo de execução é tratada no capítulo seguinte à suspensão. Mas o art. 794 não prevê todas as hipóteses em que pode ocorrer a extinção.

É possível que o processo de execução tenha seu trâmite abreviado, como acontece na extinção sem resolução de mérito do processo de conhecimento. Basta imaginar, dentre outros inúmeros exemplos, casos em que o exequente é parte ilegítima, ou este não junta procuração ou não recolhe as custas necessárias. Em tais situações, haverá a extinção do feito, sem que se discuta o crédito contido no título executivo. Esta extinção anômala, como já exposto, é prevista no art. 267 do CPC (processo de conhecimento), mas não é prevista no art. 794 do Código. Destarte, apesar de ausência de previsão, as hipóteses de extinção sem resolução do mérito também se aplicam ao processo de execução. É a aplicação subsidiária do processo de conhecimento ao de execução.

Pelo outro lado, em contraposição à extinção processual, é possível – e esperado – que o processo de execução tenha seu trâmite normal, visando a concretizar o direito contido no título executivo, ou seja, buscando o adimplemento do executado, com a satisfação do crédito do exequente.

E, neste ponto, houve previsão específica do CPC em relação ao processo de execução, para situações nas quais não há extinção por força de falhas processuais.

É o que se depreende do art. 794, que traz três situações de extinção: satisfação da obrigação, remissão (perdão da dívida pelo exequente) e renúncia ao crédito (também pelo exequente).

O *inciso I* do art. 794 trata do pagamento do débito pelo executado. É a situação esperada, na qual, diante do título executivo que aponta o débito, o executado cumpra com sua obrigação e pague a quantia devida. Esta seria a extinção própria da execução.

Situação distinta ocorre quando da extinção do processo de execução com base na remissão (*inciso II*) ou renúncia ao crédito (*inciso III*), que importam em extinção imprópria da execução[83].

Os dois incisos finais do art. 794 do Código na verdade correspondem a situações previstas no art. 269 – e, assim, anteriormente tratadas neste capítulo.

O inciso II do art. 794 corresponde ao inciso III do art. 269 – ou seja, hipótese de transação, com a participação de ambas as partes. Já o inciso III do art. 794 corresponde ao inciso V do art. 269 – renúncia ao direito em que se funda a ação, realizada de forma unilateral pelo autor.

---

83. Neste sentido, Araken de Assis (*Manual do processo de execução*, p. 1101-1106), em que o autor afirma que a extinção própria do processo de execução é aquela prevista no art. 794, I, do CPC, seja pelo cumprimento espontâneo do devedor, seja pelo êxito dos meios executórios. De outra banda, se a extinção não se der por essa razão, estaremos diante da execução imprópria, em que uma das hipóteses é exatamente a extinção da dívida, o que pode se dar quer pela remissão (CPC, art. 794, II), quer pela renúncia (CPC, art. 794, III). Corroborando o que já aqui expusemos, outra hipótese de extinção imprópria é aquela decorrente de vícios processuais, prevista no art. 267 do CPC.

36.6. FORMAÇÃO, SUSPENSÃO E EXTINÇÃO DO PROCESSO CAUTELAR

Não existem maiores distinções entre a formação, suspensão e extinção do processo cautelar, em relação ao processo de conhecimento.

É necessário destacar que o objetivo da medida cautelar é proteger uma situação de urgência, que será devidamente discutida no processo de conhecimento ou de execução. Assim, o processo cautelar é dependente de um outro processo, e será autuado de forma apartada, em apenso ao processo principal.

Não há nenhum artigo específico, no CPC, referente à suspensão ou extinção do processo cautelar. O assunto é apenas tratado de maneira incidental.

Nesta toada, o art. 807 destaca que, salvo existindo decisão judicial em sentido contrário, a cautelar mantém sua eficácia "durante o período de suspensão do processo". Aqui, por óbvio, a suspensão é do processo principal. E deste dispositivo se depreende que o processo cautelar também ficará suspenso por força da suspensão do processo principal. Mas, em regra, a eficácia da medida cautelar permanecerá.

Já o art. 808 aponta as situações em que "cessa a eficácia da medida cautelar". Pode-se interpretar esse artigo como as situações em que o processo cautelar será extinto.

É o que se conclui considerando o teor do *inciso III*, que aponta a cessação da medida cautelar "se o juiz declarar extinto o processo principal, com ou sem julgamento de mérito".

Ora, acessória que é a cautelar, extinto o processo principal, também o processo acessório se extinguirá. Assim, todas as hipóteses de extinção do processo de conhecimento e de execução acarretam, também, a extinção do processo cautelar.

Além disso, o *inciso I* do art. 808 traz a hipótese de extinção da cautelar quando não for ajuizada a ação principal no prazo de 30 dias contados da efetivação da cautelar (CPC, art. 806), previsão esta cabível quando se está diante de uma cautelar preparatória. Trata-se da não observância de um pressuposto de desenvolvimento do processo, exatamente como se viu em relação ao processo de conhecimento, o art. 267, IV, do CPC.

Assim, considerando o sistema processual e os dispositivos acima comentados, é possível concluir que as hipóteses de suspensão e extinção do processo cautelar são coincidentes com as hipóteses de suspensão e extinção do processo de conhecimento.

Por fim, há uma situação excepcional, expressamente prevista em lei, na qual a extinção da cautelar trará, também, efeitos para o processo principal. Trata-se da hipótese de acolhimento da defesa do requerido quanto à prescrição e à decadência (CPC, art. 810[84]). Ou seja, reconhecida a prescrição da pretensão no processo cautelar, também se reconhecerá a pretensão no processo principal.

---

84. "Art. 810. O indeferimento da medida não obsta a que a parte intente a ação (...), salvo se o juiz, no procedimento cautelar, acolher a alegação de decadência ou de prescrição do direito do autor."

BIBLIOGRAFIA

Assis, Araken de. *Manual do processo de execução*. 9. ed. São Paulo: Revista dos Tribunais, 2004.

Assis, Carlos Augusto de. Mudou o conceito de sentença? *Revista IOB de Direito Civil e Processual Civil*, v. 41, p. 86, 2006.

_____. Marchas e contramarchas do processo civil na fase ordinatória. *Revista Gênesis de Direito Processual Civil*, n. 35, jan./mar. 2005.

Bueno, Cássio Scarpinella. *Curso Sistematizado de Direito Processual Civil*. São Paulo: Saraiva, 2007, v. 1.

Câmara, Alexandre Freitas. *Lições de Direito Processual Civil*. 19. ed. Rio de Janeiro: Lumen Juris, 2009, v. 1.

Carnelutti, Francesco. *Como se faz um processo*. São Paulo: JG, 2003.

Chiovenda, Giuseppe. *Instituições de direito processual civil*. 2. ed. Tradução de J. Guimarães Menegale. São Paulo: Saraiva, 1945, v. III.

Fabrício, Adroaldo Furtado. Extinção do processo e mérito da causa. In: Oliveira et. al. (org.). *Saneamento do processo. Estudos em homenagem ao Prof. Galeno Lacerda*. Porto Alegre: Sérgio Antonio Fabris Editor, 1989.

Greco, Leonardo. A suspensão do Processo. *Revista de Processo*, v. 80-101, 1995.

Greco Filho, Vicente. *Direito processual civil brasileiro*. 20. ed. São Paulo: Saraiva, 2007, v. II.

Liebman, Enrico Tullio. *Lezioni di Diritto Processuale Civile*. Milano: Giuffre, 1951.

Machado, Antonio Cláudio da Costa. *Código de Processo Civil Interpretado*. 6. ed. Barueri: Manole, 2007.

Marinoni, Luiz Guilherme; Arenhart, Sérgio Cruz. *Curso de Processo Civil*. 7. ed. São Paulo: Revista dos Tribunais, 2008, v. 2.

Mesquita, José Ignacio Botelho de; Lombardi, Mariana Capela; Amadeo, Rodolfo da Costa Manso Real; Dellore, Luiz Guilherme Pennacchi; Zveibel, Daniel Guimarães. O Colapso das Condições da Ação?: um breve ensaio sobre os efeitos da carência de ação. *Revista de Processo*. São Paulo: Revista dos Tribunais, 2007, n. 152, p. 11-35.

_____. Dellore, Luiz Guilherme Pennacchi; Lombardi, Mariana Capela; Amadeo, Rodolfo da Costa Manso Real; Teixeira, Guilherme Silveira e Zveibel, Daniel Guimarães. *Questões de ordem pública: revisíveis ad infinitum?* In Araken de Assis; Eduardo Arruda Alvim; Nelson Nery Jr.; Rodrigo Mazzei; Teresa Arruda Alvim Wambier; Thereza Alvim. (Org.). *Direito Civil e Processo*: estudos em homenagem ao Professor Arruda Alvim. São Paulo: Revista dos Tribunais, 2007, p. 1522-1532.

Montenegro Filho, Misael. *Curso de direito processual civil*. 5. ed. São Paulo: Atlas, 2009, v. 1.

NEGRÃO, Theotônio; GOUVÊA, José Roberto Ferreira. *Código de Processo Civil e legislação extravagante*. 40. ed. São Paulo: Saraiva, 2008.

NERY JÚNIOR, Nelson; NERY, Rosa Maria de Andrade. *Código de Processo Civil Comentado e legislação processual civil extravagante em vigor*. 5. ed. São Paulo: Revista dos Tribunais, 2001.

SANTOS, Ernane Fidélis dos. *Manual de direito processual civil*. 11. ed. São Paulo: Saraiva, 2006, v. 1.

SANTOS, Moacyr Amaral. *Primeiras linhas de direito processual civil*. 25. ed. São Paulo: Saraiva, 2007, v. I.

TESHEINER, José Maria. *Eficácia da sentença e coisa julgada no processo civil*. São Paulo: Revista dos Tribunais, 2002.

THEODORO JÚNIOR, Humberto. *Curso de direito processual civil*. 44. ed. Rio de Janeiro: Forense, 2006, v. I.

Capítulo 37

Atos Processuais

Carlos Augusto de Assis

37.1. Noções gerais

Como se sabe, os acontecimentos da vida que têm relevância para o direito são chamados de fatos jurídicos. Por outro lado, dentro dessa grande categoria, como espécie, portanto, de fato jurídico, devemos separar aqueles que são fruto da vontade humana, que são denominados de atos jurídicos. O vendaval que destrói o imóvel que é objeto de locação insere-se entre os fatos jurídicos, embora não seja um ato jurídico. O pagamento do aluguel pelo locatário desse imóvel é ato jurídico.

Essa mesma ideia transfere-se para a esfera processual. Em vez de relevância para o direito, falamos em importância para o processo. Nesse sentido, temos os fatos processuais como gênero, e os atos processuais (dependentes da vontade humana) como espécie. Ainda nesse contexto, as ocorrências que repercutem no processo, mas que não são caracterizados como ato processual, são chamados de simples fatos processuais, ou fatos processuais *stricto sensu*[1]. Feita essa primeira observação, concentremo-nos no sentido de ato processual para precisar melhor o seu conceito.

O nosso legislador processual civil não oferece um conceito direto, pleno e acabado, de ato processual, mas pode-se intuir,

---

1. Nesse sentido, isto é, considerando os fatos processuais como aqueles que independem da vontade humana, confira-se Arruda Alvim: "Os fatos jurídicos que interessam ao processo podem ser enfocados sob dois prismas distintos: 1º) aqueles que dependem da vontade humana unilateral, os mais comuns (atos processuais), bem como os negócios jurídicos, processuais bilaterais; 2º) os que dela independem (fato processual, v.g., a morte do litigante, art. 265, I, e o caso do art. 265, V)". (*Manual de direito processual civil*, 9. ed., São Paulo: Revista dos Tribunais, 2005, v. 1, p. 393)

sobretudo do disposto no art. 158, ao tratar dos atos processuais da parte ("*declarações (...) produzem imediatamente a constituição, a modificação ou a extinção de direitos processuais*"), que o conceito de Chiovenda estava à base de seu pensamento.

Com efeito, Giuseppe Chiovenda[2] aludia a atos processuais como sendo os que "*têm por consequência imediata a constituição, a conservação, o desenvolvimento, a modificação ou a definição de uma relação processual*". São atos jurídicos, humanos e voluntários, portanto, praticados no processo, excluídos aqueles que, embora tenham reflexo na relação processual (ex: eleição de foro), foram realizados fora do juízo[3]. Outro aspecto importante a destacar é que a doutrina costuma entender que só são atos processuais aqueles praticados pelos sujeitos do processo. Lembre-se, aqui, conforme tratado no capítulo 32, que por sujeitos do processo devemos entender não só as partes e o juiz (sujeitos principais), mas, também, o advogado e o Ministério Público (quando este atuar naquele processo) e os órgãos auxiliares, como escrivão, oficial de justiça etc. (sujeitos secundários).

Dentro desse contexto, devemos incluir entre os atos processuais, conforme leciona Dinamarco[4], os atos processuais ilícitos, ficando, porém, excluídos os atos, mesmo lícitos, praticados por quem não é sujeito do processo (por exemplo, os da testemunha). Os *atos* realizados no processo mas que não se enquadrem na definição, seja por não serem voluntários, seja por serem realizados por quem não é sujeito do processo, e, ainda, as *omissões*, devem ser considerados simples "*fatos processuais*". Exemplo típico de fato processual é o evento morte, que, embora não seja voluntário, produz efeito no processo segundo a lei (suspensão do processo; extinção da relação processual).

37.2. NATUREZA JURÍDICA, CARACTERES E CLASSIFICAÇÃO

O ato processual tem natureza jurídica de ato jurídico. Encaixa-se com precisão na definição de ato jurídico, constituindo ato humano voluntário, que se reflete na relação jurídica (constituindo, modificando, extinguindo), mas com a peculiaridade de ocorrer no âmbito do processo.

Quanto às características do ato processual, podemos dizer que todas derivam do fato de ele ser interligado com outros do mesmo processo, apresentando-se, para usar a tão repetida metáfora, com um dos elos da corrente. Assim é que Moacyr Amaral Santos[5] identifica três caracteres fundamentais: (a) os atos não se apresentam isoladamente; (b) os atos se ligam pela finalidade comum e (c) os atos são

---

2. *Instituições de direito processual civil*, tradução de Guimarães Menegale, com notas de Enrico Tullio Liebman, São Paulo: Saraiva, 1945, v. 3, p. 28.
3. Esse é um aspecto bem destacado por Osvaldo Gozaíni, que afirma que "os atos processuais ocorrem unicamente dentro do processo" (no original: "los actos procesales suceden únicamente dentro del proceso.") – cf. *Elementos de derecho procesal civil*, Buenos Aires: Ediar, 2005, p. 191.
4. *Instituições de direito processual civil*, 6. ed., São Paulo: Malheiros, 2009, v. II, n. 645, p. 493.
5. *Primeiras linhas de direito processual civil*, 25. ed., São Paulo: Saraiva, 2007, v. 1, n. 226, à p. 286.

interdependentes. Em síntese, podemos dizer que os atos processuais se interligam de forma coordenada, em direção a um determinado fim.

Os atos processuais podem ser classificados sob o prisma (critério) subjetivo ou objetivo.

A classificação que leva em consideração o elemento subjetivo reflete-se no CPC, na medida em que distingue os atos processuais nas categorias: atos da parte (arts. 158 a 161), atos do juiz (arts. 162 a 165) e atos dos escrivães e chefe de secretaria (arts. 166 a 171). Embora o Código não mencione expressamente, devemos incluir, também, os atos dos órgãos auxiliares da justiça, de um modo geral, e não apenas escrivães e chefe de secretaria. Ressalte-se, ainda, que há autores que preferem discriminar entre atos da parte e atos judiciais (incluindo aí não apenas o juiz, mas também os auxiliares da justiça)[6].

Quanto aos atos da parte podemos classificá-los em *postulatórios* (como a petição inicial) e *instrutórios* (destinados a provar, de modo a influir no convencimento do juiz). Identifica, ainda, Cândido Dinamarco[7], atos materiais das partes, que não formulam pedido e também não se destinam a provar, mas, apenas, a cumprir exigências legais ou judiciais.

Especificamente quanto aos atos do juiz, a própria lei oferece uma classificação: *sentença* (art. 162, § 1º); *decisão interlocutória* (art. 162, § 2º) e *despacho* (art. 162, § 3º), sendo que a doutrina costuma aludir a este último como *despacho de mero expediente*. Além desses, podemos acrescer, ainda segundo a lei, os acórdãos (art. 163). Nosso sistema atual abre espaço para a incluir na classificação os atos dos juízes dos tribunais que, diferentemente dos acórdãos, são fruto de decisão individual de membro do órgão colegiado: são as *decisões monocráticas* (v.g., art. 557). Observa Cândido Dinamarco[8] que essa classificação a que nos referimos diz respeito apenas aos *provimentos judiciais*. Provimentos são, conforme explica, pronunciamentos do juiz, declarações de vontade que emite no processo. Além dos provimentos o juiz realiza também *atos materiais*, como ouvir testemunhas, realizar inspeção, rubricar folhas etc.

Voltando, porém, aos provimentos, vejamos no que consistem. Primeiro, a sentença, definida originalmente como ato que põe fim ao processo e, após a Lei nº 11.232/2005, como sendo "ato que implica alguma das situações previstas nos arts. 267 e 269" (art. 162, § 1º). Tivemos oportunidade, em estudo específico sobre o tema, de manifestar nossa opinião, de que, a despeito da redação dada ao § 1º do art. 162, pela Lei nº 11.232/2005, o conceito de sentença, extraído a partir de uma interpretação sistemática, não prescinde da sua potencialidade extintiva. É por isso

---

6. Nesse sentido, Arruda Alvim, *Manual de direito processual civil*, 9. ed., São Paulo: Revista dos Tribunais, 2005, v. 1, n. 143.
7. *Instituições de direito processual civil*, 6. ed., São Paulo: Malheiros, 2009, v. 2, n. 647, p. 498.
8. *Instituições de direito processual civil*, 6. ed., São Paulo: Malheiros, 2009, v. 2, n. 650.

que entendemos sentença, no processo de conhecimento, como "*ato do juiz que se enquadra nas situações dos arts. 267/269 e que extingue a fase cognitiva do processo, em primeiro grau de jurisdição, podendo dar origem, ou não, conforme o caso, à fase executória*"[9].

Já a decisão interlocutória revela-se como ato decisório do juiz no curso do processo que não configura sentença. Preferimos definir pela exclusão, ao contrário do Código (art. 162, § 2º), que alude ao fato de resolver "questão incidente" como nota distintiva. Não nos parece que sempre se trate de decisão sobre questão incidente. Basta imaginar, por exemplo, a decisão que acolhe ou rejeita pedido de antecipação de tutela feito na inicial. Tal pedido não pode ser considerado "questão incidente", mas a decisão a respeito tem natureza de interlocutória.

Os despachos de mero expediente, por outro lado, são pronunciamentos do juiz que não têm caráter decisório, servindo apenas para a movimentação do processo, como é o caso, por exemplo, do despacho que dá ciência à outra parte de um documento juntado aos autos, oportunizando sua manifestação. Do ponto de vista prático, porém, se o despacho, que aparentemente diria respeito ao simples andamento do processo, causar prejuízo a uma das partes, deve ser considerado como decisão interlocutória[10].

Com relação aos acórdãos, temos que estes constituem decisões colegiadas dos juízes do tribunal. As decisões individuais proferidas pelos juízes dos tribunais (negando seguimento ao recurso na forma do art. 557, por exemplo) não podem ser chamadas de "acórdão", e a elas se costuma aludir como *decisões monocráticas* ou simplesmente decisões, sem outro qualificativo.

Os atos processuais dos auxiliares da justiça costumam ser classificados como atos de *movimentação* (que visam a dar seguimento ao processo, v.g., remessa dos autos ao tribunal), de *documentação* (registram a prática de um ato processual, como é o caso da certidão de intimação) e de *execução* (que dizem respeito ao cumprimento das determinações do juiz por parte dos auxiliares da justiça, como, por exemplo, a busca e apreensão de um bem)[11].

37.3. MODO, LUGAR E TEMPO DOS ATOS PROCESSUAIS
37.3.1. Generalidades: a forma do ato processual

O CPC brasileiro parece aderir ao sistema da liberdade de forma quando, no art. 154, expressa que os atos processuais "*não dependem de forma determinada senão*

---

9. Carlos Augusto de Assis, "Mudou o Conceito de Sentença?", artigo inserto à *Revista IOB de Direito Civil e Processual Civil* n. 41, mai./jun. 2006.
10. Marcus Vinicius Rios Gonçalves, *Novo curso e direito processual civil*, 3. ed., São Paulo: Saraiva, 2006, v. 1, p. 234.
11. Moacyr Amaral Santos, *Primeiras linhas de direito processual civil*, 25. ed., São Paulo: Saraiva, 2007, v. 1, item 231, p. 294-296.

quando a lei expressamente a exigir". Na realidade, porém, as exigências formais normalmente são muitas e, na prática, a liberdade de forma em se tratando de ato processual acaba sendo a exceção. A existência, porém, de formas no processo não é algo negativo, em si mesmo, desde que não degenere em formalismo excessivo e contanto que as exigências de forma sejam interpretadas com os devidos temperamentos decorrentes do princípio da instrumentalidade. Esse é um aspecto absolutamente essencial nessa matéria e voltaremos a ele mais adiante. Antes, porém, é importante apresentarmos algumas considerações sobre o que a ideia de forma do ato processual abrange e quais, genericamente falando, são as principais exigências a respeito existentes em nosso sistema processual.

Assim, é preciso ter em mente, conforme esclarece Carlos Alberto Alvaro de Oliveira[12], que a forma do ato processual, em sentido estrito, significa o *modo* como ele deve produzir-se, o seu invólucro, mas a doutrina, em sentido mais amplo, cuida de forma envolvendo também exigências de *lugar* e *tempo*.

Quanto às exigências de *modo*, o direito processual brasileiro impõe, genericamente, o uso do vernáculo (art. 156). A presença de expressões latinas e a inserção de textos doutrinários em língua estrangeira são toleradas, desde que feita com parcimônia, não prejudicando o entendimento da peça processual. A juntada de documento em língua estrangeira deverá ser acompanhada de tradução juramentada (art. 157). Além disso, os atos processuais devem ser assinados por aqueles que dele participaram (art. 169), além de serem grafados com "tinta escura e indelével" (art. 169). Outra exigência formal encontrada no mesmo art. 169, no seu § 1º, é a proibição do uso de abreviaturas. Curiosamente, essa disposição é desrespeitada, muitas vezes, pelo próprio juízo[13]. A maioria dos atos do processo é apresentada na forma escrita. Os orais, praticados em audiência (como, p. ex., o depoimento pessoal), devem ser devidamente documentados.

> Esses são requisitos gerais em relação ao modo dos atos processuais. A par desses, o Código de Processo Civil frequentemente faz exigências específicas, como é o caso, por exemplo, em matéria recursal (arts. 514, 524, 541 etc.).

Sobre o lugar, estabelece o art. 176 do CPC ser, de regra, praticados *na sede do juízo*. Como o próprio dispositivo legal menciona, há exceções motivadas pela deferência, interesse da justiça ou obstáculo apontado pela parte e acolhido pelo juiz. É o caso, por exemplo, da inspeção judicial, que muitas vezes precisa ser realizada fora do local do juízo.

Quanto ao tempo, temos regras sobre o período do dia em que os atos processuais deverão ser realizados, e em que dias eles podem ser praticados.

---
12. *Do formalismo no processo civil*, São Paulo: Saraiva, 1997, item 2.2, p. 5.
13. Veja-se, por exemplo, o costumeiro P.R.I. para designar a expressão "publique-se, registre-se e intime-se".

Segundo o art. 172, os atos processuais deverão ser realizados das seis às vinte horas, sendo que se iniciados antes desse último horário poderão ser concluídos posteriormente se o adiamento implicar prejuízo à diligência ou causar dano grave. Veja-se, por exemplo, o caso da audiência que tenha sido iniciada antes das vinte horas. Eventual interrupção da audiência poderia provocar prejuízos irreparáveis à instrução do processo.

Sobre esse dispositivo, muitas discussões tivemos, no passado, no caso de o horário de expediente do fórum exceder ao horário de prática de atos processuais. Uma petição protocolizada no último dia do prazo, mas fora do horário estipulado no art. 172, deveria ser considerada tempestiva? Hoje em dia, com a ampliação do horário estipulado no *caput* do art. 172 (passou de 18h para 20h), a polêmica passou a ser relativa aos casos em que o expediente forense termina antes de 20h. A petição que não pôde ser protocolada no último dia de prazo, às 19:50, porque o expediente do fórum já se tinha encerrado, terá o seu prazo prorrogado para o dia seguinte? A jurisprudência está dividida a respeito, mas parece-nos que, de acordo com o disposto no § 3º, do art. 172, o prazo não se prorroga, devendo ser protocolada a petição dentro do horário do expediente, *nos termos da lei de organização judiciária do local*.

Sobre os dias de prática dos atos processuais, dispõe o mesmo dispositivo legal que eles serão realizados em *dias úteis*. Qual seria o conceito de dia útil, para esse efeito? Excluem-se, naturalmente, o feriado e o domingo. E o sábado? O sábado é considerado dia não útil para efeito de contagem de prazos, pois não há expediente forense nesse dia, embora para efeito de ato processual externo se costume considerar válida a realização de atos processuais (Resp 122025-PE, 4.ª T., Rel. Min. Barros Monteiro, j. 13/10/1997, DJ 15/12/1997 – RSTJ 106/326).

> Essas regras continuam em vigor, mas não se aplicam ao caso de petição eletrônica que, segundo o art. 3º, parágrafo único, e 10, § 1º, da Lei nº 11.419/2006, pode ser transmitida a qualquer hora do dia.

O Código traz ainda regras proibitivas da prática de atos processuais nas férias e nos feriados, salvo a produção antecipada de provas, citação para evitar perecimento de direito, arresto, sequestro, busca e apreensão e outras situações previstas no art. 173, II. Especificamente quanto às férias, determina ainda o legislador que certos processos tramitam durante as férias, como é o caso de alimentos provisionais, dação ou remoção de tutores e curadores, as causas de rito sumário, atos de jurisdição voluntária e quaisquer atos de conservação de direitos que possam ser prejudicados pelo adiamento e ainda outras causas assim determinadas em lei federal (art. 174). Ocorre que a Emenda Constitucional nº 45/2004 incluiu um inciso XII, ao art. 93, determinando que a *"atividade jurisdicional será ininterrupta"*, proibindo expressamente as férias coletivas em primeiro e segundo graus. Tal dispositivo constitucional teria reduzido bastante a aplicabilidade das normas do CPC em matéria de férias, tornando-as utilizáveis apenas aos tribunais superiores.

> Devemos considerar, ainda, a figura não prevista no Código de Processo Civil, mas de comum ocorrência na prática, que é o chamado recesso forense, determinado pelos Tribunais na época natalina. Qual seria o tratamento jurídico a ser dado a esse recesso: feriado ou férias? Para parte da doutrina, esse recesso, por implicar suspensão de prazo por vários dias, deve receber o mesmo tratamento jurídico das férias, previsto no Código de Processo Civil[14]. De nossa parte, também entendemos ser a forma mais adequada de tratar o tema. De todo modo, para evitar insegurança para os jurisdicionados, isso é matéria que deveria ter clara previsão legislativa.

37.3.2. A instrumentalidade das formas

Não se pode falar em forma do ato processual sem dar o devido destaque para o princípio da instrumentalidade das formas. E para tratarmos desse princípio, que relativiza as exigências formais, torna-se necessário, curiosamente, destacar a importância da forma no processo.

Realmente, ao contrário do que muitos pensam, a forma não é prejudicial ou dispensável ao processo. As formas, na verdade, constituem penhor de segurança para as partes. A observância dos princípios que compõem o devido processo legal está relacionada à existência e respeito das regras de forma. Veja-se, por exemplo, o caso da citação.

A citação é ato cercado de formalidades. Temos formalidades no conteúdo do mandado citatório. Temos formalidades no ato de citação em si mesmo. Dependendo de como se dá a citação, temos necessidade, ainda, de formalidades complementares. Tudo isso é algum exagero? Não. Precisamos dessas formalidades para termos razoável garantia de que o citando está sendo devidamente comunicado da existência do processo e está sendo colocado em condições de se pronunciar a respeito (normalmente, apresentando defesa). Como se sabe, é o próprio princípio do contraditório, de importância magna no processo, que está dependendo, em grande parte, do ato citatório, na medida em que se preenche inicialmente o elemento *ciência*.

Assim como a citação, vários outros atos do processo devem preencher determinados requisitos de forma tendo em vista alguma finalidade visada pelo legislador processual. Finalidade. Esse é o ponto-chave. A formalidade processual existe e se justifica na medida em que é necessária para atender a uma determinada finalidade. Mas, entenda-se, apenas *nessa medida*.

---

14. Cf. Evaristo Aragão Santos, "A EC nº 45 e o Tempo dos Atos Processuais", in *Reforma do Judiciário – Primeiras Reflexões sobre a Emenda Constitucional nº 45/2004*, coord. de Teresa Arruda Alvim Wambier, Luiz Rodrigues Wambier, Luiz Manoel Gomes Jr., Octavio Campos Fischer e William Santos Ferreira, São Paulo: Revista dos Tribunais, 2005. Também Ernane Fidélis dos Santos, *Manual de direito processual civil*, 11. ed., São Paulo: Saraiva, 2006, v. 1, n. 427.

Voltemos ao exemplo da citação, para podermos vislumbrar as consequências práticas disso que acabamos de falar. O *caput* do art. 214 do CPC, coerentemente com tudo o que dissemos acerca da importância da citação para a efetividade do contraditório, determina que *"para a validade do processo é indispensável a citação inicial do réu"*. Porém, logo em seguida, no § 1º, diz, singelamente, que *"o comparecimento espontâneo do réu supre, entretanto, a falta de citação"*.

Como explicar que aquilo que era "indispensável" passou a ser suprível? Simples. Era indispensável na medida, e apenas na medida, em que era condição para o réu ter ciência e, querendo, se defender (princípio do contraditório). Ora, como o réu acabou, de um jeito ou de outro, tendo ciência, a ponto mesmo de ter conseguido apresentar defesa, a *finalidade* foi atingida. Em outras palavras, o contraditório, que era o que se tinha em mente ao exigir a citação, não foi arranhado. Assim, no caso, ficaram superadas as formalidades da citação e até mesmo o ato citatório!

Essa é justamente a essência do princípio da instrumentalidade das formas. Atingida a finalidade do ato processual, a exigência formal pode ser dispensada.

Esse princípio pode ser depreendido facilmente do disposto no art. 154 do CPC, ao preceituar que os atos do processo terão forma específica se assim a lei exigir, mas que são reputados válidos *"os que, realizados de outro modo, lhe preencham a finalidade essencial"*. No mesmo sentido, podemos observar o art. 19, da Lei nº 11.410/2006, convalidando os atos processuais praticados por meio eletrônico antes daquele diploma legal, desde que sua *finalidade tenha sido alcançada* e as partes não tenham tido prejuízo.

Outro dispositivo legal que faz transparecer a instrumentalidade das formas é o art. 244, ao qual voltaremos quando examinarmos a questão da validade do ato processual. Tal preceito também se refere exatamente à finalidade do ato para afastar a decretação de nulidade por vício de forma. Aliás, é exatamente nesse campo, o das nulidades, que a instrumentalidade das formas avulta de importância, como veremos em seguida. Antes, porém, para completar a verificação das principais regras de forma dos atos do processo, especificamente no que diz respeito ao aspecto tempo, cabe abordar nossa sistemática em matéria de prazo.

37.3.3. Prazos dos atos processuais

Prazo é o período que medeia dois termos (inicial e final). A própria exigência de que o processo não se eternize, que caminhe sempre para frente e não perdure por tempo longo demais, naturalmente implica a existência de prazos para a prática dos atos processuais, em todo o seu curso.

Esses prazos processuais podem ser, quanto à sua origem, classificados em **legais**, **judiciais** ou **convencionais**, conforme sejam expressos em lei (ex: art. 297), ou pelo magistrado (ex: art. 407, primeira parte), ou, ainda, acordados pelas partes (ex: .art. 265, II).

A maioria dos prazos, entretanto, é legal, tanto que o próprio legislador deixa claro que essa é a regra, ao prever que a realização dos atos processuais deverá dar-se *nos prazos prescritos em lei* (art. 177).

Há outras classificações importantes em matéria de prazos. Temos os prazos **peremptórios**, em oposição aos prazos **ordinatórios** ou **dispositivos**[15]. Os primeiros são estabelecidos em função do interesse da Justiça, através de normas cogentes e são considerados absolutos, i.e., não podem ser alterados (art. 182), como são, por exemplo, os prazos para interpor recurso. Essa impossibilidade de alteração quanto aos prazos peremptórios diz respeito às partes e ao próprio juiz, sendo admitido, porém, quanto a este último, prorrogar prazos em função da dificuldade de transporte na comarca (art. 182, *caput*, segunda parte e parágrafo único).

Quanto aos prazos ordinatórios, por outro lado, admite-se que as partes, mediante acordo, procedam à sua redução ou prorrogação (ex: art. 421, § 1º). Note-se, porém, que a liberdade das partes a respeito não é total, como se deflui do disposto no art. 181. As partes deverão requerer ao juízo e apresentar motivo legítimo, podendo o magistrado deferir ou não. Ademais, esse requerimento só poderá ser feito antes de o prazo se esgotar. Importante destacar, ainda, que os prazos ordinatórios são chamados, em nosso Código, de **dilatórios**.

> Adotando a mesma linguagem do Código de Processo Civil, boa parte da doutrina opõe peremptórios a dilatórios. Para alguns autores, como Cintra-Grinover-Dinamarco, porém, os prazos dilatórios se opõem aos aceleratórios[16]. Nessa ótica, teríamos como prazos dilatórios aqueles em que a duração do processo é prolongada de modo a permitir a efetividade dos direitos de participação das partes (ex: art. 277), enquanto os aceleratórios, que são a rotina do processo, são aqueles em que há verdadeira limitação temporal para que o processo não se alongue desnecessariamente (ex: os prazos para interposição de recurso)[17].

Destaque-se, ainda, que a lei, embora estabeleça as consequências do fato de ser ou não peremptório o prazo, não indica quais o são, ficando a cargo da doutrina e da jurisprudência fazer essa identificação.

Outra classificação relevante em matéria de prazo divide-os em **próprios** e **impróprios**. Os primeiros são preclusivos, i.e., se não realizados no prazo determinado não mais poderão ser praticados. É o que ocorre, normalmente, com os prazos estabelecidos para as partes (art. 183, que ressalva a hipótese de o não cumprimento se dar "por justa causa"). Assim, por exemplo, se a sentença tiver sido desfavorável

---

15. Cândido Dinamarco, *Instituições de direito processual civil*, 6. ed., São Paulo: Malheiros, 2009, v. II, n. 688.
16. *Teoria geral do processo*, 24. ed., São Paulo: Malheiros, 2008, p. 347.
17. Cândido Dinamarco, *Instituições de direito processual civil*, 6. ed., São Paulo: Malheiros, 2009, v. II, n. 682.

para uma das partes e ela pretender interpor apelação, deverá fazê-lo no prazo legal (15 dias), sob pena de perder a oportunidade. Já no caso dos impróprios, seu descumprimento não significará perda da oportunidade de praticá-lo. É o que normalmente ocorre com os prazos estabelecidos para cumprimento pelo juiz. Desse modo, se o juiz, no rito sumário, não proferir a sentença dentro de dez dias após a audiência de instrução (art. 281), nem por isso ficará impedido de sentenciar. O não cumprimento de prazos como esse, pelo juiz, eventualmente poderá ter repercussão fora do processo (ex: art. 93, II, "e", CF), mas não importarão em preclusão. Conforme bem observa Cândido Dinamarco, embora os prazos das partes sejam normalmente próprios, há hipóteses de prazo da parte que não é preclusivo. Assim, o advogado que não restitui os autos no prazo legal, embora suporte as sanções dos arts. 195 e 196, não fica desobrigado de efetuar a devolução[18].

Estabelecidas, destarte, as principais distinções conceituais em matéria de prazos, cabe, agora, verificar como funciona a contagem dos prazos. Em primeiro lugar, comecemos por distinguir os conceitos de *contar* e *correr*. Um prazo corre, isto é, flui, a partir do seu início (termo *a quo* ou inicial). A sua contagem, porém, deverá ocorrer a partir do momento em que se completa a primeira unidade temporal, se não ocorrer algum fator que dilate a sua contagem. Se a parte é intimada na data de hoje da sentença proferida, o termo inicial do prazo para apelar é precisamente a data de hoje. Obedecendo, porém, à regra do art. 184, *caput* ("salvo disposição em contrário, computar-se-ão os prazos, excluindo o dia do começo e incluindo o do vencimento"), sua contagem iniciar-se-á na data de amanhã. Se amanhã for sábado, porém, em atendimento ao disposto no § 2º do mesmo artigo, começaremos a *contar* o prazo na segunda-feira (que é o primeiro dia útil seguinte à data da intimação).

> Novamente, nesse particular, devemos estar atentos para o fato de que a linguagem empregada pelo Código nem sempre é exata. O que efetivamente importa, porém, é o perfeito entendimento da operacionalidade em matéria de contagem de prazos. Assim, por exemplo, o § 2º do art. 184 fala em "correr", quando o termo correto seria "contar"; da mesma forma que o art. 240 fala que os prazos "contam" da data da intimação, sendo que, na verdade, a data da intimação é simplesmente o termo inicial, devendo a *contagem* do prazo ser efetuada de acordo com as regras do art. 184, excluindo-se o dia de início e incluindo-se o do vencimento.

O roteiro a ser seguido para a contagem de prazo seria basicamente o seguinte:
1º) Devemos identificar qual é o *termo inicial do prazo*. Como regra, o termo inicial é a data da intimação. No caso, porém, da citação, o termo inicial segue o disposto no art. 241 (juntada do mandado aos autos etc.). Na maioria dos casos, a

---

18. Cândido Dinamarco, *Instituições de direito processual civil*, 6. ed., São Paulo: Malheiros, 2009, v. II, n. 683.

intimação se dá na pessoa do advogado, através da publicação na imprensa oficial. Se a publicação se der no *Diário da Justiça* eletrônico, considera-se data da publicação o primeiro dia útil seguinte ao da inserção da informação na internet (art. 4º, Lei nº 11.419/2006)[19]. Observe-se que no caso de *intimação eletrônica* (possibilidade criada pela Lei nº 11.419, a depender de cadastramento), tem-se como efetivada a intimação na data em que o intimando consultar do seu teor (art. 5º, § 1º, da lei), sendo que se tal ocorrer em dia não útil considerar-se-á efetivada no primeiro dia útil seguinte (art. 5º, § 2º). Se o intimando não efetuar a consulta dentro de dez dias corridos da data do envio da intimação para o portal, dessa data será tido por intimado (art. 5º, § 3º).

2º) Começamos a contar o prazo a partir da primeira unidade temporal após o termo inicial, como explicamos acima. Se o termo inicial é hoje, começo a contar a partir de amanhã (art. 184, *caput* – como ali consta, "(...) excluindo-se o dia do começo (...)").

3º) A regra de contagem a partir do dia seguinte não prevalece se se tratar de domingo ou feriado, quando, então, a contagem passará a ser feita a partir do primeiro dia útil seguinte (art. 184, § 2º). Desse modo, se a intimação se der hoje, uma sexta-feira, e a segunda-feira seguinte for feriado, teremos a terça-feira como o primeiro dia da *contagem* do prazo.

4º) O prazo cuja contagem já se iniciou prossegue normalmente até o dia do vencimento (na contagem, segundo o art. 184, *caput*, inclui-se "(...) o dia do vencimento"). A superveniência de domingo ou feriado não interferirá na contagem dos prazos, que são, como regra, contínuos (art. 178). Se, porém, o último dia da contagem do prazo cair em domingo ou feriado, o vencimento ficará prorrogado para o primeiro dia útil seguinte (art. 184, § 1º). O mesmo irá ocorrer se no dia do vencimento os trabalhos forenses forem suspensos ou o expediente se encerrar antes do normal (art. 184, § 1º, I e II).

5º) A superveniência de férias suspende o curso dos prazos (art. 179), i.e., findo o período ele continua a ser contado considerando-se o tempo já decorrido. Assim, se o prazo era de quinze dias e transcorreram cinco antes da superveniência das férias, teremos apenas mais dez dias a serem contados a partir do primeiro dia útil depois de terminado o período de suspensão. Sobre a questão das férias, porém, levando em conta o disposto no art. 93, XII, CF, reportamo-nos às considerações feitas no item 37.3.1, supra.

6º) Também teremos suspensão do prazo nos casos do art. 265, I e III, ou em virtude de obstáculo criado pela parte (art. 180).

---

19. Assim, se o dado é inserido na internet numa segunda-feira, considera-se publicado na terça-feira. A partir da terça-feira, portanto, começa a correr o prazo (mas, como visto, a contagem começará da quarta-feira).

7º) Interrupção do prazo, i.e., a contagem volta ao seu início, no caso da interposição de embargos de declaração, em relação a outros recursos cabíveis (art. 538).

Além desse mecanismo operacional básico, devemos levar em conta algumas regras especiais em matéria de prazo e de contagem de prazo. Assim, temos ainda de considerar que (a) na hipótese de nem a lei nem o juiz estipular prazo para a parte praticar um determinado ato, entende-se que será de cinco dias (art. 185); (b) no caso de ser parte a Fazenda Pública ou o Ministério Público, o prazo para contestar será contado em quádruplo e, para recorrer, em dobro (art. 188); (c) no caso de litisconsortes com procuradores diferentes, o prazo para contestar, recorrer ou, em geral, falar nos autos, será contado em dobro (art. 191); (d) se não fixado outro prazo a parte só está obrigada a comparecer 24 horas após intimada (art. 192).

Advirta-se, ainda, que a lei processual na maioria dos casos prevê prazos de dias, mas, em alguns casos, a unidade temporal é outra. Assim, nos prazos de anos, meses e horas, valemo-nos do disposto no CC, art 132: (a) se o prazo é estipulado em anos, conta-se um ano no mesmo dia do ano subsequente (se o termo inicial é 22 de junho de 2005, o prazo de um ano se encerrará em 22 de junho de 2006); (b) se o prazo é fixado em meses, a mesma coisa (assim, o prazo de um mês, tendo como termo inicial 25 de julho, encerra-se em 25 de agosto, não importando o fato de julho ter trinta e um dias); (c) se o prazo é estabelecido em horas, sua contagem se dá minuto a minuto.

Finalmente, encontramos no CPC alguns dispositivos referentes à verificação de prazos e penalização em caso de inobservância. Aqui devemos lembrar, por oportuno, a divisão de prazos próprios e impróprios. Com relação aos prazos próprios o seu não cumprimento acarreta a preclusão, como já vimos. E os impróprios? Para o seu não cumprimento o CPC reserva algumas sanções. Se o serventuário da justiça o descumpre, o juiz, apurada a falta, deverá instaurar procedimento administrativo (art. 194). Se é o juiz quem descumpre o prazo, poderá a parte, ou o órgão do Ministério Público, representar contra ele ao presidente do Tribunal de Justiça (art. 198).

No caso específico do advogado que não restitui os autos no prazo legal, a lei determina que o juiz mande riscar o que nele tiver sido escrito e "desentranhar as alegações e documentos que apresentar" (art. 195). Além disso, se, intimado, não devolver os autos dentro de 24 horas, perde o direito à vista fora do cartório e está sujeito a multa (art. 196).

37.4. EXISTÊNCIA, VALIDADE E EFICÁCIA DO ATO PROCESSUAL. OS VÍCIOS DO ATO PROCESSUAL

Como foi dito anteriormente, o ato processual é espécie de ato jurídico. Sendo espécie de ato jurídico, podemos estudá-lo a partir do ponto de vista de três planos distintos, quais sejam, o da existência, da validade e da eficácia do ato. Quando tratamos da existência, cuidamos de verificar se os elementos absolutamente nucleares estão presentes. Se a questão é a validade, trata-se de verificar se os requisitos de modo, tempo e forma foram observados. Finalmente, a eficácia – que é a aptidão para o ato produzir efeitos[20].

Apenas para ilustrar, vejamos o ato processual sentença analisado sob a perspectiva de cada um dos planos.

Sabe-se, conforme já foi destacado anteriormente, que a sentença é ato que procede do juiz. Isso lhe é nuclear, essencial, sem o qual nem se pode dizer que existe a sentença. Se o ato contém todos os requisitos de forma (relatório, motivação, dispositivo), está encartado nos autos do processo e, enfim, tem toda a aparência de sentença, mas não foi proferido por juiz, esse ato *não existe* como sentença. É uma não sentença e, a qualquer momento que se aperceba desse fato, a conclusão será a mesma: não existe (quer dizer, não existe como ato jurídico sentença).

Imaginemos essa mesma sentença, proferida por um magistrado regularmente investido, estando devidamente assinada e apresentada como tal, mas sem que tenha sido observada a exigência constitucional de motivação (art. 93, IX). Esse ato será existente, sem dúvida, mas *nulo*, por expressa determinação do legislador constitucional.

Finalmente, para continuar o mesmo exemplo da sentença, imaginemos que ela existe, observou os requisitos legais (é válida), mas implicou condenação, também, de uma pessoa que não era parte no processo. Ora, no tocante a essa pessoa que não era parte, a sentença não produzirá efeito, não terá *eficácia*[21].

Sabemos que esse assunto, de um modo geral, e a categoria da inexistência de modo particular, é bastante controverso. Entendemos, porém, que na análise da temática do ato processual não podemos prescindir da identificação desses três planos. Embora haja naturalmente uma correlação entre a ocorrência de um plano e os reflexos no outro (ex: o ato foi privado de eficácia por ter sido declarado nulo), a percepção desses três ângulos diferentes tem importantes repercussões práticas.

Basta ter presente que o ato processual nulo precisa ser judicialmente reconhecido como tal, na forma e prazos legais, sob pena de continuar a produzir efeitos. Já o ato processual inexistente, a despeito de sua aparência, pode, a qualquer momento, ser reconhecido como não ato. Como corretamente observa Eduardo Talamini[22],

---

20. Antônio Junqueira Azevedo, *Negócio jurídico*: existência, validade e eficácia, 3. ed., São Paulo: Saraiva, 2000, especialmente capítulo segundo.
21. Observe-se que a ineficácia do ato processual pode ser decorrência do fato de ter sido declarado inválido, mas temos atos processuais válidos que, por um motivo ou outro, não produz efeito. Podemos ter, portanto, atos processuais válidos, porém ineficazes. Imagine-se a sentença que atribui a guarda de uma criança ao pai que, antes de assumir o encargo, vem a falecer.
22. *Coisa julgada e sua revisão*, São Paulo: Revista dos Tribunais, 2005, p. 293.

as sentenças de mérito inválidas, como são aptas a revestir-se da coisa julgada, devem ser impugnadas pelos meios adequados: recursos e ação rescisória. Exaurida a possibilidade de emprego de tais meios – seja porque não utilizados oportunamente, seja porque usados sem sucesso – o defeito da sentença torna-se irrelevante.

Já se o problema diz respeito à existência, não há falar em convalidação.

Quanto à nulidade, novamente temos opiniões divergentes na doutrina. Moniz Aragão[23], por exemplo, fala em nulidade absoluta, nulidade relativa e anulabilidade, estabelecendo uma gradação entre tais vícios: (a) para violação a norma estabelecida em função de interesse público; (b) para violação a norma *cogente* estabelecida em função de interesse da parte; e (c) para violação de norma *dispositiva* estabelecida em função de interesse da parte.

De nossa parte, preferimos a classificação adotada por Cândido Dinamarco, que, seguindo Liebman[24], entrevê nulidades absolutas e relativas. Para Cândido Dinamarco[25], não há falar em anulabilidade, porque em processo civil o ato viciado produz efeito enquanto não declarado nulo. No direito material faz sentido falar em ato anulável (i.e., que pode ser anulado) em oposição a nulidades de pleno direito (i.e., o ato nunca produziu efeitos). Nessa perspectiva, temos no direito processual apenas nulidades absolutas e relativas. As nulidades absolutas são aquelas em que o vício consiste em violação de norma de ordem pública, podendo ser reconhecidas e decretadas por provocação da parte (mesmo daquela que deu causa) ou de ofício. As nulidades absolutas podem ser cominadas (aquelas em que a lei expressamente aponta que o descumprimento gera nulidade) ou não cominadas (também chamadas de *sistemáticas*). Note-se que o fato de ser absoluta, significando conter vício considerado grave, não quer dizer "de pleno direito". Em outras palavras, diferentemente do que ocorre no direito material, a nulidade, mesmo a absoluta, tem de ser expressamente decretada para que o ato seja privado de efeitos. O ato processual, por mais grave que seja o vício que contenha, não pode ser simplesmente ignorado.

Já as nulidades relativas dizem respeito a vício a norma dispositiva, estabelecida tendo em vista primordialmente o interesse da parte. Assim, é vício que depende de arguição da parte lesada (não de quem deu causa), e não pode ser reconhecido de ofício. A nulidade relativa normalmente é não cominada, mas não se exclui a possibilidade de nulidades relativas cominadas.

> A doutrina normalmente destaca, ainda, a existência de meras irregularidades. De fato, há vícios, i.e., não observância de exigências formais, que não apresentam gravidade alguma. É o caso da falta de aposição de número em folha dos autos, por parte do escrivão, ou o uso de abreviaturas (art. 169, § 1º).

---

23. *Comentários ao Código de Processo Civil*, 10. ed., Rio de Janeiro: Forense, 2005, v. II, n. 346, 347 e 348.
24. *Manual de direito processual civil*, 2. ed., Rio de Janeiro: Forense, 1985, v. I, n. 119.
25. *Instituições de direito processual civil*, 6. ed., São Paulo: Malheiros, 2009, v. II, n. 709.

O regime jurídico das nulidades no CPC é fortemente inspirado na consideração à finalidade do ato e, consequentemente, no princípio da instrumentalidade das formas. A regra de que não há nulidade sem prejuízo (*pas de nullitè sans grief*) é, também, em última análise, expressão do princípio da instrumentalidade das formas. Afinal, como vimos, as formas são estabelecidas para proporcionar garantias às partes de que o processo será desenvolvido adequadamente, em condições de favorecer a realização da justiça. Ora, se um determinado requisito formal foi criado para que a parte não seja prejudicada, por exemplo, no seu direito de defesa, e, naquele caso concreto, embora a exigência de forma não tenha sido cumprida, a parte pôde exercer plenamente o contraditório, não há motivo para reputar nulo o ato. O objetivo para o qual a norma foi criada foi atingido e é isso o que realmente importa.

Estabelecidas tais bases, podemos analisar especificamente as normas a respeito de nulidades trazidas pelo CPC. A primeira delas estipula que a nulidade não pode ser decretada pelo requerimento de quem deu causa a ela (art. 243). Essa regra, naturalmente, só se aplica para as nulidades relativas, visto que no caso das absolutas seu reconhecimento pode-se dar de ofício (e, assim, se sua decretação pode ocorrer de ofício, naturalmente pode ser por provocação de quem quer que atue no processo).

Quanto ao disposto no art. 244, trata-se novamente de pura expressão do princípio da instrumentalidade das formas. Realmente, como ali se expressa, se a forma prescrita para um ato processual não tiver sido observada, mas a finalidade do ato tiver sido atingida, não há falar em nulidade. Reportamo-nos ao que havíamos explicado anteriormente, que a forma é muito importante no processo, mas na medida, e apenas na medida, em que serve a uma finalidade. Tendo sido atingida a finalidade, a forma perde a importância. Uma observação, porém, deve ser feita à redação do art. 244. O sentido da norma é mais amplo do que sua redação poderia fazer crer, à primeira vista. De fato, se prevalecesse uma interpretação literal, a norma só seria aplicável se o legislador tivesse prescrito uma determinada forma "sem cominação de nulidade". Teria pertinência, assim, apenas no caso de nulidades não cominadas. Não nos parece que assim seja[26]. Basta lembrar o caso da exigência de participação do órgão do Ministério Público em processo que tenha incapaz. Sua não participação geraria, em princípio, nulidade do processo. Porém, se o incapaz tiver saído vitorioso não há falar em nulidade. A finalidade, qual seja, a proteção do incapaz, foi atingida. É o quanto basta. Desse modo, temos que a bela regra do art. 244 deve permear toda a disciplina de nulidades, cominadas ou não.

O art. 245, por sua vez, bem expressa a distinção prática das nulidades absolutas e relativas. No tocante às relativas, como diz o *caput*, cabe à parte (entenda-se,

---

26. Nesse mesmo sentido, Moniz Aragão, *Comentários ao Código de Processo Civil*, 10. ed., Rio de Janeiro: Forense, 2005, v. II, item n. 356, p. 307.

a parte prejudicada) apontar o vício. Caso não o faça na primeira oportunidade, ocorrerá preclusão, i.e., perde-se a oportunidade de alegar o vício, ficando o ato convalidado. Naturalmente, como estipula o parágrafo único, a preclusão não irá operar se a parte não tiver indicado o vício em virtude de algum legítimo impedimento "evento imprevisto, alheio à vontade da parte, e que a impediu de praticar o ato" – art. 183, § 1º). Quanto às nulidades absolutas, como o interesse é da boa administração da justiça, matéria de ordem pública, o juiz pode – e deve – conhecer de ofício, não ficando sujeita à preclusão pela não alegação na primeira oportunidade (art. 245, parágrafo único).

Prossegue o Código estabelecendo ser nulo o processo em que o Ministério Público não tenha sido intimado para atuar no processo nos casos em que sua intervenção for obrigatória (art. 246, *caput*). Como já vimos, o Ministério Público pode atuar no processo na qualidade de parte na demanda (autor) ou como fiscal da lei (sendo que parte da doutrina ainda identifica uma atuação do Ministério Público como assistente da parte). Esse artigo não diz respeito aos casos em que o MP estiver atuando como parte na demanda[27], mas apenas quando estiver agindo como fiscal da lei (ou, para quem assim entende, nas situações em que esteja como assistente da parte). Trata-se de nulidade absoluta, visto que a presença do Ministério Público como *custos legis* visa a atender interesse público. Tanto se trata de nulidade absoluta que o legislador elege como uma das hipóteses que ensejam ação rescisória a não intervenção do MP nos casos em que sua presença era obrigatória (art. 487, III, "a").

Outra nulidade cominada pelo Código é a prática do ato citatório ou intimatório em desconformidade com o modelo legal (art. 247). Essa mesma regra já podia ser depreendida da própria disciplina do Código em matéria de citação e intimação e correspondentes formalidades, encontrada nas seções anteriores. A imposição de nulidade não é nenhuma surpresa, visto que da comunicação dos atos processuais, como já exposto, depende o próprio contraditório, que é princípio fundamental em processo civil. No tocante especificamente à falta de citação, parte significativa da doutrina acredita que se trata não de nulidade do processo, mas de verdadeira inexistência. O raciocínio é fundado no fato de que sem a citação a relação jurídica processual não se completa e, consequentemente, o processo não chega a conter os seus elementos nucleares que autorizariam a considerá-lo como tal. Parece-nos, porém, ser mais adequado, diante do nosso sistema processual, identificar uma nulidade (absoluta) no processo que se desenvolveu sem a citação do réu. Isso porque, como bem lembra Pedro Dinamarco[28], temos hipóteses em que sem qualquer

---

27. Cf. Moniz Aragão, *Comentários ao Código de Processo Civil*, 10. ed., Rio de Janeiro: Forense, 2005, v. II, item n. 359.
28. Cf. Pedro Dinamarco, *Código de Processo Civil interpretado*, 3. ed., São Paulo: Atlas, 2008, p. 731, em comentário ao art. 247.

irregularidade o processo é extinto, com resolução do mérito, mesmo sem ter havido citação (indeferimento de inicial por decadência – art. 269, IV, c/c art. 295, I[29]; improcedência liminar nos casos do art. 285-A). Se o processo foi extinto é porque ele existia, o que confirma a tese de que a existência do processo não depende da citação. Isso não quer dizer, porém, que o réu terá de suportar os efeitos do processo de que não teve oportunidade de participar, caso haja sentença transitada em julgado e o prazo da ação rescisória tenha escoado. Se ele não foi citado, a sentença de procedência não produzirá efeitos em relação a ele, será *ineficaz* com relação a ele. Essa ineficácia poderá ser oposta a qualquer tempo[30].

Consagra, ainda, o CPC (art. 248), em matéria de nulidades, o chamado efeito expansivo (também conhecido como princípio da causalidade[31]), isto é, a nulidade de um ato pode contaminar os outros, que consequentemente também poderão ser invalidados. Essa possibilidade é decorrência natural do fato de que o processo envolve um encadeamento de atos, o que provoca, muitas vezes, uma relação de interdependência. Assim, v.g., a nulidade do ato citatório naturalmente repercutirá no ato futuro do juiz que considerou o réu revel e determinou o julgamento antecipado da lide (art. 330, II). Desse modo, em se tratando de nulidade processual, devemos considerar não apenas a nulidade *original* (do ato praticado com desobediência às regras de forma), mas também a eventual nulidade *derivada* dos atos posteriores que dele dependam. Mas, note-se, apenas dos atos que **dependam do ato posterior**. A nulidade de uma perícia não implicará, em princípio, nulidade da prova testemunhal. Mais do que isso, no próprio ato viciado só se anulará a parte que não possa ser aproveitada. É a conhecida parêmia *utile per inutile non vitiatur* (o útil não é viciado pelo inútil). Esse dispositivo é reflexo das exigências de economia processual e está inserido no que parte da doutrina chama de "subprincípio do aproveitamento dos atos processuais"[32]. Nesse mesmo contexto é que deve ser analisado o disposto no parágrafo único do art. 246, determinando a anulação dos atos do processo a partir do momento em que o MP deveria ter sido intimado, nos casos de interveniência obrigatória daquele órgão. Serão anulados apenas os atos que tenham relação de dependência com o ato viciado.

---

29. Ressalvando-se, porém, que há quem entenda que a extinção por indeferimento da inicial (mesmo no caso de decadência) é sempre sem resolução do mérito. É essa, por exemplo, a opinião manifestada pelo coautor Luiz Guilherme Penacchi Dellore. De nossa parte, entendemos que o indeferimento da inicial pelos motivos do art. 269, IV, provoca, por exceção, a extinção do processo com resolução do mérito (no mesmo sentido, v.g., Vicente Greco Filho, *Direito processual civil brasileiro*, 17. ed., São Paulo: Saraiva, 2006, v. 2, p. 117).
30. José Roberto Bedaque, *Efetividade do processo e técnica processual*, São Paulo: Malheiros, 2006, p. 465-467, acredita que a questão da falta da citação "comporta soluções distintas". No caso de improcedência, defende que a sentença será "existente, válida e eficaz". No caso, porém, de sentença de procedência, conclui, no mesmo sentido do texto, que se resolve "no plano da eficácia da sentença".
31. Cintra, Grinover e Dinamarco, *Teoria geral do processo*, 24. ed., São Paulo: Malheiros, 2008, n. 221, p. 368.
32. Cintra, Grinover e Dinamarco, *Teoria geral do processo*, 24. ed., São Paulo: Malheiros, 2008, n. 30, p. 79.

Considerando tudo quanto foi exposto, caberá ao juiz, ao reconhecer alguma nulidade, declarar expressamente quais os atos alcançados pela nulidade (art. 249, *caput*). Reconhecida a nulidade (original ou por derivação), trata o Código de determinar a sua repetição. Esse mesmo art. 249, em seus parágrafos, reafirma a regra de que não há nulidade sem prejuízo. Primeiro, dizendo expressamente que o ato não será repetido se não houve dano à parte (§ 1º). Reflexo dessa regra geral é o disposto no art. 214, § 1º, que considera suprida a nulidade de citação se o réu comparece e se defende. Depois, permitindo relevar a nulidade se o juiz for julgar a favor da parte inocente (§ 2º).

Finalmente, o art. 250, estabelecendo que o erro de forma não provoca a nulidade do processo, mas, apenas, a prática de atos processuais que forem necessários para obediência das formalidades legais. Isso permite ao juiz corrigir, por exemplo, o procedimento erroneamente indicado pelo autor. Essa correção limita-se, naturalmente, aos erros de forma do processo e nunca ao pedido (que deve ser formulado pela parte) ou ao tipo de processo (que interfeririam no próprio pedido). Destaque-se que o parágrafo único acaba fornecendo ao juiz um parâmetro para que ele possa concluir se naquele processo os atos viciados podem ou não ser aproveitados (o aproveitamento não pode jamais resultar em prejuízo para a defesa).

BIBLIOGRAFIA

ARRUDA ALVIM, José Manoel de. *Manual de Direito Processual Civil*. 9. ed. São Paulo: Revista dos Tribunais, 2005, v. I.

ASSIS, Carlos Augusto de. Mudou o conceito de sentença? *Revista IOB de Direito Civil e Processual Civil*, v. 41, p. 86, 2006.

AZEVEDO, Antônio Junqueira. *Negócio Jurídico: existência, validade e eficácia*. 3. ed. São Paulo: Saraiva, 2000.

BEDAQUE, José Roberto dos Santos. *Efetividade do Processo e Técnica Processual*. São Paulo: Malheiros, 2006.

CINTRA, Antônio Carlos Araújo; DINAMARCO, Cândido Rangel; GRINOVER, Ada Pellegrini. *Teoria geral do processo*. 24. ed. São Paulo: Malheiros, 2008.

CHIOVENDA, Giuseppe. *Instituições de direito processual civil*. 2. ed. Tradução de J. Guimarães Menegale. São Paulo: Saraiva, 1945, v. III.

DINAMARCO, Cândido Rangel. *Instituições de Direito Processual Civil*. 6. ed. São Paulo: Malheiros, 2009, v. II.

DINAMARCO, Pedro. *Código de Processo Civil interpretado* (coord. por Antonio Carlos Marcato). 3. ed. São Paulo: Atlas, 2008.

GONÇALVES, Marcus Vinicius Rios. *Novo Curso e Direito Processual Civil*. 3. ed. São Paulo: Saraiva, 2006, v. 1.

GOZAÍNI, Osvaldo Alfredo. *Elementos de Derecho Procesal Civil*, Buenos Aires: Ediar, 2005.

GRECO FILHO, Vicente. *Direito processual civil brasileiro*. 17. ed. São Paulo: Saraiva, 2006, v. II.

LIEBMAN, Enrico Tullio. *Manual de direito processual civil*. 2. ed. Tradução de Cândido Rangel Dinamarco. Rio de Janeiro: Forense, 1985.

MONIZ ARAGÃO, Egas Dirceu. *Comentários ao Código de Processo Civil*. 10. ed. Rio de Janeiro: Forense, 2005, v. II.

OLIVEIRA, Carlos Alberto Alvaro de. *Do Formalismo no Processo Civil*. São Paulo: Saraiva, 1997.

SANTOS, Ernane Fidélis dos. *Manual de direito processual civil*. 11. ed. São Paulo: Saraiva, 2006, v. 1.

SANTOS, Evaristo Aragão. "A EC n. 45 e o Tempo dos Atos Processuais", in *Reforma do Judiciário*: Primeiros ensaios críticos sobre a EC n. 45/2004, coord. de Teresa Arruda Alvim Wambier, Luiz Rodrigues Wambier, Luiz Manoel Gomes Jr., Octavio Campos Fischer e William Santos Ferreira, São Paulo: Revista dos Tribunais, 2005.

SANTOS, Moacyr Amaral. *Primeiras linhas de direito processual civil*. 25. ed. São Paulo: Saraiva, 2007. vol. I.

TALAMINI, Eduardo. *Coisa Julgada e sua revisão*. São Paulo: Revista dos Tribunais, 2005.

CAPÍTULO 38

LINEAMENTOS DO PROCEDIMENTO ORDINÁRIO E SUMÁRIO

Andrea Boari Caraciola

38.1. PROCESSO E PROCEDIMENTO

38.1.1. Processo

Como já anteriormente exposto, no capítulo 29, o vocábulo processo, derivado do latim *procedere*[1], está adstrito à noção de procedimento realizado em contraditório[2], sendo certo que suas raízes etimológicas nos conduzem à ideia de *marcha adiante*, caracterizando-se como movimento dialético[3] dirigido a determinado fim, movimento este exteriorizado pela observância de um procedimento que se traduz em um conjunto de atos logicamente coordenados, mediante a ação de órgãos da jurisdição, tendentes à pacificação social pela atuação concreta da vontade da lei materializada em uma tutela

---

1. O termo processo tem suas raízes etimológicas adstritas às noções de caminhar para frente, ir adiante, marchar adiante. Derivado do latim *procedere*, faz referência a algo que se processa e se desenvolve no tempo e no espaço.
2. "É lícito dizer, pois, que o processo é o procedimento realizado mediante o desenvolvimento da relação entre seus sujeitos, presente o contraditório. Ao garantir a observância do contraditório a todos os 'litigantes em processo judicial ou administrativo e aos acusados em geral', está a Constituição (art. 5º, inciso LV) formulando a solene exigência política de que a preparação de sentenças e demais provimentos estatais se faça mediante o desenvolvimento da relação jurídica processual". Araújo Cintra, Antônio Carlos; Grinover, Ada Pelegrini; Dinamarco, Cândido Rangel. *Teoria geral do processo*. 21. ed., São Paulo: Malheiros, 2005, p. 288.
3. Assevera Athos Gusmão Carneiro que "O processo é instrumento indispensável à paz social, pela *composição justa* das lides, ou seja, pela composição (ou melhor, pela *eliminação*) das lides mediante a exata aplicação do direito material. Desenvolve-se o processo dialeticamente, expondo-se nele o contraste entre os interesses dos litigantes, empenhado cada qual em convencer o juiz da justiça das respectivas pretensões". Carneiro, Athos Gusmão. *Intervenção de terceiros*. 10. ed., São Paulo: Saraiva, 1998, p. 9.

jurisdicional que, espera-se, dê, a quem tem um direito, tudo aquilo que tem o direito de obter.[4]

O processo é o instrumento colocado à disposição da jurisdição, pois dele se vale o órgão jurisdicional para solucionar de modo imparcial e justo o litígio submetido à sua apreciação, para tanto contando com ampla colaboração das partes em método de debate.

Consoante a preleção de Luiz Guilherme Dellore:

> pode-se entender que processo é um **instrumento**. Porém, para que bem se compreenda a definição, deve-se responder às seguintes indagações: – instrumento de quem? – instrumento para quem? – instrumento para quê? Instrumento que o **Estado** coloca à disposição do **jurisdicionado** para **administrar justiça** (ou seja, resolver a **lide**)[5].

Assim, o processo é indispensável ao exercício da função jurisdicional, formalmente exteriorizado por meio de um procedimento em contraditório, nasce com a iniciativa do autor, delimita-se com a contestação do réu e culmina com a sentença do juiz, ato jurisdicional magno na relação processual. Nos termos da Exposição de Motivos do Código de Processo Civil, item 5, assim assevera Alfredo Buzaid: "O processo civil é um instrumento que o Estado põe à disposição dos litigantes, a fim de administrar a justiça".

38.1.2. Procedimento

38.1.2.1. CONCEITO

Concebido o processo como instrumento de pacificação social, exsurge o procedimento como o modo de proceder, o meio formal e extrínseco pelo qual o processo se instaura, se desenvolve e termina. O procedimento consiste na realidade fenomenológica perceptível do processo[6]. É o conjunto ordenado e coordenado de atos processuais tendentes a um fim: pacificação com Justiça.

Assim, é o procedimento o aspecto formal, é a exteriorização do processo, podendo assumir diversos modos de ser. É constituído por uma sequência de atos processuais lógica e temporalmente interligados com vistas à prolação de uma sentença que, espera-se, pacifique o conflito submetido à apreciação do Estado-juiz, com Justiça[7].

---

4. Pertinente a afirmação de Chiovenda: *Il processo deve dare per quanto è possibile praticamente a chi ha um diritto tutto quello e proprio quello ch'egli ha diritto di conseguire.* Chiovenda, Giuseppe. *Saggi di diritto processuale civile.* V. I. Roma, 1930, p. 110.
5. Dellore, Luiz Guilherme. Para entender o conceito de processo (ou "do processo como talher"). Disponível em: <http://www.flaviotartuce.adv.br/secoes/artigosf/dellore_talher.pdf>. Acesso em 01/12/2009.
6. Araújo Cintra, Antônio Carlos; Grinover, Ada Pelegrini; Dinamarco, Cândido Rangel. *Teoria geral do processo.* 21. ed., São Paulo: Malheiros, 2005, p. 285.
7. "O procedimento não representa apenas o aspecto formal do processo, mas também consiste na participação ativa e necessária das partes na coleta das provas e reconstrução dos fatos que motivarão e fundamentarão o provimento final, participação essa que se concretiza tanto na própria conformação estrutural

Segundo a lição de Cândido Rangel Dinamarco[8]: "Procedimento é o *conjunto ordenado dos atos mediante os quais, no processo, o juiz exerce a jurisdição e as partes, a defesa de seus interesses*".

Nesse sentido, enquanto o processo nos conduz à ideia de uma direção em movimento, o procedimento representa o modo de mover e a forma em que é movido o processo.

Importante consignar, nesse contexto, que o legislador processual, objetivando conferir maior tônus de efetividade ao processo, procura disciplinar o procedimento segundo um critério de funcionalidade, o que significa dizer que a lei traça o modo como os atos processuais devem ser realizados, considerando diversos fatores, dentre os quais podemos citar: a) a natureza do provimento jurisdicional desejado pelo autor (processo de conhecimento, execução e cautelar); b) a urgência na obtenção da tutela; c) o interesse público etc.[9]

38.1.2.2. PROCEDIMENTOS NO PROCESSO DE COGNIÇÃO

Considerado o processo de conhecimento, processo este que objetiva o acertamento de uma relação processual controvertida, o CPC expressamente prevê o procedimento comum e os procedimentos especiais.

Delimitado por exclusão, o procedimento comum se aplica às causas para as quais o legislador não prevê um rito próprio. Assim, sempre que não houver uma previsão legal específica para determinada causa, a mesma será processada sob o procedimento comum que, por sua vez, subdivide-se em dois ritos distintos: o ordinário e o sumário (CPC, 275 e s.), destinando-se, o primeiro, às causas para as quais não seja previsto o procedimento sumário, tampouco algum dos procedimentos especiais[10].

Destarte, novamente há de ser considerada a técnica da exclusão para a fixação do procedimento: tudo aquilo que não estiver compreendido no procedimento sumário estará enquadrado no procedimento ordinário, consoante regramento expressamente veiculado no CPC 272.

Certo, ademais, que apenas o procedimento ordinário é regulado pelo legislador processual no CPC de modo completo e pormenorizado, de forma que os procedimentos sumário e especiais são disciplinados apenas nos pontos em que se afastam

---

do processo (isto é, na relação jurídica processual) e na coleta e preparação das provas, quanto na efetivação do contraditório entre elas estabelecido. Em última análise, o processo representa um esquema mais complexo do procedimento: esta é a sua conformação formal, enquanto a relação jurídica processual representa sua substância, tudo informado pelo contraditório". Marcato, Antonio Carlos. *Procedimentos especiais*. 7. ed., São Paulo: Mallheiros, 1995, p. 35.

8. Dinamarco, Cândido Rangel. *Instituições de direito processual civil*. 2. ed., São Paulo: Malheiros, 2002, v. II, p. 443.

9. Miranda, Gilson Delgado. *Procedimento sumário*. São Paulo: Revista dos Tribunais, 2000, p. 49.

10. Theodoro Júnior, Humberto. *Curso de direito processual civil*. 44. ed., Rio de Janeiro: Forense, 2006, v. 1, p. 365.

do ordinário, o que nos leva a afirmar que o procedimento ordinário aplica-se subsidiariamente a todos os ritos.

No que toca aos procedimentos especiais, pertinente uma primeira observação: existem procedimentos especiais previstos dentro e fora do CPC, de modo que podemos visualizar microssistemas processuais que gravitam ao redor do Código e que se caracterizam pela especialidade do procedimento que veiculam. Veja-se aqui, por exemplo: mandado de segurança (Lei nº 12.016/2009), execução fiscal (Lei nº 6.830/1980) etc.

Não obstante, também são sistematizados procedimentos especiais previstos e inseridos no CPC, que dedica um título próprio para os processos de jurisdição voluntária inserido no Livro IV. De tal sorte, optou o legislador em dividir os procedimentos especiais entre procedimentos especiais de jurisdição contenciosa (Título I) e procedimentos especiais de jurisdição voluntária (Título II), os primeiros destinados à solução de conflitos propriamente ditos e os segundos destinados à administração judicial de interesses privados não litigiosos.

Feitas estas considerações, podemos afirmar que o procedimento ordinário, que constitui a regra geral, é determinado pela aplicação de um critério residual, ou seja, por exclusão: quando não for o caso de observância de procedimento especial, nem observância do procedimento sumário, estes dois últimos determinados pela especialidade do direito material subjacente e pela necessidade de celeridade, respectivamente.

38.2. PROCEDIMENTO COMUM RITO ORDINÁRIO

Previsto e disciplinado no Livro I do CPC, o procedimento ordinário, cujo *nomen juris* é exclusivo do processo de conhecimento, constitui o centro das atenções do legislador, que de forma completa e detalhada disciplina a realização dos atos processuais nele compreendidos.

O procedimento ordinário caracteriza-se pela possibilidade de aplicabilidade geral a todas as causas para as quais a lei não venha a determinar a observância de algum outro procedimento mais específico.

Importante sublinhar que o procedimento ordinário é o mais largo, completo e apto à realização plena do processo de conhecimento, na medida em que permite às partes e ao magistrado, mais amplamente, discutirem a causa e pesquisarem a verdade na busca de uma solução justa e adequada ao conflito de direito material subjacente[11].

De todos os procedimentos, é o ordinário o que mais facilmente pode ser identificado a partir da repartição em fases, o que se justifica na medida em que os atos

---

11. Theodoro Júnior, Humberto. *Curso de direito processual civil*. 44. ed., Rio de Janeiro: Forense, 2006, v. 1, p. 366.

processuais nele compreendidos não são concentrados, mas, sim, temporalmente distribuídos de forma lógica e sequencial, respeitado o necessário contraditório.

Podemos sistematizar algumas características que informam o procedimento ordinário, dentre as quais se destacam:
   a) incidência do princípio da inércia da jurisdição e iniciativa da parte, de sorte que o processo se inicia por provocação da parte, que introduz em juízo a demanda por meio da petição inicial, que deve observar os requisitos fixados no CPC, art. 282;
   b) controle de admissibilidade da ação: *despacho inicial positivo* de recebimento com a determinação da citação (CPC 213), para que o réu, querendo, possa integrar a relação processual; *despacho inicial corretivo* ou, ainda, *despacho inicial negativo*, com a consequente extinção do processo sem resolução do mérito (CPC 267);
   c) deferida a inicial, procede-se à citação do réu (CPC 213), que poderá responder aos termos da ação (CPC 267), apresentando contestação, exceções rituais e/ou reconvenção;
   d) em não havendo a apresentação de contestação, há que investigar a incidência ou não dos efeitos da revelia (CPC 319, 320 e 324). Operante os efeitos da revelia, o juiz julgará antecipadamente a lide (CPC 330). Não operantes os efeitos da revelia, ao autor caberá especificar provas (CPC 320);
   e) apresentada a contestação, o juiz examinará as questões preliminares e determinará as providências veiculadas no CPC 326 e 327;
   f) cumpridas as providências preliminares, ou não havendo necessidade delas, o magistrado passará ao julgamento conforme o estado do processo, abrindo-se-lhe três possibilidades: *a extinção do processo sem resolução do mérito*, nos termos do CPC, art. 329, c/c 267 e 269, II a V; *o julgamento antecipado da lide*, nas hipóteses em que não houver necessidade de mais provas (CPC 330); e, por fim, o *saneamento do processo*, sempre que houver a necessidade de dilação probatória (CPC 331), saneamento este que poderá ocorrer em audiência – *audiência preliminar* –, observados dois critérios legais, um objetivo, adstrito à disponibilidade do direito material controvertido e outro subjetivo, relativo à percepção do juiz, no caso concreto, acerca da real possibilidade de transação (CPC 331, §3º);
   g) audiência de instrução, debates e julgamento em havendo prova oral a ser colhida, audiência essa que reúne em um único ato processual, de natureza complexa, três momentos distintos, com a realização de atos probatórios (CPC 452), atos postulatórios, consistentes nos debates orais, ou substituição por memoriais escritos (CPC 454 e §3º) e, por fim, prolação de sentença (CPC 456).

38.2.1. Fases do procedimento ordinário

Perceptível nas normas que definem o procedimento e, portanto, a coordenação dos atos processuais, alguns elementos comuns, dentre os quais destacamos: a) a indicação dos atos a serem realizados, na medida em que determinados atos processuais são indispensáveis ao processo, como, por exemplo, a inicial, a citação e sentença; b) a predeterminação da forma a ser cumprida, indicativa de *como, onde* e *quando* o ato processual deve ser realizado; c) a indicação da ordem sequencial a ser observada no processo, que, regra geral, é marcado por fases processuais preclusivas e, por fim; d) o enquadramento na espécie de procedimento disponibilizado pelo legislador[12].

O nosso ordenamento caracteriza-se pela adoção de um sistema rígido[13] quanto ao procedimento, sistema este que se caracteriza pela distribuição dos atos em fases processuais severas e predefinidas pelo legislador.

Destacamos aqui as fases processuais que informam o procedimento do processo de conhecimento em primeiro grau de jurisdição: *postulatória, ordinatória, probatória ou instrutória* e *decisória*, seguida do cumprimento de sentença.

Importa consignar que o legislador não tipifica direta e expressamente na lei processual essas fases processuais. Não obstante, tal sistematização didática surge desenhada pela doutrina processual objetivando a facilitação da compreensão do *caminho do processo*, considerado o processo de conhecimento, rito comum ordinário, em primeiro grau de jurisdição:

Fase Postulatória	Fase Ordinatória	Fase Probatória	Fase Decisória	Fase de Cumprimento Sentença
PI		Saneamento em audiência Preliminar (ou não)	Audiência Instrução Debates e Julgamento	Sentença

38.2.2. Adequação do procedimento

As normas que impõem a observância de determinado procedimento, caracterizam-se por serem normas de ordem pública, o que implica afastar a possibilidade de disponibilidade sobre elas, dada a cogência que as informa. Não obstante, compete ao magistrado, em percebendo a inadequação da causa ao procedimento preceituado pela lei, ordenar a alteração da causa ao procedimento mais adequado.

---

12. Dinamarco, Cândido Rangel. *Instituições de direito processual civil*. 2. ed., São Paulo: Malheiros, 2002, v. II, p. 444.
13. Contrapõe-se ao procedimento rígido o chamado procedimento flexível, que se caracteriza pela possibilidade de retrocessos às fases processuais já percorridas, consoante fatos supervenientes e/ou conveniência de esclarecimentos. Não obstante a existência desse sistema em alguns poucos ordenamentos alienígenas, o ordenamento brasileiro não adota esse modelo, de sorte a ser informado pela rigidez do procedimento: ultrapassada uma fase processual, em regra a ela não se retroage.

Assim, quando o procedimento sumário tiver sido escolhido de forma inadequada, o que ocorre, por exemplo, em casos nos quais há necessidade de produção de prova pericial complexa (CPC 277, §5º) , ou ainda, nos casos em que o magistrado acolher a impugnação ao valor da causa e este superar o teto de sessenta salários mínimos exigidos no CPC, art. 275, I (CPC 277, § 4º), deve o magistrado, *ex officio*, corrigir o procedimento, determinando que a causa seja processada pelo rito ordinário.

Constitui, pois, dever imposto ao juiz, diante da inaptidão do procedimento eleito pela parte autora para a melhor solução do litígio, adequar o procedimento à pretensão deduzida em juízo, o que se exige em estrita observância aos princípios da efetividade, economia, como de resto, também ao princípio do aproveitamento dos atos processuais, princípio, este último, insculpido no CPC, art. 250, parágrafo único.

Pertinente aqui uma observação. As ações previstas no CPC, art. 275, II (fixação do rito sumário em razão da matéria veiculada na ação), podem, por opção do autor, ser ajuizadas perante os Juizados Especiais Cíveis (âmbito da Lei nº 9.099/1995), ou perante os juízos comuns sob o procedimento sumário. Proposta a ação de forma inadequada perante os Juizados Especiais, não se há de cogitar de ordinarização do feito. Em casos que tais, nos termos da Lei nº 9.099/1995, impõe-se ao magistrado a extinção do feito por sentença terminativa, sem apreciação do mérito, portanto, nos termos do art. 51, inciso II, pela inadequação procedimental.

38.3. PROCEDIMENTO SUMÁRIO

38.3.1. Etimologia

Expressão adotada por meio de reforma implementada no sistema processual pela Lei nº 8.952, de 13 de dezembro de 1994, o termo *procedimento sumário* surgiu no CPC em substituição a *procedimento sumaríssimo*, expressão, esta última, objeto de inúmeras críticas, na medida em que, inexistente no ordenamento um procedimento sumário, terminologicamente não se justificava o superlativo *sumaríssimo*[14].

Assim é que, linguisticamente, adequando-se a expressão à boa lógica, o legislador reformista entendeu por bem, acertadamente, adjetivar o procedimento em questão com o vocábulo *sumário*.

38.3.2. Princípios do procedimento sumário

A previsão do procedimento sumário se insere, na tradição do direito luso-brasileiro, na tentativa de se evitar a utilização irrestrita do procedimento ordinário, procedimento, este, que assegura de forma plena e ampla as garantias do contraditório e da ampla defesa[15].

---

14. Assis, Araken de. *Procedimento sumário*. São Paulo: Malheiros, 1996, p. 10-11.
15. Cambi, Eduardo. O procedimento sumário depois da Lei nº 10.444, de 07/05/2002. *Revista de Processo*, São Paulo (107): 130-5.

Segundo a preleção de Eduardo Cambi[16]:

> A virtude do procedimento sumário, como se depreende da Exposição de Motivos do CPC, está em que ele se desenvolve *simpliciter et de plano ac sine strepitu*. Em outras palavras, esse procedimento aposta na simplificação, informalidade e concentração dos atos processuais, dando maior efetividade ao princípio da oralidade, para que as causas possam vir a ser processadas e decididas em mais curto espaço de tempo e com o mínimo de despesas.

O procedimento sumário, espécie do procedimento comum, caracteriza-se pela oralidade e pela concentração de atos processuais na audiência, com o objetivo de conferir-lhe maior celeridade.

Assim é que o procedimento sumário assume uma principiologia que aponta para uma marcante oralidade e concentração da causa com vistas a uma maior celeridade e agilidade, no atingimento da garantia constitucional do processo num prazo razoável e sem dilações indevidas, garantia essa hoje expressa em nossa Constituição Federal, no art. 5º, inciso LXXVIII.

38.3.3. Características do procedimento sumário

Interessante destacar a tendência que permeia o processo civil contemporâneo, tendência essa que ecoa universalmente, com relação à sumarização das formas, o que equivale dizer que as reformas processuais vêm imprimindo ao sistema uma forma mais simplificada e célere de tramitação do processo, objetivando atingir a garantia constitucional da razoabilidade do tempo de duração do processo[17].

O CPC disciplina o procedimento sumário nos arts. 275 a 281, destinando-se, o primeiro deles, à apresentação do cabimento desse procedimento que, apesar da denominação, não é caracterizado por uma cognição superficial. Importante destacar que o procedimento sumário, tanto quanto o ordinário, são caracterizados como procedimentos de cognição exauriente, cuja sentença é fruto de juízo de certeza, e não de verossimilhança. A diferença entre os procedimentos reside no modo de proceder, no caminho a ser trilhado até a prolação da sentença[18].

As normas que disciplinam o procedimento sumário se caracterizam por racionalizar e otimizar o processo, de sorte a imprimir concentração, simplicidade e oralidade às causas sujeitas a esse rito que, dessa forma, destaca-se pela maior eficiência e agilidade.

Caracteriza-se o procedimento sumário por inequívoca concentração e rapidez procedimental, de sorte que podemos aqui brevemente sistematizar o seu *iter*:

---

16. Cambi, Eduardo. O procedimento sumário depois da Lei nº 10.444, de 07/05/2002. *Revista de Processo*, São Paulo (107): 130-5.
17. Miranda, Gilson Delgado. *Procedimento sumário*. São Paulo: Revista dos Tribunais, 2000, p. 54-55.
18. Greco Filho. Vicente. *Direito processual civil brasileiro*. 17. ed., São Paulo: Saraiva, 2006, v. 3, p. 97.

a) imposição do protesto específico de provas na inicial, para o autor e, em virtude do ônus simétrico, para o réu, na contestação, incluindo a apresentação do rol de testemunhas a serem ouvidas na audiência de instrução e julgamento, como, também, a quesitação e indicação de assistentes técnicos;
b) designação de audiência de conciliação, a ser realizada em 30 dias, citando-se o réu com antecedência mínima de 10 dias, prazo que lhe é dado para que possa elaborar a sua resposta, sob a advertência de que, diante do seu não comparecimento, reputar-se-ão verdadeiros os fatos narrados pelo autor na inicial;
c) as partes comparecerão pessoalmente à audiência, podendo, no entanto, ser representadas por representante com poderes específicos para transacionar. Interessante destacar que não só a falta de contestação caracteriza a revelia no procedimento sumário, mas também o não comparecimento de representante com poderes para transigir na audiência de conciliação, presumindo-se verdadeiros os fatos narrados pelo autor na inicial, presunção esta, no entanto, que é relativa e pode ser afastada;
d) diante do não comparecimento injustificado do réu na audiência de conciliação, regra geral incidirão os efeitos da revelia (CPC 277, § 2º, e 319), sendo reputados verdadeiros os fatos narrados pelo autor na inicial, de sorte que o magistrado prolatará a sentença;
e) a lei é silente no que toca às consequências processuais decorrentes da ausência do autor à audiência. À luz do princípio da isonomia processual e, considerando-se as consequências decorrentes da ausência do réu, o não comparecimento injustificado do autor, ou no caso em que seu representante ou preposto não tenha poderes específicos para transigir, implica a contumácia do autor, extinguindo-se o processo sem resolução do mérito (CPC 267, III)[19]. Não obstante, importante registrar a existência de entendimento diverso, que repercute em sede doutrinária e jurisprudencial[20], segundo o qual o não comparecimento do autor não acarreta a extinção do processo sem julgamento do mérito;
f) considerando-se o dever imposto ao magistrado relativamente à tentativa de conciliação (CPC 125, IV), em sendo frutífera, a mesma será homologada por sentença, sentença esta que, nos termos do CPC, art. 475-N, III, constitui título executivo, ainda que inclua matéria não posta em juízo, de forma a afastar a incidência do princípio da congruência;

---

19. Nery Junior, Nelson; Nery, Rosa Maria de Andrade. *Código de Processo Civil comentado e legislação extravagante*. 10. ed. rev., atual. e ampl. São Paulo: Revista dos Tribunais, 2007, p. 544. No mesmo sentido: Miranda, Gilson Delgado. *Procedimento sumário*. São Paulo: Revista dos Tribunais, 2000. Conferir também: TRF-2ª Região, Ap.94.02.06339-0-RJ, 2ª T., Rel. Des. Federal Castro Aguiar, j. 13/12/1995, DJ 07/03/1996, *RT* 728/388.
20. Figueira Júnior, Joel Dias. *O novo procedimento sumário*. São Paulo: Revista dos Tribunais, 1996. Conferir também: TJSP – Apelação Cível nº 278.008.4/5, Rel. Des. José Reynaldo, j. em 03/11/2009.

g) infrutífera a conciliação, a audiência terá prosseguimento, impondo-se ao magistrado, de plano, a resolução das providências preliminares consistentes nas questões processuais antecedentes à contestação, dentre as quais se destaca a impugnação ao valor da causa e eventual conversão do rito. Em sendo acolhida a impugnação ao valor da causa ou questão adstrita à natureza da causa que conduza à inadequação do sumário ou, ainda, em havendo necessidade de produção de prova técnica de maior complexidade, o juiz deverá determinar a conversão da causa para o rito ordinário;

h) o réu ofertará a sua resposta, na própria audiência, por escrito ou oralmente, que poderá consistir em contestação, pedido na forma do CPC, art. 278, § 1º, e exceção. Considerando o caráter dúplice das ações que tramitam pelo procedimento sumário, a lei permite que o réu deduza pedido na contestação, pedido este que tem cunho reconvencional, embora não se admita no procedimento sumário a reconvenção ampla, e que deve fundar-se nos mesmos fatos articulados pelo autor na inicial. Assim é que, se o réu quiser deduzir outra pretensão em face do autor, fundada em fatos estranhos, poderá valer-se de ação autônoma para tanto[21].

i) em não sendo o caso, desde logo, de julgamento antecipado, extinção do processo com fundamento no CPC, art. 267 ou, ainda, resolução do mérito nos termos do CPC, art. 269 e, havendo necessidade de prova oral ou pericial, o magistrado deverá designar data para a realização da audiência de instrução e julgamento, audiência esta que deverá observar as normas veiculadas no CPC, art. 444 e seguintes, que disciplinam o procedimento ordinário. Essa audiência se caracteriza por ser um ato complexo, durante o qual as provas orais são colhidas, a causa é debatida e, por fim, o juiz proferirá a sentença na própria audiência ou, quando não, no prazo de dez dias. Observe-se que, não obstante a possibilidade da conversão dos debates orais em memoriais, nos termos do CPC, art. 454, § 3º, cremos que a ideia de concentração da causa em audiência, imanente ao procedimento sumário, é incompatível com esse pedido de conversão.

---

21. Consoante a posição de Daniel Amorim Assumpção Neves: "(...) em nada difere a reconvenção do chamado pedido contraposto do procedimento sumário, expressamente previsto no art. 278, § 1º, CPC: "É lícito ao réu, na contestação, formular pedido em seu favor, desde que fundado nos mesmos fatos referidos na inicial". Cria-se, em nosso entender, um pedido de natureza reconvencional que não segue as formalidades necessárias previstas no art. 315 do mesmo estatuto legal, em especial o ingresso de uma nova ação (reconvenção) para que o pedido do réu possa ser acolhido. O pedido, entretanto, deverá obrigatoriamente ser elaborado de forma expressa pelo réu, já que o juiz, mais uma vez em razão do princípio da inércia da jurisdição, estará proibido de conceder tutela de ofício. Assunção Neves, Daniel Amorim. Contra-ataque do réu: indevida confusão entre as diferentes espécies. Disponível em: <http://www.flaviotartuce.adv.br/secoes/artigosf/Daniel-contraataque.doc>. Acesso em 02/09/2009.

38.3.4. Cabimento do rito sumário: verificação da admissibilidade

Dois os critérios utilizados pelo legislador processual para a adoção do procedimento sumário, nos termos do CPC, art. 275: o valor e a matéria, critérios estes que se apresentam de forma alternativa. Assim, fixado procedimento sumário pelo valor da causa, não há que se investigar a matéria discutida na causa.

Nos termos do art. 275, I, do CPC, dispositivo legal este reformado pela Lei nº 10.444/2002, observa-se o procedimento sumário nas causas cujo valor não exceda sessenta vezes o valor do maior salário mínimo vigente no país, adequação esta que deve ser realizada no momento da propositura da ação. Caso o salário mínimo venha a sofrer alteração no curso do processo, não há cogitar de alteração do procedimento. Frise-se que o valor da causa há de ser, sempre, representado em moeda corrente nacional, vedada, pois, a sua fixação mediante a utilização de qualquer indexador econômico.

Caso haja cumulação objetiva, considerar-se-á a soma dos pedidos deduzidos para fins da adoção do procedimento sumário, exceto nas situações de cumulação imprópria: a) caso a cumulação seja alternativa, deverá ser considerado o pedido de maior valor; e b) caso a cumulação seja subsidiária, deverá ser considerado o valor do principal[22].

Ao lado deste primeiro critério de fixação do procedimento sumário, adstrito que está ao valor da causa, exsurge, nos termos da lei processual, no art. 275, inciso II, do CPC, o critério *ratione materiae*, segundo o qual o procedimento sumário é fixado exclusivamente pela matéria veiculada na ação, independentemente do valor da causa, permitindo-se, inclusive, que o valor da causa ultrapasse o patamar de sessenta salários mínimos.

As matérias elencadas no inciso II do art. 275 do CPC são, todas elas, consideradas de menor complexidade, estando assim arroladas, após a reforma:

a) *de arrendamento rural e de parceria agrícola;*
b) *de cobrança ao condômino de quaisquer quantias devidas ao condomínio;*
c) *de ressarcimento por danos em prédio urbano ou rústico;*
d) *de ressarcimento por danos causados em acidente de veículo de via terrestre;*
e) *de cobrança de seguro, relativamente aos danos causados em acidente de veículo, ressalvados os casos de processo de execução;*
f) *de cobrança de honorários dos profissionais liberais, ressalvado o disposto em legislação especial;*
g) *que versem sobre revogação de doação (introduzido pela lei nº 12.122/2009);*
h) *nos demais casos previstos em lei.*

---

22. Greco Filho, Vicente. *Direito processual civil brasileiro.* 17. ed., São Paulo: Saraiva, 2006, v. 3, p. 98.

No que atina a alínea "g", relativamente aos *demais casos previstos em lei*, mister considerar que leis especiais autorizam o processamento de ações pelo procedimento sumário, tais como: acidente do trabalho, ações discriminatórias de terras devolutas da União, ações de retificação de erro de grafia no registro civil de pessoas naturais, ações de usucapião etc.

Importante registrar que em hipótese alguma será admitida a adoção do procedimento sumário nas ações de estado (tais como ação de anulação e nulidade de casamento, separação judicial, investigação de paternidade etc.) e nas relativas à capacidade da pessoa, exclusões estas que se justificam em face da complexidade a elas imanente. Nessas hipóteses, em não havendo a indicação de um procedimento especial (de jurisdição voluntária ou contenciosa) a ser observado, deverá ser processada a causa pelo rito comum ordinário.

38.3.5. Indisponibilidade do procedimento

Caracterizando-se como uma exigência de ordem pública, justificada pelo interesse do Estado em assegurar que sejam adotados e utilizados procedimentos seguros, adequados ao caso concreto e que propiciem resultados práticos satisfatórios, exsurge a indisponibilidade do procedimento em nosso sistema processual.

Assim é que, consoante a preleção de Cândido Rangel Dinamarco[23],

> Para resguardo da efetividade das escolhas do legislador e das razões de ordem pública que lhes estão à base, o Código de Processo Civil dita a indisponibilidade do procedimento, mandando que o juiz retifique a escolha processual feita pelo autor, quando inadequada (...).

Importante assinalar que não é permitido ao autor escolher entre procedimento sumário e ordinário, de forma que se impõe ao magistrado coibir a escolha inadequada tanto do procedimento sumário como também a do procedimento ordinário, sempre que essa mesma escolha ocorrer em inadstrição à lei.

Assim, ainda que houvesse consenso das partes, não se poderia substituir um procedimento por outro, porque a adoção de um determinado rito atende a interesses maiores de ordem pública, no que atina à celeridade e eficiência da prestação jurisdicional. Destarte, se a lei determinou um tipo de procedimento para certo tipo de ação, considerou ser este o mais adequado e eficiente à prestação jurisdicional pleiteada pelas partes, incidindo aí o princípio da indisponibilidade do procedimento.

---

23. Dinamarco, Cândido Rangel. *Instituições de direito processual civil*. 2. ed., São Paulo: Malheiros, 2002, v. III, p. 463.

38.3.6. Concorrência entre o sumário e os juizados especiais: opção do autor ou obrigatoriedade?

Interessante assinalar que, após a criação e regulamentação dos Juizados Especiais pela Lei nº 9.099, de 26 de setembro de 1995, que atribuiu aos Juizados, dentre outras, as causas de valor até quarenta salários mínimos e as já elencadas no inciso II do art. 275 do CPC, causas estas adstritas ao procedimento sumário, questionou-se a aplicabilidade desse procedimento que, numa primeira análise da questão, estaria praticamente esvaziado em relação ao seu conteúdo[24].

Cumpre aqui registrar que a competência dos Juizados Especiais Cíveis vem definida na LJE, art. 3º, adstrita a causas de menor complexidade, conforme determina a CF 98, inciso I. As causas vêm taxativamente delimitadas na LJE, art. 3º, que disciplina dois critérios distintos para a definição da competência: valor da causa e matéria.

Os Juizados Especiais podem julgar causas que não excedam quarenta vezes o salário mínimo (valor), como também as causas enumeradas no LJE, art. 3º, inciso II, independentemente de seu valor (matéria).

Reitera-se aqui a inquietação: estaria o procedimento sumário esvaziado pelos Juizados Especiais? Importante registrar que esse esvaziamento do campo de incidência do procedimento sumário não ocorreu.

Procedimento sumário e Juizados Especiais[25] são duas técnicas que caminham juntas, com intuito de simplificar e dar efetividade ao processo. Após a criação dos Juizados Especiais, frise-se, em 1995, foi o procedimento sumário remodelado em relação ao campo de sua incidência. A Lei nº 9.245, de 26 de dezembro de 1995, reformulou a sistemática do procedimento sumário, de forma a propiciar a sua convivência harmoniosa com o microssistema dos Juizados Especiais.

Nesse sentido a preleção de Athos Gusmão Carneiro[26]:

> (...) temos por certo que a aplicação do procedimento sumário, pela Justiça Comum, convive, sem maiores problemas, e em harmonia, com a aplicação, pelos JEC, do procedimento sumaríssimo, previsto para os processos das causas cíveis consideradas

---

24. Nesse sentido Theotonio Negrão: "com a publicação da Lei nº 9.099, de 26/09/1995 a aplicação do procedimento sumário ficou bastante limitada. Assim é que, por força do art. 3º - 'caput' - I e II dessa lei, todas as ações de procedimento sumário passaram à competência do Juizado Especial, regendo-se pelo procedimento deste. Continuam disciplinadas pelo procedimento sumário unicamente as causas em que, *ratione personae*, não é competente o juizado especial". Negrão, Theotonio. *Código de Processo Civil e legislação processual em vigor*. 35. ed., São Paulo: Saraiva, 2003, p. 361.
25. Afirma Nelson Nery Junior que os Juizados Especiais se revestem de natureza jurídica híbrida, na medida em que são, ao mesmo tempo, face ao sistema processual brasileiro: órgão especial do Poder Judiciário e procedimento especial sumaríssimo. Nery Junior, Nelson; Nery, Rosa Maria de Andrade. *Código de Processo Civil comentado e legislação extravagante*. 7. ed. rev., atual. e ampl. São Paulo: Revista dos Tribunais, 2003, p. 1519.
26. Carneiro. Athos. Questões Relevantes do Novo Procedimento Sumário. Perícia. Recursos. Juizados Especiais Cíveis. *Revista de Processo*, n. 86, ano 22, 06/96.

de menor complexidade. (...) embora ponderáveis argumentos em sentido contrário, entendemos que permanece a critério do demandante optar entre o acesso ao "sistema" da Lei nº 9.099, e o ajuizamento da causa perante a justiça comum. Não se cuida, aqui, exatamente, de a parte escolher o juízo onde pretende litigar; trata-se, isto sim, de uma escolha em favor de determinado modelo de processo, escolha que implicará *a posteriori*, na opção pela Justiça Especial. (...) Esta exegese é a que melhor se coaduna com os próprios antecedentes históricos, com os propósitos e as finalidades que inspiraram o legislador comum, e o legislador constituinte, a instituir um novo e peculiar "sistema" de processo, acessível às grandes massas populacionais e capaz de solucionar o grave problema que Kazuo Watanabe diagnosticou como "litigiosidade contida".

Importante assinalar que não há cogitar de competência absoluta dos Juizados Especiais para processar e julgar as causas previstas no art. 3º da Lei nº 9.099/1995, de sorte a não prosperar a tese segundo a qual restou esvaziado o procedimento sumário previsto no sistema do CPC.

Trata-se, isso sim, de opção do autor, consoante entendimento majoritário e adotado em sede jurisprudencial: é facultada ao autor a propositura da ação pelo procedimento previsto nos juizados especiais ou na justiça comum, mediante a observância do rito sumário[27].

38.3.7. Impossibilidade de denunciação da lide e o contrato de seguro

No procedimento sumário não são admissíveis a ação declaratória incidental e a intervenção de terceiros, salvo a assistência, o recurso de terceiro prejudicado e a intervenção fundada em contrato de seguro, conforme veiculado no dispositivo do art. 280 do CPC, consoante a redação dada pela Lei nº 10.444, de 8 de maio de 2002.

Importante destacar que as razões da restrição ao exercício da intervenção de terceiros nas ações que tramitam sob o procedimento sumário estão relacionadas ao tempo de duração do processo.

O procedimento sumário revela um estrito comprometimento com a adoção de técnicas que envolvem concentração de atos, não sendo admitidas, portanto, a ação declaratória incidental, tampouco as figuras de intervenção de terceiros, admitida, no entanto, a intervenção fundada em contrato de seguro.

Consoante a preleção de Humberto Theodoro Junior[28], a se referir à reforma processual implementada pela Lei nº 10.444, nesse particular:

> eliminou-se a possibilidade de intervenção de terceiros, que funcionava como um dos principais fatores da lentidão e complexidade do antigo procedimento sumaríssimo.

---

27. STJ, REsp 222004-PR (1999/0059497-5), 4ª T., Rel. Min. Barros Monteiro, j. 20/03/2000, DJ 05/06/2000, p. 169, RJADCOAS, v. 13, p. 116.
28. Theodoro Jr., Humberto. *Curso de direito processual civil*. 38 ed., Rio de Janeiro: Forense, 2002, 662, v. 1, p. 309.

Apenas a assistência e o recurso de terceiro prejudicado continuaram permitidos, porque, evidentemente, não representam maior embaraço ao andamento da causa (art. 280, I). Com a Lei nº 10.444, de 07/05/2002, nova alteração se fez no art. 280, I, para permitir "a intervenção fundada em contrato de seguro", que ordinariamente se dará por meio da denunciação da lide.

BIBLIOGRAFIA

Assis, Araken de. *Procedimento sumário.* São Paulo: Malheiros, 1996.

Assunção Neves, Daniel Amorim. *Contra-ataque do réu: indevida confusão entre as diferentes espécies.* Disponível em: <http://www.flaviotartuce.adv.br/secoes/artigosf/Danielcontraataque.doc>. Acesso em: 02/09/2009.

Bortolai, Edson Cosac. As Reformas do CPC e o Procedimento Sumário. *Revista de Processo,* n. 86, ano 22, jun. 1996.

Cambi, Eduardo. O procedimento sumário depois da Lei nº 10.444, de 07/05/2002. *Revista de Processo,* São Paulo, n. 107, p. 130-5.

Carneiro, Athos Gusmão. Questões Relevantes do Novo Procedimento Sumário. Perícia. Recursos. Juizados Especiais Cíveis. *Revista de Processo,* n. 86, ano 22, jun. 1996.

_____. *Do rito sumário na reforma do CPC.* São Paulo: Saraiva, 1997.

_____. *Intervenção de terceiros.* 10. ed. São Paulo: Saraiva, 1998.

Carreira Alvim, J. E. *Procedimento Sumário na Reforma Processual.* Belo Horizonte: Del Rey, 1996.

_____. *Procedimento Sumário na Reforma Processual.* Belo Horizonte: Del Rey, 1996.

Chiovenda, Giuseppe. *Saggi di diritto processuale civile.* Roma, 1930.

Cintra, Antonio Carlos de Araújo; Grinover, Ada Pellegrini; Dinamarco, Cândido Rangel. *Teoria geral do processo.* 24. ed. São Paulo: Malheiros, 2008.

Dinamarco, Cândido Rangel. *Instituições de direito processual civil.* 2. ed. São Paulo: Malheiros, 2002, v. II.

Greco Filho. Vicente. *Direito processual civil brasileiro.* 17. ed. São Paulo: Saraiva, 2006, v. 3.

Marcato, Antonio Carlos. *Procedimentos especiais.* 7. ed. São Paulo: Mallheiros, 1995.

Miranda, Gilson Delgado. *Procedimento sumário.* São Paulo: Revista dos Tribunais, 2000.

Negrão, Theotonio. *Código de Processo Civil e legislação processual em vigor.* 35. ed. São Paulo: Saraiva, 2003.

Nery Junior, Nelson; Nery, Rosa Maria de Andrade. *Código de Processo Civil comentado e legislação extravagante: atualizado até 7 de julho de 2003.* 7. ed. rev., atual. e ampl. São Paulo: Revista dos Tribunais, 2003.

NORONHA, Carlos Silveira. Evolução histórica da sentença no processo lusitano. *Revista de Processo*, n. 92, São Paulo: Revista dos Tribunais.

SANTOS, Alberto Marques dos. Revelia no Procedimento Sumário. Estudo de Três Casuísmos. *Revista dos Tribunais*, 737, ano 86, março 1997. p. 127 e s.

TESHEINER, José Maria. *Procedimento Sumário depois da Lei nº 10.444/2002*. Disponível em: <http://www.tex.pro.br/>. Acesso em: 02/06/2003.

THEODORO JÚNIOR, Humberto. *Curso de direito processual civil*. 44. ed. Rio de Janeiro: Forense, 2006, v. 1.

VILLAMARIN, Alberto Juan Gonzalez. A indisponibilidade do procedimento sumaríssimo. *AJURIS*, n. 21, mar. 1998.

BIBLIOGRAFIA GERAL

AGRA, Walber de Moura. *Aspectos Controvertidos do Controle de Constitucionalidade*. Salvador: Jus Podivm, 2008.

ALIGHIERI, Dante. *De Monarchia*. Lisboa: Guimarães Editores, 1999.

ÁLVAREZ, Gladys S. et al. *Mediación y justicia*. Buenos Aires: Delpalma, 1996.

ALVES, José Carlos Moreira. *Direito romano*. 3. ed. Rio de Janeiro: Forense, 1971, v. I.

AMARAL, Francisco. *Direito civil – Introdução*. 3. ed. Rio de Janeiro/São Paulo: Renovar, 2000.

AROCA, Juan Montero (coord.). *Proceso Civil e Ideología*. Valencia: Tirant lo Blanch, 2006.

ARRUDA ALVIM, José Manoel de. Deveres das partes e dos procuradores no direito processual civil brasileiro. A lealdade no processo. *Revista de Processo*. São Paulo: Revista dos Tribunais, 1993, n. 69.

_____. *Manual de Direito Processual Civil*. 9. ed. São Paulo: Revista dos Tribunais, 2005, v. I.

_____. *Curso de Direito Processual Civil*. 9. ed. São Paulo: Revista dos Tribunais, 2005, v. 1.

_____. *Manual de Direito Processual Civil*. 9. ed. São Paulo: Revista dos Tribunais, 2005, v. II.

ASSIS, Araken de. *Procedimento sumário*. São Paulo: Malheiros, 1996.

_____. *Cumulação de Demandas*. 4. ed. São Paulo: Revista dos Tribunais, 2002.

_____. *Manual do processo de execução*. 9. ed. São Paulo: Revista dos Tribunais, 2004.

Assis, Carlos Augusto de; Cunha Camargo, Cláudia Maria Carvalho do Amaral. Denunciação da Lide e evicção no direito pátio. *Revista Gênesis de Direito Processual Civil*, vol. 38, dez. 2005.

Assis, Carlos Augusto de. Mudou o conceito de sentença? *Revista IOB de Direito Civil e Processual Civil*, v. 41, p. 86, 2006.

_____. Marchas e contramarchas do processo civil na fase ordinatória. *Revista Gênesis de Direito Processual Civil*, n. 35, jan./mar. 2005.

Assunção Neves, Daniel Amorim. *Contra-ataque do réu: indevida confusão entre as diferentes espécies*. Disponível em: <http://www.flaviotartuce.adv.br/secoes/artigosf/Danielcontraataque.doc>. Acesso em: 02/09/2009.

Azevedo, Antônio Junqueira. *Negócio Jurídico: existência, validade e eficácia*. 3. ed. São Paulo: Saraiva, 2000.

Azevedo, Luiz Carlos de. *Origem e introdução da apelação no direito lusitano*. São Paulo: Fieo, 1976.

_____. *O direito de ser citado*. São Paulo: Fieo-Ed. Resenha Universitária, 1980.

Barbi, Celso Agrícola. *Comentários ao Código de Processo Civil*. 6. ed. Rio de Janeiro: Forense, 1991, v. I.

Barbosa Moreira, José Carlos. Apontamentos para um Estudo Sistemático da Legitimação Extraordinária. *Revista dos Tribunais*. São Paulo: Revista dos Tribunais, 1969, n. 404.

_____. Sobre os pressupostos processuais. In: *Temas de Direito Processual: Quarta Série*. São Paulo: Saraiva, 1989.

_____. Arbitragem: perspectivas. *Revista Consulex*, ano I, n. 10, 31 de outubro de 1997.

_____. *O Novo Processo Civil Brasileiro*. 19. ed. Rio de Janeiro: Forense, 1999.

_____. Questões velhas e novas em matéria de classificação das sentenças. *Revista Dialética de Direito Processual*, n. 7, São Paulo, out. 2003.

Bedaque, José Roberto dos Santos. Pressupostos Processuais e Condições da Ação. *Justitia*, v. 156, out./dez. 1991.

_____. *Direito e Processo*. São Paulo: Malheiros, 1995.

_____. *Tutela cautelar e tutela antecipada: tutelas sumárias e de urgência (tentativa de sistematização)*. 2. ed. São Paulo: Malheiros, 2001.

_____. *Efetividade do Processo e Técnica Processual*. São Paulo: Malheiros, 2006.

_____. Comentários aos arts. 14 a 18 do Código de Processo Civil. In: *Código de Processo Civil Interpretado*. 3. ed. São Paulo: Atlas, 2008.

_____. *Poderes Instrutórios do juiz*. 2. ed. São Paulo: Revista dos Tribunais, 1994.

Bevilácqua, Clóvis. *Direito das obrigações*. 8. ed. Rio de Janeiro: Editora Paulo de Azevedo, 1954.

BORTOLAI, Edson Cosac. As Reformas do CPC e o Procedimento Sumário. *Revista de Processo*, n. 86, ano 22, jun. 1996.
BOUZON, Emanuel. *O Código de Hammurabi*. 2. ed. Petrópolis: Vozes, 1976.
BRETHE DE LA GRESSAYE, Jean; LABORDE-LACOSTE, Marcel. *Introduction générale à l'étude du droit*. Paris: Recueil Sirey, 1947.
BUENO, Cássio Scarpinella. *Curso Sistematizado de Direito Processual Civil*. São Paulo: Saraiva, 2007, v. 1.
_____. Chamamento ao Processo e o devedor de alimentos. In: DIDIER JR., Fredie; WAMBIER, Teresa Arruda Alvim (coords.). *Aspectos polêmicos e atuais sobre terceiros no processo civil e assuntos afins*. São Paulo: Revista dos Tribunais, 2004.
BUZAID, Alfredo. *Do concurso de credores no processo de execução*. São Paulo: Saraiva, 1952.
_____. *Anteprojeto de Código de Processo Civil*. Rio de Janeiro: Departamento de Imprensa Nacional, 1964.
CALAMANDREI, Piero. *Proceso y democracia*. Tradução de Hector Fix Zamudio. Buenos Aires: Ediciones Jurídicas Europa-America, 1960.
_____. La relatividad del concepto de acción. In: *Estúdios sobre el proceso civil*. Tradução de Santiago Sentis Melendo. Buenos Aires: Editorial Bibliográfica Argentina, 1961.
CALASSO, Francesco. *Medio evo del diritto*. Milano: Giuffrè, 1954, v. I.
CALDEIRA, Adriano Braz. A Inconstitucionalidade da Obrigatoriedade da Denunciação da Lide. *RePro* 134-75-87, abr. 2006.
CALMON DE PASSOS, José Joaquim. *Comentários ao Código de Processo Civil*. 9. ed. Rio de Janeiro: Forense, 2005, v. III.
CÂMARA, Alexandre Freitas. *Arbitragem – Lei nº 9.307/96*. 2. ed. Rio de Janeiro: Lumen Juris, 1997.
_____. *Lições de Direito Processual Civil*. 19. ed. Rio de Janeiro: Lumen Juris, 2009, v. 1.
CAMBI, Eduardo. *O procedimento sumário depois da Lei nº 10.444, de 07/05/2002. Revista de Processo*, São Paulo, n. 107, p. 130-135.
CAMPOS JR., Ephraim de. *Substituição Processual*. São Paulo: Revista dos Tribunais, 1985.
CAPPELLETTI, Mauro; GARTH, Bryant. *Acesso à justiça*. Tradução de Ellen Gracie Northfleet. Porto Alegre: Sérgio Antonio Fabris Editor, 1988.
CARMONA, Carlos Alberto. A nova lei de arbitragem. *Revista Consulex*, ano I, n. 39, 30 de setembro de 1997.
_____. *Arbitragem e processo – um comentário à Lei nº 9.307/1996*. São Paulo: Malheiros, 1998.
_____. *Arbitragem no processo civil brasileiro*. São Paulo: Malheiros, 2009.

CARNELUTTI, Francesco. *Sistema del diritto processuale civile*. Padova: Cedam, 1936, v. I.

_____. *Teoria geral do direito*. Tradução de A. Rodrigues Queiró e Artur Anselmo de Castro. São Paulo: Saraiva, 1942.

_____. *Diritto e processo*. Napoli: Morano Editore, 1958.

_____. *Como se faz um processo*. São Paulo: JG, 2003.

CARNEIRO, Athos Gusmão. Jurisdição – noções fundamentais. *Revista de Processo*, n. 19. São Paulo: Revista dos Tribunais, 1980.

CARNEIRO, Athos Gusmão. Questões Relevantes do Novo Procedimento Sumário. Perícia. Recursos. Juizados Especiais Cíveis. *Revista de Processo*, n. 86, ano 22, jun. 1996.

_____. *Do rito sumário na reforma do CPC*. São Paulo: Saraiva, 1997.

_____. *Intervenção de terceiros*. 10. ed. São Paulo: Saraiva, 1998.

_____. *Jurisdição e competência*. 13. ed. São Paulo: Saraiva, 2004.

CARREIRA ALVIM, J. E. *Procedimento Sumário na Reforma Processual*. Belo Horizonte: Del Rey, 1996.

_____. *Procedimento Sumário na Reforma Processual*. Belo Horizonte: Del Rey, 1996.

CARVALHO, José Fraga Teixeira de; GARCIA, Clóvis Lema; SOUSA, José Pedro Galvão de. *Dicionário de política*. São Paulo: T.A. Queiroz Editor, 1998.

CARVALHO, Milton Paulo de. Notas sobre a contenciosidade no processo de inventário. *Revista de Processo*. São Paulo: Revista dos Tribunais, 1985, n. 38.

_____. Notas sobre o dano moral no processo. *Revista de Processo*. São Paulo: Revista dos Tribunais, 1992, n. 66.

_____. *Do pedido no processo civil*. Porto Alegre: Fieo/Sérgio Antonio Fabris Editor, 1992.

_____. *Manual da competência civil*. São Paulo: Saraiva, 1995.

_____. O trabalho do advogado. *Revista do Advogado*. São Paulo: Associação dos Advogados de São Paulo, dez. 2003, n. 74.

_____. Da natureza dinâmica da relação jurídica processual. *Revista da Fundação Instituto de Ensino para Osasco*, Osasco: Fieo, 1973, v. I, p. 83.

_____. Ação de reparação de dano resultante do crime. Influência da sentença penal condenatória. *LEX – Jurisprudência do Superior Tribunal de Justiça e Tribunais Regionais Federais*. São Paulo: Lex, v. 60, ago. 1994, p. 9.

_____. Alguns aspectos práticos da reforma do Código de Processo Civil. *Revista do Advogado*, São Paulo, ago. 1995, p. 21.

_____. Pedido novo e aditamento do pedido. O art. 294 do Código de Processo Civil na sua nova redação. *Processo civil – Evolução – 20 anos de vigência*, São Paulo: Saraiva, 1995, p. 169.

_____. *Manual da competência civil*. São Paulo: Saraiva, 1995.

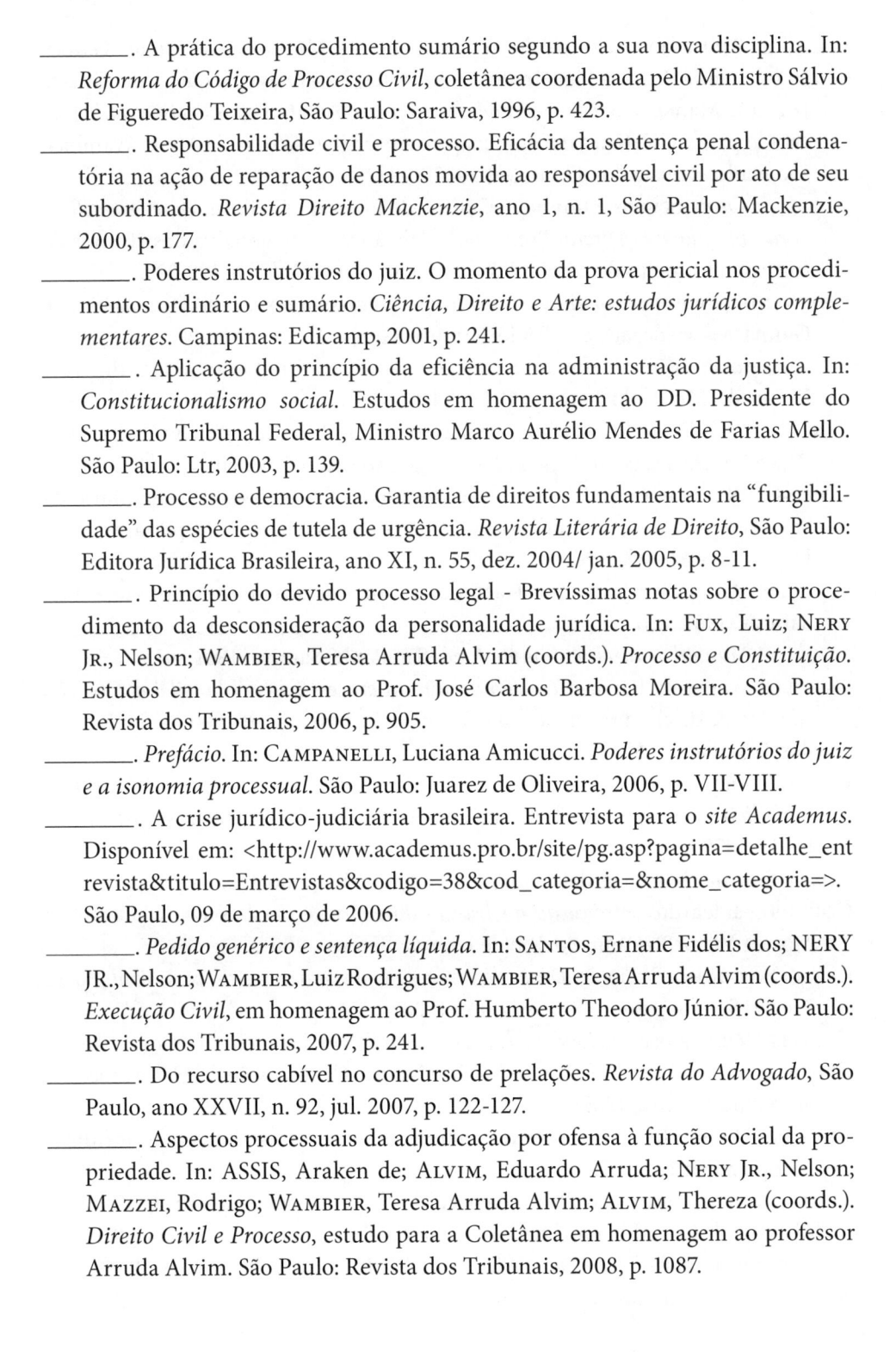

_____. A prática do procedimento sumário segundo a sua nova disciplina. In: *Reforma do Código de Processo Civil*, coletânea coordenada pelo Ministro Sálvio de Figueredo Teixeira, São Paulo: Saraiva, 1996, p. 423.
_____. Responsabilidade civil e processo. Eficácia da sentença penal condenatória na ação de reparação de danos movida ao responsável civil por ato de seu subordinado. *Revista Direito Mackenzie*, ano 1, n. 1, São Paulo: Mackenzie, 2000, p. 177.
_____. Poderes instrutórios do juiz. O momento da prova pericial nos procedimentos ordinário e sumário. *Ciência, Direito e Arte: estudos jurídicos complementares*. Campinas: Edicamp, 2001, p. 241.
_____. Aplicação do princípio da eficiência na administração da justiça. In: *Constitucionalismo social*. Estudos em homenagem ao DD. Presidente do Supremo Tribunal Federal, Ministro Marco Aurélio Mendes de Farias Mello. São Paulo: Ltr, 2003, p. 139.
_____. Processo e democracia. Garantia de direitos fundamentais na "fungibilidade" das espécies de tutela de urgência. *Revista Literária de Direito*, São Paulo: Editora Jurídica Brasileira, ano XI, n. 55, dez. 2004/ jan. 2005, p. 8-11.
_____. Princípio do devido processo legal - Brevíssimas notas sobre o procedimento da desconsideração da personalidade jurídica. In: FUX, Luiz; NERY JR., Nelson; WAMBIER, Teresa Arruda Alvim (coords.). *Processo e Constituição*. Estudos em homenagem ao Prof. José Carlos Barbosa Moreira. São Paulo: Revista dos Tribunais, 2006, p. 905.
_____. *Prefácio*. In: CAMPANELLI, Luciana Amicucci. *Poderes instrutórios do juiz e a isonomia processual*. São Paulo: Juarez de Oliveira, 2006, p. VII-VIII.
_____. A crise jurídico-judiciária brasileira. Entrevista para o *site Academus*. Disponível em: <http://www.academus.pro.br/site/pg.asp?pagina=detalhe_ent revista&titulo=Entrevistas&codigo=38&cod_categoria=&nome_categoria=>. São Paulo, 09 de março de 2006.
_____. *Pedido genérico e sentença líquida*. In: SANTOS, Ernane Fidélis dos; NERY JR., Nelson; WAMBIER, Luiz Rodrigues; WAMBIER, Teresa Arruda Alvim (coords.). *Execução Civil*, em homenagem ao Prof. Humberto Theodoro Júnior. São Paulo: Revista dos Tribunais, 2007, p. 241.
_____. Do recurso cabível no concurso de prelações. *Revista do Advogado*, São Paulo, ano XXVII, n. 92, jul. 2007, p. 122-127.
_____. Aspectos processuais da adjudicação por ofensa à função social da propriedade. In: ASSIS, Araken de; ALVIM, Eduardo Arruda; NERY JR., Nelson; MAZZEI, Rodrigo; WAMBIER, Teresa Arruda Alvim; ALVIM, Thereza (coords.). *Direito Civil e Processo*, estudo para a Coletânea em homenagem ao professor Arruda Alvim. São Paulo: Revista dos Tribunais, 2008, p. 1087.

_____. Aplicação e reforma da lei processual. In: MEDINA, José Miguel Garcia; CRUZ, Luana Pedrosa Figueiredo; CERQUEIRA, Luís Otávio Sequeira de; GOMES JR., Luiz Manoel (coords.). *Os poderes do juiz e o controle das decisões judiciais*, estudo para a Coletânea em homenagem à Profª Teresa Arruda Alvim Wambier. São Paulo: Revista dos Tribunais, 2008, p. 1125.

_____. Os princípios e um novo Código de Processo Civil. In: *Bases científicas para um renovado Direito Processual*. Coletânea comemorativa dos 50 anos do Instituto Brasileiro de Direito Processual, v. 1, maio 2008, p. 199-239.

CHIOVENDA, Giuseppe. *Instituições de direito processual civil*. 2. ed. Tradução de J. Guimarães Menegale. São Paulo: Saraiva, 1965, v. I.

_____. *Instituições de direito processual civil*. 2. ed. Tradução de J. Guimarães Menegale. São Paulo: Saraiva, 1945, v. III.

CINTRA, Antônio Carlos Araújo; DINAMARCO, Cândido Rangel; GRINOVER, Ada Pellegrini. *Teoria geral do processo*. 24. ed. São Paulo: Malheiros, 2008.

COMISSÃO REVISORA do Anteprojeto de Direito das Obrigações, de Caio Mário da Silva Pereira. *Projeto de Código de Obrigações*. Rio de Janeiro: Departamento de Imprensa Nacional, 1965.

CORREIA, Alexandre; SCIASCIA, Gaetano. *Manual de direito romano*. São Paulo: Saraiva, 1951, v. II.

_____. *Manual de direito romano*. 4. ed. São Paulo: Saraiva, 1961, v. I.

CORREIA, André de Luizi. *A citação no direito processual civil brasileiro*. Coleção estudos de direito processual Enrico Tullio Liebman, v. 46. São Paulo: Revista dos Tribunais.

COSTA, Moacyr Lobo da. *Breve notícia histórica do direito processual civil brasileiro e sua literatura*. São Paulo: Revista dos Tribunais e Ed. da Universidade de São Paulo, 1970.

COSTA, Suzana Henriques da. *Condições da Ação*. São Paulo: Quartier Latin, 2005.

COUTURE, Eduardo. *Introdução ao Estudo do Processo Civil*. 3. ed. Tradução de Mozart Victor Russomano. Rio de Janeiro: Forense, 2001.

CRESCI SOBRINHO, Elicio de. *Dever de veracidade das partes no processo civil*. Porto Alegre: Sérgio Antonio Fabris Editor, 1988.

CRETELLA NETO, José. *Dicionário de processo civil*. Rio de Janeiro: Forense, 1999.

CRUZ E TUCCI, José Rogério; TUCCI, Rogério Lauria. *Constituição de 1988 e processo*. São Paulo: Saraiva, 1989.

CUENCA, Humberto. *Proceso civil romano*. Buenos Aires: Ediciones Jurídicas Europa-América, 1957.

CUNHA JUNIOR, Dirley da. A Intervenção de Terceiros no Processo de Controle Abstrato de Constitucionalidade – a intervenção do particular, do colegitimado e do *amicus curiae* na ADIN, ADC e ADPF. In: DIDIER JR., Fredie; WAMBIER,

Teresa Arruda Alvim (coords.). *Aspectos polêmicos e atuais sobre terceiros no processo civil e assuntos afins*. São Paulo: Revista dos Tribunais, 2004.

DAVID, René. *Os grandes sistemas de direito contemporâneo*. Tradução de Hermínio A. Carvalho. São Paulo: Martins Fontes, 2002.

DELGADO, José Augusto. Arbitragem: a justiça do futuro. *Revista Consulex*, ano III. n. 33, set. 1999.

DIDIER JR., Fredie. *Pressupostos processuais e condições da ação: o juízo de admissibilidade do processo*. São Paulo: Saraiva, 2005.

_____. *Curso de Direito Processual Civil*. 9. ed. Salvador: Jus Podivm, 2008, v. 1.

DINAMARCO, Cândido Rangel. *Execução civil*. 3. ed. São Paulo: Malheiros, 1993.

_____. *A Reforma do Código de Processo Civil*. São Paulo: Malheiros, 1995.

_____. Nasce um novo processo civil. In: *Reforma do Código de Processo Civil*. São Paulo: Saraiva, 1996.

_____. *Fundamentos do processo civil moderno*. 3. ed. São Paulo: Revista dos Tribunais, 2000.

_____. Universalizar a Tutela Jurisdicional. In: *Fundamentos do Processo Civil Moderno*. 3. ed. São Paulo: Malheiros, 2000, v. II.

_____. *Instituições de direito processual civil*. São Paulo: Malheiros, 2001, v. I.

_____. *Instituições de direito processual civil*. São Paulo: Malheiros, 2001, v. III.

_____. *A instrumentalidade do processo*. 11. ed. São Paulo: Malheiros, 2003.

_____. *Instituições de Direito Processual Civil*. 6. ed. São Paulo: Malheiros, 2009, v. II.

DINAMARCO, Pedro. *Código de Processo Civil interpretado*. Coord. por Antonio Carlos Marcato. 3. ed. São Paulo: Atlas, 2008.

ESPÍNOLA, Eduardo. *Código do Processo do Estado da Bahia anotado*. Bahia: Typographia Bahiana de Cincinnato Melchiades, 1912.

FABRÍCIO, Adroaldo Furtado. *Comentários ao Código de Processo Civil*. Rio de Janeiro: Forense, 1980, t. III, v. VIII.

_____. Extinção do processo e mérito da causa. In: OLIVEIRA et. al. (org.). *Saneamento do processo. Estudos em homenagem ao Prof. Galeno Lacerda*. Porto Alegre: Sérgio Antonio Fabris Editor, 1989.

FLAKS, Milton. *Denunciação da Lide*. Rio de Janeiro: Forense, 1984.

FAZZALARI, Elio. *La giurisdizione volontaria*. Padova: Cedam, 1953.

_____. *Istituzioni di diritto processuale*. 8. ed. Padova: Cedam, 1996.

FERREIRA, Waldemar Martins. *História do direito brasileiro*. São Paulo: Livraria Freitas Bastos, 1952, t, II.

FIGUEIRA JÚNIOR, Joel Dias. *Manual da arbitragem*. São Paulo: Revista dos Tribunais, 1997.

_____. *Arbitragem: Jurisdição e execução: analise crítica da lei nº 9.307 de 23/09/1996*. 2. ed. rev. e atual. São Paulo: Revista dos Tribunais, 1999.

FLÓREZ-VALDÉS, Joaquín Arce y. *Los princípios generales del derecho y su formulación constitucional*. Madrid: Editorial Civitas, 1990.

FRANÇA, Rubens Limongi. *Formas e aplicação do direito positivo*. São Paulo: Revista dos Tribunais, 1969.

_____. Código visigótico, verbete in *Enciclopédia Saraiva do Direito*. São Paulo: Saraiva, 1977, v. 15.

_____. Formas de expressão do direito positivo, verbete in *Enciclopédia Saraiva do Direito*. São Paulo: Saraiva, 1977, v. 38.

_____ . Princípios gerais do direito (especificação), verbete in *Enciclopédia Saraiva do Direito*. São Paulo: Saraiva, 1977, v. 61.

GARBAGNATI, Edoardo. *La Sostituzione Processuale nel Nuovo Codice di Procedura Civile*. Milano: Giuffrè, 1942.

GIANNITI, Francesco. *Introduzione allo studio interdisciplinare del proceso penale*. Milano: Giuffrè, 1986.

GOLDSCHMIDT, James. *Derecho procesal civil*. Tradução de Leonardo Prieto Castro. Barcelona: Editorial Labor, 1936.

GONÇALVES, Marcus Vinícius Rios. *Novo Curso de Direito Processual Civil*. 3. ed. São Paulo: Saraiva, 2006, v. 1.

GOZAÍNI, Osvaldo Alfredo. *Elementos de Derecho Procesal Civil*. Buenos Aires: Ediar, 2005.

GRECO, Leonardo. A suspensão do Processo. *Revista de Processo*, v. 80-101, 1995.

_____. Publicismo e privatismo no processo civil. *Revista de Processo*. São Paulo: Revista dos Tribunais, 2008, n. 164.

GRECO FILHO, Vicente. *Direito processual civil brasileiro*. 20. ed. São Paulo: Saraiva, 2007, v. I.

_____. *Direito processual civil brasileiro*. 17. ed. São Paulo: Saraiva, 2006, v. II.

_____. *Direito processual civil brasileiro*. 19. ed. São Paulo: Saraiva, 2008, v. III.

GÓES. Gisele Santos Fernandes. Proposta de sitematização das questões de ordem pública processual e substancial. Tese de Doutorado em Direito, Faculdade de Direito da Pontifícia Universidade Católica de São Paulo, 2007.

GUASP, Jaime. *Derecho procesal civil*. 3. ed. Madrid: Instituto de Estudos Políticos, 1968, t. I.

GUILLÉN, Victor Fairen. *La transformación de la demanda en el proceso civil*. Santiago de Compostela: Editorial Libraria Porto, S. L., 1949.

HERVADA, Javier. *Lecciones propedéuticas de filosofía del derecho*. 3. ed. Pamplona: Ediciones Universidad de Navarra, 2000.

LACERDA, Galeno. *Despacho saneador*. Porto Alegre: Sérgio Antonio Fabris Editor, 1985.

LAHR, Charles. *Manuel de philosophie*. Paris: Gabriel Beauchesne, 1924.

LIEBMAN, Enrico Tullio. *Lezioni di Diritto Processuale Civile*. Milano: Giuffre, 1951.

_____. *Manual de direito processual civil*. 2. ed. Tradução de Cândido Rangel Dinamarco. Rio de Janeiro: Forense, 1985.

LOPES, João Batista Lopes. Princípio da Ampla Defesa. In: *Princípios Processuais Civis na Constituição*. Rio de Janeiro: Elsevier, 2008.

_____. *Curso de Direito Processual Civil*. São Paulo: Atlas, 2005, v. I.

MACHADO, Antonio Cláudio da Costa. *Código de Processo Civil Interpretado*. 6. ed. Barueri: Manole,. 2007.

MADEIRA, Hélcio Maciel França. *Digesto de Justiniano. Livro 1*. São Paulo: Revista dos Tribunais; Osasco: Centro Unifieo, 2000.

MAIA, José Motta, Ordenações Afonsinas, verbete in *Enciclopédia Saraiva do Direito*. São Paulo: Saraiva, 1977, v. 56.

MANCUSO, Rodolfo de Camargo. *Interesses difusos*. São Paulo: Revista dos Tribunais, 1988.

_____. *Ação civil pública*. 8. ed. São Paulo: Revista dos Tribunais, 2007.

MANCUSO. Sandra Regina. *O processo como relação jurídica*. São Paulo: RT 682/55-61.

MANDRIOLI, Crisanto. *Corso di Diritto Processuale Civile*. 3. ed. Torino: Giappichelli editore, 1981, v. I.

MARCATO, Antonio Carlos. Breves considerações sobre jurisdição e competência. *Revista de Processo*, ano 17, abr./jun. 1992, v. 66, São Paulo: Revista dos Tribunais, p. 25-43.

_____. *Procedimentos Especiais*. 10. ed. São Paulo: Atlas, 2004.

MARINONI, Luiz Guilherme. *Teoria Geral do Processo*. 2. ed. São Paulo: Revista dos Tribunais, 2007.

_____; ARENHART, Sérgio Cruz. *Curso de Processo Civil*. 7. ed. São Paulo: Revista dos Tribunais, 2008, v. 2.

MAXIMILIANO, Carlos. *Hermenêutica e aplicação do direito*. 5. ed. Rio de Janeiro: Livraria Freitas Bastos, 1951.

MARQUES, José Frederico. *Instituições de direito processual civil*. Rio de Janeiro: Forense, 1958, v. I.

_____. *Manual de direito processual civil*. 9. ed. Campinas: Millennium, 2003, v. I.

_____. *Manual de direito processual civil*. Campinas: Millennium, 2003, v. II.

MARTINS, Ives Gandra da Silva. A ética no direito e na economia. *Scientia iuridica*, set. a dez. 2001, t. L, n. 291 (separata).

MEDINA, Paulo Roberto de Gouvêa. *Direito processual constitucional*. Rio de Janeiro: Forense, 2003.

_____. Estudo sobre a jurisdição voluntária. In: CARVALHO, Milton Paulo de (coord.). *Direito Processual Civil*. São Paulo: Quartier Latin, 2007.

MEDINA, Eduardo Borges de Mattos. *Meios Alternativos de Solução de Conflitos*. Porto Alegre: Sérgio Antonio Fabris Editor, 2004.

MENDONÇA, Manoel Ignácio Carvalho de. *Doutrina e prática das obrigações*. 2. ed. Rio de Janeiro, São Paulo e Belo Horizonte: Francisco Alves & Cia., s/d, v. I.

MESQUITA, José Ignacio Botelho de. *Teses, Estudos e Pareceres de Processo Civil*. São Paulo: Revista dos Tribunais, 2005, v. I.

MESQUITA, José Ignacio Botelho de; LOMBARDI, Mariana Capela; AMADEO, Rodolfo da Costa Manso Real; DELLORE, Luiz Guilherme Pennacchi; ZVEIBL, Daniel Guimarães. O Colapso das Condições da Ação?: um breve ensaio sobre os efeitos da carência de ação. *Revista de Processo*. São Paulo: Revista dos Tribunais, 2007, n. 152.

MESQUITA, José Ignacio Botelho de; DELLORE, Luiz Guilherme Pennacchi; LOMBARDI, Mariana Capela; AMADEO, Rodolfo da Costa Manso Real; TEIXEIRA, Guilherme Silveira e ZVEIBL, Daniel Guimarães. Questões de ordem pública: revisíveis *ad infinitum*? In: ASSIS, Araken de; ALVIM, Eduardo Arruda; NERY JR., Nelson; MAZZEI, Rodrigo; WAMBIER, Teresa Arruda Alvim. (org.). *Direito Civil e Processo*: estudos em homenagem ao Professor Arruda Alvim. São Paulo: Editora Revista dos Tribunais, 2007, p. 1522-1532.

MESSNER, Johannes. *Ética social*. Tradução de Alípio Maia de Castro. São Paulo: Editora Quadrante e Editora da Universidade de São Paulo, s/d.

MILLAR, Robert Wyness. *Los princípios formativos del procedimiento civil*. Tradução de Catalina Grossmann. Buenos Aires: Ediar, s/d.

MIRANDA, Pontes de. *Comentários ao Código de Processo Civil*. Rio de Janeiro: Forense, 1974, v. I, t. I.

MONIZ ARAGÃO, Egas Dirceu. *Comentários ao Código de Processo Civil*. 10. ed. Rio de Janeiro: Forense, 2005, v. II.

MONTEIRO, Washington de Barros. *Curso de direito civil*. 29. ed. Direito das obrigações – 1ª parte. São Paulo: Saraiva, 1997, v. IV.

MONTEIRO, Washington de Barros. *Curso de direito civil*. 35. ed. Parte Geral. São Paulo: Saraiva, 1997, v. I.

MONTENEGRO FILHO, Misael. *Curso de direito processual civil*. 5. ed. São Paulo: Atlas, 2009, v. 1.

MONTESQUIEU. *Do espírito das leis*. Tradução de Leôncio Martins Rodrigues. São Paulo: Difusão Europeia do Livro, 1962, v. II.

MOREIRA, José Carlos Barbosa. Les príncipes fondamentaux de la procédure civile dans la nouvelle Constitution brèsilienne. In: *Temas de direito processual*. São Paulo: Saraiva, 1994, 5ª série.

MOREIRA, José Carlos Barbosa. Relações entre processos instaurados, sobre a mesma lide civil, no Brasil e em país estrangeiro. In: *Temas de direito processual*. 2. ed. São Paulo: Saraiva, 1988, 1ª série.

MUTHER, Theodor; WINDSCHEID, Bernard. *Polémica sobre la actio*. Tradução de Thomas A. Banzhaf. Buenos Aires: Ediciones Jurídicas Europa-América, 1974.

NALINI. *Processo e procedimento – distinção e a celeridade da prestação jurisdicional*. São Paulo: Revista dos Tribunais 730/673-688.

NEGRÃO, Theotônio; GOUVÊA, José Roberto Ferreira. *Código de Processo Civil e legislação extravagante*. 40. ed. São Paulo: Saraiva, 2008.

NERY JÚNIOR, Nelson. *Código Civil comentado*. 3. ed. São Paulo: Revista dos Tribunais, 2005.

_____; NERY, Rosa Maria de Andrade. *Código de Processo Civil Comentado e legislação processual civil extravagante em vigor*. 5. ed. São Paulo: Revista dos Tribunais, 2001.

NEVES, Celso. *Estrutura Fundamental do Processo Civil*. Rio de Janeiro: Forense, 1997.

_____. Binômio, trinômio ou quadrinômio? *Revista dos Tribunais*. São Paulo: Revista dos Tribunais, v. 517/11-16.

NORONHA, Carlos Silveira. Evolução histórica da sentença no processo lusitano. *Revista de Processo*, n. 92, São Paulo: Revista dos Tribunais.

OLIVEIRA, Carlos Alberto Alvaro de. *Do Formalismo no Processo Civil*. São Paulo: Saraiva, 1997.

ORDENAÇÕES AFONSINAS, reprodução *fac-símile* pela Fundação Calouste Gulbenkian, Coimbra, 1984, da edição do Livro III feita na Real Imprensa da Universidade de Coimbra em 1792.

ORDENAÇÕES FILIPINAS, reprodução *fac-símile* pela Fundação Calouste Gulbenkian, Coimbra, 1985, da edição dos Livros II e III feita por Cândido Mendes de Almeida, Rio de Janeiro, 1870.

ORDENAÇÕES MANUELINAS, reprodução *fac-símile* pela Fundação Calouste Gulbenkian, Coimbra, 1984, da edição do Livro III feita na Real Imprensa da Universidade de Coimbra em 1792.

PEREIRA, Caio Mário da Silva. *Anteprojeto de Código de Obrigações*. Rio de Janeiro: Departamento da Imprensa Nacional, 1964.

PIZZOL, Patrícia Miranda. *A competência no processo civil*. São Paulo: Revista dos Tribunais, 2003.

PODETTI, Ramiro. Trilogia estructural de la ciência del proceso civil. *Revista de Derecho Procesal*. Buenos Aires, 1944, año II, segunda parte.

PROTO PISANI, Andrea. Sulla Tutela Giurisdizionale Differenziata. *Rivista di Diritto Processuale* 4/536-591, 1979.

RÁO, Vicente. *O direito e a vida dos direitos*. 2. ed. São Paulo: Editora Resenha Universitária, 1976, t. II, v. I.

REIS, Suelem Agum dos. *Meios alternativos de solução de conflito*. Disponível em: <http://bdjur.stj.gov.br/xmlui/bitstream/handle/2011/18287/Meios_alternativos_de_Solu%C3%A7%C3%A3o_de_Conflitos.pdf?sequence=2>. Acesso em: 13/12/2009.

Rosas, Roberto. Processo civil de resultados. *Revista Dialética de Direito Processual*. São Paulo, 2003, n. 2.

Ribas, Antonio Joaquim. *Consolidação das leis do processo civil*. Rio de Janeiro: Dias da Silva Júnior Editor, 1879, v. I.

Salazar, Rodrigo. Hipóteses de denunciação da lide do art. 70, I, do CPC: análise do art. 456 do novo CC. Possibilidade de denunciação *per saltum*. In: Didier Jr., Fredie; Wambier, Teresa Arruda Alvim (coords.). *Aspectos polêmicos e atuais sobre terceiros no processo civil e assuntos afins*. São Paulo: Revista dos Tribunais, 2004.

Saldanha, Nelson. Código de Manu, verbete in *Enciclopédia Saraiva do Direito*. São Paulo: Saraiva, 1977, v. 15.

Santos. Alberto Marques dos. Revelia no Procedimento Sumário. Estudo de Três Casuísmos. *Revista dos Tribunais*, 737, p. 127 e s., ano 86, mar. 1997.

Santos, Boaventura de Souza. Introdução à sociologia da administração da justiça. *Revista de Processo*, n. 37, ano X, jan./mar. 1985.

Santos, Ernane Fidélis dos. *Manual de direito processual civil*. 11. ed. São Paulo: Saraiva, 2006, v. 1.

Santos, Evaristo Aragão. A EC nº 45 e o Tempo dos Atos Processuais. In: Wambier, Teresa Arruda Alvim; Wambier, Luiz Rodrigues; Gomes Jr., Luiz Manoel; Fischer, Octavio Campos; Ferreira, William Santos (coords.). *Reforma do Judiciário* – Primeiras Reflexões sobre a Emenda Constitucional nº 45/2004, São Paulo: Revista dos Tribunais, 2005.

Santos, Moacyr Amaral. *Primeiras linhas de direito processual civil*. 25. ed. São Paulo: Saraiva, 2007, v. I.

_____. *Primeiras linhas de direito processual civil*. 25. ed. São Paulo: Saraiva, 2007, v. II.

_____. História do direito processual civil, verbete in *Enciclopédia Saraiva do Direito*. São Paulo: Saraiva, 1977, v. 41.

Serpa Lopes, Miguel Maria de. *Curso de direito civil*. Rio de Janeiro: Livraria Freitas Bastos, 1955, v. II.

_____. *Curso de direito civil*. Rio de Janeiro: Livraria Freitas Bastos, 1953, v. I.

Silva, Ovídio Araújo Baptista da. *Curso de Processo Civil*. Porto Alegre: Sérgio Fabris Editor, 1987, v. I.

_____; Gomes, Fábio. *Teoria Geral do Processo*. 2. ed. São Paulo: Revista dos Tribunais, 2000.

_____. *Teoria Geral do Processo Civil*. 3. ed. São Paulo: Revista dos Tribunais, 2002.

Scialoja, Vittorio. *Procedimiento civil romano*. Tradução de Santiago Sentis Melendo e Marino Ayerra Redin. Buenos Aires: Ediciones Jurídicas Europa-América, 1954.

Sousa, José Pedro Galvão de. *O positivismo jurídico e o direito natural*. São Paulo: Revista dos Tribunais, 1940.

Souza, Carlos Aurélio Mota de. *Poderes éticos do juiz*. Porto Alegre: Sérgio Antonio Fabris Editor, 1987.

Talamini, Eduardo. *Coisa Julgada e sua revisão*. São Paulo: Revista dos Tribunais, 2005.

Teixeira, Sálvio de Figueiredo. A reforma processual na perspectiva de uma nova justiça. In: *Reforma do Código de Processo Civil*. São Paulo: Saraiva, 1996.

_____. A arbitragem no sistema jurídico brasileiro. *Revista Consulex*, ano I, n. 1, 31 de janeiro de 1997.

Tesheiner, José Maria. *Eficácia da sentença e coisa julgada no processo civil*. São Paulo: Revista dos Tribunais, 2002.

_____. Procedimento Sumário depois da Lei nº 10.444/2002. Disponível em: <http://www.tex.pro.br/>. Acesso em: 02/06/2003.

Theodoro Júnior, Humberto. *Curso de direito processual civil*. 44. ed. Rio de Janeiro: Forense, 2006, v. I.

_____. *Curso de direito processual civil*. 44. ed. Rio de Janeiro: Forense, 2006, v. III.

Villamarin, Alberto Juan Gonzalez. A indisponibilidade do procedimento sumaríssimo. *AJURIS*, n. 21, mar. 1998.

Von Bülow, Oskar. *Excepciones procesales y presupuestos procesales*. Tradução de Miguel Angel Rosas Lichtschein. Buenos Aires: Ediciones Jurídicas Europa-América, 1964.

Wambier, Luiz Rodrigues; Correia de Almeida, Flávio; Talamini, Eduardo. *Curso Avançado de Processo Civil*. 10. ed. São Paulo: Revista dos Tribunais, 2008, v. 1.

Watanabe, Kazuo. *Juizado Especial de Pequenas Causas* São Paulo: Revista dos Tribunais, 1985.

_____. *Da Cognição no Processo Civil*. 3. ed. São Paulo: DPJ Editora, 2005.

_____. *Código de Defesa do Consumidor comentado pelos autores do anteprojeto*. 9. ed. Rio de Janeiro: Forense-Universitária, 2007.

Yarshell, Flavio Luiz. *Tutela Jurisdicional Específica nas Obrigações de Declarações de Vontade*. São Paulo: Malheiros, 1993.

_____. *Tutela Jurisdicional*. São Paulo: Atlas, 1998.

_____. *Ação Rescisória*. São Paulo: Malheiros, 2005.

Zanzucchi, Marco Tullio. *Diritto processuale civile*. 6. ed. Milano: Giuffrè, 1964, v. I.

Cartão Resposta

050120048-7/2003-DR/RJ

Elsevier Editora Ltda

CORREIOS

ELSEVIER

SAC | 0800 026 53 40
ELSEVIER | sac@elsevier.com.br

CARTÃO RESPOSTA

Não é necessário selar

O SELO SERÁ PAGO POR

Elsevier Editora Ltda

20299-999 - Rio de Janeiro - RJ

Acreditamos que sua resposta nos ajuda a aperfeiçoar continuamente nosso trabalho para atendê-lo(la) melhor e aos outros leitores.
Por favor, preencha o formulário abaixo e envie pelos correios.
Agradecemos sua colaboração.

Seu Nome: _____

Sexo: ☐ Feminino ☐ Masculino   CPF: _____

Endereço: _____

E-mail: _____

Curso ou Profissão: _____

Ano/Período em que estuda: _____

Livro adquirido e autor: _____

Como ficou conhecendo este livro?
☐ Mala direta   ☐ E-mail da Elsevier
☐ Recomendação de amigo   ☐ Anúncio (onde?) _____
☐ Recomendação de seu professor?
☐ Site (qual?) _____   ☐ Resenha jornal ou revista
☐ Evento (qual?) _____ ☐ Outro (qual?) _____

Onde costuma comprar livros?
☐ Internet (qual site?) _____
☐ Livrarias ☐ Feiras e eventos ☐ Mala direta

☐ Quero receber informações e ofertas especiais sobre livros da Elsevier e Parceiros

Qual(is) o(s) conteúdo(s) de seu interesse?

Jurídico - ☐ Livros Profissionais ☐ Livros Universitários ☐ OAB ☐ Teoria Geral e Filosofia do Direito

Educação & Referência - ☐ Comportamento ☐ Desenvolvimento Sustentável ☐ Dicionários e Enciclopédias ☐ Divulgação Científica ☐ Educação Familiar ☐ Finanças Pessoais ☐ Idiomas ☐ Interesse Geral ☐ Motivação ☐ Qualidade de Vida ☐ Sociedade e Política

Negócios - ☐ Administração/Gestão Empresarial ☐ Biografias ☐ Carreira e Liderança Empresariais ☐ E-Business ☐ Estratégia ☐ Light Business ☐ Marketing/Vendas ☐ RH/Gestão de Pessoas ☐ Tecnologia

Concursos - ☐ Administração Pública e Orçamento ☐ Ciências ☐ Contabilidade ☐ Dicas e Técnicas de Estudo ☐ Informática ☐ Jurídico Exatas ☐ Língua Estrangeira ☐ Língua Portuguesa ☐ Outros

Universitário - ☐ Administração ☐ Ciências Políticas ☐ Computação ☐ Comunicação ☐ Economia ☐ Engenharia ☐ Estatística ☐ Finanças ☐ Física ☐ História ☐ Psicologia ☐ Relações Internacionais ☐ Turismo

Áreas da Saúde - ☐ Anestesia ☐ Bioética ☐ Cardiologia ☐ Ciências Básicas ☐ Cirurgia ☐ Cirurgia Plástica ☐ Cirurgia Vascular e Endovascular ☐ Dermatologia ☐ Ecocardiologia ☐ Eletrocardiologia ☐ Emergência ☐ Enfermagem ☐ Fisioterapia ☐ Genética Médica ☐ Ginecologia e Obstetrícia ☐ Imunologia Clínica ☐ Medicina Baseada em Evidências ☐ Neurologia ☐ Odontologia ☐ Oftalmologia ☐ Ortopedia ☐ Pediatria ☐ Radiologia ☐ Terapia Intensiva ☐ Urologia ☐ Veterinária

Outras Áreas - _____

Tem algum comentário sobre este livro que deseja compartilhar conosco?

_____

* A informação que você está fornecendo será usada apenas pela Elsevier e não será vendida, alugada ou distribuída por terceiros sem permissão preliminar.
* Para obter mais informações sobre nossos catálogos e livros por favor acesse **www.elsevier.com.br** ou ligue para **0800 026 53 40.**

EDITORA SANTUÁRIO – IMPRIMIU – Aparecida-SP